東山村

新石器时代遗址发掘报告

[中册]

南京博物院　张家港市文管办　张家港博物馆　编著

文物出版社

北京 · 2016

DONGSHANCUN SITE

The Neolithic Period Excavation Report

Ⅱ

(With an English Abstract)

by

Nanjing Museum

Zhangjiagang Municipal Commission for Conservation of Ancient Monuments

Zhangjiagang Museum

Cultural Relics Press

Beijing · 2016

附表一　马家浜文化遗迹登记表

附表 1-1　马家浜文化房址登记表

编号	探方	层位	形状	结构	尺寸（米）（长×宽－深）	方向	门道	柱洞	与周围遗迹关系	出土遗物	时代
F6	Ⅲ区 T0710、T0711	⑥层下	近椭圆形	不详	？	／	未发现	／	叠压于 M91、M93、M94 和 M96 之下	陶釜 BbⅡ$_1$、豆柄 BⅡ$_1$、盉 B_1、残鼎$_1$	马家浜 2 期

附表 1-2　马家浜文化灰坑登记表

编号	探方	层位	坑口形状	结构	尺寸（米）（长×宽－深）	出土遗物标本	与周围遗迹关系
H4	ⅠT1606	⑬层下	椭圆形	弧壁、圜底	1.3×0.5－0.6	陶盆 B_1、牛鼻形罐耳 B_1	
H12	Ⅱ1209	④层下	椭圆形	斜直壁、平底	1.4×1.2－0.15	／	未清理坑内陶片
H18	ⅢT0610	⑤层下	椭圆形	斜直壁、平底	1.9×1.5－0.3	陶釜 Ca_1、豆盘 CaⅡ$_1$、罐 BⅡ$_1$、器足等	
H20	ⅢT0608	⑥层下	椭圆形	斜弧壁、圜底	0.9×0.67－0.35	陶盆口沿 AbⅡ$_1$，豆柄 AⅠ$_1$、BⅠ$_1$，罐口沿 C_2、E_1	打破 H25
H23	ⅢT0608	⑥层下	椭圆形	斜直壁、缓坡状底	1.15×0.6－0.25～0.3	残石锛等	打破 H25
H24	ⅢT0608	⑥层下	椭圆形	斜弧壁、平底	2.3×1.8－0.3	陶豆盘 B_1	打破 H32、H33
H25	ⅢT0608	⑥层下	长方形	直壁、缓坡状底	1.5×1.0－0.35～0.5	玉管$_1$	被 H20、H23 打破
H31	ⅢT0608	⑥层下	椭圆形	弧壁、缓坡状底	1.8×1.15－0.3～0.4	陶罐口沿 C_2	打破 H34
H32	ⅢT0608	⑥层下	长方形	斜弧壁、平底	1.9×1.05－0.55	／	打破 H33，被 H24 打破
H33	ⅢT0608	⑥层下	椭圆形	弧壁、缓坡状底	2.3×1.1－0.7	／	被 H24、H32 打破
H34	ⅢT0608	⑥层下	不规则形	斜直壁、缓坡状底	3.3×1.2－0.45～0.5	陶釜 BaⅠ$_1$、器把等	打破 H36、被 H31 打破
H35	ⅢT0608	⑥层下	椭圆形	斜直壁、平底	2.05×1.1－0.55	陶罐口沿 C_1、盆口沿 AaⅠ$_1$，玉玦等	打破 H36、H37
H36	ⅢT0608	⑥层下	椭圆形	斜直壁、平底	2.7×1.25－0.5	／	被 H34、H35 打破
H37	ⅢT0608	⑦层下	长方形	斜直壁、缓坡状底	1.9×0.6－0.15～0.23	／	被 H35 打破
H38	ⅢT0608	⑥层下	椭圆形	斜直壁、平底	2.15×0.9－0.6	／	叠压于 H34 下
H39	ⅢT0608	⑦层下	圆形	斜直壁、平底	1.3－0.5	／	

附表 1–3 马家浜文化墓葬登记表

墓号	位置	层位	方向（度）	尺寸（米）（长×宽－深）	随葬品				分期	备注
					陶器	玉器	石器	合计		
M19	ⅡT1309	④层下	310	1.25～1.6×0.85－0.2	钵形豆 B_2、残豆$_1$、残釜$_1$、甑$_1$	／	／	5	马二	
M40	ⅠT1705	⑤层下	320	0.75～1.65×0.76－0.21	钵形豆 A_1	／	／	1	马二	
M61	ⅠT1506	④a 层下	347	1.75×0.75～0.8－0.25	子母口豆$_1$、钵 B_1、盖$_1$	／	／	3	马二	
M62	ⅠT1506	④a 层下	338	1.25～1.6×0.8－0.35	罐 C_1、盉 B_1、钵 A_1	／	／	3	马二	
M65	ⅠT1506	④a 层下	305	1.8×0.7～0.8－0.2	盘形豆 B_1	玉管$_1$	／	1	马二	
M67	ⅠT1506	④a 层下	323	1.9×0.7～0.75－0.25	盘形豆 B_1、罐 B_1、杯$_1$	／	／	3	马二	被 M45 打破
M68	ⅠT1506	④a 层下	315	1.85×0.75～0.8－0.25	盘形豆 AⅡ$_2$、残豆$_1$、盆Ⅱ$_1$	玉管$_2$	／	6	马二	
M73	ⅠT1506	④a 层下	334	1.2～1.45×0.7－0.15	盘形豆 AⅠ$_1$、纺轮$_1$	／	／	2	马二	
M78	ⅢT0611	⑤层下	345	2.0×0.7－0.2	圜底釜 Aa_1、Ab_1，盘形豆 B_1、灶$_1$	／	／	4	马二	
M79	ⅢT0611	⑤层下	355	1.2～1.35×0.8－0.2	盘形豆 AⅡ$_1$	／	石锛$_1$	2	马二	
M80	ⅢT0611	⑤层下	340	2.0×0.75－0.2	平底釜$_1$	／	／	1	马二	
M86	ⅢT0611	⑤层下	350	1.95×0.7－0.2	圜底釜 B_1、盘形豆 C_1	／	／	2	马二	
M97	ⅢT0511	②层下	350	2.36×0.8－0.2	罐 B_1、尖底瓶$_1$	玉锛$_1$、玉璜$_1$、玉玦$_1$、带柄钺形玉饰$_1$、长条形玉饰$_2$	／	8	马二	
M100	ⅢT0608	⑥层下	0	2.7×1.15～1.25－0.2	盘形豆 AⅠ$_1$	／	石钺$_3$、石锛$_1$、石凿$_1$	6	马二	被 H23 和 H25 打破
M101	ⅢT0610	⑤层下	10	2.9×1.25～1.35－0.6～0.8	鼎 A_1、B_1，盘形豆 AⅡ$_2$、子母口豆$_1$，罐 A_1、钵 B_2、盆Ⅰ$_1$、盉 A_1、B_1	玉璜$_5$、玉玦$_2$、玉管$_{12}$、管形饰$_2$	石纺轮$_1$	33	马二	
M103	ⅢT0608	⑦层下	0	1.95×0.78－0.25	／	／	／	0	马一	

附表二　马家浜文化灰坑出土陶片器形及纹饰统计表

附表 2-1　H4 陶片器形统计表

陶质 陶色 数量 器形	夹砂陶				泥质陶			合计	百分比
	红陶	褐陶	黑陶	灰陶	黑陶	黑皮陶	灰陶		
鼎	7	4		1				12	26.67%
罐	7	6	5	2		1	1	22	48.89%
豆					1			1	2.22%
鬲	2							2	4.44%
盆				2				2	4.44%
钵	2		1					3	6.67%
匜	1							1	2.22%
碗		1	1					2	4.44%
小计	19	11	7	5	1	1	1	45	
合计	42				3				
小百分比	45.24%	26.19%	16.67%	11.90%	33.33%	33.33%	33.33%		
百分比	42.22%	24.44%	15.56%	11.11%	2.22%	2.22%	2.22%		100%
大百分比	93.33%				6.67%				

附表 2-2　H4 陶片纹饰统计表

陶质 陶色 数量 纹饰	夹砂陶		泥质陶		合计	百分比
	红褐陶	黑褐陶	红褐陶	红陶		
掐印（腰沿）	1				1	5.00%
素面	2	10	5	2	19	95.00%
合计	3	10	5	2	20	
小百分比	23.08%	76.92%	71.43%	28.57%		
百分比	15.00%	50.00%	25.00%	10.00%		100%

附表 2-3　H18 陶片器形统计表

陶质 陶色 数量 器形	夹砂陶				泥质陶	合计	百分比
	红褐陶	灰褐陶	黑褐陶	红陶	红褐陶		
小鼎足	1					1	0.55%
罐口沿	1					1	0.55%
（釜）腰沿	1			1		2	1.09%
豆柄					1	1	0.55%
豆圈足					1	1	0.55%
腹片	65	30	18	27	37	177	96.72%

续附表 2-3

陶质/陶色/数量/器形	夹砂陶				泥质陶	合计	百分比
	红褐陶	灰褐陶	黑褐陶	红陶	红褐陶		
合计	68	30	18	28	39	183	
小百分比	47.22%	20.83%	12.50%	19.44%	100.00%		
百分比	37.16%	16.39%	9.84%	15.30%	21.31%		100%

附表 2-4　H18 陶片纹饰统计表

陶质/陶色/数量/纹饰	夹砂陶				泥质陶	合计	百分比
	红褐陶	灰褐陶	黑褐陶	红陶	红褐陶		
捺窝（腰沿）	2	1	1	1		5	2.73%
素面	66	29	17	27	39	178	97.27%
合计	68	30	18	28	39	183	
小百分比	47.22%	20.83%	12.50%	19.44%	100.00%		
百分比	37.16%	16.39%	9.84%	15.30%	21.31%		100%

附表 2-5　H20 陶片器形统计表

陶质/陶色/数量/器形	夹砂陶			泥质陶					合计	百分比
	红褐陶	灰褐陶	黑褐陶	红陶	红衣红陶	红褐陶	黑褐陶	白陶		
（釜）腰沿	1								1	0.72%
（釜）口沿	3								3	2.16%
（釜）鋬手	4								4	2.88%
豆柄							1		1	0.72%
豆圈足						2			2	1.44%
罐口沿						1			1	0.72%
腹片	61	12	16	11	6	17	2	2	127	91.37%
合计	69	12	16	11	6	20	3	2	139	
小百分比	71.13%	12.37%	16.49%	26.19%	14.29%	47.62%	7.14%	4.76%		
百分比	49.64%	8.63%	11.51%	7.91%	4.32%	14.39%	2.16%	1.44%		100%

附表 2-6　H20 陶片纹饰统计表

陶质/陶色/数量/纹饰	夹砂陶			泥质陶					合计	百分比
	红褐陶	灰褐陶	黑褐陶	红陶	红衣红陶	红褐陶	黑褐陶	白陶		
素面	65	12	16	11	6	20	3	2	135	97.12%
捺窝	4								4	2.88%

续附表 2-6

陶质 / 陶色 / 数量 / 纹饰	夹砂陶			泥质陶					合计	百分比
	红褐陶	灰褐陶	黑褐陶	红陶	红衣红陶	红褐陶	黑褐陶	白陶		
合计	69	12	16	11	6	20	3	2	139	
小百分比	71.13%	12.37%	16.49%	26.19%	14.29%	47.62%	7.14%	4.76%		
百分比	49.64%	8.63%	11.51%	7.91%	4.32%	14.39%	2.16%	1.44%		100%

附表 2-7　H23 陶片器形统计表

陶质 / 陶色 / 数量 / 器形	夹砂陶		泥质陶			合计	百分比
	红褐陶	黑褐陶	红褐陶	红衣红陶	黑褐陶		
（釜）鋬手	2					2	8.33%
腹片	16	1	1	1	3	22	91.67%
合计	18	1	1	1	3	24	
小百分比	94.74%	5.26%	20.00%	20.00%	60.00%		
百分比	75.00%	4.20%	4.20%	4.20%	12.50%		100%

附表 2-8　H23 陶片纹饰统计表

陶质 / 陶色 / 数量 / 纹饰	夹砂陶		泥质陶			合计	百分比
	红褐陶	黑褐陶	红褐陶	红衣红陶	黑褐陶		
捺窝（鋬手）	1					1	4.20%
素面	17	1	1	1	3	23	95.80%
合计	18	1	1	1	3	24	
小百分比	94.74%	5.26%	20.00%	20.00%	60.00%		
百分比	75.00%	4.20%	4.20%	4.20%	12.50%		100%

附表 2-9　H24 陶片器形统计表

陶质 / 陶色 / 数量 / 器形	夹砂陶			泥质陶				合计	百分比
	红褐陶	黑褐陶	红陶	红陶	红衣红陶	红褐陶	黑褐陶		
鋬手（釜）	2							2	2.30%
器把	1							1	1.15%
钵口沿	1							1	1.15%
豆盘				1		1		2	2.30%
腹片	36	18	11	3	6	4	3	81	93.10%

续附表 2-9

数量 器形 \ 陶质 陶色	夹砂陶			泥质陶				合计	百分比
	红褐陶	黑褐陶	红陶	红陶	红衣红陶	红褐陶	黑褐陶		
合计	40	18	11	4	6	5	3	87	
小百分比	57.97%	26.09%	15.94%	22.22%	33.33%	27.78%	16.67%		
百分比	45.98%	20.69%	12.64%	4.58%	6.90%	5.75%	3.45%		100%

附表 2-10 H24 陶片纹饰统计表

数量 纹饰 \ 陶质 陶色	夹砂陶			泥质陶				合计	百分比
	红褐陶	黑褐陶	红陶	红陶	红衣红陶	红褐陶	黑褐陶		
素面	40	18	11	4	6	5	3	87	100.00%
合计	40	18	11	4	6	5	3	87	
小百分比	57.97%	26.09%	15.94%	22.22%	33.33%	27.78%	16.67%		
百分比	45.98%	20.69%	12.64%	4.58%	6.90%	5.75%	3.45%		100%

附表 2-11 H25 陶片器形统计表

数量 器形 \ 陶质 陶色	夹砂陶		泥质陶		合计	百分比
	红褐陶	黑褐陶	红褐陶	红衣红陶		
（釜）腰沿	1				1	2.04%
（釜）鋬手	1				1	2.04%
腹片	13	14	10	10	47	95.92%
合计	15	14	10	10	49	
小百分比	51.72%	48.28%	50.00%	50.00%		
百分比	30.61%	28.57%	20.41%	20.41%		100%

附表 2-12 H25 陶片纹饰统计表

数量 纹饰 \ 陶质 陶色	夹砂陶		泥质陶		合计	百分比
	红褐陶	黑褐陶	红褐陶	红衣红陶		
素面	14	14	10	10	48	97.96%
捺窝	1				1	2.04%
合计	15	14	10	10	49	
小百分比	51.72%	48.28%	50.00%	50.00%		
百分比	30.61%	28.57%	20.41%	20.41%		100%

附表 2-13　H31 陶片器形统计表

陶质 / 陶色 / 数量 / 器形	夹砂陶			泥质陶			合计	百分比
	红褐陶	黑褐陶	白陶	红褐陶	红衣红陶	白陶		
（釜）鋬手		1					1	2.50%
腹片	13	15	1	6	3	1	39	97.50%
合计	13	16	1	6	3	1	40	
小百分比	43.33%	53.33%	3.33%	60.00%	30.00%	10.00%		
百分比	32.50%	40.00%	2.50%	15.00%	7.50%	2.50%		100%

附表 2-14　H31 陶片纹饰统计表

陶质 / 陶色 / 数量 / 纹饰	夹砂陶			泥质陶			合计	百分比
	红褐陶	黑褐陶	白陶	红褐陶	红衣红陶	白陶		
素面	13	16	1	6	3	1	40	100.00%
合计	13	16	1	6	3	1	40	
小百分比	43.33%	53.33%	3.33%	60.00%	30.00%	10.00%		
百分比	32.50%	40.00%	2.50%	15.00%	7.50%	2.50%		100%

附表 2-15　H32 陶片器形统计表

陶质 / 陶色 / 数量 / 器形	夹砂陶			泥质陶		合计	百分比
	红褐陶	黑褐陶	白陶	红褐陶	红衣红陶		
（釜）鋬手	1					1	2.33%
腹片	25	5	1	7	4	42	97.67%
合计	26	5	1	7	4	43	
小百分比	81.25%	15.63%	3.13%	63.64%	36.36%		
百分比	60.47%	11.63%	2.33%	16.28%	9.30%		100%

附表 2-16　H32 陶片纹饰统计表

陶质 / 陶色 / 数量 / 纹饰	夹砂陶			泥质陶		合计	百分比
	红褐陶	黑褐陶	白陶	红褐陶	红衣红陶		
素面	26	5	1	7	4	43	100.00%
合计	26	5	1	7	4	43	
小百分比	81.25%	15.63%	3.13%	63.64%	36.36%		
百分比	60.47%	11.63%	2.33%	16.28%	9.30%		100%

附表 2-17 H33 陶片器形统计表

陶质/陶色/数量/器形	夹砂陶		泥质陶		合计	百分比
	红褐陶	黑褐陶	红褐陶	红衣红陶		
腹片	10	5	3	1	19	100.00%
合计	10	5	3	1	19	
小百分比	66.67%	33.33%	75.00%	25.00%		
百分比	52.63%	26.32%	15.79%	5.26%		100%

附表 2-18 H33 陶片纹饰统计表

陶质/陶色/数量/纹饰	夹砂陶		泥质陶		合计	百分比
	红褐陶	黑褐陶	红褐陶	红衣红陶		
素面	10	5	3	1	19	100.00%
合计	10	5	3	1	19	
小百分比	66.67%	33.33%	75.00%	25.00%		
百分比	52.63%	26.32%	15.79%	5.26%		100%

附表 2-19 H34 陶片器形统计表

陶质/陶色/数量/器形	夹砂陶				泥质陶			合计	百分比
	红褐陶	红陶	黑褐陶	白陶	红陶	红衣红陶	红褐陶		
器把	1				1			2	2.67%
（釜）腰沿	1							1	1.33%
（釜）鋬手	1							1	1.33%
（釜）口沿	1							1	1.33%
豆柄						1		1	1.33%
豆盘					1			1	1.33%
腹片	46	10	7	2	1	1	1	68	90.67%
合计	50	10	7	2	3	2	1	75	
小百分比	72.46%	14.49%	10.14%	2.90%	50.00%	33.33%	16.67%		
百分比	66.67%	13.33%	9.33%	2.67%	4.00%	2.67%	1.33%		100%

附表 2-20 H34 陶片纹饰统计表

陶质/陶色/数量/纹饰	夹砂陶				泥质陶			合计	百分比
	红褐陶	红陶	黑褐陶	白陶	红陶	红衣红陶	红褐陶		
捺窝	2					1		3	4.00%
素面	48	10	7	2	2	2	1	72	96.00%

续附表 2-20

陶质 陶色 数量 纹饰	夹砂陶				泥质陶			合计	百分比
	红褐陶	红陶	黑褐陶	白陶	红陶	红衣红陶	红褐陶		
合计	50	10	7	2	3	2	1	75	
小百分比	72.46%	14.49%	10.14%	2.90%	50.00%	33.33%	16.67%		
百分比	66.67%	13.33%	9.33%	2.67%	4.00%	2.67%	1.33%		100%

附表 2-21　H35 陶片器形统计表

陶质 陶色 数量 器形	夹砂陶		泥质陶			合计	百分比
	红褐陶	黑褐陶	红陶	红褐陶	红衣红陶		
（釜）腰沿	1					1	1.92%
罐口沿	1		1			2	3.85%
缸口沿	1					1	1.92%
豆盘					1	1	1.92%
腹片	23	12	1	7	4	47	90.38%
合计	26	12	2	7	5	52	
小百分比	68.42%	31.58%	14.29%	50.00%	35.71%		
百分比	50.00%	23.08%	3.85%	13.46%	9.62%		100%

附表 2-22　H35 陶片纹饰统计表

陶质 陶色 数量 纹饰	夹砂陶		泥质陶			合计	百分比
	红褐陶	黑褐陶	红陶	红褐陶	红衣红陶		
素面	25	12	2	7	5	51	98.08%
捺窝	1					1	1.92%
合计	26	12	2	7	5	52	
小百分比	68.42%	31.58%	14.29%	50.00%	35.71%		
百分比	50.00%	23.08%	3.85%	13.46%	9.62%		100%

附表 2-23　H36 陶片器形统计表

陶质 陶色 数量 器形	夹砂陶		泥质陶				合计	百分比
	红褐陶	黑褐陶	红陶	红褐陶	红衣红陶	黑褐陶		
罐口沿	2						2	5.26%
（釜）鋬手	1						1	2.63%
豆柄						1	1	2.63%

续附表 2–23

陶质 / 陶色 / 数量 / 器形	夹砂陶		泥质陶				合计	百分比
	红褐陶	黑褐陶	红陶	红褐陶	红衣红陶	黑褐陶		
腹片	22	2	2	5	3		34	89.47%
合计	25	2	2	5	3	1	38	
小百分比	92.59%	7.41%	18.18%	45.45%	27.27%	9.09%		
百分比	65.79%	5.26%	5.26%	13.16%	7.89%	2.63%		100%

附表 2–24 H36 陶片纹饰统计表

陶质 / 陶色 / 数量 / 纹饰	夹砂陶		泥质陶				合计	百分比
	红褐陶	黑褐陶	红陶	红褐陶	红衣红陶	黑褐陶		
捺窝（錾手）	1						1	2.63%
素面	24	2	2	5	3	1	37	97.37%
合计	25	2	2	5	3	1	38	
小百分比	92.59%	7.41%	18.18%	45.45%	27.27%	9.09%		
百分比	65.79%	5.26%	5.26%	13.16%	7.89%	2.63%		100%

附表 2–25 H39 陶片器形统计表

陶质 / 陶色 / 数量 / 器形	夹砂陶				泥质陶			合计	百分比
	红褐陶	红陶	黑褐	红衣白陶	红陶	红衣红陶	红褐陶		
（釜）錾手			1					1	4.17%
腹片	9	3	3	3	2	2	1	23	95.83%
合计	9	3	4	3	2	2	1	24	
小百分比	47.37%	15.79%	21.05%	15.79%	40.00%	40.00%	20.00%		
百分比	37.50%	12.50%	16.67%	12.50%	8.33%	8.33%	4.17%		100%

附表 2–26 H39 陶片纹饰统计表

陶质 / 陶色 / 数量 / 纹饰	夹砂陶				泥质陶			合计	百分比
	红褐陶	红陶	黑褐	红衣白陶	红陶	红衣红陶	红褐陶		
素面	9	3	4	3	2	2	1	24	100.00%
合计	9	3	4	3	2	2	1	24	
小百分比	47.37%	15.79%	21.05%	15.79%	40.00%	40.00%	20.00%		
百分比	37.50%	12.50%	16.67%	12.50%	8.33%	8.33%	4.17%		100%

附表三　马家浜文化地层出土陶片器形及纹饰统计表

附表 3-1　T1606－1⑥层陶片器形统计表

陶质/陶色/数量/器形	夹砂陶				泥质陶			合计	百分比
	红褐陶	灰褐陶	黑褐陶	白陶	红陶	红褐陶	红衣红陶		
釜腹片	19	2						21	6.48%
圜底缸底	1	1						2	0.62%
釜鋬	7		1					8	2.47%
器鋬	1							1	0.31%
器把	1		1		1	1		4	1.23%
鼎足	1							1	0.31%
牛鼻耳	1							1	0.31%
罐口沿	4						1	5	1.54%
豆柄					1	1	1	3	0.93%
豆圈足						2	1	3	0.93%
盆口沿	1							1	0.31%
腹片	158	37	15	2	20	30	12	274	84.57%
合计	194	40	17	2	22	34	15	324	
小百分比	76.68%	15.81%	6.72%	0.79%	30.99%	47.89%	21.13%		
百分比	59.88%	12.35%	5.25%	0.62%	6.79%	10.49%	4.63%		100%

附表 3-2　T1606－1⑥层陶片纹饰统计表

陶质/陶色/数量/纹饰	夹砂陶				泥质陶			合计	百分比
	红褐陶	灰褐陶	黑褐陶	白陶	红陶	红褐陶	红衣红陶		
捺窝	23		1		1			25	7.72%
弦纹＋镂孔					1		1	2	0.62%

续附表 3-2

陶质 陶色 / 数量 / 纹饰	夹砂陶				泥质陶			合计	百分比
	红褐陶	灰褐陶	黑褐陶	白陶	红陶	红褐陶	红衣红陶		
细绳纹				1				1	0.31%
镂孔						1		1	0.31%
素面	171	40	16	1	20	33	14	295	91.05%
合计	194	40	17	2	22	34	15	324	
小百分比	76.68%	15.81%	6.72%	0.79%	30.99%	47.89%	21.13%		
百分比	59.88%	12.35%	5.25%	0.62%	6.79%	10.49%	4.63%		100%

附表 3-3 T1606－1⑦层陶片器形统计表

陶质 陶色 / 数量 / 器形	夹砂陶		泥质陶			合计	百分比
	红褐陶	灰褐陶	红陶	红褐陶	红衣红陶		
釜口沿	1					1	1.35%
釜腰沿	6	1				7	9.46%
器流	1					1	1.35%
釜鋬	2					2	2.70%
器鋬	1	1			1	3	4.05%
罐口沿	2	1	1		1	5	6.76%
圜底缸底	2					2	2.70%
豆柄					2	2	2.70%
豆盘			1	1		2	2.70%
蒜头形器			1			1	1.35%
腹片	26	11	3	1	7	48	64.86%
合计	41	14	6	2	11	74	
小百分比	74.55%	25.45%	31.58%	10.53%	57.89%		
百分比	55.41%	18.92%	8.11%	2.70%	14.86%		100%

附表 3-4 T1606－1⑦层陶片纹饰统计表

陶质 陶色 / 数量 / 纹饰	夹砂陶		泥质陶			合计	百分比
	红褐陶	灰褐陶	红陶	红褐陶	红衣红陶		
捺窝	6	1			1	8	10.81%
凸棱	1				1	2	2.70%
镂孔			1			1	1.35%

续附表 3–4

陶质/陶色/数量/纹饰	夹砂陶		泥质陶			合计	百分比
	红褐陶	灰褐陶	红陶	红褐陶	红衣红陶		
素面	34	13	5	2	9	63	85.14%
合计	41	14	6	2	11	74	
小百分比	74.55%	25.45%	31.58%	10.53%	57.89%		
百分比	55.41%	18.92%	8.11%	2.70%	14.86%		100%

附表 3–5　T1606－1⑧层陶片器形统计表

陶质/陶色/数量/器形	夹砂陶			泥质陶			合计	百分比
	红褐陶	灰褐陶	灰陶	红陶	红褐陶	红衣红陶		
釜口沿	13	1	2				16	4.20%
三角形鋬把	4						4	1.05%
釜腰沿	9						9	2.36%
釜鋬	2	2	2				6	1.57%
鼎足	2						2	0.52%
豆柄	2			3		2	7	1.84%
豆盘				1	3	2	6	1.57%
豆圈足				2	1	1	4	1.05%
圜底缸底	12						12	3.15%
尖底器	1						1	0.26%
腹片	216	9	34	20	22	13	314	82.41%
合计	261	12	38	26	26	18	381	
小百分比	83.92%	3.86%	12.22%	37.14%	37.14%	25.71%		
百分比	68.50%	3.15%	9.97%	6.82%	6.82%	4.72%		100%

附表 3–6　T1606－1⑧层陶片纹饰统计表

陶质/陶色/数量/纹饰	夹砂陶			泥质陶			合计	百分比
	红褐陶	灰褐陶	灰陶	红陶	红褐陶	红衣红陶		
弦纹＋圆形小镂孔				1			1	0.26%
折线镂孔				1			1	0.26%

续附表 3-6

陶质 / 陶色 / 数量 / 纹饰	夹砂陶			泥质陶			合计	百分比
	红褐陶	灰褐陶	灰陶	红陶	红褐陶	红衣红陶		
捺窝	17	4	2				23	6.04%
圆形镂孔					1		1	0.26%
素面	244	8	36	24	25	18	355	93.18%
合计	261	12	38	26	26	18	381	
小百分比	83.92%	3.86%	12.22%	37.14%	37.14%	25.71%		
百分比	68.50%	3.15%	9.97%	6.82%	6.82%	4.72%		100%

附表 3-7　T1606－1⑨层陶片器形统计表

陶质 / 陶色 / 数量 / 器形	夹砂陶		泥质陶			合计	百分比
	红褐陶	灰褐陶	红陶	红褐陶	红衣红陶		
釜腹片	3	1				4	2.53%
釜腰沿	5	1				6	3.80%
釜鋬手	2					2	1.27%
盆口沿	1					1	0.63%
圜底缸底	2					2	1.27%
半环状器耳		1				1	0.63%
盉鋬手		1				1	0.63%
豆柄			1	1		2	1.27%
宽扁状鼎足	4					4	2.53%
长条形鼎足	1					1	0.63%
中间内凹形鼎足	1					1	0.63%
小鼎足		1				1	0.63%
腹片	81	26	8	8	9	132	83.54%
合计	100	31	9	9	9	158	
小百分比	76.34%	23.66%	33.33%	33.33%	33.33%		
百分比	63.29%	19.62%	5.70%	5.70%	5.70%		100%

附表 3-8　T1606－1⑨层陶片纹饰统计表

陶质 / 陶色 / 数量 / 纹饰	夹砂陶		泥质陶			合计	百分比
	红褐陶	灰褐陶	红陶	红褐陶	红衣红陶		
捺窝	11	2				13	8.23%
素面	89	29	9	9	9	145	91.77%

续附表 3-8

陶质/陶色/数量/纹饰	夹砂陶		泥质陶			合计	百分比
	红褐陶	灰褐陶	红陶	红褐陶	红衣红陶		
合计	100	31	9	9	9	158	
小百分比	76. 34%	23. 66%	33. 33%	33. 33%	33. 33%		
百分比	63. 29%	19. 62%	5. 70%	5. 70%	5. 70%		100%

附表 3-9　T1606－1⑩层陶片器形统计表

陶质/陶色/数量/器形	夹砂陶		泥质陶		合计	百分比
	红褐陶	黑褐陶	红褐陶	红衣红陶		
釜口沿	3				3	7. 32%
釜腰沿	1	2			3	7. 32%
釜鋬手		2			2	4. 88%
圜底缸底	1				1	2. 44%
器把	2				2	4. 88%
鼎足	1				1	2. 44%
腹片	22	3	1	3	29	70. 73%
合计	30	7	1	3	41	
小百分比	81. 08%	18. 92%	25. 00%	75. 00%		
百分比	73. 17%	17. 07%	2. 44%	7. 32%		100%

附表 3-10　T1606－1⑩层陶片纹饰统计表

陶质/陶色/数量/纹饰	夹砂陶		泥质陶		合计	百分比
	红褐陶	黑褐陶	红褐陶	红衣红陶		
捺窝	9	2			11	26. 83%
素面	21	5	1	3	30	73. 17%
合计	30	7	1	3	41	
小百分比	81. 08%	18. 92%	25. 00%	75. 00%		
百分比	73. 17%	17. 07%	2. 44%	7. 32%		100%

附表 3-11　T1606－1⑪层陶片器形统计表

陶质/陶色/数量/器形	夹砂陶		泥质陶			合计	百分比
	红褐陶	黑褐陶	红陶	红衣红陶	红褐陶		
釜口沿	3					3	6. 52%
釜腰沿	3	4				7	15. 22%

续附表 3-11

数量 / 陶色 / 陶质 / 器形	夹砂陶		泥质陶			合计	百分比
	红褐陶	黑褐陶	红陶	红衣红陶	红褐陶		
器把	1					1	2.17%
盉流	1					1	2.17%
豆柄			1		1	2	4.35%
豆盘				1		1	2.17%
罐口沿	1					1	2.17%
腹片	16	10		1	3	30	65.22%
合计	25	14	1	2	4	46	
小百分比	64.10%	35.90%	14.29%	28.57%	57.14%		
百分比	54.35%	30.43%	2.17%	4.35%	8.70%		100%

附表 3-12 T1606-1⑪层陶片纹饰统计表

数量 / 陶色 / 陶质 / 纹饰	夹砂陶		泥质陶			合计	百分比
	红褐陶	黑褐陶	红陶	红衣红陶	红褐陶		
捺窝	7	2				9	19.57%
素面	18	12	1	2	4	37	80.43%
合计	25	14	1	2	4	46	
小百分比	64.10%	35.90%	14.29%	28.57%	57.14%		
百分比	54.35%	30.43%	2.17%	4.35%	8.70%		100%

附表 3-13 T1606-1⑫层陶片器形统计表

数量 / 陶色 / 陶质 / 器形	夹砂陶		泥质陶	合计	百分比
	红褐陶	黑褐陶	红衣红陶		
牛鼻耳		1		1	6.67%
豆柄			1	1	6.67%
腹片	8	4	1	13	86.67%
合计	8	5	2	15	
小百分比	61.54%	38.46%	100.00%		
百分比	53.33%	33.33%	13.33%		100%

附表 3–14　T1606－1⑫层陶片纹饰统计表

陶质/陶色/数量/纹饰	夹砂陶		泥质陶	合计	百分比
	红褐陶	黑褐陶	红衣红陶		
素面	8	5	2	15	100.00%
合计	8	5	2	15	
小百分比	61.54%	38.46%	100.00%		
百分比	53.33%	33.33%	13.33%		100%

附表 3–15　T1606－1⑬层陶片器形统计表

陶质/陶色/数量/器形	夹砂陶		泥质陶	合计	百分比
	红褐陶	黑褐陶	红衣红陶		
釜口沿	2			2	2.74%
釜腰沿	8			8	10.96%
豆柄	2			2	2.74%
器座	1			1	1.37%
腹片	22	28	10	60	82.19%
合计	35	28	10	73	
小百分比	55.56%	44.44%	100.00%		
百分比	47.95%	38.36%	13.70%		100%

附表 3–16　T1606－1⑬层陶片纹饰统计表

陶质/陶色/数量/纹饰	夹砂陶		泥质陶	合计	百分比
	红褐陶	黑褐陶	红衣红陶		
捺窝	3	5		8	10.96%
素面	32	23	10	65	89.04%
合计	35	28	10	73	
小百分比	55.56%	44.44%	100.00%		
百分比	47.95%	38.36%	13.70%		100%

附表 3–17　T1905⑥层陶片器形统计表

陶质/陶色/数量/器形	夹砂陶		泥质陶				合计	百分比
	红褐陶	灰褐陶	红陶	红褐陶	红衣红陶	灰褐陶		
罐口沿	4	2		1	2		9	4.05%
盆口沿				2			2	0.90%

续附表 3-17

陶质 / 陶色 / 数量 / 器形	夹砂陶		泥质陶				合计	百分比
	红褐陶	灰褐陶	红陶	红褐陶	红衣红陶	灰褐陶		
豆柄			1		1	2	4	1.80%
牛鼻耳	1					1	2	0.90%
鼎足	1						1	0.45%
器鋬	7		1				8	3.60%
豆盘					1		1	0.45%
豆圈足			2				2	0.90%
圜底缸底	1						1	0.45%
腹片	98	15	12	38	12	17	192	86.49%
合计	112	17	16	41	16	20	222	
小百分比	86.82%	13.18%	17.20%	44.09%	17.20%	21.51%		
百分比	50.45%	7.66%	7.21%	18.47%	7.21%	9.01%		100%

附表 3-18　T1905⑥层陶片纹饰统计表

陶质 / 陶色 / 数量 / 纹饰	夹砂陶		泥质陶				合计	百分比
	红褐陶	灰褐陶	红陶	红褐陶	红衣红陶	灰褐陶		
捺窝（鋬手）	4		1				5	2.25%
凹弦纹	1			3			4	1.80%
凸棱				1		1	2	0.90%
圆形镂孔 + 凸棱						2	2	0.90%
素面	107	17	15	37	16	17	209	94.15%
合计	112	17	16	41	16	20	222	
小百分比	86.82%	13.18%	17.20%	44.09%	17.20%	21.51%		
百分比	50.45%	7.66%	7.21%	18.47%	7.21%	9.01%		100%

附表 3-19　T1905⑦层陶片器形统计表

陶质 / 陶色 / 数量 / 器形	夹砂陶				泥质陶				合计	百分比
	红褐陶	灰褐陶	灰白陶	红陶	红陶	红褐陶	红衣红陶	灰褐陶		
釜口沿	3			1					4	1.83%
器鋬	6	2		2	1	1			12	5.48%
罐口沿	3								3	1.37%
宽扁形鼎足	2								2	0.91%
缸口沿	1								1	0.46%

续附表 3–19

陶质/陶色/数量/器形	夹砂陶				泥质陶				合计	百分比
	红褐陶	灰褐陶	灰白陶	红陶	红陶	红褐陶	红衣红陶	灰褐陶		
（釜）腰沿				3					3	1.37%
器把		1		2					3	1.37%
罐口沿		1		1	1	2	2		7	3.20%
豆柄					2		1	4	7	3.20%
豆盘						1			1	0.46%
盆口沿							1		1	0.46%
腹片	78	18	1	11	8	24	16	19	175	79.91%
合计	93	22	1	20	12	28	20	23	219	
小百分比	68.38%	16.18%	0.74%	14.71%	14.46%	33.73%	24.10%	27.71%		
百分比	42.47%	10.05%	0.46%	9.13%	5.48%	12.79%	9.13%	10.50%		100%

附表 3–20　T1905⑦层陶片纹饰统计表

陶质/陶色/数量/纹饰	夹砂陶				泥质陶				合计	百分比
	红褐陶	灰褐陶	灰白陶	红陶	红陶	红褐陶	红衣红陶	灰褐陶		
捺窝（腰沿）	7			5	1	1			14	6.39%
凸棱	1				1	1	1		4	1.83%
圆形镂孔 + 凸棱								2	2	0.91%
凹弦纹						1			1	0.46%
素面	85	22	1	15	10	25	19	21	198	90.41%
合计	93	22	1	20	12	28	20	21	219	
小百分比	68.38%	16.18%	0.74%	14.71%	14.46%	33.73%	24.10%	27.71%		
百分比	42.47%	10.05%	0.46%	9.13%	5.48%	12.79%	9.13%	10.50%		100%

附表 3–21　T1905⑨层陶片器形统计表

陶质/陶色/数量/器形	夹砂陶			泥质陶				合计	百分比
	红褐陶	灰褐陶	黑褐陶	红陶	红衣红陶	红褐陶	黑褐陶		
三足器			1					1	1.64%
腰沿（釜）	1		1					2	3.28%
豆盘							1	1	1.64%
器耳							1	1	1.64%
盆口沿						1		1	1.64%

续附表 3-21

陶质 / 陶色 / 数量 / 器形	夹砂陶			泥质陶				合计	百分比
	红褐陶	灰褐陶	黑褐陶	红陶	红衣红陶	红褐陶	黑褐陶		
罐口沿	3			1	1	1		6	9.84%
鼎足	1							1	1.64%
器鋬							1	1	1.64%
（釜）鋬手	1		1					2	3.28%
钵口沿	1	1						2	3.28%
腹片	18	4	5	3	1	9	3	43	70.49%
合计	25	5	8	4	2	11	6	61	
小百分比	65.79%	13.16%	21.05%	17.39%	8.70%	47.82%	26.09%		
百分比	40.98%	8.20%	13.11%	6.56%	3.28%	18.03%	9.84%		100%

附表 3-22 T1905⑨层陶片纹饰统计表

陶质 / 陶色 / 数量 / 纹饰	夹砂陶			泥质陶				合计	百分比
	红褐陶	灰褐陶	黑褐陶	红陶	红衣红陶	红褐陶	黑褐陶		
捺窝（腰沿）	2		1					3	4.92%
凹弦纹						1		1	1.64%
凸棱				1				1	1.64%
素面	23	5	7	3	2	10	6	56	91.80%
合计	25	5	8	4	2	11	6	61	
小百分比	65.79%	13.16%	21.05%	17.39%	8.70%	47.82%	26.09%		
百分比	40.98%	8.20%	13.11%	6.56%	3.28%	18.03%	9.84%		100%

附表 3-23 T1905⑩层陶片器形统计表

陶质 / 陶色 / 数量 / 器形	夹砂陶		泥质陶		合计	百分比
	红褐陶	黑褐陶	红褐陶	红衣红陶		
釜口沿	2	1			3	5.45%
釜腰沿	2	1			3	5.45%
釜鋬手	4				4	7.27%
腹片	16	23	3	3	45	81.82%
合计	24	25	3	3	55	
小百分比	48.98%	51.02%	50.00%	50.00%		
百分比	43.64%	45.45%	5.45%	5.45%		100%

附表 3-24　T1905⑩层陶片纹饰统计表

陶质 / 陶色 / 数量 / 纹饰	夹砂陶		泥质陶		合计	百分比
	红褐陶	黑褐陶	红褐陶	红衣红陶		
捺窝	2	1			3	5.45%
素面	22	24	3	3	52	94.55%
合计	24	25	3	3	55	
小百分比	48.98%	51.02%	50.00%	50.00%		
百分比	43.64%	45.45%	5.45%	5.45%		100%

附表 3-25　T1905⑪层陶片器形统计表

陶质 / 陶色 / 数量 / 器形	夹砂陶				泥质陶				合计	百分比
	红褐陶	灰褐陶	黑褐陶	红陶	红褐陶	红衣红陶	红陶	黑褐陶		
釜口沿	1								1	1.22%
器鋬	2	1		1	1		1		6	7.32%
豆柄							4		4	4.88%
豆盘							1		1	1.22%
罐口沿	2						2		4	4.88%
盆口沿								1	1	1.22%
腹片	25	7	6	6	9	4	6	2	65	79.27%
合计	30	8	6	7	10	4	14	3	82	
小百分比	58.82%	15.69%	11.76%	13.73%	32.26%	12.90%	45.16%	9.68%		
百分比	36.59%	9.76%	7.32%	8.54%	12.20%	4.88%	17.07%	3.66%		100%

附表 3-26　T1905⑪层陶片纹饰统计表

陶质 / 陶色 / 数量 / 纹饰	夹砂陶				泥质陶				合计	百分比
	红褐陶	灰褐陶	黑褐陶	红陶	红褐陶	红衣红陶	红陶	黑褐陶		
捺窝	3	1		1	1		1		7	8.54%
凸棱						2			2	2.44%
素面	27	7	6	6	9	2	13		73	89.02%
合计	30	8	6	7	10	4	14	3	82	
小百分比	58.82%	15.69%	11.76%	13.73%	32.26%	12.90%	45.16%	9.68%		
百分比	36.59%	9.76%	7.32%	8.54%	12.20%	4.88%	17.07%	3.66%		100%

附表 3-27　T1905⑫层陶片器形统计表

陶质 / 陶色 / 数量 / 器形	夹砂陶			泥质陶		合计	百分比
	红褐陶	灰褐陶	黑褐陶	灰褐陶	红褐陶		
釜口沿	2					2	16.67%
釜鋬手	1					1	8.33%
豆柄		1				1	8.33%
腹片	2	2	1	1	2	8	66.67%
合计	5	3	1	1	2	12	
小百分比	55.56%	33.33%	11.11%	33.33%	66.67%		
百分比	41.67%	25.00%	8.33%	8.33%	16.67%		100%

附表 3-28　T1905⑫层陶片纹饰统计表

陶质 / 陶色 / 数量 / 纹饰	夹砂陶			泥质陶		合计	百分比
	红褐陶	灰褐陶	黑褐陶	灰褐陶	红褐陶		
素面	5	3	1	1	2	12	100.00%
合计	5	3	1	1	2		
小百分比	55.56%	33.33%	11.11%	33.33%	66.67%		
百分比	41.67%	25.00%	8.33%	8.33%	16.67%		100%

附表 3-29　T1905⑬层陶片器形统计表

陶质 / 陶色 / 数量 / 器形	夹砂陶		泥质陶	合计	百分比
	红褐陶	黑褐陶	红褐陶		
釜口沿		1		1	14.29%
釜腰沿	1		3	4	57.14%
腹片	1	1		2	28.57%
合计	2	2	3	7	
小百分比	50.00%	50.00%	100.00%		
百分比	28.57%	28.57%	42.86%		100%

附表 3-30　T1905⑬层陶片纹饰统计表

陶质 / 陶色 / 数量 / 纹饰	夹砂陶		泥质陶	合计	百分比
	红褐陶	黑褐陶	红褐陶		
素面	2	2	3	7	100.00%
合计	2	2	3	7	
小百分比	50.00%	50.00%	100.00%		
百分比	28.57%	28.57%	42.86%		100%

附表 3-31　T1905⑭层陶片器形统计表

陶质/陶色/数量/器形	夹砂陶	合计	百分比
	红褐陶		
腹片	2	2	100.00%
合计	2	2	
小百分比	100.00%		
百分比	100.00%		100%

附表 3-32　T1905⑭层陶片纹饰统计表

陶质/陶色/数量/纹饰	夹砂陶	合计	百分比
	红褐陶		
素面	2	2	100.00%
合计	2	2	
小百分比	100.00%		
百分比	100.00%		100%

附表 3-33　T2006⑥层陶片器形统计表

陶质/陶色/数量/器形	夹砂陶		泥质陶					合计	百分比
	红褐陶	灰褐陶	红陶	红褐陶	红衣红陶	灰陶	灰褐陶		
圜底缸底	1							1	0.44%
釜鋬手	10							10	4.39%
釜腰沿	2							2	0.88%
罐口沿	2	1				2		5	2.19%
钵口沿					1			1	0.44%
豆柄			1	1			2	4	1.75%
腹片	142	8	11	20	15	1	8	205	89.91%
合计	157	9	12	21	16	3	10	228	
小百分比	94.58%	5.42%	19.35%	33.87%	25.81%	4.84%	16.13%		
百分比	68.86%	3.95%	5.26%	9.21%	7.02%	1.32%	4.39%		100%

附表 3-34 T2006⑥层陶片纹饰统计表

陶质 / 陶色 / 数量 / 纹饰	夹砂陶		泥质陶					合计	百分比
	红褐陶	灰褐陶	红陶	红褐陶	红衣红陶	灰陶	灰褐陶		
捺窝	7							7	3.07%
素面	150	9	12	21	16	3	10	221	96.93%
合计	157	9	12	21	16	3	10	228	
小百分比	94.58%	5.42%	19.35%	33.87%	25.81%	4.84%	16.13%		
百分比	68.86%	3.95%	5.26%	9.21%	7.02%	1.32%	4.39%		100%

附表 3-35 T2006⑦层陶片器形统计表

陶质 / 陶色 / 数量 / 器形	夹砂陶		泥质陶			合计	百分比
	红褐陶	灰褐陶	红陶	红褐陶	红衣红陶		
豆柄			1		3	4	3.60%
豆盘				1	1	2	1.80%
罐口沿			2		1	3	2.70%
釜口沿	1					1	0.90%
釜鋬手	4	1				5	4.50%
釜腰沿	4					4	3.60%
腹片	48	3	5	6	30	92	82.88%
合计	57	4	8	7	35	111	
小百分比	93.44%	6.56%	16.00%	14.00%	70.00%		
百分比	51.35%	3.60%	7.21%	6.31%	31.53%		100%

附表 3-36 T2006⑦层陶片纹饰统计表

陶质 / 陶色 / 数量 / 纹饰	夹砂陶		泥质陶			合计	百分比
	红褐陶	灰褐陶	红陶	红褐陶	红衣红陶		
捺窝	6	1				7	6.31%
突棱+圆形小镂孔					1	1	0.90%
素面	51	3	8	7	34	103	92.79%
合计	57	4	8	7	35	111	
小百分比	93.44%	6.56%	16.00%	14.00%	70.00%		
百分比	51.35%	3.60%	7.21%	6.31%	31.53%		100%

附表 3-37　T2006⑧层陶片器形统计表

陶质／陶色／数量／器形	夹砂陶		泥质陶			合计	百分比
	红褐陶	灰褐陶	红陶	红褐陶	红衣红陶		
釜口沿	2	1				3	0.55%
釜鋬手	15	4			4	23	4.20%
釜腰沿	15	3				18	3.29%
罐口沿	3		2		2	7	1.28%
钵口沿	1					1	0.18%
器盖	1					1	0.18%
牛鼻形耳	1	1	1		5	8	1.46%
圜底缸底	1					1	0.18%
豆柄				4	7	11	2.01%
豆盘			1			1	0.18%
豆圈足			1			1	0.18%
圈足					1	1	0.18%
腹片	265	60	18	48	80	471	86.11%
合计	304	69	23	52	99	547	
小百分比	81.50%	18.50%	13.22%	29.89%	56.90%		
百分比	55.58%	12.61%	4.20%	9.51%	18.10%		100%

附表 3-38　T2006⑧层陶片纹饰统计表

陶质／陶色／数量／纹饰	夹砂陶		泥质陶			合计	百分比
	红褐陶	灰褐陶	红陶	红褐陶	红衣红陶		
附加堆纹	2	5				7	1.28%
捺窝	3				4	7	1.28%
突棱＋小圆形镂孔				2		2	0.37%
素面	299	64		50	95	531	97.07%
合计	304	69	23	52	99	547	
小百分比	81.50%	18.50%	13.22%	29.89%	56.90%		
百分比	55.58%	12.61%	4.20%	9.51%	18.10%		100%

附表 3-39　T2006⑨层陶片器形统计表

陶质／陶色／数量／器形	夹砂陶			泥质陶		合计	百分比
	红褐陶	灰褐陶	白陶	红褐陶	红衣红陶		
鼎足	6					6	2.59%
釜鋬手	4					4	1.72%
圜底缸底		1				1	0.43%
豆柄					1	1	0.43%

续附表 3-39

陶质/陶色/数量/器形	夹砂陶			泥质陶		合计	百分比
	红褐陶	灰褐陶	白陶	红褐陶	红衣红陶		
豆圈足					1	1	0.43%
罐口沿				2		2	0.86%
腹片	110	70	1	35	1	217	93.53%
合计	120	71	1	37	3	232	
小百分比	62.50%	36.98%	0.52%	92.50%	7.50%		
百分比	51.72%	30.60%	0.43%	15.95%	1.29%		100%

附表 3-40 T2006⑨层陶片纹饰统计表

陶质/陶色/数量/纹饰	夹砂陶			泥质陶		合计	百分比
	红褐陶	灰褐陶	白陶	红褐陶	红衣红陶		
捺窝	2					2	0.86%
戳印			1			1	0.43%
素面	118	71		37	3	229	98.71%
合计	120	71	1	37	3	232	
小百分比	62.50%	36.98%	0.52%	92.50%	7.50%		
百分比	51.72%	30.60%	0.43%	15.95%	1.29%		100%

附表 3-41 T2006⑩层陶片器形统计表

陶质/陶色/数量/器形	夹砂陶		泥质陶		合计	百分比
	红褐陶	灰褐陶	红褐陶	红衣红陶		
豆柄				1	1	10.00%
盆口沿				1	1	10.00%
釜口沿		1			1	10.00%
釜鋬	1				1	10.00%
圜底缸底	1				1	10.00%
腹片	1	2	1	1	5	50.00%
合计	3	3	1	3	10	
小百分比	50.00%	50.00%	25.00%	75.00%		
百分比	30.00%	30.00%	10.00%	30.00%		100%

附表 3–42　T2006⑩层陶片纹饰统计表

数量 纹饰 \ 陶质 陶色	夹砂陶		泥质陶		合计	百分比
	红褐陶	灰褐陶	红褐陶	红衣红陶		
捺窝	1				1	10.00%
突棱＋圆形小镂孔				1	1	10.00%
素面	2	3	1	2	8	80.00%
合计	3	3	1	3	10	
小百分比	50.00%	50.00%	25.00%	75.00%		
百分比	30.00%	30.00%	10.00%	30.00%		100%

附表 3–43　T2006⑪层陶片器形统计表

数量 器形 \ 陶质 陶色	夹砂陶				泥质陶		合计	百分比
	红褐陶	灰褐陶	灰陶	红衣灰陶	红褐陶	红衣红陶		
釜鋬手	5	1					6	5.45%
釜口沿		2					2	1.82%
釜腰沿	3	2					5	4.55%
豆柄						4	4	3.64%
豆盘	1						1	0.91%
豆圈足						1	1	0.91%
罐口沿					2		2	1.82%
罐耳	2				1		3	2.73%
腹片	40	18	1	1	9	17	86	78.18%
合计	51	23	1	1	12	22	110	
小百分比	67.11%	30.26%	1.32%	1.32%	35.29%	64.71%		
百分比	46.36%	20.91%	0.91%	0.91%	10.91%	20.00%		100%

附表 3–44　T2006⑪层陶片纹饰统计表

数量 纹饰 \ 陶质 陶色	夹砂陶				泥质陶		合计	百分比
	红褐陶	灰褐陶	灰陶	红衣灰陶	红褐陶	红衣红陶		
附加堆纹	2	2					4	3.64%
捺窝	6	3					9	8.18%
突棱＋圆形小镂孔						1	1	0.91%
突棱						1	1	0.91%
素面	43	18	1	1	12	20	95	86.36%

续附表 3-44

陶质/陶色/数量/纹饰	夹砂陶				泥质陶		合计	百分比
	红褐陶	灰褐陶	灰陶	红衣灰陶	红褐陶	红衣红陶		
合计	51	23	1	1	12	22	110	
小百分比	67.11%	30.26%	1.32%	1.32%	35.29%	64.71%		
百分比	46.36%	20.91%	0.91%	0.91%	10.91%	20.00%		100%

附表 3-45 T2006⑫层陶片器形统计表

陶质/陶色/数量/器形	夹砂陶		泥质陶		合计	百分比
	红褐陶	灰褐陶	红褐陶	红衣红陶		
釜口沿	1				1	4.00%
釜鋬		1			1	4.00%
钵口沿	1				1	4.00%
豆柄				2	2	8.00%
腹片	3	8	1	8	20	80.00%
合计	5	9	1	10	25	
小百分比	35.71%	64.29%	9.09%	90.91%		
百分比	20.00%	36.00%	4.00%	40.00%		100%

附表 3-46 T2006⑫层陶片纹饰统计表

陶质/陶色/数量/纹饰	夹砂陶		泥质陶		合计	百分比
	红褐陶	灰褐陶	红褐陶	红衣红陶		
附加堆纹	1				1	4.00%
捺窝	1	1			2	8.00%
素面	3	8	1	10	22	88.00%
合计	5	9	1	10	25	
小百分比	35.71%	64.29%	9.09%	90.91%		
百分比	20.00%	36.00%	4.00%	40.00%		100%

附表 3-47 T2006⑬层陶片器形统计表

陶质/陶色/数量/器形	夹砂陶		泥质陶			合计	百分比
	灰褐陶	红褐陶	红褐陶	红衣红陶	黑褐陶		
釜鋬手	2	1				3	6.67%
釜腰沿		2				2	4.44%
豆柄			8	5	1	14	31.11%

续附表 3-47

陶质 / 陶色 / 数量 / 器形	夹砂陶		泥质陶			合计	百分比
	灰褐陶	红褐陶	红褐陶	红衣红陶	黑褐陶		
腹片	13	11	2			26	57.78%
合计	15	14	10	5	1	45	
小百分比	51.72%	48.28%	62.50%	31.25%	6.25%		
百分比	33.33%	31.11%	22.22%	11.11%	2.22%		100%

附表 3–48　T2006⑬层陶片纹饰统计表

陶质 / 陶色 / 数量 / 纹饰	夹砂陶		泥质陶			合计	百分比
	灰褐陶	红褐陶	红褐陶	红衣红陶	黑褐陶		
附加堆纹	2	2				4	8.89%
捺窝	1	2				3	6.67%
素面	12	10	10	5	1	38	84.44%
合计	15	14	10	5	1	45	
小百分比	51.72%	48.28%	62.50%	31.25%	6.25%		
百分比	33.33%	31.11%	22.22%	11.11%	2.22%		100%

附表 3–49　T2006⑭层陶片器形统计表

陶质 / 陶色 / 数量 / 器形	夹砂陶		泥质陶					合计	百分比
	灰褐陶	红褐陶	灰褐陶	红陶	红褐陶	红衣红陶	黑褐陶		
罐口沿	1						1	2	1.69%
（盉）流	1							1	0.85%
釜腰沿	2	2						4	3.39%
釜鋬手	2	4						6	5.08%
豆柄		3		3	2	6		14	11.86%
豆盘						1		1	0.85%
器流						1		1	0.85%
盆口沿						1		1	0.85%
牛鼻耳		2						2	1.69%
鼎足		1						1	0.85%
腹片	26	22	3	7	15	12		85	72.03%
合计	32	34	3	10	17	21	1	118	
小百分比	48.48%	51.52%	5.77%	19.23%	32.69%	40.38%	1.92%		
百分比	27.12%	28.81%	2.54%	8.47%	14.41%	17.80%	0.85%		100%

附表 3-50 T2006⑭层陶片纹饰统计表

陶质 / 陶色 / 数量 / 纹饰	夹砂陶		泥质陶					合计	百分比
	灰褐陶	红褐陶	灰褐陶	红陶	红褐陶	红衣红陶	黑褐陶		
附加堆纹	2	4						6	5.08%
鸡冠形耳	1	2						3	2.54%
素面	29	28	3	10	17	21	1	109	92.38%
合计	32	34	3	10	17	21	1	118	
小百分比	48.48%	51.52%	5.77%	19.23%	32.69%	40.38%	1.92%		
百分比	27.12%	28.81%	2.54%	8.47%	14.41%	17.80%	0.85%		100%

附表四　崧泽文化遗迹登记表

附表 4-1　崧泽文化房址登记表

编号	探方	层位	形状	结构	尺寸（米）（长×宽－深）	方向	门道	柱洞	与周围遗迹关系	出土遗物	时代
F1	Ⅱ区 T1209、T1210	④层下	长方形	地面式单间	14.7×5.75	90	房屋西部，长方形缓坡状	34 个。四角柱洞：直径 50～65 厘米，深38～48 厘米；四面柱洞：直径 20～30，深 30 厘米以内	被 M16、M25、M42 打破	陶钵形豆$_1$，釜$_2$，残罐$_1$，钵 AⅠ$_1$、B_1，瓮$_1$，纺轮 A_2、B_1；石锛 Ba_1，凿 A_1、Bb_1，锤$_1$，纺轮$_1$；玉玦 B_2，管$_1$	崧泽1期
F2	Ⅱ区 T1310	④层下	长方形	地面式	8.1×6.4	0	未发现	12 个。圆形、圜底，直径 25～30 厘米，深 20～30 厘米	被 M17、M18、M21、M24 打破	未清理	崧泽1期
F3	Ⅱ区 T1309	④层下	长方形	地面式	4.4×3.6	145	未发现	9 个。圆形、圜底，直径 22～32 厘米，深 14～30 厘米	/	未清理	崧泽1期
F4	Ⅱ区 T1208	④层下	长方形	地面式	3.9×3.15	0	未发现	11 个，圆形、圜底，直径 20～30 厘米，深 20～30 厘米	/	未清理	崧泽1期
F5	Ⅱ区 T1208	④层下	长方形	地面式	4.3×4	0	未发现	8 个，圆形、圜底，直径 20～50 厘米，深 15～30 厘米	/	未清理	崧泽1期

附表 4-2　崧泽文化灰坑登记表

编号	探方	层位	坑口形状	结构	尺寸（米）（长×宽-深）	出土遗物标本	备注
H2	Ⅰ T1706	④a 层下	椭圆形	直壁、平底	1.8×1.1-0.15	陶盉 B $Ⅰ_1$	
H3	Ⅰ T1706	④a 层下	圆形	直壁、平底	1.3~1.4-0.3	/	未清理坑内陶片
H6	Ⅱ T1308	④层下	半圆形	斜壁	2.1-0.2	/	未清理坑内陶片
H7	Ⅱ T1308	④层下	圆形	斜壁	1.35-0.2	/	未清理坑内陶片
H8	Ⅱ T1308	⑤层下	半椭圆形	直壁	1.6×0.6-0.2	/	未清理至底
H17	Ⅲ T0610	④层下	圆形	斜弧壁、平底	1.0-0.4	/	
H21	Ⅲ T0510	④层下	圆形	斜弧壁、坡状底	2.3-0.35	陶罐口沿 B $Ⅲ_1$	
H22	Ⅲ T0608	④层下	半椭圆形	斜弧壁、圜底	4.7×1.15-0.9	/	坑内堆积可分 4 层
H26	T4	G3 下	不规则形	弧壁、圜底	2.0-0.2	/	打破 H27
H27	T4	G3 下	椭圆形	弧壁、圜底	2.1×1.6-0.4	陶器圈足等	被 H26 打破
H28	T4	⑪层下	方形	斜直壁、平底	1.2-0.35	陶豆柄 A$Ⅳ_1$	
H29	T4	⑪层下	半椭圆形	弧壁、圜底	1.1×0.9-0.5	/	
H30	T4	⑩层下	椭圆形	弧壁、圜底	2.4×1.4-0.5	陶鼎铲形足 $Ⅰ_2$，陶豆柄 B$Ⅲ_1$，陶盆口沿 B_1	
H40	Ⅲ T0710	④层下	方形	直壁、平底	2.0×0.85-0.45	有腰脊陶罐 $Ⅰ_1$、$Ⅱ_1$，钵 A$Ⅱ_1$，圜底缸$_1$	打破 M95
H41	Ⅰ T1905 等	⑤层下	不规则形	弧壁，底不平整	15.2×8.9-0.91	①层：陶鼎口沿 A $Ⅰ_1$，锥形鼎足 A_1、、凿形鼎足 A $Ⅰ_2$、B_1，罐口沿 C $Ⅰ_1$，盘形豆盘 B $Ⅰ_2$，豆柄 A $Ⅰ_1$、A $Ⅲ_2$、A $Ⅳ_1$、B $Ⅰ_1$，盆口沿 A $Ⅱ_2$，支座$_1$、盖纽 C_1。②层：陶鼎口沿 B_2、C_1，锥形鼎足 A_1、B_2，凿形鼎足 A $Ⅰ_2$、B $Ⅰ_1$，豆柄 A $Ⅲ_1$，罐口沿 D $Ⅰ_1$，器盖 D_1、E_1；石凿$_1$。③层：陶豆柄 B $Ⅰ_1$、C_1，罐口沿 A $Ⅰ_1$、B $Ⅰ_1$、D_1，盆口沿 A $Ⅰ_1$、A $Ⅱ_1$，器盖 B_1、C_1	坑内堆积可分 3 层

附表4-3　崧泽文化墓葬登记表

墓号	位置	层位	方向（度）	尺寸（米）（长×宽－深）	随葬品				分期	备注
					陶器	玉器	石器	合计		
M1	ⅠT1706	③a层下	340	2.1×0.9－0.2	盘形豆BbⅤ$_{1}$，碟形豆BⅣ$_{1}$，铲形足鼎AbⅥ$_{1}$、BⅣ$_{1}$，残鼎（包括鼎盖）$_{2}$，无腰脊罐AdⅢ$_{1}$，有腰脊罐AaⅣ$_{1}$，壶EⅢ$_{2}$，觚形杯Ⅳ$_{2}$	长条形玉饰$_{2}$，三角形玉饰B$_{1}$	锛CaⅡ$_{1}$、CbⅡ$_{1}$	17	崧3	
M2	ⅠT1806	ST1下	325	2.1×0.89－0.15	盘形豆CⅣ$_{2}$，残豆$_{1}$，锥形足鼎Ⅳ$_{1}$，残鼎（包括鼎盖）$_{2}$，甑$_{1}$，无腰脊罐BⅣ$_{2}$、BⅤ$_{1}$，有腰脊罐AaⅢ$_{1}$，残罐$_{1}$，觚形杯Ⅲ$_{1}$，残杯$_{1}$	／	／	14	崧3	
M3	ⅠT1806	ST1下	328	2.0×0.78－0.1	盘形豆BaⅤ$_{1}$，残罐$_{1}$，凿形足鼎AⅣ$_{1}$，残鼎$_{1}$，残盆$_{1}$	／	凿Ca$_{1}$	6	崧3	
M4	ⅠT1706	③a层下	340	2.4×0.7－0.15	凿形足鬶BⅡ$_{1}$，铲形足鼎AbⅥ$_{1}$，残鼎$_{1}$，盘形豆CⅤ$_{1}$，无腰脊罐BⅣ$_{1}$、BⅤ$_{1}$、BⅥ$_{1}$，有腰脊罐BbⅣ$_{1}$，折肩折腹罐AaⅣ$_{2}$、BⅢ$_{1}$，圜底罐Ⅲ$_{1}$，壶DⅣ$_{1}$，陶匜Ⅱ$_{1}$，觚形杯Ⅳ$_{8}$，残杯$_{2}$	三角形玉饰B$_{1}$	钺AⅢ$_{1}$，锛CaⅡ$_{2}$、CbⅡ$_{1}$，凿Ca$_{2}$	31	崧3	
M5	ⅠT1706	③层下	340	2.1×0.9－0.15	盘形豆CⅤ$_{1}$，无腰脊罐BⅥ$_{2}$，折肩折腹罐BⅢ$_{3}$，壶DⅣ$_{1}$、EⅢ$_{1}$，觚形杯Ⅳ$_{3}$，残杯（带盖）$_{1}$，残杯$_{1}$	船形玉饰$_{1}$	锛CbⅡ$_{1}$	15	崧3	

续附表 4-3

墓号	位置	层位	方向（度）	尺寸（米）（长×宽－深）	随葬品				分期	备注
					陶器	玉器	石器	合计		
M9	Ⅰ T1706	⑤层下	335	2.1×0.8－0.25	凿形足鬶 AⅠ$_1$，盘形豆 BaⅠ$_1$、BbⅠ$_1$，钵形豆 AⅠ$_2$，无腰脊罐 AbⅠ$_1$，有腰脊罐 BaⅠ$_1$，壶 DⅠ$_1$、盉 BⅠ$_1$，澄滤器Ⅰ$_1$，纺轮$_1$	/	/	11	崧 1	
M10	Ⅰ T1606	⑤层下	336	2.0×0.7－0.15	钵形豆 AⅠ$_1$，无腰脊罐 BⅠ$_1$，钵 BbⅠ$_1$	/	/	3	崧 1	
M13	Ⅰ T1805	ST1 下	335	2.1×0.8－0.2	盘形豆 CⅢ$_1$，无腰脊罐 BⅢ$_1$	/	/	2	崧 2	
M14	Ⅰ T1806	③a 层下	330	2.1×0.8－0.45	锥形足鼎Ⅰ$_1$，盘形豆 AⅡ$_1$，无腰脊罐 AcⅡ$_1$，盉 AⅠ$_1$、BⅡ$_1$，残壶$_1$、尊形器$_1$、纺轮$_1$	/	/	8	崧 1	
M15	Ⅰ T1606	④a 层下	345	2.1×0.8－0.3	小陶鼎$_1$，残鼎$_1$，凿形足鬶 AⅡ$_1$，盘形豆 BⅢ$_1$，钵形豆 AⅡ$_1$，壶 GⅠ$_1$，壶$_1$，圈足杯Ⅰ$_1$，圜底罐Ⅰ$_1$	/	斧 A_2，锛 B_1、CbⅠ$_1$，凿 B_1	14	崧 1	
M41	Ⅰ T1705	③a 层下	310	2.0×0.75－0.3	陶饰$_1$	/	锛 CaⅡ$_1$	2	崧 3	被 M29、M33 打破
M43	Ⅰ T1905	③c 层下	340	1.15～1.4×0.7－0.37	残鼎$_1$，盘形豆 BbⅣ$_1$，有腰脊 BbⅢ$_1$	/	/	3	崧 2	
M50	Ⅰ T2005	④b 层下	325	1.95×0.76－0.6	铲形足鼎 AaⅡ$_1$	/	锛 CaⅠ$_1$	2	崧 1	

续附表 4-3

墓号	位置	层位	方向（度）	尺寸（米）（长×宽－深）	随葬品				分期	备注
					陶器	玉器	石器	合计		
M51	Ⅰ T1906	③c 层下	304	0.8～2.2×0.9－0.2～0.3	/	/	/	0	崧 2	
M52	Ⅰ T1906	③c 层下	314	2.1×0.8～0.95－0.2～0.27	残鼎$_1$，盘形豆 BbⅣ$_1$，残盆$_1$，澄滤器Ⅲ$_1$	/	/	4	崧 2	
M53	Ⅰ T1906	③c 层下	322	1.9×0.77－0.25	残鼎$_1$，残罐$_1$，澄滤器Ⅱ$_1$	/	/	3	崧 2	
M54	Ⅰ T1906	③c 层下	310	1.2～2.1×0.75－0.25～0.3	残豆$_1$，残罐$_1$	/	/	2	崧 2	
M58	Ⅰ T2005	⑤层下	335	1.5～1.85×0.8－0.17	铲形足鼎 AbⅡ$_1$	/	/	1	崧 1	
M59	Ⅰ T1906	④a 层下	324	1.8×0.7～0.8－0.17	钵 BbⅡ$_1$，圆陶片$_2$	/	/	3	崧 1	
M69	Ⅰ T2006	④a 层下	330	1.85×0.75～0.8－0.3	盘形豆 CⅠ$_1$，罐$_1$	/	/	2	崧 1	
M74	Ⅰ T1905	③c 层下	330	0.5～1.15×0.7－0.38	盘形豆 BbⅢ$_1$	/	钺 AⅡ$_1$，凿 Cb$_1$	3	崧 2	
M75	Ⅰ T1905	④b 层下	332	1.8×0.76－0.3	铲形足鼎 AbⅡ$_1$，盘形豆 AⅡ$_1$，无腰脊罐 BⅡ$_1$，背壶Ⅱ$_1$，纺轮$_1$	/	锛 CaⅠ$_1$，凿 B$_1$	7	崧 1	
M76	Ⅲ T0710	③层下	315	2.0×0.8～0.85－0.15	残豆$_1$，残罐$_1$，圈足盘Ⅲ$_1$，瓦足杯Ⅱ$_1$	系璧$_1$	/	5	崧 2	
M83	Ⅲ T0710	③层下	335	1.85×0.83－0.25	铲形足鼎 AbⅤ$_1$，锥形足鼎Ⅲ$_1$，盘形豆 AⅥ$_1$、BbⅣ$_1$、DaⅡ$_1$、DbⅡ$_1$，有腰脊罐 BbⅢ$_1$，壶 GⅣ$_1$，残壶$_1$，瓦足杯Ⅱ$_1$，器盖$_1$	环 A$_1$，管 Aa$_1$	/	13	崧 2	

续附表 4-3

墓号	位置	层位	方向（度）	尺寸（米）（长×宽－深）	随葬品 陶器	玉器	石器	合计	分期	备注
M85	ⅢT0710	④层下	345	2.05×0.8～0.9－0.25	铲形足鼎 AaⅣ$_1$，盘形豆 BaⅤ$_1$、BaⅥ$_1$，残豆$_1$，无腰脊罐 AbⅣ$_3$，三足罐 BⅢ$_2$，觚形杯Ⅰ$_1$、Ⅱ$_1$	环 A$_1$、璜 C$_1$	／	13	崧 2	
M87	ⅢT0611	⑤层下	338	2.46×1.0～1.04－0.25	锥形足鼎Ⅱ$_1$，盘形豆 BaⅢ$_1$，钵形豆 BⅠ$_1$，壶 BⅡ$_1$，盉 AⅠ$_1$	／	钺 AI$_1$，锛 B$_3$	9	崧 1	
M89	ⅢT0610	⑤层下	330	2.65×1.1－0.4	铲形足鼎 AaⅢ$_1$、CⅠ$_1$，凿形足鬶 AⅣ$_2$，盘形豆 AⅢ$_1$、AⅣ$_1$，钵形豆 BⅡ$_1$，碟形豆 AⅡ$_1$，残豆$_1$，无腰脊罐 AaⅡ$_2$、AbⅢ$_1$，有腰脊罐 AaⅡ$_1$，三足罐 AⅠ$_1$、AⅡ$_1$、AⅢ$_1$、BⅡ$_1$，圈足杯$_1$，壶 BⅣ$_1$、EⅠ$_1$、FⅡ$_1$、GⅢb$_1$，壶$_2$，钵 BbⅢ$_1$，圈足匜$_1$	环形饰$_1$、管 Aa$_1$、三角形饰 A$_1$	钺 BⅡ$_1$，锛 A$_2$、CbⅠ$_1$	33	崧 1	
M90	ⅢT0610	⑤层下	340	3.05×1.7～1.8－0.4	铲形足鼎 AaⅠ$_1$、AbⅠ$_1$，凿形足鼎 AⅠ$_1$、BⅠ$_1$，凿形足鬶 AⅡ$_2$，异形鬶$_1$，盘形豆 AⅠ$_1$、AⅡ$_3$、BaⅡ$_1$、BaⅢ$_1$，竹节柄豆$_2$，无腰脊罐 AbⅡ$_3$、AcⅠ$_1$、AdⅠ$_1$，有腰脊罐 AbⅠ$_1$，折肩折腹罐 AaⅠ$_1$、AbⅠ$_1$，残罐$_1$，壶 AⅠ$_1$、CⅠ$_1$、FⅠ$_1$、GⅡa$_1$，盘Ⅰ$_1$，盆Ⅰ$_1$，尖底缸Ⅰ$_1$，圜底缸Ⅰ$_1$	璜 A$_1$，镯$_2$，玦 A$_4$、B$_2$，管 Aa$_2$、Ab$_2$，管形饰$_1$，纽形饰$_3$，三角形饰 A$_2$	钺 AI$_3$、BI$_2$，锛 A$_1$、CbⅠ$_1$，凿 A$_1$，石锥$_1$，砺石 A$_3$、C$_1$	65	崧 1	头骨尚存

续附表 4-3

墓号	位置	层位	方向（度）	尺寸（米）（长×宽－深）	随葬品 陶器	随葬品 玉器	随葬品 石器	随葬品 合计	分期	备注
M91	ⅢT0711	④层下	345	3.15×1.76－0.5	铲形足鼎 BⅡ$_1$、CⅡ$_1$，残鼎$_1$，甑$_1$，凿形足鬶 AⅥ$_2$，盘形豆 AⅤ$_1$、BaⅤ$_1$，CⅢ$_1$，碟形豆 BⅢ$_1$，无腰脊罐$_2$，有腰脊罐 AaⅢ$_1$、BaⅢ$_2$、BbⅡ$_1$、BdⅠ$_1$、三足罐 BⅣ$_1$，觚形杯Ⅰ$_2$，匜Ⅰ$_1$，圜底缸$_1$	钺$_1$，镯$_3$，环 A$_2$、B$_8$	锛 CaⅠ$_1$、CbⅠ$_1$	38	崧 2	人骨架保存尚好，仰身直肢，头向东，成年男性（?）
M92	ⅢT0610	⑤层下	335	3.3×1.26－0.6	铲形足鼎 BⅠ$_1$，锥形足鼎Ⅱ$_1$，兽形足鼎$_1$，凿形足鬶 AⅡ$_2$，盘形豆 AⅠ$_1$、BbⅡ$_2$，残豆$_1$，无腰脊罐 AaⅠ$_1$、AbⅡ$_2$，有腰脊罐 AaⅠ$_1$、BbⅠ$_1$，折肩折腹罐 AaⅠ$_1$、AaⅡ$_1$、BⅠ$_1$，壶 AⅡ$_1$、GⅠ$_2$、GⅡb$_1$，残壶$_1$，钵 BaⅠ$_1$、BaⅡ$_1$，簋$_1$，尖底缸Ⅱ$_1$，背壶Ⅰ$_1$	璜 A$_1$、C$_1$，镯$_1$，管 Aa$_7$，钥匙形饰$_1$	钺 AⅠ$_4$、BⅠ$_1$，锛 B$_1$、CbⅠ$_1$，凿 A$_1$、B$_1$，砺石 B$_1$	49	崧 1	头骨和上肢骨尚存
M93	ⅢT0710	④层下	335	2.8×1.6～1.65－0.4	铲形足鼎 AaⅤ$_1$、BⅢ$_1$、CⅢ$_1$，甑$_1$，铲形足鬶Ⅱ$_1$，凿形足鬶 BⅠ$_1$，盘形豆 CⅣ$_3$，无腰脊罐 BⅣ$_1$，有腰脊罐 AbⅢ$_1$、BaⅣ$_1$、BdⅡ$_1$，钵 AⅠ$_1$、AⅡ$_1$，盘Ⅲ$_1$，圈足盘Ⅱ$_2$、Ⅲ$_1$、圜底缸Ⅱ$_1$	璜 C$_1$，镯$_1$，镯形饰$_1$，环 A$_3$、B$_4$，钩形饰$_1$，半圆形饰$_1$，钥匙形饰$_1$		33	崧 2	头骨及下肢骨尚存

续附表 4-3

墓号	位置	层位	方向（度）	尺寸（米）（长×宽-深）	随葬品 陶器	玉器	石器	合计	分期	备注
M94	ⅢT0710	④层下	345	3.05×1.55~1.6-0.5	铲形足鼎 AbⅣ$_1$，凿形足鬶 AⅤa$_1$、AⅤb$_1$，盘形豆 BbⅢ$_1$、DaⅠ$_1$、DbⅠ$_1$，碟形豆 AⅢ$_1$、BⅡ$_1$，无腰脊罐 AaⅢ$_1$、AbⅡ$_1$，壶 CⅢ$_1$，钵 BaⅣ$_1$，觚形杯Ⅰ$_1$，带把杯Ⅱ$_1$，纺轮$_1$	镯$_2$，钥匙形饰$_1$，系璧$_1$，珠$_1$	锛 Cb$_1$、砺石 B$_1$	22	崧 2	少量骨渣
M95	ⅢT0510	⑤层下	335	3.1×1.6-0.37	铲形足鼎 AbⅢ$_1$，凿形足鼎 AⅢ$_1$，凿形足鬶 AⅣ$_2$，盘形豆 AⅢ$_2$、CⅡ$_1$，碟形豆 AⅠ$_1$，残豆$_1$，有腰脊罐 AbⅡ$_1$、BaⅡ$_2$、BcⅡ$_1$，折肩折腹罐 AaⅢ$_1$、AbⅡ$_1$、罐$_1$，三足罐 AⅢ$_1$，圜底罐Ⅱ$_3$，壶 AⅢ$_1$、AⅣ$_1$、DⅢ$_1$、GⅢa$_3$，壶$_1$，盉 AⅡ$_1$，钵 BaⅡ$_1$，盘Ⅰ$_1$、Ⅱ$_1$，尖底缸Ⅲ$_1$	璜 B$_1$，镯$_1$，环 A$_1$，玦 B$_2$，管 Aa$_5$、B$_2$	钺 AⅡ$_1$、BⅠ$_1$，斧 B$_1$，锛 A$_1$、B$_2$、Cb$_1$，凿 A$_1$、B$_2$、Cb$_1$	55	崧 1	人骨架保存尚好，仰身直肢，头向西北，面向东北，成年女性
M96	ⅢT0710	④层下	352	3.1×1.6-0.5	铲形足鼎 AaⅣ$_1$、BⅡ$_2$，残鼎$_1$，铲形足鬶Ⅰ$_1$，盘形豆 DbⅠ$_3$、无腰脊罐 AdⅡ$_2$，折肩折腹罐 BⅡ$_1$，三足罐$_1$，圈足罐$_1$，壶 EⅡ$_1$，钵 BaⅤ$_1$，盆Ⅱ$_1$，盆$_1$，圈足盘Ⅰ$_1$，圈足杯$_1$，器盖$_1$，纺轮$_1$	璜 C$_1$，镯形饰$_2$，环 A$_5$、B$_4$，系璧$_1$，三角形饰 B$_1$		35	崧 2	被 H40 打破，头骨尚存

续附表 4-3

墓号	位置	层位	方向（度）	尺寸（米）（长×宽－深）	随葬品				分期	备注
					陶器	玉器	石器	合计		
M98	ⅢT0510	⑤层下	350	3.2×1.52－0.3	凿形足鼎AⅡ$_1$、BⅡ$_1$、BⅢ$_1$，凿形足鬶AⅢ$_2$，盘形豆BaⅣ$_3$、CⅡ$_1$，碟形豆BⅠ$_1$，钵形豆AⅢ$_1$，无腰脊罐AaⅡ$_1$，有腰脊罐AaⅡ$_1$，折肩折腹罐AaⅢ$_1$，三足罐BⅠ$_1$、BⅡ$_1$，壶AⅢ$_1$、BⅢ$_1$、BⅣ$_1$、DⅡ$_1$，钵BaⅢ$_1$，圈足杯Ⅱ$_1$，瓦足杯Ⅰ$_1$，带把杯Ⅰ$_1$	璜B$_1$，镯$_2$，管Ab$_2$，三角形饰A$_2$，带柄钺形饰$_1$	钺AⅡ$_1$、BⅡ$_2$，锛A$_1$、B$_1$、CbⅠ$_3$，凿A$_1$、Cb$_3$	44	崧1	整体骨架保存尚好。墓主仰身直肢，头部偏向东南。
M99	ⅢT0611	⑤层下	355	1.95×0.8－0.25	锥形足鼎Ⅱ$_1$，凿形足鬶AⅡ$_1$，盘形豆AⅡ$_2$，无腰脊罐AbⅡ$_1$，有腰脊罐BcⅠ$_1$，壶BⅠ$_1$、CⅡ$_1$，残壶$_1$，盆Ⅰ$_1$，纺轮$_1$	璜B$_1$、玉饰$_1$		13	崧1	
M102	ⅢT0611	⑤层下	347	0.82×1.03－0.35	铲形足鼎AbⅢ$_1$，盘形豆AⅢ$_1$，无腰脊罐AbⅡ$_1$，有腰脊罐AaⅡ$_1$，壶AⅣ$_2$			6	崧1	被M82打破

附表五　崧泽文化灰坑出土陶片器形及纹饰统计表

附表5-1　H21陶片器形统计表

陶质/陶色/数量/器形	夹砂陶		泥质陶					合计	百分比
	红褐陶	黑褐陶	红褐陶	灰陶	灰褐陶	黑褐陶	红衣红陶		
罐口沿	1	1	1					3	2.08%
灶或釜口沿	1							1	0.69%
宽扁形鼎足	4							4	2.78%
扁方形鼎足	1							1	0.69%
豆柄					1	1		2	1.39%
豆盘					1	1		2	1.39%
鬶足						1		1	0.69%
腹片	65	7	24	3	17	10	4	130	90.28%
合计	72	8	25	3	19	13	4	144	
小百分比	90.00%	10.00%	39.06%	4.69%	29.69%	20.31%	6.25%		
百分比	50.00%	5.56%	17.36%	2.08%	13.19%	9.03%	2.78%		100%

附表5-2　H21陶片纹饰统计表

陶质/陶色/数量/纹饰	夹砂陶		泥质陶					合计	百分比
	红褐陶	黑褐陶	红褐陶	灰陶	灰褐陶	黑褐陶	红衣红陶		
捺窝			1					1	0.69%
素面	72	8	24	3	18	11	4	140	97.22%
附加堆纹						1		1	0.69%
凹弦纹					1	1		2	1.39%
合计	72	8	25	3	19	14	4	144	
小百分比	90.00%	10.00%	39.06%	4.69%	29.69%	20.31%	6.25%		
百分比	50.00%	5.56%	17.36%	2.08%	13.19%	9.03%	2.78%		100%

附表 5－3　H26 陶片器形统计表

陶质/陶色/数量/器形	夹砂陶		泥质陶		合计	百分比
	红褐陶	灰褐陶	红衣红陶	灰褐陶		
鼎足	1				1	8.33%
器把	1				1	8.33%
腹片	2	5	2	1	10	83.33%
合计	4	5	2	1	12	
小百分比	44.44%	55.56%	66.67%	33.33%		
百分比	33.33%	41.67%	16.67%	8.33%		100%

附表 5–4　H26 陶片纹饰统计表

陶质/陶色/数量/纹饰	夹砂陶		泥质陶		合计	百分比
	红褐陶	灰褐陶	红衣红陶	灰褐陶		
素面	5	5	2	1	12	100.00%
合计	4	5	2	1	12	
小百分比	44.44%	55.56%	66.67%	33.33%		
百分比	33.33%	41.67%	16.67%	8.33%		100%

附表 5–5　H28 陶片器形统计表

陶质/陶色/数量/器形	夹砂陶		泥质陶		合计	百分比
	红陶	红褐陶	灰褐陶	红褐陶		
鼎足		1			1	8.33%
器鋬		1		1	2	16.67%
豆柄			2		2	16.67%
腹片	2	2	3		7	58.33%
合计	2	4	5	1	12	
小百分比	33.33%	66.67%	83.33%	16.67%		
百分比	16.67%	33.33%	41.67%	8.33%		100%

附表 5–6　H28 陶片纹饰统计表

陶质/陶色/数量/纹饰	夹砂陶		泥质陶		合计	百分比
	红陶	红褐陶	灰褐陶	红褐陶		
素面	2	3	3	1	9	75.00%
捺窝		1			1	8.33%

续附表 5-6

陶质 / 陶色 / 数量 / 纹饰	夹砂陶		泥质陶		合计	百分比
	红陶	红褐陶	灰褐陶	红褐陶		
弦纹＋长条镂孔			1		1	8.33%
弦纹＋圆形镂孔			1		1	8.33%
合计	2	4	5	1	12	
小百分比	33.33%	66.67%	83.33%	16.67%		
百分比	16.67%	33.33%	41.67%	8.33%		100%

附表 5－7　H30 陶片器形统计表

陶质 / 陶色 / 数量 / 器形	夹砂陶		泥质陶				合计	百分比
	红褐陶	黑褐陶	红陶	红褐陶	红衣红陶	灰褐陶		
鼎足	4	1					5	5.68%
鼎口沿	1						1	1.14%
罐口沿			1				1	1.14%
豆柄						1	1	1.14%
腹片	36	32	2	4	1	5	80	90.91%
合计	41	33	3	4	1	6	88	
小百分比	55.41%	44.59%	21.43%	28.57%	7.14%	42.86%		
百分比	46.59%	37.50%	3.41%	4.55%	1.14%	6.82%		100.00%

附表 5-8　H30 陶片纹饰统计表

陶质 / 陶色 / 数量 / 纹饰	夹砂陶		泥质陶				合计	百分比
	红褐陶	黑褐陶	红陶	红褐陶	红衣红陶	灰褐陶		
素面	41	33	3	4	1	5	87	92.86%
三角形镂孔＋凹弦纹						1	1	7.14%
合计	41	33	3	4	1	6	88	
小百分比	23.08%	76.92%	71.43%	28.57%	7.14%	42.56%		
百分比	15.00%	50.00%	25.00%	10.00%	1.14%	6.82%		

附表 5-9　H41①层陶片器形统计表

陶质 / 陶色 / 数量 / 器形	夹砂陶				泥质陶						合计	百分比
	红褐陶	灰褐陶	红衣白陶	黑褐陶	红陶	红褐陶	红衣红陶	灰褐陶	灰陶	黑褐陶		
豆柄	1					2	1	2		1	7	1.22%
豆圈足		2			1		1				4	0.70%

续附表 5-9

陶质 / 数量 / 陶色 / 器形	夹砂陶				泥质陶						合计	百分比
	红褐陶	灰褐陶	红衣白陶	黑褐陶	红陶	红褐陶	红衣红陶	灰褐陶	灰陶	黑褐陶		
豆盘						1		4		1	6	1.05%
器鋬	2						1				3	0.52%
器把	4						1				5	0.87%
钵口沿	2										2	0.35%
罐口沿	11				2	1					14	2.44%
盆口沿	2					1					3	0.52%
宽扁形鼎足	9										9	1.57%
（剖）扁圆形鼎足	1								1		2	0.35%
（剖）梯形鼎足	4										4	0.70%
（剖）椭圆形鼎足	3										3	0.52%
圈足						1					1	0.17%
炉箅	1										1	0.17%
釜口沿	1										1	0.17%
盉口沿	1										1	0.17%
器盖	1										1	0.17%
杯口沿								1			1	0.17%
腹片	288	30	10	9	49	53	23	30	7	6	505	88.13%
合计	331	32	10	9	52	59	27	37	8	8	573	
小百分比	86.65%	8.38%	2.62%	2.36%	27.23%	30.89%	14.14%	19.37%	4.19%	4.19%		
百分比	57.77%	5.58%	1.75%	1.57%	9.08%	10.30%	4.71%	6.46%	1.40%	1.40%		100%

附表 5-10　H41①层陶片纹饰统计表

陶质 / 数量 / 陶色 / 纹饰	夹砂陶				泥质陶						合计	百分比
	红褐陶	灰褐陶	红衣白陶	黑褐陶	红陶	红褐陶	红衣红陶	灰陶	灰褐陶	黑褐陶		
捺窝（鋬手）	8			3			2				13	2.27%
圆形镂孔＋弦纹									1		1	0.17%
三角形镂孔＋弦纹									1		1	0.17%
凹弦纹	1						1			1	3	0.52%
圆形镂孔					1	1					2	0.35%
细绳纹	1										1	0.17%

续附表 5-10

数量 纹饰 \ 陶质 陶色	夹砂陶				泥质陶						合计	百分比
	红褐陶	灰褐陶	红衣白陶	黑褐陶	红陶	红褐陶	红衣红陶	灰陶	灰褐陶	黑褐陶		
长条形镂孔		2									2	0.35%
素面	321	30	10	6	51	58	24	8	35	7	550	95.99%
合计	331	32	10	9	52	59	27	8	37	8	573	
小百分比	86.65%	8.38%	2.62%	2.36%	27.23%	30.89%	14.14%	19.37%	4.19%	4.19%		
百分比	57.77%	5.58%	1.75%	1.57%	9.08%	10.30%	4.71%	6.46%	1.40%	1.40%		100%

附表 5-11　H41②层陶片器形统计表

数量 器形 \ 陶质 陶色	夹砂陶			泥质陶						合计	百分比
	红褐陶	灰褐陶	黑褐陶	红陶	红褐陶	红衣红陶	灰陶	灰褐陶	黑褐陶		
鼎口沿	9	1								10	2.90%
宽扁形鼎足	4									4	1.16%
外撇刻槽形	9									9	2.61%
两侧捏起形	2									2	0.58%
不可分鼎足	16	1								17	4.93%
炉箅	2									2	0.58%
盖纽	2									2	0.58%
豆柄									5	5	1.45%
豆盘				2					3	5	1.45%
罐口沿	6	5		1		10				22	6.38%
器錾	4			1			1			6	1.74%
釜口沿	1									1	0.29%
釜腰沿	1									1	0.29%
缸口沿	1									1	0.29%
盆口沿				1		1				2	0.58%
圜底缸底	1									1	0.29%
腹片	121	21	7	23	40	28		10	5	255	73.91%
合计	179	28	7	28	40	39	1	10	13	345	
小百分比	83.64%	13.08%	3.27%	21.37%	30.53%	29.77%	0.76%	7.63%	9.92%		
百分比	51.88%	8.12%	2.03%	8.12%	11.59%	11.30%	0.29%	2.90%	3.77%		100%

附表 5-12　H41②层陶片纹饰统计表

陶质 / 陶色 / 数量 / 纹饰	夹砂陶			泥质陶						合计	百分比
	红褐陶	灰褐陶	黑褐陶	红陶	红褐陶	红衣红陶	灰陶	灰褐陶	黑褐陶		
刻槽（足）	8									8	2.32%
捺窝（足）	4	1					1			6	1.74%
圆形镂孔+凸棱纹									1	1	0.29%
三角形镂孔+弦纹									1	1	0.29%
长条形镂孔+弦纹									1	1	0.29%
凸棱								2	2	4	1.16%
凹弦纹	1								2	3	0.87%
素面	166	27	7	28	40	39		8	6	321	93.04%
合计	179	28	7	28	40	39	1	10	13	345	
小百分比	83.64%	13.08%	3.27%	21.37%	30.53%	29.77%	0.76%	7.63%	9.92%		
百分比	51.88%	8.12%	2.03%	8.12%	11.59%	11.30%	0.29%	2.90%	3.77%		100%

附表 5-13　H41③层陶片器形统计表

陶质 / 陶色 / 数量 / 器形	夹砂陶		泥质陶						合计	百分比
	红褐陶	灰褐陶	红褐陶	红陶	红衣红陶	灰陶	灰褐陶	黑褐陶		
罐口沿	11		1		3		1		16	7.80%
盆口沿	1		1		1		1		4	1.95%
器盖	1								1	0.49%
半环形耳	2								2	0.98%
器鋬	5		1	2	1				9	4.39%
豆柄		1					1	2	4	1.95%
釜口沿	1								1	0.49%
腰沿	1								1	0.49%
腹片	73	14	26	6	19	9	13	7	167	81.46%
合计	95	15	29	8	24	9	16	9	205	
小百分比	86.36%	13.64%	30.53%	8.42%	25.26%	9.47%	16.84%	9.47%		
百分比	46.34%	7.32%	14.15%	3.90%	11.71%	4.39%	7.80%	4.39%		100%

附表 5-14 H41③层陶片纹饰统计表

陶质 / 陶色 / 数量 / 纹饰	夹砂陶		泥质陶						合计	百分比
	红褐陶	灰褐陶	红褐陶	红陶	红衣红陶	灰陶	灰褐陶	黑褐陶		
捺窝（口沿）	6								6	2.93%
捺窝（器把）	1			1					2	0.98%
凹弦纹	2						2		4	1.96%
长条形镂孔							1		1	0.49%
圆形镂孔								1	1	0.49%
素面	86	15	29	7	24	9	13	8	191	93.17%
合计	95	15	29	8	24	9	16	9	205	
小百分比	86.36%	13.64%	30.53%	8.42%	25.26%	9.47%	16.84%	9.47%		
百分比	46.34%	7.32%	14.15%	3.90%	11.71%	4.39%	7.80%	4.39%		100%

附表六　崧泽文化地层出土陶片器形及纹饰统计表

附表6-1　T1606－1④a层陶片器形统计表

陶质/陶色/数量/器形	夹砂陶		泥质陶					合计	百分比
	红褐陶	灰褐陶	红陶	红褐陶	红衣红陶	灰陶	灰褐陶		
釜腰沿	13							13	1.38%
釜錾手	5							5	0.53%
罐口沿	9				1		1	11	1.17%
宽梯形錾手	2			1			1	4	0.43%
扁环状錾手	1	1						2	0.21%
细半环形把手	1							1	0.11%
宽半环形把手		1						1	0.11%
牛鼻耳							1	1	0.11%
炉箅	2							2	0.21%
罐把				2		1		3	0.32%
缸口沿		1						1	0.11%
盆口沿				2				2	0.21%
豆柄						5	2	7	0.74%
豆盘				1				1	0.11%
腹片	478	106	40	202	4	23	33	886	94.26%
合计	511	109	40	208	5	29	38	940	
小百分比	82.42%	17.58%	12.50%	65.00%	1.56%	9.06%	11.88%		
百分比	54.36%	11.60%	4.26%	22.13%	0.53%	3.09%	4.04%		100%

附表6-2　T1606－1④a层陶片纹饰统计表

陶质/陶色/数量/纹饰	夹砂陶		泥质陶					合计	百分比
	红褐陶	灰褐陶	红陶	红褐陶	红衣红陶	灰陶	灰褐陶		
捺窝	10			1				11	1.17%
刻划纹	1							1	0.11%

续附表 6-2

陶质 陶色 数量 纹饰	夹砂陶		泥质陶					合计	百分比
	红褐陶	灰褐陶	红陶	红褐陶	红衣红陶	灰陶	灰褐陶		
弦纹＋长条形镂孔							1	1	0. 11%
凸棱		1						1	0. 11%
凹弦纹				1	1	2		4	0. 43%
凸棱＋圆形镂孔							1	1	0. 11%
凹弦纹＋三角镂孔						1		1	0. 11%
素面	500	108	40	206	4	26	36	920	97. 87%
合计	511	109	40	208	5	29	38	940	
小百分比	82. 42%	17. 58%	12. 50%	65. 00%	1. 56%	9. 06%	11. 88%		
百分比	54. 36%	11. 60%	4. 26%	22. 13%	0. 53%	3. 09%	4. 04%		100%

附表 6-3　T1606－1⑤层陶片器形统计表

陶质 陶色 数量 器形	夹砂陶			泥质陶					合计	百分比
	红褐陶	灰褐陶	灰陶	红陶	红褐陶	红衣红陶	灰陶	灰褐陶		
釜残片	9								9	2. 34%
釜腰沿	2								2	0. 52%
器鋬	2				3				5	1. 30%
罐口沿	5	1	1	1	1	1			10	2. 60%
圜底缸底	1								1	0. 26%
小罐口沿	1								1	0. 26%
鼎足	1								1	0. 26%
圈足					1				1	0. 26%
豆柄								1	1	0. 26%
腹片	172	50	1	18	95	7	4	6	353	91. 93%
合计	193	51	2	19	100	8	4	7	384	
小百分比	78. 46%	20. 73%	0. 81%	13. 77%	72. 46%	5. 80%	2. 90%	5. 07%		
百分比	50. 26%	13. 28%	0. 52%	4. 95%	26. 04%	2. 08%	1. 04%	1. 82%		100%

附表 6-4 T1606－1⑤层陶片纹饰统计表

数量 纹饰 \ 陶质 陶色	夹砂陶			泥质陶					合计	百分比
	红褐陶	灰褐陶	灰陶	红陶	红褐陶	红衣红陶	灰陶	灰褐陶		
捺窝	11				3				14	3.65%
凸棱	1								1	0.26%
凹弦纹					1				1	0.26%
素面	181	51	2	19	96	8	4	7	368	95.83%
合计	193	51	2	19	100	8	4	7	384	
小百分比	78.46%	20.73%	0.81%	13.77%	72.46%	5.80%	2.90%	5.07%		
百分比	50.26%	13.28%	0.52%	4.95%	26.04%	2.08%	1.04%	1.82%		100%

附表 6-5 T1905④a 层陶片器形统计表

数量 器形 \ 陶质 陶色	夹砂陶		泥质陶				合计	百分比
	红褐陶	黑褐陶	红褐陶	红衣红陶	灰陶	灰褐陶		
宽扁形鼎足	15						15	2.48%
圆柱形鼎足	5						5	0.83%
器鋬	5						5	0.83%
罐口沿	6	2					8	1.32%
缸口沿	2		2	4	1		9	1.49%
豆盘				1	4	6	11	1.82%
豆柄					7	1	8	1.32%
器把	1			2			3	0.50%
器鋬（罐）			4	3			7	1.16%
盆口沿	1						1	0.17%
腹片	261	52	102	23	43	52	533	88.10%
合计	296	54	108	33	55	59	605	
小百分比	84.57%	15.43%	42.35%	12.94%	21.57%	23.14%		
百分比	48.93%	8.93%	17.85%	5.45%	9.09%	9.75%		100%

附表 6-6 T1905④a 层陶片纹饰统计表

数量 纹饰 \ 陶质 陶色	夹砂陶		泥质陶				合计	百分比
	红褐陶	黑褐陶	红褐陶	红衣红陶	灰陶	灰褐陶		
捺窝（腰沿）	6		3				9	1.49%
圆形镂孔＋弦纹					2		2	0.33%

续附表 6-6

陶质 / 陶色 / 数量 / 纹饰	夹砂陶		泥质陶				合计	百分比
	红褐陶	黑褐陶	红褐陶	红衣红陶	灰陶	灰褐陶		
长条形镂孔 + 弦纹					1		1	0.17%
凸弦纹					5		5	0.83%
捺窝（鼎足）	2						2	0.33%
捺窝（器把）				3			3	0.50%
素面	288	54	105	30	47	59	583	96.36%
合计	296	54	108	33	55	59	605	
小百分比	84.57%	15.43%	42.35%	12.94%	21.57%	23.14%		
百分比	48.93%	8.93%	17.85%	5.45%	9.09%	9.75%		100%

附表 6-7　T1905④b 层陶片器形统计表

陶质 / 陶色 / 数量 / 器形	夹砂陶			泥质陶					合计	百分比
	红褐陶	灰褐陶	黑褐陶	红陶	红褐陶	红衣红陶	灰褐陶	黑褐陶		
宽扁形足	13								13	8.02%
方柱形足	1								1	0.62%
椭圆柱形足	2								2	1.23%
罐口沿	4		1			3		1	9	5.56%
器鋬	1				1	2			4	2.47%
甑口沿	2								2	1.23%
釜口沿				1					1	0.62%
豆柄							1	2	3	1.85%
豆盘					3		4	2	9	5.56%
圈足							1		1	0.62%
腹片	53	7	8	2	19	9	11	8	117	72.22%
合计	76	7	9	3	23	14	17	13	162	
小百分比	82.61%	7.61%	9.78%	4.29%	32.86%	20.00%	24.29%	18.57%		
百分比	46.91%	4.32%	5.56%	1.85%	14.20%	8.64%	10.49%	8.02%		100%

附表 6-8　T1905④b 层陶片纹饰统计表

陶质 / 陶色 / 数量 / 纹饰	夹砂陶			泥质陶					合计	百分比
	红褐陶	灰褐陶	黑褐陶	红陶	红褐陶	红衣红陶	灰褐陶	黑褐陶		
镂孔							1		1	0.62%
弦纹							2		2	1.23%

续附表 6-8

陶质 / 陶色 / 数量 / 纹饰	夹砂陶			泥质陶					合计	百分比
	红褐陶	灰褐陶	黑褐陶	红陶	红褐陶	红衣红陶	灰褐陶	黑褐陶		
刻槽	1								1	0.62%
捺窝（鋬手）	2					2			4	2.47%
捺窝（腰沿）	2			1					3	1.85%
凸棱					1				1	0.62%
素面	71	7	9	2	22	12	14	13	150	92.59%
合计	76	7	9	3	23	14	17	13	162	
小百分比	82.61%	7.61%	9.78%	4.29%	32.86%	20.00%	24.29%	18.57%		
百分比	46.91%	4.32%	5.56%	1.85%	14.20%	8.64%	10.49%	8.02%		100%

附表 6-9　T1905⑤层陶片器形统计表

陶质 / 陶色 / 数量 / 器形	夹砂陶		泥质陶				合计	百分比
	红褐陶	灰褐陶	红褐陶	红衣红陶	灰褐陶	黑褐陶		
宽扁形鼎足	5						5	2.96%
圆柱形鼎足	2						2	1.18%
方柱形鼎足	1						1	0.59%
扁长条形鼎足	1						1	0.59%
小鼎足	1						1	0.59%
器盖纽	1						1	0.59%
器鋬（罐）	6	1		2			9	5.33%
鼎口沿	1	1					2	1.18%
鬶把手		1					1	0.59%
豆盘					3		3	1.78%
豆柄					4		4	2.37%
罐口沿				2			2	1.18%
腹片	75	23	10	8	14	7	137	81.07%
合计	93	26	10	12	21	7	169	
小百分比	78.15%	21.85%	20.00%	24.00%	42.00%	14.00%		
百分比	55.03%	15.38%	5.92%	7.10%	12.43%	4.14%		100%

附表 6-10　T1905⑤层陶片纹饰统计表

陶质/陶色/数量/纹饰	夹砂陶		泥质陶				合计	百分比
	红褐陶	灰褐陶	红褐陶	红衣红陶	灰褐陶	黑褐陶		
捺窝（錾手）	6	1		1			8	4.73%
凹弦纹					5		5	2.96%
素面	87	25	10	11	16	7	156	92.31%
合计	93	26	10	12	21	7	169	
小百分比	78.15%	21.85%	20.00%	24.00%	42.00%	14.00%		
百分比	55.03%	15.38%	5.92%	7.10%	12.43%	4.14%		100%

附表 6-11　T2006④a 层陶片器形统计表

陶质/陶色/数量/器形	夹砂陶		泥质陶					合计	百分比
	红褐陶	灰褐陶	红陶	红褐陶	灰陶	灰褐陶	红衣红陶		
宽扁鼎足	32							32	8.51%
器鋬	2			1	3			6	1.60%
罐口沿				3				3	0.80%
豆柄					4	1		5	1.33%
柱状鼎足					1			1	0.27%
腹片	138	50	10	28	35	60	8	329	87.50%
合计	172	50	10	32	43	61	8	376	
小百分比	77.48%	22.52%	6.49%	20.78%	27.92%	39.61%	5.19%		
百分比	45.74%	13.30%	2.66%	8.51%	11.44%	16.22%	2.13%		100%

附表 6-12　T2006④a 层陶片纹饰统计表

陶质/陶色/数量/纹饰	夹砂陶		泥质陶					合计	百分比
	红褐陶	灰褐陶	红陶	红褐陶	灰陶	灰褐陶	红衣红陶		
捺窝	1				1			2	0.53%
瓦棱纹	3			1		1		5	1.33%
素面	168	50	10	31	42	60	8	369	98.14%
合计	172	50	10	32	43	61	8	376	
小百分比	77.48%	22.52%	6.49%	20.78%	27.92%	39.61%	5.19%		
百分比	45.74%	13.30%	2.66%	8.51%	11.44%	16.22%	2.13%		100%

附表 6-13　T2006④b 层陶片器形统计表

陶质 陶色 / 数量 / 器形	夹砂陶		泥质陶				合计	百分比
	红褐陶	灰褐陶	红褐陶	红衣红陶	灰褐陶	灰陶		
罐口沿	9	1					10	2.42%
钵口沿	3						3	0.72%
器盖	1						1	0.24%
豆盘	1				2	3	6	1.45%
豆柄					4		4	0.97%
器把	1					2	3	0.72%
圈足						2	2	0.48%
宽扁状鼎足	39						39	9.42%
侧三角形鼎足	1						1	0.24%
侧宽扁状鼎足	1						1	0.24%
柱状鼎足	1						1	0.24%
腹片	166	28	56	2	31	60	343	82.85%
合计	223	29	56	2	37	67	414	
小百分比	88.49%	11.51%	34.57%	1.23%	22.84%	41.36%		
百分比	53.86%	7.00%	13.53%	0.48%	8.94%	16.18%		100%

附表 6-14　T2006④b 层陶片纹饰统计表

陶质 陶色 / 数量 / 纹饰	夹砂陶		泥质陶				合计	百分比
	红褐陶	灰褐陶	红褐陶	红衣红陶	灰褐陶	灰陶		
凹弦纹	3				4		7	1.69%
附加堆纹						2	2	0.48%
鸡冠形耳						2	2	0.48%
素面	220	29	56	2	33	63	403	97.34%
合计	223	29	56	2	37	67	414	
小百分比	88.49%	11.51%	34.57%	1.23%	22.84%	41.36%		
百分比	53.86%	7.00%	13.53%	0.48%	8.94%	16.18%		100%

附表 6-15　T2006⑤层陶片器形统计表

陶质 陶色 / 数量 / 器形	夹砂陶			泥质陶					合计	百分比
	红褐陶	灰褐陶	红衣白陶	红陶	红褐陶	红衣红陶	灰陶	灰褐陶		
盆口沿	1			1	1	2			5	1.11%
圈足					1				1	0.22%
罐口沿	13	1		2	2	4			22	4.87%
炉箅	1								1	0.22%

续附表 6–15

陶质 / 陶色 / 数量 / 器形	夹砂陶			泥质陶					合计	百分比
	红褐陶	灰褐陶	红衣白陶	红陶	红褐陶	红衣红陶	灰陶	灰褐陶		
鼎足	5	1					1		7	1.55%
釜口沿	3								3	0.66%
盉口沿	1								1	0.22%
器盖	1								1	0.22%
器把	2					1			3	0.66%
豆圈足		2							2	0.44%
杯口沿								1	1	0.22%
豆盘							2	1	3	0.66%
腹片	199	72	12	11	69		27	12	402	88.94%
合计	226	76	12	14	73	7	30	14	452	
小百分比	71.97%	24.20%	3.82%	10.14%	52.90%	5.07%	21.74%	10.14%		
百分比	50.00%	16.81%	2.65%	3.10%	16.15%	1.55%	6.64%	3.10%		100%

附表 6–16　T2006⑤层陶片纹饰统计表

陶质 / 陶色 / 数量 / 纹饰	夹砂陶			泥质陶					合计	百分比
	红褐陶	灰褐陶	红衣白陶	红陶	红褐陶	红衣红陶	灰陶	灰褐陶		
圆形镂孔							1	1	2	0.44%
三角形镂孔								1	1	0.22%
凹弦纹								2	2	0.44%
捺窝	2	2			3	2			9	1.99%
刻划纹	1								1	0.22%
凸弦纹							2		2	0.44%
素面	223	74	12	14	70	5	27	10	435	96.24%
合计	226	76	12	14	73	7	30	14	452	
小百分比	71.97%	24.20%	3.82%	10.14%	52.90%	5.07%	21.74%	10.14%		
百分比	50.00%	16.81%	2.65%	3.10%	16.15%	1.55%	6.64%	3.10%		100%

附录一 东山村遗址全新世沉积环境分析

李 兰 朱 诚

（四川大学历史文化学院考古系）（南京大学地理与海洋科学学院）

一 遗址概况

东山村遗址位于江苏省张家港市金港镇东山村南沙办事处，地处太湖流域北部边缘带，东距张家港市中心约18千米，北距长江约4千米，西距香山2千米，遗址范围内最低海拔约3 ~5 米[①]（图1-1）。

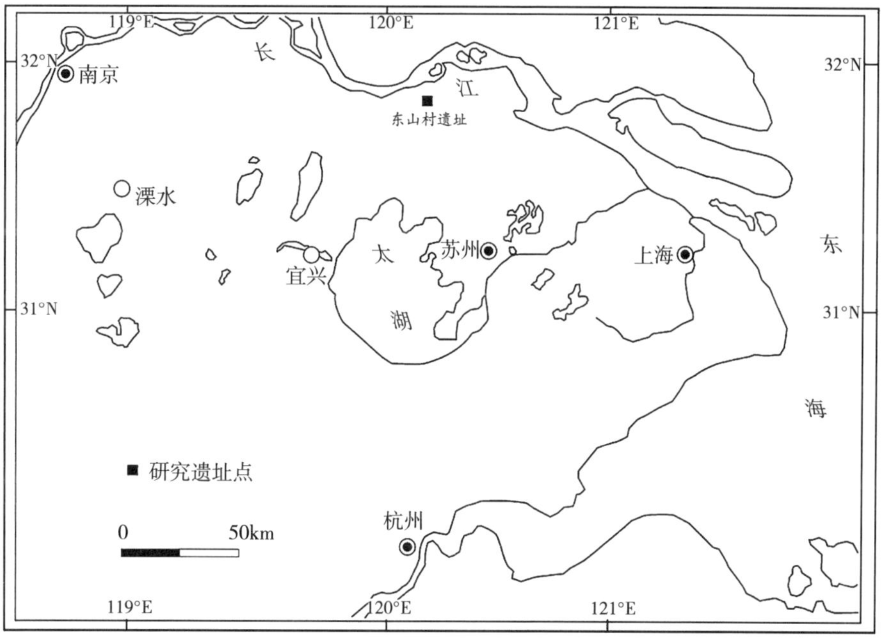

图1-1 东山村遗址位置示意图

遗址聚落中心主要位于南沙办事处内香宾阁附近，2009至2010年的发掘显示，东山村遗址整体分布呈坡状，遗址中心区域平均高出周围农田约4米，文化层堆积总体上西高东低，往东渐厚[②]；文化地层堆积，一般第4至第5层为崧泽文化层，第6层及以下基本为马家浜文化层，遗址偏北区域文化层底部有自然形成的泥炭层，因遗址保护需要，大多数探方仅发掘到崧

① 南京博物院、张家港市文广局、张家港博物馆：《江苏张家港市东山村新石器时代遗址》，《考古》2010年8期，3页。

② 南京博物院、张家港市文物管理委员会、张家港博物馆：《张家港东山村新石器时代遗址发掘报告》，《考古学报》2015年1期，57页。

泽文化层为止。

二 实验样品采集

作者分别于2010年1月、2010年12月、2011年4月三次到东山村遗址进行遗址现场调查和实验样品采集。第一次采集的样品主要来自位于坡状地形顶部（香宾阁东部）的T2006探方，第二次采集的样品主要是位于坡状地形底部的T3探方，两次采样均采取柱状与袋装取样相结合的方式，第三次为了实验需要，补采地层底部泥炭层样品，在T3附近进行钻孔取样。

T2006文化层堆积较为完整，自上而下共分为16层，剖面深度3.96米。第1层为现代表土层，黄褐色土，土质紧密，包含植物根系和虫孔；第2层为明清文化层，灰黄色粉砂质黏土，质地紧密，包含青花瓷片、陶片、少量红烧土和炭屑等，堆积厚度0.43米；第3a层为宋元文化层，灰黄棕色，土质紧密，出土青瓷，包含有陶片、较多的红烧土粒和炭屑等，堆积厚度0.31米；第3b层为六朝隋唐文化层，灰黄棕色，土质紧密，包含青瓷片、较多的红烧土，堆积厚度0.36米；第3c层为马桥文化层，灰黄棕色，土质坚硬，出土原始青瓷、印纹硬陶，含较多红烧土和炭屑，堆积厚度0.2米；第4层和第5层为崧泽文化层，灰黄棕色逐渐过渡为暗棕色和黑棕色，土质坚硬，出土灰陶豆、杯、夹砂陶片、红陶等，包含有大量红烧土和炭屑，堆积厚度1.33米；第6层至第15层为马家浜文化层，出土泥质红陶豆、夹砂红陶釜以及夹砂红褐陶、泥质红陶罐等，包含大量红烧土和炭屑，其中第8层以上主要为黄棕色至棕色粉砂质黏土，自第8层以下棕色粉砂质黏土逐渐过渡为棕黑色黏土质粉砂，11层以下黑色黏土状堆积较多且保存植物种子较多，第13层和第14层上部出现黑棕色砂质土，土质松软潮湿，第14层下部又逐渐过渡为棕色粉砂质黏土，土质硬并含有较多砾石，总堆积厚度1.27米；第16层为姜黄色生土层（图2-1）。采用柱状与袋装取样相结合的方式，第14至第2层按照2厘米采样间距，第1层按照3厘米采样间距，从下至上依次采样，共采集袋装样品194个，柱状盒装（1米×0.15米×0.15米）样品3盒。

图2-1 东山村遗址T2006地层剖面现场采样图

T3 位于坡状地形的底部，在整个遗址区域中处于地势偏低的地区，受人类活动的干扰相对较小，其地层堆积能更准确地反映遗址的沉积环境变化。图 2-2 是东山村遗址 T3 剖面示意图，从图可知，第 1 层为现代耕土层；第 2 层为明清层；第 3a 层为宋元层；第 3b 层为隋唐层；第 3c 层为马桥文化层；第 4 和第 5 层为崧泽文化层，其中第 4a 层为崧泽文化晚期层，含泥质灰陶、红陶等；第 4b 层为崧泽文化中晚期，含泥质灰陶、红陶等；第 4c 层为崧泽文化中期；第 5a 层为崧泽文化早期，含泥质灰陶、红陶等；第 5b 层为崧泽文化早期，包含夹砂红陶、褐陶等；第 6 和第 7 层为马家浜文化层，其中第 6a 层为马家浜文化晚期，含夹砂红陶等；第 6b 层为马家浜文化中期层；第 6c 层为马家浜文化早期层，包含夹砂陶等；第 7 层主要为灰褐色淤泥，无器物出土；第 8 层为青灰色自然淤积层，底部为黑色泥炭，未见底。发掘现场使用两种方式对地层样品进行采集。首先使用长铁盒（1 米 ×0. 15 米 ×0. 15 米）从下至上对地层剖面进行整体采样，每个铁盒之间交错 0. 1 米，共采集盒装样品 3 盒；其次再按照 5 厘米采样间距，从下至上依次采样，共获得地层散装样品 64 个。

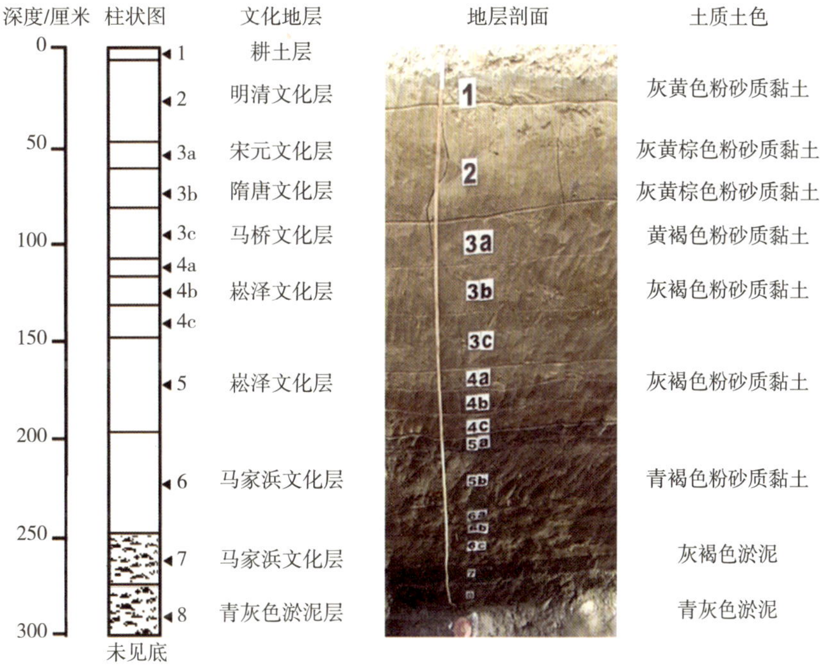

图 2-2　东山村遗址 T3 地层剖面示意图

三　年代测试与拟合

在发掘单位提供的相对年代基础上，根据研究需要，作者选取了 T2006 地层中 4 个含炭样品、T3 地层中 4 个含炭屑的淤泥样品、ZDK 钻孔中 2 个含炭样品，送至中国科学院广州地球化学研究所 AMS-^{14}C 制样实验室和北京大学核物理与核技术国家重点实验室进行 AMS^{14}C 测年，测年结果及校正年代见表 3-1。

表 3-1　东山村遗址地层剖面 AMS^{14}C 测年数据及校正年代

实验室编号	样品原编号	采样深度/米	层位	测年材料	^{14}C/aBP	校正年龄/cal. aB. P 中值（年代区间）
GZ3920	09ZDT2006	2. 95	7	炭屑	5111 ±34	5778（5786 ~5769）

续表 3-1

实验室编号	样品原编号	采样深度/m	层位	测年材料	^{14}C/aBP	校正年龄/cal. aB. P 中值（年代区间）
GZ3919	09ZDT2006	3.42	11	炭屑	5137±28	5910（5914~5907）
GZ3918	09ZDT2006	3.63	13	炭化稻	5139±33	5911（5915~5907）
GZ3917	09ZDT2006	3.85	14	植物果实	5125±29	5907（5911~5903）
T3						
GZ4456	2010ZDT3	1.55	5a	草木灰	2845±30	2948（2966~2929）
GZ4457	2010ZDT3	1.98	5b	炭屑	6250±45	7216（7244~7187）
GZ4458	2010ZDT3	2.30	6b	淤泥	6350±35	7283（7308~7258）
GZ4459	2010ZDT3	2.68	7	淤泥	6595±35	7486（7503~7468）
ZDK						
GZ4694	2011ZDK~7	2.40	7	沉积物	6465±35	7345（7353~7336）
GZ4695	2011ZDK~8	3.80	8	泥炭	8545±45	9533（9536~9529）

从表 3-1 可见，因为测年材料的不同，T2006 第 14 层与第 13 层样品年代出现了倒置的现象，第 11 层和第 13 层年代十分接近，即厚度约 0.2 米的地层几乎在同一时间沉积，根据 T2006 的地层埋藏情况分析，其第 6 层至第 15 层基本都是马家浜文化时期遗存，由 AMS^{14}C 年代数据可知，T2006 底部地层年代主要处于马家浜文化向崧泽文化的过渡时期，即 T2006 第 7~14 文化层的年代约在 5.7ka~5.9kaBP。

测试后的年龄值使用 Calib 6.0.1 校正程序进行校正，校正结果采用中值和年代区间方式表示。利用 AMS^{14}C 测年数据的日历校正年龄分别进行线性拟合并综合分析发现，东山村遗址马家浜文化之前的自然地层沉积年代为 9.5ka~7.4kaBP 左右，马家浜文化时期的年代约在 7.5ka~5.9ka 之间，崧泽文化出现的时间约在 5.9ka~5.7ka 左右。

四 植物遗存的鉴定与分析

根据研究需要和采样情况，对 T3 剖面第 6、7、8 层的 24 个样品进行了沉积物组成成分和微体古生物分析，样品前处理在南京大学区域环境演变研究所完成，分析结果见表 4-1。

表 4-1 东山村遗址 T3 剖面样品组成成分分析表

序号	编号	深度/米	层位	前处理后样品包含物
24	2010ZDT3-24	2.13~2.18	6b	动物骨骼碎屑、锆石、石英等白色矿物晶体
23	2010ZDT3-23	2.18~2.23	6b	含石英、炭屑、骨骼碎屑及少量红烧土颗粒
22	2010ZDT3-22	2.23~2.28	6c	红烧土颗粒、白色骨骼碎屑、石英等矿物晶体
21	2010ZDT3-21	2.28~2.33	6c	以红烧土颗粒为主，含白色骨骼碎屑（见图 4-1）
20	2010ZDT3-20	2.33~2.38	6c	以红烧土颗粒为主，含白色骨骼碎屑

续表 4－1

序号	编号	深度/米	层位	前处理后样品包含物
19	2010ZDT3-19	2.38～2.43	6c	以红烧土颗粒为主，含少量白色骨骼碎屑
18	2010ZDT3-18	2.43～2.48	6c	红烧土颗粒
17	2010ZDT3-17	2.48～2.53	7	大量红烧土颗粒
16	2010ZDT3-16	2.53～2.58	7	含白色骨骼碎屑和红烧土颗粒
15	2010ZDT3-15	2.58～2.63	7	含白色骨骼碎屑和含少量炭屑
14	2010ZDT3-14	2.63～2.68	7	含植物碎屑及白色骨骼碎屑
13	2010ZDT3-13	2.68～2.73	7	植物碎屑
12	2010ZDT3-12	2.73～2.78	8	植物碎屑
11	2010ZDT3-11	2.78～2.83	8	含少量植物碎屑及水生植物种子和红烧土颗粒
10	2010ZDT3-10	2.83～2.88	8	含少量植物碎屑、石英等白色矿物晶体和轮藻5颗
9	2010ZDT3-9	2.88～2.92	8	以植物碎屑为主，轮藻11颗（见图4-2）
8	2010ZDT3-8	2.92～2.93	8	以植物碎屑为主，少量炭屑及轮藻
7	2010ZDT3-7	2.93～2.94	8	以植物碎屑为主，轮藻57颗
6	2010ZDT3-6	2.94～2.95	8	以炭屑和植物碎屑为主，轮藻50颗
5	2010ZDT3-5	2.95～2.96	8	大量炭屑及植物碎屑，轮藻21颗
4	2010ZDT3-4	2.96～2.97	8	少量矿物颗粒，大量轮藻及碎屑（多于60颗）
3	2010ZDT3-3	2.97～2.98	8	墨绿色及黑色矿物颗粒，表面以花状纹理为主，少量呈放射状；多于56颗轮藻
2	2010ZDT3-2	2.98～2.99	8	黑色矿物颗粒，表面以放射状纹理为主，少量呈花状和针尖状纹理；8颗轮藻
1	2010ZDT3-1	2.99～3.00	8	墨绿色及黑色矿物颗粒，颗粒表面以放射状纹理为主，少量花状和片状纹理；少量轮藻碎屑

从表4-1可知，在实验样品中没有发现有孔虫等海相类生物化石，第6层以动物骨骼碎屑（图4-1）和石英等白色矿物晶体为主，第7层以动物骨骼碎屑和红烧土颗粒为主，第8层以植物碎屑为主，包含大量的轮藻遗存；同时在第8层底部发现了较多的黑色和墨绿色矿物颗粒。样品中发现的骨骼碎屑十分细小，图4-1是用VHX-1000超景深三维电子扫描设备放大400倍拍摄而成，因太过碎屑无法鉴定动物属种，不过从质地和色泽初步判断，应该是陆相生物。

图4-2是利用南京大学区域环境演变研究所的VHX-1000超景深三维电子扫描系统拍摄的轮藻标本彩色三维照片，从图中可以看出，轮藻表面呈红褐色，不同的标本颜色深浅也有差别。图4-3是在南京大学现代分析中心用日本Hitachi公司生产的S-3400N II型电子显微镜扫描的部分轮藻标本黑白图片。标本均来自T3泥炭层中，其中（a）（b）（c）来自①号样品（2.99米～3.00米），（d）和（e）来自2010ZDT3②号样品（2.98米～2.99米），（f）来自2010ZDT3④号样品（2.96米～2.97米），（g）（h）（i）来自2010ZDT3③号样品（2.97米～2.98米），标本所在地层的年代早于7.5kaBP。

图 4-1　地层中发现的骨骼碎屑等 SEM 照片

图 4-2　东山村遗址 T3 泥炭层中轮藻标本的三维照片

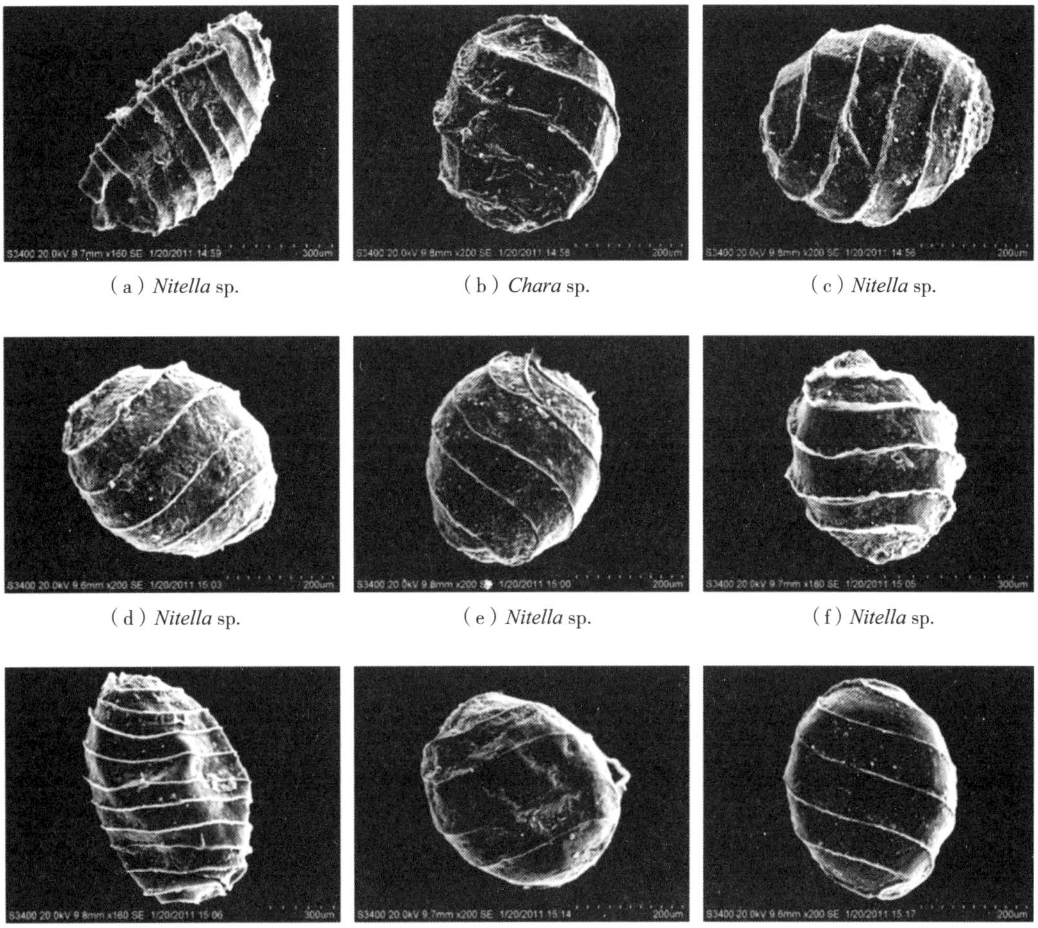

（a）*Nitella* sp.　（b）*Chara* sp.　（c）*Nitella* sp.

（d）*Nitella* sp.　（e）*Nitella* sp.　（f）*Nitella* sp.

（g）*Chara* sp.　（h）*Nitella sp.*　（i）*Nitella* sp.

图 4-3　东山村遗址 T3 剖面中发现的部分轮藻标本 SEM 照片

作者通过标本表面微形态和结构特征的鉴定发现，轮藻遗存种属基本一致，均属于左旋轮藻目中的似轮藻属[1]。此属轮藻世界性分布，时代为晚白垩世至今，广温性，生活于淡水或半咸水水体中，尤其是稻田、河流沼泽、滨湖等水体流速较缓的浅水环境[2]。由此可知，东山村遗址附近海拔较低区域在 7. 5kaBP 之前经历过水体流速较缓的浅水环境。

五　蓝铁矿的发现

在遗址 T3 剖面第 8 层底部（早于 7500BP）样品中发现了黑色和墨绿色矿物颗粒，颗粒表面纹理主要有放射状、针尖状、片状等，具体表面微形态请见图 5-1。

为弄清矿物类型，将 4 个已烘干磨碎后的样品送至南京大学现代分析中心，分别用瑞士 ARL 公司生产的 X'TRA 型 X 射线衍射仪和美国 NICOLET 公司生产的 NEXUS870 型红外光谱仪进行测试和分析。

---

① 刘志礼：《化石藻类学导论》，137 ~ 156 页，高等教育出版社，1990 年；卢辉楠、张善桢：《中国古生代轮藻类的新发现》，《微体古生物学报》1990 年 1 期，9 ~ 17 页。

② W. N. Groft, A new Trochiliscus (Charophyta) from the Devonian of podolia. Bull. Brit. Mus. (Nat. Hist.), *Geol*, 1952, (1) 7: 187 – 220.

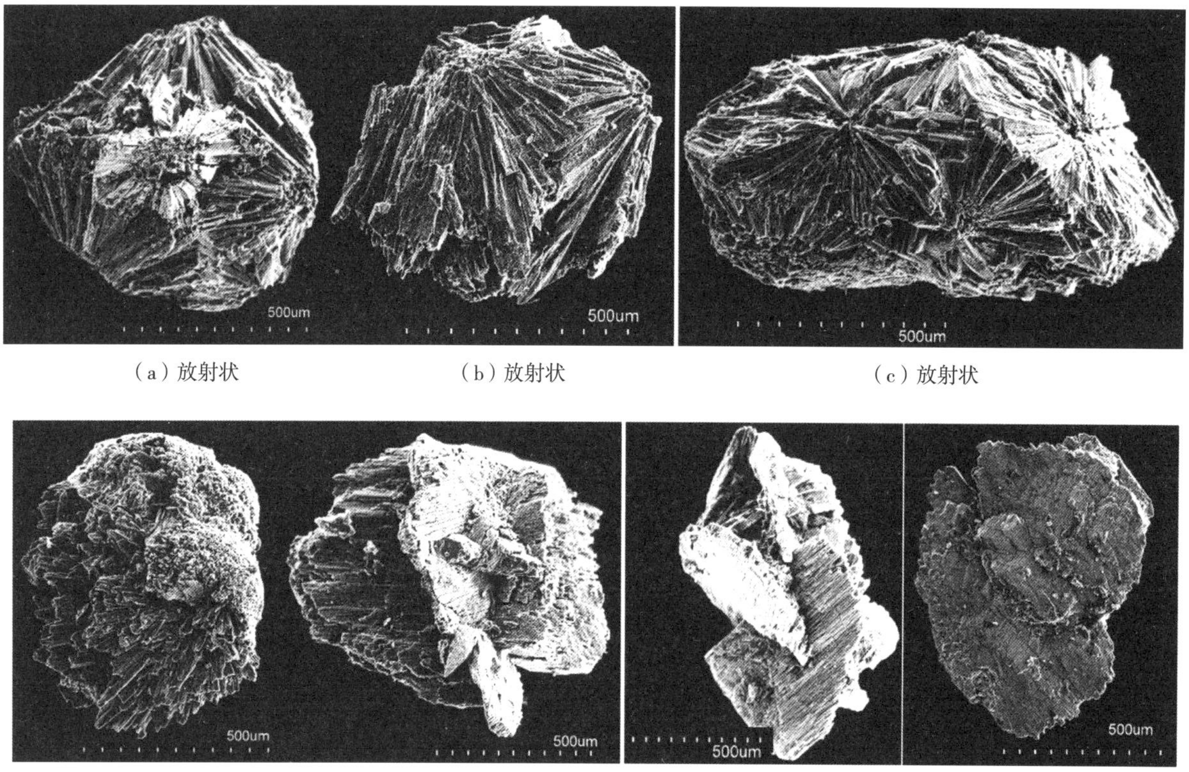

（a）放射状　（b）放射状　（c）放射状

（d）针尖状　（e）片状　（f）片状　（g）片状

图 5-1　东山村遗址 T3 地层中矿物颗粒表面微形态

从测试的 X 射线衍射图谱分析，放射状颗粒的特征峰为 7.964Å、6.742Å、4.908Å、3.346Å、3.216Å、2.709Å、2.320Å、2.078Å、1.683Å，尤其在 6.742Å 特征峰十分明显，反映是结晶度好、已发育成熟的一种矿物；片状颗粒的特征峰为 6.732Å、4.897Å、4.567Å、3.850Å、3.672Å、3.509Å、3.346Å、3.200Å、2.992Å、2.725Å、2.529Å、2.306Å、2.191Å、1.677Å，尤其在 6.732Å 特征峰十分明显；片状颗粒与放射状颗粒的衍射强度值十分相近，二者可能为同一种矿物①。

测得的红外光谱曲线中，放射状矿物颗粒具有 3204.7^{-1} 厘米弱宽，1628.9^{-1} 厘米、1042.1^{-1} 厘米、825.4^{-1} 厘米、803.0^{-1} 厘米、544.0^{-1} 厘米、470.2^{-1} 厘米尖弱的曲线特征；针尖状矿物颗粒的波峰与波谷、吸收带等与放射状特征值十分相近，也可能指示同一种矿物②。

通过 pdf 卡片查找和数据库标样对比综合分析认为，放射状矿物可能是一种含水的磷酸盐类混合矿物，即：$Fe_3(PO_4)_2.8H_2O$ 或 $Co_2Mn(PO_4)_2.8H_2O$ 或二者的混合物。

为进一步弄清矿物成分，将干燥样品送至南京大学内生金属矿床成矿机制研究国家重点实验室进行了再次测试和分析。分析前在真空条件下对矿物颗粒表面进行了多次多角度镀金，再利用 JEOL JSM-6490 型扫描电子显微镜对样品进行了扫描，同时利用搭载的 Oxford Inca-350X 型射线能

① 祈景玉：《X 射线结构分析》，55～86 页，同济大学出版社，2003 年；漆璿、戎詠华编：《X 射线衍射与电子显微分析》，上海交通大学出版社，1992 年。

② 荆煦英、陈式棣、么恩云：《红外光谱实用指南》，天津科学技术出版社，1992 年；蒋先明、何伟平编著：《简明红外光谱识谱法》，1～114 页，广西师范大学出版社，1992 年。

谱仪（EDS）（工作电压 20kV，工作距离 10 毫米，spotsize 设定为 50）对样品进行了形貌表征和定点元素微区分析。

图 5-2 为东山村遗址 T3 地层中片状矿物颗粒的 SEM 照片和定点 X 射线能谱图。从扫描电镜照片观察，矿物颗粒表面形态整体呈不规则状，微形态以片状纹理为主。从定点（Spetrum1）能谱图中可以看出，样品由 P、Mn、Fe、O、C 等 5 种元素组成，Fe/P 原子比为 11.75/9.2。

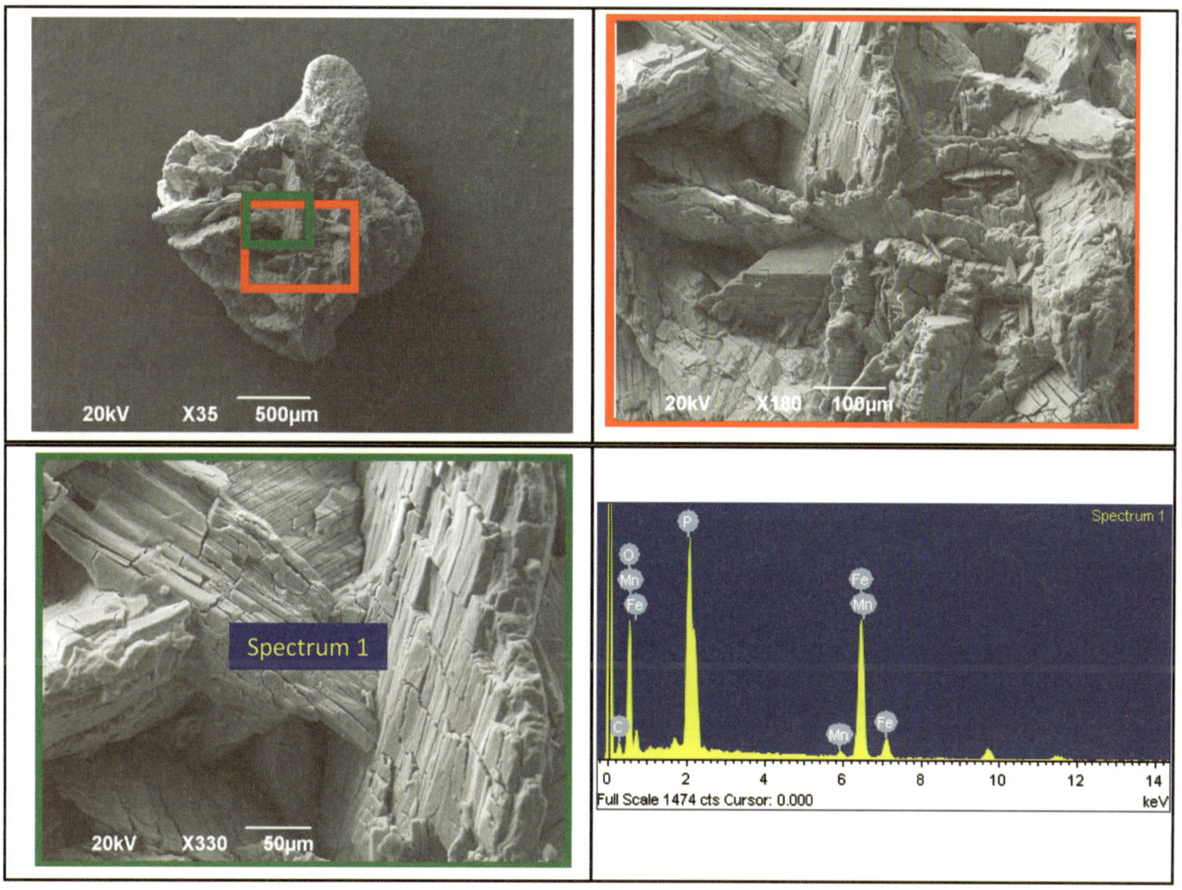

图 5-2　东山村遗址 T3 地层中片状矿物颗粒的 SEM 照片与 X 射线能谱图

图 5-3 为东山村遗址 T3 地层中放射状矿物颗粒的 SEM 照片和定点 X 射线能谱图。从扫描电镜照片观察，矿物颗粒的表面微形态以放射状纹理为主。从定点（Spetrum2 和 Spetrum3）能谱图中可以看出，样品由 P、Mn、Fe、O、C 等 5 种元素组成，Fe/P 原子比分别为 12.71/7.5 和 7.97/6.79。

图 5-4 为粒状矿物颗粒的 SEM 照片和定点 X 射线能谱图，从扫描电镜照片观察，矿物颗粒的表面形态呈不规则状，微形态以颗粒状为主。从定点（Spetrum4）能谱图中可以看出，样品由 P、Mn、Fe、O、C 等 5 种元素组成，Fe/P 原子比为 11.08/9.05。

图 5-5 为针尖状矿物颗粒的 SEM 照片和定点 X 射线能谱图，从扫描电镜照片观察，矿物颗粒的表面形态十分不规则，微形态以针尖状为主。从定点（Spetrum5）能谱图中可以看出，样品由 P、Mn、Fe、O、C 等 5 种元素组成，Fe/P 原子比为 10.57/7.96。

表 5-1 是对矿物颗粒进行 EDS 定点测试得到的矿物元素组成及其原子百分比，从表中可以看

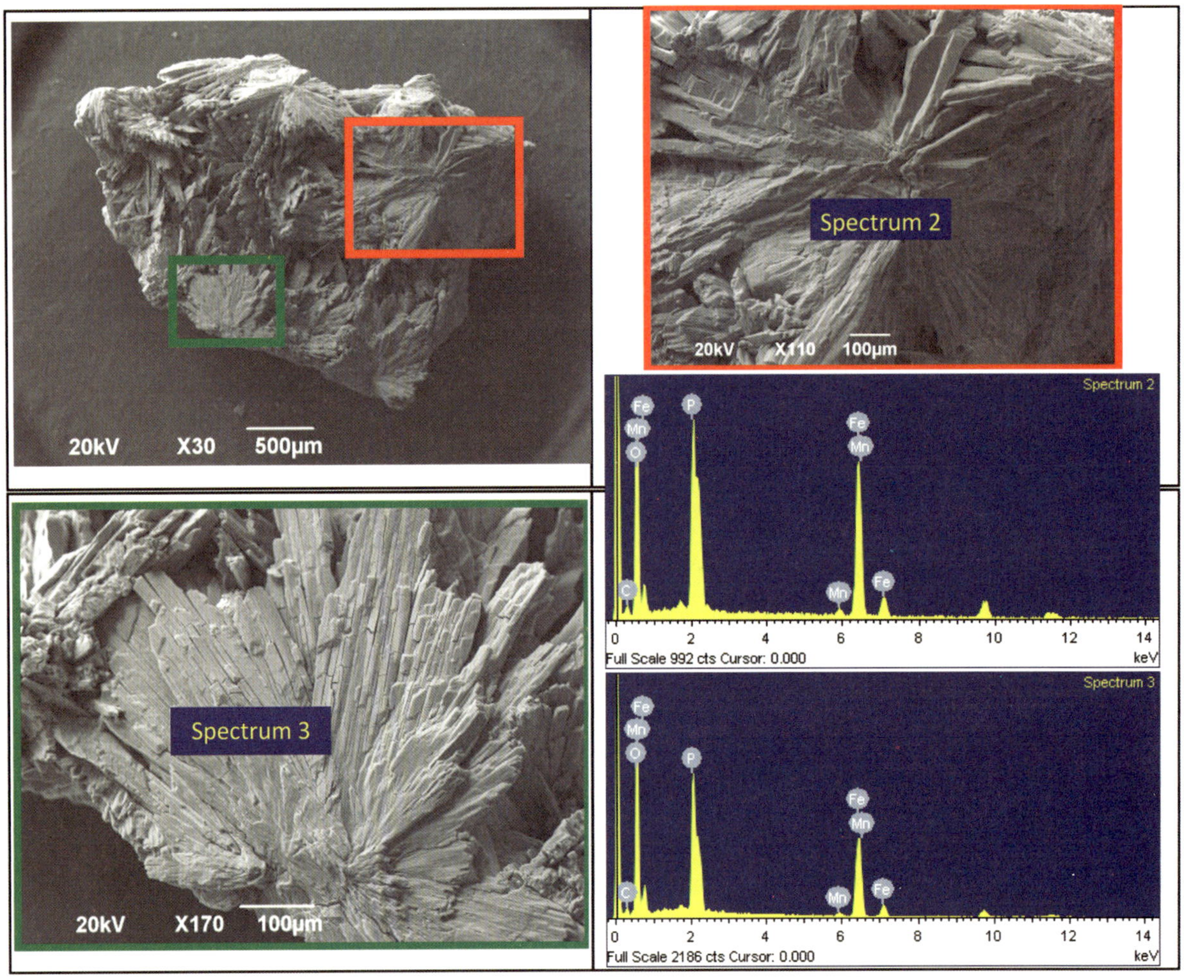

图 5-3 东山村遗址 T3 地层中放射状矿物颗粒的 SEM 照片与 X 射线能谱图

出，5 种不同微形态的矿物颗粒元素组成均为 C、O、P、Mn、Fe 五种，其中以 O 原子（> 35%）和 C 原子（> 15%）含量最高，Mn 原子的含量最低（< 1%），Fe/ P 原子平均比值为 1.34，而蓝铁矿的 Fe/ P 原子比为 1.5，十分接近。

通过对图 5-2 至图 5-5 的矿物表面微形态和表 2.06 矿物元素组成及原子百分比综合分析认为，矿物颗粒的表面特征整体呈不规则状，其微形态主要有片状、放射状、针尖状、粒状等；五种不同微形态的矿物颗粒其元素组成一致，可视为同一种矿物。再结合 X 衍射图谱、红外图谱分析结果及前人研究①综合推测，地层中发现的矿物颗粒可能为蓝铁矿［$Fe_3(PO_4)_2 \cdot 8(H_2O)$］。

蓝铁矿是一种含水的铁磷酸盐类次生矿物，通常呈柱状，还有圆球状、片状、放射状、纤维状、粒状等。具有玻璃光泽，外观为蓝色、绿色或无色透明，与空气接触或受到光线照射等强氧化后呈深蓝色、暗绿色或蓝黑色。矿物中的铁元素常常会被其他带有二价电荷的金属离子所取代，如镍、钴、锌、镁和锰等，故其伴生矿物有菱铁矿、闪锌矿、石英等。在自然环境中，蓝铁矿一

① 赵永胜、赵霞飞：《云南星云湖中蓝铁矿结核的发现及环境意义》，《沉积学报》1991 年 3 期，116～122 页。

图 5–4　东山村遗址 T3 地层中粒状矿物颗粒的 SEM 照片与 X 射线能谱图

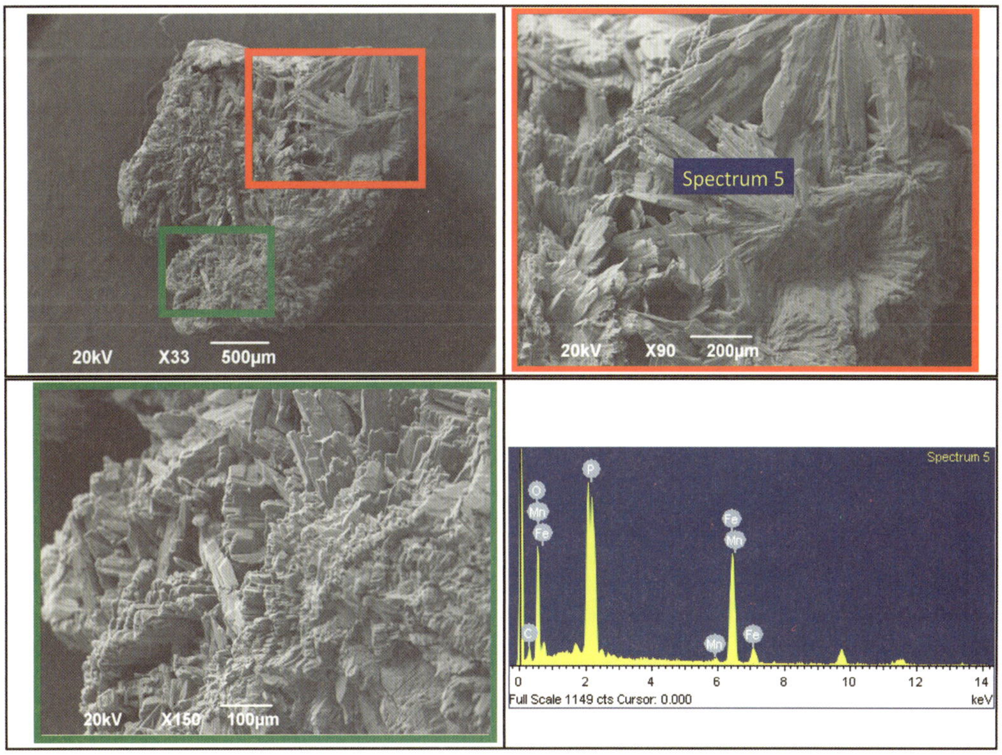

图 5–5　东山村遗址 T3 地层中针尖状矿物颗粒的 SEM 照片与 X 射线能谱图

表 5－1 矿物元素组成及原子百分比

编 号	C（%）	O（%）	P（%）	Mn（%）	Fe（%）	Fe/P	平均值
Spetrum1	26.56	52.05	9.20	0.45	11.75	1.28	1.34
Spetrum2	19.56	59.76	7.50	0.48	12.71	1.69	
Spetrum3	17.41	67.54	6.79	0.28	7.97	1.17	
Spetrum4	18.81	60.55	9.05	0.51	11.08	1.22	
Spetrum5	31.03	50.11	7.96	0.33	10.57	1.33	

般存在于富水的、偏向还原性的、含有机质较多的褐煤、泥炭沼泽、森林土壤中①。

六 孢粉分析

张家港位于长江下游南岸的江苏省境内，亚洲大陆东岸中纬度地带，属亚热带湿润季风气候。东山村遗址靠近太平洋，受海洋性气候影响明显，四季分明、季风显著、冬冷夏热、雨热同季、雨量充沛、降水集中、梅雨显著。现代植被属亚热带针阔叶混交林，森林中热带阔叶树种较少生长，林地边缘草本植物不是很发育。本文选取当时距河流较近、受人类生活干扰相对较少的 T3 剖面 20 块样品进行孢粉分析，样品处理、孢粉鉴定及图谱绘制均由专业人员分析完成。

孢粉样品岩性多为深灰色砂质黏土。实验室内每块样品平均取 30 克，经过盐酸、氢氟酸和碳酸氢钠等除钙和去硅处理，之后用 7 个微米孔径的筛子在超声波清洗器中进行清洗，然后用重液进行两次浮选，最后稀释、集中、制成活动薄片，在生物显微镜下用高倍镜头，进行观察、鉴定、统计。

孢粉鉴定结果共发现 52 个科属，其中乔木及灌木植物花粉有 26 个科属。常绿针叶乔木有分布很广的松属（*Pinus*）、云杉属（*Picea*），主要分布于北温带，向北可超越北极圈，向南分布于墨西哥南部、西班牙、土耳其及中国台湾高山、亚高山地带，尤以横断山地区种类最多，还有喜欢生长在谷边及石坡上的铁杉属（*Tsuga*）；落叶阔叶树种有现在分布于北温带的桦木属（*Betula*）、鹅耳枥属（*Carpinus*）、板栗属（*Castanea*）、胡桃属（*Juglans*）、落叶栎属（*Quercus* [D]）、椴属（*Tilia*）、榆属（*Ulmus*）、五加科（Araliaceae），及现生长在亚热带的无患子科（Sapindaceae）、漆树属（*Rhus*）、常绿栎树（*Quercus* [E]）、水青冈属（*Fagus*）、山核桃属（*Carya*）、杨梅科（Myricaceae）、枫香属（*Liquidanbar*）、栲属（*Castanopsis*）、黄杞属（*Engelhardia*）、糙叶树属（*Aphananthe*）；灌木有鼠李属（*Rhamnus*）、榛属（*Corylus/Ostryopsis*）、麻黄属（*Ephedra*）、胡秃子属（*Elaeagnus/Hippophae*）、蔷薇科（Rosaceae）等；草本植物花粉有蒿属（*Artemisia*）、桔梗科

① R. A. Berner，朱起煌：《沉积环境的一种新的地球化学分类》，《地质地球化学》1983 年 1 期；Chen zhong－yuan，Zheng lou，Quaternary stratigraphy and trace－element indices of the Yangtse Delta，Eastern China，with special reference to marine transgressions [J]，*Quaternary Research*，1997，47：181－191；王云飞：《云南高原现代湖泊沉积物中铁的自生矿物》，《海洋与湖沼》1987 年 1 期；孙镇城、杨藩、张枝焕等：《中国新生代咸化湖泊沉积环境与油气生成》，133～137 页，石油工业出版社，1997 年；蒋乃兴、蒋永才、罗泰成等：《蓝铁矿氧化机理研究》，《资源调查与环境》，1986 年，4 期。

(Campanulaceae)、石竹科(Caryophyllaceae)、藜科(Chenopodiaceae)、菊科(Compositae)、锦葵科(Malvaceae)、十字花科(Cruciferae)、禾本科(Gramineae)、葎草属(*Humulus*)、大戟科(Euphorbiaceae)、唇形科(Labiatae)、豆科(Leguminosae)、蓼属(*Polygonum*)、茄科(Solanaceae)、伞形花科(Umbelliferae)、荨麻科(Urtica)等;水生植物花粉有荇菜属(*Nymphoides*)、莎草科(Cyperaceae)、泽泻科(Alismataceae)、香蒲属(*Typha*);蕨类植物孢子有水龙骨属(*Polypodium*)、凤尾蕨属(*Pteridium*)、水蕨科(Parkeriaceae)、卷柏科(Selaginellaceae)、单缝孢子(*Monolites*)、三缝孢子(*Trilites*)等;根据本剖面所获得的孢粉组合特征,厚2.83米的地层所负载的古植物及古沉积环境信息可划分为4个孢粉组合带(图6-1)。

孢粉带Ⅰ,本带孢粉含量高,孢粉浓度也高,三块样品共统计了1158粒孢粉。木本植物花粉占绝对优势,为本带孢粉总数的64.1%,针叶乔木松属和铁杉属占28.9%,现属于温带、暖温带落叶阔叶乔木植物花粉占17.1%,有桦木属、栗属、胡桃属、落叶栎属等,亚热带落叶阔叶乔木植物花粉占17.6%,包括常绿栎属、水青冈属、无患子属、枫香属,灌木植物花粉很少发现;草本植物花粉为30.3%,有中旱生的禾本科、十字花科、藜科、菊科、荨麻科、蒿属、葎草属及水生植物莎草科、香蒲属、荇菜属;蕨类植物孢子为孢粉总数的5.6%,有单缝孢子、凤尾蕨科水龙骨科、水蕨科、三缝孢子。代表该区域马家浜文化之前以针阔叶混交森林植被为主,反映当时气候温暖较湿润。

孢粉带Ⅱ,禾本—松—枫香—常绿栎—落叶栎—香蒲—单缝孢子三缝孢子—水蕨科莎草科椴—榆—蒿—十字花科等为主带;包括7块样品,代表2.65米~1.49米(马家浜文化至崧泽文化时期)地段。本带孢粉含量明显比孢粉带Ⅰ要高,7块样品共统计孢粉2846粒,平均每块样品含有孢粉406.7粒。本带孢粉浓度也为本剖面最高。发现植物种属极其丰富。木本植物花粉含量由前带的64.1%下降到24.5%,草本植物和蕨类植物孢粉含量有明显上升,草本植物花粉较占优势,为本带孢粉总数41.6%,中旱生草本植物花粉有蒿属、葎草属、禾本科、十字花科、藜科、菊科少量的荨麻科、石竹科、大戟科、伞形花科、唇形华科、蓼科和豆科;蕨类植物孢子占总数的33.9%,以三缝孢子、水蕨科为主,凤尾蕨科少量出现;水生草本植物花粉以香蒲属为主,并有莎草科和荇菜属出现;木本植物花粉有分布很广泛的松属,在热带、亚热带生长的常绿栎属、枫香属、栲属、无患子科和占较少百分比落叶栎属、胡桃属、椴属、榆属、铁杉属、桦属、五加科、漆属,灌木植物蔷薇科、榛属花粉发现较少;代表该区域植被是以热带和亚热带植物为主的针阔叶混交森林草原。本带孢粉含量较多,可能与本带所经历的特殊时间段有关,马家滨文化至崧泽文化时期气候整体温暖湿润,但中途出现较多的气候短暂变化事件,不同的气候对孢粉的搬运沉积作用有重要影响。

孢粉带Ⅲ,松—枫香—禾本—香蒲等为主带;包括4块样品,代表1.49米~0.94米地段。孢粉含量明显比前带略有下降,4块样品统计到孢粉1572粒,每克土样中的孢粉浓度下降明显。木本植物花粉含量由前带的24.5%上升到38.0%,热带、亚热带植物含量及种属减少,松属、枫香属、榆属、常绿栎属为主,胡桃属、铁杉属、黄杞属、栲属、落叶栎属、糙叶树属、无患子科、蔷薇科、胡秃子科及榛属等,灌木植物含量有所增加。草本植物花粉含量下降到26.3%,但仍以禾本科为主,菊科、藜科、十字花科、伞形花科、石竹科、葎草属、蒿属、蓼属等,水生草本植物花粉含量明显比前带降低,香蒲属花粉含量稍高,泽泻科、莎草科少量参与。蕨类植物孢子占

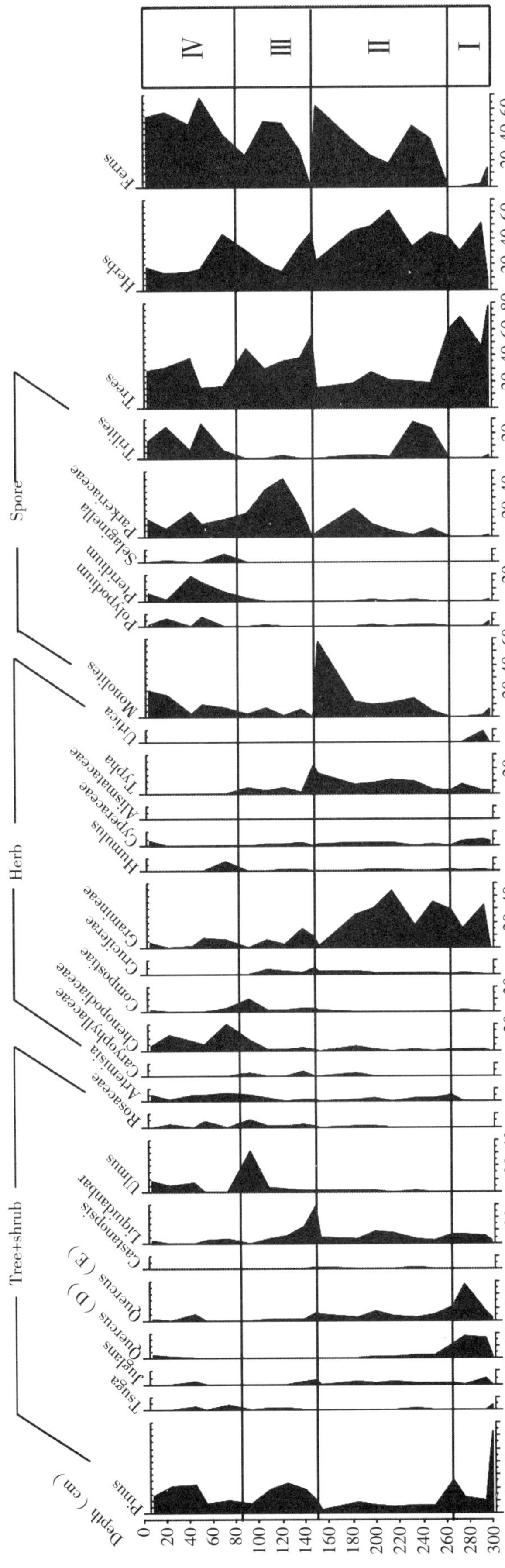

图6-1 东山村遗址7.5kaBP以来孢粉百分比图谱

35.6%，有水蕨科、三缝孢子、单缝孢子、凤尾蕨科水龙骨科等。代表当时为针阔叶混交林植被，反映气候温暖稍干，似有森林遭破坏后的植被景观。

孢粉带Ⅳ，松—榆—藜—三缝孢子—水蕨—单缝孢子—凤尾蕨等为主带；包括6块样品，代表0.94米~0.85米地段。本带孢粉含量明显比前三个孢粉带低，6块样品共统计孢粉589粒，平均每块样品含有孢粉98.1粒，孢粉浓度为本剖面最低。种子植物含量降低，蕨类植物孢子含量上升。木本植物花粉占本带孢粉总数的29.2%，有枫香属、榆属、松属、常绿栎属、胡桃属、铁杉属、落叶栎属、麻黄属、无患子科和灌木蔷薇科。草本植物花粉占20.37%，发现有藜科、蒿属、禾本科、菊科、石竹科、葎草属，仅发现几粒水生植物花粉。蕨类植物孢子占50.4%，有三缝孢子、水蕨科、单缝孢子、凤尾蕨科、水龙骨科、卷柏科。代表当时为针阔叶混交林植被，反映气候温暖较干；该植被景观可能与人类活动影响有关。

综上所述，本剖面（2.98米~0.85米）所负载沉积物取得的20块样品分属于4个孢粉组合带有以下几个特征：

1. 孢粉带Ⅰ所处的是距今七千多年前的全新世大暖期的前期（Q_4^2），孢粉带Ⅰ的孢粉组反映的是亚热带针阔叶混交森林，森林中热带阔叶树种较少生长，森林外草原不发育的植被景观，反映马家浜文化前期该区域气候温暖较湿；孢粉带Ⅱ反映马家浜文化至崧泽文化时期该区域气候整体温暖湿润，但中途出现较多的气候短暂变化事件。这跟当地所处的亚洲大陆东岸、中纬度的亚热带湿润季风气候区有很大关系；同时该研究与太湖地区其他地区自然钻孔的孢粉分析①结果相一致。

2. 孢粉带Ⅱ和孢粉带Ⅲ中孢粉含量比较接近，孢粉带Ⅰ中的木本植物占优势到粉带Ⅱ的草本植物占优势，孢粉带Ⅱ中草本植物花粉含量由前带（孢粉带Ⅰ）的30.3%上升到40.1%，这可能是由禾本科植物花粉含量较高做出的贡献，究其原因，其一可能与7kaBP以来人类种植农作物有关，其二可能与太湖地区的生态环境有关；孢粉中喜湿的水生草本植物种类和数量逐渐增加，反映遗址附近区域水体规模变大、水域扩张。

3. 孢粉带Ⅳ代表当时为针阔叶混交林植被，反映气候温暖较干；孢粉含量和孢粉浓度均较小，说明植被覆盖度相对降低，这可能与近代人类在此区域活动频繁有关。

从整个剖面来看，孢粉含量和孢粉浓度由下而上逐渐降低，说明孢粉沉积数量减少，可能与该区域植被覆盖率降低有关。

七　铷锶分析

正如前文提到，Rb/Sr比值的大小实际上反映了与降水量强度密切相关的气候干湿程度的变化，为获得东山村遗址地层与降水和淋溶程度有关的信息，作者对遗址地势较高的T2006地层194个样品和地势较低的2011ZDK钻孔56个样品的Rb、Sr、Ti元素含量变化和磁化率进行了测试和分析。样品测试在南京大学现代分析中心用瑞士ARL-9800型X射线荧光光谱仪（XRF）完成。

图7-1是根据东山村遗址T2006地层Rb、Sr、Ti和磁化率测试结果及计算出的Rb/Sr值绘制

① 王开发、张玉兰、蒋辉：《太湖地区第四纪沉积的孢粉组合及其古植被与古气候》，《地理科学》1983年1期，17~26页。

的曲线图。地层中 Rb 含量变化范围在 65～135ppm 之间，平均值为 100ppm；Sr 含量变化范围在 99～230ppm 之间，平均值为 137ppm；Rb/Sr 比值变化范围在 0.3～1.3 之间，平均值为 0.74。Rb、Sr 在地表沉积过程中有分布差异，Rb 趋向于赋存在黏土矿物中，Sr 则在砂和粉砂粒级中富集较多。

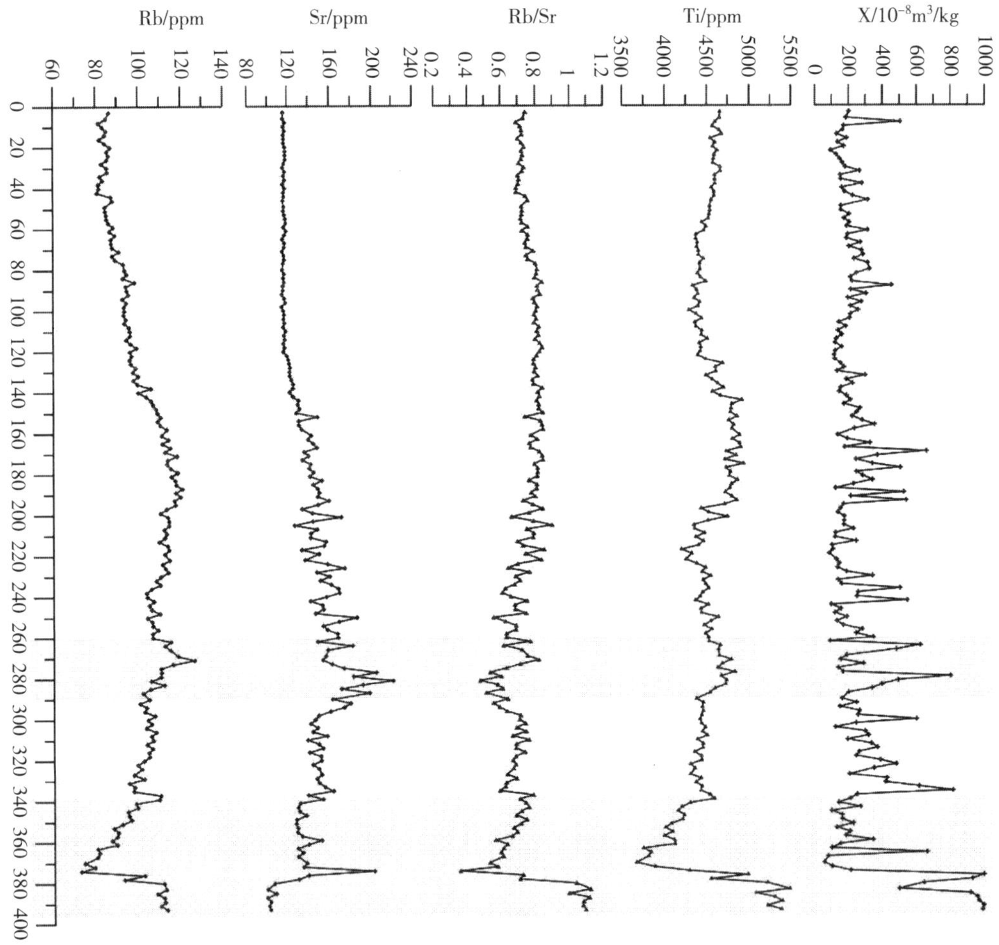

图 7-1　东山村遗址 T2006 地层剖面 Rb、Sr、Ti 含量变化

从图可见，在 5.99ka～5.95kaBP（3.93 米～3.74 米）期间，主要表现为 Rb 的流失和 Sr 的富集，尤其在 5.95kaBP（3.74 米）左右 Rb/Sr 降低到本剖面最低值，说明此时期降水量急剧减少，气候由湿变干；在 5.95ka ～5.88kaBP（3.74 米～3.4 米），Rb/Sr 比值缓慢上升，说明此时期降水量逐渐增加；在 5.77ka～5.7kaBP（2.9 米～2.6 米）之间，Rb/Sr 比值曲线出现轻微的波动过程，说明降水量在平均值的左右上下浮动，气候相对稳定。

Ti 元素含量在 3665～5500ppm 之间变化，含量十分丰富。Ti 元素是化学性质比较稳定的元素，在自然界中的丰度本身就较高，同时 Ti 也可能被腐殖质酸溶解而消失；从 Ti 元素的含量变化曲线可以看出，Ti 元素含量变化与铷锶反映的降水量变化基本呈正相关关系；在 5.99ka～5.95kaBP（3.93 米～3.74 米）Ti 元素含量从最高值降低到了最低值，说明该时期降水量减少，地层中富含气体和有机物的酸性水溶液浓度增大，Ti 元素可能被溶解而减少；磁化率值在该时段变化也较大，底部含量较高，向上逐渐降低，在没有人类活动干扰的情况下，磁化率值高低一般与铁元素含量有关，这说明遗址底部在5.99kaBP左右可能铁元素含量较高。

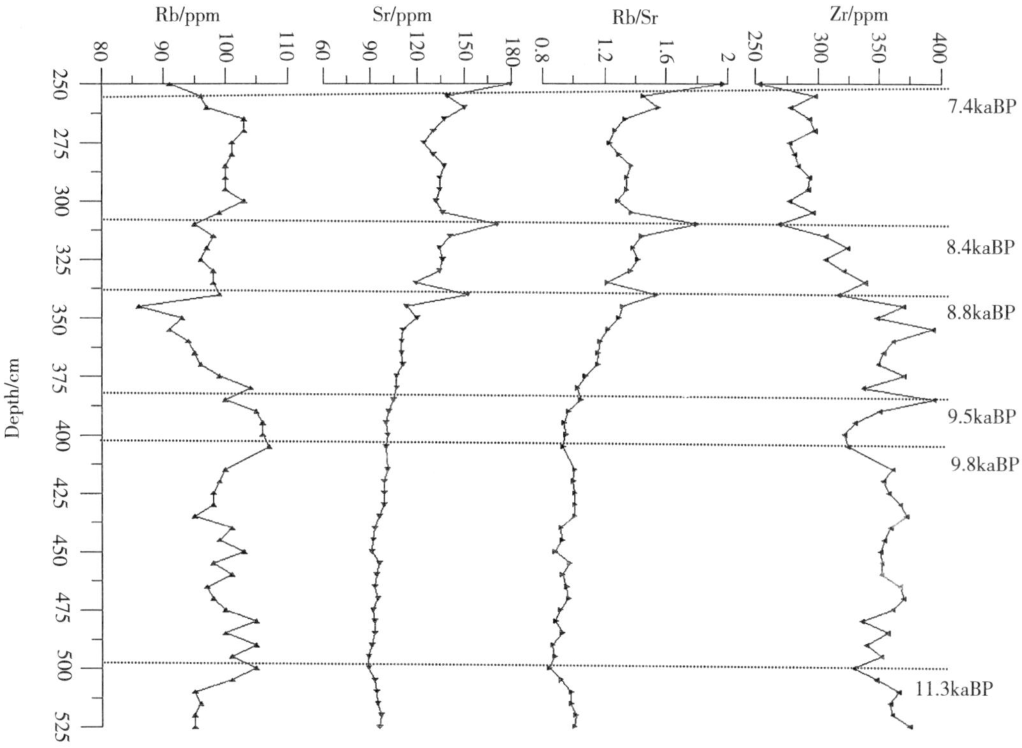

图7-2　东山村遗址2011ZDK地层剖面Rb、Sr、Zr含量与比值分析

图7-2是东山村遗址T3附近的钻孔剖面样品（2.45米~5.25米）Rb、Sr、Zr测试结果，根据年代测试及拟合分析认为该地层年代在11.8ka~7.4kaBP之间。Sr在11.8ka~9.1kaBP（5.25米~3.5米）之间变化不大，而Rb在该时间段变化频繁，说明沉积物中砂和粉砂物质含量变化不大，而黏土矿物含量却发生了较大变化；Rb/Sr在11.8ka~9.1kaBP之间的时间段有逐渐增大的趋势，说明此时期降水量逐渐增加。Rb/Sr在9.1ka~8.8kaBP（3.5米~3.35米）之间逐渐上升，说明此时期降水量逐渐增加；在8.8ka~8.4kaBP（3.35米~3.05米）之间先下降后上升，说明此时期降水量先缓慢减少后又快速增加，同时此时期的降水量明显高于11.8ka~9.1kaBP时期；在8.4ka ~7.4kaBP（3.05米~2.45米）之间，曲线变化趋势与8.8ka~8.4kaBP基本相同，先下降后上升，不同的是中间有一段相对稳定的时期，后期上升的幅度较大，其中8.4ka~8.2kaBP为下降期，8.2ka~7.6kaBP为稳定期，7.6ka~7.4kaBP为快速上升期，说明此时期降水量先减少后增加。

Zr主要以锆石的形式存在，化学性质十分稳定，主要富集于细粉砂中，Zr元素富集的地层多为水动力条件较强的情况下堆积而成。在T3附近的钻孔地层中，Zr含量变化范围在250~395ppm之间，平均值为335ppm，含量相对较高。在11.3ka~8.4kaBP（4.95米~3.05米）之间Zr元素含量总体较高，说明此时间段水动力条件较强，同时曲线变化频繁，说明水动力在强弱之间反复波动；Zr元素含量在9.8ka~9.5kaBP（3.95米~3.8米）之间由少到多，逐渐增加，说明水动力由弱增强；在9.5ka~8.8kaBP（3.8米~3.35米）之间含量总体呈现减少趋势，但增减反复，说明水动力条件整体呈现减弱趋势，但仍不稳定；在 8.8ka ~ 8.4kaBP（3.35 米 ~ 3.05 米）之间含量继续减少，但仍有增减反复，水动力仍不稳定；在 8.4ka ~ 7.4kaBP（3.05 米 ~ 2.45 米）之间含量变化幅度相对较小，说明水动力变化趋于稳定。

综合分析认为，东山村遗址附近，在 11.8ka ~ 9.1kaBP 之间降水量逐渐增加，水动力条件较强；在 9.1ka ~ 8.8kaBP 之间降水量继续增加，但水动力条件不稳定；在 8.8ka ~ 8.4kaBP 之间降水量先减少后增多，水动力条件总体呈现减弱趋势；在 8.4ka ~ 8.2kaBP 期间降水量减少，但水动力条件反而有细微的增强趋势；在 8.2ka ~ 7.6kaBP 降水量和水动力条件均处于相对稳定时期；在 7.6ka ~ 7.4kaBP 期间降水量迅速增加，水动力条件有细微的减弱趋势；在 5.99ka ~ 5.95kaBP 期间降水量变化十分明显，从最高值减少到最低值，气候由湿变干；在 5.95ka ~ 5.88kaBP 之间降水量逐渐增加；5.77ka ~ 5.7kaBP 之间降水量相对稳定。

八　氧化物的测试与分析

地层中氧化物的分解、迁移、沉积与其组成元素的化学性质有关，同时又受沉积物化学风化作用影响和人类活动的干扰①。水体中的微量元素组成成分更为复杂，受气候和地域等物理化学作用影响较大，元素对气候变化反应较为敏感。东山村遗址靠近长江三角洲入海口，受海洋性季风气候影响显著，降水量变化十分明显，故地层中沉积物是古环境演变记录的理想载体。为进一步认识东山村遗址区域的气候变化与人类活动影响的相关信息，作者综合考虑东山村遗址的地形及分布概况，选取 T2006 地层 194 个样品作了 26 种氧化物含量测定与分析。

地层样品中的氧化物含量在南京大学现代分析中心由专业人员测试完成，先将样品自然风干，之后以 10g 为单位将样品研磨至 200 目以下，再通过液压制片，用瑞士 ARL-9800 型 X 射线荧光光谱仪（XRF）进行测试。测定的数据采用 Grapher2.0 软件进行制图和分析。

图 8-1 是东山村遗址 T2006 地层剖面样品部分氧化物含量变化曲线（与气候变化相关），主要包括 SiO_2、Al_2O_3、Fe_2O_3、K_2O、Na_2O、TiO_2。从图中曲线变化趋势可以看出，Al_2O_3 含量变化与 Fe_2O_3 呈正相关关系、与 SiO_2 含量变化呈负相关关系。一般而言，暖湿气候条件下，化学风化作用强烈，沉积物中的岩矿物质中的有机质分解较快，富含气体及有机物的腐殖质酸容易侵蚀铁类等金属矿物。Fe 和 Al 在早期处于富集状态，反映 6kaBP 左右该区域为暖湿气候，之后元素大量流失直到谷值（5.9kaBP），从峰值到谷值的变化（3.97 米 ~ 3.7 米）时间短、速度快，说明该区域在 6.0ka ~ 5.9kaBP 期间气候由暖湿向温干方向发展，之后曲线变化相对平缓，说明气候相对稳定直到 5.7kaBP 左右；在 5.7ka ~ 5.6kaBP（2.7 米 ~ 2.3 米）期间，K_2O、Fe_2O_3、SiO_2、Al_2O_3 等曲线出现了不同程度的波动，说明此时期气候在干湿冷暖之间波动频繁，十分不稳定，风化作用相对较强；在隋唐末期（0.8 米）附近 TiO_2、Na_2O 含量突然减少和增加，气候出现了一次冷干事件；Na_2O 的存在与沉积环境的酸碱度有较大关系，在偏酸性环境中 Na_2O 含量较少，主要存在于偏碱性的环境；因此 Na_2O 在地层中含量变化间接指示在 6.0ka ~ 5.9kaBP 之间沉积环境由酸性向碱性过渡。

① R. E. Terry, F. G. Fernandez, J. J. Parnell, *et al.*, The story in the floors: chemical signitures of ancient and modern Maya activities at Aguateca, Guatemala. *Journal of Archaeological science*, 2004, 3: 1237 - 1250.

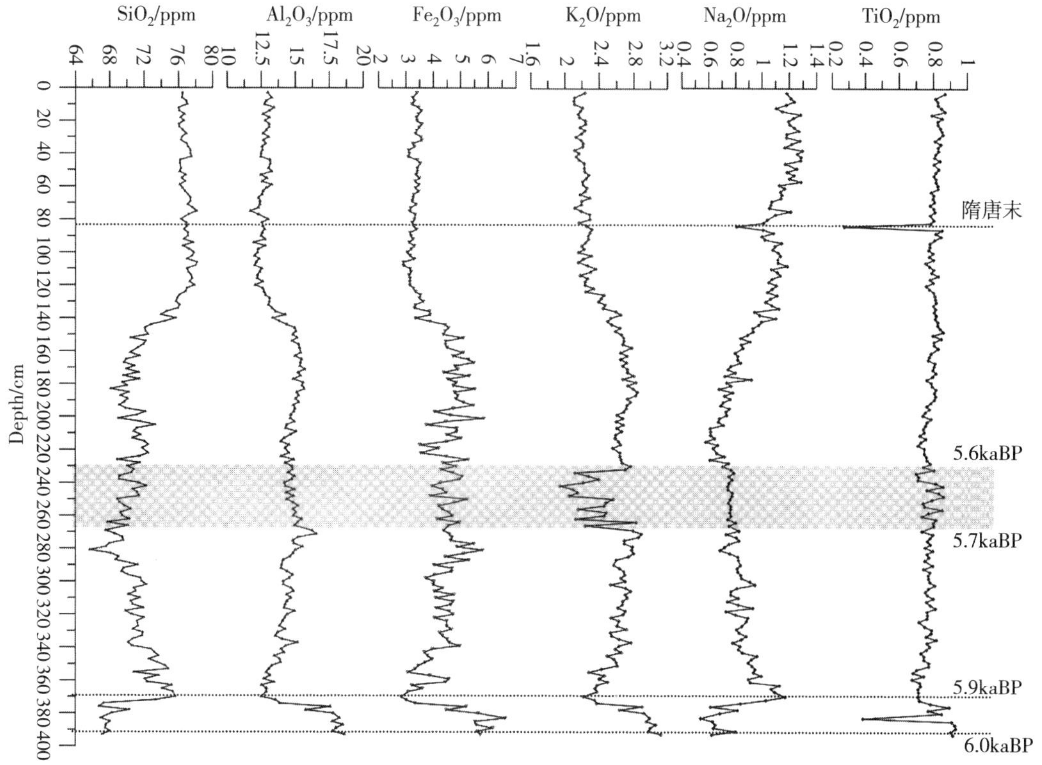

图 8-1 东山村遗址 T2006 地层部分氧化物含量变化（与气候变化相关）

TiO_2的化学性质比较稳定，一般在偏碱性、偏氧化性的环境中不易发生迁移①；在暖湿气候条件下，由于风化过程活跃、加之大量植物残体分解过程中产生的腐殖酸会溶解 TiO_2，导致该氧化物含量减少，故 TiO_2 富集的地层多指示暖湿气候；从图 8-1 可以明显地看出，在 6.0ka～5.9kaBP（3.97 米～3.74 米）之间，TiO_2含量从最高值降低到最低值，之后又突然恢复到较高值，这说明该区域在 6.0ka～5.7kaBP 之间气候暖湿，但在 6.0ka～5.9kaBP 之间气候有一次突然的冷干事件。

风化系数反映的是沉积物的化学风化程度，指化学元素的迁移、增减与沉积物形成时的气候变化有很大关系。黄土地球化学元素研究表明，Ca、米 g 等主要赋存在碳酸盐类矿物中，K、Na、Al 等主要赋存在硅酸盐类矿物中，因此 K_2O/ Na_2O、K_2O/ CaO、Al_2O_3/ Na_2O 主要反映沉积物中硅酸盐类矿物质的风化作用；风化强度指数 CIA（CIA = Al_2O_3/ [Al_2O_3 + Na_2O + K_2O + CaO] ＊100）可作为沉积物的风化系数，比值越高，说明活性物质（Na + \ K + \ Ca +）迁移量越大，风化作用强，反映暖湿（冷干）环境。Mg/Ca 比值的高值指示干热气候，低值则指示温湿气候②。

① 李铮华、王玉海：《黄土沉积的地球化学记录与古气候演化》，《海洋地质与第四纪地质》1998 年 2 期，41～47 页。

② 赵景波：《黄土地层化学成分迁移深度与含量研究》，《陕西师范大学学报》1999 年 3 期，103～107 页；E. W. Sawyer, The influence of source rock type, chemical weathering and sorting on the geochemistry of clastic sediments from the Quetico metasedimentary belt, Superior Province, Canada [J] . *Chem Geol*, 1986, 55: 77－95.

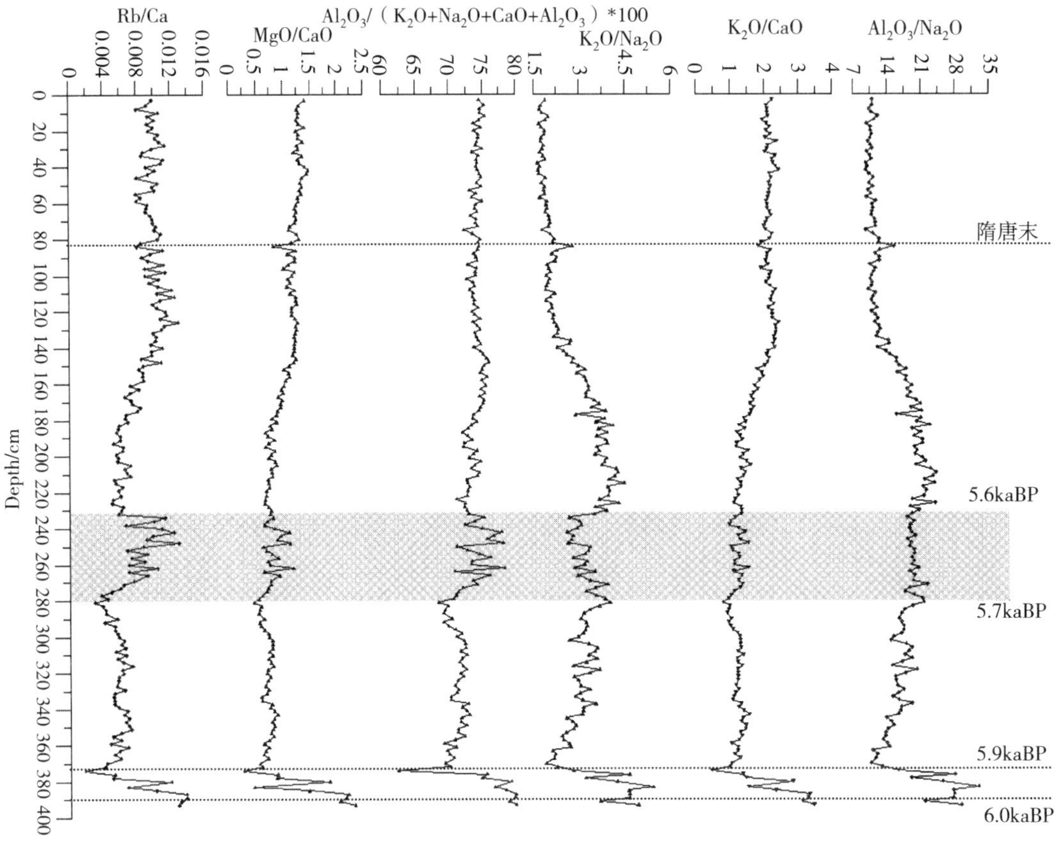

图 8-2 东山村遗址 T2006 地层部分氧化物含量变化（与风化系数相关）

图 8-2 是东山村遗址 T2006 地层剖面部分氧化物含量变化曲线（与风化系数相关），从图可知，CIA 值分布范围为 62～80，平均值为 73.4；在 6ka～5.9kaBP 之间 CIA 出现了剖面的最高值和最低值，并且从最高值迅速减小到最低值，这是该时期气候由暖湿向冷干变化，在 5.9ka～5.7kaBP 之间又迅速回升并保持相对稳定，综合说明气候在 5.9kaBP 左右出现一次明显的冷干事件。前人研究表明长江河漫滩沉积物 CIA 值在 71～81 之间变化，平均值为 77，这表明该区域 CIA 值与河漫滩沉积物十分接近；同时，一般伊利石和蒙脱石的 CIA 为 75～85，从 CIA 值及曲线变化推测，沉积物在形成时，除碳酸盐类矿物经历了较强的化学风化作用外，部分硅酸盐类矿物也可能经历了一定风化作用，其风化形成的黏土矿物可能以伊利石和蒙脱石为主。

图 8-2 中，其余曲线比值的变化趋势与 CIA 变化基本一致，在 6ka～5.9kaBP（3.97 米～3.74 米）之间比值快速下降，从峰值到谷值，说明此时期风化作用由强到弱；在 5.9ka～5.7kaBP（3.7 米～2.8 米）之间比值快速增加后保持基本稳定，说明此时期风化作用再次增强并维持，降水量逐渐加大，气候以暖湿为主并保持稳定；在 5.7ka～5.6kaBP（2.8 米～2.3 米）期间比值摇摆不定但变化幅度相对不大，这说明在 5.7ka～5.6kaBP 期间遗址区域附近风化作用时强时弱，降水量时大时小，气候不稳定；在隋唐末期气候出现了一次冷干事件。

图 8-3 是东山村遗址 T2006 地层剖面测试到的部分氧化物含量变化曲线（与人类活动相关）。从图可知，K_2O、P_2O_5、CaO 三种氧化物含量相对偏高，CuO、MnO、BaO 含量较低，均低于

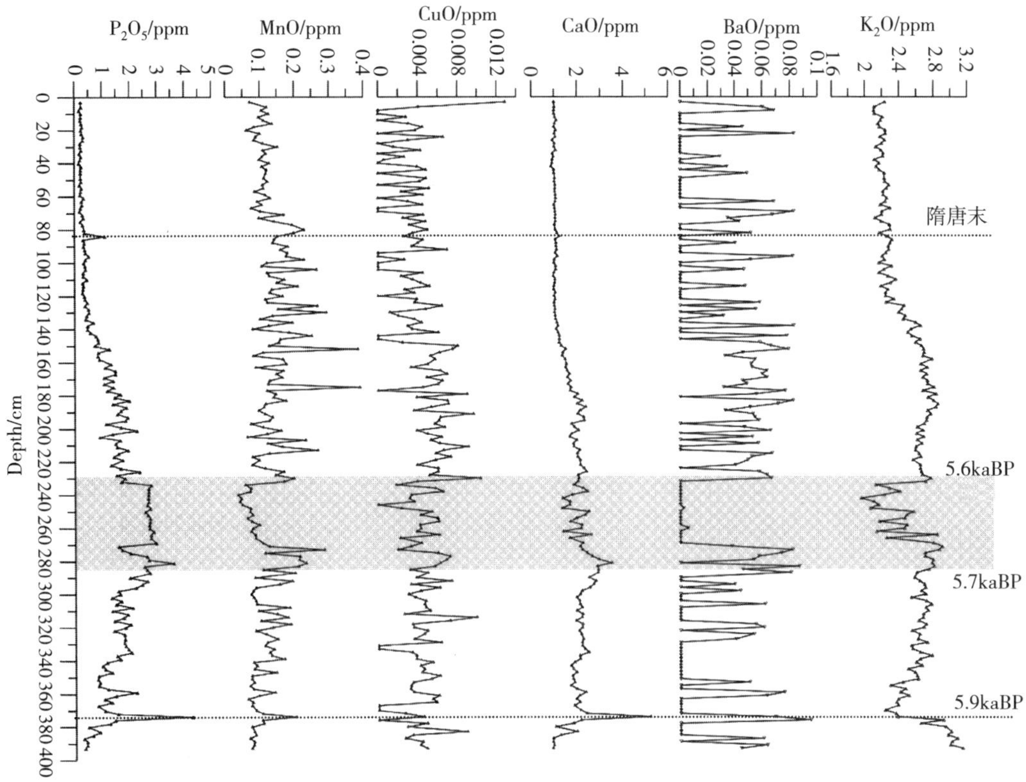

图 8-3 东山村遗址 T2006 地层部分氧化物含量变化（与人类活动相关）

1ppm，P_2O_5和 CaO 均在 5.9kaBP（3.7 米）处达到最高值，说明此时段地层中的微量元素以富集为主，指示此时期风化左右相对较弱，降水量相对偏少，气候偏冷偏干；在5.7ka～5.6kaBP（2.6米～2.4 米）之间，K_2O、CaO 等出现了波动幅度较大的变化，说明此时段氧化物富集过程不稳定，间接指示风化作用强弱不稳定；从整个地层剖面来看，P_2O_5、CaO 在马家浜文化和崧泽文化时期地层含量明显高于其他层位，可能指示此段时期人类在此生活遗留物较多；K_2O 含量变化趋势与 P_2O_5含量变化呈负相关，这可能说明该区域早期植被良好，地层中有较多的植物碎屑等残留物。

Sr、Ba 是地层中分布较广的微量元素，曾有研究将其比值作为古盐度的标志①，本次测试到的 BaO 含量较少，50%的样品中未检测到 BaO，在遗址底部（3.9 米～3.8 米）检测到的 Sr/Ba 比值平均为0.3，这可能说明该层位沉积物在沉积过程中盐浓度较低，不排除沉积物被降水稀释的原因；在 5.7ka～5.6kaBP（2.6 米～2.4 米）之间 Sr/Ba 比值出现了最高值，除遗址本身因素外，可能也与气候变化有关。

综合分析发现，东山村遗址 T2006 地层剖面样品中，不管是与气候变化相关的氧化物含量变化、与风化系数相关的氧化物含量变化，还是与人类活动有关的氧化物含量变化，分析结果均显示，在 6.0ka～5.7kaBP 之间，该区域气候以暖湿为主，但在 5.9kaBP 左右气候出现了一次突然的冷干事件；在 5.7ka～5.6kaBP 期间，风化作用时强时弱，降水量时大时小，气候在干湿冷暖之间

① MagnusLand, JohanIngri, P. S. Andersson, *et al.*, Ba/Sr, Ca/Sr and 87Sr/86Sr rations in soil water and groundwater: implications for relative contributions to stream water discharge. *Applied Geochemistry*, 2000, 15: 311－325.

波动频繁，十分不稳定；在隋唐末期气候出现了一次冷干事件。

九 粒度分析

通过沉积物粒径的大小，可以推断沉积物在形成时搬运介质能量的大小和沉积动力环境，粒度的分布及其各个参数特征则代表沉积物沉积时的整体行为，同样可以反映古环境和古气候变化信息①。

根据研究需要，将东山村遗址T3地层的64个样品和2011ZDK钻孔的56个样品送至南京师范大学进行粒度测定。由英国生产的Malvern Mastersizer 2000型激光粒度仪测定后得出粒度参数，尔后用Malvern软件对数据进行处理，同时用Grapher软件进行制图，并按照Folk②等划分标准对粒度参数特征值进行初步分析（图9-1、9-2）。

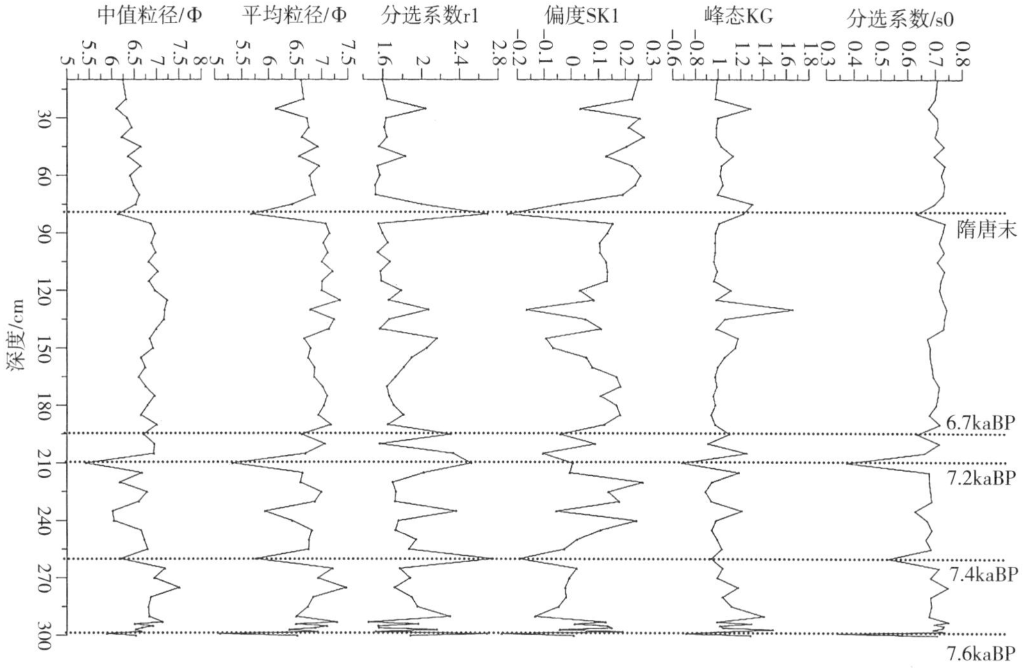

图9-1 东山村遗址T3地层粒度参数图

从图9-1可知，地层样品平均粒径在5～7Φ之间，以粉砂为主，中值粒径和平均粒径曲线的变化趋势大体一致；在7.6ka～7.5kaBP（3.0米～2.75米）之间粒径由粗变细，从粗粉砂变化到极细粉砂，在7.5kaBP（2.75米）附近粒径最细，说明此时段沉积动力由强变弱；在7.5ka～7.4kaBP（2.75米～2.6米）之间平均粒径由细变粗，沉积动力逐渐增强；在7.4ka～7.2kaBP（2.75米～2.1米）期间，粒径在粗粉砂与细粉砂甚至极细粉砂之间交替变换，在7.2kaBP（2.1米）处出现了粒径相对最粗，说明此时期沉积动力最不稳定；在7.2ka～6.7kaBP（2.1米～1.93米）期间，平均粒径由粗变细，沉积动力由强变弱；在隋唐末期（0.8米）粒度各特征参数同时出现了较大幅度变化，说明此时期出现了一次较强的水动力扰动事件。偏度在-0.2～0.3之间交

① H. E. 赖内克、I. B. 辛格：《陆源碎屑沉积环境》，111～130页，石油工业出版社，1979年。

② R. L. Folk, P. B. Andrews, D. W. Lewis, Detrital sedimentary rock classification and nomenclature for use in New Zealand [J], *New Zealand Journal of Geology and Geophysics*, 1970, 13: 937-968.

替，正偏与负偏交错明显，说明地层上下差异比较大，在自然淤积层中沉积物颗粒明显偏粗，这除可能与发现的黑色矿物颗粒有关外，还可能与水动力条件有关；峰态多在0.9 ~1.1之间，属于中等的沉积物粒度分布曲线，但在2.0 ~3.0米之间峰态变化弧度较大，尖窄与宽圆等偏激现象交替出现；分选系数在0.3 ~0.8之间，分选性相对较好。

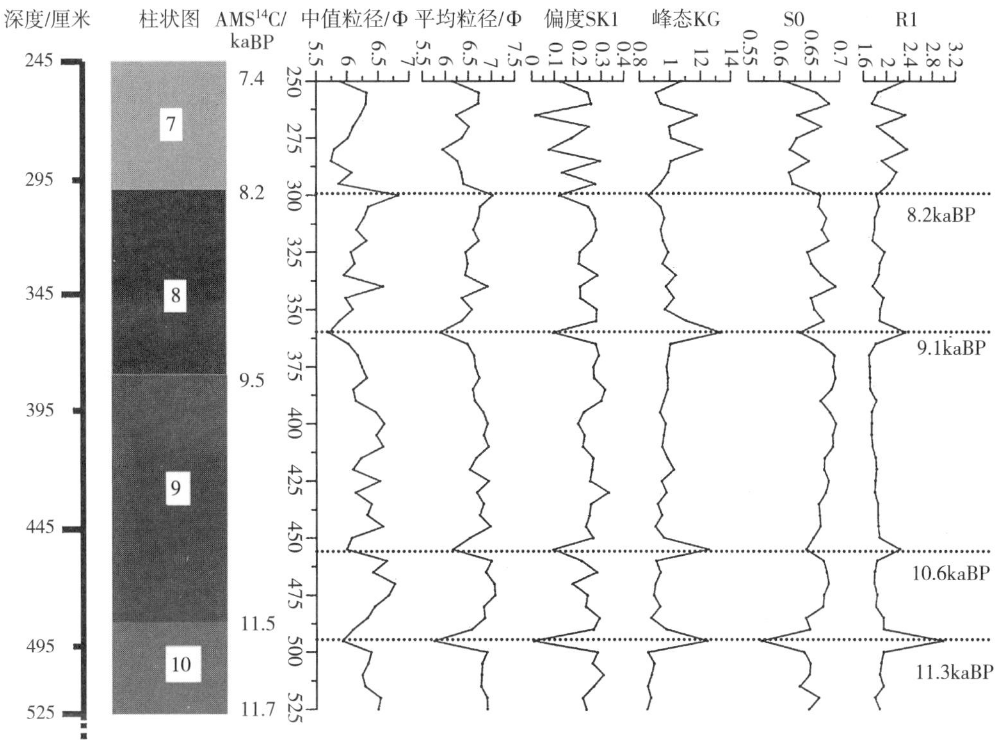

图9-2　东山村遗址2011ZDK地层粒度参数图

图9-2是东山村遗址T3附近钻孔的地层样品粒度参数特征值。平均粒径在5.5 ~ 7.5Φ之间，以粉砂为主，尤其以细粉砂占优势；偏度在0 ~0.4Φ之间，属于正偏；峰态在0.8 ~1.4Φ之间，属于中等偏窄的粒度曲线；分选系数S0在0.55 ~0.7Φ之间，分选性好；粒度参数特征值总体反映该区域在11.7ka ~ 7.4kaBP之间为沉积物偏细、分选性相对较好、沉积动力总体偏弱的湖沼相沉积环境。

对东山村遗址地层剖面粒度参数特征值的整体分析发现，该区域在11.7ka ~ 6.7kaBP之间为沉积物偏细、分选性相对较好、沉积动力总体偏弱的湖沼相沉积环境；但在11.3kaBP、10.6kaBP、9.1kaBP、8.2kaBP、7.6kaBP、7.4kaBP、7.2kaBP左右出现了七次明显的沉积动力强弱变化过程。

在11.7ka ~ 11.4kaBP之间沉积动力相对稳定，在11.3kaBP左右沉积动力由弱变强，水体出现明显的扰动；在11.3ka ~ 10.6kaBP之间沉积动力减弱，恢复到变化之前的动力环境并保持稳定，在10.6kaBP附近再次增强，但动力强度相对小于前期的变化；在10.6ka ~ 8.2kaBP期间，沉积动力基本保持稳定，水动力条件中途有小范围的强弱变化，尤其在9.1kaBP左右沉积动力明显变化；在8.2ka ~ 7.4kaBP期间粒度参数变化幅度不大，沉积动力强弱变化相对稳定；在7.4ka ~ 7.2kaBP期间，沉积动力十分不稳定，在7.2kaBP左右达到最强；在7.2ka ~ 6.7kaBP期间，沉积动力由强变弱；在隋唐末期出现了一次较强的水动力扰动事件。

十 东山村遗址沉积环境综合分析

1）根据东山村遗址T2006、T3两个剖面和ZDK钻孔的氧化物、粒度等测试与分析认为，东山村遗址区域在11.8ka ~11.4kaBP之间，沉积动力相对稳定，降水量逐渐增加；在11.4ka ~10.6kaBP之间，沉积动力由弱变强，降水量继续增加；在10.6ka ~9.1kaBP之间，沉积动力基本稳定；在9.1ka ~8.8kaBP之间，水动力条件不稳定，降水量继续增加；在8.8ka ~8.4kaBP之间，降水量先减少后增多，水动力条件总体呈现减弱趋势。

总体而言，该区域在8.4kaBP之前，降水量整体呈现增加的态势，容易造成水患。同时该区域靠长江下游三角洲较近，地势相对比较低平，此时此地并不适宜人类居住。

2）该区域在8.4ka ~8.2kaBP之间，降水量减少；在8.2ka ~7.6kaBP之间，降水量、水动力强弱变化相对稳定；在7.6ka ~7.4kaB之间，降水量迅速增加，沉积动力由强变弱再变强，气候温暖偏湿；在7.4ka ~7.2kaBP之间，沉积动力十分不稳定；在7.2ka ~6.0kaBP之间，沉积动力相对稳定，气候变化不明显；孢粉分析发现，在7.5kaBP之前，该区域为亚热带针阔叶混交森林，森林资源丰富，气候温暖偏湿。

由此可以看出，在8.4ka ~7.5kaBP之间，降水量整体呈现减少的趋势，遗址附近的矿物和轮藻的存在，也说明该区域水体逐渐退化为流速较缓、水体清静的湖泊；从以上分析可以看出，在7.5kaBP和6kaBP左右，东山村遗址区域不仅植被状态优越，动植物资源丰富，而且有相对较为稳定的湖沼相水体存在，利于先民的生产生活；同时附近坡地地形又可以抵御后期因湖沼相水体不稳定带来的各种水患灾害，这种依山傍水的自然地理条件使马家浜文化因子和崧泽文化因子在该区域迅速繁荣与发展。

3）同时，氧化物和粒度分析也发现，该区域在11.3kaBP、9.1kaBP、8.2kaBP、7.2kaBP、5.9kaBP左右，气候出现过十分明显的极速变化的极端事件；尤其是5.9kaBP左右的气候变化事件，很可能直接影响到了马家浜文化向崧泽文明迈进的进程。

4）马家浜文化至崧泽文化过渡时期，东山村遗址附近区域，在6.0ka ~5.9kaBP之间气候由暖湿逐渐向凉干转变，并可能在此期间发生过极端气候事件；5.9ka ~5.7kaBP之间，气候相对稳定；5.7ka ~5.6kaBP期间，气候十分不稳定，风化作用时强时弱，降水量时大时小，气候在干湿冷暖之间波动频繁。而这种气候变化，影响到了早期社会的结构分化和贫富差距。崧泽文化一期高等级大墓出现时间分别为距今5.89 ~5.72kaBP（M92）、5.93 ~5.89kaBP（M95）[①]，刚好是该区域气候相对比较稳定的时候。而从崧泽文化早期一直持续到崧泽文化中期的社会结构分化、并最终产生阶级，这个时间段刚好也是东山村遗址区域气候变化最频繁的时候，这应该不是巧合。初步推测，马家浜文化时期，该区域已有稻作农业，6kaBP开始的气候变化，逐渐影响到该区域的农业生产，同时也对附近的动植物资源产生了影响，导致一部分人丧失了赖以生存的物质条件而沦为另一些人的附庸，资源开始向掌握一定技术和知识的人集中，并逐渐恶性循环，最终导致贫

① 南京博物院、张家港市文物管理委员会、张家港博物馆：《张家港东山村新石器时代遗址发掘报告》，《考古学报》2015年1期。

富分化加剧。

5）在马家浜文化至崧泽文化时期，遗址附近以草本植物占优势，尤其是禾本科花粉含量较多，而且微体遗存分析也发现同层位的动物骨骼碎屑和红烧土颗粒含量十分丰富，说明人类活动较强；遗址附近植被种类和数量受到人类活动影响明显；后期（隋唐至现代）孢粉含量和孢粉浓度均较小，这种现象说明区域植被覆盖率降低，人类活动对该区域植被的破坏严重。

附录二　东山村遗址出土动物骨骼鉴定报告

董宁宁

（剑桥大学考古学系）

东山村遗址是长江下游地区一处以马家浜文化和崧泽文化墓葬为主的新石器时代聚落遗址。为了更全面、详尽地了解遗址周围的生态环境以及古人对自然资源的利用，2009 年发掘期间，我们对遗址Ⅰ区史前文化层的土样进行了采集和漂洗，对其中的动物骨骼标本进行了采集。采集的动物骨骼均出土自马家浜文化时期地层。由于骨骼标本破碎，保存情况较差，本次整理仅针对可以辨识出大类（纲及以下分类）或辨别出骨骼部位的标本进行了数量统计（附表）。

可鉴定标本数（NISP）共 380 个，分别出土于马家浜文化地层 T1905⑪、⑫层和 T2006⑨、⑩、⑪、⑬、⑭层。考虑到标本数量有限，且标本埋藏环境相似，我们将所有标本视作一个整体进行分析。其中，哺乳动物标本数量，占可鉴定标本总数的 45%；两栖和爬行类数量居其次，占 24%；鱼类标本 18%；鸟类标本占 12%；另有发现零星的蟹类标本，占 1%。（图 0–1；附表）

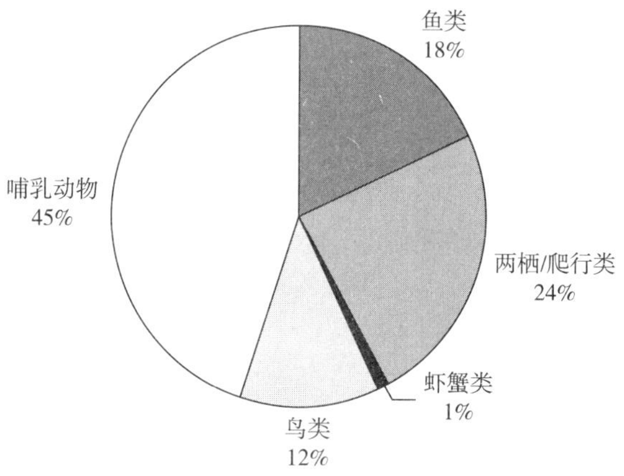

图 0–1　遗址出土不同物种动物骨骼可鉴定标本数（NISP）对比

一　物种

1. 哺乳动物

属于哺乳动物的骨骼标本共 173 件。可鉴定到种属的动物有猪（*Sus* sp.）（NISP = 19）和狗（*Canis familiaris*）（NISP = 4）。中型哺乳动物以鹿类①为主，种属不明。从体型判断，以中小型鹿为主（NISP = 49）。鹿角有零星发现（NISP = 4），可鉴定的有梅花鹿（*Cervus nippon*）（NISP = 1）鹿角。其中 3 件鹿角为自然脱落，2 件鹿角带有人工砍砸痕迹。小型哺乳动物标本中鉴定出了兔科（*Leporidae*）（NISP = 7）、貉（*Nyctereutes procyonoides*）（NISP = 1）、小型犬科动物（*Canidae*）（NISP = 4）、松鼠科（*Sciuridae*）（NISP = 4）。其余标本皆归为哺乳动物，大小不一。（图 1–1）

① 鹿类动物定义参照盛和林等《中国鹿类动物》（华东师范大学出版社，1991 年），指反刍亚目的鹿上科，包括麝科和鹿科动物以及鼷鼠科。

2. 两栖、爬行动物

两栖、爬行动物标本共93件，主要包括龟鳖和蛙类，无法鉴定出种属。龟甲数量超过总数的三分之二（NISP = 71）。出土2件疑似蛇的脊椎标本。

3. 鸟类

可鉴定鸟类标本共47件。可进一步鉴定出种属的标本有鸭（*Anas* sp.）3件，鸬鹚（*Phalacrocracidae*）1件，鸦属（*Corvus* sp.）1件，以及鸥类（cf. *Laridae*）1件。除大型鸟类跗跖骨1件，其余均为中小型鸟类，无法区分种属。

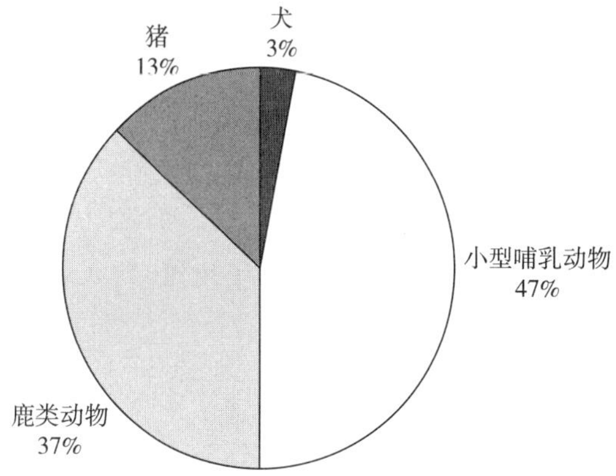

图1-1 遗址出土不同类型哺乳动物骨骼可鉴定标本数（NISP）对比

4. 鱼类

鱼类遗存共鉴定了67件。需要说明的是，可鉴定的鱼类标本多数为鱼类寰椎、鳃盖骨、咽齿、方骨等特征鲜明的骨骼部分。另有相当一部分标本为破碎的鱼类脊椎骨棘。囿于数量庞大、特征模糊，本文未予以详细讨论。

鲤科（*Cyprinidae*）鱼类标本共6件；鼬鲨（*Galeocerdocuvier*）标本3件；鲻鱼（*Mugil* sp.）标本2件；花鲈（*Lateolabrax* sp.）2件；无鳔鲉（*Hlicolenus* sp.）标本3件以及真鲹（*Trachurus* sp.）1件。

二 自然环境

不同物种生活在特定的生境中。遗址中出土的动物遗存为我们了解遗址周围的自然环境提供了丰富的信息。

小型哺乳动物骨骼的出土，说明东山村附近的丘陵覆盖着茂密的灌木丛，不同种类的小型动物可以穿梭其中。潮湿的沼泽环境吸引来了众多水鸟。淡水和海水交汇的河口环境给栖息在潮间带的水生动物如虾蟹龟鳖提供了居所。海洋鱼类可能洄游到这里，含盐的土壤也同时吸引着鹿等偶蹄动物的到来。密布的水网实现了先民和其他聚落的往来方便。这些也恰好符合来自地质研究的海侵证据①。湿润的水网、茂密的植被为东山村先民提供了丰富的土地、植物及动物资源。

三 生计方式

遗址中的动物骨骼不仅是自然环境的指示信号，也同时反映了人类对自然资源的利用。动物考古的研究目的乃是透物见人，通过提取动物骨骼所透露的信息，了解古人的生计方式和社会文化。

1. 大型哺乳动物资源利用

东山村遗址出土的动物遗存以哺乳动物为主，其中37%为鹿类动物，13%为猪，3%为犬，其余47%为小型哺乳动物。

鹿肉是古代先民主要的肉食来源之一。东山村遗址出土的鹿类动物遗存占哺乳动物遗存的

① 王张华、陈杰：《全新世海侵对长江沿海平原新石器遗址分布的影响》，《第四纪研究》2004年5期。

37%，可见鹿是东山村先民的重要肉食资源。鹿类动物的生境因地理差异各有不同。概括而言，大部分鹿类动物生活在山地丘陵茂密的灌木丛和草丛中，晨昏觅食①。以遗址中出现的梅花鹿为例，南方的梅花鹿多活动于邻近水源的山丘草地②，采食青草树叶，偶尔也到农田偷食农作物的茎叶③。舔盐是鹿类动物的特殊习性④。东山村遗址接近海岸线，高含盐量的土壤吸引来了鹿类动物，为先民提供了捕获它们的机会。

从鹿类动物骨骼遗存的身体部位来看，占绝对多数的是四肢部位，如包括肩胛骨的前肢和包含股骨的后肢，而前后肢遗存比例差异不明显（图3-1）。不见脊椎、肋骨等躯干骨部位。身体部位呈现比例的差异可能由多种原因导致。一方面，不同部位骨骼密度不一造成其保存概率的参差⑤。其次，土壤环境和埋藏过程的差异也会导致保存结果的不同。与之相比，人类行为能最直接且显著造成遗址中不同部位骨骼出现概率的差异。马家浜文化时期地层中高频率的四肢骨出现可能与先民的狩猎和烹饪方式有关。

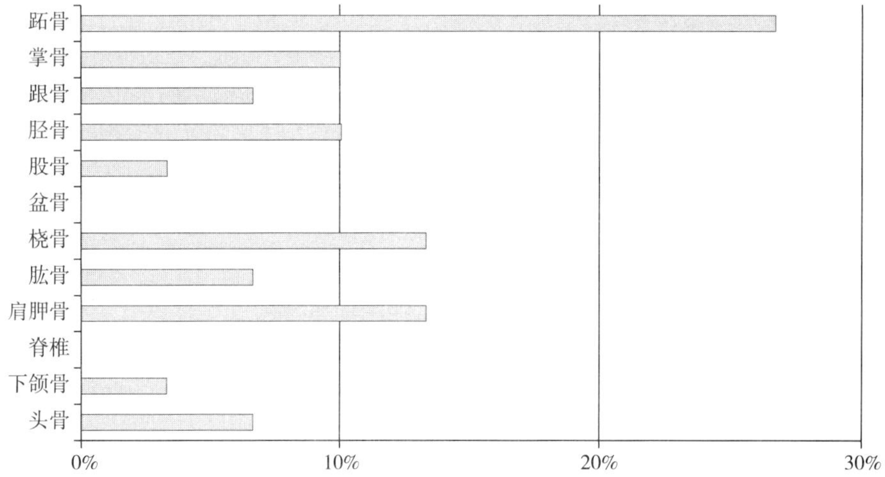

图3-1　鹿类动物身体部位可鉴定标本数比例比较

和与人生活在同一村落中的家畜不同，大部分鹿的栖息环境和人类的居住范围重叠不多。视不同种类而定，它们的栖息地或毗邻村落，或远离人群。因此，先民狩猎鹿的同时，也必须考虑将猎物带回居住地的运输成本。狩猎地点和居住地点之间的距离是需要考虑的因素之一。加之动物不同部位的含肉量、含髓量不同，人们对食物种类（食肉还是食髓）的需求和偏爱不同，这些都会决定是将动物身体作为整体还是某些特定部位带回居住地。鹿的四肢肌肉紧实，在运输不便、必须取舍时，是理想的食物储备。东山村马家浜文化地层中鹿四肢部分所占的高额比例，可能就是先民狩猎之际考虑了运输成本和食物价值之后，决定只带回猎物四肢部分的结果。

另外，动物的屠宰方式需要联系起烹饪手段来考虑。例如“煮”这一手段，因为要求肉能盛放入容器中，可能需要将躯体分割成小块。越破碎的骨骼越容易腐朽。相对的，大块的骨骼能保

① 盛和林等：《中国鹿类动物》，华东师范大学出版社，1991年。

② 《中国鹿类动物》。

③ 《中国鹿类动物》。

④ 《中国鹿类动物》。

⑤ R. L. Lyman, Bone density and differential survivorship of fossil classes. *Journal of Anthropological Archaeology*, 1984, 3 (4): 259－299.

存下来的概率更大。而如“烧烤”等烹饪方式则允许动物身体部分的整块（例如整腿）加工。由于缺乏烧骨的旁证以及关于出土陶器功能的研究结果，我们的推理仅限于假设，还需要更多材料才能进一步做出论证。

猪的遗存占了哺乳动物数量的13%。有趣的是，其中牙齿标本14枚，占绝大多数（74%），给准确估算猪的数量带来了难题。通过牙齿辨别家猪或野猪也比较困难，尤其在齿列不完整的情况下①。从骨骼愈合程度以及牙齿萌出和磨损大致判断出的年龄结构没有鲜明特征。因此，我们很难明确判断这些骨骼是家猪还是野猪或者两者皆有。只能说遗址出土的猪臼齿造型相对宽圆，结合其时代地域背景，是家猪的概率偏大。

2. 小型动物资源利用

在考古研究中，小型动物既能作为环境变迁的指标②，又与食物压力息息相关③。因此我们将小型哺乳动物（体型介于羊和老鼠之间）、两栖、爬行类和鸟类归为小型动物这一大类，进行统一分析。

小型哺乳动物遗存在动物考古研究中经常不被重视。它们骨骼细小，既不易保存，也难以辨识，其经济价值及文化意义常常被忽略。然而，小型哺乳动物，例如野兔、貂、河狸等一直出现在史前先民的食谱上。在东山村遗址中，小型哺乳动物可鉴定标本数占哺乳动物总数的47%，比例位居第一（图1-1）。小型动物的捕猎常常和人口数量、资源丰沛程度有紧密联系。

近水生活的两栖、爬行动物也是先民开发利用的资源之一。其中龟鳖类为一大宗，其次是蛙类，极少部分可能来自蛇。龟鳖类行动迟缓，极易捕捉。借助工具或陷阱，捕捉蛙类也并非难题。

遗址中发现了较多水鸟标本，如鸭科、鸬鹚科等。另有一部分小型鸟类。东山村遗址的近水环境和丰富的鱼类资源吸引来了不少水鸟。至于这些水鸟是否有部分被驯化而成为水禽，有待进一步的证据。

较多的小型动物出现在遗址中，还可能与作物栽培有关。一部分小型动物偏爱栖息在农田中，以种植的作物为食。由于狩猎这些动物多发生在人类聚落的种植区（相当于后院），因此这种狩猎方式也被称为“农院狩猎（Garden Hunting）”④。遗址中出土的兔、貉以及部分啮齿动物可能属于农院狩猎的收获。另外，马家浜文化经济属于稻作农业类型。水田稻作的湿润环境还可能吸引来了龟鳖、水鸟等亲水动物。设置陷阱装置是简易而有效的获取方式。

相较于大型偶蹄类动物如猪、牛、鹿等，小型动物还有一定优势。首先，这些小动物在不同环境中一般具有广适性。当它们的生境接近人类的活动区域时，也就增加了人类捕获它们的机会。其次，不同于狩猎大型偶蹄类所需要的工具、技巧和协作支持，即使是妇女儿童和老人也能（或借助简易的工具）单独捕获这些小动物。再者，小型动物提供的肉量适中，在小团体内分享亦不用担心剩余食物的保存。针对小型动物所具有的这些特点，结合东山村的考古发现，我们认为狩猎小型动物反映了人口增长的压力。

---

① Rowely - Conwy *et al.* Distinguishing wild boar from domestic pigs in prehistory: a review of approaches and recent results. *Journal of world Prehistory*, 2012, 25 (1): 1 - 44；西本丰弘（著）、袁靖（译）:《弥生时代的家猪》,《农业考古》1993年3期。

② P. W. Stahl, The recovery and interpretation of microvertebrate bone assemblages from archaeological contexts. *Journal of archaeological method and theory*, 1996, 3 (1): 31 - 75.

③ M. C. Stiner, N. D. Munro, & T. A. Surovell, The tortoise and the hare. *Current anthropology*, 2000, 41 (1): 39 - 79.

④ Linares, 'Garden hunting' in the American tropics. *Human Ecology*, 1976, 4 (4): 331 - 349.

一般而言，大型偶蹄动物，如牛、羊、猪、鹿，一直是人类肉食资源的优先选择。而小型动物属于补充型的肉食资源。龟鳖类动物由于行动缓慢、易于捕捉极有可能是人们茶饭之余即兴获取的零食。但狩猎鸟类这类可以快速飞行或游泳的小动物则对武器和技术都有一定要求。可见，猎取需要投入一定成本，但实际提供肉量并不大的鸟类，并非人们逞一时口腹之欲，相反，这是在人们面临食物匮乏之时，主动改进技术、开发资源的积极对策。我们推测，在马家浜文化晚期，随着社会复杂化进程的加剧，聚落规模的扩充，人口有了一定程度的膨胀。一方面，大型野生动物，如鹿和野牛，随着人类对自然环境逐步的开发或种群规模变小或远离人类聚居地，总之，它们的数量或无法满足增长人口的需求，或者猎取它们的投入和回报不能成正比；另一方面，社会阶层的分化也日趋明显。以家猪为代表的家畜成为剩余产品，成为表征经济能力和社会地位的标志，其作为糊口食物的现实意义却日渐式微。于是，在食物短缺时，人们更愿意去狩猎野生小型动物，而不是宰杀家猪，以保证家猪所象征的社会、财富意义得以延续。虽然我们缺少崧泽文化时期的人口变化数据，但该时期聚落规模的扩张和复杂社会中水稻农业所需要的劳动力都间接支持了人群规模扩张的假说。遗址内崧泽文化时期泾渭分明的双中心聚落布局正是这一趋势的写照。

3. 水生动物资源利用

鱼类资源的利用反映了东山村先民因地制宜的生计方式。东山村遗址现距长江仅 4 千米，濒临入海口。研究表明，马家浜时期的海岸线比今日更接近内陆，东山村遗址无疑位于滨海平原上①。

从可分辨的鱼类种类来看，先民既食用淡水鱼，也有捕捞海洋鱼类。遗址出土的海洋鱼类中，鼬鲨较具代表性。鼬鲨属于大型鲨鱼，成年体长 3.25 ~ 4.25 米，重 385 ~ 635 千克，食谱极为广泛。鼬鲨有时会巡游在靠近海岸的水域。在夏威夷等地，据称在 3 ~ 12 米深的浅滩也发现有其踪迹②。近岸的活动区域为先民捕捞鼬鲨提供了机会。然而，东山村遗址中并未发现鱼钩等捕鱼工具，因此，也不排除先民伺机捕捉搁浅鲨鱼的可能。

花鲈属的鱼类，在中国东南沿海均有分布。它们多生活在淡、海水交汇处。幼鱼会上溯至淡水中，在产卵期回到大海③。东山村遗址近入海口，河口环境十分适合花鲈的栖息。

其他海水鱼类还有竹荚鱼和无鳔鲉属鱼类等。这些鱼类直到今天仍是重要的经济鱼类。

淡水鱼类有鲤科。鲤科下属鱼类种类繁多，生活在各类淡水环境中。在长江以南新石器时期遗址中均有较多发现④。

泥鳅的标本也有少量发现。

尽管只有极少的螃蟹的螯壳发现，但虾蟹很有可能也在先民的食谱之中。

遗址的发掘至今还未发现捕鱼工具。我们猜测，先民可能利用了一系列有机质原材料，如植物编织的网或陷阱，来制作捕鱼工具。一方面，这些工具在先民使用过程中便遭到损毁，弃之不用；另一方面，埋藏环境也不易于它们的保存。导致我们无法进一步获知东山村先民的渔猎技术。

---

① 王张华、陈杰：《全新世海侵对长江沿海平原新石器遗址分布的影响》。

② Tiger shark (n. d.), in *Wikipedia*. Retrieved 30 July, 2015, from https://en.wikipedia.org/wiki/Tiger_shark#cite_note-SharkInfo-4

③ Lateolabrax-japonicus (n. d.), in *Wikipedia*. Retrieved 30 July, 2015, from http://www.fishbase.org/summary/Lateolabrax-japonicus.html

④ 具有代表性的如田螺山遗址。参见中岛经夫等《田螺山遗址 k3 鱼骨坑内的鲤科鱼类咽齿》，《田螺山遗址自然遗存综合研究》，文物出版社，2011 年。

需要指出的是，以上的讨论建立在小样本的基础上，复原古人的生活行为还需要其他证据的核实和完善。

四 马家浜文化的农业和狩猎

长江三角洲地区在距今7000多年前开始驯养家畜之后，依然保留着渔猎采集的传统。这一生计方式在距今5000年之际还一度成为该地区主流①。随着研究的深入和材料的积累，越来越多的证据表明，农业的起源并非一蹴而就的单个事件，而是一个漫长的生产方式的转变过程。而狩猎采集和农业也并非二者必居其一的单选题。更确切地说，如果经济模式是一个连续的范围，狩猎采集和农业则分别位于两端。在这一范围内，两者以不同比例调和而随之形成不同社会和文化特有的生计方式和生活形态。我们常定义的“农业社会”或“狩猎采集社会”，其实是以比例为基准的相对定义，也就是说，社会的类型取决于不同生产方式在整个社会经济中所占的比重。

狩猎采集和作物栽培在马家浜文化中兼而有之。然而，这种生计状态并非一成不变。随着环境、经济、社会结构等多方因素的变化，它的平衡也需要通过一次次的实验，重新校正，以契合社会发展的整体趋势和水平。马家浜文化时期正处于这个平衡重要的调试期。首先，始于河姆渡时期的水稻栽培，在马家浜文化时期，于规模和技术上都有进步。在草鞋山②和绰墩③遗址发现的水田遗存便是佐证。其次，在圩墩④、崧泽⑤等遗址中，野生动物均占很高比重。狩猎采集行为的持续体现了先民因地制宜利用野生资源的策略。三者，马家浜文化之后的崧泽和良渚文化拉开了长江下游地区社会复杂化进程的序幕。水稻田的耕作和家畜的饲养都要求资源的大量投入、劳动力的统筹协调，并且考虑进回报的延迟性。复杂社会中权力的集中与对剩余产品的渴求正好和农业的生产方式相辅相成，推动着经济和社会的转型⑥。因此，马家浜文化是一个承前启后的重要时期。考察其经济形态的转变和发展，尤其是结合社会背景和环境变迁的研究，将有利于我们了解长江下游新石器时代文化序列和社会进程的演变。东山村遗址发现了公共墓地以及一部分动物骨骼遗存，既能反映社会结构和习俗风貌，又能折射生计模式，为研究马家浜文化时期经济和文化提供了个案。

总而言之，东山村的动物骨骼资料显示了家畜和野生动物兼而有之，十分符合区域性的总趋势。遗址周围野生动物和水生资源丰富，渔猎是资源利用因地制宜的策略。偏向小型动物的资源选择可能是人口增长的前奏，但整体较少的动物骨骼数量，应该还是凸显该时期狩猎为主、驯化为辅（狩猎采集和驯化栽培互为补充）的自给自足的经济模式。由于发掘面积有限，我们对遗址马家浜文化时期的聚落布局揭露不够全面，认识亦不够深入。伴随着今后更多考古资料的问世，更科学研究方法的采用，我们希望能在本次初步分析的基础上对东山村遗址乃至整个长江三角洲地区的新石器时代先民的生活有更深入的了解。

---

① 袁靖：《论中国新石器时代居民获取肉食资源的方式》，《考古学报》1999年1期。

② 谷建详、邹厚本、李民昌等：《对草鞋山遗址马家浜文化时期稻作农业的初步认识》，《东南文化》1998年3期。

③ 汤陵华：《绰墩遗址的原始稻作遗址》，《绰墩山——绰墩遗址论文集》，《东南文化》2003年增刊1。

④ 常州市博物馆：《1985年江苏常州圩墩遗址的发掘》，《考古学报》2001年1期。

⑤ 上海市文物保管委员会：《崧泽——新石器时代遗址发掘报告》，文物出版社，1987年。

⑥ 陈淳、郑建明：《稻作起源的考古学探索》，《复旦学报·社会科学版》2005年4期。

附表　东山村动物遗存鉴定登记表

出土单位	动物种属	骨骼名称	左/右	骨骼部分	数量	愈合程度	人工痕迹
T1905⑪	哺乳动物	头骨		碎片			
T1905⑪	哺乳动物	肢骨		骨管			
T1905⑪	大型鹿类动物	肩胛骨	右	关节			
T1905⑪	大型鹿类动物	跖骨	左	远端		骨骺线可见	骨管切割痕迹整齐
T1905⑪	大型鱼类	脊椎					
T1905⑪	大中型哺乳动物	股骨					
T1905⑪	狗（*Canis familiaris*）	颈椎					
T1905⑪	狗（*Canis familiaris*）	游离齿		犬齿			
T1905⑪	龟鳖类	龟甲			41		
T1905⑪	龟鳖类	乌口骨			3		
T1905⑪	鲈形目（*Perciformes*）	齿骨					
T1905⑪	鹿类动物	鹿角		部分角盘			
T1905⑪	鹿类动物	鹿角					人工截断痕迹
T1905⑪	鸟类	寰椎					
T1905⑪	鸟类	喙突					
T1905⑪	鸟类	喙突					
T1905⑪	鸟类	喙突					
T1905⑪	鸟类	喙突					
T1905⑪	鸟类	喙突					
T1905⑪	鸟类	脊椎					
T1905⑪	鸟类	头骨					
T1905⑪	鸟类	肢骨					

续附表

出土单位	动物种属	骨骼名称	左/右	骨骼部分	数量	愈合程度	人工痕迹
T1905⑪	鸟类	足跟中足骨					
T1905⑪	啮齿目（*Rodentia*）	游离齿		门齿			
T1905⑪	偶蹄动物	掌/跖骨		远端			
T1905⑪	松鼠科（*Sciuridae*）	跖骨	右				
T1905⑪	兔科（*Leporidae* sp.）	第一节指/趾骨					
T1905⑪	兔科（*Leporidae* sp.）	掌骨					
T1905⑪	兔科（*Leporidae* sp.）	掌骨	右				
T1905⑪	蛙类	胫骨		近端			
T1905⑪	蛙类	桡骨＋齿骨					
T1905⑪	蛙类	肢骨					
T1905⑪	无鳔鲉（*Helicolenus* sp.）	寰椎					
T1905⑪	小型哺乳动物	肱骨	右	远端			
T1905⑪	小型哺乳动物	肱骨	左	远端，骨管			
T1905⑪	小型哺乳动物	股骨	右	远端			
T1905⑪	小型哺乳动物	股骨	右	股骨头			
T1905⑪	小型哺乳动物	脊椎骨		碎片			
T1905⑪	小型哺乳动物	肩胛骨	右	关节			
T1905⑪	小型哺乳动物	盆骨					
T1905⑪	小型哺乳动物	桡骨		近端			
T1905⑪	小型哺乳动物	上颚骨	左				
T1905⑪	小型哺乳动物	掌骨					
T1905⑪	小型哺乳动物	指/趾骨					
T1905⑪	小型鹿类动物	第二节指/趾骨					

续附表

出土单位	动物种属	骨骼名称	左/右	骨骼部分	数量	愈合程度	人工痕迹
T1905⑪	小型鹿类动物	第一节指/趾骨		远端			
T1905⑪	小型鹿类动物	跟骨	左				
T1905⑪	小型鹿类动物	肩胛骨	左	关节			
T1905⑪	小型鹿类动物	掌/跖骨	左	近端前面			
T1905⑪	小型偶蹄动物	掌/跖骨		远端			
T1905⑪	小猪（*Sus* sp.）	桡骨	右	远端		未愈合	
T1905⑪	鼬鲨（*Galeocerdocuvier*）	寰椎					
T1905⑪	鱼类	齿骨					
T1905⑪	鱼类	下咽头骨					
T1905⑪	鱼类	主鳃盖骨					
T1905⑪	鱼类	主鳃盖骨			4		
T1905⑪	中大型哺乳动物	脊椎					
T1905⑪	中小型哺乳动物	肢骨		碎片			
T1905⑪	中小型鸟类	手跟中手骨	左	近端			
T1905⑪	中型哺乳动物	肋骨					
T1905⑪	中型鹿类动物	头骨		右额骨带角基			
T1905⑪	中型鹿类动物	跖骨		骨管			
T1905⑪	猪（*Sus* sp.）	游离齿		臼齿			
T1905⑪	猪（*Sus* sp.）	游离齿	右	第三下臼齿			
T1905⑪	猪（*Sus* sp.）	游离齿		第二下臼齿			
T1905⑪	猪（*Sus* sp.）	游离齿		碎片			
T1905⑪	猪（*Sus* sp.）	游离齿		门齿			
T1905⑪	猪（*Sus* sp.）	游离齿		dp4			

续附表

出土单位	动物种属	骨骼名称	左/右	骨骼部分	数量	愈合程度	人工痕迹
T1905⑫	cf. 鸥（*Laridae*）	足跟中足骨					
T1905⑫	哺乳动物	下颌骨		碎片			
T1905⑫	龟鳖类	龟甲			5		
T1905⑫	鸟类	股骨					
T1905⑫	小型鹿类动物	跟骨	右	近端			
T1905⑫	小型鹿类动物	肩胛骨	左	关节			
T1905⑫	小型鹿类动物	胫骨	右	远端		未愈合	
T1905⑫	小型鹿类动物	桡骨	右	近端			
T1905⑫	小型鹿类动物	腕骨					
T1905⑫	小型鹿类动物	游离齿		臼齿碎片			
T1905⑫	小型啮齿动物	盆骨	右				
T1905⑫	中型哺乳动物	肋骨					
T1905⑫	中型哺乳动物	腰椎					
T1905⑫	猪（*Sus* sp.）	下颌骨	右	齿槽			
T1905⑫	猪（*Sus* sp.）	游离齿		第四前臼齿			
T1905⑫	猪（*Sus* sp.）	游离齿		dp4			
T1905⑤	大型鹿类动物	肱骨	左	远端			划痕
T2006⑩	哺乳动物	肢骨		碎片			
T2006⑩	龟鳖类	龟甲			1		
T2006⑩	鸟类	手跟中手骨					
T2006⑩	蛙类	尾骨					
T2006⑩	小型哺乳动物	股骨	右	远端			
T2006⑩	小型哺乳动物	指/趾骨					

续附表

出土单位	动物种属	骨骼名称	左/右	骨骼部分	数量	愈合程度	人工痕迹
T2006⑩	小型鹿类动物	指/趾骨				未愈合	
T2006⑩	鸦属（*Corvus* sp.）	肱骨					
T2006⑩	鱼类	寰椎			4		
T2006⑩	猪（*Sus* sp.）	游离齿		门齿			
T2006⑪	小型哺乳动物	肢骨		骨管碎片			
T2006⑪	小型哺乳动物	指/趾骨				未愈合	
T2006⑪	猪（*Sus* sp.）	下颌骨		前端两侧，门齿齿槽			
T2006⑪	猪（*Sus* sp.）	游离齿		臼齿			
T2006⑫	大型鸟类	足跟中足骨					
T2006⑬	cf. 蛇	尾椎					
T2006⑬	大型鹿类动物	股骨	右	骨管			骨管上部整齐切断
T2006⑬	大型鹿类动物	跖骨	右	远端			骨管切割痕迹整齐；后方神经孔周围有细小切痕
T2006⑬	狗（*Canis familiaris*）	游离齿		臼齿			
T2006⑬	龟鳖类	龟甲			1		
T2006⑬	龟鳖类	龟甲			6		
T2006⑬	龟鳖类	肩胛骨＋前乌口骨	右				
T2006⑬	花鲈属（*Lateolabrax* sp.）	方骨	右				
T2006⑬	鲤科（*Cyprinidae*）	咽齿					
T2006⑬	鹿类动物	游离齿		臼齿碎片			
T2006⑬	鸟类	尺骨					
T2006⑬	鸟类	喙突					

续附表

出土单位	动物种属	骨骼名称	左/右	骨骼部分	数量	愈合程度	人工痕迹
T2006⑬	鸟类	下颌骨					
T2006⑬	鸟类	指/趾骨					
T2006⑬	鸟类	指/趾骨					
T2006⑬	偶蹄类	游离齿		门齿			
T2006⑬	水鹿（*Cervus unicolor*）/ 梅花鹿（*Cervusnippon*）	鹿角		带角基盘			主枝上有切割痕迹
T2006⑬	兔科（*Leporidae* sp.）	指/趾骨					
T2006⑬	蛙类	胫腓骨					
T2006⑬	无鳔鲉（*Helicolenus* sp.）	前上颚骨	右				
T2006⑬	小型哺乳动物	股骨	右	股骨头			
T2006⑬	小型哺乳动物	脊椎					
T2006⑬	小型哺乳动物	尾骨					
T2006⑬	小型哺乳动物	游离齿		残门齿			
T2006⑬	小型哺乳动物	肢骨		骨管碎片			
T2006⑬	小型哺乳动物	肢骨		骨管		未愈合	
T2006⑬	小型哺乳动物	肢骨		骨管碎片			
T2006⑬	小型哺乳动物	肢骨		骨管碎片			
T2006⑬	小型哺乳动物	肢骨		骨管碎片			
T2006⑬	小型哺乳动物	指骨		远端			
T2006⑬	小型鹿类动物	第三节指/趾骨		完整			
T2006⑬	小型鹿类动物	第一节指/趾骨		完整			
T2006⑬	小型鹿类动物	第一节指/趾骨		远端			
T2006⑬	小型鹿类动物	桡骨	左	远端			

续附表

出土单位	动物种属	骨骼名称	左/右	骨骼部分	数量	愈合程度	人工痕迹
T2006⑬	小型鹿类动物	游离齿		臼齿			
T2006⑬	小型鹿类动物	掌骨		远端			
T2006⑬	小型鹿类动物	跖骨	右	近端破损			
T2006⑬	小型鸟类	尺骨					
T2006⑬	小型鸟类	股骨					
T2006⑬	小型鸟类	胫足跟骨					
T2006⑬	小型爬行动物	脊椎					
T2006⑬	鸦属（*Corvus* sp.）	肱骨					
T2006⑬	鸭属（*Anas* sp.）	喙突					
T2006⑬	鸭属（*Anas* sp.）	手跟中手骨					
T2006⑬	鼬鲨（*Galeocerdo cuvier*）	寰椎					
T2006⑬	鱼类	齿骨					
T2006⑬	中型鹿类动物	桡骨	左	远端破损			
T2006⑭	cf. 蛇	椎骨					
T2006⑭	哺乳动物	腕骨	左				
T2006⑭	哺乳动物	游离齿		门齿			
T2006⑭	哺乳动物	肢骨					切割痕迹
T2006⑭	哺乳动物	肢骨		骨管			
T2006⑭	哺乳动物	肢骨		骨管			纵向，打磨痕迹
T2006⑭	哺乳动物	肢骨		骨管			
T2006⑭	龟鳖类	尺骨	左				
T2006⑭	龟鳖类	股骨	左	近端			
T2006⑭	龟鳖类	龟甲			17		

续附表

出土单位	动物种属	骨骼名称	左/右	骨骼部分	数量	愈合程度	人工痕迹
T2006⑭	龟鳖类	乌口骨	右				
T2006⑭	龟鳖类	桡骨	左	远端			
T2006⑭	花鲈属（*Lateolabrax* sp.）	前上颚骨	右				
T2006⑭	鲤科（*Cyprinidae*）	寰椎					
T2006⑭	鲤科（*Cyprinidae*）	鳃盖骨	左				
T2006⑭	鲤科（*Cyprinidae*）	枢椎					
T2006⑭	鲤科（*Cyprinidae*）	咽齿					
T2006⑭	鲤科（*Cyprinidae*）	咽齿					
T2006⑭	鸬鹚科（*Phalacrocracidae*）	手跟中手骨					
T2006⑭	鲈形目（*Perciformes*）	寰椎					
T2006⑭	鹿类动物	鹿角		带角基盘			
T2006⑭	鹿类动物	游离齿		前臼齿			
T2006⑭	貉属（*Nyctereutes procyonoides*）	距骨	左	完整			
T2006⑭	鸟类	肱骨					
T2006⑭	鸟类	肱骨					
T2006⑭	鸟类	喙突					
T2006⑭	鸟类	喙突					
T2006⑭	鸟类	脊椎					
T2006⑭	鸟类	桡骨					
T2006⑭	鸟类	手跟中手骨					
T2006⑭	鸟类	手跟中手骨					
T2006⑭	鸟类	肢骨					
T2006⑭	牛（*Bos taurus*）	游离齿		牙釉质碎片			

续附表

出土单位	动物种属	骨骼名称	左/右	骨骼部分	数量	愈合程度	人工痕迹
T2006⑭	牛（*Bos taurus*）	游离齿		碎片			
T2006⑭	犬科动物（*Canidae*）	游离齿					
T2006⑭	水鸟类	肩胛骨					
T2006⑭	松鼠（*Sciuridae*）	股骨	右				
T2006⑭	松鼠科（*Sciuridae*）	股骨	右	近端			
T2006⑭	松鼠科（*Sciuridae*）	股骨	右	近端			
T2006⑭	兔科（*Leporidae* sp.）	第四掌骨	左				
T2006⑭	兔科（*Leporidae* sp.）	第一节指/趾骨					
T2006⑭	兔科（*Leporidae* sp.）	指/趾骨					
T2006⑭	蛙类	肱骨	左	远端			
T2006⑭	蛙类	股骨		近端			
T2006⑭	蛙类	荐骨					
T2006⑭	蛙类	尾骨			2		
T2006⑭	无鳔鲉（*Helicolenus* sp.）	寰椎					
T2006⑭	小型哺乳动物	脊椎		锥体			
T2006⑭	小型哺乳动物	脊椎					
T2006⑭	小型哺乳动物	脊椎					
T2006⑭	小型哺乳动物	脊椎					
T2006⑭	小型哺乳动物	距骨	右				
T2006⑭	小型哺乳动物	距骨	左				
T2006⑭	小型哺乳动物	肋骨					
T2006⑭	小型哺乳动物	桡骨	右	近端			
T2006⑭	小型哺乳动物	枢椎					

续附表

出土单位	动物种属	骨骼名称	左/右	骨骼部分	数量	愈合程度	人工痕迹
T2006⑭	小型哺乳动物	头骨		碎片			
T2006⑭	小型哺乳动物	头骨		枕骨			
T2006⑭	小型哺乳动物	尾骨					
T2006⑭	小型哺乳动物	尾椎					
T2006⑭	小型哺乳动物	下颌骨	左	下颌突			
T2006⑭	小型哺乳动物	游离齿		门齿			
T2006⑭	小型哺乳动物	游离齿					
T2006⑭	小型哺乳动物	游离齿		臼齿			
T2006⑭	小型哺乳动物	游离齿		门齿			
T2006⑭	小型哺乳动物	游离齿					
T2006⑭	小型哺乳动物	掌/跖骨		远端			
T2006⑭	小型哺乳动物	掌跖骨		远端			
T2006⑭	小型哺乳动物	指/趾骨		远端			
T2006⑭	小型哺乳动物	指/趾骨					
T2006⑭	小型鹿类动物	第三节指/趾骨					
T2006⑭	小型鹿类动物	第三节指/趾骨					
T2006⑭	小型鹿类动物	第一节指/趾骨		完整			
T2006⑭	小型鹿类动物	肩胛骨	右	远端关节			
T2006⑭	小型鹿类动物	胫骨	左	远端		未愈合	
T2006⑭	小型鹿类动物	胫骨	左	近端		未愈合	
T2006⑭	小型鹿类动物	下颌骨	右	齿槽			
T2006⑭	小型鹿类动物	游离齿	左	上臼齿			
T2006⑭	小型鹿类动物	游离齿	左	第四前臼齿			

续附表

出土单位	动物种属	骨骼名称	左/右	骨骼部分	数量	愈合程度	人工痕迹
T2006⑭	小型鹿类动物	掌/跖骨		远端			
T2006⑭	小型鹿类动物	掌/跖骨		远端			
T2006⑭	小型鹿类动物	掌/跖骨		远端		未愈合	
T2006⑭	小型鹿类动物	舟状骨	右	完整			
T2006⑭	小型鸟类	肱骨					
T2006⑭	小型鸟类	股骨					
T2006⑭	小型鸟类	肩胛骨					
T2006⑭	小型鸟类	手跟中手骨					
T2006⑭	小型鸟类	肢骨					
T2006⑭	小型鸟类	足跟中足骨					
T2006⑭	小型啮齿动物	下颌骨	右				
T2006⑭	小型爬行动物	肢骨					
T2006⑭	小型犬科动物（Canidae）	跟骨	右	远端			
T2006⑭	小型犬科动物（*Canidae*）	盆骨	左				
T2006⑭	小型食肉动物	游离齿		下臼齿			
T2006⑭	小中型哺乳动物	肋骨					
T2006⑭	小中型哺乳动物	肢骨		碎片			
T2006⑭	鸭属（*Anas* sp.）	喙突					
T2006⑭	鸭属（*Anas* sp.）	喙突					
T2006⑭	鼬鲨（*Galeocerdo cuvier*）	寰椎					
T2006⑭	鱼类	齿骨					
T2006⑭	鱼类	前上颚骨	右				
T2006⑭	鱼类	前上颚骨			2		

续附表

出土单位	动物种属	骨骼名称	左/右	骨骼部分	数量	愈合程度	人工痕迹
T2006⑭	鱼类	鳃盖骨					
T2006⑭	鱼类	上颚骨			2		
T2006⑭	鱼类	下咽头骨			2		
T2006⑭	鱼类	咽齿			10		
T2006⑭	鱼类	咽骨					
T2006⑭	鱼类	咽头骨			4		
T2006⑭	鱼类	主鳃盖骨			2		
T2006⑭	真鲹（*Trachurus* sp.）	寰椎					
T2006⑭	中型哺乳动物	胫骨	右	骨管			
T2006⑭	中型鹿类动物	第三节指/趾骨					
T2006⑭	中型鹿类动物	第一节指/趾骨		远端			
T2006⑭	中型鹿类动物	蝶骨	右	完整			
T2006⑭	中型鹿类动物	肱骨	右	近端		骨骺线可见	
T2006⑭	中型鹿类动物	桡骨	左	近端			
T2006⑭	中型鹿类动物	跖骨	右	近端			
T2006⑭	中型鹿类动物	跖骨	左	近端			
T2006⑭	中型鹿类动物	舟状骨	右	完整			
T2006⑭	猪（*Sus* sp.）	胫骨	右	远端		未愈合	
T2006⑭	猪（*Sus* sp.）	下颌骨		前段，带左侧齿槽			
T2006⑭	猪（*Sus* sp.）	游离齿	右	第二下臼齿			
T2006⑭	猪（*Sus* sp.）	游离齿	右	第一下臼齿			
T2006⑭	鲻鱼（*Mungil* sp.）	鳃盖骨	左				
T2006⑭	鲻鱼（*Mungil* sp.）	主鳃盖骨					
T2006⑮	鱼类	咽齿			4		

续附表

出土单位	动物种属	骨骼名称	左/右	骨骼部分	数量	愈合程度	人工痕迹
T2006⑨	哺乳动物	肢骨		骨管			
T2006⑨	狗（*Canis familiaris*）	腕骨	右				
T2006⑨	鹿类动物	第一/二节指骨		远端			
T2006⑨	泥鳅属（*Misgurunus* sp.）	下咽头骨	右				
T2006⑨	鸟类	肢骨					
T2006⑨	小型哺乳动物	肱骨		远端		未愈合	
T2006⑨	小型哺乳动物	掌骨	右				
T2006⑨	小型犬科动物（*Canidae*）	第三节指/趾骨		远端			
T2006⑨	猪（*Sus* sp.）	游离齿	右	第四上前臼齿			
T2006⑨	猪（*Sus* sp.）	游离齿		臼齿			

附录三　东山村遗址出土植物遗存分析

秦　岭

（北京大学考古文博学院）

东山村遗址 2008～2010 年度的考古发掘项目分三区进行，发掘多数保留至第 5、6 层，即崧泽、马家浜文化墓葬的开口层位。为了解文化层堆积状况，对 I 区的 TI905 和 T2006 发掘清理至生土。本节分析讨论的植物遗存主要就来自于 T1905 和 T2006，共 8 份样品出自 6 个地层（9～14 层），根据测定年代和同层包含物判断，均为马家浜文化阶段的堆积。

此次东山村遗址发掘的主体为崧泽—马家浜阶段墓地，发掘过程中没有进行系统的取样浮选，获得的植物遗存尚不具备量化分析的条件。尽管如此，这些遗存仍然为讨论东山村遗址马家浜阶段植物类食物资源提供了丰富的数据和资料，并且可以据此与已发表的同时期遗址进行初步的比较分析。

一　植物遗存概况

八份样品中共拣选鉴定了 1828 个植物遗存个体，包含 23 个不同种属的种子或果实。由于是人工拣选，各层位获得的植物数量并不平均：在三份样品中集中出土了超过 1683 个个体，占总数的 92.1%，均值达到每份 561 个；另外五份样品一共鉴定统计 145 个个体，仅占总数量的 7.9%，平均每份出土 29 个。从保存状况看，也存在饱水和炭化并存的现象（详见附表 1–1）。

植物种属按利用方式可分为作物类、果实类、杂草和其他类。作物类只有稻（*Oryza sativa*）一种。果实类品种非常丰富，包括水生的菱（*Trapa natans*）、芡实（*Euryale ferox*）、莲子（*Nelumbo nucifera*）；蔓生的葫芦（*Lagenaria sciceraria*）、栝楼（*Trichosanthes* cf. *kirlowii*）、葡萄属（*Vitis* sp.）；以及木本的桃（*Amygdalus persica*）、梅（*Armeniaca mume*）、李（*Prunus* cf. *salicina*）、樱属（*Cerasus* sp.）和山楂属（*Crataegus* sp.）。杂草类别和数量不多，常见有葎草（*Humulus scandens*）、苔草（*Carex* cf. *breviculmis*）、苍耳（*Xanthium* sp.）。另有零星的朴属（*Celtis* sp.）、山胡椒属（*Lindera* sp.）、朱砂根（*Ardisia* cf. *crenata*）等。总体上说，杂草的数量和种类都比一般遗址浮选结果要少，应该是这批材料为人工拣选所致。（图 1–1）

二　植物遗存分述

1. 稻属遗存

这批样品中的稻属遗存全部为炭化稻米，总计共 773 个，占植物遗存总数的 42.3%。其中可测量的完整稻米 336 个，这批测量数据为我们进一步讨论长江下游稻作农业和早期水稻遗存的特

图 1-1　东山村遗址出土的植物种子

点提供了新的依据。

除 T2006⑨可供测量的一颗稻米粒型较大之外，整体上，东山村稻米的平均值为长 4.2、宽 2.3、厚 1.7 毫米（原始数据见附表 2-1）。同长江下游其他早期遗址出土的稻米比较（图 2-1），东山村遗址出土稻米有如下两个特点：

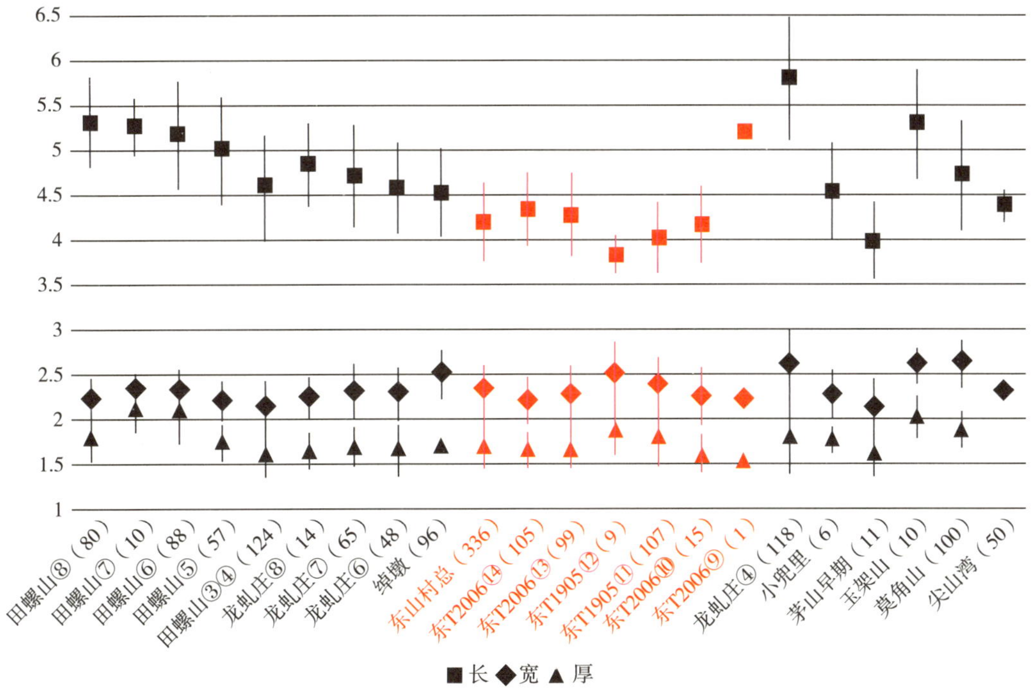

图 2-1　东山村及周边遗址稻米粒型的比较①

（括号内为每个样本的测量个体数；误差线为标准差值；单位为 mm）

首先，这批数据总体上表现出“小粒型”的特征。和同时期或略早些的田螺山②、龙虬庄③遗址相比，东山村的稻米在宽度和厚度上基本不相上下，但在米粒长度上明显要略小一些。田螺山遗址出土稻米除了接近崧泽阶段的③④层以外，其余早期数据长度均值在 5 毫米以上；即使③④层稻米略小，长度均值也在 4.5 毫米以上。龙虬庄遗址除了相当于崧泽中期以后的④层之外，出土稻米总体均比田螺山的要小一号，长度平均值在 4.5～4.9 毫米之间，某种程度上讲，这也符合龙虬庄地理位置偏北的特点。与这两个地点相比，东山村出土稻米总的长度均值仅在 4.2 毫米，不同层位的长度均值从 3.84～4.34 毫米，其中最小的均值来自 T1905⑫的 9 个样本，如果因为其样本量太小暂且排除的话，东山村的稻米长度均值也是从 4.03～4.34 毫米（图 2-2）——这又明显比龙虬庄的再小了一号。

图 2-2　东山村遗址稻米尺寸

（左 T2006⑭－25、右 T2006⑭－102）

① 除东山村、小兜里遗址数据外，余在邓振华《汉水中下游史前农业研究》图 6.4 基础上改绘。

② 傅稻镰等：《田螺山遗址的植物考古分析——野生资源采集与水稻栽培、驯化的形态学观察》，《田螺山遗址自然遗存综合研究》，文物出版社，2011 年。

③ 龙虬庄遗址考古队：《龙虬庄》，科学出版社，1999 年。

当然，比较东山村所处地理位置，似乎就不是南北纬度差异可以合理解释的现象了。综上，至少在马家浜文化阶段，长江下游地区的稻米粒型在长度上明显可分为三类，粒型较大的以田螺山遗址代表，长度均值在5～5.3毫米左右；第二类以龙虬庄遗址为代表，长度均值在4.5～4.9毫米；第三类粒型最小的以东山村为代表，长度均值在4～4.34毫米左右。这三类差异显著，且互不重合，最小型的和最大型的在长度均值上可相差1毫米。同时，这三类在宽度和厚度上的差别相对不很明显。

如果对比本地区崧泽到良渚阶段的数据，稻米粒型的多样化一直是长江下游地区的一个基本特点①。这一阶段，有接近第二类龙虬庄遗址的小兜里②崧泽文化遗存和莫角山东坡③良渚文化遗存；有类似第一类田螺山遗址的玉架山④遗址，甚至有比之粒型更长的龙虬庄④层（崧泽中晚期）；同时，也有和东山村遗址类似的“小粒型”，比如良渚早中期的茅山⑤遗址和良渚晚期的尖山湾⑥遗址。

长江下游地区稻米粒型表现出来的多样性延续了整个新石器时代，这应该是稻作农业以遗址/聚落为单元，生产消费本地性的结果。对比考古学文化面貌上的趋同性，农业经济活动的相对独立性很有意义，也符合该地区湖网沼泽的地貌特点。

第二个特点，是东山村遗址的稻米粒型，表现出逐步变小的历时性趋势。比较系统取样数据丰富的地点，田螺山遗址和龙虬庄遗址均表现出相似的特点，即在长度上逐渐变小，厚度和宽度则略有增长的趋势。如果说厚度和宽度的持续增长是作物驯化中的一个长程表现，那么长度逐渐变小的现象，同时表现在不同类别的粒型以及不同区域的遗址上，恐怕需要有别的解释。能够提出的至少有两方面可能：其一是气候的变化，虽然总体上处于全新世大暖期，但长江下游是否在相当于马家浜—崧泽早期阶段（即7000～6000/5500BP）存在气候渐变干冷的小趋势或小波动，会整体上影响粒型变化的走向；其二则是人类特定行为的影响，是否长江下游稻作农业的某类耕种收割行为，会导致粒型往更短方向的线性进化。在缺乏更多遗址数据的情况下，这三处遗址表现出来的变化趋势是否能作为一个区域特点展开讨论有待验证；在对气候数据和遗迹遗物等旁证细致分析之前，上述可能不妨仅作为将来进一步研究的线索和方向，暂不必细究。

2. 果实类

以下按绝对数量多少依次讨论占植物遗存总数1%以上的各类果实遗存。

1）葫芦 *Lagenaria sciceraria*

葫芦是东山村拣选植物中仅次于水稻的第二大类，均为饱水状态，除了1小片果皮疤痕外，共发现507颗葫芦种子，占植物总数的27.7%。主要集中在T1905⑪（234个）和T2006⑬（192个）这两个层位。

葫芦是长江中下游新石器时代十分常见的一类植物，在跨湖桥、河姆渡、田螺山、城头山、八十垱等很多遗址中都有发现。大约这一阶段，在很多日本绳文早期遗址中也被发现。一般判断

① 参见邓振华：《汉水中下游史前农业研究》，2015年北京大学博士论文。

② 高玉等：《小兜里遗址浮选植物遗存分析》，《小兜里》第七章第三节，文物出版社，2015年。

③ 高玉：《环太湖地区新石器时代植物遗存与生业经济形态研究》，北京大学硕士学位论文，2012年。

④《环太湖地区新石器时代植物遗存与生业经济形态研究》。

⑤《环太湖地区新石器时代植物遗存与生业经济形态研究》。

⑥ 游修龄、郑云飞：《从历史文献看考古出土的小粒炭化稻米》，《中国农史》2006年1期。

葫芦驯化与否会看果皮的厚度，故无法对东山村的葫芦作进一步讨论。

2）桃 *Amygdalus persica*

桃是东山村出土的第三大类植物遗存，以饱水状态居多，也有一些炭化（或表面风化）的果核残片。桃类可鉴定统计的共275个个体，占植物总数的15.0%。包括完整桃核22个、半个桃核28个、果核残片221个、果肉残片4个。桃类遗存集中出土于T2006⑬（89个）和T2006⑭（145个）两个层位。

李亚科（Prunoid）中常见的桃、李、杏都是中国自古以来就利用的果实品种。桃在长江下游新石器时代被普遍利用，从跨湖桥、河姆渡阶段开始一直到钱山漾遗址，凡是植物保存状况较好，有系统采集的地点均会出土。在长江中游有系统工作的八十挡、城头山遗址均有发现。在北方地区，也是新石器遗址普遍出土的一种果实类遗存。

关于桃的研究主要集中在两方面。一类关于果树驯化，探索桃的野生祖本以及驯化桃的鉴定标准和驯化过程①；另一类是关于核果的利用方式，即吃桃还是吃桃仁的问题②。

东山村遗址出土的完整桃核数量较多，我们按郑云飞方法对T2006⑬的16个桃核进行了测量③（附表2-2），平均值为长（L）1.75厘米（标准差0.10），宽（Ds）1.26厘米（标准差0.09），厚1.10厘米（标准差0.06）。按照郑云飞等对浙江五处新石器遗址桃核的分析方法，做长/宽和宽/厚的比值统计，东山村的长/宽比均值1.38（变幅1.23～1.50），宽/厚比均值1.17（变幅1.09～1.29），这个比值同跨湖桥、田螺山的比值重合，也印证了郑云飞等研究认为长江下游地区的桃在良渚到钱山漾阶段才出现尺寸上明细变化的结论。从容积上看，东山村桃核的体积（L*Ds*W）均值为2572（变幅2334～2903）。对比浙江五处遗址，跨湖桥、田螺山的数据类似，中位值在4000左右；良渚文化遗址的中位值在5000；钱山漾遗址的中位值达到7000以上；东山村桃核相比之下，明显要小。由于东山村桃核本来是饱水状态下出土，发掘后自然脱水变干，可能有收缩过程，因此造成了总体的尺寸偏小。

另一方面，从出土状况看，东山村出完整/半完整桃核50个，占桃类总数的18.2%，桃核碎片则有221个，占桃类总数的80.4%。说明当时东山村先民存在敲开桃核取食桃仁的取食方式。早在河姆渡遗址中，就有出土果核的储存坑④，说明桃核是有意识被保存下来可能需要经过去涩处理的类似坚果的植物资源。实验考古也表明，煮、蒸等方式都能够有效进行桃、杏类果仁的去涩加工⑤。

桃之夭夭见诸《诗经》，桃木也是《礼记》中就有记载的辟邪之物。从考古学资料看，桃在中国被利用的历史非常久远。但由于桃的野生祖本尚无定论，桃作为多年生的木本经济作物，其

---

① Yunfei Zheng, G. W. Crawford, Xugao Chen, Archaeological Evidence for Peach (*Prunus persica*) Cultivation and Domestication in China. *PLoS ONE*, 2014, 9 (9): e106595. doi: 10.1371/journal.pone.0106595

② Hosoya, Leo Aoi, Michele Wollstoncroft, Dorian Fuller and Ling Qin, Experimental pilot study of peach/apricot kernel detoxification: for reconstruction of Chinese Early rice farmers broad spectrum subsistence strategy. In *Studies of Landscape History on East Asia Inland Seas*, edited by K. Makibayashi and M. Uchikado. Kyoto: NEOMAP Project, Research Institute for Humanity and Nature, 2010.

③ T2006⑭出土完整桃核也很多，但用于展览，故未能进行测量。

④ 浙江省文物考古研究所：《河姆渡——新石器时代遗址考古发掘报告》，文物出版社，2003年。报告中称"野生植物果实"，据照片和实物判断除橡子、菱角、芡实和野酸枣以外，也有一定数量的桃核。

⑤ Experimental pilot study of peach/apricot kernel detoxification: for reconstruction of Chinese Early rice farmers broad spectrum subsistence strategy.

栽培驯化的历史进程也还有待进一步探索。东山村遗址出土的这批保存状况很好的桃核，是非常重要的实物资料。

3）山楂属 *Crataegus* sp.

根据三角形截面和基本居中的种脐位置，判断东山村发现的这一类双子叶植物种子应为山楂。东山村共拣选出山楂果核65个，占植物总数的3.6%；大部分山楂果核为炭化，有2个饱水状态。

山楂属在中国包括16个种①，均可食。在东山村遗址的工作之前，仅在绰墩拣选到过1个山楂果核，其他长江下游和中游的新石器遗址中均未见过报道。这次东山村遗址出土了数量较多的山楂果核，说明在太湖地区附近的山林地带，还是有野山楂的分布和采集活动的。

4）樱属 *Cerasus* sp.

在T2006⑭中，集中出土30个。根据核果大小和以往对绰墩遗址的鉴定标准，推测为李亚科樱属。据《中国植物志》，中国有10种原生可食的樱属植物②，其中大部分在新石器时代都可能生长在这一地区。在无更多比对样本的情况下，尚无法确定到种。

5）芡实 *Euryale ferox*

芡实是一年生水生草本，跟菱角一样，几乎是长江中下游地区新石器时代最为普遍出现的一种富含淀粉质的可食用植物资源。东山村发现的芡实数量并不多，一共24个可鉴定个体，占植物总数的1.3%，主要是饱水的果实残片。完整的芡实一般很难保存下来，而芡实表皮的特殊网状纹理结构，使得对芡实残片的鉴定简单又准确。东山村遗址这批遗存中芡实数量不多，可能跟没有系统浮选湿筛，完全靠人工拣选直接有关。

在长江下游地区，芡实一般称作鸡头米，是传统习俗中营养价值很高的食品。和菱角相比，芡实生长的水域要略浅一些。野生和驯化芡实的判定标准目前尚不太清楚。

三 小结与讨论

尽管没有进行系统取样和浮选，但东山村遗址出土的这批植物遗存，至少可与四类不同的植物食物资源和资源域（Resource Catchment）联系起来讨论：

首先当然是稻作农业。尽管东山村遗址缺乏稻穗轴这类资料，但到了马家浜时期，随着其他地点水田遗迹的发现，环太湖地区有了明确稳定的稻作生产是毫无疑问的。东山村遗址出土的这批稻米，颗粒饱满，粒型稳定，同时又具有小粒型的特点；在粒型尺寸上，跟昆山绰墩遗址相对更为接近。这些特征说明当时的水稻农业可能是自给自足的生产消费模式，同时苏南地区的交流相对频繁，表现出稻种相似的特点。从出土数量上看，水稻也占了植物总数的近一半，尽管存在人工拣选的偏见，但不可否认，水稻已经是当时东山村植物食物资源中最重要的内容。

野生采集食物资源，可以细分为三类。这三类主要是根据植物的生长环境特点来区分的。一类是淡水生资源，包括菱角、芡实和莲子。菱角、芡实是本地区新石器遗址最常见的跟水稻并列共存的两个大类，需要注意的是，菱角、芡实生长的水域条件不同，跟已经有的水田也是区隔开

① Cuizhi Gu 谷粹芝 and Stephen A. Spongberg, *Crataegus*. In *Flora of China*, volume 9, edited by Wu, Z. Y. & P. H. Raven, Science Press, Beijing & Missouri Botanical Garden Press, St. Louis, 2003, pp. 111－117.

② Chaoluan Li 李朝銮 and Bruce Bartholomew, *Cerasus*. In *Flora of China*, volume 9, edited by Wu, Z. Y. & P. H. Raven, Science Press, Beijing & Missouri Botanical Garden Press, St. Louis, 2003, pp. 404－420.

来的，因此，尽管都是淡水植物资源，菱角、芡实和水稻有各自的小生境，属于不同的资源域范畴。

第二类野生食物资源，是以桃和山楂为代表的，包括梅、李、樱属、山茱萸等类别的多年生木本核果。这类植物野生品种的生长环境基本都是山林地带，有的在相对海拔较低的坡脚灌木区域就有分布（比如山楂），有的可能要在海拔几百米以上的林地（比如山茱萸）。东山村遗址位于张家港和江阴两市之间长江南岸，这一区域基本上地势平坦，河网密布，并没有很丰富的林地资源。张家港仅有的自然山体，香山，海拔约 136.6 米。有意思的是，东山村遗址就坐落在香山东脊向东延伸的坡地上。这或许可以解释，东山村遗址同其他马家浜文化遗址相比，有比例较高的桃、山楂和品种较为丰富的林地资源。尽管这些植物跟水稻、水生植物相比，属于完全不同的生态域范畴，但仍是以稻作为主定居的东山村非常便于获得和利用的一些自然资源。

第三类是以葫芦、栝楼、葡萄等为代表的藤蔓类植物。尤其是葫芦，被人们利用的历史很长。这些蔓生的植物暂且可以称为是园艺类的作物，栽种或自然生长在居址内房子周围。人们对这类植物会有一定的管理，但不会有大面积的栽培驯化行为，也不会成为植物食物资源的主要内容。

通过上述分析可知，非稻属类的植物资源仍然是东山村生业经济中的一个重要内容，数量不少，且品种多样。从各类植物不同的生长习性可以看出，东山村遗址的资源域范围还是很广阔的，获得植物资源的方式也很多样。略不同于其他环太湖地区的新石器遗址，东山村植物遗存中有相当比例的木本核果，比如桃和山楂，这些可能同该遗址所处的特定的地理位置有关。总体上，东山村是依托遗址所在的小生态环境，有效并且最大化地利用了遗址周边所有的植物资源。这为我们进一步研究采集经济、园艺经济等在早期稻作农业社会中的作用提供了线索。

附表 1-1 东山村遗址出土植物遗存统计表

种属	部位	保存状况	拉丁名	T1905 ⑪	T1905 ⑫	T1905 ⑯	T2006 ⑨	T2006 ⑩	T2006 ⑬	T2006 ⑭	T2006 ⑯	合计	
水稻	米粒	炭化	*Oryza sativa* grains	174	16		15	35	233	300		773	
栎果（疑似）	壳	炭化	acorn（?）frag.（carb.）							1		1	
菱角	壳	炭化	*Trapa natans* horn（Carb.）							1		1	3
	果肉	炭化	*Trapa natans* nutmeat（Carb）						2			2	
芡实	完整	饱水	*Euryale ferox* whole（WL）	2							1	3	24
	残片	饱水	*Euryale ferox* frags.（WL）	10					4	1	4	19	
	残片	炭化	*Euryale ferox* frags（carb.）						2			2	
莲子		炭化	*Nelumbo nucifera* cotyledons（carb.）							2		2	
未知坚果残片			indet nutshell frags.						2			2	
未知果肉残片			indet charred frags（nutmeat?）						2			2	
桃	完整果核	饱水	*Amygdalus persica* whole（WL）						8	14		22	275
	半个果核	饱水	*Amygdalus persica* half（WL）						10	18		28	
	果核残片	饱水	*Amygdalus persica* frag（WL）	6					37	111		154	
	果核残片	炭化	*Amygdalus persica* frag（carb）	1					30	2	34	67	
	果肉残片	饱水	*Amygdalus p.* flesh frag（WL）						4			4	
梅	完整果核	饱水	*Armeniaca mume* whole（WL）						2	1	6	9	14
	果核残片	饱水	*Armeniaca mume* frag（WL）						2		3	5	
李	完整果核	饱水	*Prunus* cf. *salicina* whole（WL）						1			1	3
	半个果核	饱水	*Prunus* cf. *salicina* whole half（WL）						1			1	
	果核残片	饱水	*Prunus* cf. *salicina* whole frag.（WL）						1			1	
樱属	果核残片	饱水	*Cerasus* sp.（WL）							30	1	31	
未知李属	残片	饱水	indet. Prunoid endocarp fragment（WL）						1			1	
	残片	炭化	indet. Prunoid endocarp fragment（carb）	1								1	
	果肉残片	饱水	indet. Prunoid mesocarp frag（WL）						2			2	

续附表 1–1

种属	部位	保存状况	拉丁名	T1905 ⑪	T1905 ⑫	T1905 ⑯	T2006 ⑨	T2006 ⑩	T2006 ⑬	T2006 ⑭	T2006 ⑯	合计	
山楂属	完整果核	炭化	*Crataegus* sp. （CARB.）	21	2		2	8	30			63	65
	完整果核	饱水	*Crataegus* sp. （WL）						2			2	
朴属	种子	饱水	*Celtis* sp. （WL）						1			1	
葡萄属	种子	饱水	*Vitis* sp. （WL）						6	1		7	
山胡椒属	种子	饱水	*Lindera* sp. （WL）						9			9	
山胡椒/山姜子属	种子	饱水	cf. *Lindera/ Litsea* frag（WL）	2						2		4	
无根藤属/樟属	种子	饱水	cf. *Cassyhtha/ Cinnamomum*	3		1						4	
朱砂根	种子	炭化	*Ardisia* cf. *crenata*（carb.）			1		1				2	
山茱萸	种子	饱水	*Cornus officinalis* WL）	2					3			5	
葎草	种子	饱水	*Humulus scandens*（WL）	1					50	1	1	53	
葫芦	种子	饱水	*Lagenaria sciceraria* seed（WL）	234		10			192	71		507	508
	果皮疤痕	饱水	*Lagenaria* apical scar（WL）	1								1	
栝楼	种子	饱水	*Trichosanthes* cf. *kirlowii*	12		1			1	3		17	
莎草科：苔草	种子	饱水	Cyperaceae：*Carex* cf. *breviculmis*							1		1	
苍耳	瘦果	饱水	*Xanthium* sp. Achene						3			3	4
	果仁	饱水	*Xanthium* sp. Kernal						1			1	
未知果实类 A		饱水	Indet Fruit Frag Type A							1	1	2	
未知种子 B		饱水	Indet Seed Type B	1					1	4		6	
未知小型块茎		饱水	indet small tuber						1			1	
未知残块		饱水	indet. Frags（WL）			1		1	3			5	
合计				471	18	14	17	45	647	565	51	1828	

附表 2-1 东山村出土稻米测量数据

（单位：毫米）

编号	长	宽	厚
T1905⑪-1	4.07	2.68	1.85
T1905⑪-2	4.45	2.22	1.98
T1905⑪-3	3.73	2.35	1.73
T1905⑪-4	4.53	2.75	1.96
T1905⑪-5	4.72	2.47	2.05
T1905⑪-6	4.13	2.53	2.28
T1905⑪-7	4.26	2.33	1.48
T1905⑪-8	3.98	2.93	1.87
T1905⑪-9	4.19	2.42	1.55
T1905⑪-10	4.09	2.73	1.79
T1905⑪-11	4.09	2.35	1.79
T1905⑪-12	4.52	2.46	1.71
T1905⑪-13	4.45	2.31	2.33
T1905⑪-14	3.89	2.05	1.64
T1905⑪-15	4.88	2.67	2.43
T1905⑪-16	3.80	2.61	3.80
T1905⑪-17	3.96	2.53	1.87
T1905⑪-18	3.93	2.38	1.88
T1905⑪-19	4.33	2.36	1.76
T1905⑪-20	4.04	2.46	1.86
T1905⑪-21	3.96	2.14	1.70
T1905⑪-22	3.81	2.54	1.93
T1905⑪-23	4.84	2.50	1.84
T1905⑪-24	3.87	2.56	1.59
T1905⑪-25	4.35	2.16	1.49
T1905⑪-26	4.15	2.59	2.20
T1905⑪-27	4.15	2.69	1.42
T1905⑪-28	4.45	2.73	1.81
T1905⑪-29	4.25	2.45	1.72
T1905⑪-30	3.84	2.29	1.78
T1905⑪-31	4.81	2.11	1.96
T1905⑪-32	4.05	2.56	1.77
T1905⑪-33	4.23	2.09	1.55
T1905⑪-34	4.34	2.26	1.48

续附表 2-1

编号	长	宽	厚
T1905⑪ – 35	4. 33	1. 91	1. 65
T1905⑪ – 36	4. 34	2. 06	1. 50
T1905⑪ – 37	4. 50	2. 24	1. 69
T1905⑪ – 38	3. 40	2. 29	1. 85
T1905⑪ – 39	4. 17	2. 39	1. 64
T1905⑪ – 40	4. 34	2. 33	1. 74
T1905⑪ – 41	3. 74	2. 70	1. 46
T1905⑪ – 42	4. 64	2. 42	1. 64
T1905⑪ – 43	4. 59	2. 73	1. 61
T1905⑪ – 44	3. 98	2. 43	1. 76
T1905⑪ – 45	4. 30	2. 55	1. 74
T1905⑪ – 46	3. 75	1. 84	1. 38
T1905⑪ – 47	4. 67	2. 55	1. 76
T1905⑪ – 48	4. 34	2. 01	1. 48
T1905⑪ – 49	3. 64	2. 62	1. 83
T1905⑪ – 50	4. 06	2. 72	2. 14
T1905⑪ – 51	3. 68	2. 45	1. 79
T1905⑪ – 52	3. 27	2. 48	1. 71
T1905⑪ – 53	3. 84	2. 71	1. 65
T1905⑪ – 54	3. 80	1. 82	1. 47
T1905⑪ – 55	4. 02	2. 43	1. 52
T1905⑪ – 56	4. 47	2. 67	2. 47
T1905⑪ – 57	4. 30	3. 12	1. 84
T1905⑪ – 58	3. 67	2. 45	1. 89
T1905⑪ – 59	4. 90	2. 39	1. 65
T1905⑪ – 60	4. 19	2. 51	1. 99
T1905⑪ – 61	4. 02	2. 30	1. 60
T1905⑪ – 62	4. 29	2. 90	2. 00
T1905⑪ – 63	3. 75	2. 66	2. 15
T1905⑪ – 64	4. 18	2. 19	1. 55
T1905⑪ – 65	3. 81	2. 56	1. 86
T1905⑪ – 66	4. 15	1. 86	1. 35
T1905⑪ – 67	4. 69	2. 65	1. 97
T1905⑪ – 68	3. 49	2. 72	1. 87

续附表 2-1

编号	长	宽	厚
T1905⑪－69	3. 56	2. 82	1. 98
T1905⑪－70	3. 75	2. 39	1. 57
T1905⑪－71	4. 37	3. 06	1. 97
T1905⑪－72	3. 78	2. 22	1. 60
T1905⑪－73	4. 55	2. 75	2. 12
T1905⑪－74	4. 14	2. 33	1. 69
T1905⑪－75	3. 93	2. 29	1. 96
T1905⑪－76	4. 07	2. 55	1. 99
T1905⑪－77	4. 38	2. 27	1. 58
T1905⑪－78	3. 62	2. 54	1. 88
T1905⑪－79	3. 66	2. 33	1. 84
T1905⑪－80	4. 06	2. 84	2. 33
T1905⑪－81	3. 63	2. 50	2. 00
T1905⑪－82	3. 29	2. 15	1. 42
T1905⑪－83	3. 65	2. 36	1. 78
T1905⑪－84	4. 08	2. 48	1. 82
T1905⑪－85	4. 51	2. 13	1. 57
T1905⑪－86	3. 72	2. 03	1. 54
T1905⑪－87	3. 45	1. 90	1. 02
T1905⑪－88	3. 54	1. 98	1. 63
T1905⑪－89	3. 95	2. 31	1. 69
T1905⑪－90	3. 95	1. 95	1. 50
T1905⑪－91	3. 91	2. 12	2. 14
T1905⑪－92	4. 58	2. 17	2. 23
T1905⑪－93	3. 87	2. 27	1. 80
T1905⑪－94	3. 84	2. 77	2. 17
T1905⑪－95	3. 91	2. 49	1. 75
T1905⑪－96	3. 16	1. 73	1. 23
T1905⑪－97	3. 54	2. 57	2. 27
T1905⑪－98	3. 06	1. 98	1. 25
T1905⑪－99	3. 63	2. 37	1. 54
T1905⑪－100	3. 58	2. 23	1. 77
T1905⑪－101	3. 42	1. 97	1. 75
T1905⑪－102	3. 54	2. 50	1. 74

续附表 2-1

编号	长	宽	厚
T1905⑪-103	3.38	1.96	1.28
T1905⑪-104	3.68	2.32	1.66
T1905⑪-105	3.40	2.44	1.70
T1905⑪-106	4.06	2.84	2.02
T1905⑪-107	4.39	2.43	1.41
均值	4.03	2.40	1.79
标准差	0.40	0.28	0.33
T1905⑫-1	4.03	2.98	2.32
T1905⑫-2	3.50	2.43	1.79
T1905⑫-3	4.10	2.09	1.52
T1905⑫-4	4.00	2.17	1.42
T1905⑫-5	3.94	2.60	1.99
T1905⑫-6	3.57	2.04	1.77
T1905⑫-7	3.91	2.72	2.18
T1905⑫-8	3.62	2.79	2.06
T1905⑫-9	3.90	2.80	1.87
均值	3.84	2.51	1.88
标准差	0.22	0.35	0.29
T2006⑨-1	5.21	2.22	1.5
T2006⑩-1	4.60	2.31	1.55
T2006⑩-2	4.72	2.27	1.62
T2006⑩-3	4.54	3.08	1.99
T2006⑩-4	4.27	2.37	1.71
T2006⑩-5	4.19	2.54	1.98
T2006⑩-6	3.70	2.13	1.49
T2006⑩-7	4.35	2.04	1.55
T2006⑩-8	4.32	2.05	1.59
T2006⑩-9	3.82	2.29	1.50
T2006⑩-10	4.22	1.96	1.35
T2006⑩-11	4.22	2.69	1.84
T2006⑩-12	4.70	1.90	1.69
T2006⑩-13	4.13	1.92	1.43
T2006⑩-14	3.52	1.87	1.26
T2006⑩-15	3.29	2.19	1.60
均值	4.17	2.24	1.61
标准差	0.42	0.33	0.21

续附表 2-1

编号	长	宽	厚
T2006⑬－1	4.21	1.94	1.58
T2006⑬－2	5.45	2.24	1.93
T2006⑬－3	4.74	2.65	1.82
T2006⑬－4	4.22	1.90	1.48
T2006⑬－5	3.81	2.32	1.81
T2006⑬－6	5.47	2.29	1.99
T2006⑬－7	3.96	2.52	1.79
T2006⑬－8	4.54	2.41	1.69
T2006⑬－9	4.35	2.93	2.06
T2006⑬－10	4.55	2.47	1.69
T2006⑬－11	3.71	2.62	1.58
T2006⑬－12	4.72	2.24	1.73
T2006⑬－13	5.00	2.07	1.63
T2006⑬－14	3.83	2.62	1.91
T2006⑬－15	4.20	2.19	1.68
T2006⑬－16	4.19	2.58	1.69
T2006⑬－17	4.76	2.22	1.55
T2006⑬－18	4.78	2.25	1.57
T2006⑬－19	4.10	2.02	1.13
T2006⑬－20	4.22	2.60	2.13
T2006⑬－21	3.61	2.28	1.79
T2006⑬－22	4.34	2.06	1.72
T2006⑬－23	4.20	2.25	1.62
T2006⑬－24	3.90	2.87	1.95
T2006⑬－25	4.50	2.51	1.75
T2006⑬－26	4.40	2.04	1.46
T2006⑬－27	3.98	2.39	1.91
T2006⑬－28	4.50	2.94	2.14
T2006⑬－29	4.23	2.41	1.80
T2006⑬－30	4.50	2.25	1.62
T2006⑬－31	4.75	2.12	1.47
T2006⑬－32	4.38	3.03	1.82

续附表 2-1

编号	长	宽	厚
T2006⑬ - 33	4.32	2.14	1.64
T2006⑬ - 34	4.93	2.38	1.55
T2006⑬ - 35	4.30	2.00	1.46
T2006⑬ - 36	4.67	2.14	2.08
T2006⑬ - 37	4.62	2.33	1.62
T2006⑬ - 38	4.20	2.15	1.47
T2006⑬ - 39	4.93	3.17	2.06
T2006⑬ - 40	4.54	1.82	1.41
T2006⑬ - 41	4.78	2.25	1.79
T2006⑬ - 42	4.11	2.70	1.93
T2006⑬ - 43	4.97	2.29	1.56
T2006⑬ - 44	4.38	2.32	2.02
T2006⑬ - 45	4.35	2.46	1.91
T2006⑬ - 46	4.48	2.07	1.43
T2006⑬ - 47	4.98	2.27	1.59
T2006⑬ - 48	4.21	2.00	1.51
T2006⑬ - 49	4.25	2.60	2.03
T2006⑬ - 50	4.02	2.01	1.47
T2006⑬ - 51	5.33	2.32	1.97
T2006⑬ - 52	3.80	1.85	1.82
T2006⑬ - 53	4.19	2.05	1.61
T2006⑬ - 54	4.53	2.00	1.24
T2006⑬ - 55	4.19	1.91	1.36
T2006⑬ - 56	4.06	2.23	1.74
T2006⑬ - 57	3.57	2.16	1.49
T2006⑬ - 58	3.92	1.67	1.39
T2006⑬ - 59	4.06	2.29	1.33
T2006⑬ - 60	4.50	2.50	1.86
T2006⑬ - 61	3.62	1.90	1.60
T2006⑬ - 62	4.04	1.98	1.75
T2006⑬ - 63	5.26	2.53	1.92
T2006⑬ - 64	4.04	2.02	1.46
T2006⑬ - 65	4.61	2.08	1.57
T2006⑬ - 66	4.64	2.34	1.57

续附表 2-1

编号	长	宽	厚
T2006⑬－67	4.46	2.60	2.10
T2006⑬－68	4.44	2.04	1.46
T2006⑬－69	4.08	1.88	1.46
T2006⑬－70	3.81	2.25	1.64
T2006⑬－71	4.22	2.69	1.44
T2006⑬－72	3.49	1.55	1.25
T2006⑬－73	4.15	2.67	2.26
T2006⑬－74	4.56	2.11	1.63
T2006⑬－75	3.96	2.58	1.98
T2006⑬－76	4.29	2.53	1.92
T2006⑬－77	3.83	2.01	1.57
T2006⑬－78	3.78	2.19	1.75
T2006⑬－79	3.82	2.56	1.56
T2006⑬－80	3.08	2.66	1.95
T2006⑬－81	3.72	1.68	1.40
T2006⑬－82	3.09	1.16	1.04
T2006⑬－83	4.04	2.46	1.70
T2006⑬－84	4.51	2.20	1.43
T2006⑬－85	4.60	2.39	1.59
T2006⑬－86	3.79	1.83	1.09
T2006⑬－87	4.99	2.16	1.60
T2006⑬－88	3.92	2.22	1.71
T2006⑬－89	3.75	2.39	1.50
T2006⑬－90	3.95	2.48	1.82
T2006⑬－91	3.62	2.73	1.95
T2006⑬－92	3.87	1.91	1.49
T2006⑬－93	4.99	2.40	1.78
T2006⑬－94	3.62	2.11	1.75
T2006⑬－95	3.92	2.67	1.74
T2006⑬－96	4.36	2.16	1.59
T2006⑬－97	3.90	2.67	1.83
T2006⑬－98	4.96	2.35	2.16
T2006⑬－99	3.71	1.54	1.25
均值	4.27	2.27	1.68
标准差	0.47	0.33	0.25

续附表 2-1

编号	长	宽	厚
T2006⑭－1	4.50	2.16	1.50
T2006⑭－2	4.47	2.34	1.91
T2006⑭－3	5.51	2.17	1.98
T2006⑭－4	4.53	2.17	1.60
T2006⑭－5	4.18	1.96	1.40
T2006⑭－6	4.46	2.09	1.54
T2006⑭－7	4.19	2.69	1.88
T2006⑭－8	4.88	2.15	1.62
T2006⑭－9	4.89	2.43	1.81
T2006⑭－10	4.77	2.29	1.79
T2006⑭－11	4.62	2.09	1.64
T2006⑭－12	4.56	2.20	1.54
T2006⑭－13	4.84	2.75	1.97
T2006⑭－14	4.40	2.20	1.86
T2006⑭－15	4.96	2.50	1.63
T2006⑭－16	4.10	2.66	1.95
T2006⑭－17	4.50	2.02	1.55
T2006⑭－18	4.77	2.07	1.53
T2006⑭－19	4.42	2.10	1.60
T2006⑭－20	4.79	2.37	1.83
T2006⑭－21	3.95	2.27	1.66
T2006⑭－22	5.19	2.29	1.73
T2006⑭－23	4.18	2.60	1.73
T2006⑭－24	4.19	2.30	1.61
T2006⑭－25	5.38	2.53	1.72
T2006⑭－26	4.10	2.07	1.54
T2006⑭－27	4.26	1.97	1.33
T2006⑭－28	4.90	2.61	1.98
T2006⑭－29	4.00	2.79	1.91
T2006⑭－30	4.36	2.49	1.86
T2006⑭－31	5.21	2.52	1.55
T2006⑭－32	4.69	2.24	1.90
T2006⑭－33	4.63	2.13	1.45
T2006⑭－34	4.94	2.63	1.88

续附表 2-1

编号	长	宽	厚
T2006⑭-35	4.10	2.53	1.96
T2006⑭-36	4.55	2.25	1.74
T2006⑭-37	4.43	2.06	1.69
T2006⑭-38	4.33	2.05	1.53
T2006⑭-39	4.58	1.97	1.48
T2006⑭-40	4.51	1.89	1.55
T2006⑭-41	4.16	1.87	1.48
T2006⑭-42	4.57	1.81	1.62
T2006⑭-43	4.38	2.52	2.04
T2006⑭-44	3.69	2.66	1.77
T2006⑭-45	3.97	1.95	1.49
T2006⑭-46	4.11	1.73	1.66
T2006⑭-47	4.91	2.09	1.43
T2006⑭-48	4.84	3.07	2.07
T2006⑭-49	3.91	1.89	1.36
T2006⑭-50	4.13	2.06	1.80
T2006⑭-51	4.13	1.87	1.34
T2006⑭-52	3.39	2.20	1.39
T2006⑭-53	3.87	2.20	1.69
T2006⑭-54	4.05	2.06	1.71
T2006⑭-55	4.27	2.27	1.59
T2006⑭-56	4.24	2.57	1.95
T2006⑭-57	4.83	2.09	1.67
T2006⑭-58	4.10	2.19	1.52
T2006⑭-59	4.28	2.53	1.75
T2006⑭-60	4.00	1.58	1.06
T2006⑭-61	4.49	2.04	1.54
T2006⑭-62	4.58	2.43	1.51
T2006⑭-63	4.32	1.81	1.59
T2006⑭-64	4.13	2.09	1.52
T2006⑭-65	4.76	2.12	1.68
T2006⑭-66	4.50	1.95	1.57
T2006⑭-67	3.91	2.44	1.59
T2006⑭-68	4.06	2.45	1.76

续附表 2-1

编号	长	宽	厚
T2006⑭－69	4. 44	2. 74	1. 85
T2006⑭－70	4. 22	2. 12	1. 68
T2006⑭－71	4. 60	2. 15	1. 46
T2006⑭－72	3. 66	1. 80	1. 33
T2006⑭－73	3. 83	1. 71	1. 46
T2006⑭－74	3. 46	2. 42	1. 78
T2006⑭－75	4. 14	1. 99	1. 67
T2006⑭－76	4. 49	2. 02	1. 80
T2006⑭－77	4. 20	2. 22	1. 44
T2006⑭－78	4. 31	2. 05	1. 48
T2006⑭－79	4. 04	2. 08	1. 46
T2006⑭－80	4. 53	2. 31	1. 56
T2006⑭－81	4. 82	2. 15	1. 57
T2006⑭－82	4. 65	2. 27	1. 51
T2006⑭－83	4. 75	2. 04	1. 72
T2006⑭－84	4. 37	2. 24	1. 72
T2006⑭－85	4. 25	2. 16	1. 64
T2006⑭－86	3. 97	1. 94	1. 37
T2006⑭－87	4. 08	2. 69	1. 87
T2006⑭－88	4. 40	2. 37	1. 90
T2006⑭－89	4. 03	2. 00	1. 36
T2006⑭－90	4. 17	2. 25	1. 75
T2006⑭－91	4. 02	1. 88	1. 54
T2006⑭－92	4. 60	2. 20	1. 78
T2006⑭－93	3. 90	2. 58	2. 21
T2006⑭－94	4. 53	2. 10	1. 56
T2006⑭－95	3. 97	2. 19	1. 67
T2006⑭－96	3. 72	2. 18	1. 51
T2006⑭－97	4. 29	2. 26	1. 92
T2006⑭－98	4. 08	2. 35	1. 83
T2006⑭－99	3. 85	1. 86	1. 63
T2006⑭－100	4. 33	2. 32	1. 74
T2006⑭－101	3. 35	1. 93	1. 11
T2006⑭－102	3. 50	1. 61	1. 27
T2006⑭－103	4. 52	2. 11	1. 56
T2006⑭－104	3. 76	1. 87	1. 24
T2006⑭－105	4. 03	1. 94	1. 42
均值	4. 34	2. 20	1. 64
标准差	0. 41	0. 28	0. 21

附表 2-2　T2006⑬出土桃核测量数据

编号	长 L	直径 Ds	厚 W
T2006⑬ - 1	1. 85	1. 30	1. 17
T2006⑬ - 2	1. 60	1. 30	1. 18
T2006⑬ - 3	1. 70	1. 25	1. 15
T2006⑬ - 4	1. 82	1. 21	1. 06
T2006⑬ - 5	1. 92	1. 40	1. 08
T2006⑬ - 6	1. 84	1. 31	1. 03
T2006⑬ - 7	残	1. 14	1. 04
T2006⑬ - 8	残	1. 30	1. 08
T2006⑬ - 9	1. 69	1. 40	残
T2006⑬ - 10	1. 70	1. 32	残
T2006⑬ - 11	1. 66	1. 25	残
T2006⑬ - 12	1. 65	1. 13	残
T2006⑬ - 13	1. 87	1. 11	残
均值	1. 75	1. 26	1. 10

附录四　东山村遗址出土玉器近红外吸收光谱浅析

陈启贤

一

古玉器的物理特征如解理、颜色、光泽、透明度、硬度、密度等，矿物成分如主要矿物成分、次要矿物成分等，化学成分如主要化学成分、微量元素成分、稀土元素成分等，显微结构如涡卷结构、毡状结构、针状结构、放射结构等等，其他如放射性同位素年代和稳定同位素组成等信息，可以征引玉料的种类，对比出产地或来源。

玉料的产地与来源牵涉到古人类撷取玉材的方式，是就近取材？是争夺或交换而来？是掘地挖取前朝玉器改制？改朝换代后改制前朝玉器？或其他手段？这些问题都在反映考古学文化的内涵，对玉文化传统与玉器研究有着密不可分的关系。

目前玉材的鉴别大致以肉眼观察颜色、光泽、透明度，以比重液、密度仪、硬度计测定玉材的比重、密度、硬度，以偏光显微镜、室温红外光谱、电子探针、X 射线粉晶衍射、激光拉曼光谱等仪器测定玉材的矿物成分，以偏光显微镜、扫描电子显微镜、透射电子显微镜来鉴定玉料的显微结构，以离子质谱仪（ICP－MS）检测微量元素值或质谱仪测同位素值，分析比较稀土元素值，以激光烧蚀系统、静态真空质谱仪、钾氩法或氩氩法测定玉石的成矿年代。

二

矿物学传统定义的软玉是具有交织纤维显微结构的透闪石—阳起石系列矿物的集合体。软玉的矿物成分是透闪石—阳起石，但透闪石—阳起石并非就是软玉。透闪石—阳起石系列矿物属角闪石族的钙角闪石，是自然界中常见的造岩矿物；但软玉是一种特殊环境下形成的特别的透闪石—阳起石矿物集合体，其分布不广也不常见。下文仅就其矿物学定名与其近红外吸收光谱的对应关系进行分析，以确认玉材之矿物成分与地质产状。

不同地质产状、不同矿物成分与结构的玉材代表材料来自不同产区或是同一产区的不同矿脉。同一遗址或墓葬中出土的玉器若包含几个来源不同的玉材，有可能是玉料出处原本不同，也有可能是来源不同的玉器被改制，其间所蕴含的人文理念、美学好恶、玉材颜色与光泽的社会阶级意义、玉材产地与器物类型的关系等等，极其复杂，但此中关系的厘清却不失为古玉器研究的一条路径。

软玉主要有两种产状。一种产于镁质大理岩，例如新疆昆仑山和田、辽宁宽甸、四川汶川。另一种与蛇纹石化超基性岩共生，例如新疆天山玛纳斯、河南淅川、台湾花莲。镁质大理岩中的软玉矿物组成主要是透闪石，而蛇纹石化超基性岩中的软玉则是较多的阳起石，也可以说是在透闪石—阳起石系列中更偏向阳起石。产于蛇纹石化超基性岩中的软玉，其过渡金属元素Fe^{2+}含量相对较高，而镁质大理岩中的软玉则Fe^{2+}含量较低。

软玉中铁和镁的占位比率会影响玉材颜色的深浅，铁含量高则颜色较深。高价铁与低价铁占位比率也会影响玉料的颜色。至于高含量的铬和暗色杂质矿物的存在，也会加深玉料的颜色。

三

近红外光（NIR，700～3000纳米）是介于可见光和中红外光之间的电磁波，属于分子振动光谱，包含丰富的氢基团（OH、CH、SH、NH）特征信息。便携式近红外光谱矿物分析仪是一种短波红外反射仪，波长范围1300～2500纳米。在1300～2500纳米范围内，光谱吸收主要是水和羟基（OH）在中红外的伸缩和弯曲基频振动所引起的倍频和合频。不同矿物中与OH搭配的金属阳离子晶格占位之不同，反映倍频和合频的光谱吸收之具体位置、强度和形状差别，这些差别构成了近红外光谱矿物分析的基础。近红外光谱仪无需对样品作任何预处理，不需用任何化学试剂，对器物不造成任何损坏和污染，且近红外光子能量比可见光低，不会对测量人员造成伤害。光谱取样间距为2纳米，光谱分辨率为5～10纳米，在一般情况下对一件样品的光谱扫描大约一分钟，因此它不仅能获得高精度光谱数据，而且有速度快、效率高、成本低、适地性佳的特点。

含羟基硅酸盐矿物的近红外吸收光谱峰值各有其特征意义。1400纳米是OH在2700～2800纳米伸缩振动的一级倍频吸收，表示矿物中有峰形尖锐的结晶水（H_2O）。1900～2000纳米是OH伸缩振动和H-O-H弯曲振动的合频，表示矿物中有峰形较缓的吸附水。只有1400纳米吸收而没有1900纳米吸收，表示矿物中只含结晶水而没有吸附水。结晶水与吸附水的存在或缺乏，对矿物结构变化有其意义，但与矿物成分识别则无关。

2000～2500纳米范围内的吸收，例如2118纳米、2318纳米、2384纳米主要是OH伸缩振动和金属阳离子Mg-OH弯曲振动的合频；2250～2300纳米的吸收显示黑云母的存在；2300～2400纳米吸收显示透闪石的存在。OH伸缩振动和金属阳离子Fe-OH弯曲振动的合频出现2250～2300纳米吸收显示绿泥石的存在。与OH搭配的金属阳离子晶格占位不同，近红外光谱内出现的倍频和基频的位置、强度、形状会随之而不同。

过渡金属Fe^{2+}电子跃迁引发的光谱吸收可以影响1300～1600光谱的总体形状，特别是倾斜方向和坡度。含Fe^{2+}高的蛇纹石化超基性岩中的软玉，其1300～1400纳米光谱向短波方向倾斜，倾斜度越大反映Fe^{2+}含量越高。产于镁质大理岩中，含镁高含铁低的透闪石矿物，1300～1400纳米光谱较为平缓或向长波方向倾斜，含Fe^{2+}越低，倾斜度也越大。矿物结晶情况会影响峰形，并造成峰位的飘移，例如原地型高岭石结晶度较高，则峰形尖锐，肩峰向长波方向移动；搬运型高岭石结晶度低，则峰形较缓。铁镁占位比率也影响光谱吸收强度，例如绿泥石（chlorite）中的Mg被Fe取代，则2250纳米吸收较弱，2340纳米吸收较强，且峰位向短波方向移动。

古玉常见的非玉矿物如蛇纹石（serpentine，$Mg_3Si_2O_5[OH]_4$）、滑石（talc，$Mg_3Si_4O_{10}[OH]_2$）、锂云母（$KLi_2Al\{Si_4O_{10}[OH]_2\}$）等也是含羟基的硅酸盐矿物。

现代软玉的光谱在1900纳米附近显示相对较强的吸收，而显晶质透闪石—阳起石矿物集合体在1900纳米处的吸收非常微弱。古玉中不透明或者半透明度低、隐晶质透闪石—阳起石矿物集合体，1900纳米的吸收峰也很弱，甚至缺乏。在已知的现代软玉矿床中，目前还没有确认发现类似的软玉。

本文数据大都引用自美国地质调查所近红外光谱数据库。美国地调所数据库收录不少透闪石和阳起石光谱数据，但与软玉相关的数据却相当缺乏。矿物组成的正确鉴定很大程度取决于标准参考物光谱数据库的建立。古玉矿物学的研究与数据库的建立还有漫长的路要走，数据资料也需要更多的分析和研究来充实。

荆志淳先生将1300～1400纳米光谱反映的含低铁的，与镁质大理岩相关的软玉定为类型Ⅰ（Np Ⅰ）。含铁高且通常与蛇纹石化超基性岩伴生的软玉归入类型Ⅱ（Np Ⅱ）。1900纳米的吸收缺乏或微弱的不透明或者半透明度低、隐晶质透闪石—阳起石矿物集合体归入软玉类型Ⅲ（Np Ⅲ）。本文沿用此定义的类型来归纳东山村遗址出土玉器的玉材种类。

四

(一) 透闪石（Tremolite）—阳起石（Actinolite）系列

透闪石与阳起石虽为两种矿物但其光谱主要为Mg、Fe的类质同象光谱。硅酸盐矿物的铁镁占位比率（Fe/［Fe＋Mg］p. f. u. %）在透闪石与阳起石之间移动，铁镁占位比率低于20%者为透闪石（Tremolite），高于20%者为阳起石（Actinolite）。

东山村遗址出土的透闪石—阳起石系列玉器共27件。其中，绿色微透明（东山村M101∶14玉玦）与乳白色基质（东山村M95∶30玉环）部位，铁镁占位比率一般低于20%，为透闪石成分。白色基质中的深褐色密集条纹（东山村M90∶42玉璜）与白色基质中的深绿色部位（东山村M98∶29玉镯），铁镁占位比率一般高于20%，为阳起石成分。

1. 东山村M101∶14玉玦（图4-1）

吸收峰值在1394/1908/2290/2308/2376纳米，质地为滑石（$3MgO \cdot 4SiO_2 \cdot H_2O$）含量较高的透闪石（Tremolite）。属于NpI软玉。

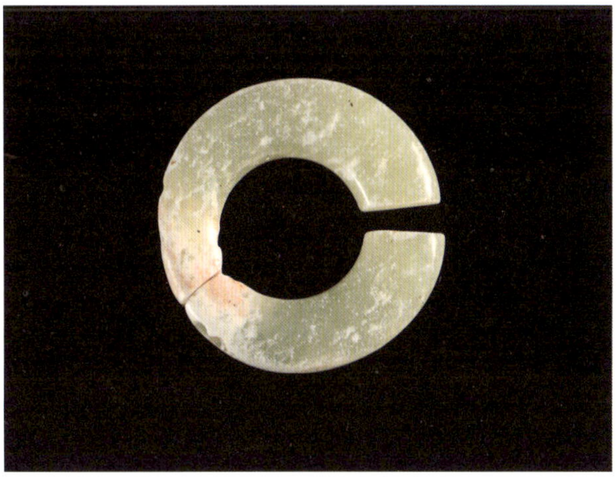

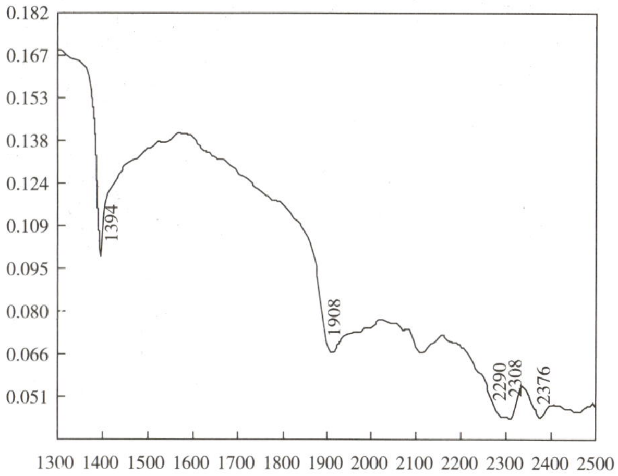

图4-1　东山村M101∶14玉玦与近红外吸收光谱

2. 东山村 M95∶30 玉环（图 4-2）

结晶水的吸收峰值在 1394 纳米，吸附水的吸收峰值介于 1908 ~1912 纳米之间，硅酸盐的羟基吸收峰值集中于 2104 ~ 2106 纳米、2306 ~ 2308 纳米、2378 ~ 2380 纳米三个谱带，质地为阳起石—透闪石（Tremolite）。属于 NpⅡ软玉。

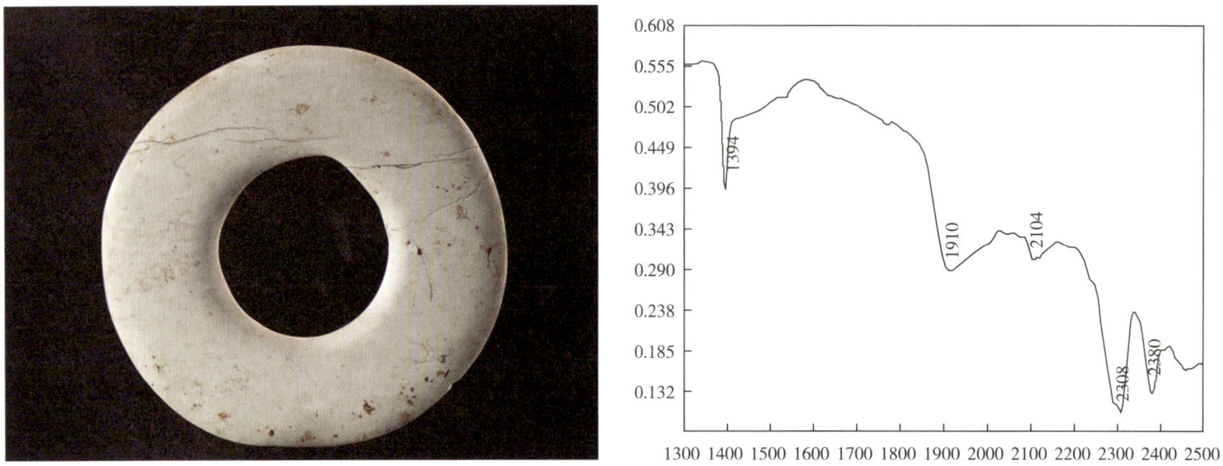

图 4-2 东山村 M95∶30 玉环与近红外吸收光谱

东山村 M92∶36 玉璜、M96∶32 玉璜、M97∶1 玉锛、M97∶3 异形玉玦、M98∶29 玉镯、M91∶23 玉镯、M93∶32 钥匙形玉饰、M95∶38 玉璜、M95∶39 玉玦、M95∶40 玉玦、M98∶25 带柄钺形饰、M101∶10 玉璜、M101∶11 玉璜等 13 件玉器，都属阳起石—透闪石系列矿物。

3. 东山村 M94∶20 钥匙形玉饰（图 4-3）

结晶水的吸收峰值介于 1392 ~ 1394 纳米，吸附水的吸收峰值介于 1908 ~ 1914 纳米之间，硅酸盐的羟基吸收峰值集中于 2306 ~ 2308 纳米、2378 ~ 2380 纳米、2454 ~ 2456 纳米三个谱带，质地为阳起石—透闪石（Tremolite）。属 NpⅡ软玉。

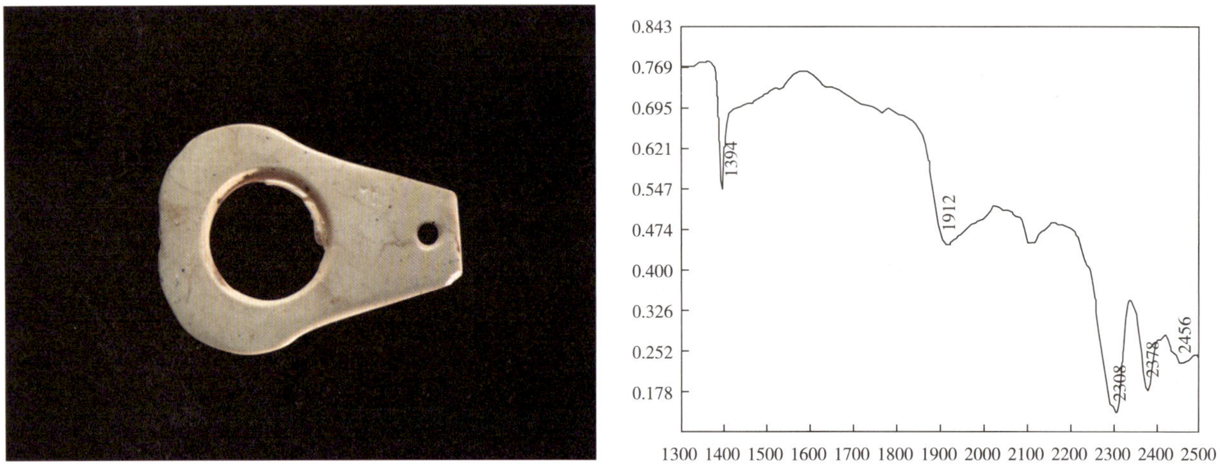

图 4-3 东山村 M94∶20 钥匙形玉饰与近红外吸收光谱

东山村 M93∶24 玉璜、M90∶42 玉璜、M91∶34 玉镯、M91∶36 玉镯、M95∶41 玉镯、M97∶2 玉璜、M98∶28 玉璜等 7 件玉器，都属透闪石—阳起石系列矿物。

4. 东山村 M90∶36 玉玦（图 4–4）

结晶水的吸收峰值为 1394 纳米，吸附水的吸收峰值为 1912 纳米，硅酸盐的羟基吸收峰值集中于 2240 ~ 2242 纳米、2302 ~ 2308 纳米、2378 ~ 2380 纳米三个谱带，质地为铝（Al_2O_3）含量较高的透闪石（Tremolite）。属 NpⅡ软玉。

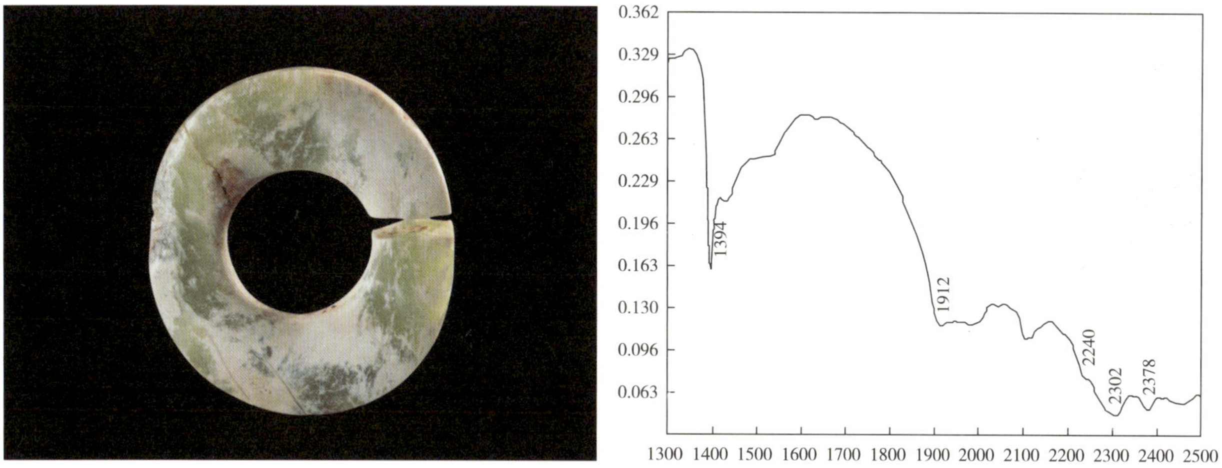

图 4–4　东山村 M90∶36 玉玦与近红外吸收光谱

东山村 M94∶16 玉镯属同类岩矿。

5. 东山村 M91∶29 玉钺（图 4–5）

吸收峰值在 1394/1912/2102/2300/2378 纳米，质地为斜绿泥石（$Mg_{3.75}Fe^{2+}_{1.25}Si_3Al_2O_{10}[OH]_8$）含量较高的透闪石（Tremolite），属 NpⅡ软玉。

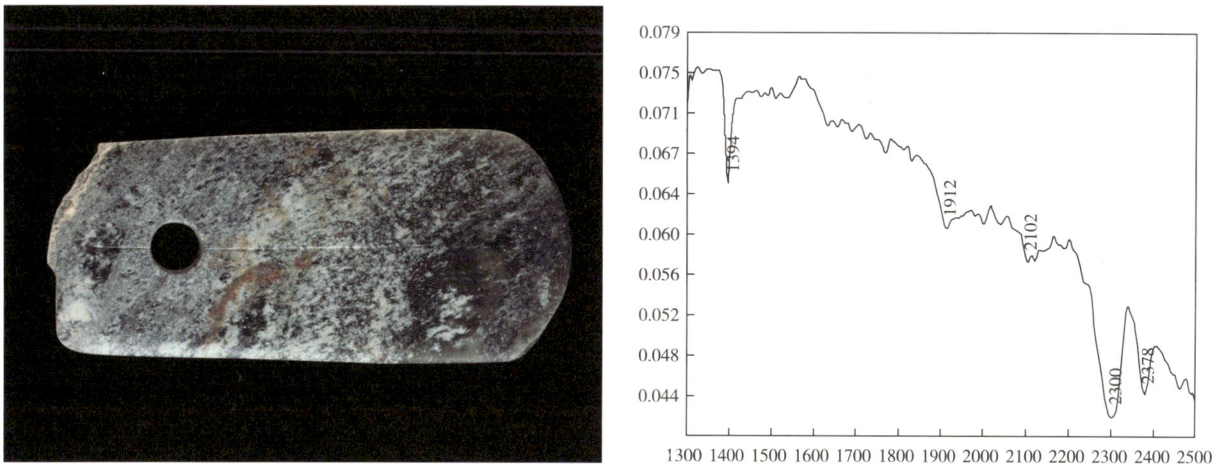

图 4–5　东山村 M91∶29 玉钺与近红外吸收光谱

6. 东山村 M90:37 纽形玉饰（图 4-6）

吸收峰值在 1396/1910/2106/2282/2376 纳米，质地为含蛇纹石（Mg_6［Si_4O_{10}］［OH］$_8$）的透闪石（Tremolite）属 NpⅡ软玉。

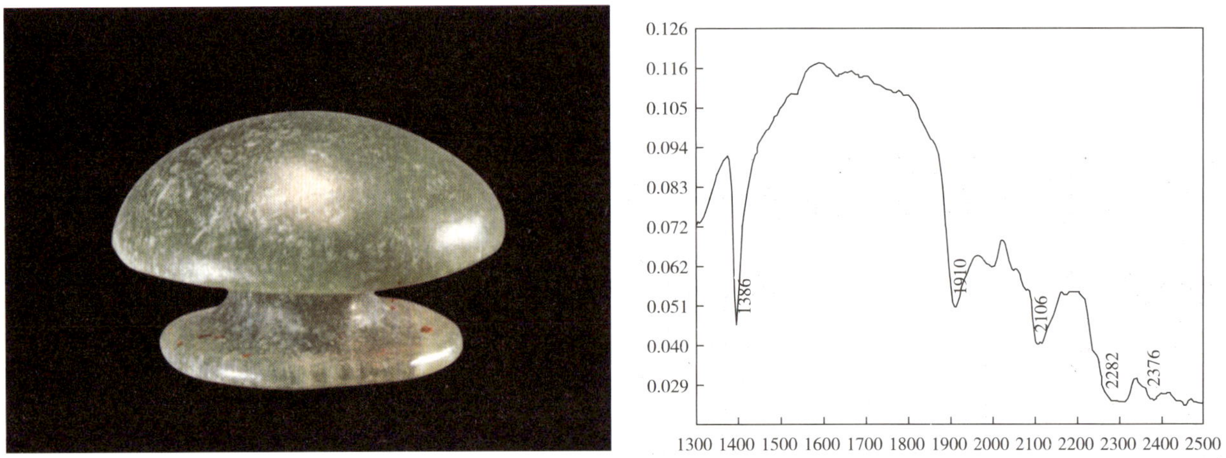

图 4-6　东山村 M90:37 纽形玉饰与近红外吸收光谱

（二）蛇纹石（Serpentine）系列

1. 东山村 M90:55 玉镯（图 4-7）

吸收峰值位于 1394/1968/2266/ 2320/2442 纳米，材质为蛇纹石（Serpentine）。

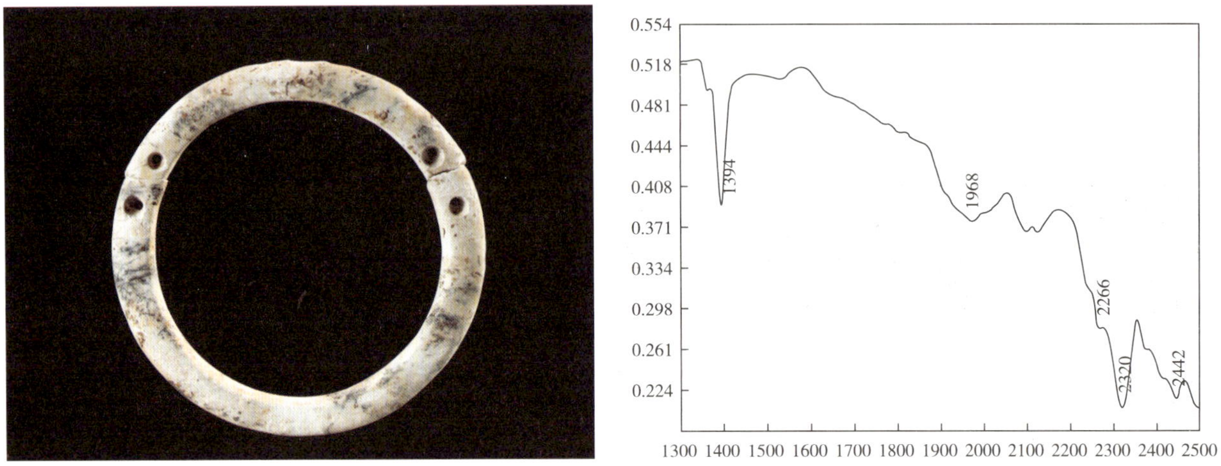

图 4-7　东山村 M90:55 残玉镯与近红外吸收光谱

2. 东山村 M90:49 玉玦（图 4-8）

吸收峰值位于 1394/1910/1964/2266/2318 纳米，材质为含叶蜡石（Al_2［Si_4O_{10}］［OH］$_2$）的蛇纹石（Serpentine）。

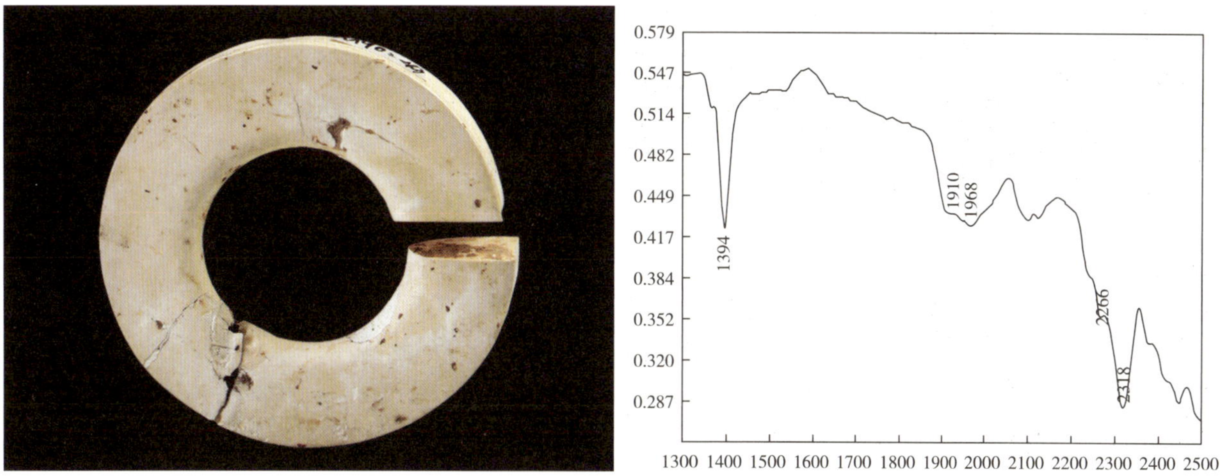

图 4-8　东山村 M90:49 玉玦与近红外吸收光谱

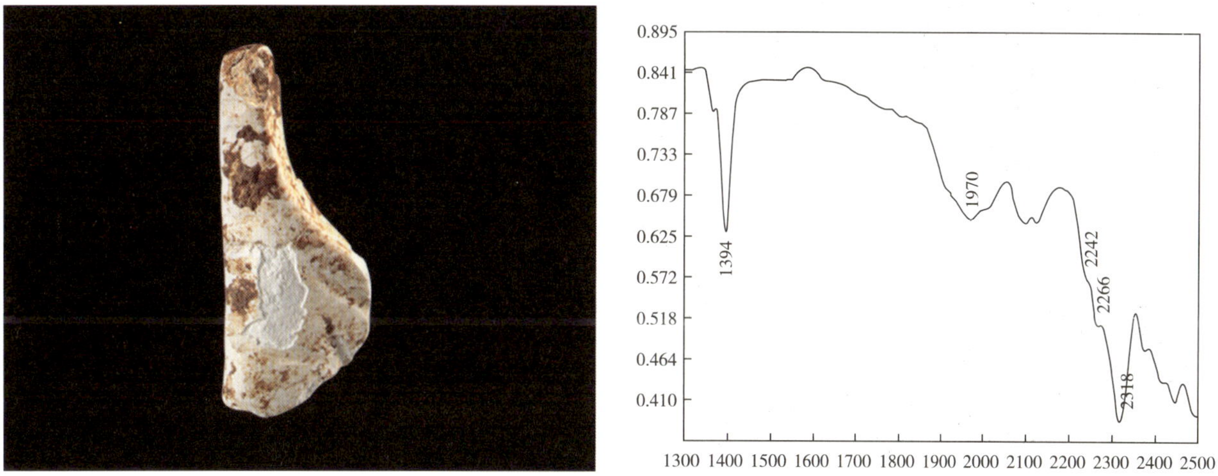

图 4-9　东山村 M97:5 玉饰与近红外吸收光谱

3. 东山村 M97:5 玉饰（图 4-9）

吸收峰值位于 1394/1970/2242/2266/2318 纳米，材质为铝（Al_2O_3）含量较高的蛇纹石（Serpentine）。

4. 东山村 M90:54 纽形玉饰（图 4-10）

吸收峰值位于 1394/2242/2268/2320/2410 纳米，质地为含铁绿泥石（$[Fe,Mg]_5Al[AlSi_3O_{10}][OH]_8$）、铝（$Al_2O_3$）含量较高的蛇纹石（Serpentine）。

东山村 M90:53 纽形玉饰为同一岩矿。

5. 东山村 M92:28 玉凿（图 4-11）

吸收峰值位于 1394/1970/2242/ 2318/2412 纳米，质地为含黝帘石（$Ca_2Al_3[Si_2O_7][SiO_4][O,OH]_2$）、铁绿泥石（$[Fe,Mg]_5Al[AlSi_3O_{10}][OH]_8$）的蛇纹石（Serpentine）。

6. 东山村 M101:9 桥形玉璜（图 4-12）

吸收峰值位于 1394/1960/1972/2320/2444 纳米，质地为铝（Al_2O_3）含量较高的蛇纹石（Serpentine）。

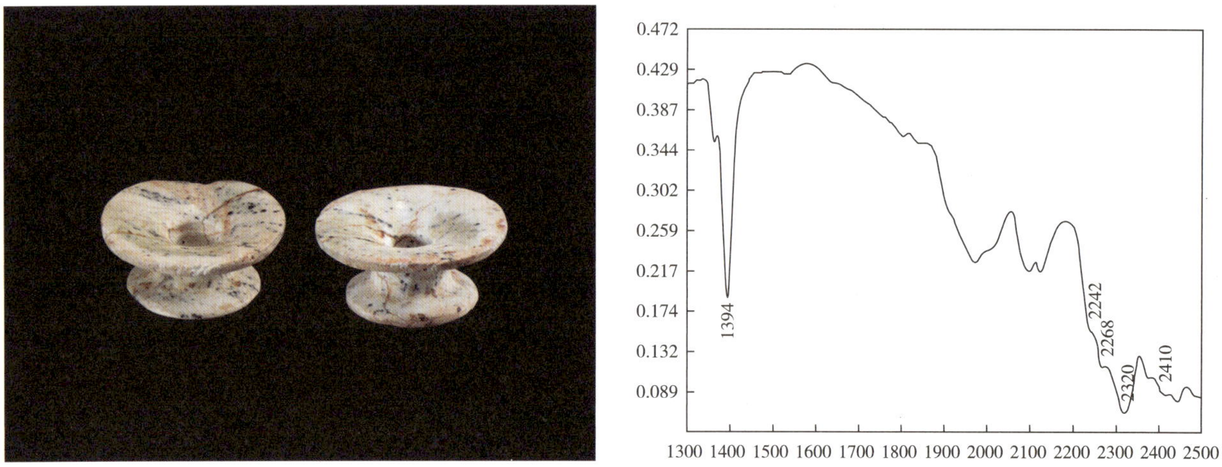

图 4-10　东山村 M90∶54 纽形玉饰与近红外吸收光谱

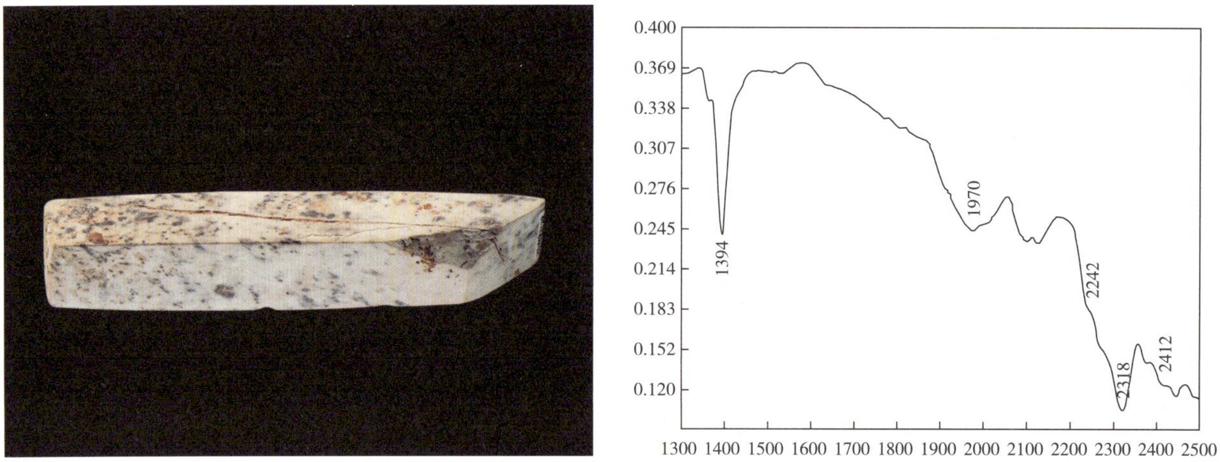

图 4-11　东山村 M92∶28 玉凿与近红外吸收光谱

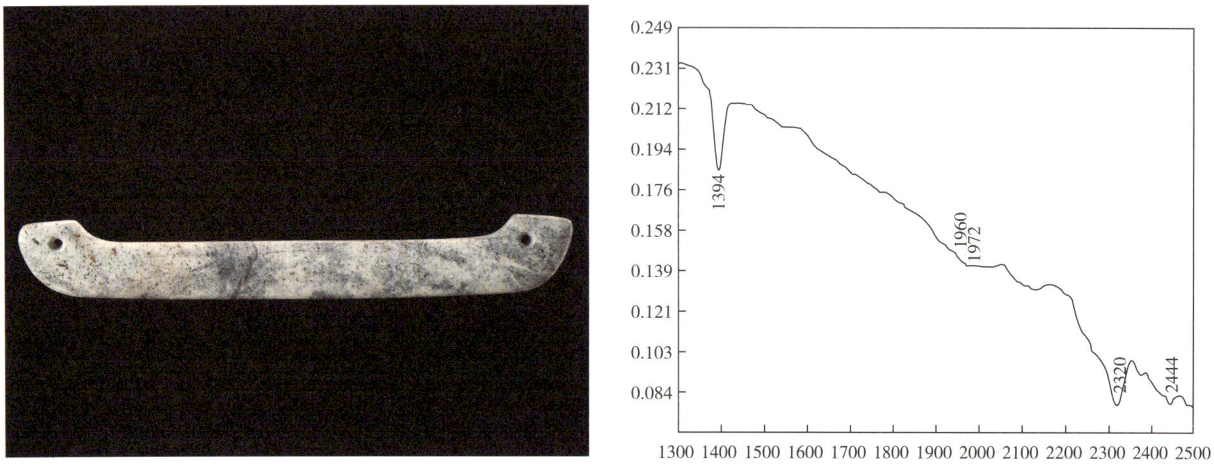

图 4-12　东山村 M101∶9 桥形玉璜与近红外吸收光谱

（三）石英岩 （Quartzite） 系列

1. 东山村 M101∶12 玉髓璜（图 4–13）

吸收峰值位于 1910/1958/1998/2026/2066 纳米，质地为玉髓（Chalcedony）。

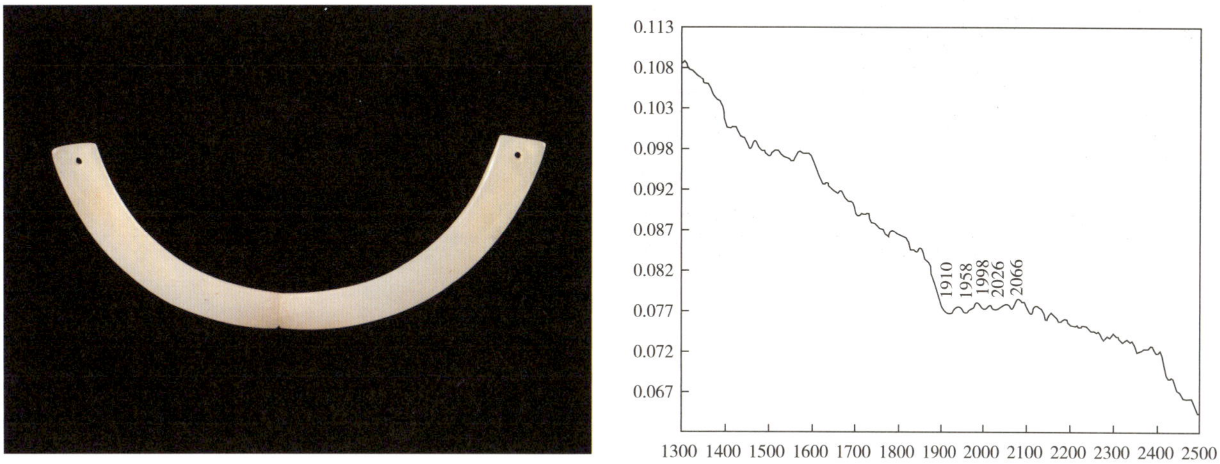

图 4–13　东山村 M101∶12 玉髓璜与近红外吸收光谱

2. 东山村 M92∶45 小玉髓璜（图 4–14）

吸收峰值位于 1408/1426/1456/1474/1490 纳米，质地为含三水铝石（$Al[OH]_3$）的玉髓（Chalcedony）。

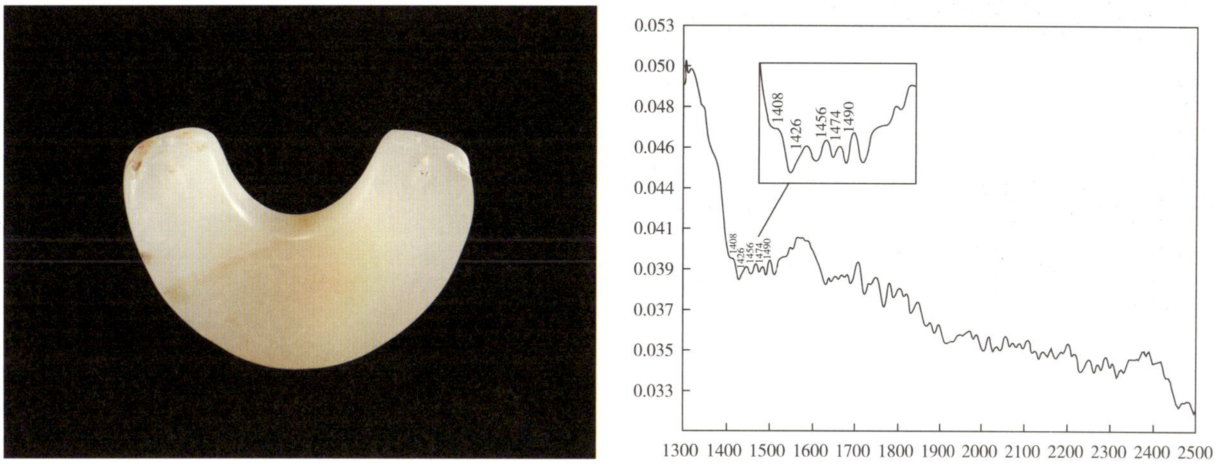

图 4–14　东山村 M92∶45 小玉髓璜与近红外吸收光谱

东山村 M95∶31～36 玉髓管、东山村 M92∶37～42 玉髓管、东山村 M101∶16、19、21 玉髓管，或三水铝石（$Al[OH]_3$）含量较高，或蛋白石（$SiO_2 \cdot nH_2O$）含量较高，或白云母（$K\{Al_2[AlSi_3O_{10}][OH]_2\}$）含量较高，基本都属同一类岩矿。

3. 东山村 M90∶44 玉髓玦（图 4–15）

吸收峰值位于 1436/1632/1916/2194/2452 纳米，质地为含三水铝石（$Al[OH]_3$）、蛋白石（$SiO_2 \cdot nH_2O$）的石英岩（玉髓 Chalcedony）。

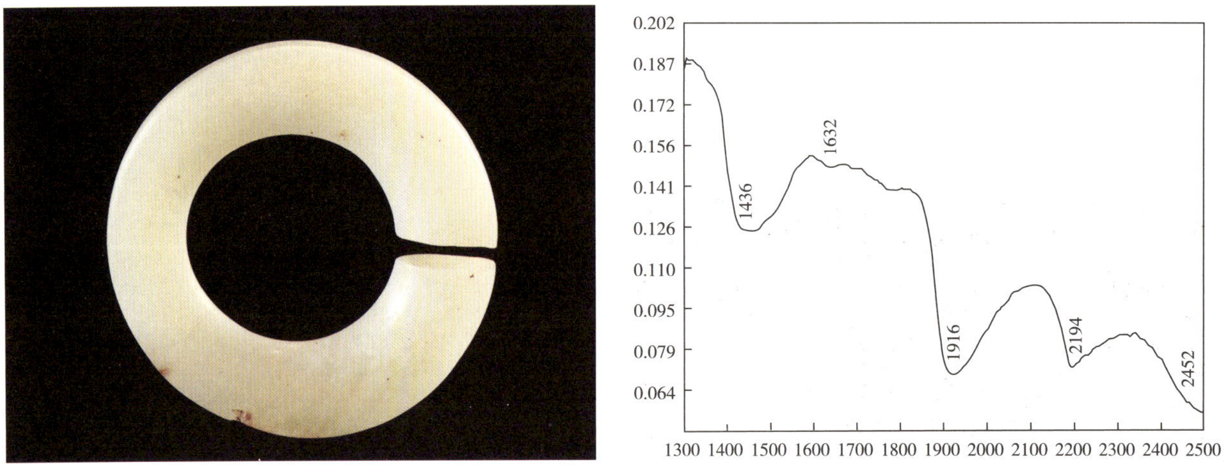

图 4-15　东山村 M90:44 玉髓玦与近红外吸收光谱

东山村 M90:47 玉髓扁管的吸收峰出现于 2064 纳米处，皆为同一岩矿。

4. 东山村 M90:48 玉髓方管形饰（图 4-16）

吸收峰值位于 1442/1916/1936/2192/2228 纳米，质地为含三水铝石（$Al[OH]_3$）、微量水镁石（$Mg[OH]_2$）的石英岩（玉髓 Chalcedony）。

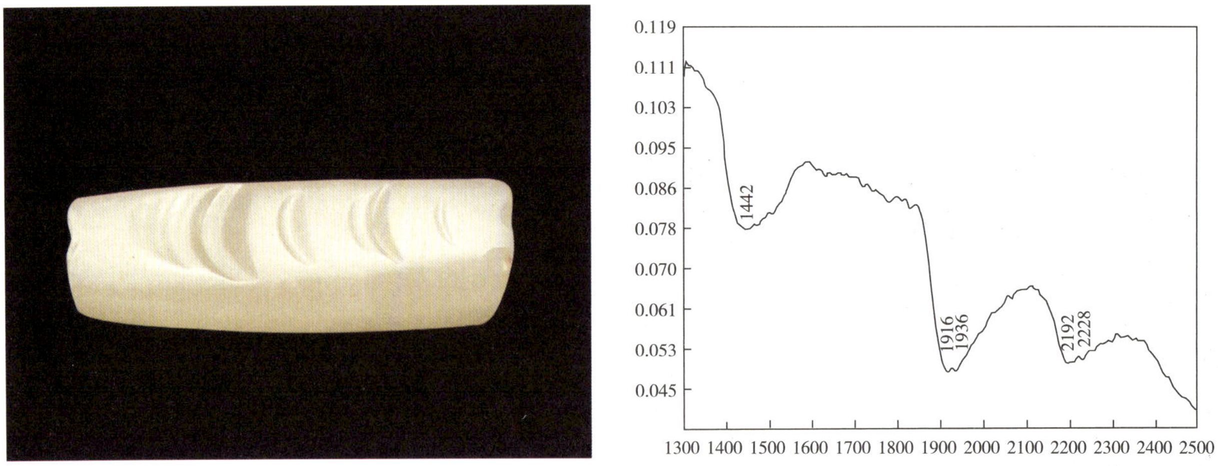

图 4-16　东山村 M90:48 玉髓方管形饰与近红外吸收光谱

5. 东山村 M101:8 玉璜（图 4-17）

吸收峰值位于 1384/1432/1910/2308/2372 纳米，质地为含紫苏辉石（$[Mg_{0.7-0.5}Fe_{0.3-0.5}]_2[Si_2O_6]$）的石英岩（墨绿色玉髓 Chalcedony）。

6. 东山村 M101:13 东菱玉玦（图 4-18）

吸收峰值位于 1412/1910/1926/2210/2252 纳米，质地为含白云母（$K\{Al_2[AlSi_3O_{10}][OH]_2\}$）片、绿泥石矿物的石英岩（东陵玉 Aventurine）。

东山村 M101:20 东菱玉管、东山村 M101:22、25、27、28 东菱玉曲管和东山村 M101:17、18 东菱玉扁管，或白云母（$K\{Al_2[AlSi_3O_{10}][OH]_2\}$）含量较高，或绿柱石（$Be_3Al_2[SiO_3]_6$）含量较高，基本同属一类岩矿。

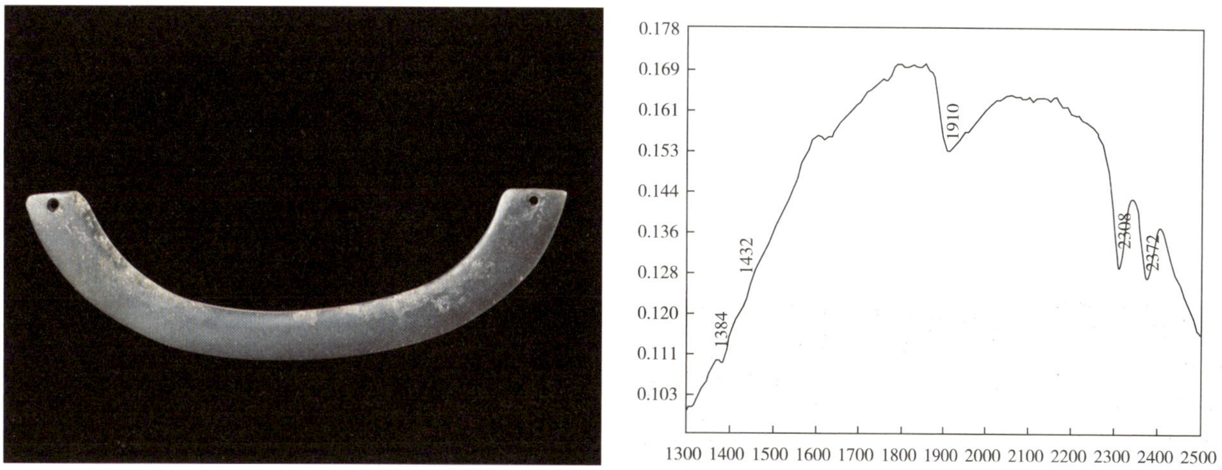

图 4-17　东山村 M101∶8 玉璜与近红外吸收光谱

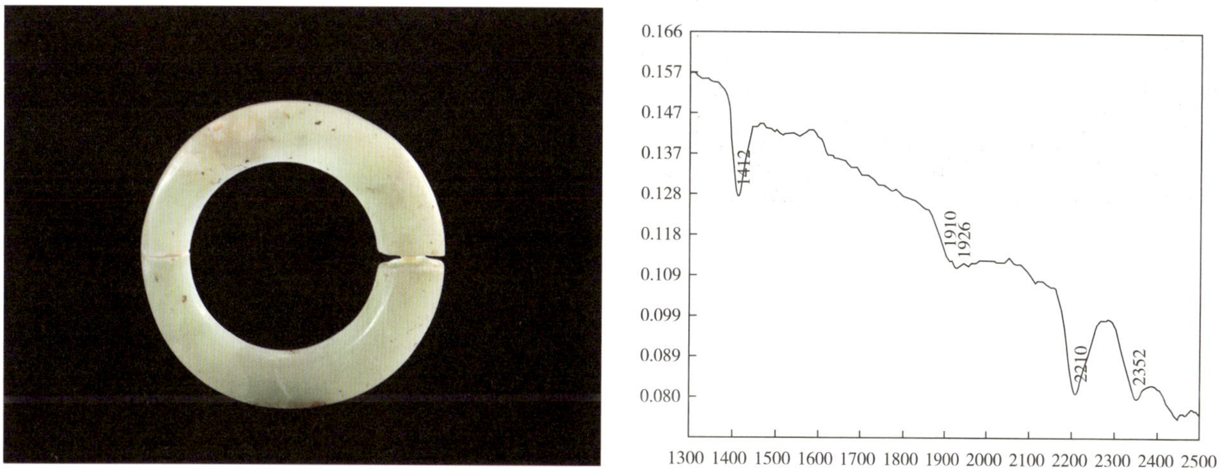

图 4-18　东山村 M101∶13 东菱玉玦与近红外吸收光谱

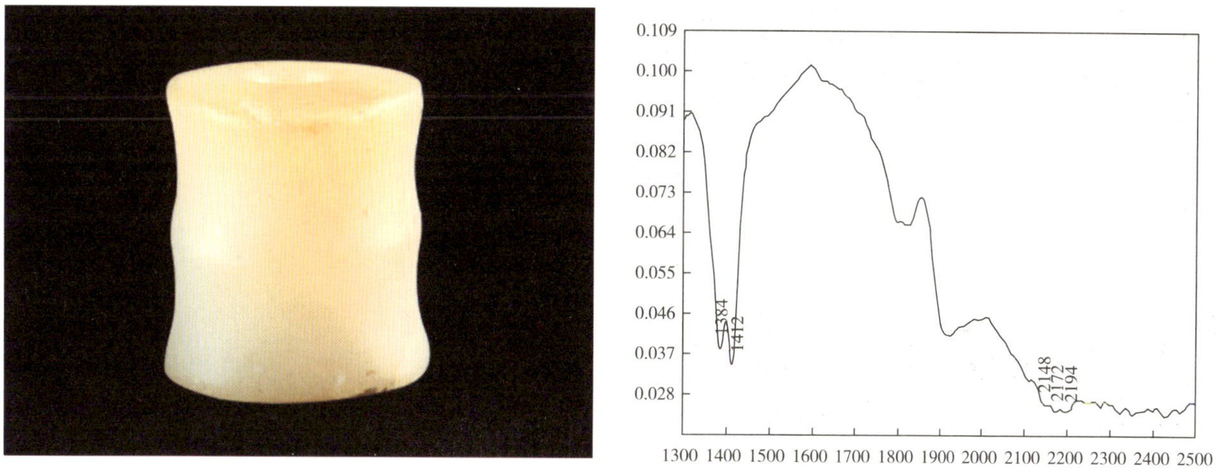

图 4-19　东山村 M101∶24 竹节玉管与近红外吸收光谱

7. 东山村 M101∶24 竹节玉管（图 4-19）

吸收峰值位于 1384/1412/2148/2172/2194 纳米，质地为含白云石（CaMg［CO_3］$_2$）、云母片（Mica）的石英岩（玉髓 Chalcedony）。

（四）砂岩（Sandstone）系列

1. 东山村 M91∶31 小石锛（图 4-20）

吸收峰值位于 1398/1632/1656/2314/2386 纳米，质地为含镁绿泥石（$[Mg,Fe]_5Al[AlSi_3O_{10}][OH]_8$）、黝帘石（$Ca_2Al_3[Si_2O_7][SiO_4][O,OH]_2$）、白云母（$K\{Al_2[AlSi_3O_{10}][OH]_2\}$）、白云石（$CaMg[CO_3]_2$）的泥质粉砂岩（Mudstone）。

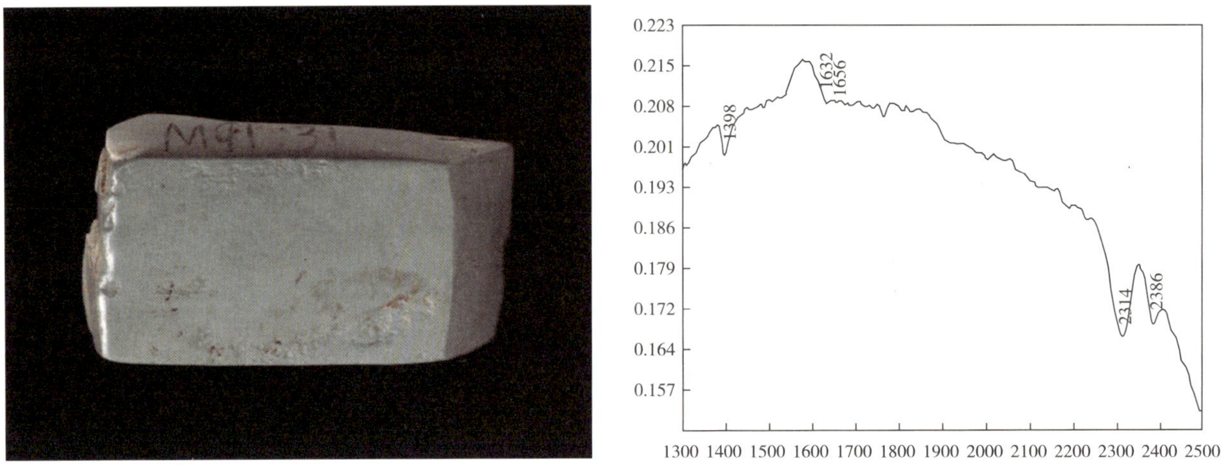

图 4-20　东山村 M91∶31 小石锛与近红外吸收光谱

2. 东山村 M91∶30 石锛（图 4-21）

吸收峰值位于 1400/1634/1670/1908/2302 纳米，质地为斜绿泥石（$Mg_{3.75}Fe^{2+}_{1.25}Si_3Al_2O_{10}[OH]_8$）与高岭石（$Al_4[Si_4O_{10}][OH]_8$）含量较高的千枚岩（Phyllite）。

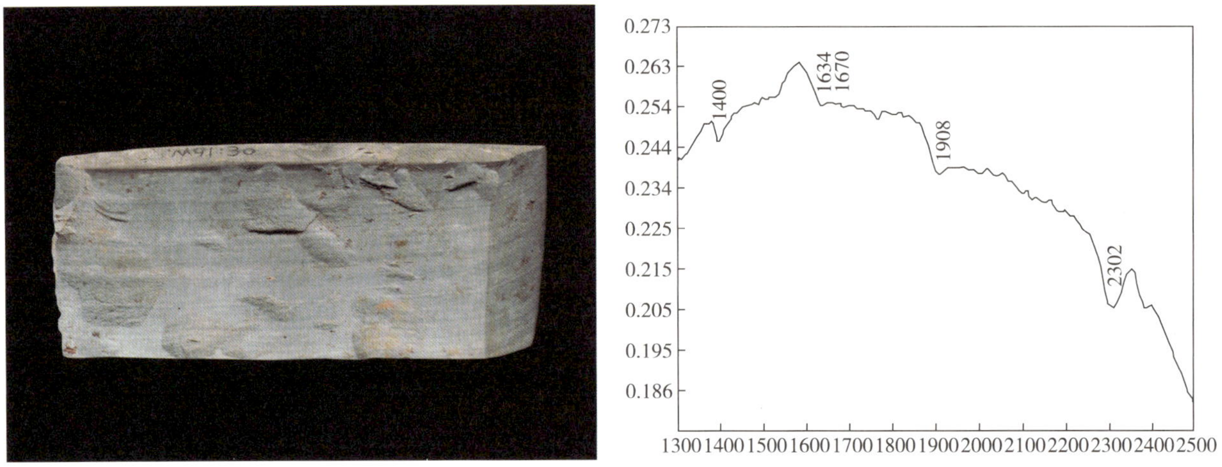

图 4-21　东山村 M91∶30 石锛与近红外吸收光谱

3. 东山村 M89∶28 石锛（图 4-22）

吸收峰值位于 1430/1906/1924/1974/2350 纳米，质地为以铁绿泥石（$[Fe,Mg]_5Al[AlSi_3O_{10}][OH]_8$）、白云石（$CaMg[CO_3]_2$）为主要矿物的凝灰岩（Tuff）。

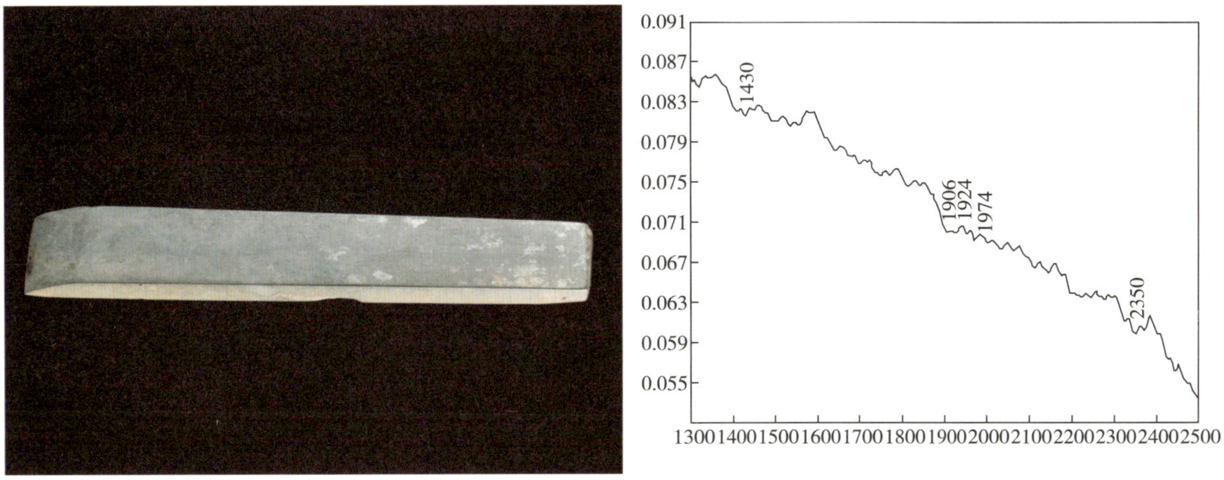

图 4-22　东山村 M89∶28 石锛与近红外吸收光谱

4. 东山村 M92∶27 石凿（图 4-23）

吸收峰值位于 1414/1532/1636/1650/1910 纳米，质地为铝（Al_2O_3）含量较高的粉砂岩（Mudy - Sandstone）

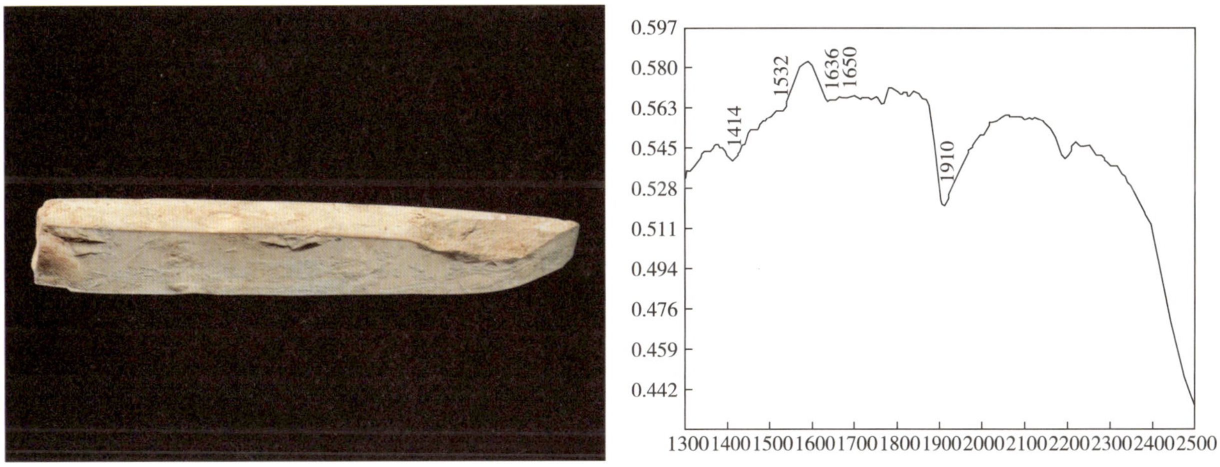

图 4-23　东山村 M92∶27 石锛与近红外吸收光谱

（五）其他岩矿

1. 东山村 M83∶10 弦纹玉管（图 4-24）

吸收峰值位于 1458/1476/1490/1918/1932 纳米，质地为含毒重石（$BaCO_3$）、铁含量较高的白云石（Dolomite）。

2. 东山村 M90∶41 石锥（图 4-25）

吸收峰值位于 1630/1722/1744/1764/1784 纳米，质地为含蓝铜矿（$Cu_3[CO_3]_2[OH]_2$）、铬铁矿（$FeCr_2O_4$），因沉积作用形成的铁石（Iron stone）。

3. 东山村 M90 砂砾（图 4-26）

吸收峰值位于 1412/1442/1908/2156/2196 纳米，质地为石英砂砾（Quartz grit）。

图 4-24 东山村 M83:10 弦纹石管与近红外吸收光谱

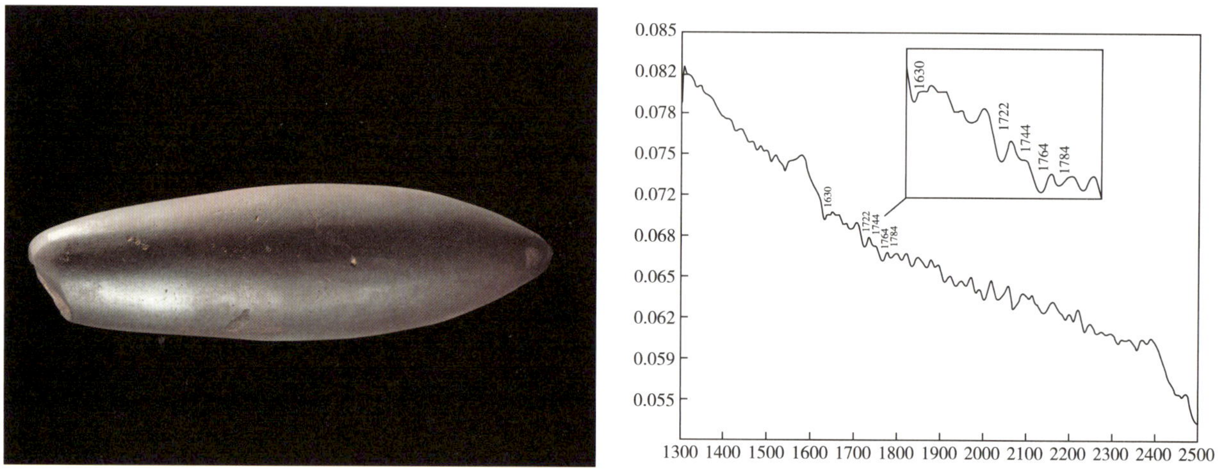

图 4-25 东山村 M90:41 石锥与近红外吸收光谱

图 4-26 东山村 M90 砂砾与近红外吸收光谱

五

一如吴小红、赵朝洪等先生所述[①]：玉器的微量元素受埋藏环境的影响很大，甚至超过了地域因素所造成的差别。在1平方厘米范围内所测得的玉材近红外吸收光谱数据与成器当时的数据恐有落差。唯经次生变化后的吸收光谱差异是否全盘影响测定结果，笔者勉力解读，也请各方专家指导、指正。

① 吴小红、赵朝洪：《肖家屋脊遗址石家河文化晚期玉器玉料产地初步分析》，《海峡两岸古玉学会议论文专辑》（Ⅱ），557～561页，台湾大学地质科学系，2001年。

附录五　东山村遗址出土玉器形态研究

杨　晶

（故宫博物院）

1989～1990 年，苏州博物馆会同张家港市文管会对张家港东山村遗址进行了初次发掘，发现了玦、坠等少量玉器；2008～2010 年，南京博物院与张家港市文物局、张家港博物馆对东山村遗址进行了再次发掘，发现了玦、璜、环、钺、坠等大量玉器。本文将着重对东山村这批玉器的出土状况、形态特征、使用功能及其演变轨迹进行探讨。

一　玉器的出土状况

在 1989～1990 年的发掘中共发现 4 件玉器，2 件出自墓葬，2 件出自文化层；在 2008～2010 年的发掘中共发现 149 件玉器，143 件出自墓葬，2 件出自灰坑，3 件出自房址，1 件出自文化层。

东山村的墓葬，按照墓葬规模的大小及随葬品数量的多寡，大体可归分为大墓和小墓。大墓的长度一般在 2.2～3 米之间，随葬品的数量多在 30 件以上；小墓的长度通常在 2.2 米以下，随葬品的数量多在 10 件左右。第二次发掘东山村的墓葬共发现了 143 件玉器，这些玉器分别出自 10 座大墓和 11 座小墓之中。

在随葬玉器的 10 座大墓中，有 7 座墓出土 11～21 件玉器，有 3 座墓出土 4～8 件玉器。

M101 出土 21 件玉器，人骨保存较好，5 件玉璜、2 件玉玦、1 件玉管出自头颈之间，13 件玉管（管形饰）出自手部和腰部（图 1-1），该墓是大墓中随葬玉器最多的墓葬。

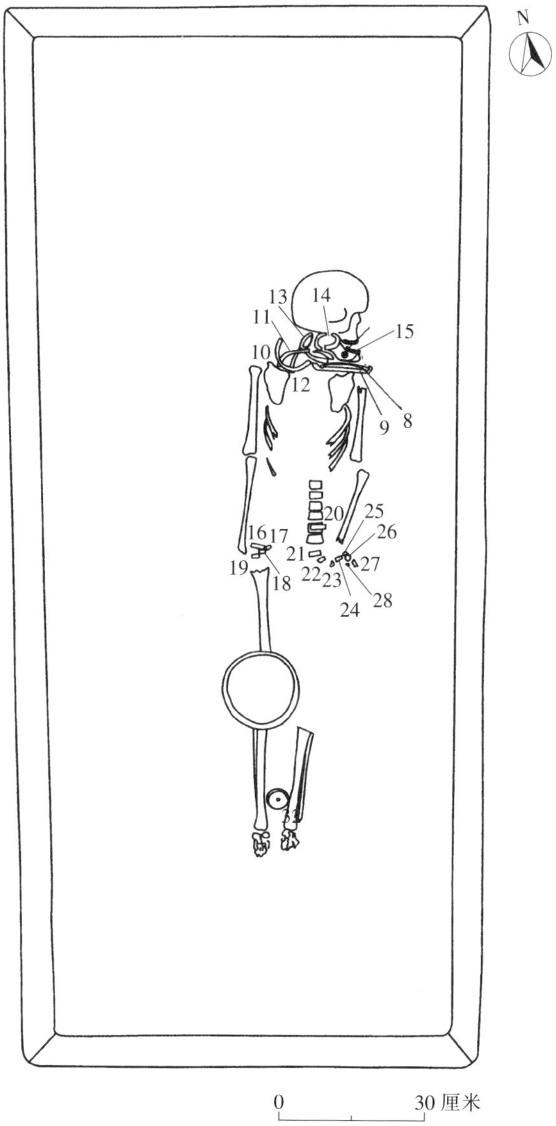

图 1-1　M101 玉石器分布状况
8～12. 玉璜　13、14. 玉玦　15～28. 玉管（管形饰）　32. 石纺轮

M90 出土 19 件玉器，仅头骨保存较好，3 件玉玦、2 件玉管、2 件玉饰出自头的上端，3 件

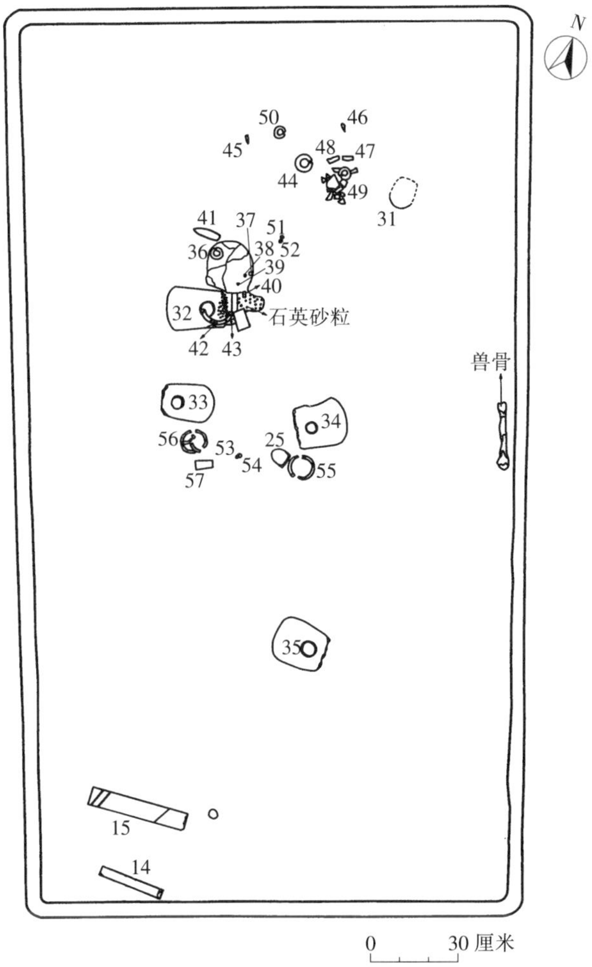

图 1–2　M90 玉石器分布状况

14. 石凿　15、57. 石锛　20、25、27、43. 砺石　31～35. 石钺　36、44、49～52. 玉玦　37、45、46、53、54. 玉饰　38～40、47、48. 玉管　41. 石锥　42. 玉璜　55、56. 玉镯

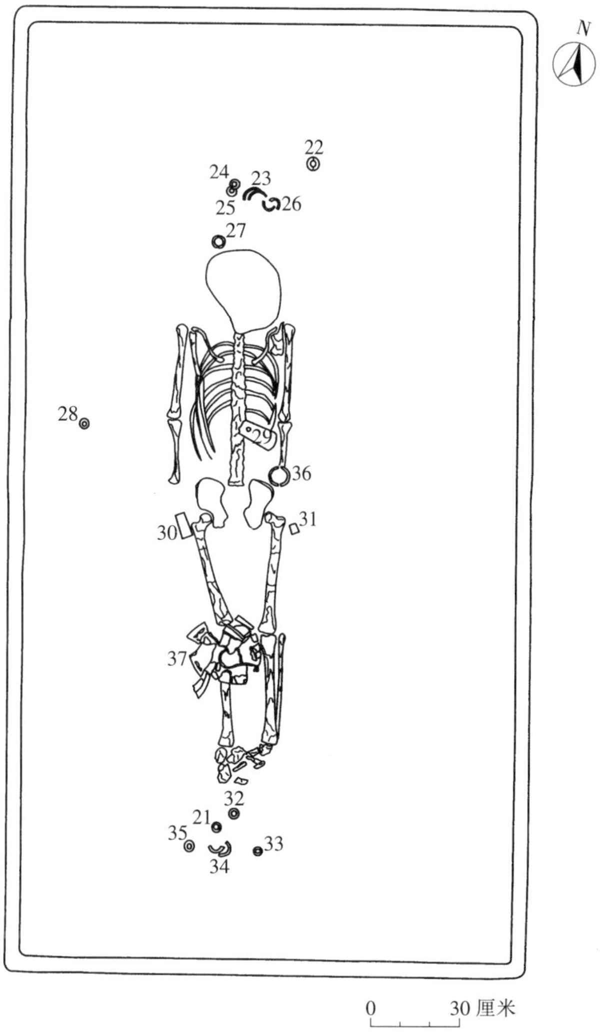

图 1–3　M91 玉石器分布状况

21、22、24～28、32、33、35. 玉环　23、34、36. 玉镯　29. 玉钺　30、31. 石锛

玉玦、1 件玉饰、3 件玉管出自头骨附近，1 件玉璜出自颈部，2 件玉镯出自相当于手部之处，2 件玉饰出自相当于腰部之处（图 1–2），该墓是大墓中随葬玉器较多的墓葬，玉器的出土数量仅次于 M101。

M91 出土玉器 14 件，人骨保存较好，5 件玉环、1 件玉镯出自头上端，1 件玉镯出自手部，1 件玉钺出自腰腹部，1 件玉环出自手臂外侧的远端，4 件玉环、1 件玉镯出自足下方（图 1–3）。

M96 出土玉器 14 件玉器，人骨保存较差，8 件玉环、1 件玉镯、1 件玉饰出自头上方，这些玉环似乎排列有序，1 件玉环出自头骨左侧，1 件玉环出自头骨右下方，1 件玉璜出自头颈部，1 件玉镯出自足下方（图 1–4）。

M93 出土 13 件玉器，人骨保存较差，仅存头骨和部分肢骨，2 件玉环出自头上方，4 件玉环和 1 件玉饰分别出自头骨左右两侧，1 件玉璜出自头颈部，1 件玉环出自人体上半身的右侧，1 件玉镯出自上肢处，1 件玉饰出自胸腹部，1 件玉环出自下肢附近，1 件镯形器出自足下方（图 1–5）。

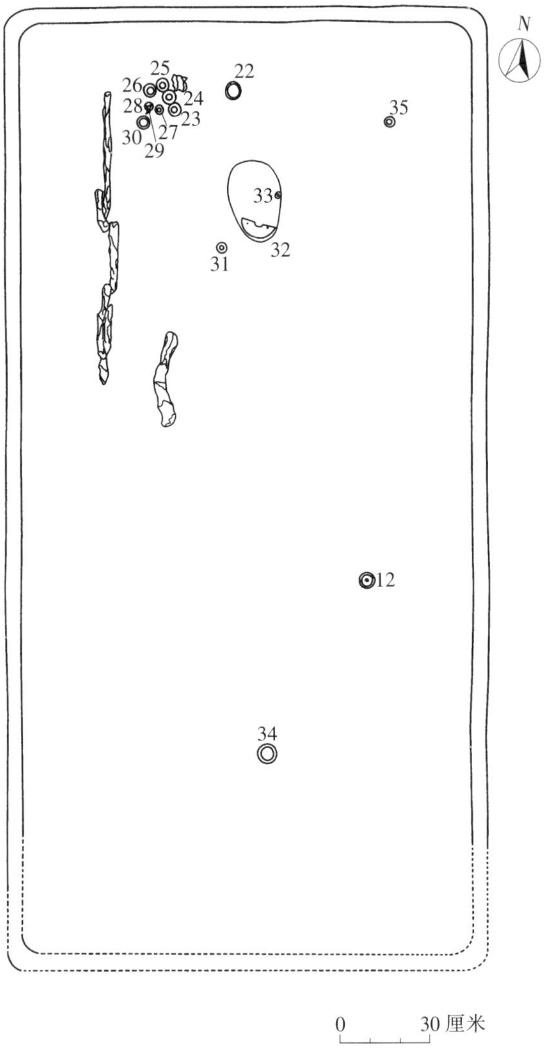

图 1–4 M96 玉器分布状况

22、34. 玉镯 23～28、30、31、33、35. 玉环 29. 玉饰 32. 玉璜（12. 陶纺轮）

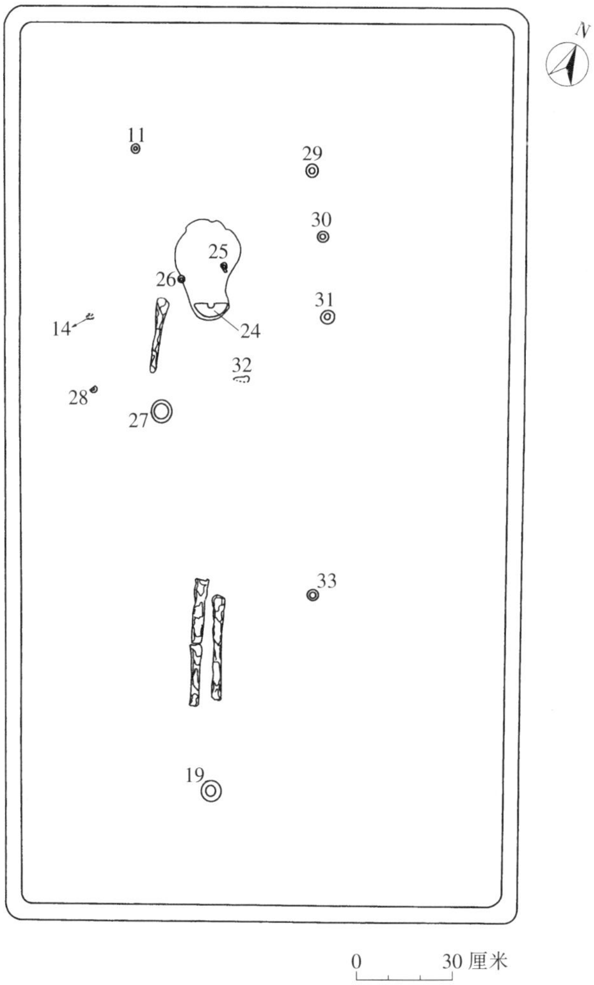

图 1–5 M93 玉器分布状况

11、14、26、29～31、33. 玉环 19、27. 玉镯 24. 玉璜 25、32. 玉饰 28. 半圆形玉饰

M95 出土 12 件玉器，人骨保存较好，1 件玉环、6 件玉管出自头上方，1 件玉管出自头骨左侧，1 对玉玦出自头骨右下端，1 件玉璜出自颈部，1 件玉镯出自手部（图 1–6）。

M92 出土 12 件玉器，人骨保存较差，6 件玉管出自头上方，1 件玉管出自头部，1 件钥匙形饰出自头部的左上方，1 件玉璜出自颈部，1 件玉镯套在上肢骨上，1 件玉璜和 1 件玉凿出自足下方（图 1–7）。

M98 出土玉器 8 件，人骨保存较好，3 件玉饰出自头上方，2 件玉管出自头部，1 件玉璜出自颈部，1 件玉镯套在上肢骨上，1 件玉镯出自足下方（图 1–8）。

M94 出土玉器 5 件，人骨几乎无存，1 件玉镯出自相当于上肢处，1 件玉环和 1 件玉饰分别出自相当于左右上肢附近，1 件玉珠出自相当于下肢的一侧，1 件玉镯出自足的下方（图 1–9）。

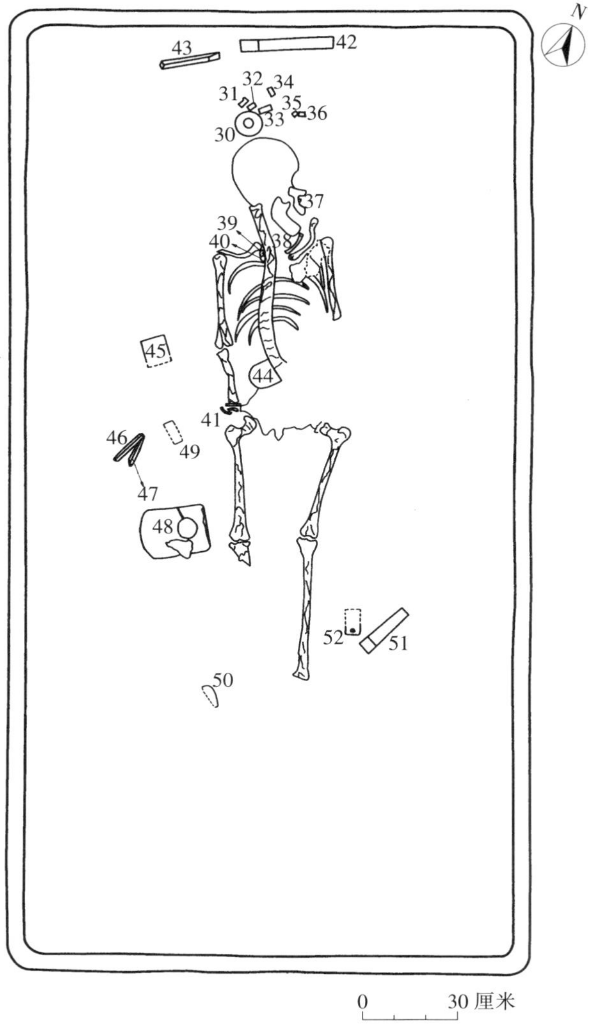

图 1-6　M95 玉石器分布状况

30.玉环　31~37.玉管　38.玉璜　39、40.玉玦　41.玉镯　42、43、46、47.石凿　44、48.石钺　45、49~51.石锛　52.石斧

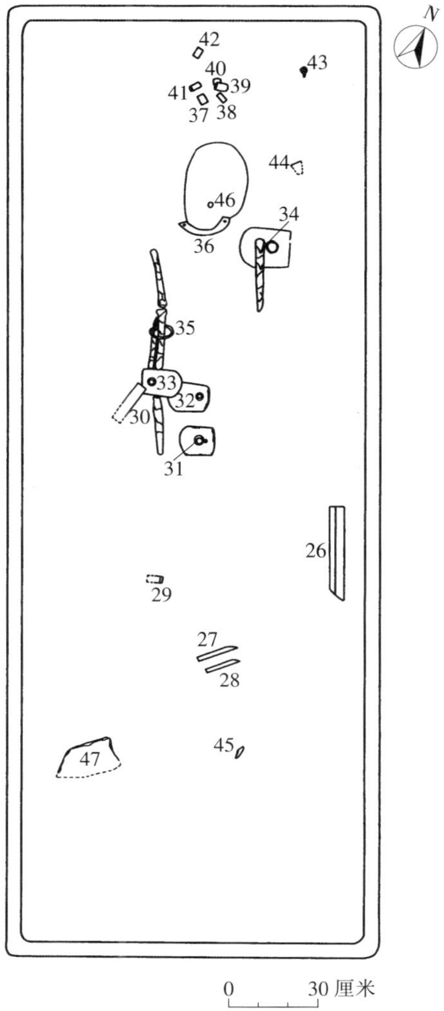

图 1-7　M92 玉石器分布状况

26、27.石凿　28.玉凿　29、30.石锛　31~34、44.石钺　35.玉镯　36、45.玉璜　37~42、46.玉管　43.玉饰　47.砺石

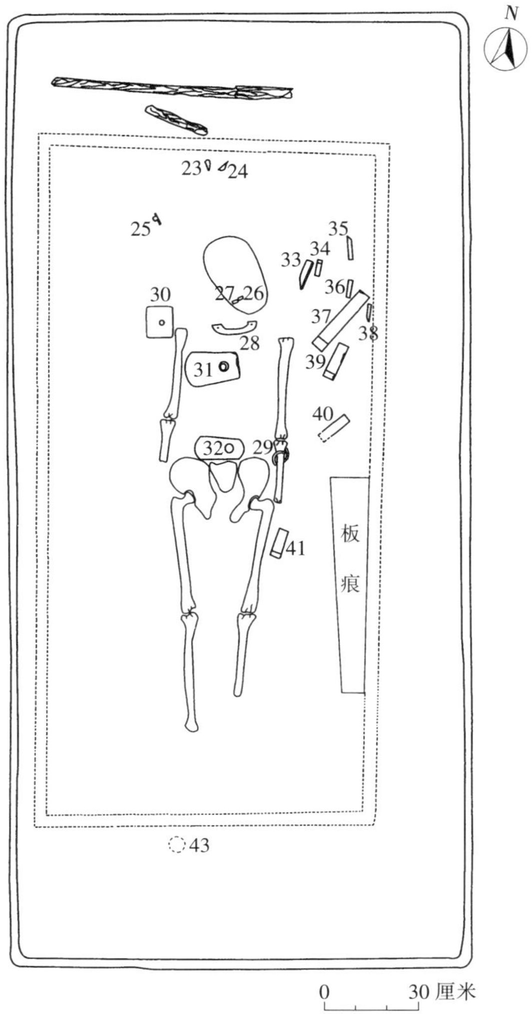

图 1-8　M98 玉石器分布状况

23~25.玉饰　26、27.玉管　28.玉璜　29、43.玉镯　30~32.石钺　33、34、38、40.石凿　35~37、39、41.石锛

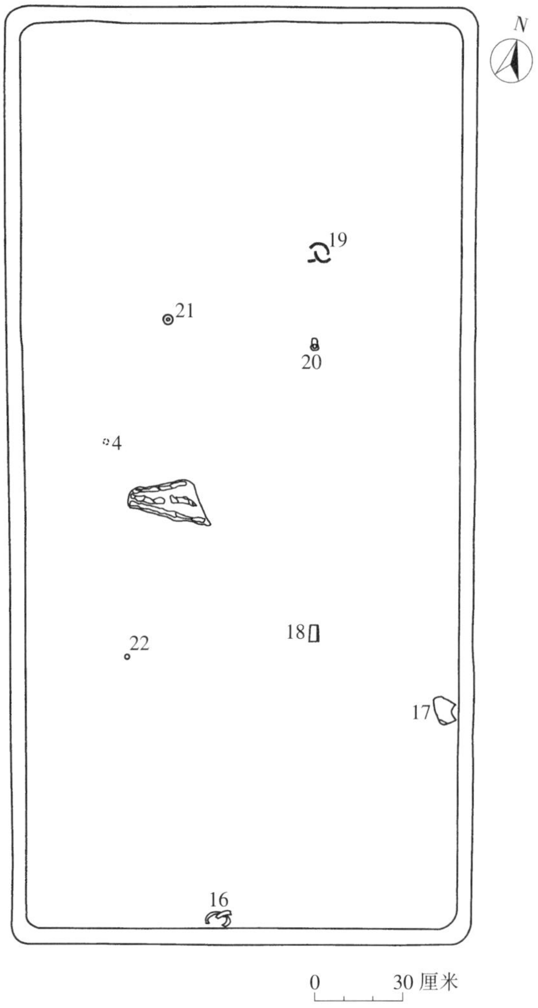

图 1-9 M94 玉石器分布状况

16、19. 玉镯 17. 砺石 18. 石锛 20. 玉饰 21. 玉环 22. 玉珠（4. 陶纺轮）

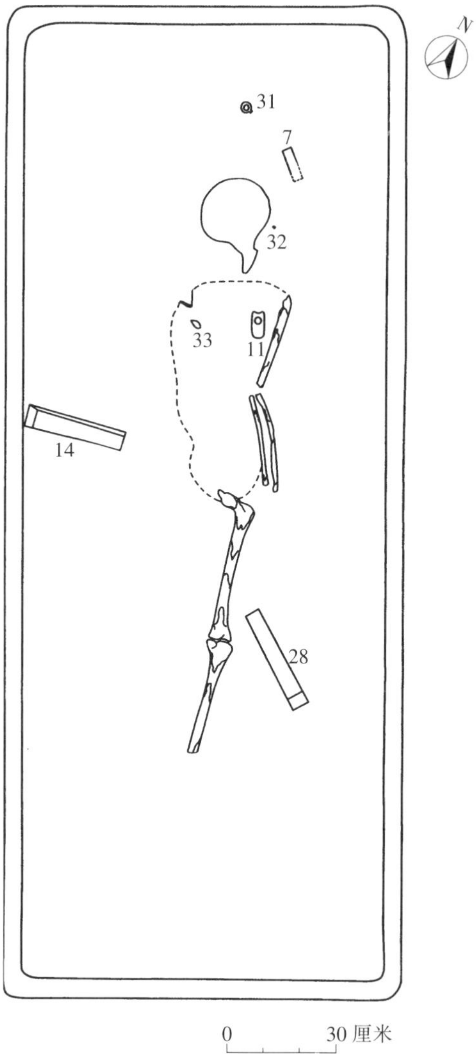

图 1-10 M89 玉石器分布状况

7、14、28. 石锛 11. 石钺 31、33. 玉饰 32. 玉管

M89 出土共玉器 4 件，人骨保存较差，1 件玉饰出自头上方，1 件玉管出自头部，1 件玉饰出自上肢附近（图 1-10）。另有 1 件玉珠出自填土之中。该墓是大墓中随葬玉器最少的墓葬。

在随葬玉器的 11 座小墓中，有 1 座墓出土 6 件玉器，有 1 座墓出土 3 件玉器，有 5 座墓出土 2 件玉器，有 4 座墓出土 1 件玉器。

M97 出土玉器 6 件，人骨腐朽无存，6 件玉器集中出自墓北端的一侧。该墓是小墓中随葬玉器最多的墓葬。

M1 出土玉器 3 件，人骨腐朽无存，均为玉饰，出自墓西北端。

M68、M83、M85、M99、90M3 出土玉器 2 件，人骨均腐朽无存，其中 M68 和 M77 的一件玉器出自近墓南端的一侧，另一件玉器出自近墓的中部；其他各墓的玉器大都出自近墓葬北端的一侧。

M4、M5、M65、M76 出土玉器 1 件，人骨均已腐朽，M4 的玉器出自近墓葬北端的一侧；M5、M65、M76 的玉器出自近墓葬的中部。

另外，在东山村房址中出土玉器 3 件。这三件玉器均出自 F1。F1 是一座平面呈长方形的单间大房址，长 14. 7、宽 5. 75 米，玉器出自房址的北部和南部偏西。在东山村灰坑中出土玉器 2 件，其中一件出自 H25，另一件出自 H35。在东山村遗址文化层中出土玉器 3 件，两件出自 90T4 第 5 层，一件出自 T1 第 2 层。

东山村遗址的玉器主要出土于墓葬之中，大墓随葬玉器的数量较多，在死者的头上方、头颈部、上肢附近、足下方等处皆有发现（表 1–1）；小墓随葬玉器的数量较少，多数出自近墓葬北端的一侧（表 1–2）。在房址、灰坑、灰沟和文化层中发现的玉器，分布较为零散，且大多为残器。

表 1–1　东山村墓地大墓出土玉器一览表

出土位置	墓葬/名称	马家浜文化	崧泽文化									合计
		M101	M89	M90	M91	M92	M93	M94	M95	M96	M98	
头上方	玉饰		1	2						1	3	7
	玉环				5		2		1	8		16
	玉管			2		6			6			14
	玉玦			3								3
	玉镯				1					1		2
头颈部	玉饰			1		1	1					3
	玉玦	2		3					2			7
	玉环						1 +4 *			2		7
	玉管	1	1	3		1			1		2	9
	玉璜	5		1		1	1		1	1	1	11
	玉珠											
上肢（胸腹腰）	玉管	13										13
	玉饰		1	2			1	1				5
	玉镯			2	1	1	1	1	1		1	8
	玉环				1 *			1				2
	玉钺				1							1
下肢	玉环						1					1
	玉珠							1				1
足下方	玉环				4							4
	玉镯				1		1	1		1	1	5
	玉璜					1						1
	玉凿					1						1
填土	玉珠		1									1
合计		21	4	19	14	12	13	5	12	14	8	122

说明：玉环，包括系璧；玉管，包括管形饰；玉镯，包括镯形饰。*，表示在此位置的外侧。

表 1–2　东山村墓地小墓出土玉器一览表

出土位置	墓葬 名称	马家浜文化			崧泽文化								
		M65	M68	M97	M1	M4	M5	M76	M83	M85	M99	90M3	合计
墓葬北端	玉饰			4	3	1							8
	玉环								1	1			2
	玉管	1							1		1		3
	玉玦			1								2	3
	玉璜			1						1	1		3
墓葬中部	玉饰						1						1
	玉环							1					1
	玉管		1										1
墓葬南端	玉管		1										1
合计		1	2	6	3	1	1	1	2	2	2	2	23

说明：玉环，包括系璧；玉管，包括管形饰。

二　玉器的形态特征

东山村遗址出土的玉器，形态较为丰富，主要器形有璜、玦、环、系璧、镯、镯形器、管、管形饰、珠、钺、带柄钺形饰、锥形器以及纽形、钥匙形、钩形、半圆形、三角形、长条形等各种饰件。

璜　出土数量较多，按照器体的形状，大体可分为半环形、折角形、半璧形三种类型（表 2–1）。

表 2–1　张家港东山村玉璜形制一览表

遗存	质材	形制	尺寸（厘米）
M90∶42	含叶蜡石、蛇纹石的透闪石—阳起石	半环形	外径 10.1、内径 7.3、厚 0.6
M101∶10	透闪石—阳起石	半环形	外径 11.2、内径 8.5、厚 0.3
M92∶36	透闪石—阳起石	半环形	外径 16.7、内径 12.1、厚 0.35
M101∶12	玉髓	半环形	外径 13.3、内径 10.8、厚 0.7
M97∶2	透闪石—阳起石	折角形	残长 4.5、宽约 1.2、厚 0.3
M101∶8	玉髓	折角形	外径 14.2、内径 10.9、厚 0.4
M101∶9	蛇纹石	折角形	外径 17.0、内径 13.3、厚 0.7
M101∶11	透闪石—阳起石	折角形	外径 15.5、内径 13.0、厚 0.5
M95∶38	阳起石—透闪石	折角形	外径 14.5、内径 12.5、厚 0.45
M98∶28	透闪石—阳起石	折角形	外径 14.2、内径 8.4、厚 0.3
M99∶2	玉 *	折角形	外径 13.2、内径 7.0、厚 0.3
M92∶45	玉髓	半璧形	外径 5.7、内径 2.9、厚 1.95
M93∶24	透闪石—阳起石	半璧形	外径 8.6、内径 2.3、厚 0.4
M96∶32	透闪石—阳起石	半璧形	外径 11.5、内径 2.1、厚 0.25
M85∶2	玉 *	半璧形	外径 4.6、内径 1.3、厚 0.1 ~0.2

说明：“玉 *”未经近红外仪器检测。

半环形璜，整体近半环状，内径明显大于边宽，内、外缘圆弧，两端弧收，器身较窄，薄厚不一（图2-1）。M101∶10，两端平齐，器体较扁薄，厚度为0.3厘米；M90∶42，两端平齐，器体微圆钝，厚度为0.7厘米，该件玉璜已经残断，在残断两端各横向对钻一修补孔，两个修补孔之间还刻有一道浅槽，以便于系缚连缀；M101∶12，两端斜直，器体两端略薄、中间略厚，已经残断，在残断两端各横向对钻一修补孔，孔的上下也刻有一道浅槽，用以系缚连接。M92∶36，两端斜直，器体较扁平，除了两端钻有一系孔外，器身边缘处还钻有三个小孔，这种多系孔的现象在玉璜中是十分少见的。

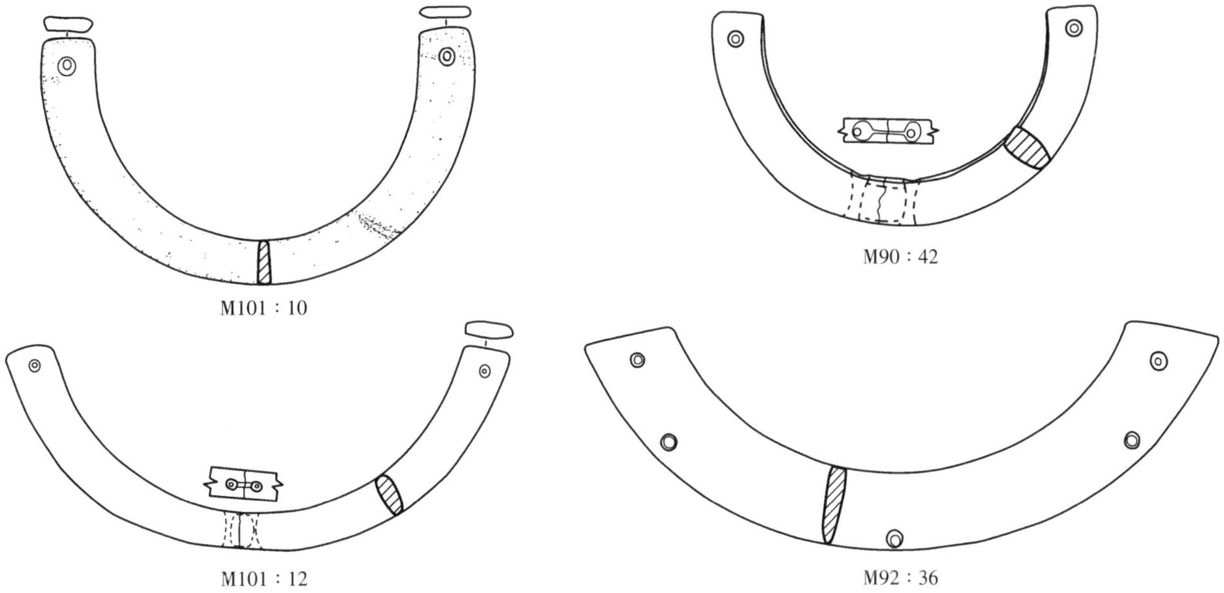

图2-1　半环形玉璜

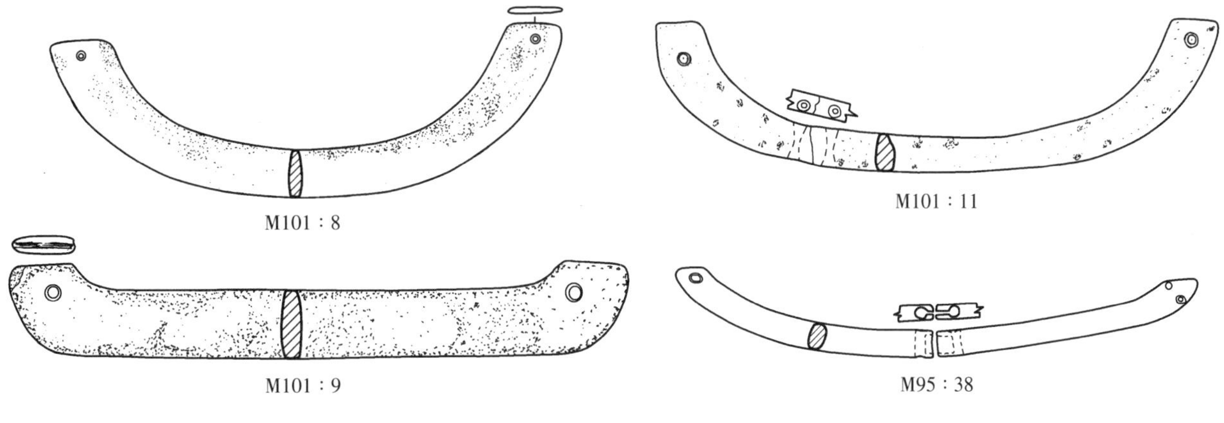

图2-2　折角形玉璜

折角形璜，又可称作桥形璜（图2-2）。整体似倒置的拱桥形，内径明显大于边宽，内、外缘平弧，两端折收，器身较窄，薄厚不一。M101∶8，内凹较深，两端略扁薄，中间略厚；M101∶11，内凹较深，已断为两半，在残断两端的之处各留有一个修补孔，以便于系缚连缀；M101∶9，内凹较浅，两端扁薄，厚0.2～0.7厘米，形体完好；M95∶38，内凹较浅，已残断，在残断两端的之处各横向对钻一修补孔，孔的上下刻有一道浅槽，以便于系缚连缀。M97∶2，内凹很浅，仅残存一段。

半璧形璜，整体似半璧状，内径明显小于边宽，器身较宽，两端平齐（图2-3）。M85∶2，内凹的形状略大于半圆形，底部圆弧；M93∶24和M96∶32，内凹的形状稍小于半圆形，底部平弧；M92∶45，内径略大于边宽，器身较宽厚，两端的系孔是斜向对钻的，这件玉璜在形制上介于半环形和半璧形之间。

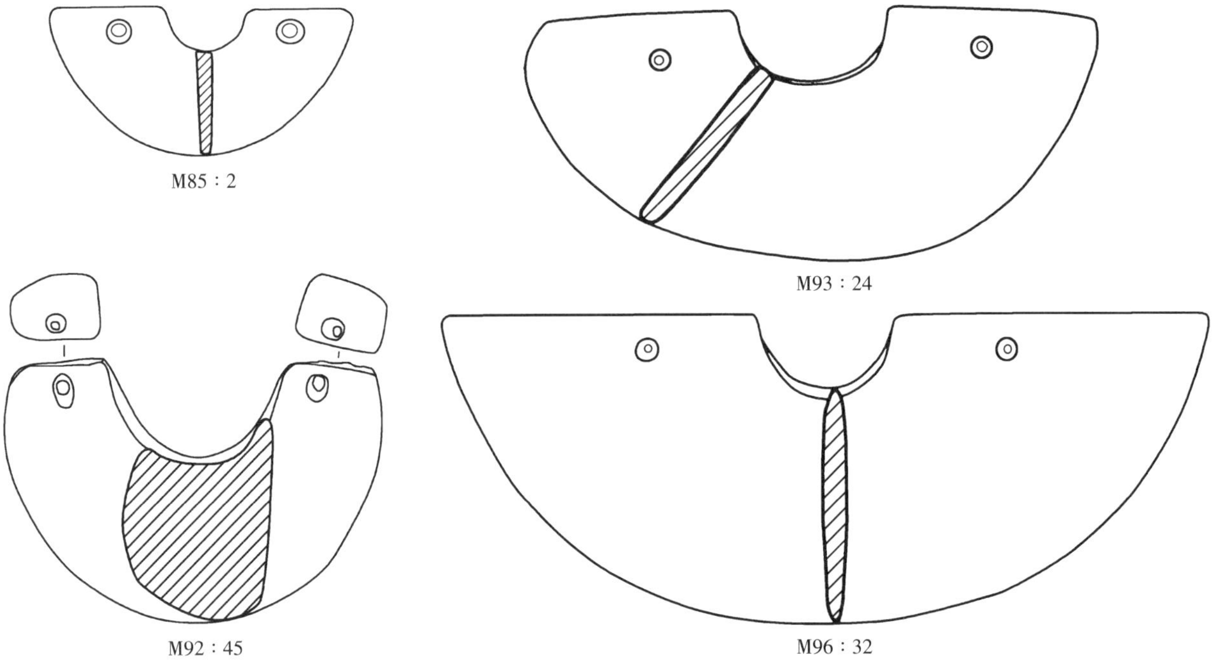

图2-3　半璧形玉璜

玦　出土数量较多。外轮廓一般较浑圆。按照边宽（肉）和孔径（好）的大小关系，又可分为环形、璧形两种类型。另外，还有的玉玦或为梯形，或为半圆形，形状较为特殊，为了便于区别，称作异形玦（表2-2）。

表2-2　张家港东山村玉玦形制一览表

遗存	质材	形制	尺寸（厘米）
M101∶14	滑石含量较高的透闪石	环形	外径5.0、内径2.4、玦口宽0.33～0.5、厚0.6～0.7
M90∶49	含叶蜡石的蛇纹石	环形	外径4.3、内径1.9、玦口宽0.3、厚0.7
M90∶50	含叶蜡石的蛇纹石?	环形	外径4.2、内径2.1、玦口宽0.2～0.3、厚0.8
M90∶44	玉髓	环形	外径5.9、内径3.0、厚0.85
M101∶13	东陵玉	环形	外径6.1、内径3.7、玦口宽0.5、厚0.8～1.0
M90∶36	铝含量较高的透闪石	环形	外径4.2～4.8、内径1.9、玦口宽0.1～0.35、厚0.5
M90∶51	玉*	璧形	外径1.7、内径0.5～0.6、玦口宽0.25～0.35、厚约0.5

续表 2-2

遗存	质材	形制	尺寸（厘米）
M90:52	玉＊	璧形	外径 1.3～1.5、内径 0.5、玦口宽 0.25、厚约 0.35
M95:39	阳起石—透闪石	璧形	外径 1.6、内径 0.3、玦口宽 0.1～0.3、厚 0.3
M95:40	阳起石—透闪石	璧形	外径 1.7、内径 0.2、玦口宽 0.25、厚 0.3
F1:17	玉＊	璧形？	（残）外径 3.0、内径 0.9、厚 0.7
F1:18	玉＊	璧形？	（残）外径 2.8、内径 0.9、厚 0.6
M97:3	阳起石—透闪石	异形	外径最宽 3.3、内径 0.9～1.3、厚约 0.67、玦口宽约 0.22
H35:3	玉＊	异形	外径 1.9～2.3、内径 0.5、玦口宽 0.25、厚 0.15～0.3

说明："王＊"未经近红外仪器检测。

环形玦，形体似环，孔径大于边宽（图 2-4）。这些玉玦的尺寸较大，外径多在 4～6 厘米之间。M90:36、M90:44、M90:49、M90:50、M101:13、M101:14 属于这种类型。M101:13 的孔径明显大于边宽，横断面近椭圆形，外径 6.1 厘米，可谓环形玉玦中形体最大者；M90:49 和 M90:50的孔径略大于边宽，横截面近长方形，后者外径 4.2 厘米。

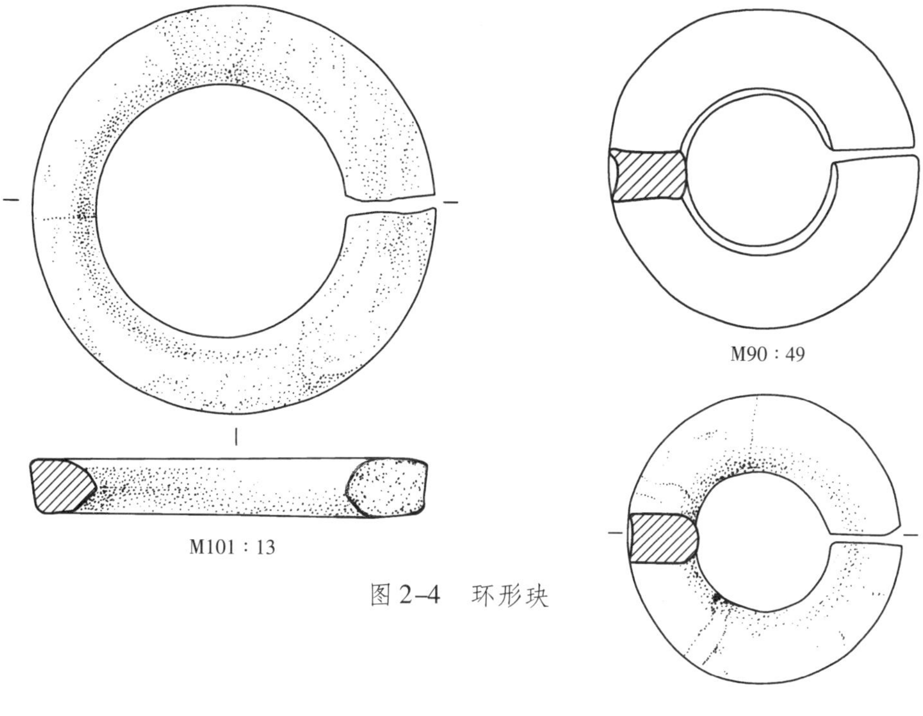

图 2-4　环形玦

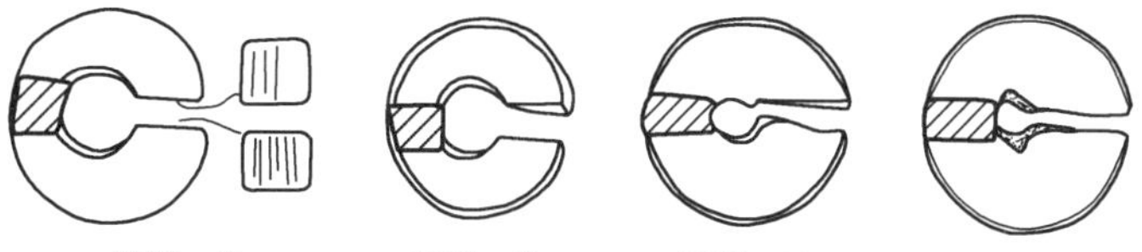

图 2-5　璧形玦

璧形玦，形体似璧，有的孔径与边宽下相差无几，有的孔径则明显小于边宽（图2-5）。这些玉玦的尺寸较小，外径不足2厘米。M90:51、M90:52、M95:39、M95:40属于这种类型。M90:51和M90:52这一对玉玦，孔径与边宽大体相若；M95:39和M95:40这一对玉玦，孔径与边宽相差悬殊。

异形玦，形状不甚规则（图2-6）。M97:3，器体近似梯形，缺口一侧近长方形，另一侧呈圆角方形；H35:1，器体近似半圆形，缺口一侧平齐，另一侧圆弧。

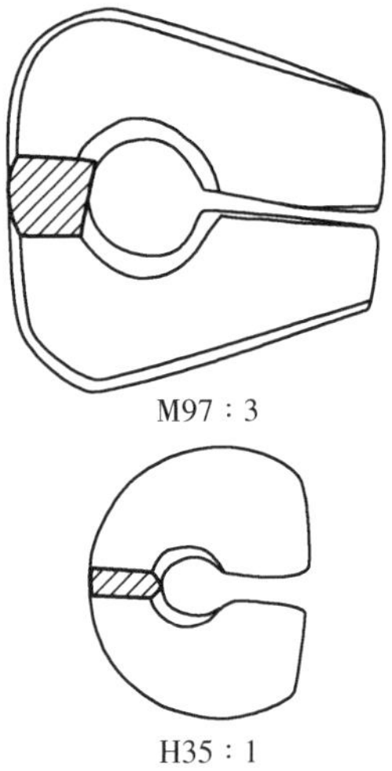

图2-6　异形玦

环　出土数量颇多。器身扁平，孔径大于边宽。大都是利用废件玉芯制成的。按照器体的形状，大体可分为宽边环、窄边环两种类型。

宽边环，器体扁平，孔径通常略大于边宽，横截面呈扁条形，绝大多数形体较小，极少数形体稍大，外径多在2～4厘米左右（图2-7）。M95:30，外径为7.6厘米，这件环是已知最大的玉环；M85:1，外径为4.8厘米；M96:33，外径为2.3厘米，其上有一系孔，这种带系孔的环是该墓地仅见的一件。

窄边环，器体略高厚，孔径通常数倍于边宽，横截面近长方形，形体较小，外径多在2～3厘米左右（图2-8）。

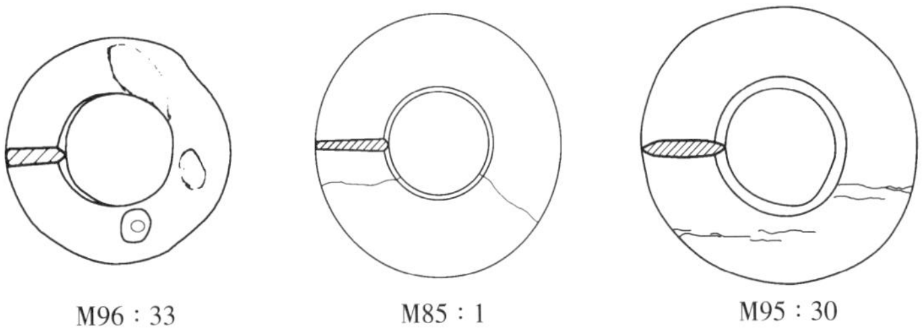

图2-7　宽边环

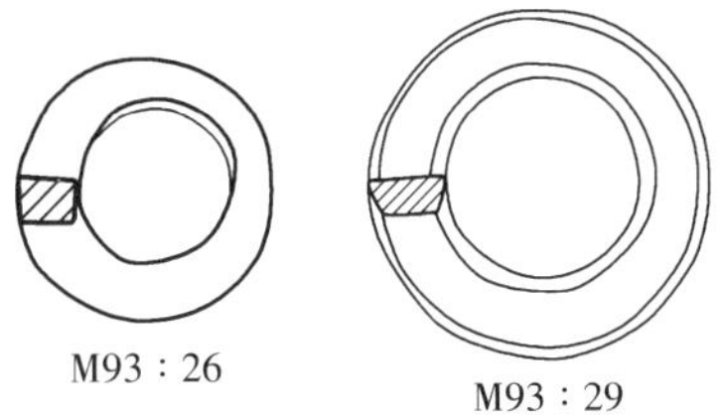

图2-8　窄边环

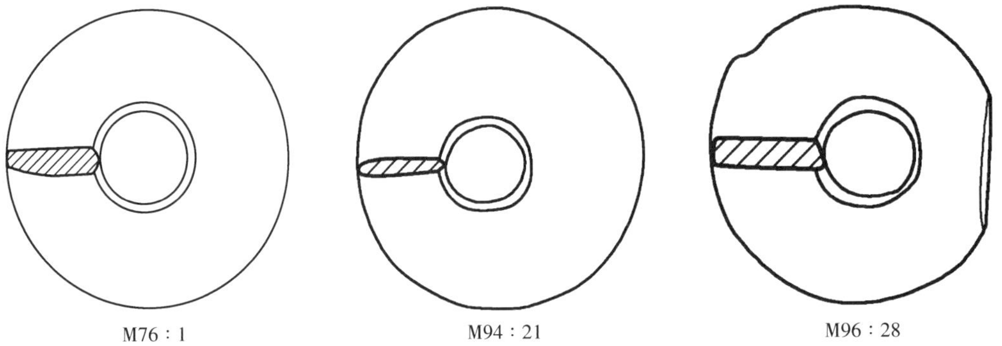

图2-9　系璧

系璧　出土数量较少。器身扁平，孔径小于边宽，外径均在4厘米以下（图2-9）。M76:1器体较大，外径3.9、内径1.2厘米；M94:21和M96:28器体较小，外径分别为2.7、2.15厘米，内径分别为0.7、0.6厘米。

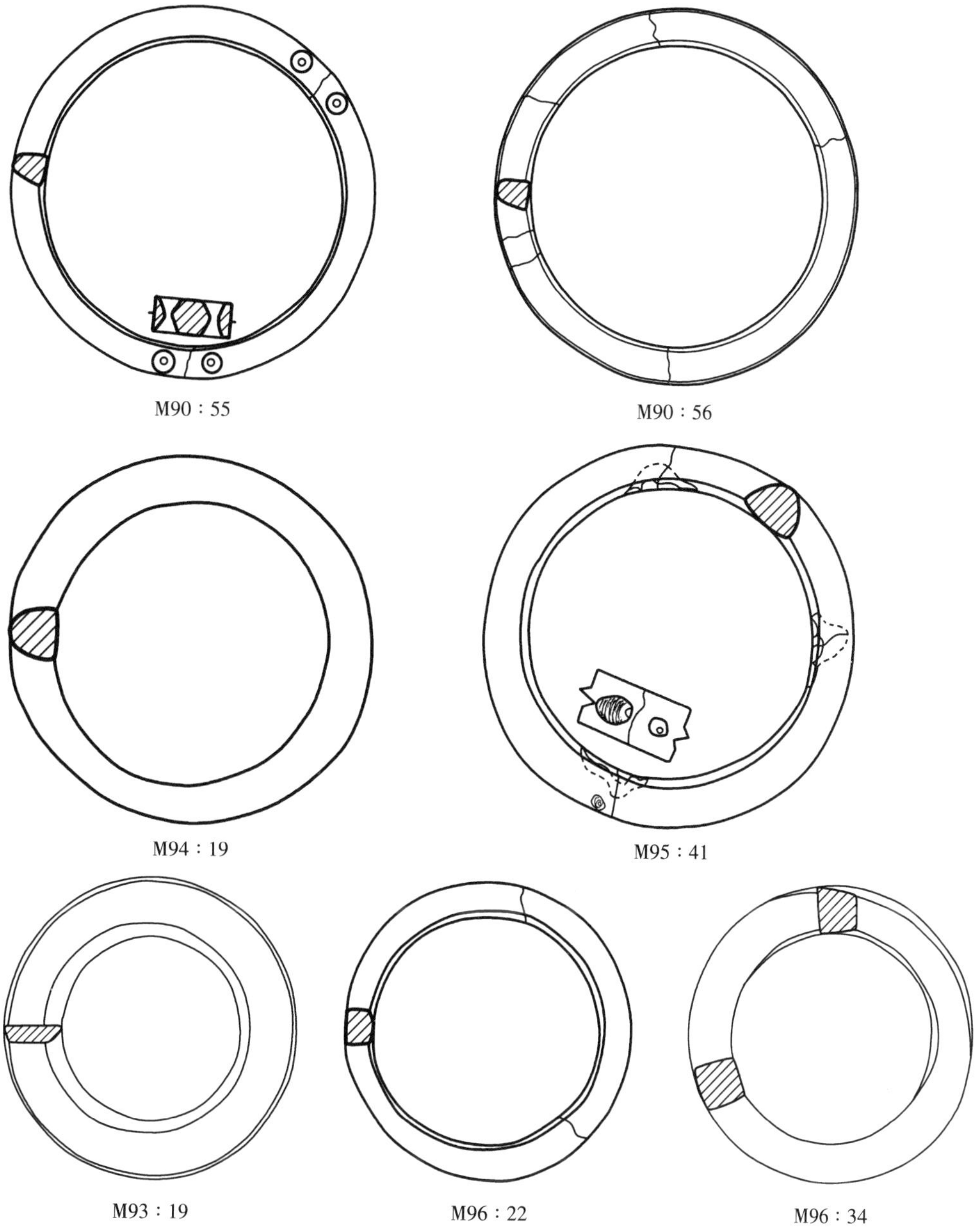

图 2-10　镯和镯形器

镯和镯形器　出土数量较多。镯的外径在 6～8 厘米之间，内径在 5～7 厘米之间，可以佩戴在手臂上；镯形器的外径在 5～5.6 厘米之间，内径在 3.5～4.3 厘米之间，不宜佩戴在手腕上，这种镯形器可能是利用废件玉芯制成的（图 2-10）。两者的形体虽略有差异，但形制上却基本相同，皆为窄边大孔。M90∶55 和 M90∶56、M91∶23 和 M91∶34、M92∶35、M98∶29 这些玉镯，外缘尖薄，横断面近梭形；M94∶19 和 M95∶41 这两件玉镯，外缘圆弧，横断面近半圆形。不少玉镯原已残断，残断之处通常留有修补的系孔，有的修补孔位于外侧，有的修补孔却位于内侧，用以系缚相连。M93∶19、M96∶22、M96∶34 这三件镯形器，器形保存较为完好（表 2-3）。

表 2-3 张家港东山村玉镯（镯形器）尺寸一览表

遗存	质材	尺寸（厘米）
M90:55	蛇纹石	外径 7.3、内径 5.7、孔径 0.1～0.4、厚 0.3～0.6
M90:56	玉＊	外径 7.8、内径 6.2、厚 0.6
M91:36	阳起石—透闪石	外径 6.6、内径 4.8、厚 0.9
M91:23	透闪石—阳起石	外径 7.5、内径 5.8、最厚 0.67
M91:34	阳起石—透闪石	外径 6.7、内径 5.2、厚 0.75
M92:35	玉＊	外径 8.6、内径 7.2、厚 0.7
M93:27	玉＊	外径 6.2、内径 4.7、厚约 0.5
M93:19	玉＊	外径 4.9、内径 2.9、厚 0.2～0.3
M94:16	含铁绿泥石的阳起石—透闪石	外径 7.8、内径 5.3、最厚 0.6
M94:19	玉＊	外径 5.8、内径 4.4、最厚 0.7
M95:41	阳起石—透闪石	外径 7.4、内径 5.6、孔径 0.1～0.7、最厚 1.1
M96:22	玉＊	外径 5.6、内径 4.3、厚 0.7
M96:34	玉＊	外径 5.0、内径 3.6、厚 0.7
M98:29	透闪石—阳起石	外径 7.3、内径 5.5、厚 0.55
M98:43	玉＊	外径 8.2、内径 6.4、最厚 0.8

说明："玉＊"未经近红外仪器检测。

管　出土数量颇多。按照外轮廓的形状，大体可分为柱形管、弧形管两种类型。

柱形管，外侧垂直，器体上下的粗细相差无几（图 2-11）。M92:42、M95:35、M98:27 的横截面近圆形；M89:32、M90:47、M92:39 的横截面近椭圆形；而 M92:37 的横截面近方形。这种玉管大都为素面，仅 M83:10 和 M101:24 的器表上饰凸弦纹。

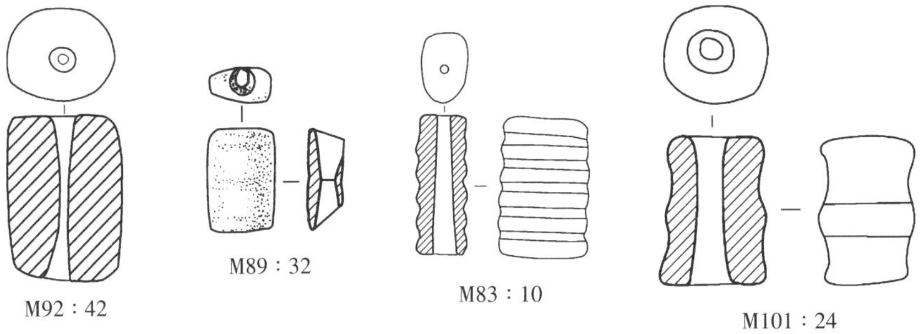

图 2-11　柱形管

弧形管，外侧弯曲，器体上下的粗细不尽相同（图 2-12）。M101:22、M101:25 和 M95:33，一端粗，另一端细，横截面近长方形；M101:15 两端粗，中间细，横截面近圆形。

管形饰　出土数量较少。形制虽与管相似，但除了上下贯通的孔外，其上还钻有系孔，故而单独列出，以示区别（图 2-13）。M90:48 方柱体，两端各对钻一系孔与中孔相通；M101:27 弯弧体，两端各钻一斜向系孔；M101:17 和 M101:18，器体微弧，平面近梯形，一端钻有一系孔，应是利用玉管的残片制作而成的。

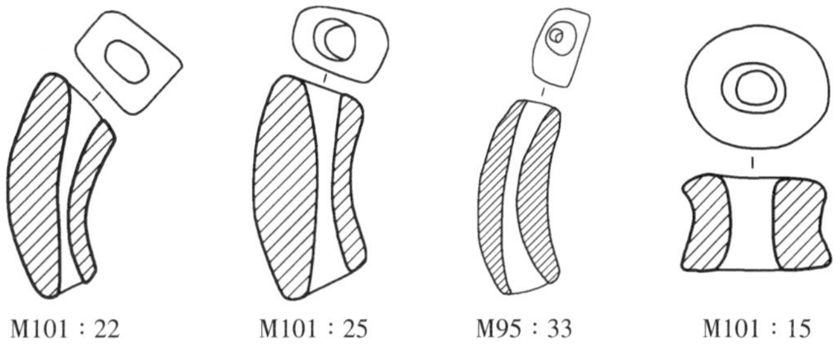

图 2-12　弧形管

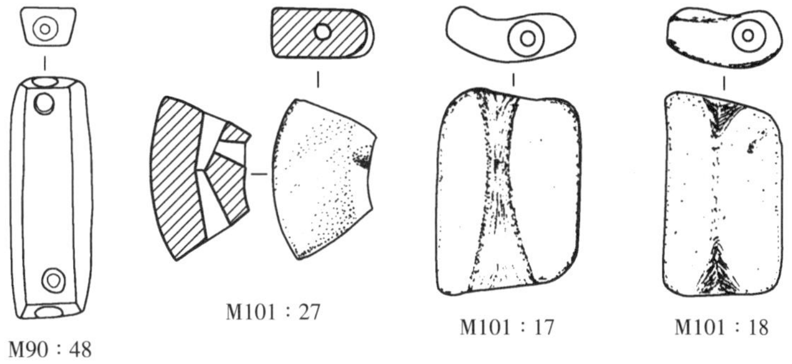

图 2-13　管形饰

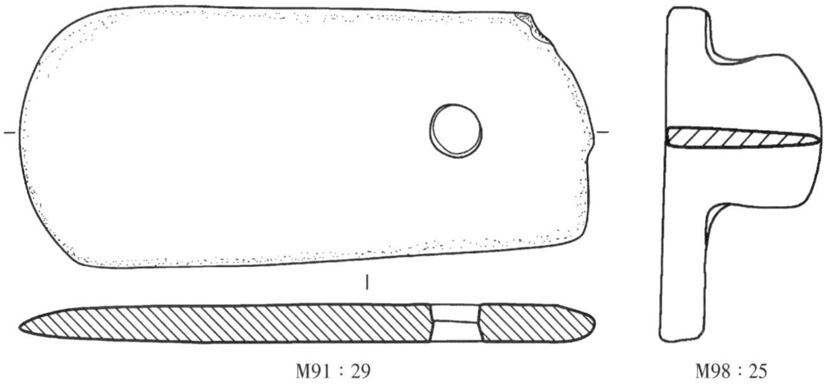

图 2-14　钺和带柄钺形饰

珠　出土数量很少。均为半球形。M94：22，直径 0.7 ~ 1 厘米，中部斜向对钻两系孔。M89：01，直径 1.6 ~ 2 厘米，无孔。

钺　仅出土 1 件，编号为 M91：29。该件玉钺通体打磨，平面近长梯形，上端略窄，残缺一角，下端较宽，刃呈舌形，体长 14.1、刃宽 6.2 厘米（图 2-14 左）。

带柄钺形饰　仅出土 1 件，编号为 M98：25。这件玉器由一个长条形和扁方形结合而成，形状酷似一把带柄的玉石钺，只是形体很小，长度仅为 3 厘米（图 2-14 右）。

锥形器　仅出土 1 件，编号为 T1②：1。这件玉器的中段为方柱体，前端形成锥尖，后端有一小纽，已残。

纽形饰　出土数量较少，一端较大，一端较小，中间以细圆柱连接。这种玉器的形体较小，高在0.8～1厘米之间，宽在1.6～2厘米之间。M90:53和M90:54呈喇叭形，中间穿孔；M90:37呈蘑菇形，上部呈半球状，下部呈圆饼状，中间无孔。

钥匙形饰　出土数量较少。扁平体，一端为圆圜状，另一端凸状，形体近钥匙（图2–15）。M93:32，一端为圆饼状，一端近三角状，在圆饼状上钻一系孔，整体好似一个圆头、弓背、屈腿、并足的人形；M94:20，一端近环形，一端为梯形，在梯形的顶端钻一系孔；M92:43，一端为环状，一端为尖状；M89:33，一端为环状，另一端近尖状，已残。

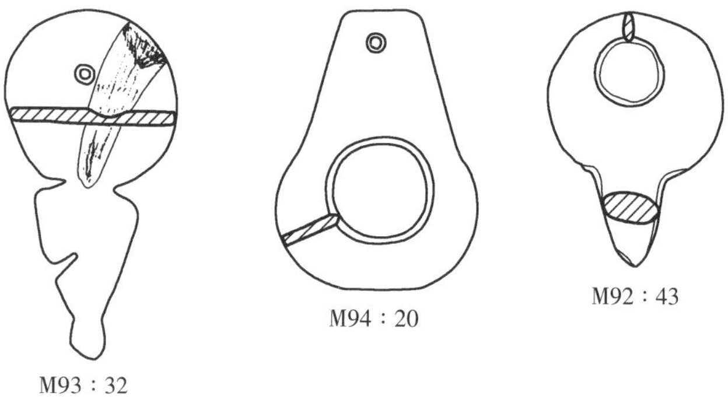

图2–15　钥匙形饰

钩形饰　仅出土1件，编号为M93:25。这件玉器形似弯钩状，器身的横断面近方形，近顶端有对钻的系孔。

半圆形饰　仅出土1件，编号为M93:28。这件玉器形近“G”字形，中间有半圆状的条形镂空，可能是用废件玉芯制成的。

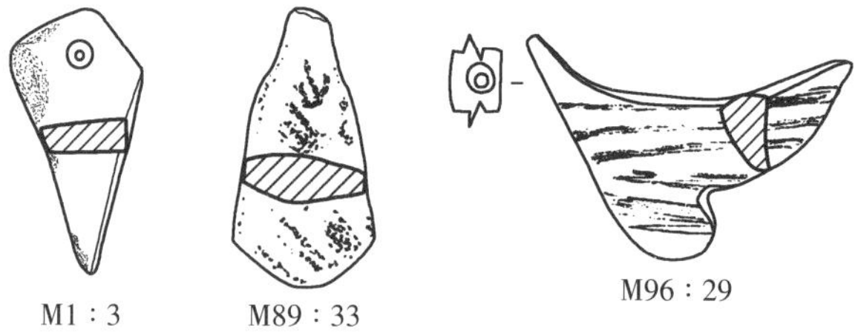

图2–16　三角形饰

三角形饰　数量较多。器体较扁平，一端宽，一端窄，平面近不甚规则的三角形，这些玉饰件往往是利用边角余料制成的（图2–16）。M1:23、M4:30、M98:23，近纵长的三角形，其上各有一系孔；M96:29、M98:24，近横向的三角形，M96:29上对钻一系孔，整体好似一只昂首展翅的鸟形。

长条形饰　数量较少。器体较扁平，两端相差不大，平面近不甚规则的长条形。这些玉饰大都也是由边角余料制成的。M97:4，两端较尖，一端上钻有一系孔；M1:1和M1:2，两端近平齐，一端上有系孔；M97:6，一端略窄，一端略宽，较窄的一端对钻一系孔。

东山村遗址的玉器，不但数量众多，而且种类丰富。从形状上来看，不仅有璧形玦、环形玦、半环形璜、半璧形璜、环、系璧等较为规整的几何形器，也不乏钥匙形饰、钩形饰、弯形管、带柄钺形饰等较为随意的不规则形器；从形体上来看，既有璜、玦、环这类扁薄状的器形，又有镯、管这类窄厚状的器形。无论是在形状方面，还是在形体方面，多样化应是张家港东山村遗址这一批玉器最突出的特征。

三　玉器的使用功能

关于张家港东山村玉器的使用功能，我们拟从璜、玦、环（系璧）、镯（镯形器）、管（管形饰）等这些常见器物的出土情形着手，结合相关墓葬随葬情况的考察，进而探讨玉器在当时社会生活中所扮演的角色。

玉璜，出自7座大墓和3座小墓。大墓M92出土2件玉璜，该墓仅存头骨及部分上肢骨，一件形体较大的玉璜出自死者颈项处，另一件形体较小的玉璜出自死者足下方。大墓M90、M93、

M95、M96、M98各出土1件玉璜，这些墓葬的人骨保存大体较好，玉璜皆出自死者的颈下。大墓M101出土5件玉璜，可谓该墓地出土玉璜数量最多的墓葬，该墓人骨保存较好，5件玉璜也都是出自死者颈下的。小墓M85、M99和M97各出土1件玉璜，这三座墓的人骨早已腐朽无存，玉璜均出自墓葬的近北端，若这些墓葬的死者头向北的话，玉璜大体应在相当于死者头颈的位置。可知，玉璜明确的出土位置大都是在死者的颈项处，可视为死者随身佩戴的饰物，从使用方式来看，多数是以单件玉璜作为项饰的，少数是以多件玉璜作为项饰的。至于那些出自死者足下方的玉璜，应该不是佩戴于死者身上而是摆放于墓中的。

玉玦，出自3座大墓和1座小墓。大墓M90出土6件玉玦，可谓该墓地出土玉玦数量最多的墓葬，该墓的头骨保存尚好，3件玉玦出自头骨两侧，这三件玉玦为一大二小，大的玉玦置于头骨右侧，一对小的玉玦置于头骨左侧；另3件玉玦出自头的上端，这三件玉玦亦为一大二小，大的玉玦置于中间，一对小的玉玦分置于两边。大墓M95和M101各出土2件玉玦，这两座墓的人骨保存较好，M101的玉玦一大一小，均出自死者头骨右侧；M95的玉玦为一对，均出自死者头骨右侧偏下处。小墓M97出土1件玉玦，这件玉玦出自墓葬北端一侧。可知，玉玦明确的出土位置，其一是在死者的头骨旁侧，其二是在死者的头上方。出自死者头骨旁侧的玉玦，可视为死者随身佩戴的饰物，从使用方式来看，有的以单块作为耳饰，有的以一对玦作为耳饰；而出自死者头上方的玉玦，应是摆放于墓中的。

玉环和系璧，出自5座大墓和2座小墓。大墓M91出土10件玉环，可谓该墓地出土玉环数量最多的墓葬，有5件玉环出自死者的头上方，这些玉环大体围绕着一件玉镯放置；有4件玉环出自死者的足下方，基本上也围绕一件玉镯放置；还有1件玉环出自死者身体的外侧，与陶器相邻。大墓M96出土9件玉环、1件系璧，6件玉环和1件系璧集中出自死者头上方的右侧，1件出自死者头上方的左侧，1件出自头骨的右侧，鉴于位于死者头上方右侧的玉环和系璧有成行的迹象，故而推测这些玉器原本应是整齐地排列在死者头上方的；另外，还有一件玉环出自死者的头左侧。大墓M93出土8件玉环，4件位于死者身体的一侧——相当于头上方至下肢外侧，大体排列在一条纵线上；3件玉环位于死者身体的另一侧——相当于上半身的外侧，大体也排列在一条纵线；还有1件玉环出自头骨的右侧。大墓M95出土1件玉环，这件玉环位于死者的头上方，与一组玉管相邻。大墓M94出土一件系璧，该墓人骨腐朽殆尽，这件系璧出自相当于死者上肢外侧，与陶器相邻。小墓M76出土一件系璧，小墓M83和M85各出土一件玉环，这些墓葬的人骨已经无存，系璧和玉环均出自墓葬的偏北一端，相当于死者的上肢至头上方之处。可知，玉环和系璧明确的出土位置是在死者的头端、足端和身体两侧，以及头骨的两侧。出自死者头端、足端和身体两侧的玉环（包括系璧），显然不是佩戴于死者身体上的，而是摆放在墓葬之中的；出自死者头骨旁侧的玉环，应与耳饰有关，M93头骨右侧的玉环与头骨左侧的玉饰，遥相呼应；M96头骨左侧的玉环，虽无对应之物，但其上带有系孔，这种带系孔的玉环该墓地仅此一件，从出土位置和器物形态来看，应为死者随身佩戴的饰物。

玉镯和镯形器，出自8座大墓。M91出土3件玉镯，是该墓地出土玉镯数量最多的墓葬，一件玉镯出自死者的左腕处，另两件玉镯分别出自死者的头上方与足下方，而且均与一组玉环相邻。M90、M98各出土2件玉镯，M90的两件玉镯，分别出自相当于死者的左右手臂处；M98的两件玉镯，一件套在死者的左手臂上，另一件出自死者足下方。M93、M94各出土1件玉镯和1件镯形器，M93的一件玉镯出自相当于死者右上肢处，一件镯形器出自死者的足下方；M94的一件镯形器出自左上肢处，一件玉镯出自足下方。M96 出土 2 件镯形器，分别出自死者的头上方与足下方。M92、M95 各出土 1 件玉镯，M92 的玉镯套右手臂上，M95 的玉镯出自右手腕处。可知，玉镯和镯形器明确的出土位置是在死者的手臂处、头上方及足下方，出自死者手臂处的玉镯，应视为死者随身的佩饰，从使用方式来看，多数死者只佩戴一件玉镯，少数死者佩戴两件玉镯；出自死者头上方与足下方的玉镯，应当是摆放在墓中的。

玉管和管形饰，出自 6 座大墓和 3 座小墓。大墓 M101 出土 10 件玉管和 4 件管形饰，可谓该墓地出土玉管和管形饰数量最多的墓葬，其中 1 件玉管出自死者的头部近下颌处，2 件玉管和 2 件管形饰集中出自右手腕处，7 件玉管和 2 件管形饰集中出自左腰腹、左手腕处。大墓 M95 出土 7 件玉管，有 6 件玉管集中出自死者头上方，有 1 件玉管出自头一侧。大墓 M92 出土玉管 7 件，有 6 件玉管集中出自死者头上方。大墓 M90 出土 4 件玉管和 1 件管形饰，有 1 件玉管和 1 件管形饰出自死者的头上方，有 3 件玉管出自死者的头部一侧。大墓 M98 出土 2 件玉管，这两件玉管应为一对，并排出自死者头骨的一侧。大墓 M89 出土 1 件玉管，这件玉管出自死者头骨的一侧。小墓 M68 出土 2 件玉管，M65 和 M83 各出土 1 件玉管，这三座墓葬的人骨均已腐朽无存。M68 的玉管，一件出自墓南端一侧，另一件出自墓中部的陶器之下；M65 的玉管，出自近墓北端一侧；M83 的玉管，出自墓北端，可知，玉管和管形饰明确的位置多在死者的头上方和头部左近，在死者的手腕、腰腹等处也有发现。出自死者头部旁侧的玉管，或为单件，或为一对，应视为耳饰；出自死者手腕处和腰腹处的成组串管，可视为死者随身佩戴的饰物；出自死者头上方的成组串管，应是摆放在墓葬之中的。

从出土的位置来看，这些玉器至少可以归为两类，一类是死者随身佩戴的，另一类则是摆放在墓中的。死者随身佩戴的玉器，以耳饰——玦、颈项饰——璜、腕饰——镯较为常见，这类玉器不但出自大墓，而且出自小墓，其中不乏死者生前的用品，一些玉器上的修补痕迹就是明证。玉璜、玉玦的佩戴方式如图 3-1、3-2 所示。摆放在墓中的玉器，既有单件的镯（镯形器）和玉饰，又有组环、组管及组玦 + 组管、组管 + 环、组环 + 镯等不同的组合，这类玉器仅出自大墓，根据民族志的相关资料，其中不单单有死者所用的器物，或许还有来自亲朋好友的赠物。

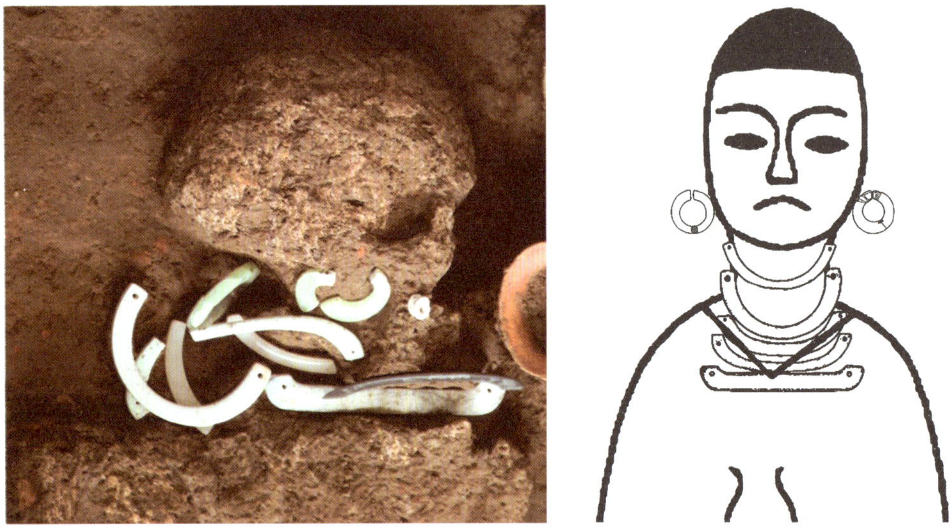

图 3-1 M101 玉璜、玉玦出土位置及其佩戴方式复原

图 3-2　M93 玉璜、玉饰的出土位置及其佩戴方式复原

诚然，摆放在墓中的器物，还有玉钺和石钺。张家港东山村墓葬出土的玉钺和石钺，选材优质，制作精良，使用痕迹不甚明显，有的穿孔两边还涂有彩绘，而带柄钺形玉器的出现，似乎表明这些玉石钺已从实用性的日常工具（武器）朝向象征性的仪仗用器转变。

东山村遗址大墓的人骨，只有少数在现场做过鉴定。据鉴定，M91 的墓主人为成年男性，M95 和 M101 的墓主人为成年女性。M91 出有玉钺，M101 出有石纺轮，鉴于该墓地玉石钺与石、陶纺轮并不共存的情况，同时结合各墓中玉镯的尺寸大小，我们初步推断：M89、M90、M92、M98 这几座出土石钺的墓葬，墓主人可能为男性；M94、M96 这两座出土石、陶纺轮的墓葬，墓主人可能为女性。在大墓当中，玉石钺主要为男性所使用，而玉玦、玉环、玉璜、玉镯等玉器，无论男性还是女性皆可使用。不过，摆放在墓中的组管及环或玦 + 组管，大都出自崧泽文化第一期的墓葬；摆放在墓中的组环及镯 + 组环，大都出自崧泽文化第二期的墓葬。随着时代的变迁，随葬玉器的组合正悄然地发生着变化（图 3-3）。

东山村马家浜文化的墓葬，规模普遍较小，但是却看到了一些规模比较大的墓葬，尤其是 M101 墓葬的揭露值得关注。该墓葬共随葬器物 33 件，其中玉器计有 21 件，是目前环太湖流域马家浜文化中规格最高的一座墓葬。墓主颈项部位共出土 5 件玉璜，这在以往马家浜文化中也是从未发现的。

马家浜文化的玉器，大都属于随身佩戴的小件装饰品，但到了晚期，开始出现了一些大件玉器，这些玉器除了承担着愉悦感官、美化人体的功能外，开始承担着昭示墓主人的身份和地位的功能。

崧泽文化时期的墓葬，规模有大有小，随葬品多寡不一，大墓一般随葬品较为丰富，多在 30 件以上；小墓一般较为贫乏，多在 1 ~ 10 件。10 座大墓均出有玉器，随葬品最多的为 65 件，随葬品最少的为 22 件，平均每墓 42 件；在出土玉器的 7 座小墓中，随葬品最多的为 31 件，随葬品最少的为 2 件，平均每墓 14 件。这一时期的随葬玉器，无论品种还是数量在不同规模的墓葬中出现的频率有所不同。小墓，通常一墓随葬只 1 ~ 2 种玉器，玉器数量为 1 ~ 3 件；大墓，通常一墓随葬 3 ~ 5 种玉器，玉器数量为 4 ~ 19 件。而规模最大的 M90 出土 6 件玉玦、1 件玉璜、2 件玉镯、4

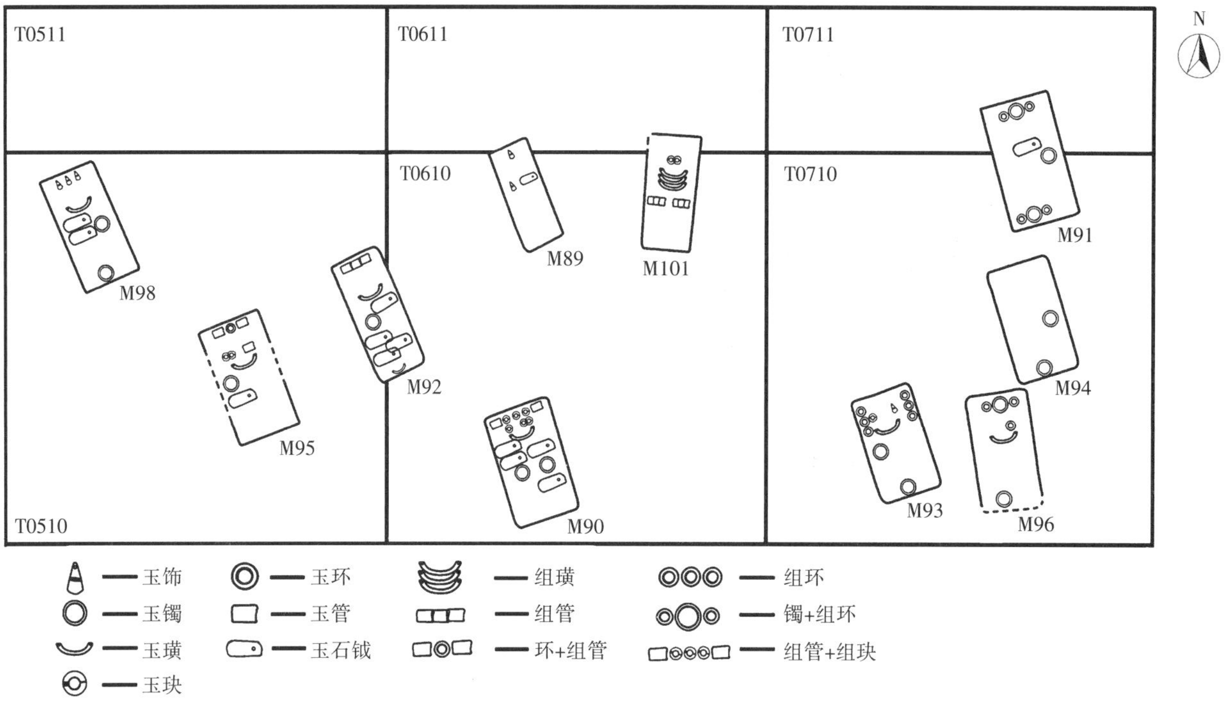

图 3-3　东山村大墓出土玉石器组合示意

件玉管、1 件管形饰、3 件纽形饰、2 件三角形饰，称得上崧泽文化随葬玉器品种最多的墓葬。崧泽文化的玉器，既有耳饰、项胸饰、臂腕饰等各种装饰品，又有礼仪性的器具，其中成组的装饰品和礼仪用器，只有显贵的大墓主人才能够享用，这些玉器的使用，无疑应是葬仪中礼遇隆重的一种表示。这一时期的玉器，不但具有愉悦感官、美化人体的作用，更具有标榜器主身份、炫耀墓主人财富的作用。

四　玉器的演变轨迹

环太湖地区年代较早的玉器，虽在马家浜文化早期就已经出现，但为数不多，目前只在桐乡罗家角等地点有所发现。进入马家浜文化晚期以后，这一地区玉器发展的脚步明显加快了，在浙江桐乡吴兴邱城、嘉兴马家浜与吴家浜、余杭梅园里和江苏常州圩墩、苏州越城、吴县草鞋山、吴江广福村、江阴祁头山、溧阳神墩、宜兴西溪、无锡彭祖墩以及上海崧泽等地马家浜文化向崧泽文化过渡阶段的遗存中皆出有玉器。张家港东山村遗址的玉器，至少在马家浜文化晚期就已经出现，并且有了较大的发展，历经崧泽文化早、中、晚期各个不同时期，一直是绵延不断的。

东山村遗址玉器的材料，据陈启贤先生用近红外吸收光谱仪器检测的结果，以透闪石—阳起石类和玉髓为主，还有一定数量的东菱玉、蛇纹石、白云石等。在经过检测的 65 件玉石器中，透闪石—阳起石类为 27 件，约占 41.5%；玉髓为 22 件，约占 33.9%；东菱玉为 8 件，约占 12.3%；蛇纹石为 7 件，约占 10.8%；白云石为 1 件，约占 1.5% 左右。通过对东山村遗址中最常见的玉玦、玉璜、玉镯、玉环、玉管等玉器的材质观察，马家浜文化晚期至崧泽文化早期，用材较为广泛，使用了透闪石（阳起石）、玉髓、蛇纹石等多种不同的材料；崧泽文化中晚期的用材较为单一，透闪石（阳起石）已成为最主要的材料，玉髓、蛇纹石等其他材料明显减少。

东山村遗址玉器的加工，据陈启贤先生的研究，在成型方面，不但运用了线状和片状两种技术，还运用了“旋截”的技术。根据玉器工艺的微痕观察，这种“旋截”技术，自崧泽文化早期开始使用，在崧泽文化的中晚期已经相当普遍了，环、镯类玉器内、外缘的加工，大都采用了这项工艺。在钻孔方面，主要采用两种方法，一种是使用管状工具带动蘸水解玉砂旋钻而成；另一种是使用尖端楔形石核工具直接加压旋截而成。通过仔细地观察与对比，不少玉器上的穿孔并不是一次加工完成的，而是经过了多次加工——即更换不同规格的钻头才最终完成的。在修整方面，有的使用砂岩磨石打磨，有的使用树皮或兽皮等软性材料沾细沙抛磨。当时琢玉的复杂过程，可见一斑。

东山村遗址玉器的形态，以玦、璜、镯、环及各种形状的玉饰最具代表性，这些玉器已在不同的时期呈现出不同的风貌。玉玦流行于马家浜文化晚期和崧泽文化早期这一时段，环形玦和璧形玦的数量较多，使用较广泛；异形玉玦的数量较少，其形状颇具特色。玉璜在崧泽文化时期最为盛行，在崧泽文化的早期，主要流行器身较窄的半环形璜和折角形璜；到了崧泽文化中晚期，窄身的半环形璜、折角形璜已经很少了，代之而起的是器身较宽的半璧形璜流行。M92∶45 这一件兼有半环形和半璧形两种特征的玉璜，可谓璧环形璜初始的形态，进一步证实半璧形璜应是由宽边的半环形璜发展演变而来的。玉环、玉镯类在崧泽文化时期颇为流行，不宜佩戴于手腕上的镯形器以及中孔小于边宽的系璧，多见于崧泽文化的中晚期。片状的长条形、三角形玉饰自马家浜文化晚期就已经出现，一直持续至崧泽文化的晚期；扁平体的半圆形饰、钩形饰、钥匙形饰以及立体的纽形饰等形态各异的玉饰，丰富了崧泽文化玉器的形态。

东山村遗址玉器的改制，各种不规则的片状玉饰，大都是利用制玉过程中的边角余料改制而成的。玉环（系璧）、镯形器、半圆形饰等往往是利用制作环状器内圆后的废件——玉芯改制而成的，管形饰则是由残损后的玉管残片改制而成的。残损玉器的再利用，还体现在对残损玉器的修补方面，玉镯、玉璜、玉玦等玉器上的修补孔不乏其例。残损玉镯的修补，一种采用纵向钻孔的方法，在残断两端的表面垂直钻出两个修补孔，有的两孔之间还加刻一道凹槽，便于加固和隐蔽连缀的系线；另一种采用横向钻孔的方法，在残断两端的内侧斜向钻出两个修补孔，使外侧看不见连缀的系线。这两种修补方法，有单独使用的，也有结合使用的。残损玉璜的修补，通常采用钻孔并加刻沟槽的方法，将残断的两端系缚连缀在一起。这种钻孔加刻沟槽的方法，也用于残损玉玦的修补。残损玉器的再利用在崧泽文化时期已经是较为普遍的情况。

张家港东山村玉器的发现，有如下几点值得注意的现象：

1. 异形玉玦的发现

东山村 H35 出土的异形玉玦，与浙江海盐仙台庙 M84、湖州毗山 M59 及湖北黄梅塞墩 M26 出土的异形玉玦，形制相近，均为半圆形；而东山村 M97 出土的梯形玉玦，目前尚未见于其他遗址。这种特殊的玉器，是探索考古学文化交流与传播的重要实物。

2. 人形饰的发现

东山村 M93 出土的一件钥匙形玉饰，其形态可释读为一个人形（图 4-1）。类似这种人形的玉器，在崧泽文化晚期至良渚文化早期这一时段已有发现：安徽马鞍山烟山墩出有一件人形玉饰，江苏吴县赵陵山 M77 出有一件人形玉饰。尽管这些玉饰形态的各异，但均表现的是一个屈肢的侧面人像，只不过东山村 M93 这一件人形饰的年代较早，刻划得比较简洁、古朴而已。

3. 多件成组玉璜的发现

玉璜堪称长江下游区域最为重要的史前玉器，根据以往的考古发现，环太湖一带的玉璜通常是以单件玉璜作为项饰的，只有苏皖平原一带的玉璜是以多件成组玉璜作为项胸饰的。东山村 M101 五件一组玉璜的发现，不仅表明环太湖地区同样以多件成组玉璜作为项胸饰的，而且表明目前已知最早的成组玉璜就出现于环太湖地区。

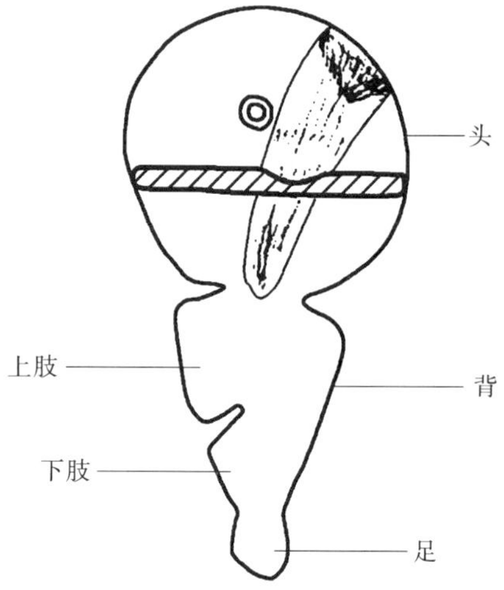

图 4-1 东山村 M93 出土的人形饰解读

4. 玉环、玉镯和纽形玉饰的发现

玉环、玉镯在以往的崧泽文化遗存中，只有零星的发现；纽形玉饰曾见于凌家滩文化，在崧泽文化的遗存前所未见。通过东山村的发掘可知，玉环、玉镯在东山村大墓中的使用已经相当普遍，纽形玉饰也是只有在大墓中才能见到的玉器。这些玉器的发现，为进一步探索崧泽文化的用玉制度以及崧泽文化与凌家滩文化的关系等问题都提供了新的线索。

总之，东山村遗址的玉器，既具有环太湖地区史前时期的普遍特征，又具有自身的一些特点。至今在长江下游地区相当于马家浜文化晚期到崧泽文化早中期的这一时间段里，尚未发现能与张家港东山村大墓这一批成组玉器相匹敌的遗存，该遗址重要的意义自当不言而喻。

本文资料由孔艳菊、赵瑾协助整理，特此致谢。

附录六 东山村遗址出土玉器工艺微痕研究

陈启贤

一

藉由石器使用后的微痕迹研究古人类运用石器的手法，启发笔者将其引用到玉器研究的领域。于是从2000年开始进行数位设备与显微设备的整合。2001年整装出发，开始玉器微痕迹的拍摄与研究。2002年笔者组织实验团队，使用麻绳、丝绳、绵绳、尼龙绳、牛皮绳为工具带动取自浙江安溪乡苕溪、未经捣碎的蘸水河砂，对和阗透闪石籽玉、岫岩透闪石与蛇纹石、良渚文化时期玉料，进行了切割实验，并完成《线性工具开料之初步实验——玉器雕琢工艺显微探索之一》① 一文；使用竹管、鸭骨管、铜管、铁管、竹棒，带动蘸水苕溪砂，对和阗透闪石籽玉、岫岩透闪石与蛇纹石、良渚文化时期玉料进行旋钻实验，并完成《管形工具钻孔之初步实验——玉器雕琢工艺显微探索之二》② 一文；使用花岗岩片、砂岩片、竹片、铜片、铁片，或直接或带动蘸水建筑用砂、无水金刚砂，间接对和阗透闪石籽玉、岫岩蛇纹石进行了切割实验，并完成《片状工具开料之初步实验——玉器雕琢工艺显微探索之三》③ 一文。2004年，使用火山燧石片，直接在比重2.623 g/cm^3、莫氏硬度7度之透闪石软玉上进行刮蹭实验，10分钟内完成三种“阴线纹”，2小时内完成减地浅浮雕“豆芽纹”④，4小时内完成减地浅浮雕“卷云纹”。

笔者认为：拍摄、整理出土玉器工艺显微痕迹影像的过程与归纳出来的结果，对比实验室玉雕仿古实验工艺显微痕迹得出的结论，确认玉雕工艺显微痕迹研究，也是古玉器研究的方法之一⑤。

二

2008～2009年东山村遗址两次发掘，除发现16座马家浜文化时期墓葬之外，主要发现了一处崧泽文化时期的聚落，包括有5座房址、29座中小型墓和8座首次在长江下游地区出现的崧泽文化早中期高等级大墓。其中相当于崧泽文化早期的高等级大墓有M90、M92、M95、M98共四座，相当于崧泽文化中期的高等级大墓有M91、M93、M94、M96共四座，年代约距今5800～5500年。每墓随葬玉器的数量多在10件以上，最多者为M90，共计出土玉

① 陈启贤：《线性工具开料之初步实验——玉器雕琢工艺显微探索之一》，《玉文化论丛1》，295页，众志美术出版社与文物出版社联合出版，2006年。

② 陈启贤：《管形工具钻孔之初步实验——玉器雕琢工艺显微探索之二》，《玉文化论丛1》，304页。

③ 陈启贤：《片状工具开料之初步实验——玉器雕琢工艺显微探索之三》，《玉文化论丛1》，311页。

④ 减地深度约0.8毫米。

⑤ 陈启贤：《琢碾微痕探索在古玉研究中的功用》，《文物》2009年7期，68～73页。

器 19 件。

三

2011 年 12 月 21 日故宫博物院研究员杨晶女士组织陈启贤、孔艳菊、赵瑾赴东山村遗址，与高伟、胡颖芳等人进行玉器显微痕迹拍摄。拍摄之玉器主要出土于崧泽文化早期之 M89、M90、M92、M95、M98 与崧泽文化中期之 M91、M93、M94、M96 等。同时选用了属于马家浜文化 M97 和 M101 的随葬玉器。

按照玉器制作程序与相关部位，拍摄的显微痕迹计有：线状工具切割显微痕迹；片状工具切割显微痕迹；环形玉器外缘显微痕迹；环形玉器内缘显微痕迹；环形玉器外缘旋切痕迹；环形玉器内缘旋切痕迹；实心钻头钻制显微痕迹；管形玉器中孔显微痕迹；小形孔洞钻孔显微痕迹；凹槽制作显微痕迹；器物表面显微痕迹等 11 种。

笔者根据这些工艺显微痕迹特征，对比实验室仿古实验之显微痕迹，还原远古先民制作玉器的可能程序、制作手法，并判别治玉时可能使用工具及其材质和形态。古玉器制作工艺技术研究方兴未艾，显微痕迹研究只是其中的方法之一，得出来的结论有其可靠性，但也只是可能性之一，而非唯一。笔者只盼这些成果能作为未来研究、讨论的垫阶石。

四

以下就东山村遗址随葬玉器所拍摄的各型各式显微痕迹解读于下：

(一)线状工具切割显微痕迹(Mcrotraces of Linear Sawing TLS)

1. BC3300TLSA 型

东山村 M96∶30 玉环观察点（图 4-1）放大至 60 倍（图 4-1A、B、C），呈现切割面满布高低起伏、不规则晶团状凸脊与凹漥，凸脊与凹槽平行排列现象。此乃线状工具带动蘸水解玉砂往复切割玉材所遗留之切割痕迹。通常在切割过程的前段与中段部位，往复切割痕迹被工具带动的侧面砂粒抛除，只呈现晶团状凸脊与凹漥；凸脊、凹槽平行排列现象只存在于后段、工作接近停止的部位。

图 4-1　玉环 M96∶30 观察点

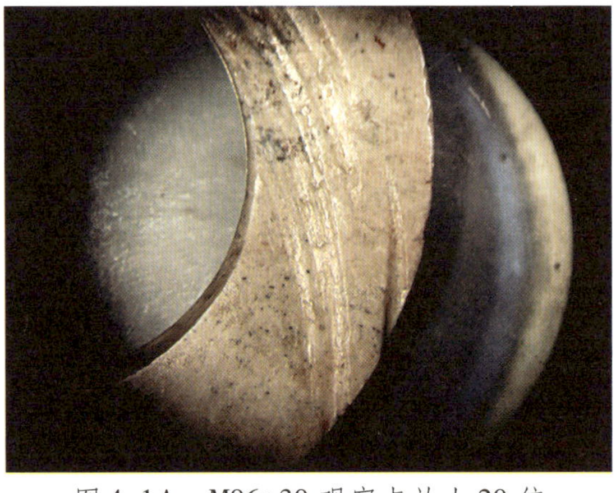

图 4-1A　M96∶30 观察点放大 20 倍

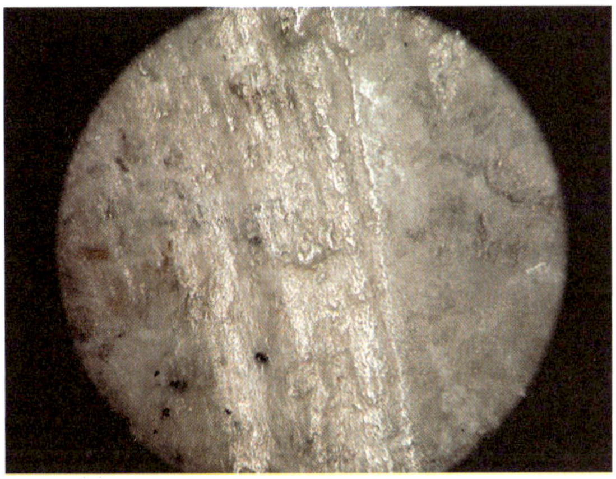
图 4-1B　玉环 M96∶30 观察点放大 40 倍

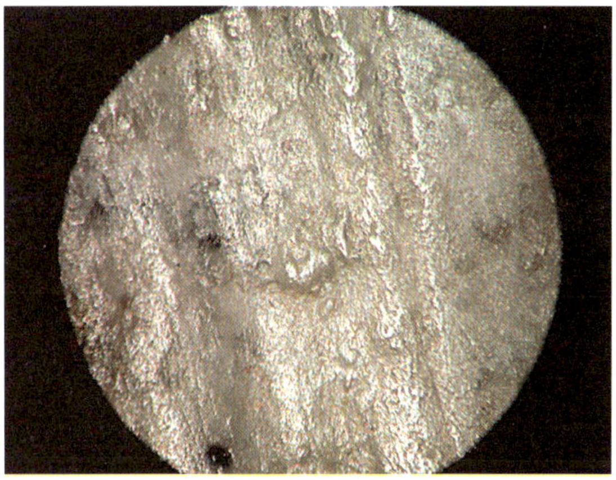
图 4-1C　M96∶30 观察点放大 60 倍

2. BC3300TLSB 型

东山村 M96∶32 半璧形玉璜观察点（图 4-2）放大至 120 倍（图 4-2A、B、C），呈现切割面散布高低起伏、不规则晶团状凸脊与凹洼，凸脊面布满平行弧形磨痕现象。此乃线状工具带动蘸水解玉砂往复切割玉材后，再使用砂岩类磨石抛磨切割面所遗留痕迹。

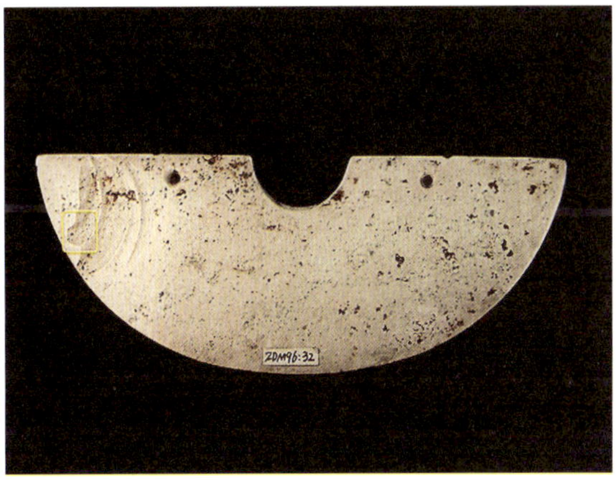
图 4-2　玉璜 M96∶32 观察点

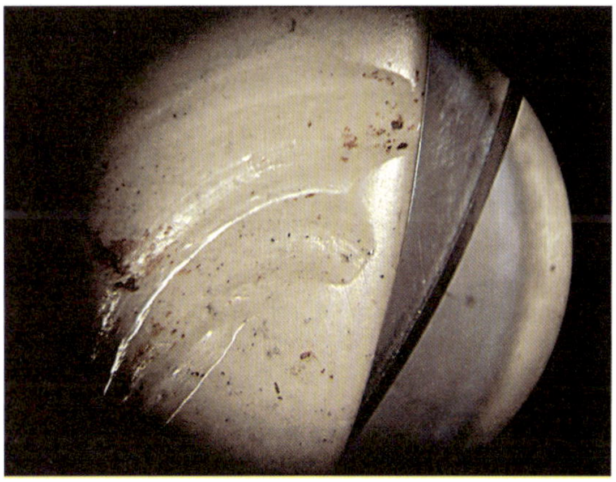
图 4-2A　M96∶32 观察点放大 20 倍

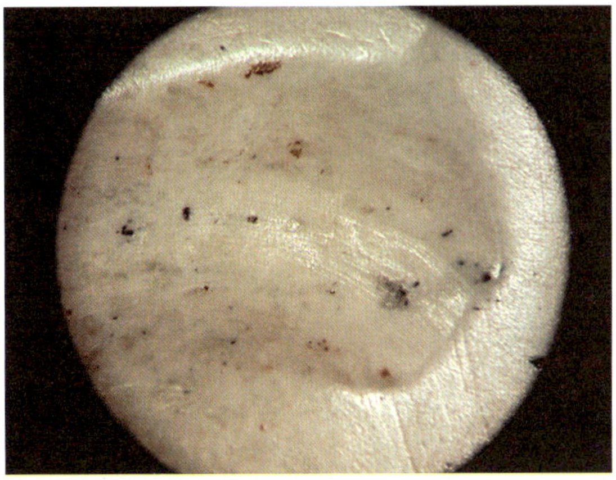
图 4-2B　M96∶32 观察点放大 40 倍

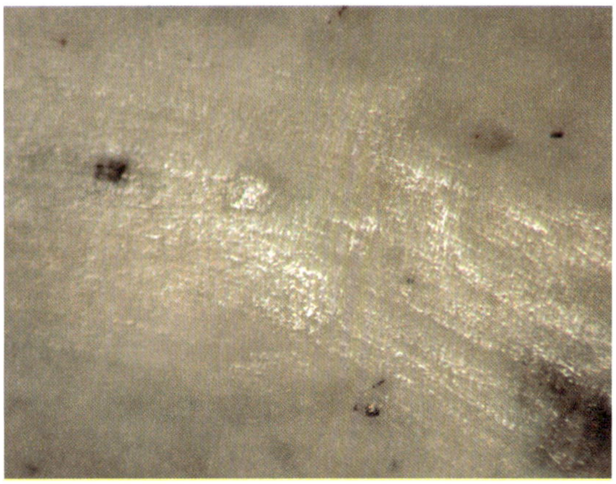
图 4-2C　M96∶32 观察点放大 120 倍

3. BC3300TLSC 型

东山村 M90∶48 玉髓方管形饰观察点（图 4-3）放大至 120 倍（图 4-3A、B、C），呈现弧边粗缓，切割面满布晶粒状凸点、晶团状凸脊与凹洼现象。此乃线状工具带动蘸水解玉砂往复切割玉材所形成之原生痕迹。此痕迹至全器完成，未再次加工，亦即切割面未经过抛磨或研磨修饰。

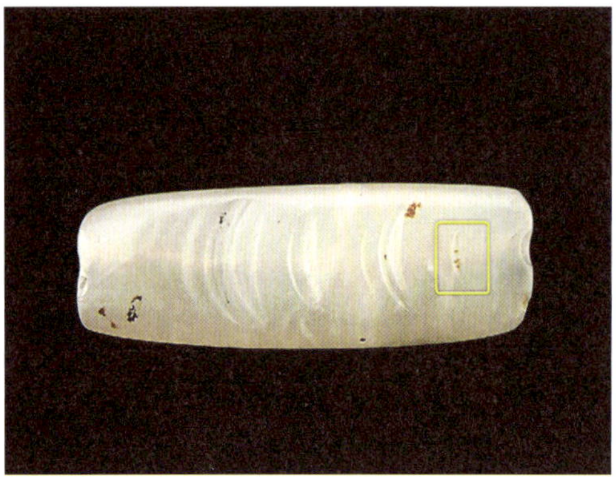

图 4-3　玉髓方管形饰 M90∶48 观察点

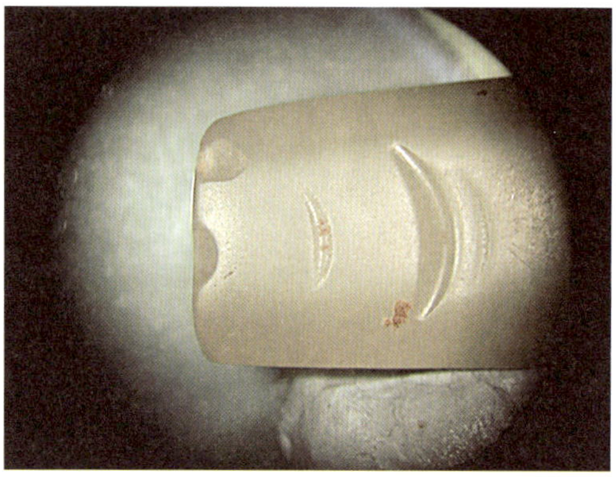

图 4-3A　M90∶48 观察点放大 20 倍

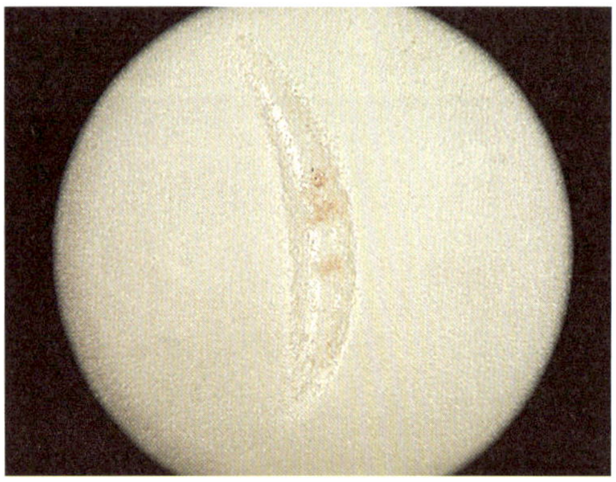

图 4-3B　M90∶48 观察点放大 40 倍

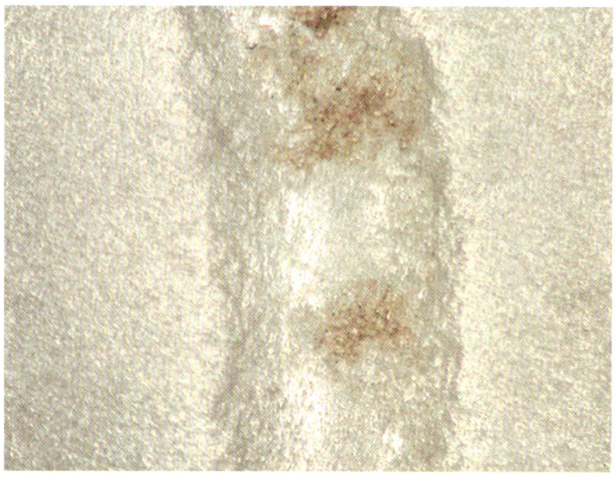

图 4-3C　M90∶48 观察点放大 120 倍

4. BC3300TLSD 型

东山村 M90∶48 玉髓方管形饰观察点（图 4-4）放大至 120 倍（图 4-4A、B、C），呈现切割面满布平行不规则晶团状凸脊与凹洼、弧边与切割面满布平行弧形锉磨痕迹现象。此乃线状工具带动蘸水解玉砂往复切割玉材所留痕迹。

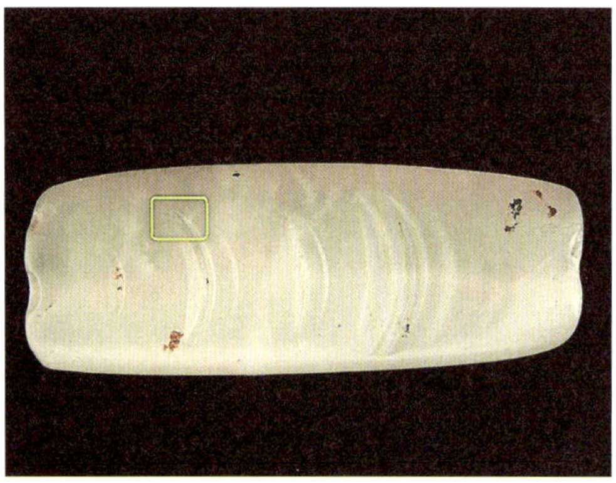

图 4-4　玉髓方管形饰 M90∶48 观察点

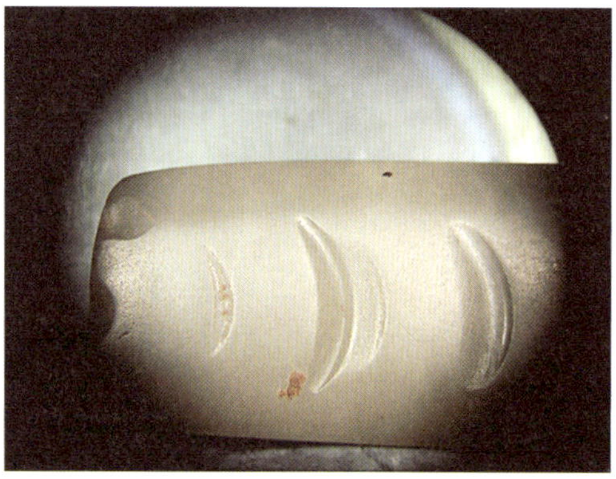

图 4-4A　M90∶48 观察点放大 20 倍

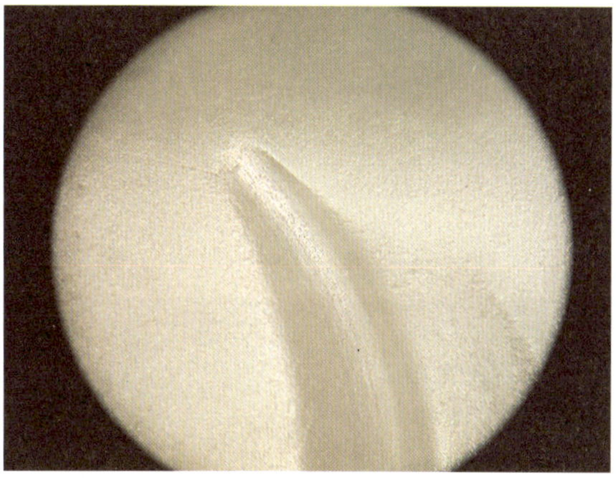

图 4–4B　M90∶48 观察点放大 40 倍

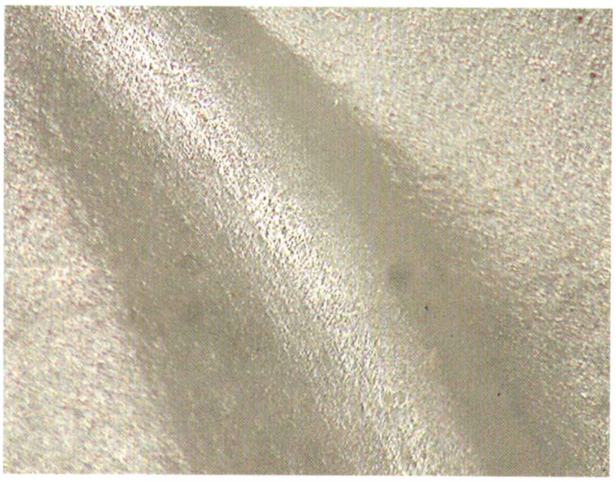

图 4–4C　M90∶48 观察点放大 120 倍

（二）片状工具切割显微痕迹（Mcrotraces of Flake Cutting TFC）

BC3300TFCA 型

东山村 M91∶29 玉钺观察点（图 4–5）放大至 120 倍（图 4–5A、B、C），呈现切割面满布晶粒状凸点、类平行细长条状凸脊与细凹槽现象。此乃砂岩片状工具直接磨切玉材所形成之痕迹。

图 4–5　玉钺 M91∶29 观察点

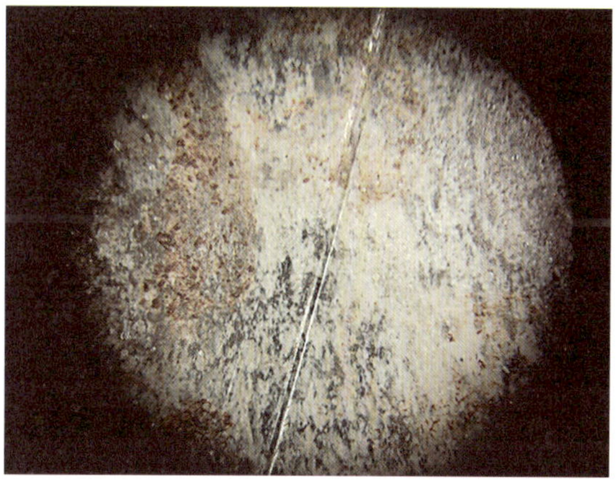

图 4–5A　M91∶29 观察点放大 20 倍

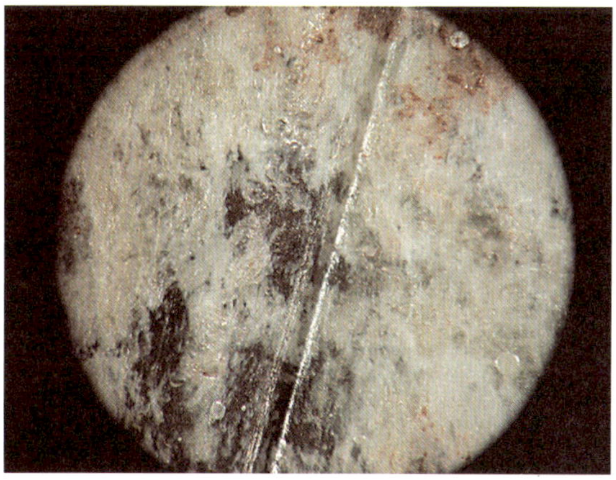

图 4–5B　M91∶29 观察点放大 40 倍

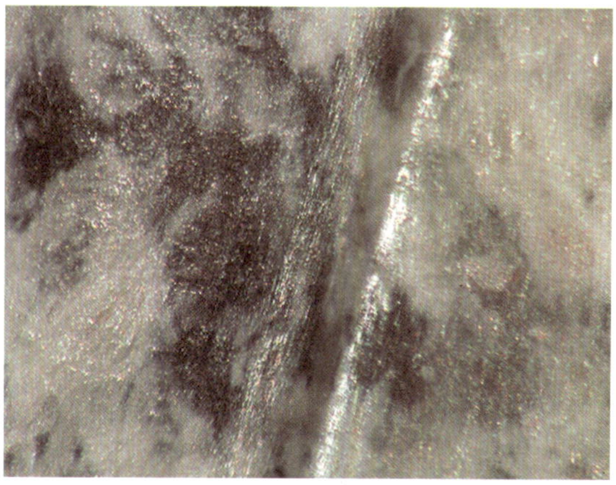

图 4–5C　M91∶29 观察点放大 120 倍

（三）环形玉器外缘显微痕迹(Mcrotraces of Outside Marginal TOM)

1. BC3300TOMA 型

东山村 M91∶22 玉环观察点（图 4-6）放大至 120 倍（图 4-6A、B、C），呈现切割面高耸峭落起伏，满布晶粒状凸点、平行的宽窄粗细不一的长条状凸脊与宽凹槽现象。此现象乃楔形石核工具直接加压接触玉材，双面旋截玉材所形成之痕迹。

图 4-6　玉环 M91∶22 观察点

图 4-6A　M91∶22 观察点放大 20 倍

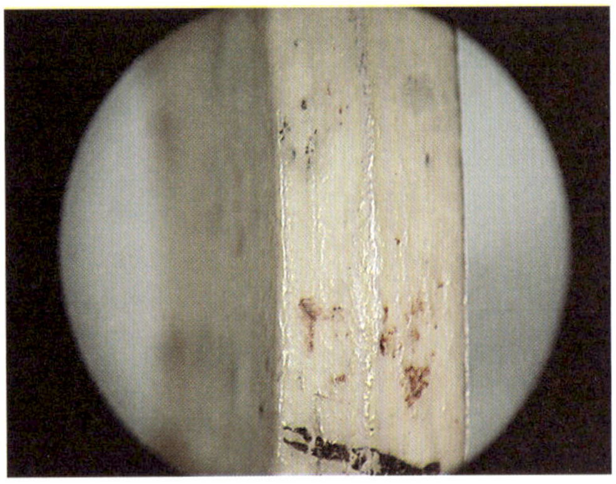

图 4-6B　M91∶22 观察点放大 40 倍

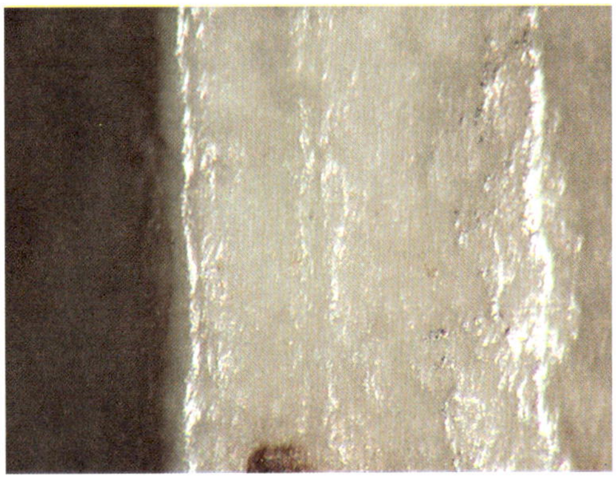

图 4-6C　M91∶22 观察点放大 120 倍

2. BC3300TOMB 型

东山村 M96∶34 镯形玉饰观察点（图 4-7）放大至 60 倍（图 4-7A、B、C），呈现切割面满布晶粒状凸点，局部平行排列细条状、粗条状凸脊与凹槽现象。此乃楔形石核工具直接加压接触玉材，单面旋截后，使用砂岩磨石锉磨旋截面所遗留之痕迹。

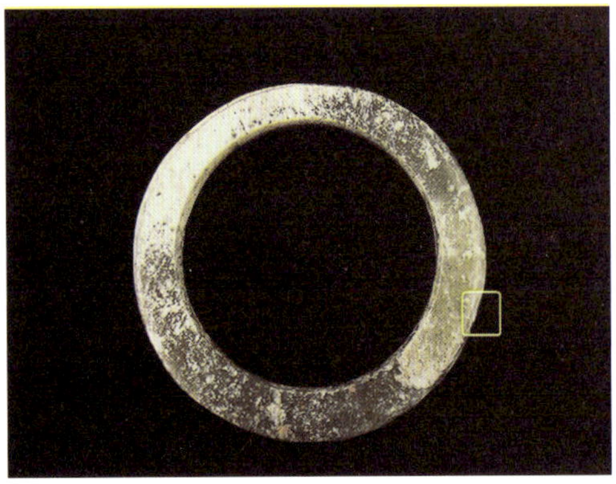

图 4-7　镯形玉饰 M96∶34 观察点

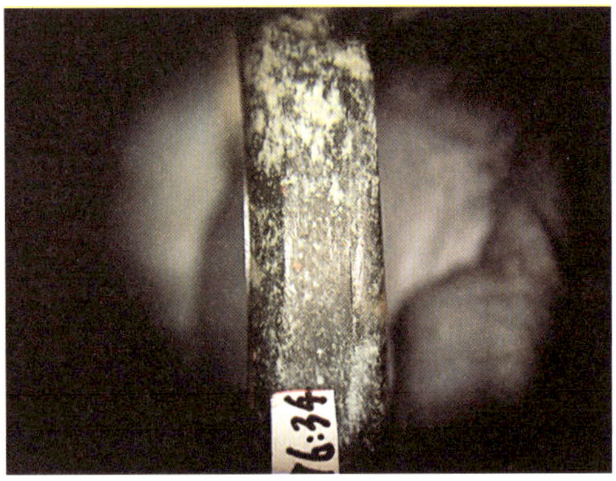

图 4-7A　M96∶34 观察点放大 20 倍

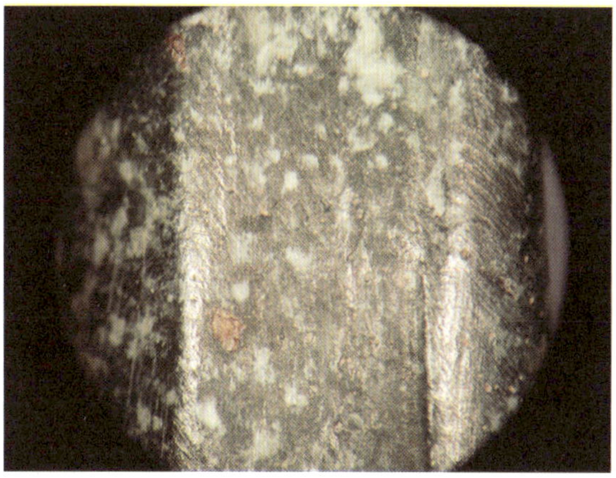

图 4-7B　M96∶34 观察点放大 40 倍

图 4-7C　M96∶34 观察点放大 60 倍

（四）环形玉器内缘显微痕迹(Mcrotraces of Inner Marginal TIM)

1. BC3300TIMA 型

东山村 M91∶22 玉环观察点（图 4-8）放大至 120 倍（图 4-8A、B、C），呈现斜孔面满布平行细旋痕，局部高耸粗团条状旋痕，经团状凸面亦有细旋痕现象。此乃楔形石核以旋截方式制孔所形成之痕迹。旋截痕迹未经修磨。

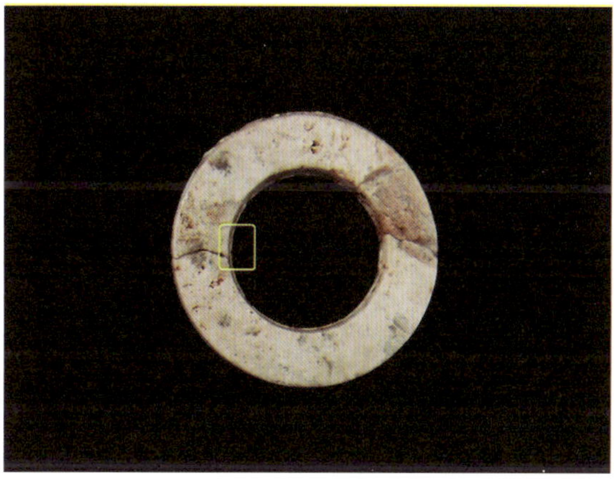

图 4-8　玉环 M91∶22 观察点

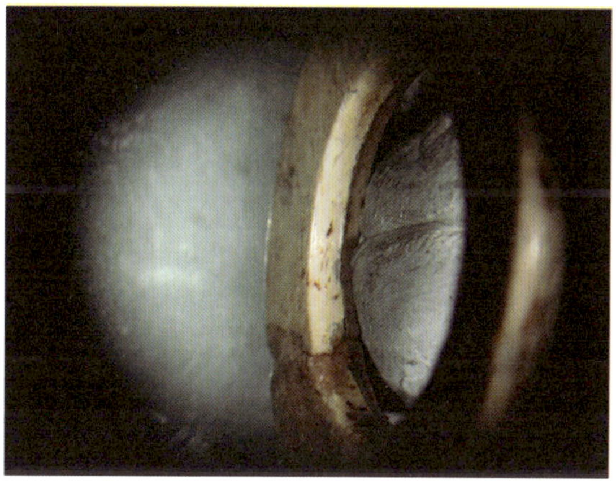

图 4-8A　M91∶22 观察点放大 20 倍

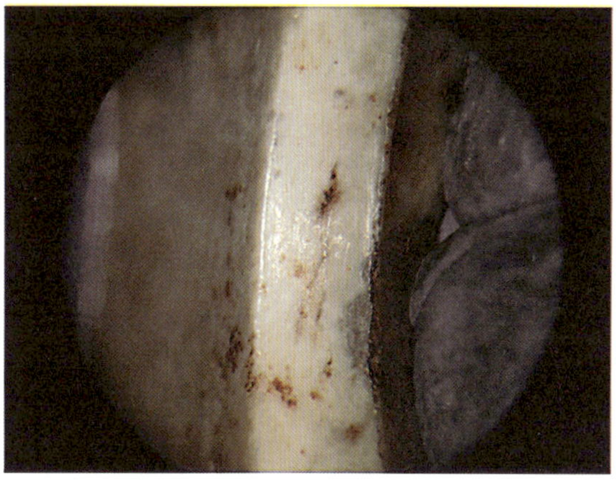

图 4-8B　M91∶22 观察点放大 40 倍

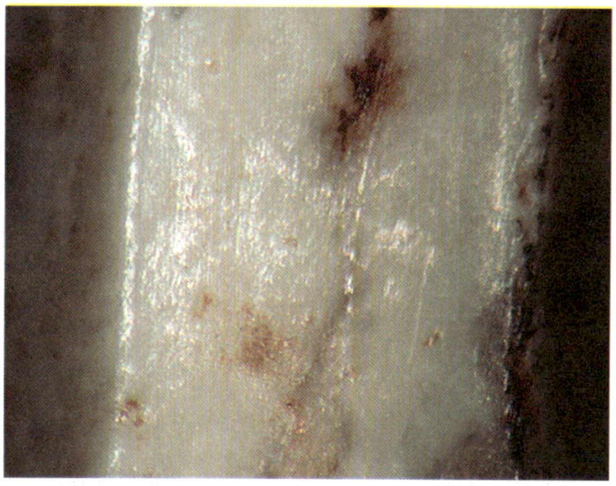

图 4-8C　M91∶22 观察点放大 120 倍

2. BC3300TIMB 型

东山村 M89∶31 凸角环形玉饰观察点（图 4–9）放大至 120 倍（图 4–9A、B、C），呈现斜孔面满布晶粒状凸点，散布微起伏晶团状凸脊与凹洼现象。此乃楔形石核旋截成孔后，使用砂岩磨石旋磨旋截面所形成之痕迹。

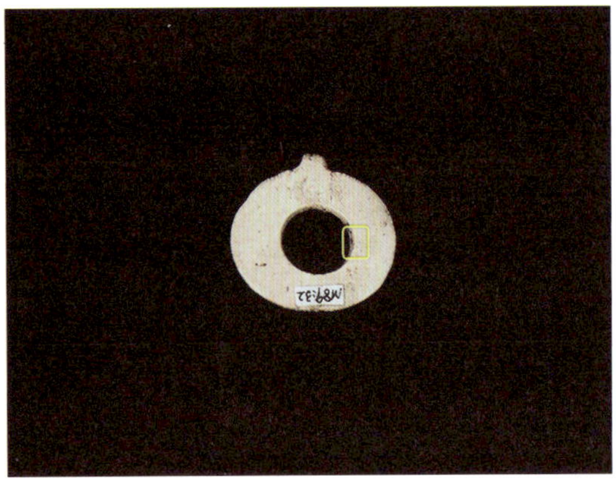

图 4–9　凸角玉环形玉饰 M89∶31 观察点

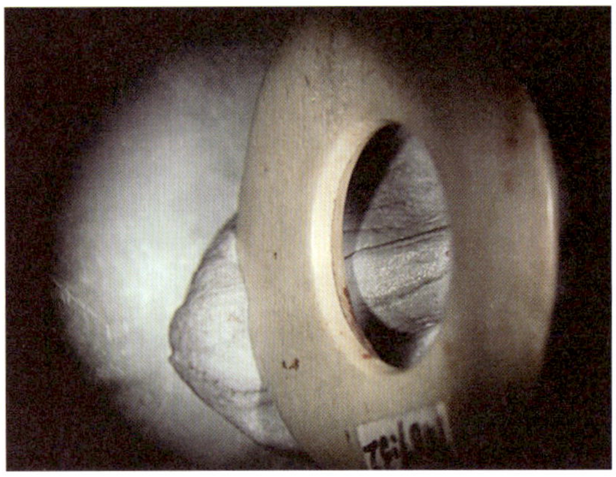

图 4–9A　M89∶31 观察点放大 20 倍

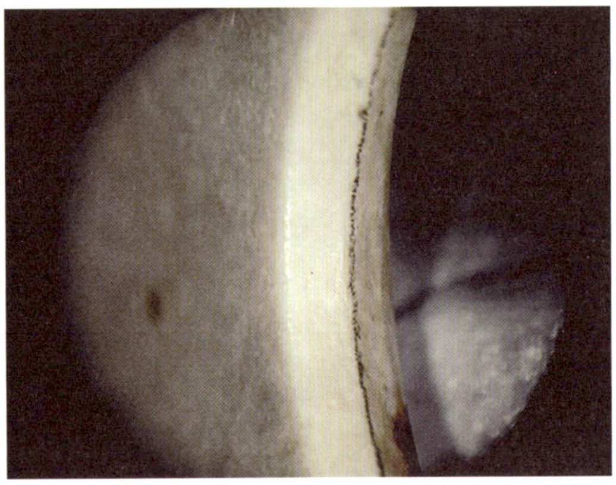

图 4–9B　M89∶31 观察点放大 40 倍

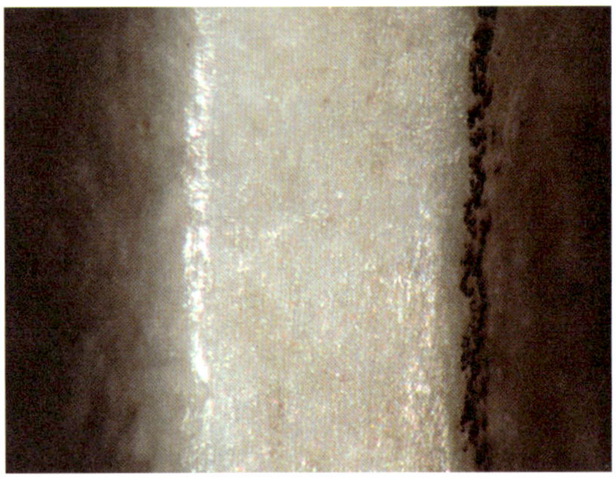

图 4–9C　M89∶31 观察点放大 120 倍

3. BC3300TIMC 型

东山村 M90∶36 玉玦观察点（图 4–10）放大至 120 倍（图 4–10A、B、C），呈现斜孔面满布晶粒状凸点与细磨痕现象。此乃中孔完成后，使用树皮或兽皮或布帛或其他软性工具蘸细沙抛磨斜孔面所遗留之痕迹。

图 4–10　玉玦 M90∶36 观察点

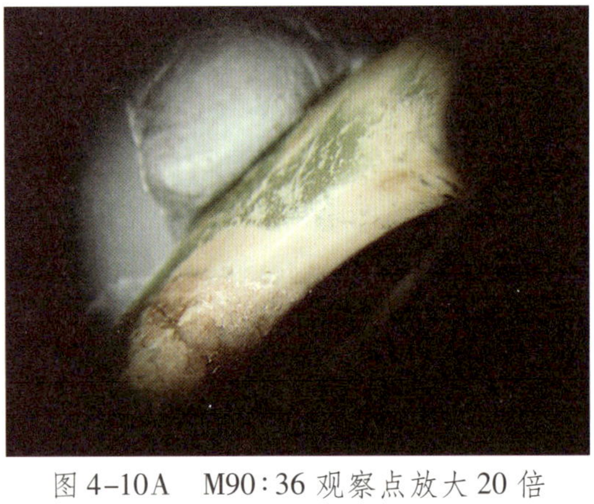

图 4–10A　M90∶36 观察点放大 20 倍

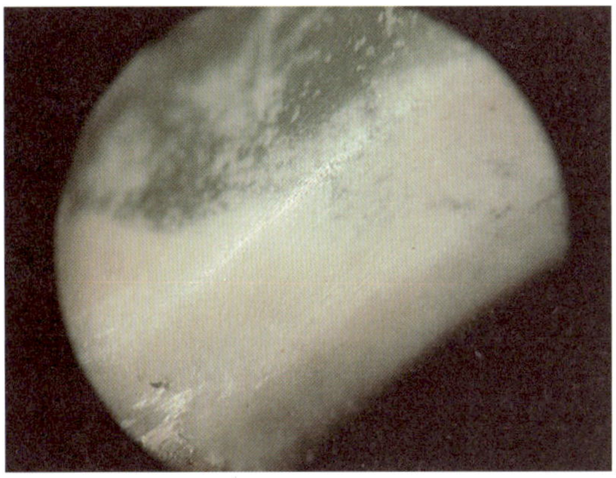

图 4-10B　M90:36 观察点放大 40 倍

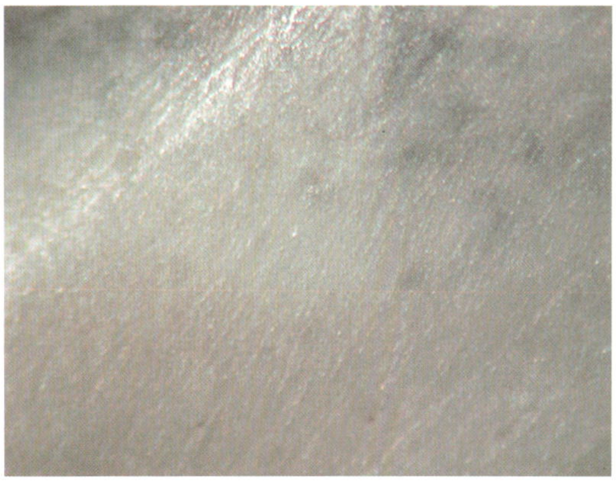

图 4-10C　M90:36 观察点放大 120 倍

4. BC3300TIMD 型

东山村 M96:34 镯形玉饰观察点（图 4-11）放大至 120 倍（图 4-11A、B、C），呈现孔面满布晶粒状凸点，宽窄粗细不一、峰谷相间粗条状旋痕现象。此乃中孔钻透之后使用大型燧石核掏搅扩孔，边缘使用砂岩磨石修磨所形成之痕迹。

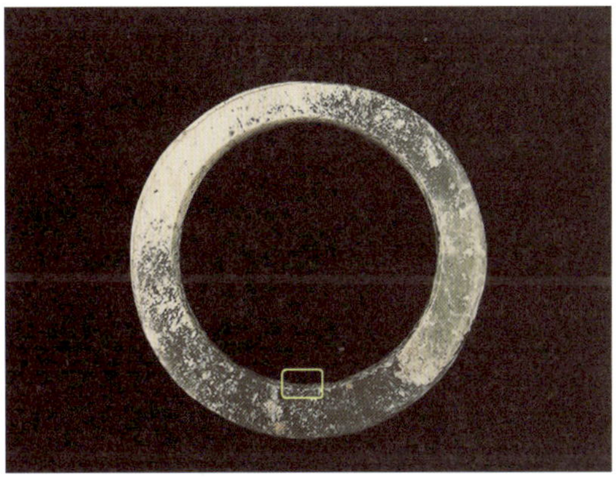

图 4-11　镯形玉饰 M96:34 观察点

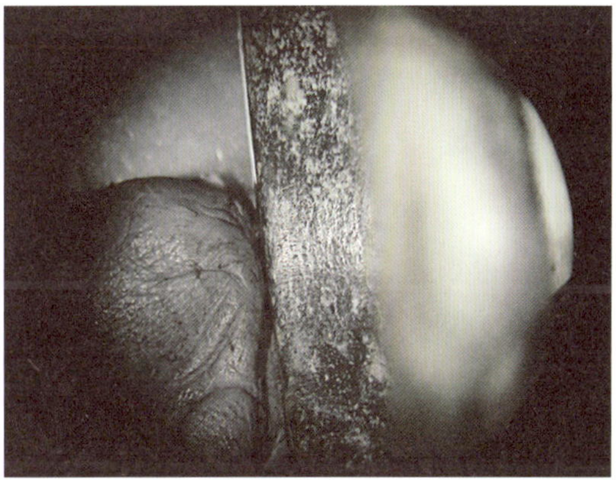

图 4-11A　M96:34 观察点放大 20 倍

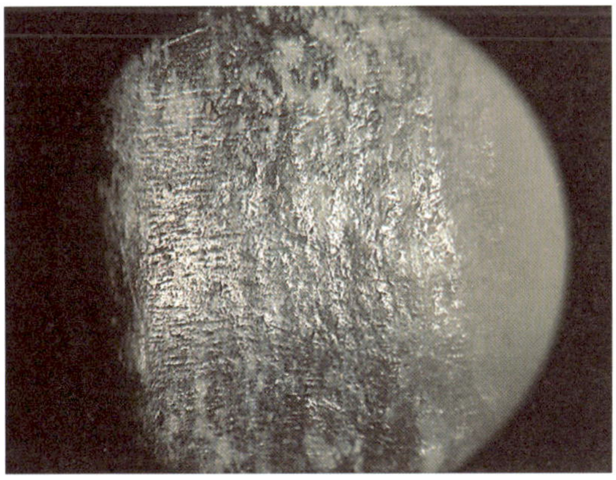

图 4-11B　M96:34 观察点放大 40 倍

图 4-11C　M96:34 观察点放大 120 倍

5. BC3300TIME 型

东山村 M95:41 玉镯观察点（图 4-12）放大至 120 倍（图 4-12A、B、C），呈现上下孔台阶处满布垂直平行磨痕现象。此乃中孔完成后，使用砂岩磨石锉磨交会处碴口所形成之痕迹。

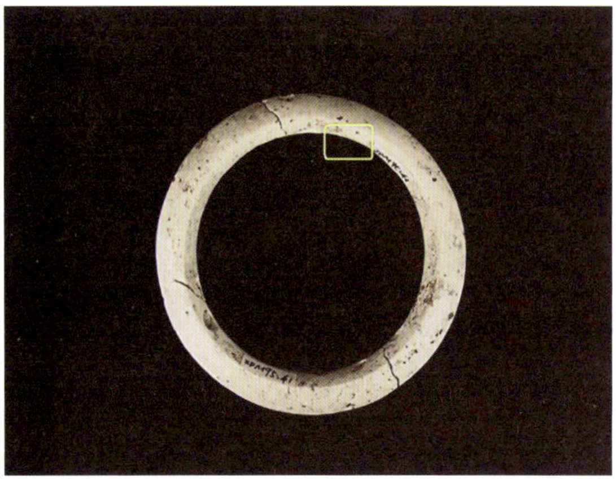

图 4-12　玉镯 M95：41 观察点

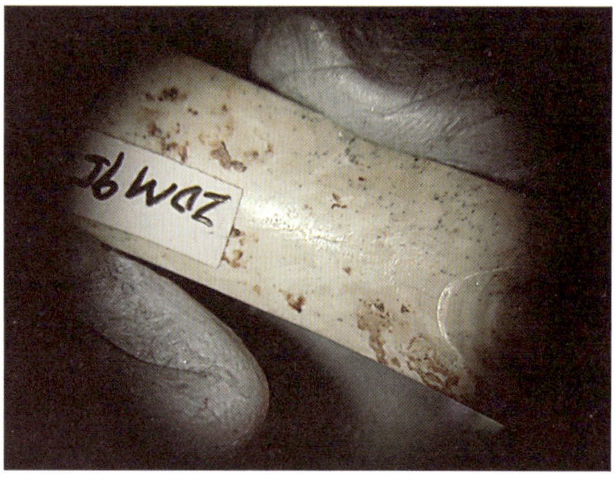

图 4-12A　M95：41 观察点放大 20 倍

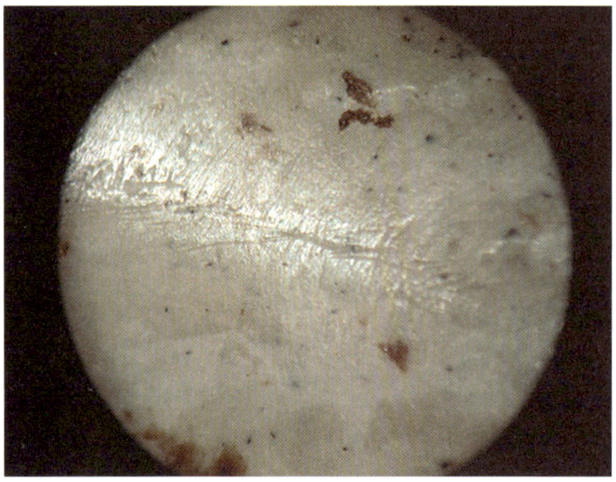

图 4-12B　M95：41 观察点放大 40 倍

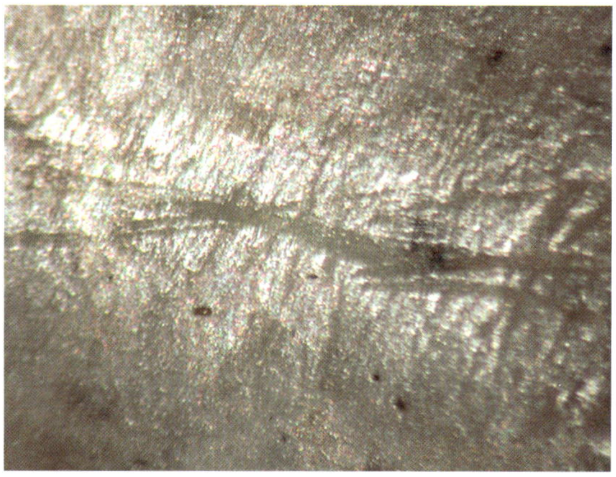

图 4-12C　M95：41 观察点放大 120 倍

6. BC3300TIMF 型

东山村 M93：19 镯形玉饰观察点（图 4-13）放大至 120 倍（图 4-13A、B、C），呈现满布晶粒状凸点、晶团状凸脊与凹洼，长条状凸脊与凹洼局部平行排列现象。此乃管形工具带动蘸水解玉砂往复双向旋钻玉材所形成之痕迹。

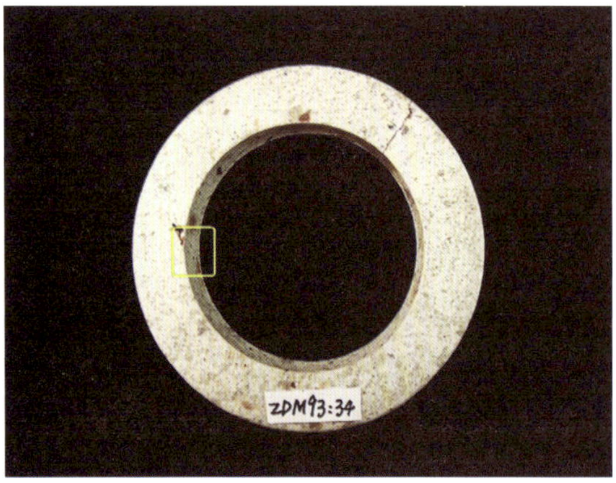

图 4-13　镯形玉饰 M93：19 观察点

图 4-13A　M93：19 观察点放大 20 倍

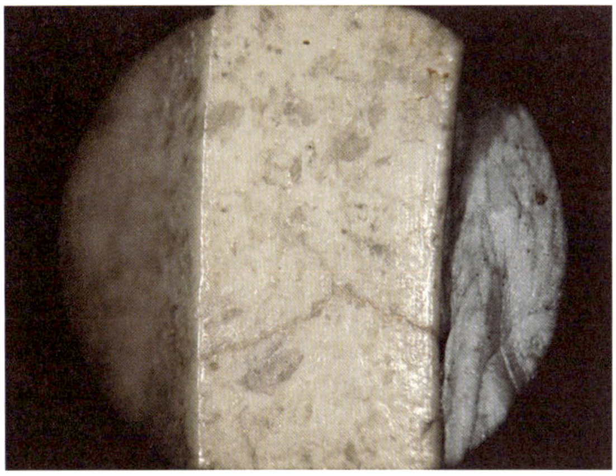

图 4-13B　M93∶19 观察点放大 40 倍

图 4-13C　M93∶19 观察点放大 120 倍

(五)环形玉器外缘旋切痕迹(Mcromark of Drill on Outside Marginal MOM)

BC3300MOMA 型

东山村 M91∶32 玉环观察点（图 4-14）放大至 120 倍（图 4-14A、B、C），呈现满布晶粒状凸点、局部平行长条状凸脊与凹槽旋痕现象。此乃楔形石核旋截玉材，工作停止处的痕迹。

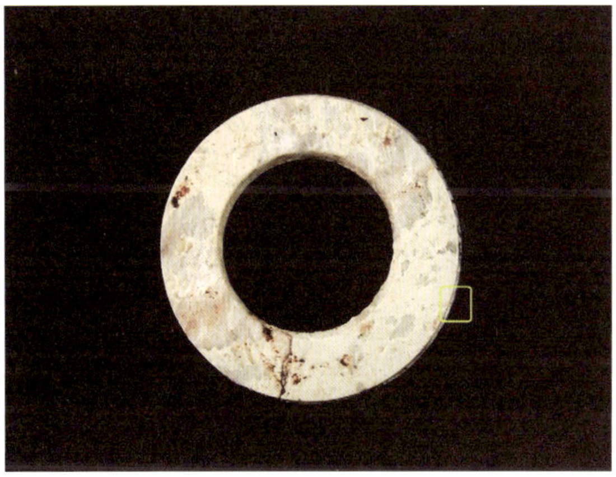

图 4-14　玉环 M91∶32 观察点

图 4-14A　M91∶32 观察点放大 20 倍

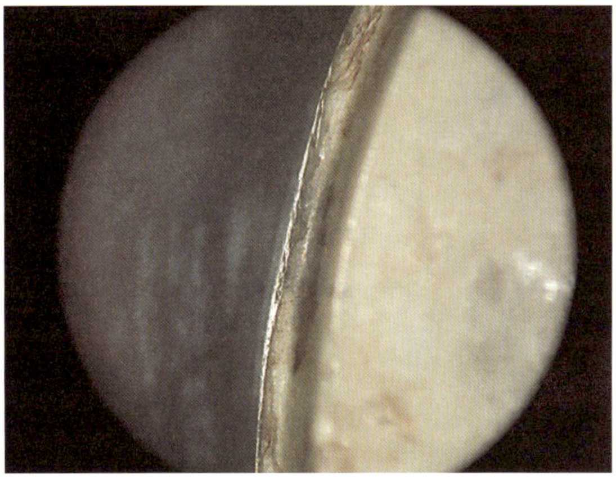

图 4-14B　M91∶32 观察点放大 40 倍

图 4-14C　M91∶32 观察点放大 120 倍

（六）环形玉器内缘旋切痕迹(Mcromark of Drill On Inner Marginal MOI)

1. BC3300MOIA 型

东山村 M91:26 玉环观察点（图 4-15）放大至 120 倍（图 4-15A、B、C），呈现满布晶粒状凸点、局部长条状凸脊与凹槽旋痕现象。此乃楔形石核单向旋截玉材，工作停止处的锐利痕迹。

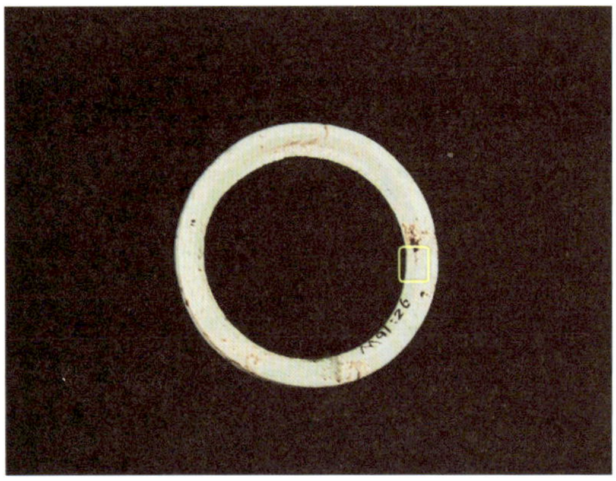

图 4-15　玉环 M91:26 观察点

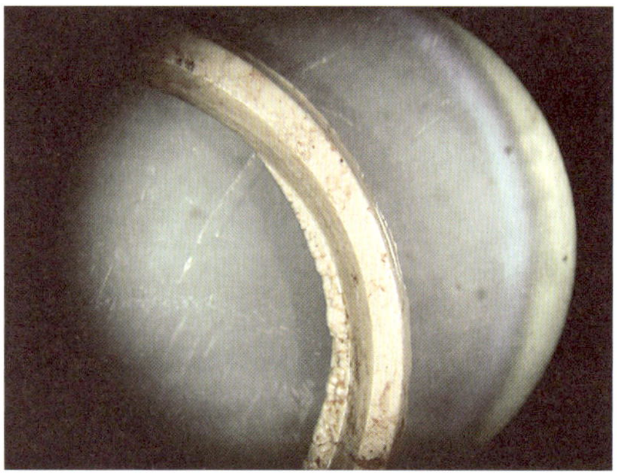

图 4-15A　M91:26 观察点放大 20 倍

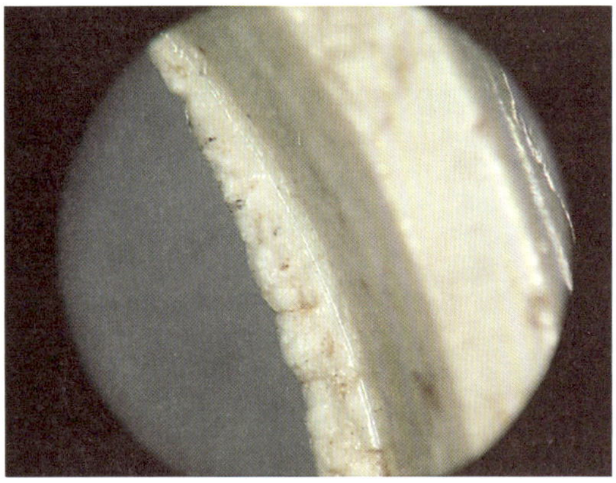

图 4-15B　M91:26 观察点放大 40 倍

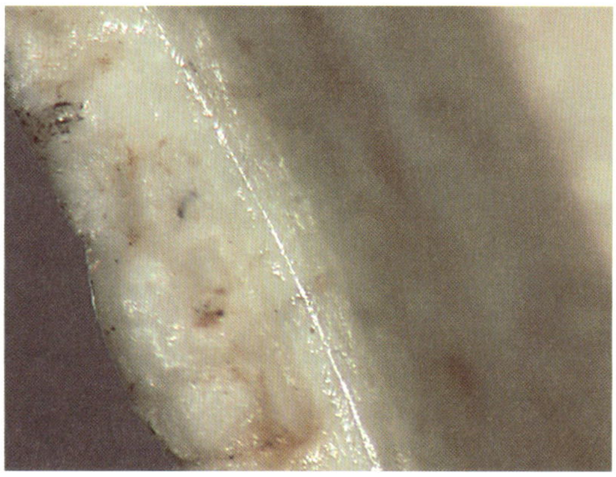

图 4-15C　M91:26 观察点放大 120 倍

2. BC3300MOIB 型

东山村 M93:27 玉镯观察点（图 4-16）放大至 120 倍（图 4-16A、B、C），呈现满布晶粒状凸点、晶团状凸脊与凹洼平行排列，局部长条状凸脊与锐利凹槽旋痕现象。此乃楔形石核往复双向旋截玉材，工作停止处的痕迹。

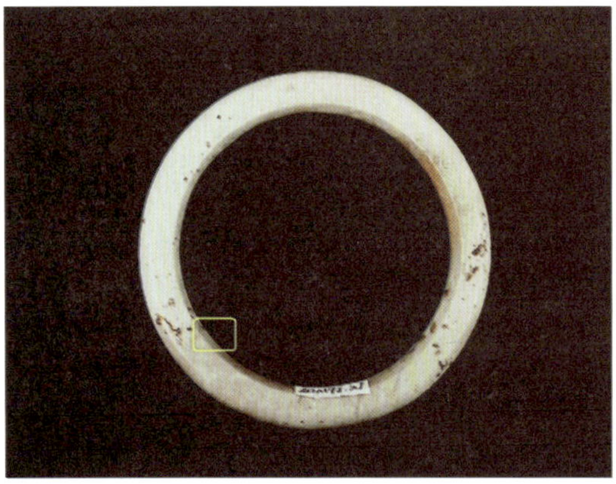

图 4-16　玉镯 M93:27 观察点

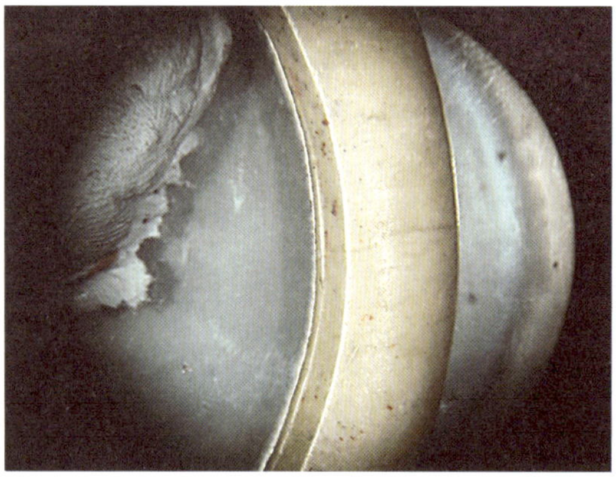

图 4-16A　M93:27 观察点放大 20 倍

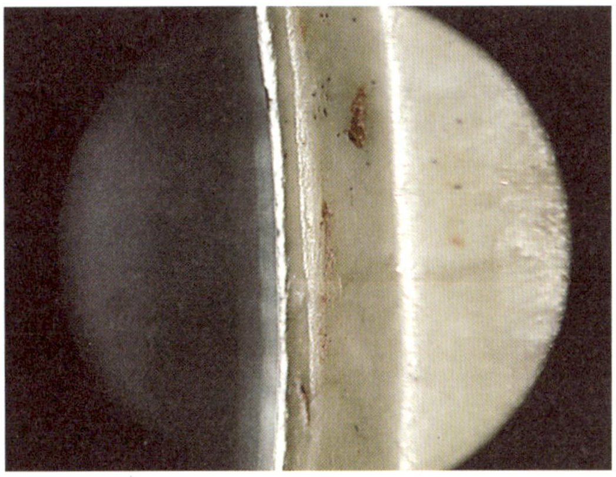

图 4-16B　M93:27 观察点放大 40 倍

图 4-16C　M93:27 观察点放大 120 倍

3. BC3300MOIC 型

东山村 M96:30 玉环观察点（图 4-17）放大至 120 倍（图 4-17A、B、C），呈现满布晶粒状凸点、平行长条状凸脊与凹槽旋痕现象。此乃管形工具带动蘸水解玉砂间接单向旋钻玉材所形成之痕迹。

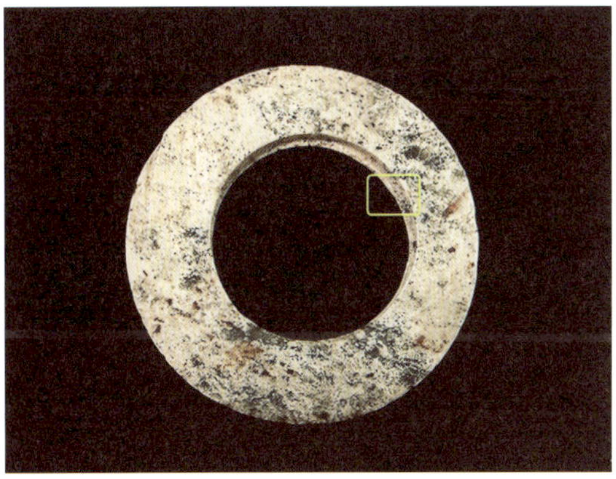

图 4-17　玉环 M96:30 观察点

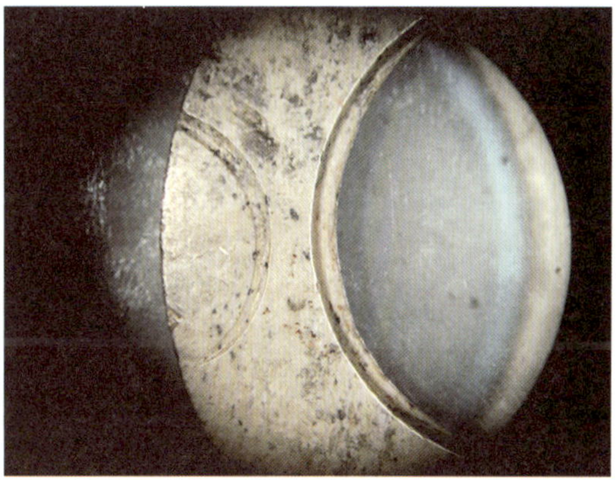

图 4-17A　M96:30 观察点放大 20 倍

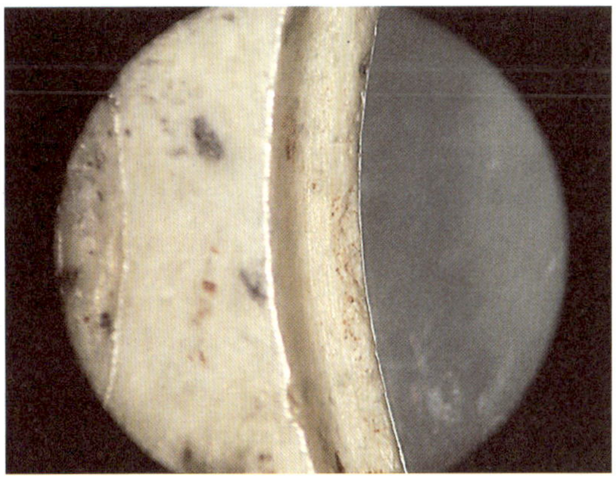

图 4-17B　M96:30 观察点放大 40 倍

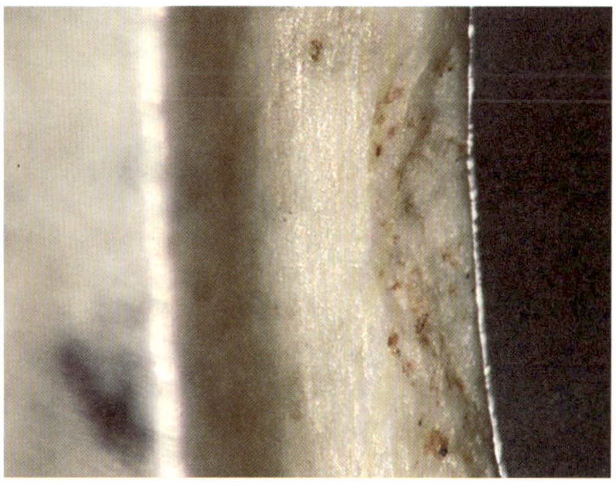

图 4-17C　M96:30 观察点放大 120 倍

（七）实心钻头钻制显微痕迹(Mcrotraces of Gimlet TGL)

1. BC3300TGLA 型

东山村 M91:23 玉镯观察点（图 4-18）放大至 120 倍（图 4-18A、B、C），呈现满布晶粒状凸点，圈状晶团同心排列的凹窝现象。此乃砂岩钻头直接旋钻所形成之底部痕迹。

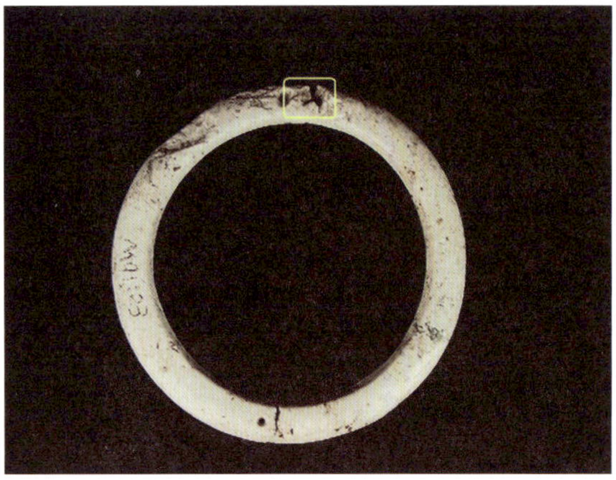

图 4-18　玉镯 M91∶23 观察点

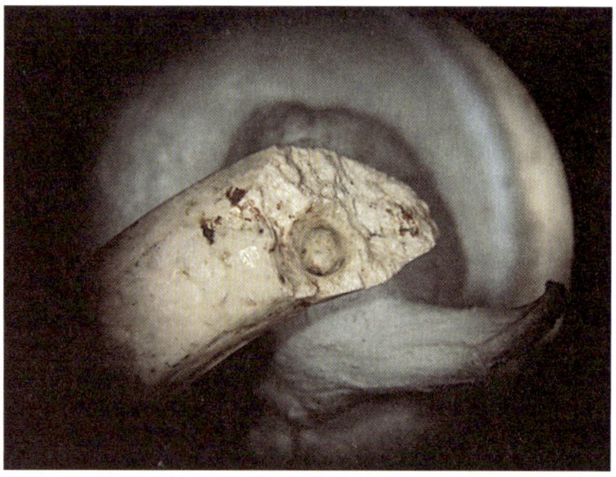

图 4-18A　M91∶23 观察点放大 20 倍

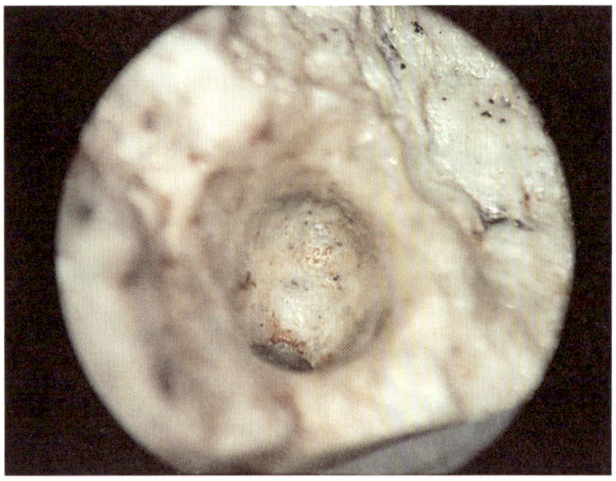

图 4-18B　M91∶23 观察点放大 40 倍

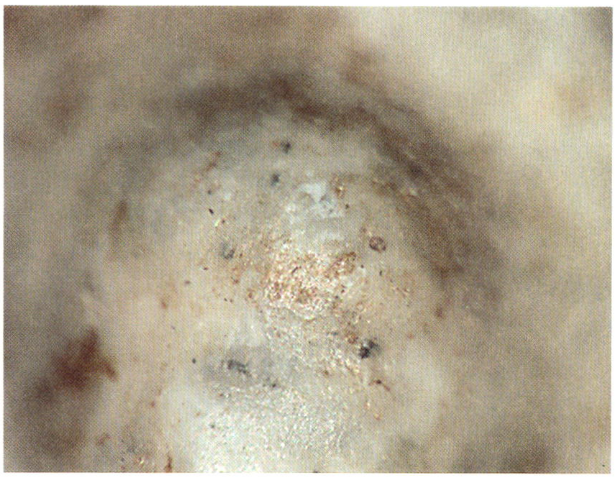

图 4-18C　M91∶23 观察点放大 120 倍

2. BC3300TGLB 型

东山村 M101∶14 玉玦观察点（图 4-19）放大至 120 倍（图 4-19A、B、C），呈现满布直径由小而大的平行旋痕现象。此乃砂岩钻头直接旋钻玉材所形成之侧面痕迹。完成隧孔最少换用了三种规格的钻头。

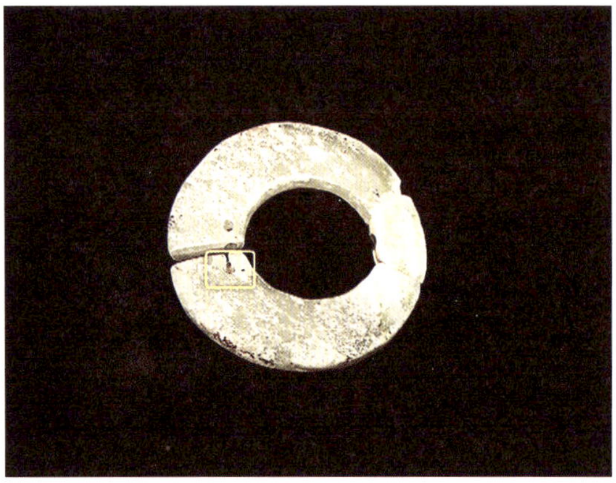

图 4-19　玉玦 M101∶14 观察点

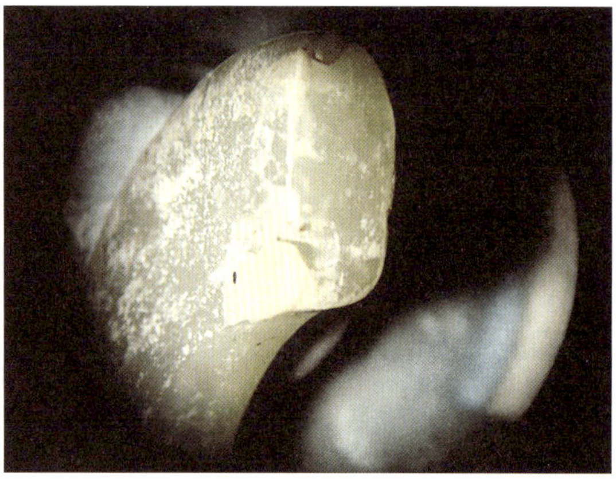

图 4-19A　M101∶14 观察点放大 20 倍

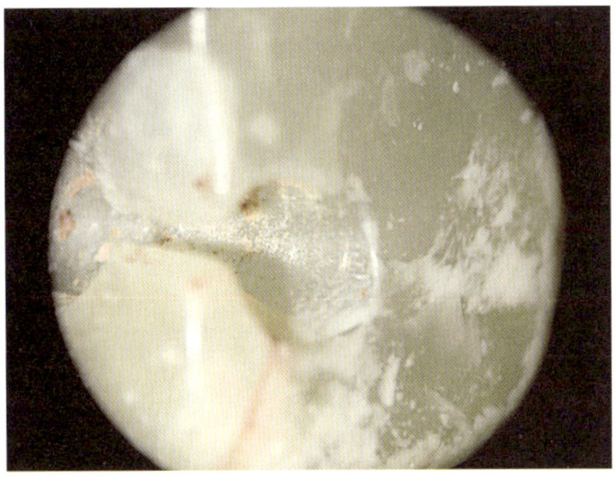

图 4-19B　M101∶14 观察点放大 40 倍

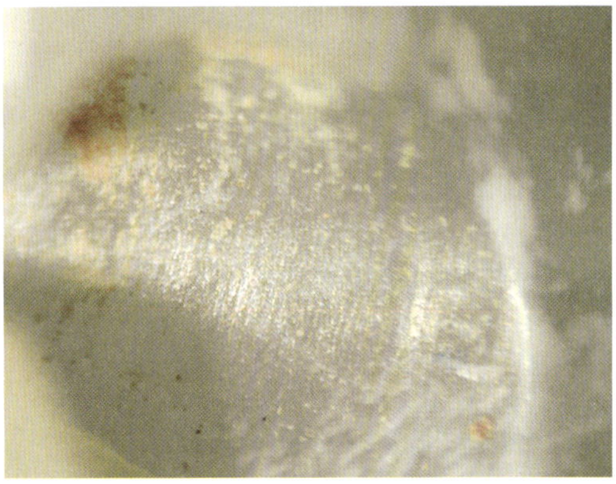

图 4-19C　M101∶14 观察点放大 120 倍

3. BC3300TGLC 型

东山村 M92∶45 小玉髓璜观察点（图 4-20）放大至 120 倍（图 4-20A、B、C），呈现底部满布晶粒状凸点，局部晶团状凸脊与凹洼，侧弧面满布同心旋痕现象。此乃砂岩钻头直接旋钻所形成之底部与侧面痕迹。

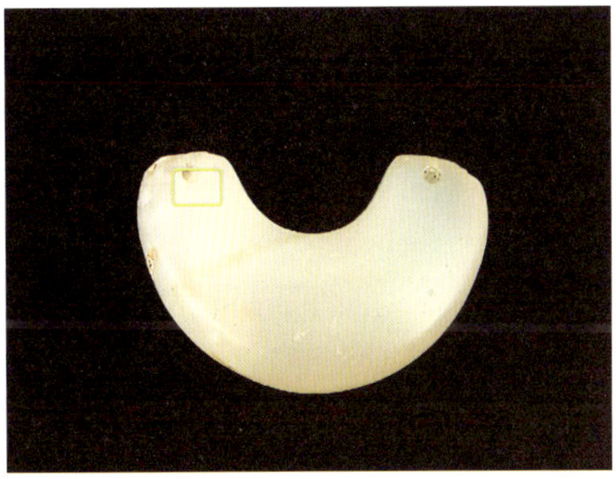

图 4-20　玉髓璜 M92∶45 观察点

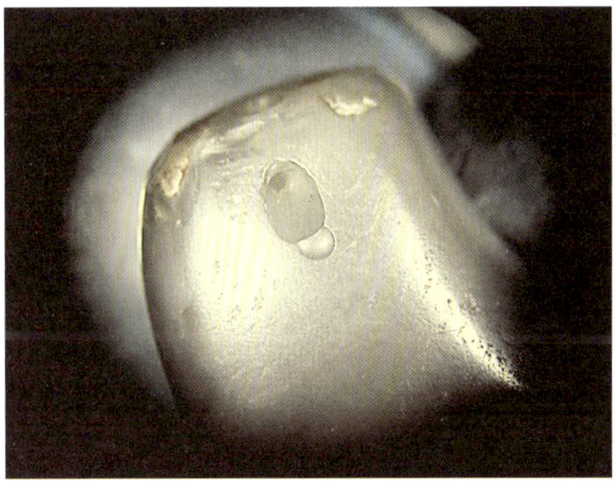

图 4-20A　M92∶45 观察点放大 20 倍

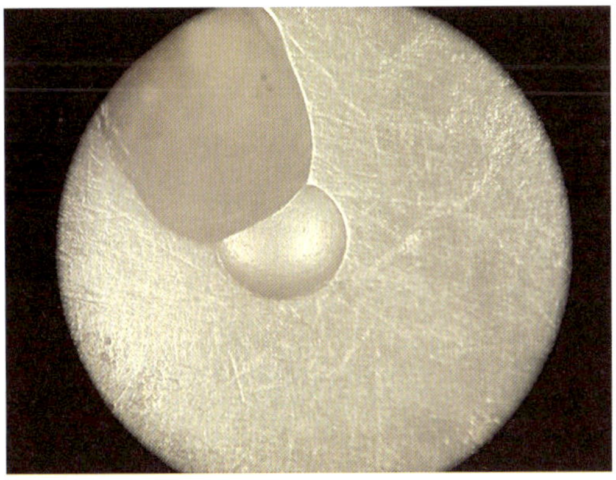

图 4-20B　M92∶45 观察点放大 40 倍

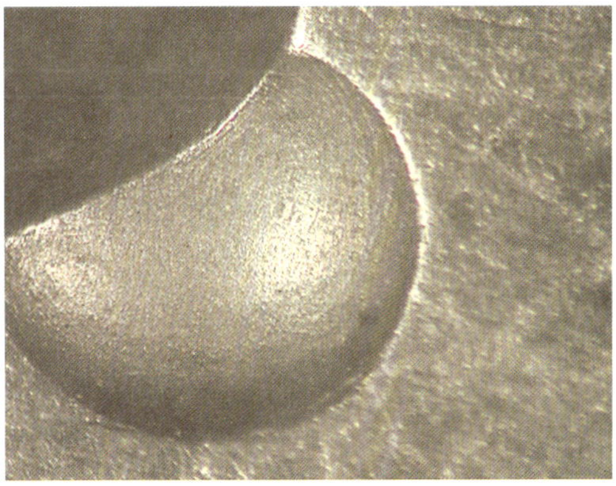

图 4-20C　M92∶45 观察点放大 120 倍

4. BC3300TGLD 型

东山村 M96∶32 玉璜观察点（图 4-21）放大至 60 倍（图 4-21A、B、C），呈现满布晶粒状凸点、局部晶团状凸脊与凹洼，平行排列长条状凸脊与凹槽旋痕现象。此乃砂岩钻头直接左右双向旋钻玉材所形成之侧面痕迹。此痕迹换用了两种规格的钻头。

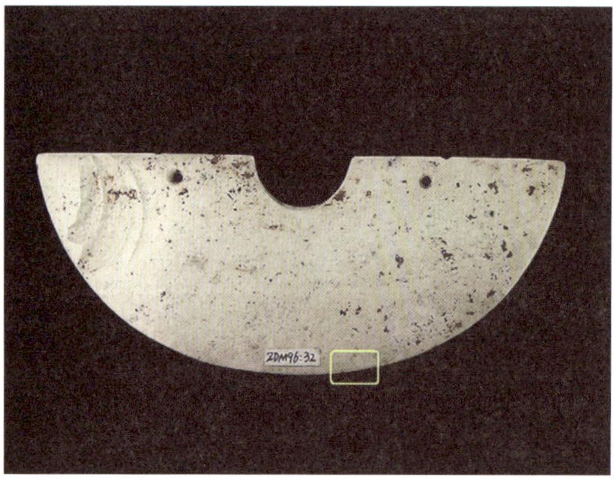
图 4-21　玉璜 M96:32 观察点

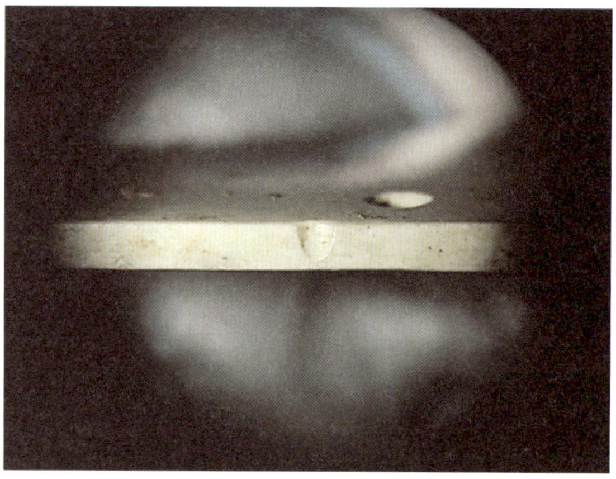
图 4-21A　M96:32 观察点放大 20 倍

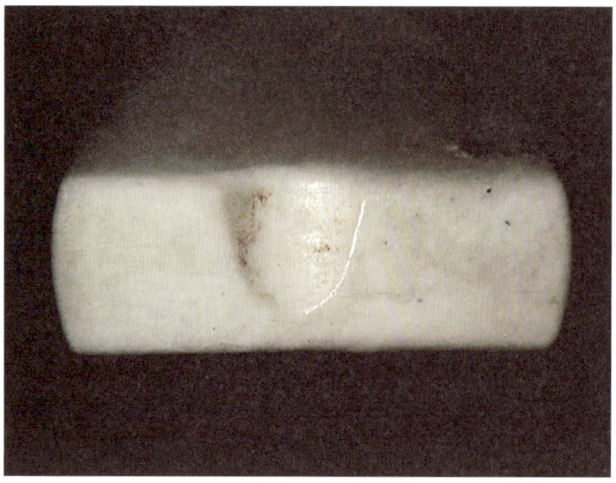
图 4-21B　M96:32 观察点放大 40 倍

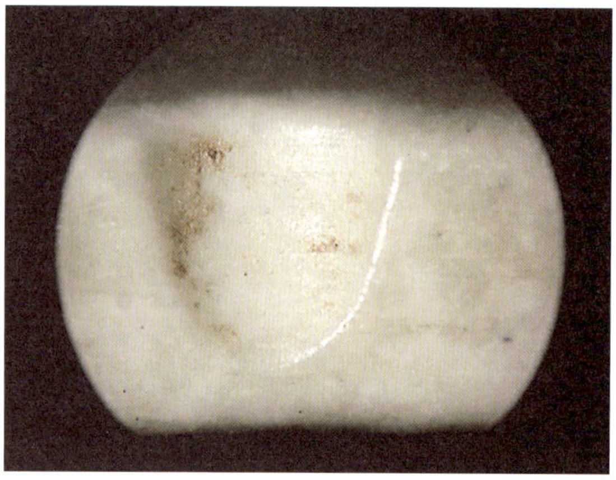
图 4-21C　M96:32 观察点放大 60 倍

（八）管形玉器中孔显微痕迹(Mcrotraces of Orifice TOF)

1. BC3300TOFA 型

东山村 M90:48 玉髓方管形饰观察点（图 4-22）放大至 120 倍（图 4-22A、B、C），呈现满布平行旋痕现象。此乃楔形细条状石核直接左右旋搅中孔所形成之痕迹。

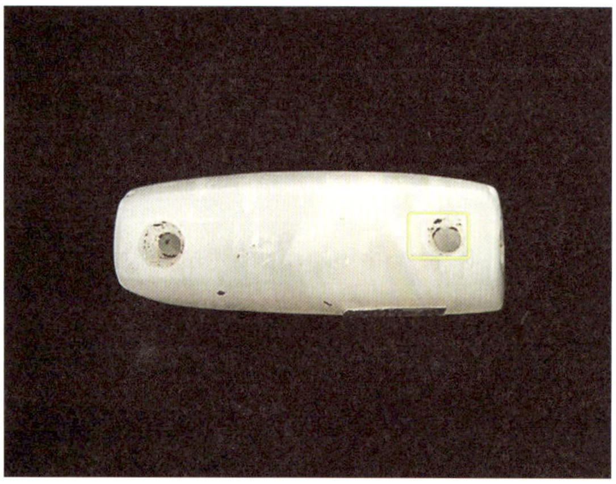
图 4-22　玉髓方管形饰 M90:48 观察点

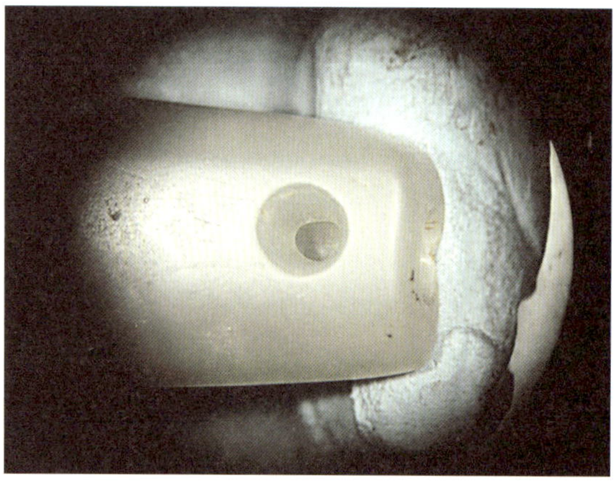
图 4-22A　M90:48 观察点放大 20 倍

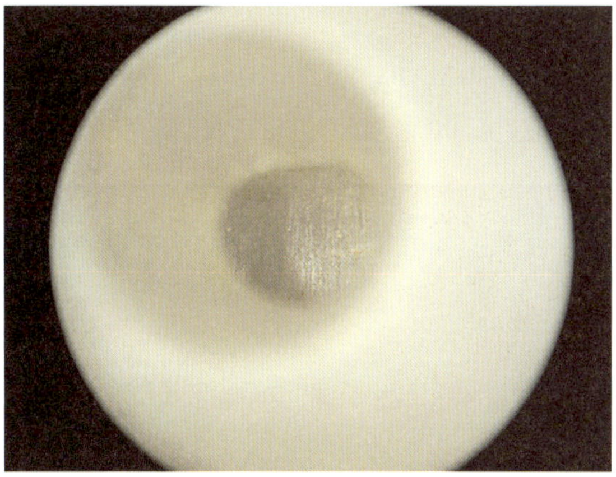

图 4-22B　M90：48 观察点放大 40 倍

图 4-22C　M90：48 观察点放大 120 倍

2. BC3300TOFB 型

东山村 M90：47 玉髓扁管观察点（图 4-23）放大至 120 倍（图 4-23A、B、C），呈现满布细晶团状凸脊与凹洼平行排列的旋痕现象。此乃楔形细条状石核直接左右旋搅中孔所形成之孔口，经系绳长年磨擦所形成之痕迹。

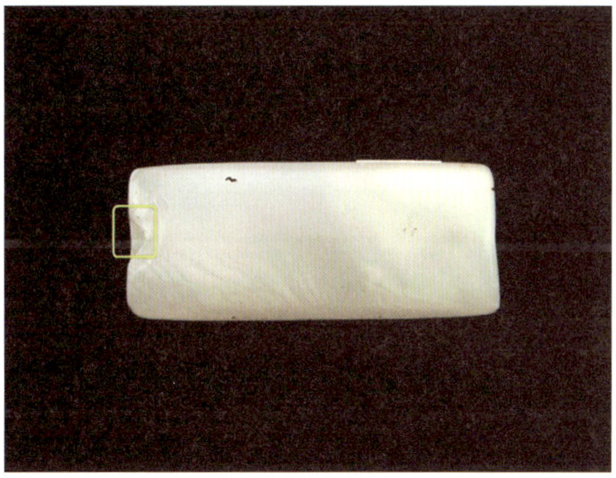

图 4-23　玉髓扁管 M90：47 观察点

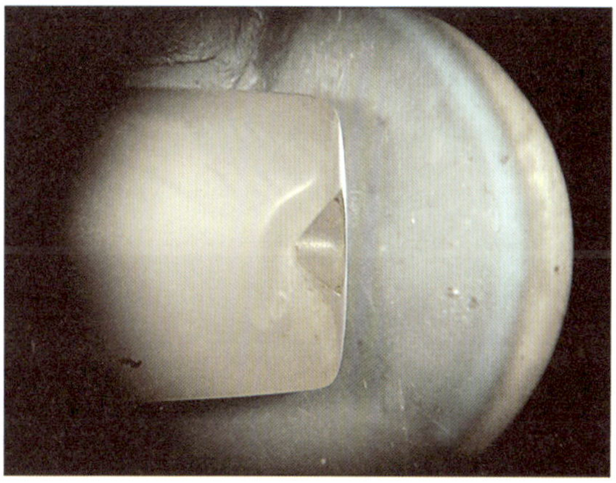

图 4-23A　M90：47 观察点放大 20 倍

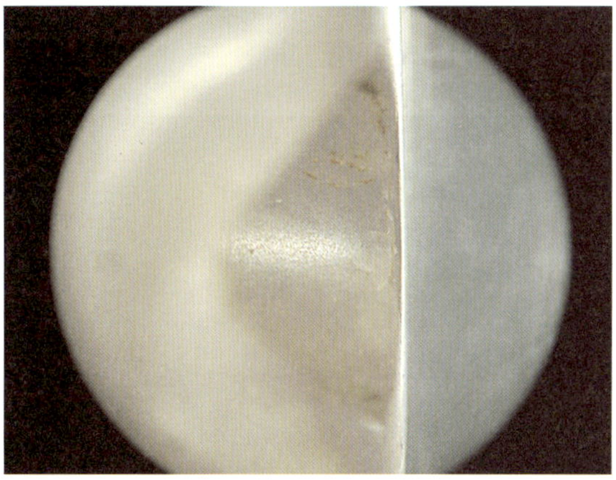

图 4-23B　M90：47 观察点放大 40 倍

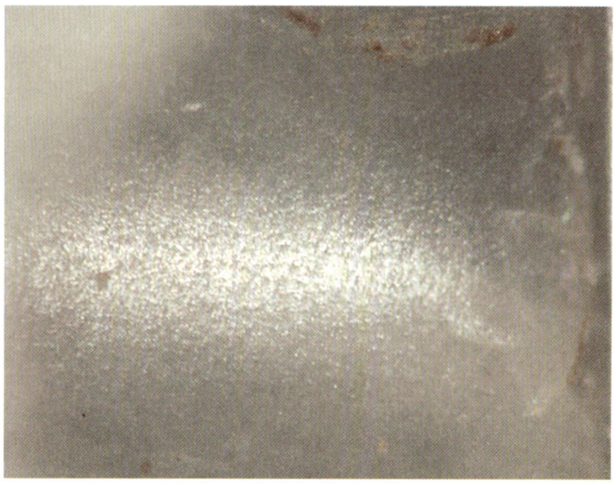

图 4-23C　M90：47 观察点放大 120 倍

3. BC3300TOFC 型

东山村 M89∶32 玉管观察点（图 4–24）放大至 120 倍（图 4–24A、B、C），呈现满布平行细团状凸脊与凹洼旋痕现象。此乃楔形细条状石核直接左右旋搅中孔所形成之孔口，经砂岩磨石锉修所形成之痕迹。

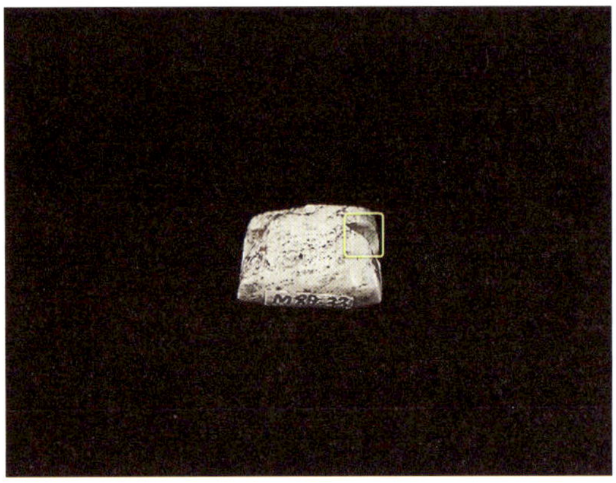

图 4–24 玉管 M89∶32 观察点

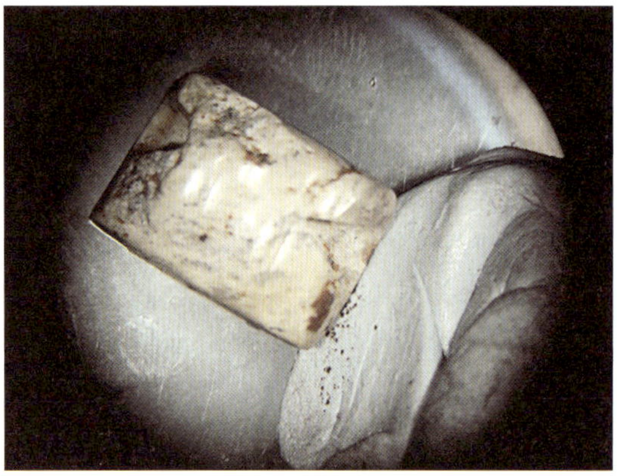

图 4–24A M89∶32 观察点放大 20 倍

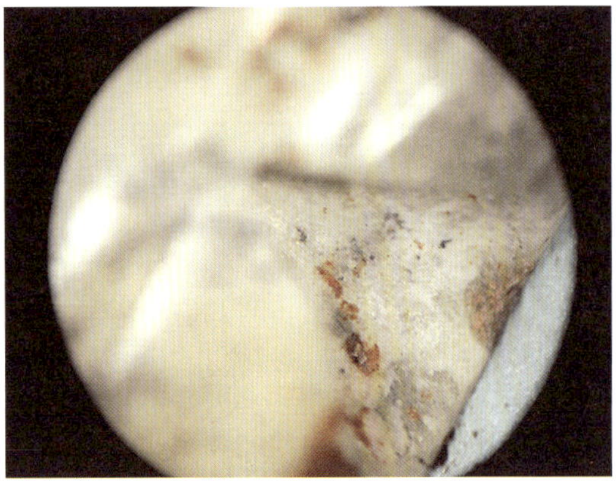

图 4–24B M89∶32 观察点放大 40 倍

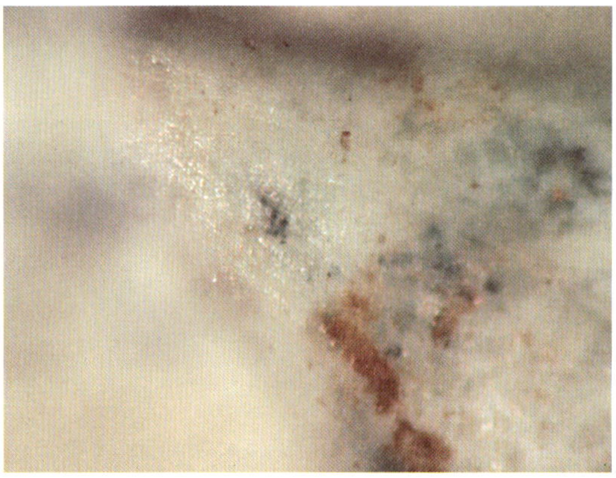

图 4–24C M89∶32 观察点放大 120 倍

（九）小形孔洞钻孔显微痕迹（Mcrotraces of Hole TOH）

1. BC3300TOHA 型

东山村 M92∶36 玉璜观察点（图 4–25）放大至 120 倍（图 4–25A、B、C），呈现正圆孔壁满布锐利旋痕现象。此乃楔形石核以大于 180 度角掏搅玉材所形成之痕迹。

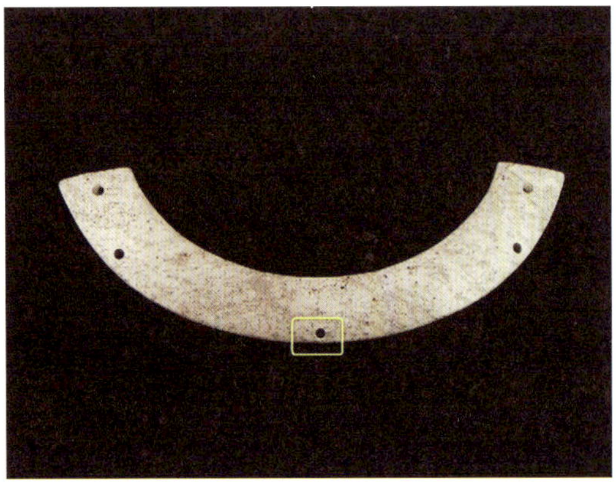

图 4–25 玉璜 M92∶36 观察点

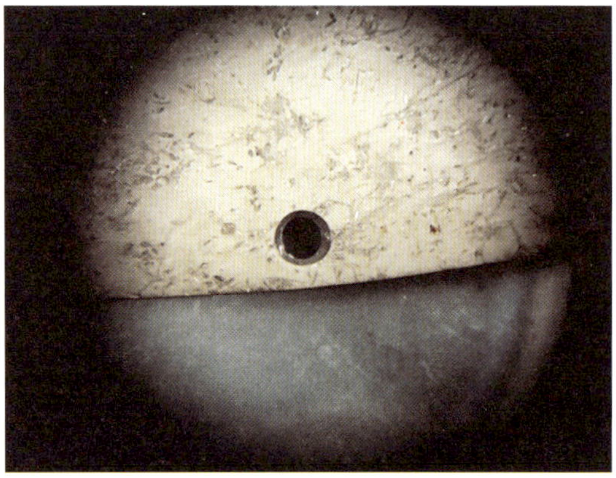

图 4–25A M92∶36 观察点放大 20 倍

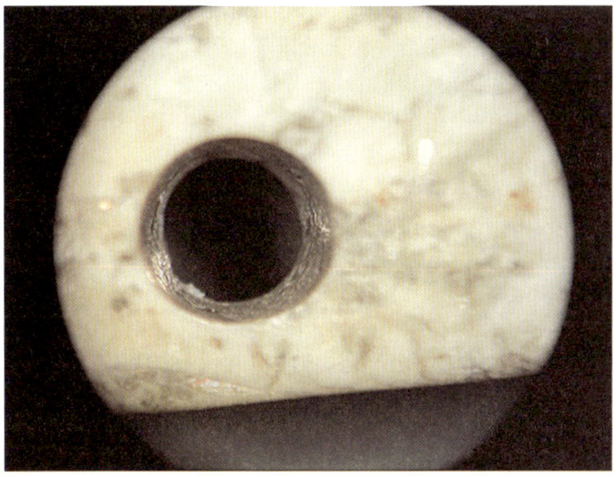

图 4-25B　M92∶36 观察点放大 40 倍

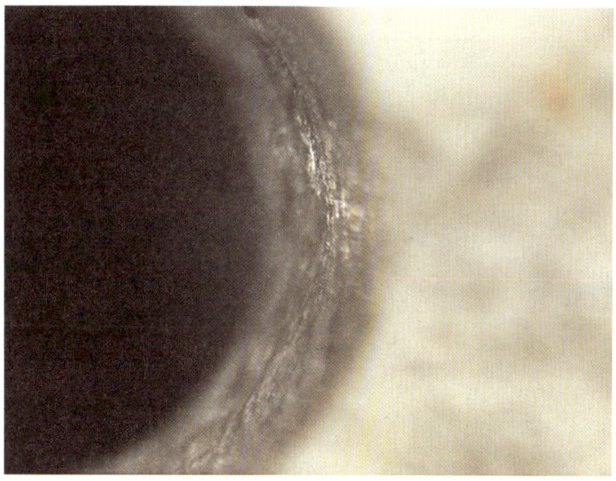

图 4-25C　M92∶36 观察点放大 120 倍

2. BC3300TOHB 型

东山村 M91∶29 玉钺观察点（图 4-26）放大至 60 倍（图 4-26A、B、C），呈现高低起伏，落差较大的锐利旋痕现象。此乃钻孔完成后，使用石核再行旋搅扩孔所形成之痕迹。

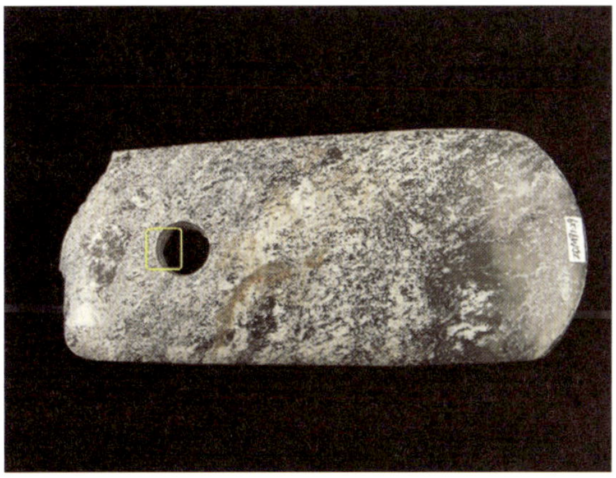

图 4-26　玉钺 M91∶29 观察点

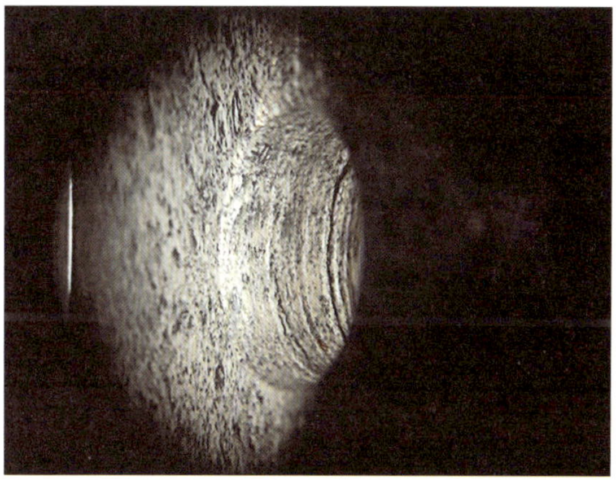

图 4-26A　M91∶29 观察点放大 20 倍

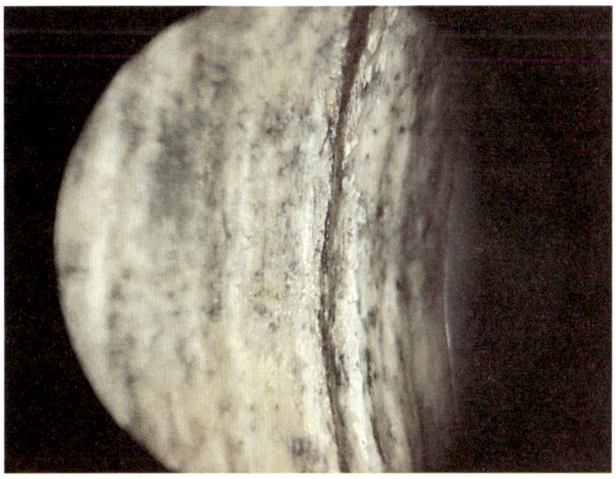

图 4-26B　M91∶29 观察点放大 40 倍

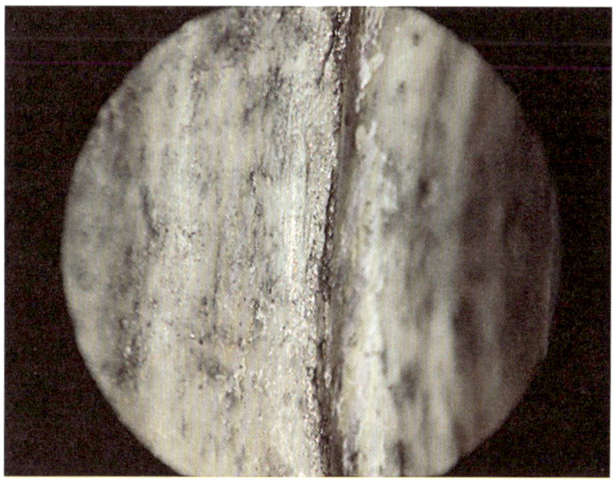

图 4-26C　M91∶29 观察点放大 60 倍

3. BC3300TOHC 型

东山村 M101∶8 玉璜观察点（图 4-27）放大至 60 倍（图 4-27A、B、C），呈现孔壁满布细团状凸脊旋痕现象。此乃钻孔完成后，使用磨石再行旋磨孔口所形成之痕迹。

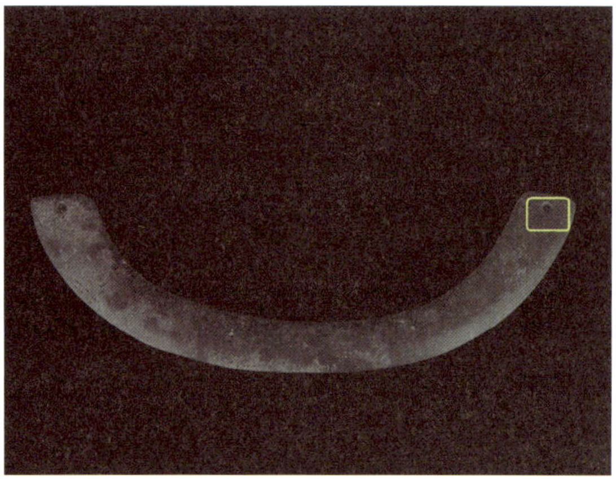

图 4-27　玉璜 M101∶8 观察点

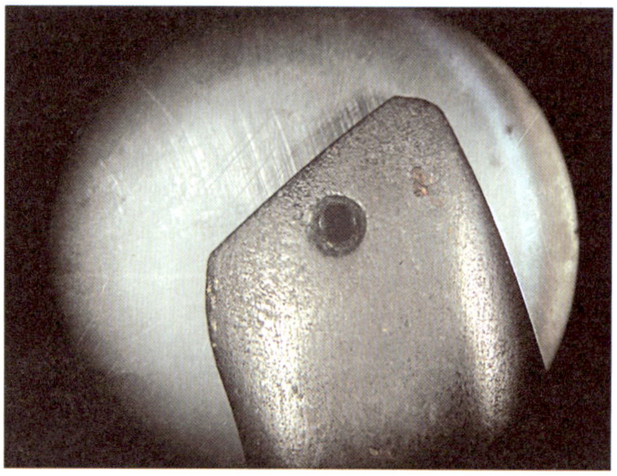

图 4-27A　M101∶8 观察点放大 20 倍

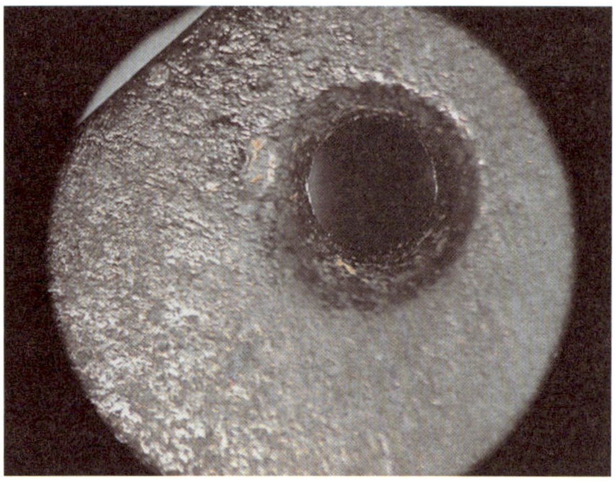

图 4-27B　M101∶8 观察点放大 40 倍

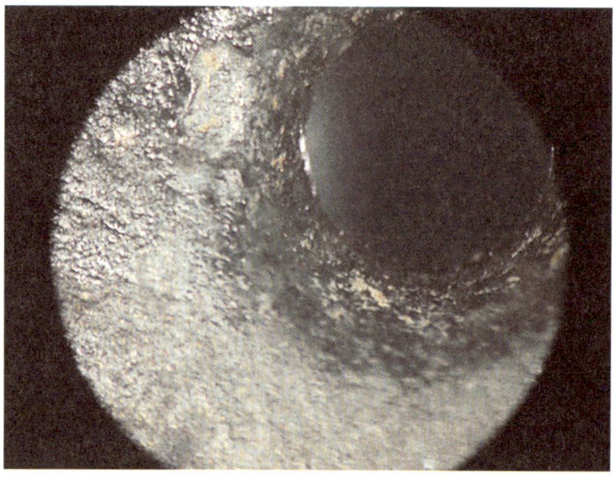

图 4-27C　M101∶8 观察点放大 60 倍

4. BC3300TOHE 型

东山村 M101∶11 桥形玉璜观察点（图 4-28）放大至 60 倍（图 4-28A、B、C），呈现直径由大而小的缓团状凸脊旋痕现象。此乃由小而大多次换用砂岩钻头左右旋钻玉材所形成之痕迹。

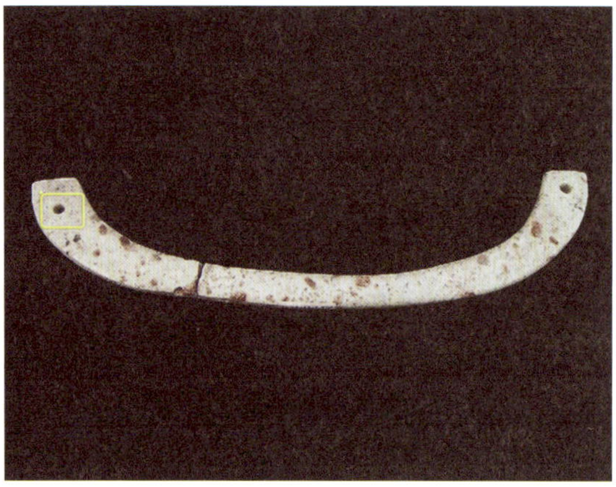

图 4-28　桥形玉璜 M101∶11 观察点

图 4-28A　M101∶11 观察点放大 20 倍

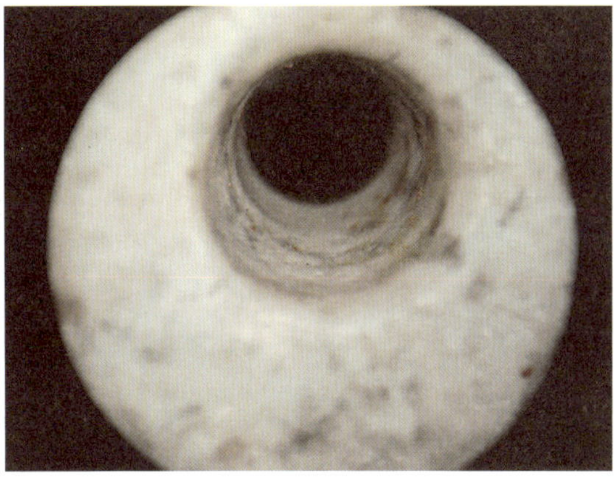

图 4-28B　M101∶11 观察点放大 40 倍

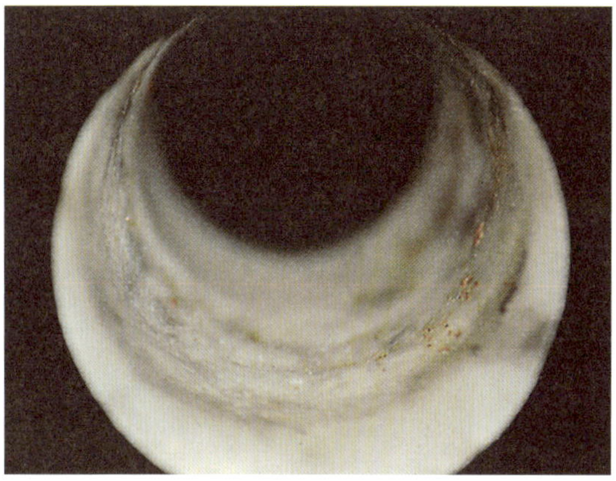

图 4-28C　M101∶11 观察点放大 60 倍

5. BC3300TOHF 型

东山村 M90∶53 纽形玉饰观察点（图 4-29）放大至 60 倍（图 4-29A、B、C），呈现直径由大而小，满布晶粒状凸点旋痕现象。此乃由小而大多次换用砂岩钻头左右旋钻玉材所形成之痕迹。

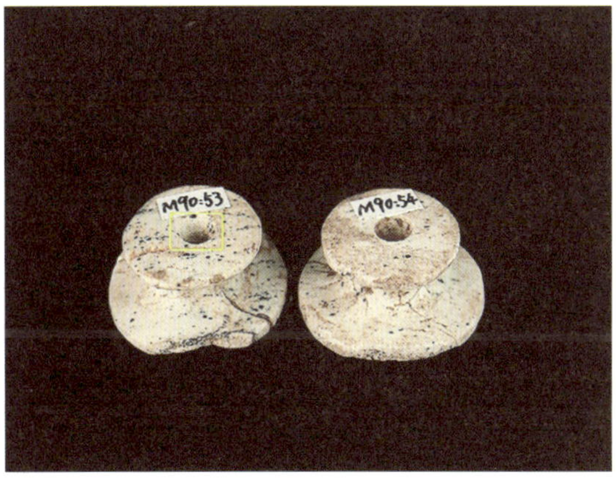

图 4-29　纽形玉饰 M90∶53 观察点

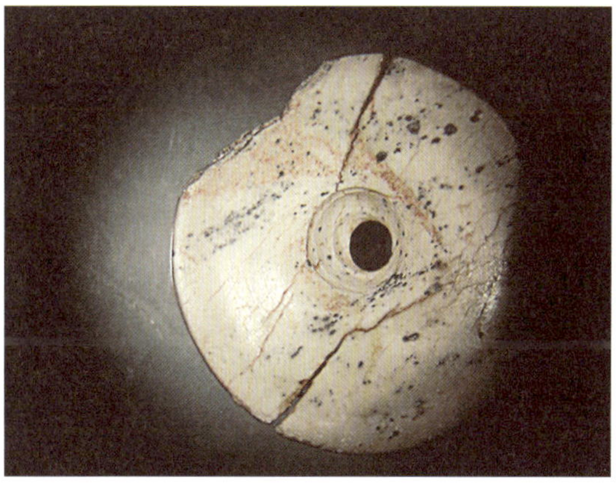

图 4-29A　M90∶53 观察点放大 20 倍

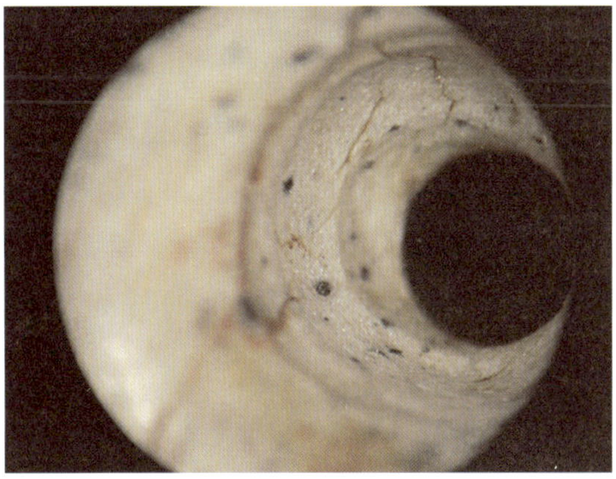

图 4-29B　M90∶53 观察点放大 40 倍

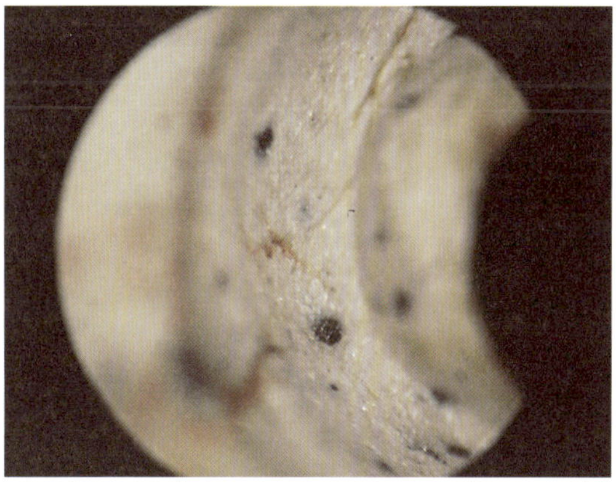

图 4-29C　M90∶53 观察点放大 60 倍

6. BC3300TOHG 型

东山村 M94∶20 钥匙形玉饰观察点（图 4-30）放大至 60 倍（图 4-30A、B、C），呈现满布晶粒状凸点、不规则晶团状凸脊与凹洼现象。此乃管形工具带动蘸水解玉砂左右双向旋钻玉材所形成的底部痕迹。

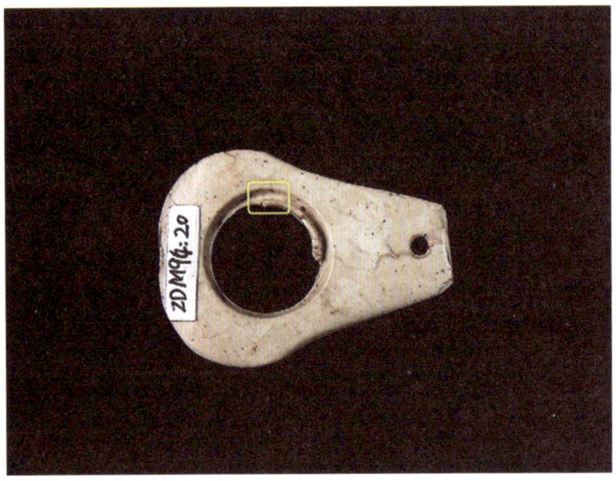

图 4-30 钥匙形玉饰 M94:20 观察点

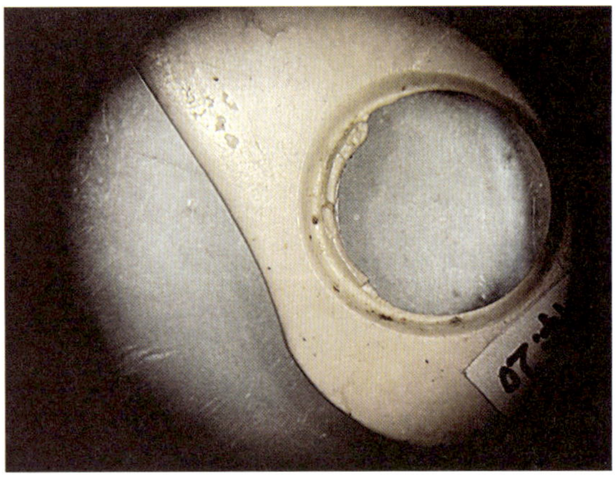

图 4-30A M94:20 观察点放大 20 倍

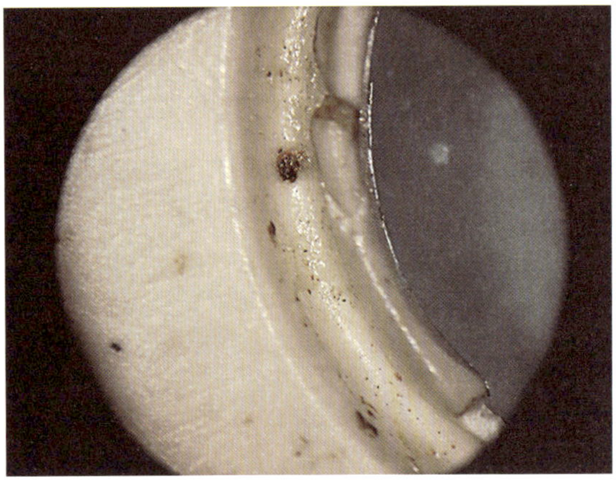

图 4-30B M94:20 观察点放大 40 倍

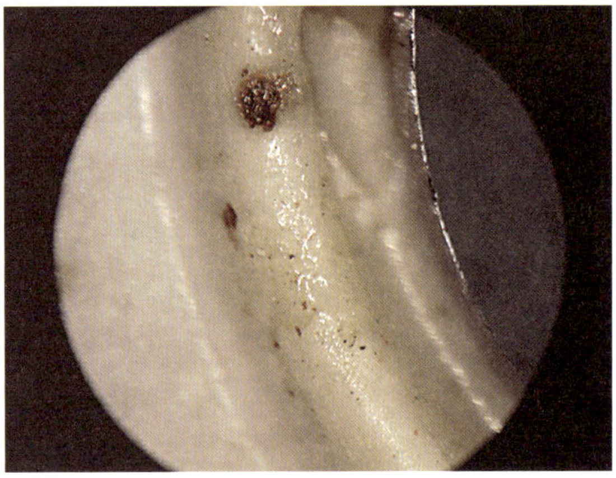

图 4-30C M94:20 观察点放大 60 倍

（十）凹槽制作显微痕迹(Mcromark of Sink Surface MSS)

1. BC3300MSSA 型

东山村 M89:32 玉管观察点（图 4-31）放大至 120 倍（图 4-31A、B、C），呈现沟边粗缓，沟壁及沟底两侧满布平行细条状凸脊与凹槽、局部晶团状凸脊与凹洼，沟底中间满布晶粒状凸点现象。此乃使用燧石核或燧石片刻画出凹槽的位置，再使用砂岩磨石磨出凹槽所形成之痕迹。沟底中间遗留的乃刻划痕迹。

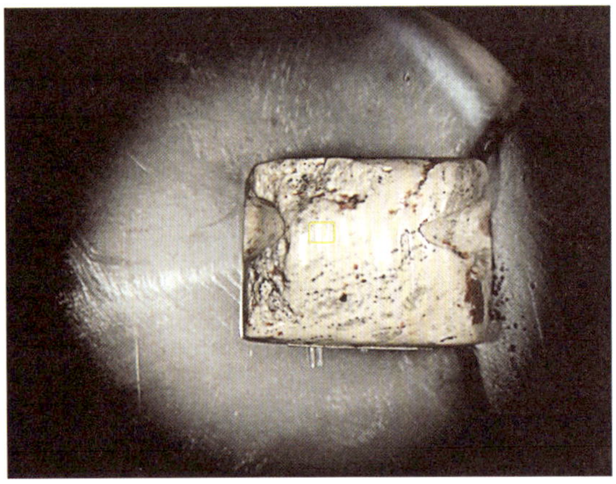

图 4-31 玉管 M89:32 观察点

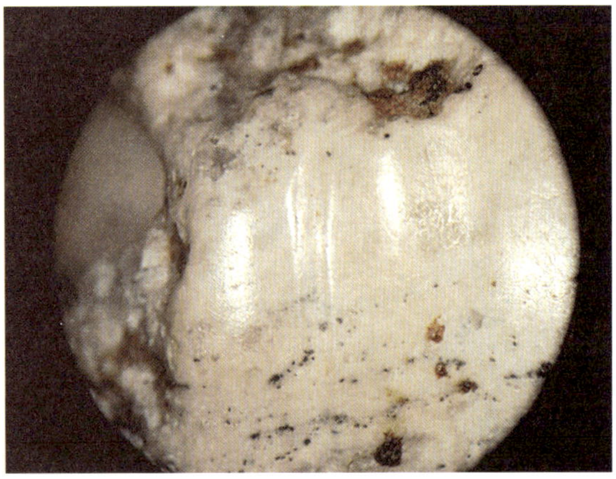

图 4-31A M89:32 观察点放大 40 倍

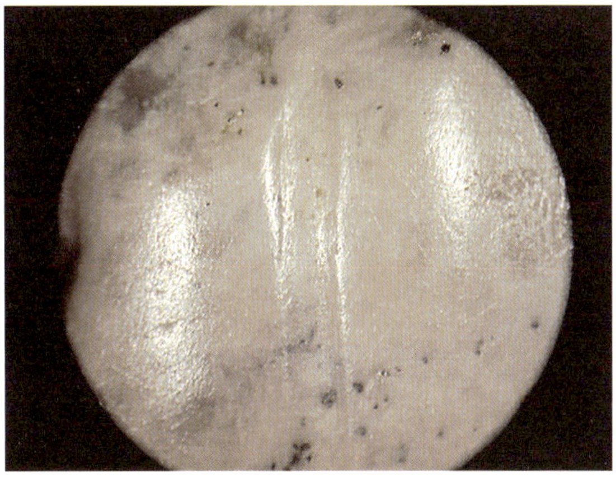

图 4-31B　M89∶32 观察点放大 60 倍

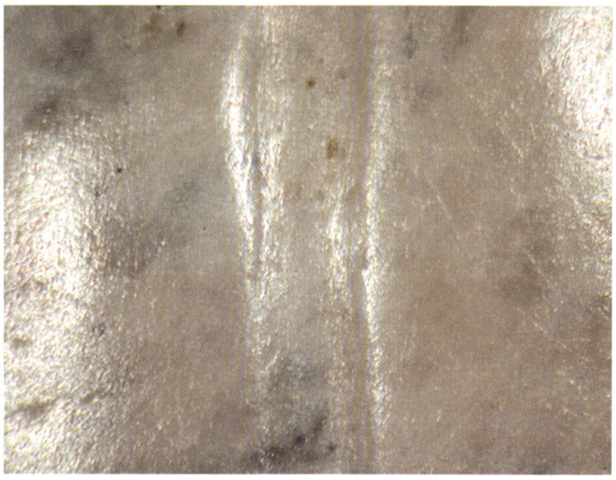

图 4-31C　M89∶32 观察点放大 120 倍

2. BC3300MSSB 型

东山村 M90∶37 纽形玉饰观察点（图 4-32）放大至 120 倍（图 4-32A、B、C），呈现满布平行细条状凸脊磨痕迹现象。此乃砂岩磨石直接锉磨纽形玉饰颈部所形成之痕迹。

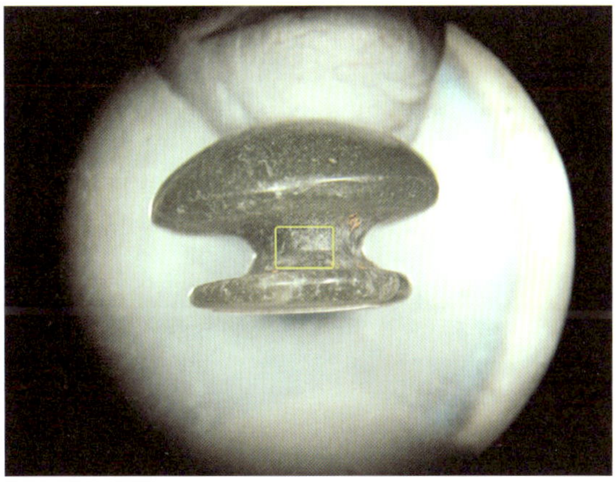

图 4-32　纽形玉饰 M90∶37 观察点

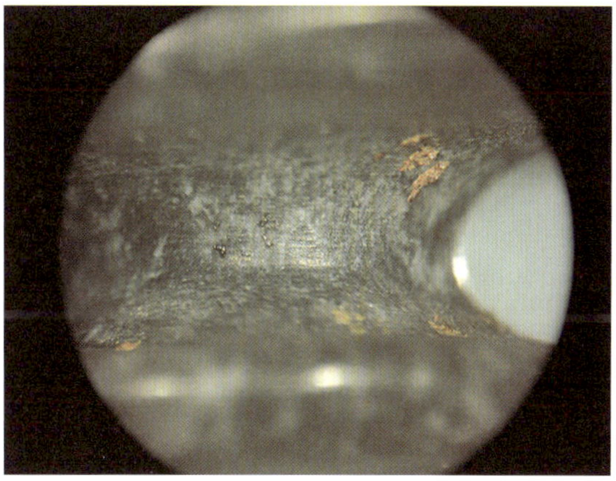

图 4-32A　M90∶37 观察点放大 40 倍

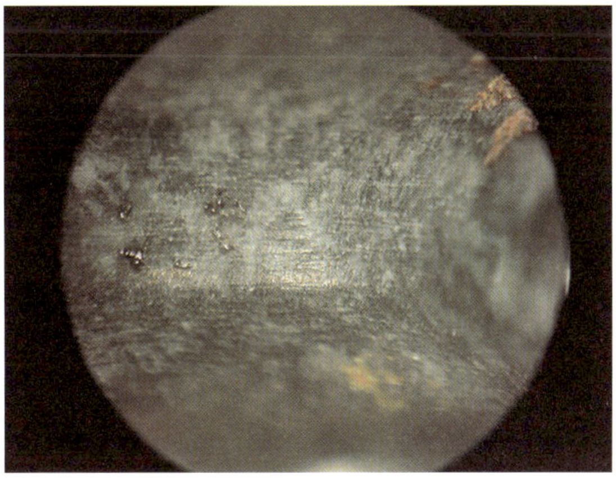

图 4-32B　M90∶37 观察点放大 60 倍

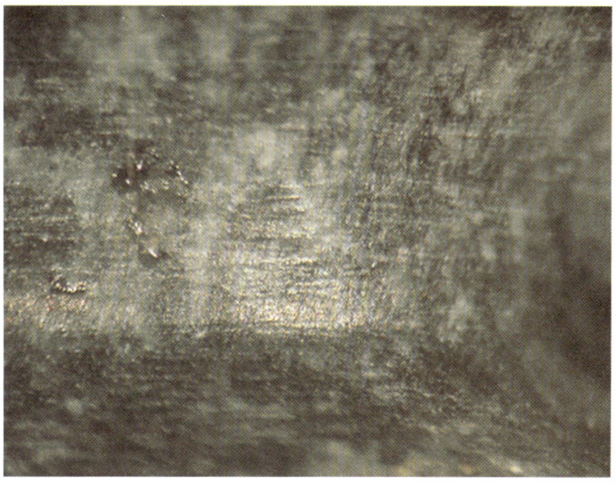

图 4-32C　M90∶37 观察点放大 120 倍

3. BC3300MSSC 型

东山村 M90∶42 玉璜观察点（图 4-33）放大至 120 倍（图 4-33A、B、C），呈现满布晶粒状凸点、晶团状凸脊与凹洼现象。此乃线状工具带动蘸水解玉砂往复拉槽所形成之痕迹。

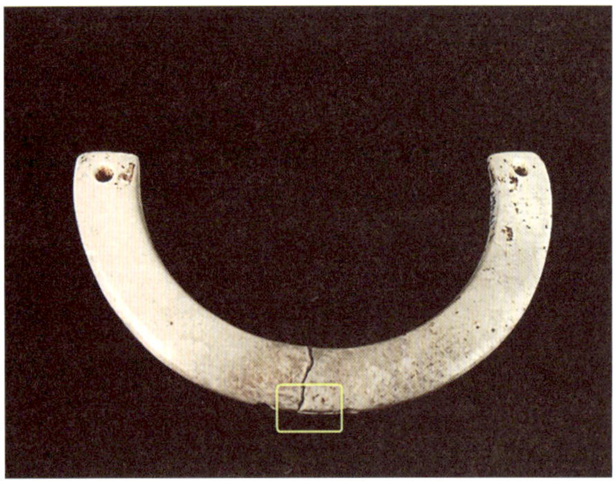

图 4-33　玉璜 M90∶42 观察点

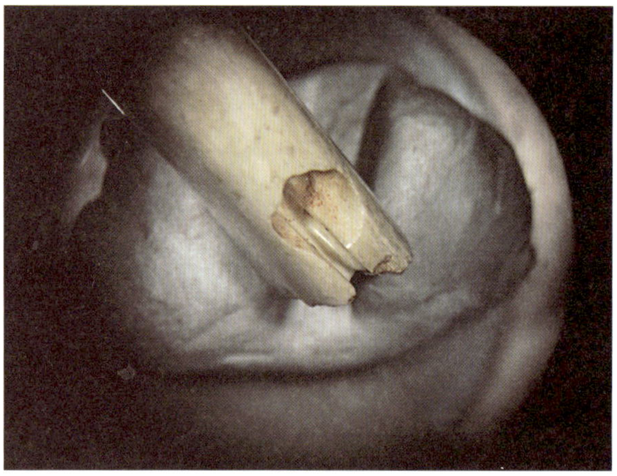

图 4-33A　M90∶42 观察点放大 20 倍

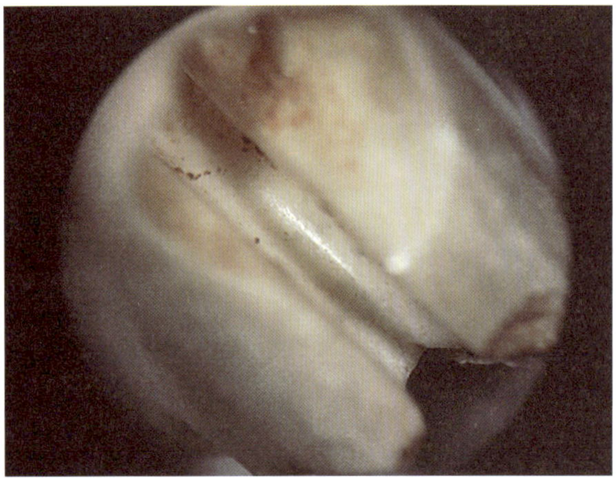

图 4-33B　M90∶42 观察点放大 40 倍

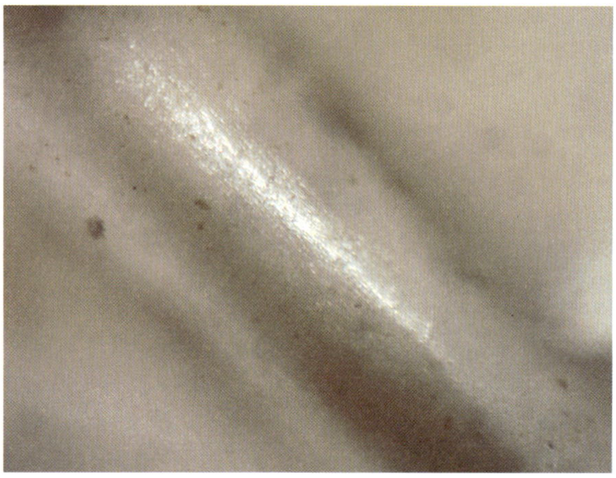

图 4-33C　M90∶42 观察点放大 120 倍

4. BC3300MSSD 型

东山村 M101∶12 玉髓璜观察点（图 4-34）放大至 120 倍（图 4-34A、B、C），呈现满布晶粒状凸点、晶团状凸脊与凹漥现象。此乃砂岩片状工具前后往复锉槽所形成之痕迹。

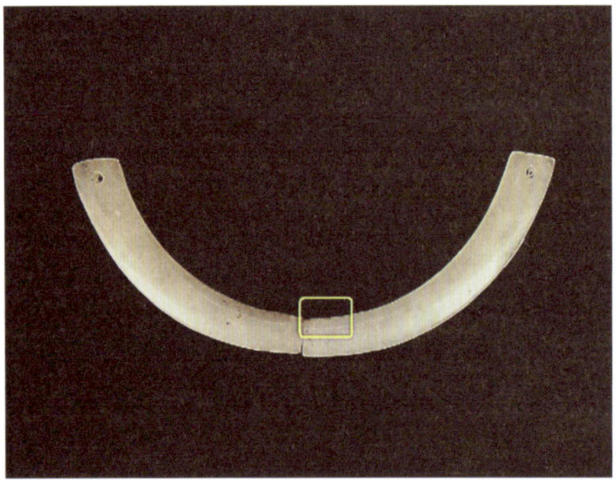

图 4-34　玉髓璜 M101∶12 观察点

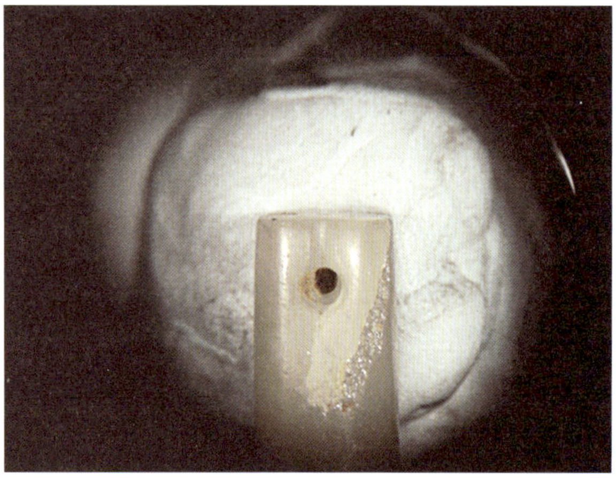

图 4-34A　M101∶12 观察点放大 20 倍

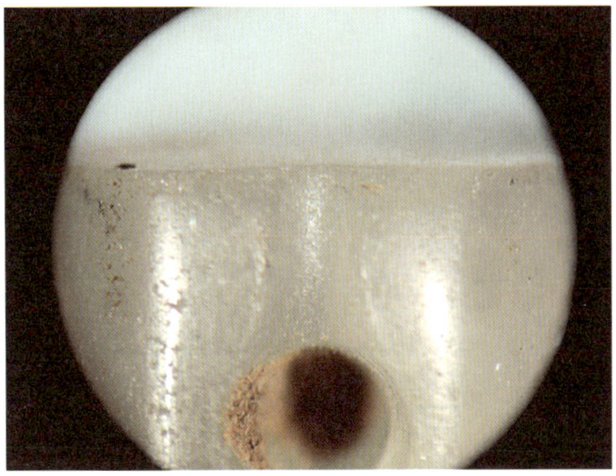

图 4-34B　M101∶12 观察点放大 40 倍

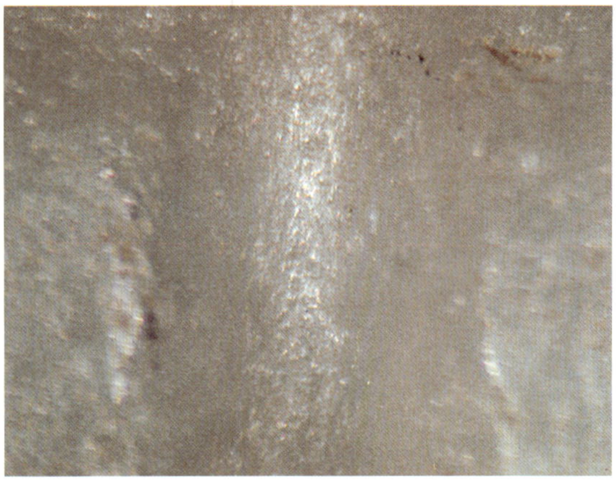

图 4-34C　M101∶12 观察点放大 120 倍

5. BC3300MSSE 型

东山村 M98∶29 玉镯观察点（图 4-35）放大至 120 倍（图 4-35A、B、C），呈现满布晶粒状凸点、晶团状凸脊与凹洼现象。此乃砂岩工具锉槽后使用圆形磨石左右旋磨 U 形槽所形成之痕迹。

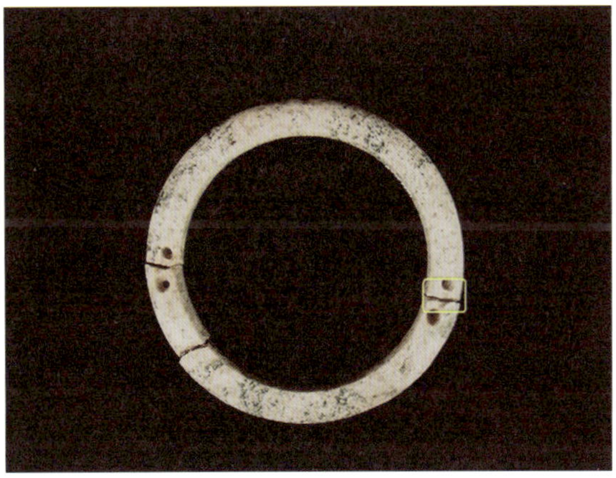

图 4-35　玉镯 M98∶29 观察点

图 4-35A　M98∶29 观察点放大 20 倍

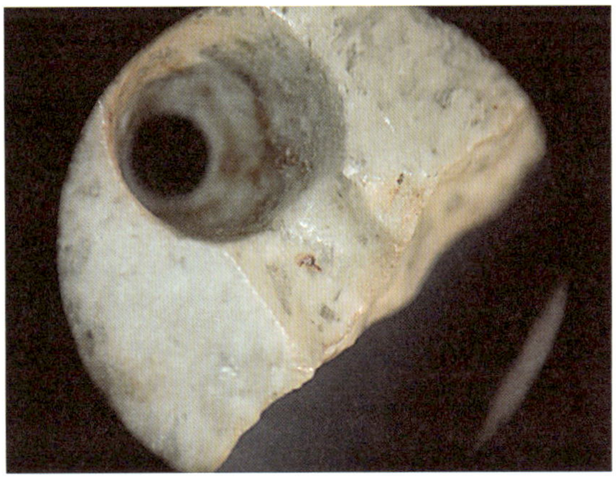

图 4-35B　M98∶29 观察点放大 40 倍

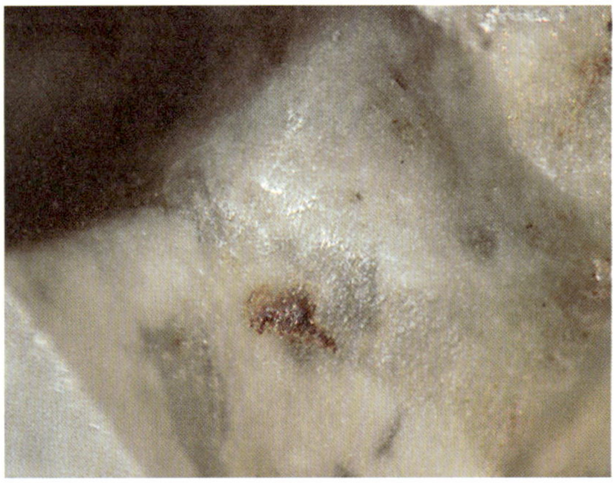

图 4-35C　M98∶29 观察点放大 120 倍

（十一）器物表面显微痕迹(Mcromark of Surface MOS)

1. BC3300MOSA 型

东山村 M92∶28 玉凿观察点（图 4-36）放大至 120 倍（图 4-36A、B、C），呈现满布晶粒状凸点、晶团状凸脊与凹洼平行排列现象。此乃砂岩磨石直接抛磨器表所形成之痕迹。

图 4-36　玉凿 M92∶28 观察点

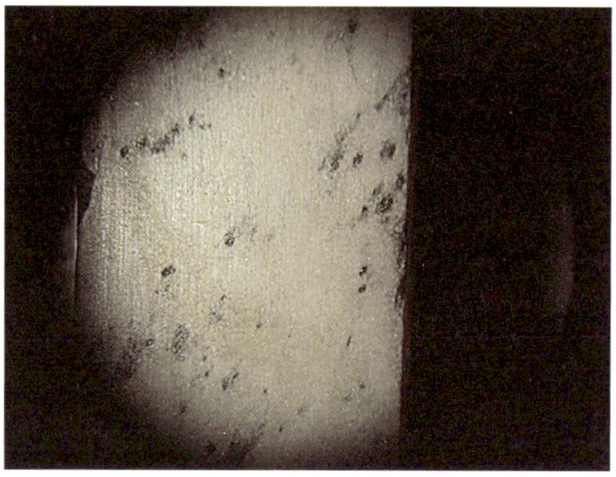
图 4-36A　M92∶28 观察点放大 20 倍

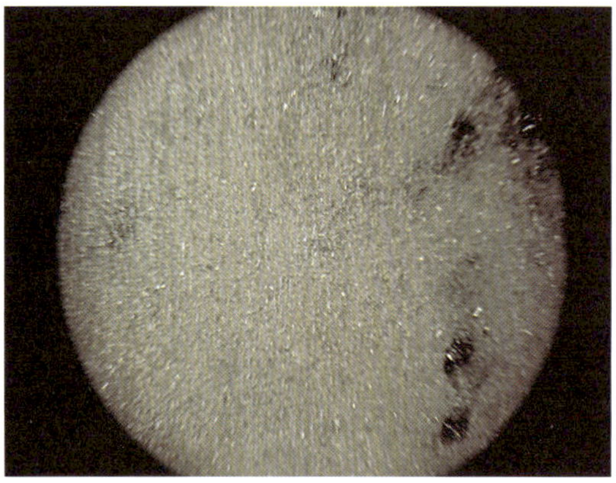
图 4-36B　M92∶28 观察点放大 40 倍

图 4-36C　M92∶28 观察点放大 120 倍

2. BC3300MOSB 型

东山村 M97∶1 玉锛观察点（图 4-37）放大至 120 倍（图 4-37A、B、C），呈现满布平行长条状凸脊与凹槽现象。此乃砂岩磨石同向锉磨刃部所形成之痕迹。石锛刃部未经使用。

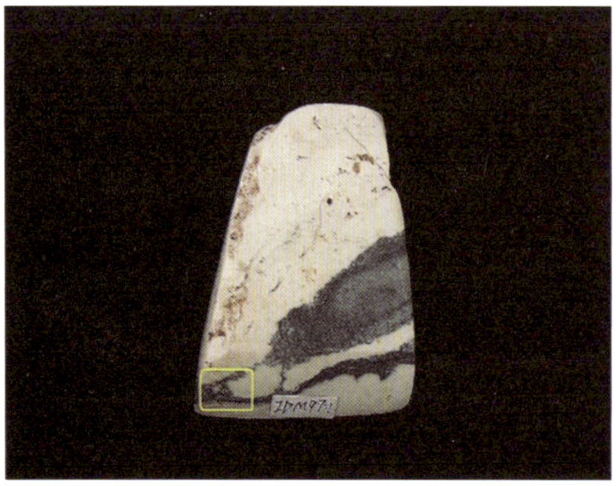
图 4-37　玉锛 M97∶1 观察点

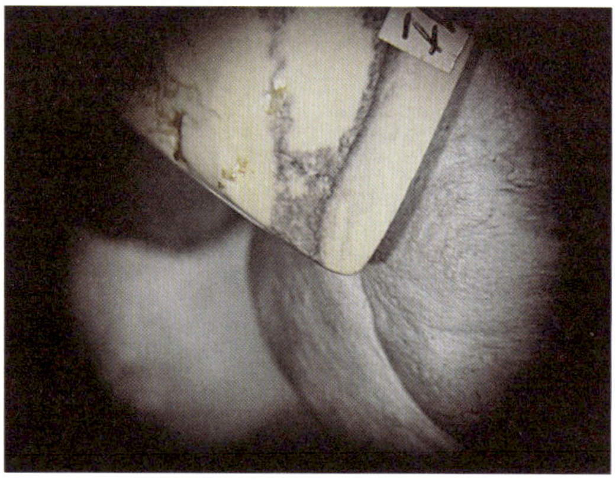
图 4-37A　M97∶1 观察点放大 20 倍

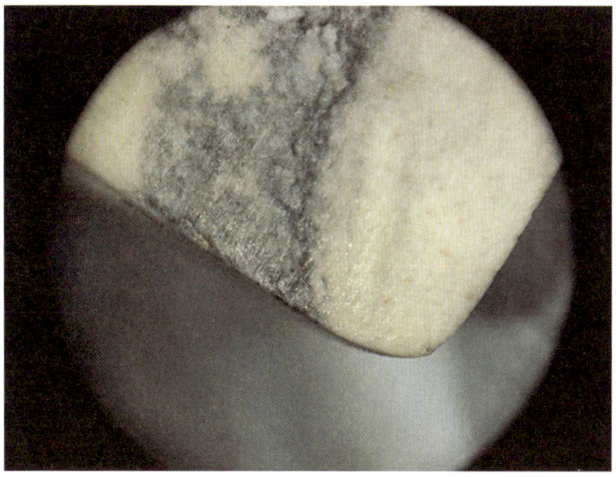

图 4-37B　M97∶1 观察点放大 40 倍

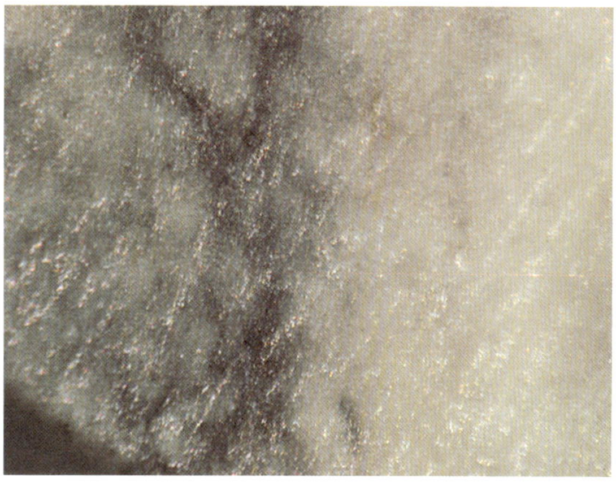

图 4-37C　M97∶1 观察点放大 120 倍

3. BC3300MOSC 型

东山村 M95∶30 玉环观察点（图 4-38）放大至 120 倍（图 4-38A、B、C），呈现多面为弧，弧面满布抛磨痕迹现象。此乃砂岩磨石多角度抛磨器缘，使成一面为弧的痕迹。

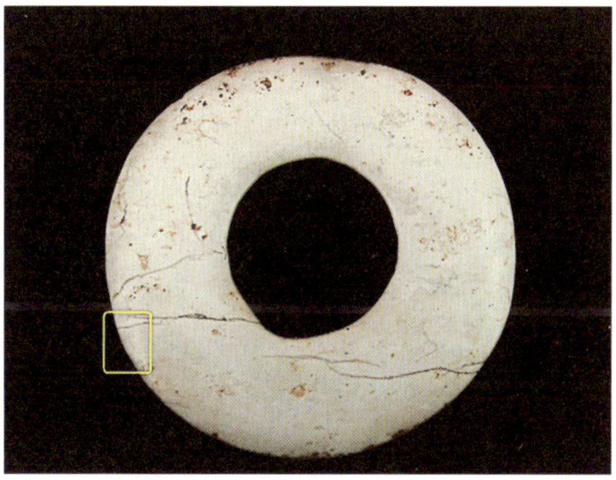

图 4-38　玉环 M95∶30 观察点

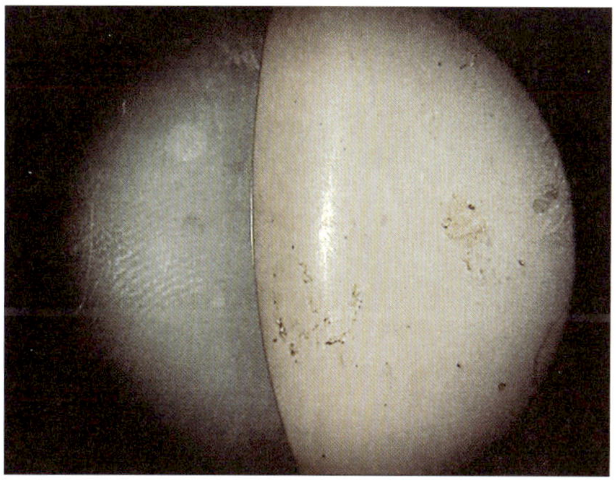

图 4-38A　M95∶30 观察点放大 20 倍

图 4-38B　M95∶30 观察点放大 40 倍

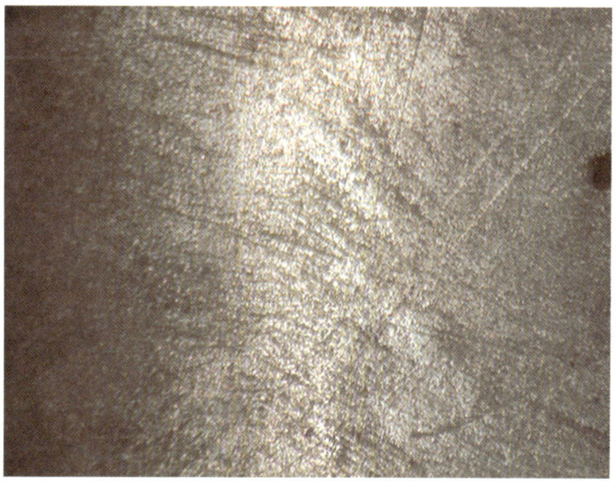

图 4-38C　M95∶30 观察点放大 120 倍

4. BC3300MOSD 型

东山村 M90∶44 玉髓玦观察点（图 4-39）放大至 120 倍（图 4-39A、B、C），呈现满布晶团状凸脊与凹洼现象。此乃锉磨成器的表面使用砂岩磨石磨细所形成之痕迹。

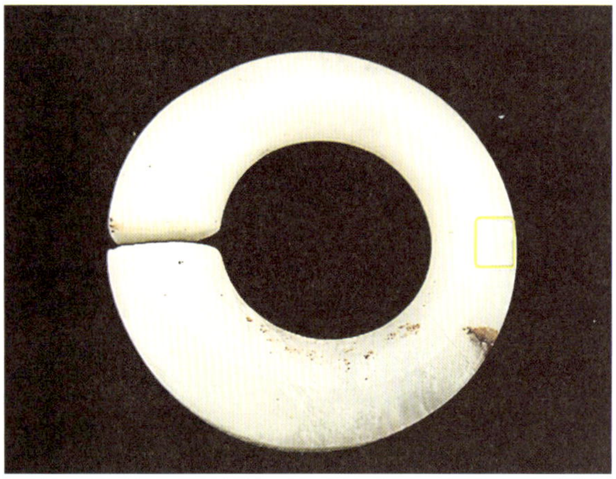

图 4-39　玉髓玦 M90∶44 观察点

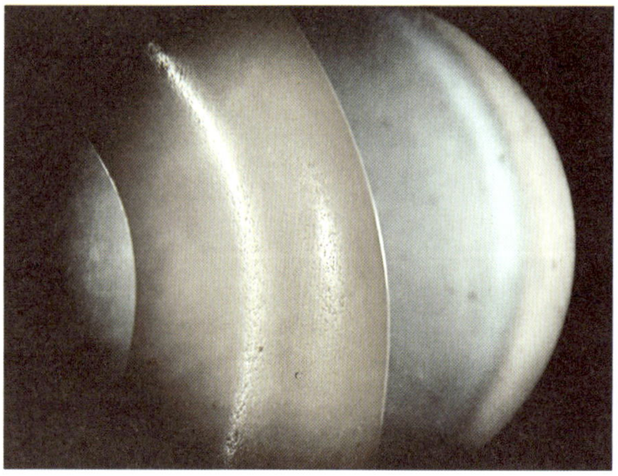

图 4-39A　M90∶44 观察点放大 20 倍

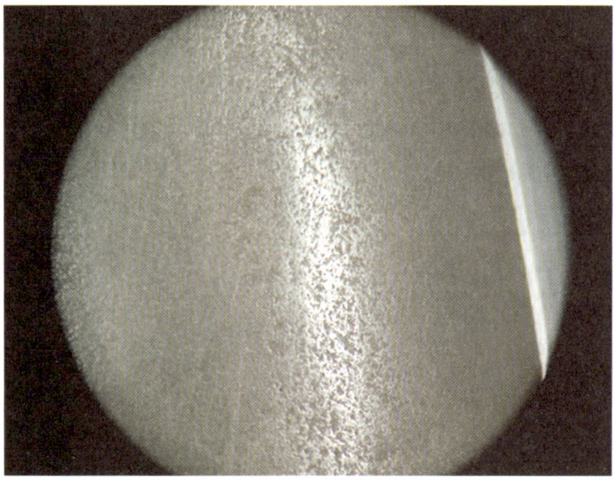

图 4-39B　M90∶44 观察点放大 40 倍

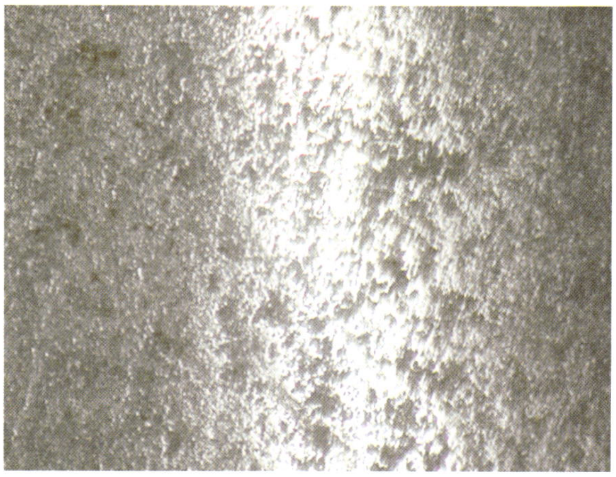

图 4-39C　M90∶44 观察点放大 120 倍

5. BC3300MOSE 型

东山村 M90∶36 玉玦观察点（图 4-40）放大至 120 倍（图 4-40A、B、C），呈现斑渣面上分布横向刮痕与竖向沁蚀沟槽现象。

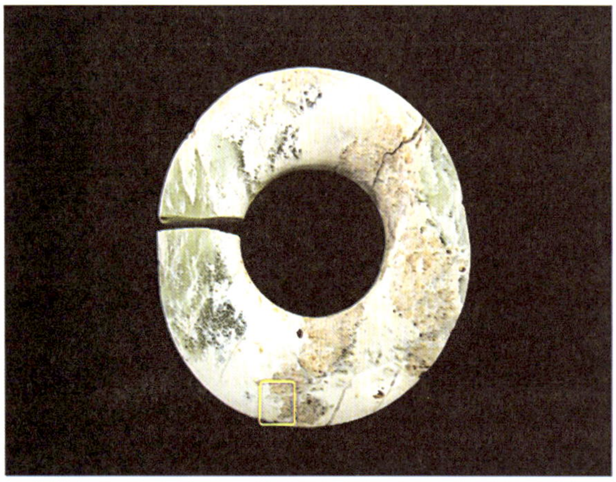

图 4-40　玉玦 M90∶36 观察点

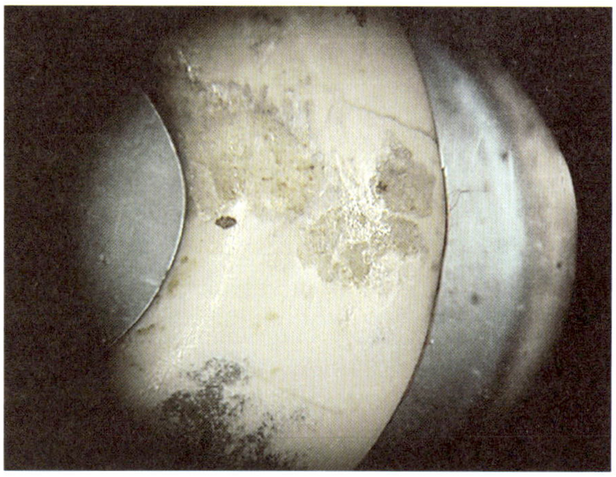

图 4-40A　M90∶36 观察点放大 20 倍

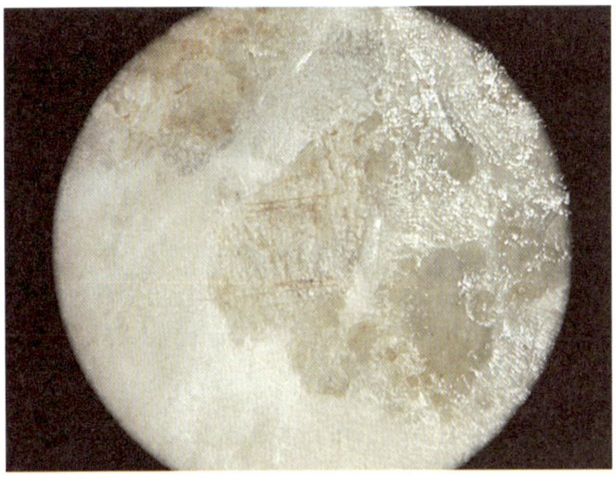

图 4–40B　M90∶36 观察点放大 40 倍

图 4–40C　M90∶36 观察点放大 120 倍

6. BC3300MOSF 型

东山村 M90∶37 纽形玉饰观察点（图 4–41）放大至 120 倍（图 4–41A、B、C），呈现满布缓和的晶团缓脊现象。此乃成器后表面抛光时，非晶团的松散结构被抛除，胶结强度大的晶团被凸出之故。

图 4–41　纽形玉饰 M90∶37 观察点

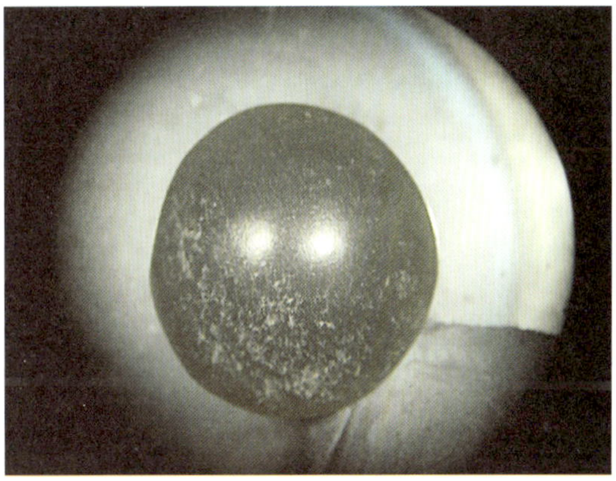

图 4–41A　M90∶37 观察点放大 20 倍

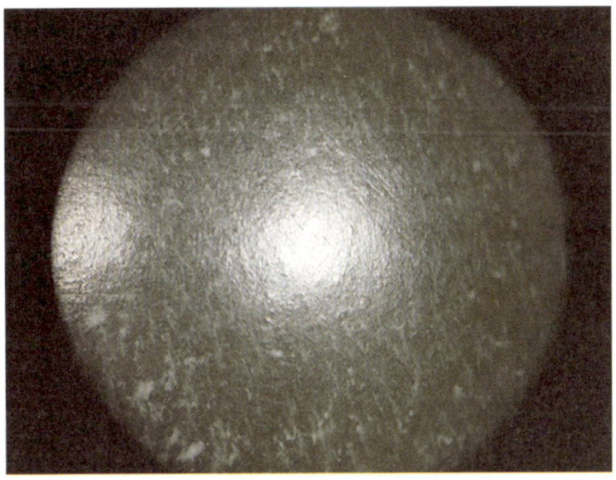

图 4–41B　M90∶37 观察点放大 40 倍

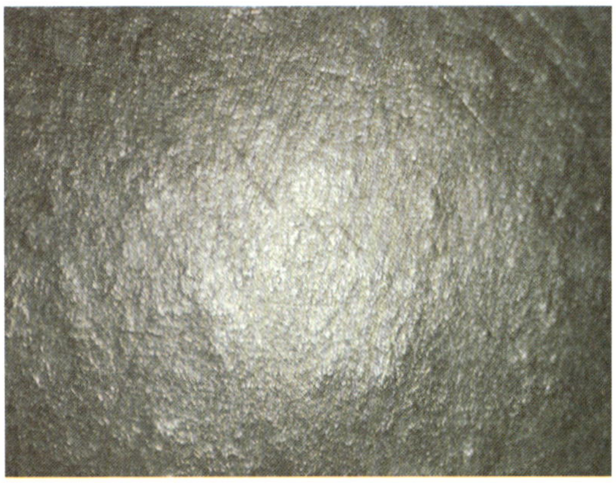

图 4–41C　M90∶37 观察点放大 120 倍

7. BC3300MOSG 型

东山村 M101∶11 桥形玉璜观察点（图 4–42）放大至 120 倍（图 4–42A、B、C），呈现表面凹凸不平的橘皮现象。此乃玉器在长年的使用过程中，非晶团的松散结构被磨除，胶结强度大的晶团被凸出，或玉器进入瘗埋环境后，经由周围土壤、水质、温度、微生物的物理化学作用，溶蚀了松散结构，突出高低大小不一的晶团之故。

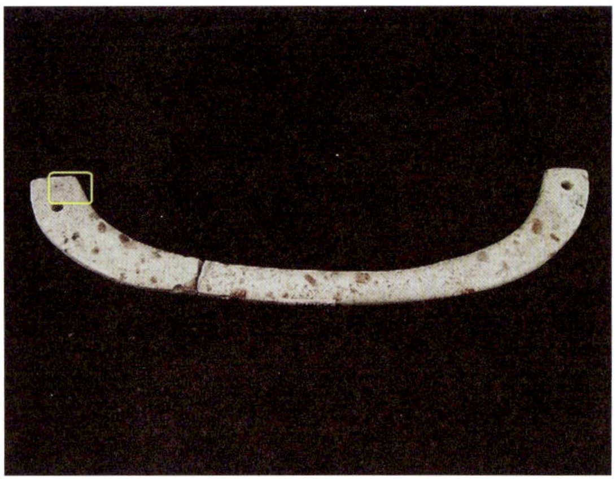

图 4–42　桥形玉璜 M101∶11 观察点

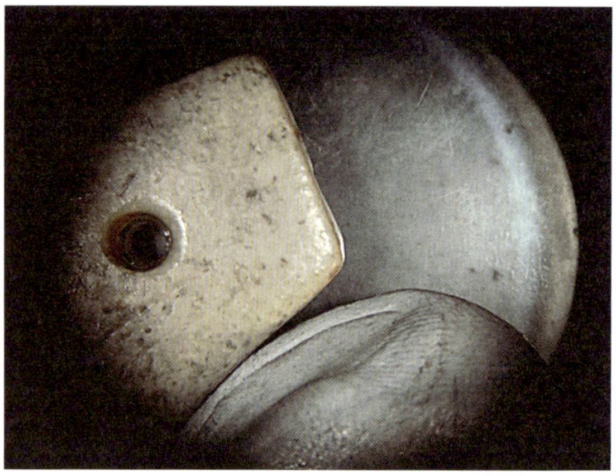

图 4–42A　M101∶11 观察点放大 20 倍

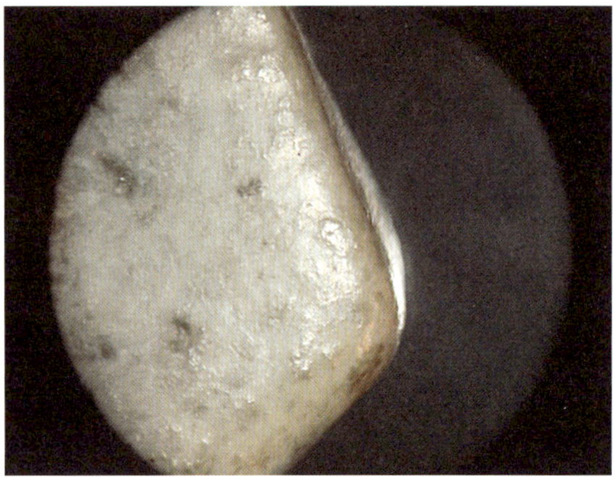

图 4–42B　M101∶11 观察点放大 40 倍

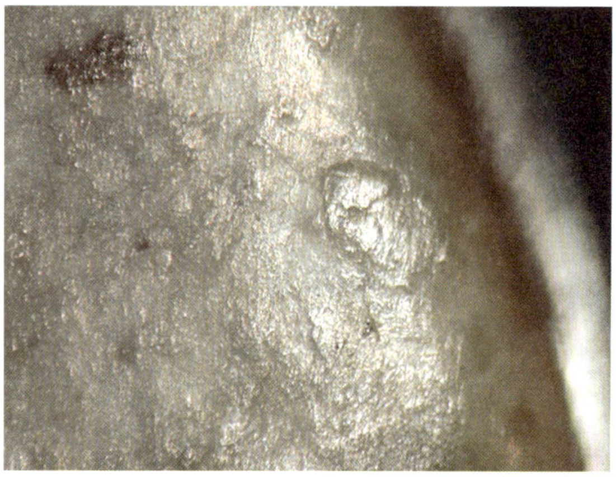

图 4–42C　M101∶11 观察点放大 120 倍

五

（一）线状工具切割痕迹

线状工具带动蘸水解玉砂往复切割玉材时，使用的砂料是否经过捣碎处理，是否经过颗粒粗细分级，其所呈现的微痕迹会有细微不同。施作对象的质地不同亦然。透闪石或蛇纹石玉料由多种矿物聚积而成，各自矿物的物理特性与结构皆不相同，因此玉料各个点面的胶结强度也不一致。

线状工具切割的独特之处是软性工具遇到高胶结强度的晶团时，线会往胶结强度低处游移，其所形成的痕迹高低起伏较大，如东山村 M96∶30 玉环观察点（图 4–1）。石英岩玉（玉髓）的组成矿物为单一石英，硬度与构造较为均一，切割痕迹高低起伏较小，如东山村 M90∶48 玉髓方管形饰观察点（图 4–4）。

玉料经线状工具切割后，遗留的切割面高低起伏较大，必须予以磨平，磨平后的表面经常遗留弧形凹陷切割痕迹。这些痕迹有保留原生痕迹者，如图 4–3 所示东山村 M90∶48 玉髓方管形饰观察点，有经过锉磨修整者，如图 4–4 所示东山村 M90∶48 玉髓方管形饰观察点。至于弧形凹陷痕迹遗留的原因，可能与玉器厚度需求有关，也可能远古先民认为在不影响器物功能的前提下，留着也无妨。至于是否与美学观感有关，则须由艺术美学工作者来论断。

东山村遗址中遗留线切割痕迹的玉器有：M90∶48 玉髓方管形饰、M93∶24 半璧形玉璜、M93∶

19 镯形玉饰、M96∶30 玉环、M96∶32 半璧形玉璜、M97∶3 异形玉玦等 6 件。

（二）片状工具切割痕迹

东山村遗址中仅 M91∶29 玉钺表面发现片状工具的切割痕迹，显示在崧泽文化中期，片切割工艺似乎尚不普遍。

（三）环形玉器内外缘痕迹

史前环形玉器的圆形中孔与圆形外缘的制作工艺有两种。一种是使用管形工具带动蘸水解玉砂旋钻玉材，如：东山村 M93∶19 镯形玉饰、M96∶30 玉环。另一种乃使用楔形石核工具尖端直接接触玉材并加压旋截。旋截又分两式：一式是在玉料上钻/搅中心凹穴/孔，取线一端绑一尖状物支于凹穴/孔中，另一端捆绑一楔形石核，加压于石核尖端并沿着圆周旋截玉材。另一式是将玉料固定于转盘上（如筑陶转盘），楔形石核固定于可升降横杆，由上而下加压于石核尖端并转动玉材使旋截之。第一式石核呈圆圈运动状态，第二式石核呈定位状态。

管形旋钻工艺与楔形旋截工艺皆有单方向旋转和往复双向旋转两种动作。单方向加工形成的痕迹一般较为锐利，如东山村 M96∶30 玉环（图 4–17）与 M91∶26 玉环（图 4–15）；往复双向加工的痕迹较为和缓，如东山村 M93∶19 镯形玉饰（图 4–13）与 M93∶27 玉镯（图 4–16）。

使用旋截工艺成就外圆缘的环形玉器有：东山村 M91∶22 玉环、M93∶26 小玉环、M93∶29 玉环、M95∶39 和 M95∶40 玉玦、M96∶34 镯形玉饰等 6 件。

使用旋截工艺成就内圆孔的环形玉器有：东山村 M89∶31 凸角玉环形玉饰、M91∶22 玉环、M91∶23 玉镯、M91∶24 玉环、M93∶27 玉镯、M93∶29 玉环、M93∶33 玉环、M93∶19 镯形玉饰等 8 件。

使用旋截工艺完成的外缘或内孔面：

保留原生旋截痕迹者有：东山村 M91∶22 玉环、M91∶23 玉镯、M91∶24 玉环、M93∶26 小玉环、M93∶29 玉环、M93∶33 玉环、M95∶39 玉玦、M95∶40 玉玦等 8 件。

使用大型燧石核掏搅扩孔者有：东山村 M96∶34 镯形玉饰。

使用砂岩磨石锉磨整修者有：东山村 M91∶36 玉镯、M93∶24 半璧形玉璜、M95∶41 玉镯、M96∶34镯形玉饰、M101∶14 玉玦等 5 件。

使用砂岩磨石旋磨整修者有：M89∶31 凸角环形玉饰、M93∶27 玉镯等 2 件。

使用树皮或兽皮或布帛或其他软性工具蘸细沙抛磨孔面者，如东山村 M90∶36 玉玦。

（四）实心钻头痕迹

实心钻头有燧石与砂岩两种。燧石钻头一般一钻到底；使用于玉管中孔的钻搅、系孔的掏搅、小孔的扩孔，形成的痕迹较为锐利。砂岩钻头则由小而大，换用多种规格，换钻头时都会留下台阶，形成的痕迹细致、和缓。两种工具留下的痕迹很容易判别。

（五）复合玉器接孔痕迹

东山村遗址出土的复合玉器，复合处皆留有细沟槽以隐蔽系线。

竖孔的上下沟槽皆以线状工具带动蘸水解玉砂拉出，如东山村 M90∶42 玉璜、M95∶38 复合玉璜、M101∶14 玉玦。

侧孔的沟槽则使用砂岩工具直接锉制，如东山村 M98∶29 玉镯、M101∶12 玉髓璜。

东山村 M90∶55 玉镯、M91∶23 玉镯、M91∶34 玉镯、M94∶16 玉镯、M95∶41 玉镯、M98∶29 玉镯、M101∶11 桥形玉璜、M101∶13 东菱玉玦等器虽有系线孔，但无凹槽。

（六）玉器表面痕迹

玉器表面痕迹有加工痕迹、使用痕迹、埋藏痕迹。史前玉器的锉磨与抛磨工艺大都是单向磨。向前磨，悬空回定位再向前磨，周而复始。不会向前磨拉回又磨。因此生成的磨痕除粗细不同外，几乎接近平行。东山村遗址出土玉器的平面磨痕也不例外。

斑渣结构是东山村遗址玉料的特征，这种存在于玉器表面的斑渣结构常因抛光因素、使用因素、瘗埋因素产生溶蚀现象，如东山村 M90∶36 玉玦（图 4–40）。

橘皮结构经常出现在玉器的弧面或平面上。玉器成器后进行表面抛光时，非晶团的松散结构被抛除，胶结强度大的晶团被凸出，如东山村 M90∶37 纽形玉饰（图 4–41）。玉器在长年的使用过程中，非晶团的松散结构被磨除，胶结强度大的晶团被凸出，或玉器进入瘗埋环境后，经由周围土壤、水质、温度、微生物的物理化学作用，溶蚀了松散结构，突出高低大小不一的晶团，如东山村 M101∶11 玉璜（图 4–42）。

石英岩类材料，因为成岩矿物单一，不会出现橘皮结构。加工过的表面光亮，但充满了晶坑，如东山村 M90∶44 玉髓玦（图 4–39）。

（七）玉玦的开口工艺

玉玦开口工艺有线切割开口与片切割开口两种工艺。线切割开口特征是口沿呈曲线状，切割面呈抛物线弧形高低起伏状。片切割开口特征是口沿呈平行直线状，切割面有平行切割或多向切割痕迹，平面状。

东山村遗址出土的玉玦大多数为线切割开口，计有东山村 M90∶36、M90∶44、M90∶51 和 M90∶52、M97∶3、M101∶13、M101∶14 等 7 件。东山村 M93∶25 钩形玉饰出土于墓主耳部，其功能当也是玦饰功能，若一并计入，共有 8 件。

片切割开口工艺则仅见于东山村 M90∶49 玉玦一件。

七

东山村遗址出土玉器的工艺技术显微痕迹特征资料对邻近地区前后期遗址出土玉器的研究具有标杆作用。与西边宁镇地区的北阴阳营文化玉器，江淮流域凌家滩文化玉器、薛家岗文化玉器的研究都具相辅相成作用。

1996 年台北故宫博物院邓淑苹女士在 1996 年 10 月《故宫文物月刊》中发表了《天工巧夺——新石器时代玉雕工艺初探》一文，文中提及“截具”截切弧线的概念，并由沈建东先生做了科学实验，并推测它可能存在于红山文化。香港中文大学邓聪教授进一步根据近年在内蒙古东部草原出土的圆形玉器与俄罗斯出土的圆形玉器的中间凹穴与圈纹，推论史前时期已经出现类似圆规工具的“旋切”工具。

东山村遗址出土的十余件环/镯形玉器，其内孔与外缘工艺痕迹，首次成为旋截工艺的珍贵样品，对于史前治玉工艺技术的研究，占据着不可替代的地位。其内外缘碴口多未修磨，或修磨粗糙，不宜实用，其所彰显的远古文化内涵，极为深厚。

附录七 东山村遗址出土石器质地鉴定和分析报告

朱文斌

（南京大学地球科学和工程学院）

一 前言

东山村遗址墓葬和文化层中，尤其是崧泽文化大墓中出土了较多的石器，器形主要有石钺、石锛、石凿、砺石等。相当多的大石钺和长石锛没有明显使用痕迹，这些石器很可能具有礼器性质。本研究的目的是对东山村遗址墓葬和文化层中出土的石器进行质地鉴定，并根据遗址当地的地理环境以及周边的地质情况，对东山村遗址出土石器的材料来源进行初步分析和判断。

二 鉴定方法和结果

岩石鉴定通常分为野外鉴定和室内鉴定两种。野外鉴定一般通过露头观察，选择未蚀变的标本，敲打出新鲜的断面，借助放大镜对新鲜断面上的矿物进行识别，给出岩石大类名称。室内鉴定则需要将岩石制成薄片，在显微镜下详细观察，有时甚至要将岩石粉碎，通过仪器进行成分分析。室内鉴定给出的岩石名称更准确。基于文物保护的目的，本次鉴定为无损鉴定，既不能在石器上敲打出新鲜的断面，也不能将石器切割制成薄片，更不能将石器粉碎，所有工作仅能凭肉眼观察。由于埋藏时间较长，大部分石器都已产生蚀变，这不仅增加了鉴定的难度，也加大了鉴定结果的不确定性。本次共鉴定石器 130 件，除 1 件石器未鉴定出外，其余鉴定结果见表 2-1。

表 2-1 东山村遗址出土石器质地鉴定

编号	名称	质地
F1∶11	纺轮	凝灰岩
F1∶19	石锤	闪长岩
F1∶2	石凿	硅质泥岩
H41②∶14	石凿	泥岩
M1∶4	石锛	泥岩
M1∶14	石锛	泥岩

续表 2-1

编号	名称	质地
M100:4	石钺	砂岩
M100:1	石凿	硅质岩
M100:5	石钺	基性侵入岩
M100:6	石钺	泥岩
M100:2	刻槽石锛	硅质泥岩
M101:32	纺轮	泥岩
M15:1	石斧	泥岩
M15:2	石锛	硅质泥岩
M15:3	石斧	浅层侵入岩
M15:4	石锛	泥岩
M15:5	石凿	泥岩
M3:1	石凿	硅质岩
M4:1	石锛	泥岩
M4:2	石凿	硅质泥岩
M4:29	石锛	粉砂岩
M4:3	石钺	泥岩
M4:31	石凿	粉砂岩
M4:4	石锛	硅质岩
M41:1	石锛	硅质岩
M5:10	石锛	泥岩
M50:1	石锛	砂岩
M74:1	石凿	硅质岩
M74:2	石钺	花岗斑岩
M75:4	石锛	硅质泥岩
M75:5	石凿	辉绿岩
M79:2	石凿	硅质岩
M87:7	石锛	灰岩
M87:8	石锛	硅质岩
M87:9	石锛	泥岩
M89:01	玉珠	玉髓
M89:11	石钺	凝灰岩
M89:14	石锛	泥岩
M89:28	石锛	泥岩
M89:7	石锛	凝灰岩
M90:20	砺石	未鉴定

续表 2-1

编号	名称	质地
M90:27	砺石	砂岩
M90:14	石凿	泥岩
M90:15	石锛	泥岩
M90:31	石钺	火山角砾凝灰岩
M90:32	石钺	火山凝灰岩
M90:33	石钺	火山凝灰岩
M90:34	石钺	基性侵入岩
M90:35	石钺	基性侵入岩
M90:57	石锛	硅质泥岩
M91:29	玉钺	透闪岩
M91:30	石锛	硅质岩
M91:31	石锛	硅质岩
M92:26	石凿	泥灰岩
M92:27	石凿	泥岩
M92:29	石锛	硅质泥岩
M92:30	石锛	硅质泥岩
M92:31	石钺	玄武岩
M92:32	石钺	石英岩
M92:33	石钺	硅质岩
M92:34	石钺	玄武岩
M92:44	石钺	花岗岩
M92:47	砺石	砂岩
M94:17	砺石	砂岩
M94:18	石锛	硅质泥岩
M95:42	石凿	泥岩
M95:43	石凿	砂岩
M95:44	石钺	石英岩
M95:45	石锛	硅质岩
M95:46	石凿	泥岩
M95:47	石凿	粉砂岩
M95:48	石钺	硅质灰岩
M95:49	石锛	泥岩
M95:50	石锛	粉砂岩
M95:51	石锛	泥岩

续表 2-1

编号	名称	质地
M95:52	石斧	凝灰岩
M98:30	石钺	花岗玢岩
M98:33	石凿	泥岩
M98:36	石锛	泥岩
M98:37	石锛	泥岩
M98:38	石凿	硅质泥岩
M98:39	石锛	硅质泥岩
M98:40	石凿	泥岩
M98:41	石锛	硅质泥岩
M98:31	石钺	石英岩
M98:32	石钺	灰岩
M98:34	石凿	泥岩
M98:35	石锛	硅质泥岩
T0509④:2	纺轮	泥岩
T0510④:2	石凿	泥岩
T0510⑤:2	石锛	石英岩
T0511⑤:1	石锛	硅质岩
T0609⑤:1	纺轮	泥岩
T0610⑥:9	石锛	泥岩
T0610⑥:10	石锛	砂岩
T0611⑤:6	石凿	泥岩
T0611⑤:5	石锛	硅质岩
T0711⑤:10	石锛	灰岩
T0711④:1	石凿	硅质岩
T0711⑤:1	石锛	硅质岩
T0711⑤:11	石锛	硅质岩
T0711⑥:13	石锛	黏土岩
T0711⑥:3	石凿	硅质岩
T1208④:1	石斧	基性侵入岩
T1209④:1	石凿	泥岩
T1210④:3	石凿	硅质岩
T1210④:9	石锛	闪长岩
T1210④:5	石锛	闪长岩
T1210④:6	石凿	闪长岩

续表 2-1

编号	名称	质地
T1210④:8	石锛	闪长岩
T1210④:4	石锛	泥岩
T1706④:1	石凿	硅质岩
T1905④a:14	石锛	硅质岩
T1905④a:1	石锛	硅质岩
T1905④a:13	石镞	硅质岩
T1905⑥:9	石锛	硅质泥岩
T1906④a:2	石锛	泥岩
T1906④a:1	石凿	石英岩
T1906④a:4	石凿	硅质泥岩
T1906④a:5	残石器	硅质岩
T2005④a:1	石凿	硅质岩
T2005④a:2	石刀	灰岩
T2005④b:1	石凿	泥岩
T2006④a:3	石凿	硅质岩
T2006④b:9	石凿	硅质岩
T2006④b:10	残石器	泥岩
T2006④b:7	石锛	泥岩
T2006④b:8	石凿	硅质岩
T2006⑤:5	石凿	灰岩
T2006⑤:7	石凿	灰岩

根据鉴定结果，可以对石器质地作如下分类：

1. 沉积岩

包括泥岩类、砂岩类、灰岩类、硅质岩类和黏土岩类。这类岩石在石器中所占比例最大，共计 83 件，占比 63.8%。其中

（1）泥岩类：泥岩 37 件；

（2）砂岩类：砂岩 7 件，粉砂岩 4 件；

（3）灰岩类：灰岩 6 件，泥灰岩 1 件；

（4）硅质岩类：硅质岩 27 件；

（5）黏土岩类：黏土岩 1 件。

2. 侵入岩

包括酸性侵入岩类，中性侵入岩类和基性侵入岩类。这类岩石在石器中所占比例次之，共计 14 件，占比 10.8%。其中

（1）酸性侵入岩类：花岗岩 1 件，花岗斑岩 1 件，花岗玢岩 1 件；

（2）中性侵入岩类：闪长岩 5 件，浅层侵入岩 1 件；

（3）基性侵入岩类：基性侵入岩4件，辉绿岩1件。

3. 火山岩

包括凝灰岩类和玄武岩类。这类岩石共计7件，占比5.4%。其中

（1）凝灰岩类：凝灰岩4件，角砾凝灰岩1件；

（2）玄武岩类：玄武岩2件。

4. 变质岩

包括石英岩5件和透闪石岩1件。这类岩石共计6件，占比4.6%。

5. 矿物

只有1件玉珠是由玉髓做成的。玉髓与玛瑙相同，是一种矿物，成分为石英。

三　东山村遗址周边岩石出露情况

东山村遗址位于张家港市，隶属扬子地层区的苏锡岩区，发育泥盆系—第四系地层。火山岩主要产于侏罗系、白垩系和第三系地层中，侏罗系以中、酸性火山岩为主，白垩系发育中性和碱性火山岩，第三系基性火山岩广泛分布。侵入岩以燕山期酸性侵入岩为主，少量新生代基性侵入岩与基性火山岩相伴生。以下将分为地层和侵入岩两部分对东山村遗址周边出露的基岩进行概略描述，地层部分包含沉积岩和火山岩，描述顺序按由老到新的原则。

（一）地层

1. 泥盆系

中下统：茅山群（D_{1-2ms}），厚0～1608米，岩屑砂岩夹粉砂岩、泥岩。上统：五通组（D2w），厚75～315米，石英砂岩夹页岩、黏土岩，局部含煤。

2. 石炭系

下统：金陵组（C_{1j}），厚5～10米，灰岩，砂页岩；高骊山组（C_{1g}），厚7～108米，杂色砂页岩；和州组（C_{1h}），厚5～18米，泥灰岩夹白云岩；老虎洞组（C_{1l}），厚9～12米，白云岩夹燧石团块。中统：黄龙组（C_{2h}），厚52～94米，灰岩、细粒岩和白云岩。上统：船山组（C_{3c}），厚35～60米，具球状构造灰岩。

3. 二叠系

下统：栖霞组（P_{1q}），厚80～212米，燧石结核灰岩、白云质灰岩、硅质岩；孤峰组（P_{1g}），厚10～55米，硅质页岩、页岩、含磷结核；堰桥组（P_{1y}），厚36～634米，粉砂岩、泥岩夹中粗粒砂岩、煤、灰岩透镜体。上统：龙潭组（P_{2l}），厚45～230米，砂页岩夹煤、灰岩；太隆组（P_{2t}），厚0～24米，页岩、硅质页岩。

4. 三叠系

下统：下青龙组（T_{1x}），厚176～391，薄层灰岩、粉砂岩、钙质页岩、白云质灰岩、局部为白云岩夹石膏；上青龙组（T_{1s}），厚313～405米，灰岩。中统：周冲村组（T_{2x}），厚118～602米，泥灰岩、白云岩夹石膏；黄马青组（T_{2h}），厚1059米，紫色砂岩。上统：范家塘组（T_{3f}），厚12～225米，砂页岩夹煤层。

5. 侏罗系

中下统：象山群（J_{1-2x}），厚0～1034米，砾岩、砂岩及页岩夹煤层、安山岩。上统：劳村组（J_{3la}），厚0～652米，流纹岩、流纹质熔结凝灰岩、安山岩及砂岩；黄尖组（J_{2h}），厚0～269米，粗面岩、粗安岩、英安岩、凝灰岩、砂岩、页岩。

6. 白垩系

下统：葛村组（K_{1g}），厚0～1065米，砂岩、泥岩、砾岩。上统：浦口组（K_{2p}），厚0～2039米，砾岩、砂岩、泥岩及膏泥岩夹粗安岩；赤山组（K_{2c}），厚0～695米，砂岩、泥岩。

7. 第三系

古新统：泰州组（E_{1t}），厚0～465米，砂岩、泥岩；阜宁群（E_{1-2fn}），厚0～1290米，砂岩、泥岩夹灰岩及玄武岩。始新统：戴南组（E_{2d}），厚0～902米，砂岩、泥岩夹石膏。渐新统：三垛组（E_{3s}），厚0～1318米，砂岩、泥岩夹玄武岩。中新统：洞玄观组（N_{1d}），厚0～63米，砂砾岩、泥岩、细砂岩及玄武岩。上新统：雨花台组（N_{2y}），厚0～41米，砂砾岩、泥岩；方山组（N_{2f}），厚0～249米，玄武岩夹砂砾岩。

8. 第四系

下更新统（Q_1）：厚0～86米，含砾砂层、亚黏土。中更新统（Q_2），厚55～122米，砂层、亚黏土。上更新统（Q_3），厚30～158米，亚黏土夹砂层。全新统（Q_4），厚7～46米，粉砂、亚黏土夹泥炭。

（二）侵入岩

燕山期岩浆侵入活动在研究区是最强烈的，岩类成分复杂，有基性、中性、中酸性和酸性等类型。它们在成因上、时间上和空间上与构造和成矿作用有着紧密的联系。

1. 燕山早期侵入岩

钾长花岗岩、角闪花岗岩、石英斑岩。

2. 燕山晚期侵入岩

第一次侵入：石英闪长斑岩、斑状闪长岩、钾长花岗岩、斑状钾长花岗岩；第二次侵入：石英二长岩、钾长花岗岩、斑状钾长花岗岩；第三次侵入：花岗斑岩。

3. 脉岩

煌斑岩、细晶岩、伟晶岩、霞石橄辉岩、辉绿岩、正长斑岩、花岗斑岩、花岗闪长斑岩、闪长玢岩。

四　石器材料来源分析

（一）沉积岩石器

从石器的原材料看，沉积岩所占比重最大，共83件，这些沉积岩在东山村遗址周边均有出露。

泥岩石器共37件，在所有石器中是最多的一种。从地层岩性看，泥岩在很多地层中均有发育，例如泥盆系中下统的茅山群、二叠系下统的堰桥组、白垩系和第三系的各层位。正是因为泥岩材料来源十分丰富，因此用泥岩制作的石器数量也较多；另一方面，泥岩质地相对较软，制作起来比较容易。从石器的使用的角度考虑，以泥岩作原材料不是一个好的选择，但如果这些石器是用来做礼器的，选择泥岩则是聪明之举。

砂岩类石器共计11件，其中砂岩石器7件，粉砂岩石器4件。砂岩见于泥盆系五通组、三叠系黄马青组，侏罗系、白垩系和第三系各层位。粉砂岩见于泥盆系茅山群、二叠系堰桥组和三叠系下青龙组。

灰岩类石器共计7件，其中灰岩石器6件，泥灰岩石器1件。灰岩分布广泛，在石炭、二叠和三叠系地层中均有出露。泥灰岩见于石炭系和州组、二叠系堰桥组和三叠系周冲村组。

硅质岩石器共计27件，硅质岩主要出现在二叠系栖霞组。

黏土岩石器只有1件，这类岩石发育在泥盆系五通组中。

（二）侵入岩石器

研究区周边侵入岩主要以中生代燕山期侵入岩为主，其中中酸性侵入岩既有大的岩体也有小的岩脉，材料来源十分丰富，因此花岗岩类石器和闪长岩类石器就近取材应该是没有问题的。基性岩未见大的侵入体，但基性脉岩种类多分布广泛，例如：煌斑岩、霞石橄辉岩和辉绿岩，因此5件基性岩石器和1件辉绿岩石器也应取材于附近。

（三）火山岩石器

火山岩石器的原材料分为两种，一种为凝灰岩（5件），一种为玄武岩（2件）。凝灰岩在侏罗系劳村组和黄尖组地层中均有出露；玄武岩则是研究区，乃至中国东部新生代广为发育的一种火山岩。因此，在东山村遗址附近获得这两种石材制作石器也是十分便利的。

（四）变质岩石器

石英岩和透闪石岩在研究区附近均无产出，但石英岩作为砾石广泛出现于本区白垩系和第三系砾岩中，推测这两种岩石是通过河流搬运到研究区附近的。

（五）矿物石器

玉髓与玛瑙相同，是一种矿物，成分为石英，这类矿物在上新统雨花台组砾石中广为发育，推测这件由玉髓制作的石珠取自这类砾岩。

附录八　东山村遗址出土石器微痕观察报告

庄丽娜　周润垦

（中国国家博物馆）（南京博物院）

东山村遗址自1989年发现以来，前后共进行了五次发掘。2008～2010年的考古发掘，发现了一处马家浜文化晚期到崧泽文化时期的墓地。尤其是崧泽文化时期的大墓引起了极大的关注，这些大墓都会有规模较大的墓坑，丰厚的随葬品，随葬品中有数量较多的陶器和制作精美的玉、石器。在长江下游马家浜文化时期就开始出现随葬小件玉器的墓葬，宁镇地区的北阴阳营遗址，安徽巢湖流域的凌家滩遗址，还有皖西南的薛家岗遗址，逐步显现出这种重玉、石器随葬的倾向。对于随葬的这些石器，是实用器，还是专门为随葬制作的具有礼器性质的器物，这将是两种不同的葬俗，反映的社会复杂化的程度也是不一样的。国内已经有很多学者对磨制石器的微痕进行了研究，如对兴隆洼文化的石器①，二里头遗址②，后李文化的石制生产工具③以及昆山遗址出土的三角形石器“破土器”④ 和常山新岗遗址出土的石器⑤进行了微痕观察和研究。然而对墓葬出土的石器进行微痕观察的还没有专门研究的案例，本文希望通过微痕观察能为磨制石器微痕的讨论提供一些新的角度。

一　方法和设备

观察采用低倍法。用于观察的体式显微镜为尼康SZ－1000，最大放大倍数为160倍，最小放大倍数为16倍。所有标本在观察前都经过浸水清洗，部分石器的刃部因埋藏环境导致无机盐附着，不利于观察，我们对这些样本先进行清水浸泡，之后用稀盐酸（3%）局部浸泡和擦拭处理。观察中，我们随时用医用酒精对样本进行清理。

我们进行微痕分析的思路和方法，是首先通过不同放大倍数下的观察，对观察区域内的痕迹进行分类描述，记录痕迹产生的位置。通过这些痕迹与器身残留的制作痕迹进行比对，剔除制作过程中产生的痕迹，然后对制作痕迹以外的痕迹，再与已经刊布的微痕实验结果进行对比，主要参照《石器微痕分析的考古学实验研究》⑥ 中的实验结果。最后，结合石器的重量、原料、硬度等因素，对石器的功能做出初步的判断。

---

① 王小庆：《石器使用痕迹显微观察的研究》，文物出版社，2008年。

② 谢礼晔：《二里头遗址石斧和石刀的微痕分析》，《中国早期青铜文化—二里头文化专题研究》，科学出版社，2008年。

③ 王强：《海岱地区史前时期磨盘、磨棒研究》，山东大学博士论文，2008年。

④ 刘莉、陈星灿、潘林荣等：《新石器时代长江下游出土的三角形石器是石犁吗？—昆山遗址出土三角形石器微痕分析》，《东南文化》，2013年2期。《破土器、庖厨刀或铡草刀—长江下游新石器时代及早期青铜时代石器分析之二》，《东南文化》2015年2期。

⑤ 黄建秋、黄建康、时萧等：《新岗遗址出土石器的初步研究》，《常州新岗新石器时代文化遗址发掘报告》附录二，文物出版社，2012年。

⑥ 高星、沈辰主编：《石器微痕分析的考古学实验研究》，科学出版社，2008年。

二 观察样本的背景信息

本次观察的石器共51件，出土于东山村遗址崧泽文化时期的10座墓葬内（表2–1），其中5座墓的墓坑长度超过3米，宽度超过1米，除了M74、M75的随葬品不超过10件且不随葬玉石器外，其他的墓葬，随葬品从14件到65件不等，均随葬数量不等的玉石器。随葬的石器大都制作精美，包括的器形有石锛、石凿、石钺、石斧。在进行观察之前，我们先明确石钺、斧、锛、凿的定名标准以及观察区域的划分。石钺和石斧的区别在于器身的厚度，石钺扁薄，石斧偏厚。所观察的石钺大体可以分为两型，一种是常规刃部（图2–1、2–2），仅刃处较为锋利；一种是边刃型（图2–3），器身两侧边也形成锋利的刃部，均为双面刃。石钺分A、B面观察，与报告所发表线图一致的面为A面，背面为B面。对于石钺，除了观察刃部以外，对石钺顶端和孔缘也进行观察，石斧同石钺（图2–6）。

表2–1 墓葬信息登记表

墓号	墓区	层位关系	规模（长×宽—深，单位：米）	葬具（米）	头向	随葬石器	随葬玉器	随葬陶器	性别	随葬品总数
M4	Ⅰ	3a层下开口，打破4a层	2.4×0.7–0.15		340°	6	1	24		31
M15	Ⅰ	4a层下开口，打破5层	2.2×0.8–0.3		345°	5	0	9		14
M74	Ⅰ	3c层下开口，打破4a层	0.5~1.15×0.7–0.38		330°	2	0	1		3
M75	Ⅰ	4b层下开口，打破5层	1.8×0.76–0.3		332°	2	0	5		7
M89	Ⅲ	5层下开口，打破6层	2.65×1.1–0.4		330°	4	3	26		33
M90	Ⅲ	5层下开口，打破6层	3.05×1.7~1.8–0.4		340°	13	19	33		65
M92	Ⅲ	5层下开口，打破6层	3.3×1.26–0.6		335°	10	12	27		49
M94	Ⅲ	4层下开口，打破5层	3.05×1.55~1.6–0.5		345°	2	5	15		22
M95	Ⅲ	5层下开口，打破6层	3.1×1.6–0.37		335°	11	12	32	女	55
M98	Ⅲ	5层下开口，打破6层	3.2×1.52–0.3	2.3×1.11~1.18–0.15	350°	12	8	24		44

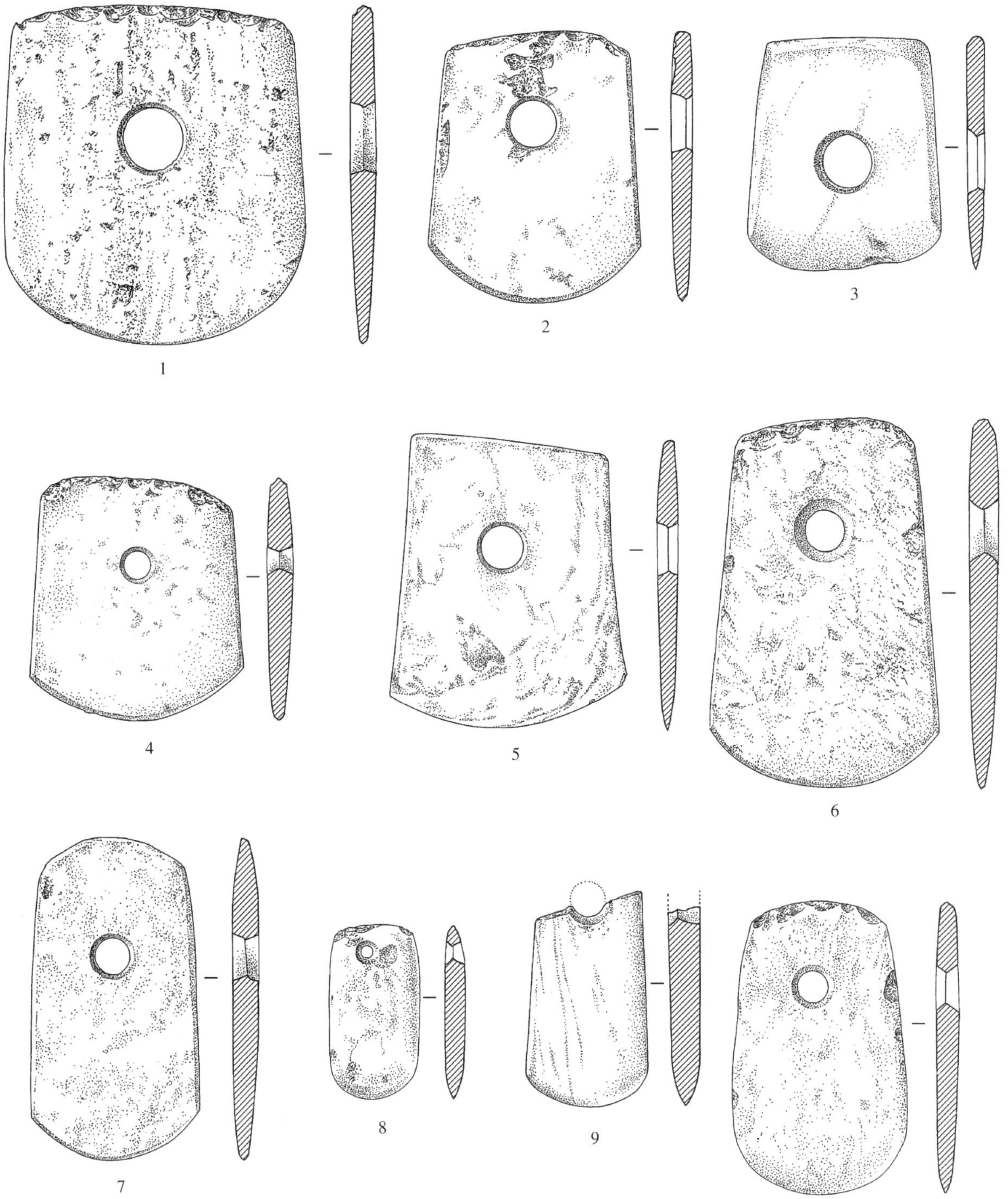

图 2-1 常刃石钺

1. M90∶34 2. M74∶2 3. M15∶1 4. M98∶30 5. M4∶3 6. M98∶3 7. M98∶32 8. M95∶52 9. M89∶11 10. M95∶44

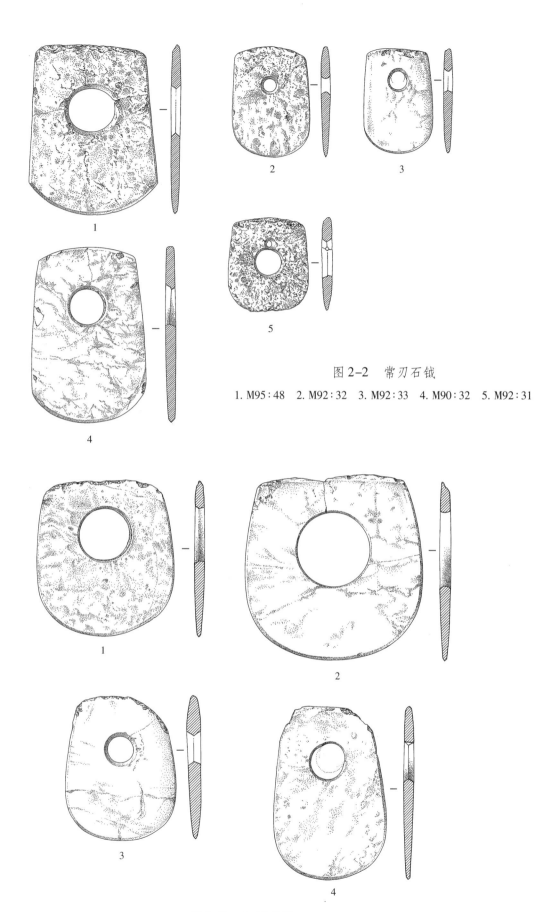

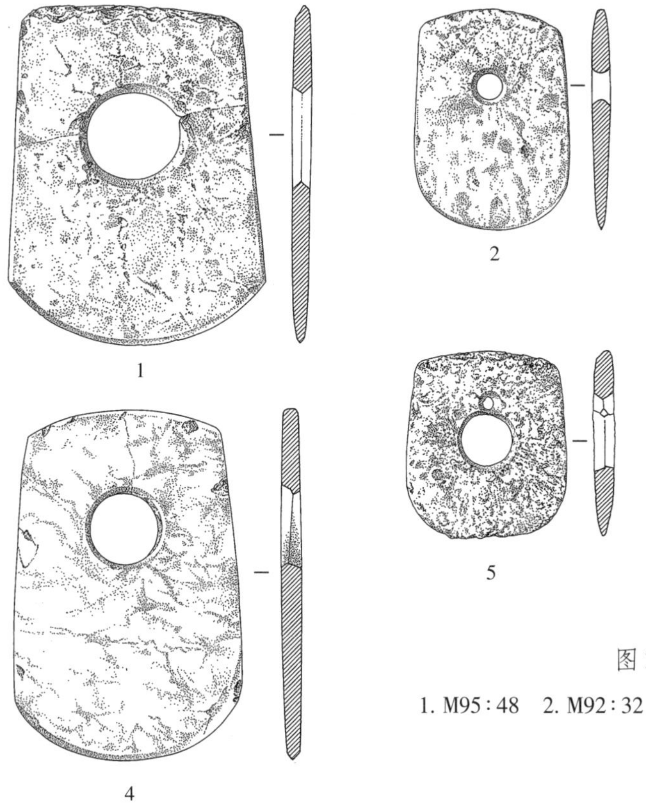

图2-2　常刃石钺

1. M95∶48　2. M92∶32　3. M92∶33　4. M90∶32　5. M92∶31

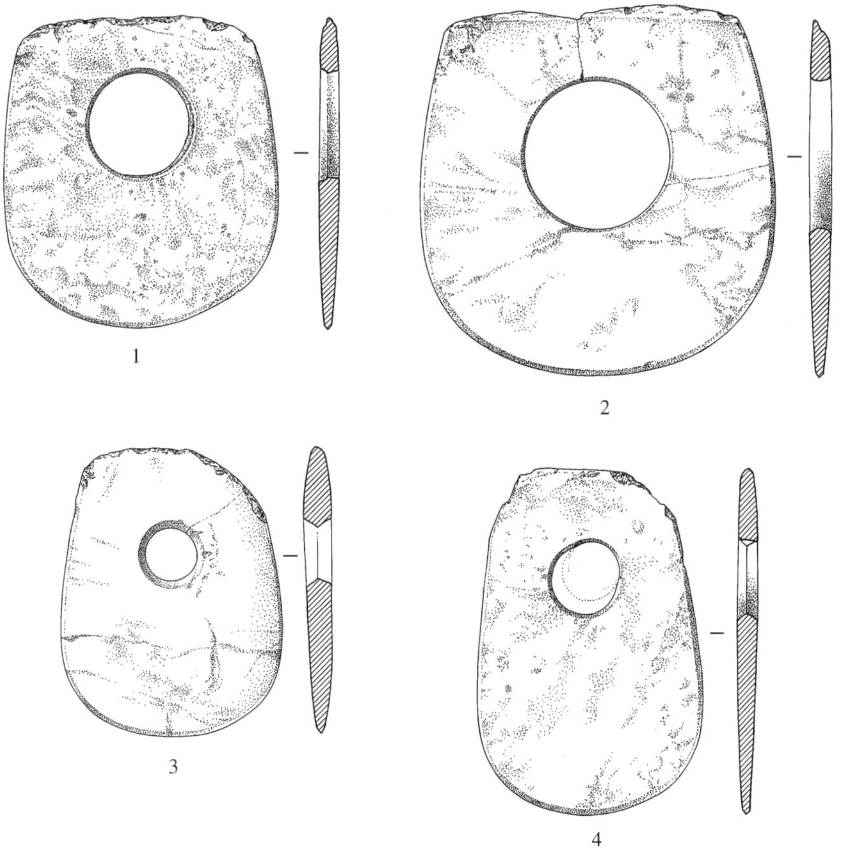

图2-3　边刃石钺

1. M90∶35　2. M90∶31　3. M92∶44　4. M90∶33

石锛和石凿的区别是，石锛的器宽大于器厚，石凿则器宽厚相当或者器厚大于器宽。在观察石锛和石凿的时候，我们把可见刃面的一面称为背面，另一面称为腹面。观察的区域主要是刃部，我们按照刃部朝上的方向，把刃部分成左、中、右三段区域进行观察，部分器物观察了侧边和端处。（图 2–4、2–5、2–6）

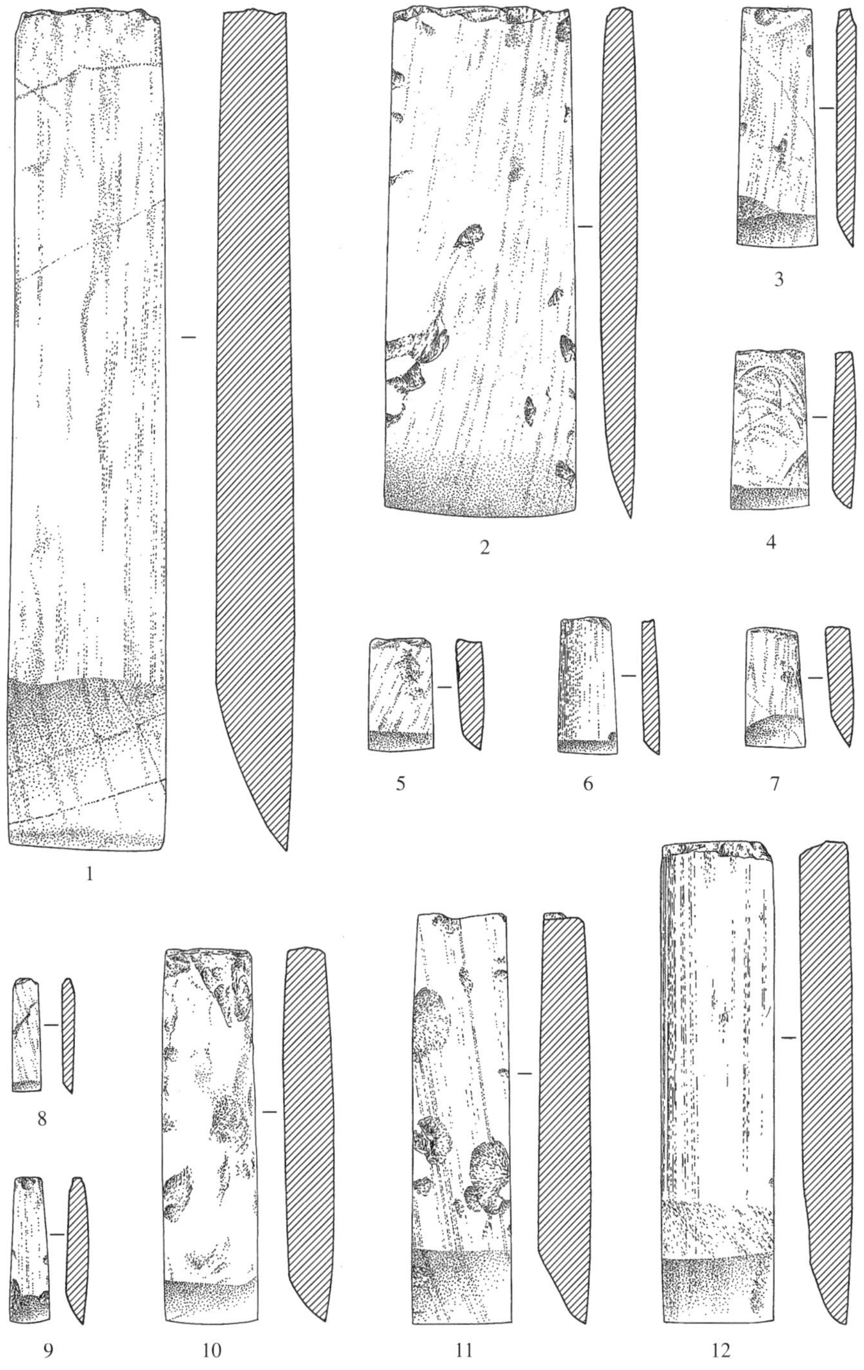

图 2–4 石锛

1. M90∶15 2. M95∶45 3. M98∶41 4. M95∶49 5. M75∶4 6. M90∶57 7. M94∶18
8. M98∶36 9. M98∶35 10. M95∶50 11. M95∶51 12. M15∶2

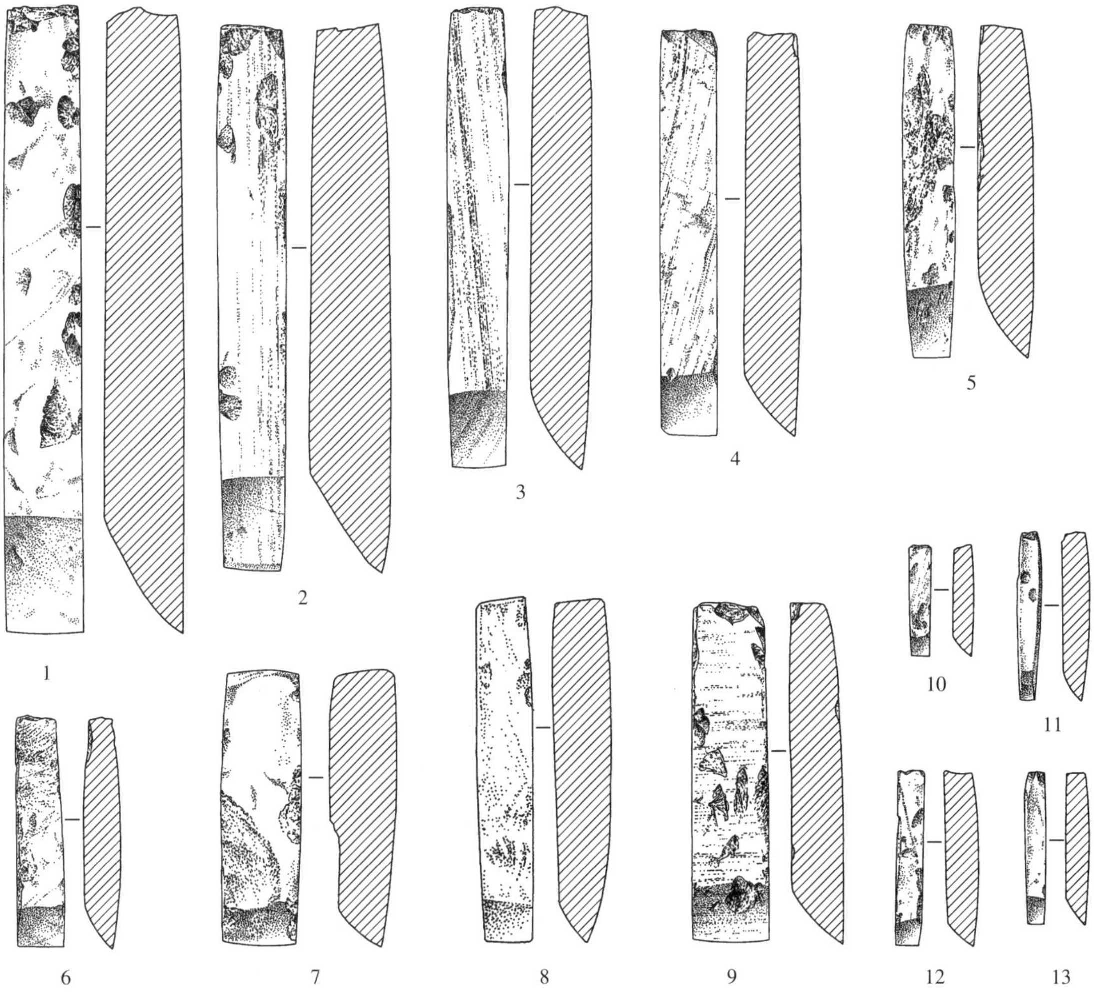

图 2-5　石凿

1. M92∶26　2. M95∶42　3. M98∶40　4. M90∶14　5. M95∶43　6. M95∶47　7. M75∶5　8. M95∶46　9. M15∶5　10. M98∶38　11. M98∶33　12. M74∶1　13. M98∶34

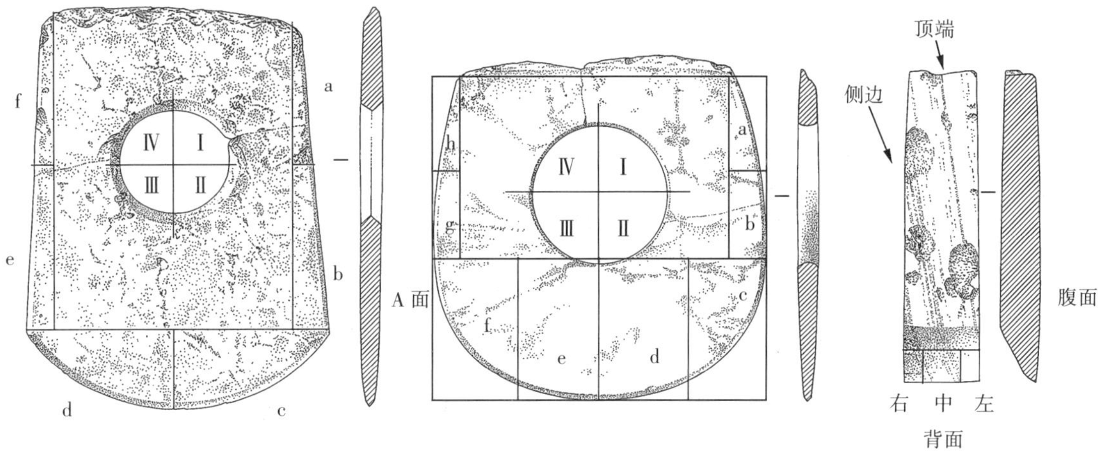

图 2-6　观察区域示意图

1. 常刃石钺　2. 边刃石钺　3. 石锛

三　微痕观察

经过观察，我们发现的痕迹有以下几种：条痕、片疤、磨圆和光泽。在记录中，对于条痕，我们记录其与刃部的方向（RS为垂直，DS为斜向，LS为平行于刃缘的条痕）以及条痕的形态。对于观察到的片疤，我们以放大倍数为标准，把疤痕分为微疤（40×）、小疤（20×）、中疤（16×可见）和大疤（肉眼可见）。疤痕的样式，根据尾部折断的方式不同，分为V型疤、F型羽翼式疤痕、B型折断式疤痕和S型的阶梯状疤痕。光泽可分轻（毛糙光泽MP）、中（IP微亮光泽，光泽成线不连成片）、高（BP明亮光泽，光泽连成片）。磨圆也分为低度（LR矿物颗粒轮廓仍在，但是边缘圆钝）、中度（MR磨圆成面状，但是断续不相连）和重度（HR磨圆面连续成片状）。磨制石器，讨论其光泽其实很难，尤其是这批样本，很多经过了抛光，所以辨识出抛光光泽便是我们讨论其他光泽类型的基础。这在M92∶26（图3-1）可以看到，抛光的光泽在低倍下观察，呈现出米粒状的分散光泽，在放大到160倍以后，光泽仍未连接成片，而是呈短曲线状，仍然较分散，反而不如肉眼观察到的光泽明亮，这是我们在观察中区分光泽类型的一个参照。

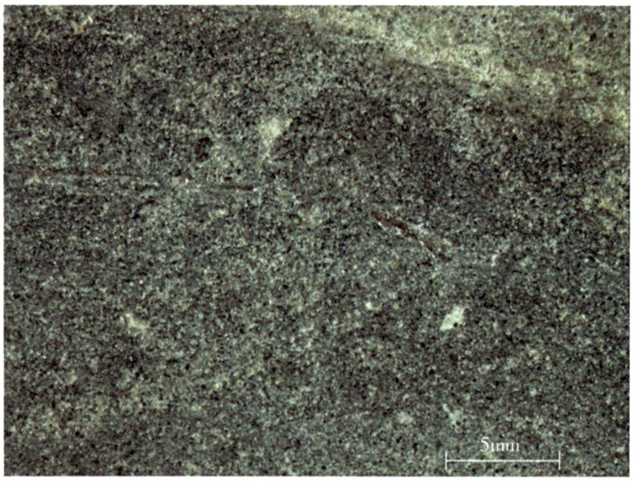

（16×）

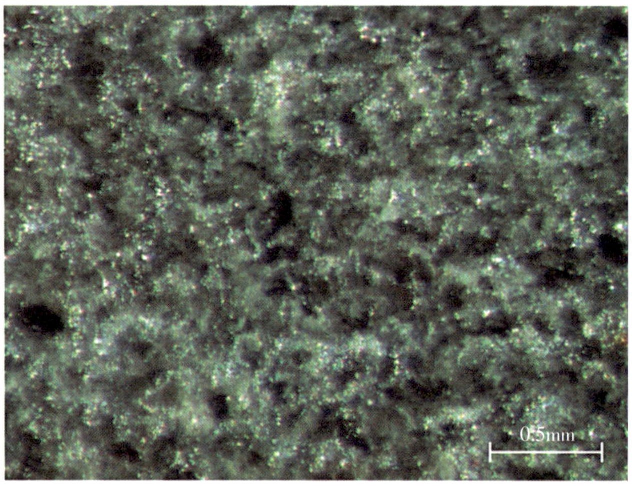

（160×）

图3-1　M92∶26石凿器身抛光光泽

1. 石锛

共17件。根据石锛重量的大小，可以分成三个类型：一类是大型石锛，器身宽扁，重量在1千克以上，2件；一类是中型石锛，重量在0.1～1千克之间，6件；一类是小型石锛，重量多在0.06千克以内，9件。石锛的材质主要有硅质泥岩和泥岩，少量的粉砂岩和凝灰岩。根据观察的17件石锛来看，可以在刃缘观察到条痕和微疤，少量可见光泽和磨圆。

条痕分两类。一类是成组的，平行，条痕间距相当，且条痕不通过器表凹陷的地方，有的条痕还会泛白，此种条痕方向不一，分布广，与器身残存磨制条痕特征一致。另一类是短条痕，可以分成两种，一种是规整的，成组出现，常垂直于刃缘，间距相当，深度也较为均匀，常分布整个刃缘，应该是磨制过程中产生的，与制作有关，可见微疤打破此种条痕；另一种短条痕，始端呈彗星状，此类条痕从刃缘处发端，刃缘处较宽，往刃面处渐渐消失，往往两三个一组，分布范围也小，以M90∶57硅质泥岩的小锛为例，腹面刃缘观察到刃部发端的短条痕（RS）（图3-2）。

疤痕主要有四种。一种是羽翼式终端疤痕（F），第二种是折断式终端的疤痕（B），这两种疤痕大、小型均出现。第三种疤痕断面呈V型，尾端形态也属于折断式，有些较小，需要40倍以上才能看清楚，在泥岩或者砂岩质石锛上，大多肉眼可见，呈锯齿状。第四种，多发现于刃角，大疤痕，疤痕较深，疤痕终端形态呈台阶状（S）。

通过整理，我们把观察的刃缘微痕组合大致分类描述如下（表3-1）：

M90∶57腹面彗星状短条痕(60×)

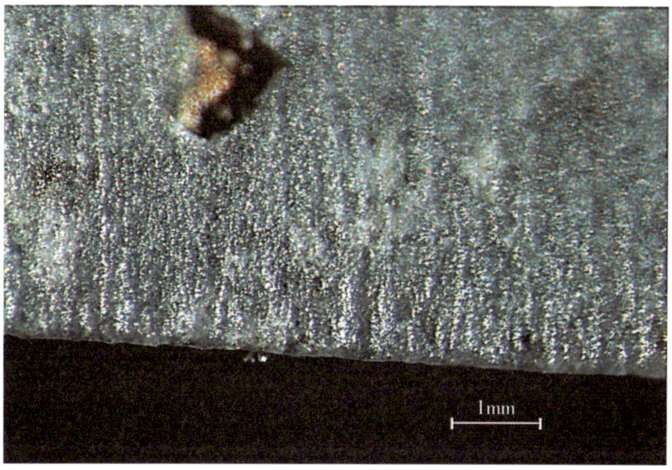

M98∶41腹面垂直于刃缘的条痕(RS)(60×)

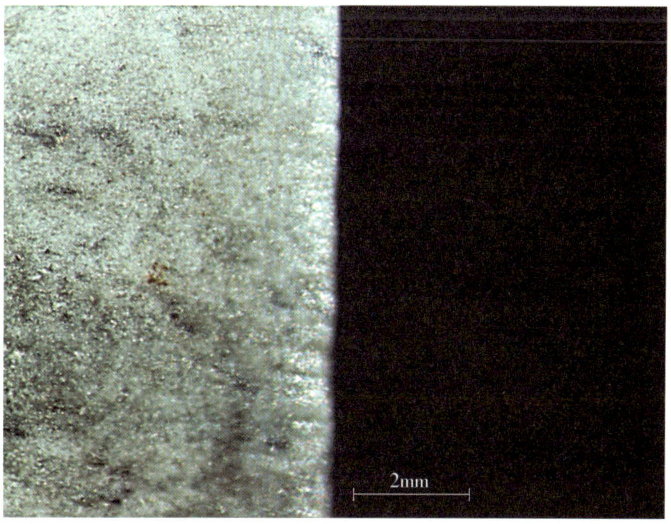

M90∶57腹面成组短条痕(RS)(40×)

图3-2　石锛刃部的三种条痕

表 3-1　石锛微痕观察记录

器物号	器物名	岩性	重量（kg）	腹面				背面				侧边	顶端
				光泽	磨圆	条痕	疤痕	光泽	磨圆	条痕	疤痕		
M4:4	小石锛	硅质岩	0.06	/	/	/	V、F 微疤，S 型大疤，角崩损		LR		B、F		
M75:4	小石锛	硅质泥岩	0.03	/	LR	/	F、B 微疤，连续分布	LP	LR（疤痕内）	RS	B	BP，HR	
M89:7	中石锛	凝灰岩	/	/	/	V、F 微疤	/	/	/	B			有疤
M90:15	大石锛	泥岩	1.64	MP	MR	/	S 中疤	MP	LR	DS（右）	刃缘崩损，右段 B、S 型大疤，不规则，不连续分布		
M90:57	小石锛	硅质泥岩	0.02	IP	/	RS，左侧成组短条痕和彗星状条痕	B、F 不连续不规则（60x）	/	/	RS 零星分布	F、V 微疤左侧零星分布		BP
M91:31	小石锛	硅质岩	0.02	/	/	/	F、B、V	/	/	/	F 型中疤 2 个，左刃端连续 B 型小疤		
M92:29	小石锛	硅质泥岩	0.05	/	√	RS，短条痕	右段 V 型小疤，左刃角损	/	/	/	V 型微疤	BP，HR	BP，HR
M92:30	中石锛	硅质泥岩	0.34	/	/	/	腹面右段较好，左段，有一节连续 B 型微疤；V 型，F 型	/	/	/	右段 V 型微疤，F 型中疤连续分布。左段 B 型微疤		
M94:18	小石锛	硅质泥岩	0.03	LP	LR	/	V 型微疤	/	LP	/	/		

续表 3–1

器物号	器物名	岩性	重量（kg）	腹面				背面				侧边	顶端
				光泽	磨圆	条痕	疤痕	光泽	磨圆	条痕	疤痕		
M95:45	中石锛	硅质岩	0.6	LP（刃角）	LR（刃角）	RS + DS，刃缘为一窄平面	右刃角B型大崩损，崩损面已有光泽	/	/	/	V型微疤		
M95:49	小石锛	泥岩	0.04	MP	LR	DS	F打破V型疤（40×）不规则，刃角S浅疤（16×）	/	/	/	B型小疤		RS
M95:50	中石锛	粉砂岩	0.27	/	/	/	V型微疤	/	/	/	刃角处B型中疤，其余位置仅见V型微疤		
M95:51	中石锛	泥岩	0.35	/	/	/	V型微疤	/	/	RS	V中疤，零星B型中疤，左刃角F型大崩损		
M98:35	小石锛	硅质泥岩	0.02	BP左刃角，B型光泽	/	RS成组短条痕（40×）	/	BP	MR	RS	左刃角V型微疤	BP	LP，MR，RS，B
M98:36	小石锛	泥岩	0.01	IP	LR	RS	V型微疤	/	/	/	V型微疤		
M98:41	小石锛	硅质泥岩	0.06	IP	LR（F型疤痕内）	RS，均匀全面分布	F型小疤，RS条痕在疤痕产生后产生	/	/	/	V型微疤，B型微疤对应腹面的羽翼式疤痕，B内磨圆	BP	MR，DS
M15:2	中石锛	硅质泥岩	0.4	MP	未见	未见	V、F型微疤不连续	IP	LR	DS，分布整个刃缘	B、F型微疤，不连续分布。右刃角损		E1矿石颗粒明亮光泽（80×）

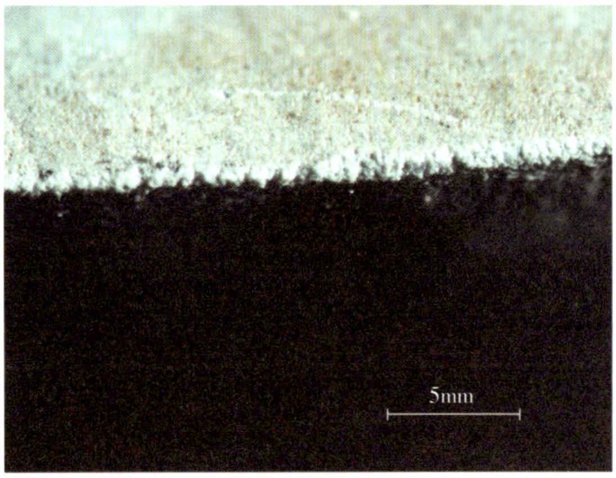

腹面V型中疤刃缘（M98：36，20×）

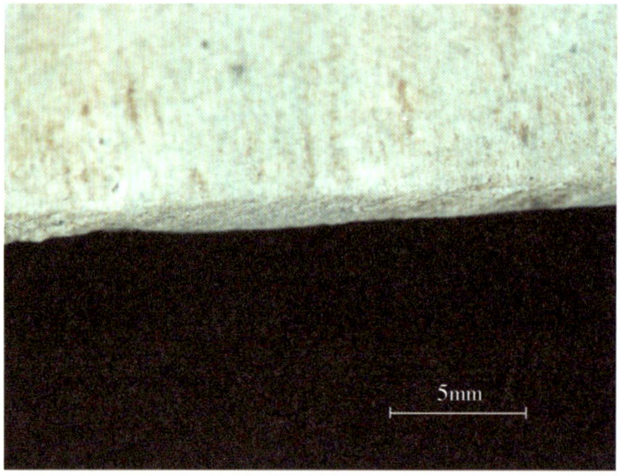

未开刃刃缘（M95：45，20×）

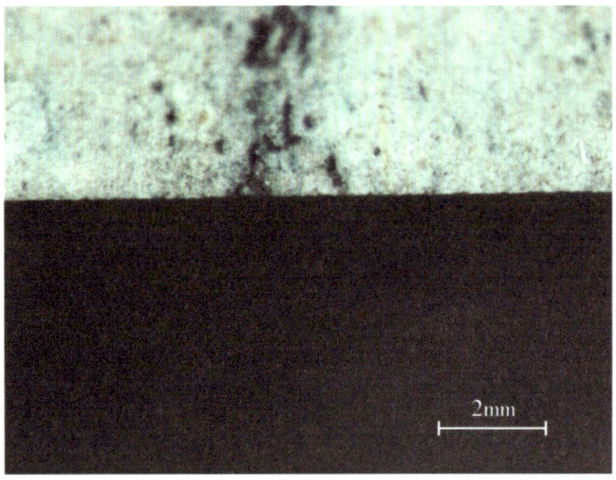

锋利的刃缘（M94：18，40×）

锋利的刃缘（M94：18，40×）

图3-3　未经过使用的刃缘

第一类，仅发现V型微疤。2件，M94∶18，M98∶36（图3-3）。

第二类，刃角崩损和V型微疤或者磨制条痕的组合，3件。M95∶45，硅质岩，中型石锛。刃部存在一个窄条形的刃面，刃面上分布着平行的磨制条痕，未经“开刃”，没有形成锋利的刃缘（图3-3）。在腹面和背面也保留着磨制产生的条痕。刃角有两个连续B型大疤，其他位置仅见V型微疤。M95∶50，粉砂岩质，中型石锛。背面刃角有两个B型中疤，其余位置仅见V型微疤（图3-4）。M95∶51，泥岩质，中型石锛。腹面见V型微疤，右侧刃角崩损。背面观察有斜向平行条痕（DS），当为磨制产生，保存较好，还可见连续的V型小疤。

第三类，微疤、条痕、光泽及磨圆组合出现的刃缘。这又分为两种：

第一种，各种疤痕组合的刃缘：有7件，为M90∶15、M95∶49、M15∶2、M89∶7、M92∶30、M4∶4和M91∶31。此种组合的微痕在大、中、小型石锛上都有发现。M15∶2背面右刃角的痕迹更像是矿物颗粒脱落后产生，腹面刃缘仅见V型和F型微疤，背面刃缘左段见一处B型微疤（图3-5）。M90∶15腹面和背面都有S型和B型微疤和中型片疤，分布不均匀也不连续，同时还伴随着刃部的磨圆和光泽（图3-5）。

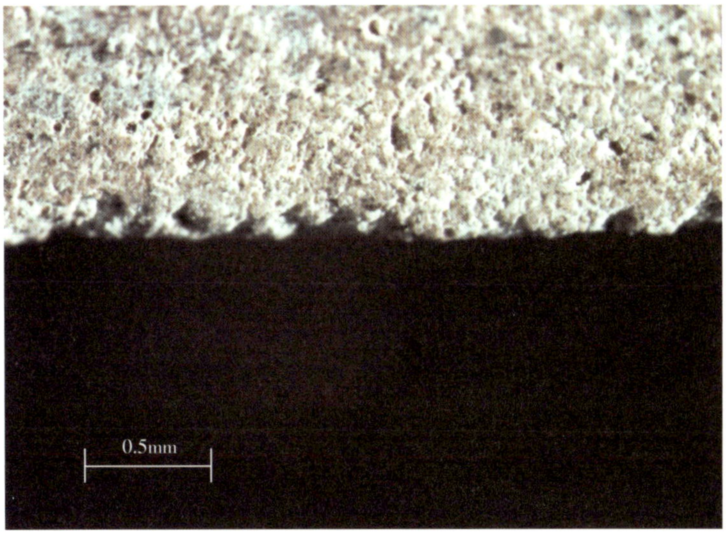

腹面V型中疤(16×)

背面折断(B)型大疤(16×)

腹面左侧刃角V型中疤(16×)

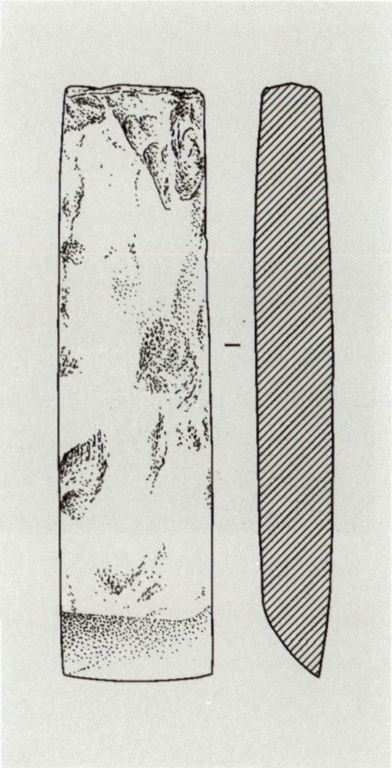

M95∶50

图3-4　M95∶50石锛刃部微痕

M90：15 腹面 S 型中疤，不均匀分布(16×)

M15：2 背面 B 型微疤(40×)

M15：2 背面右侧刃角崩损(16×)

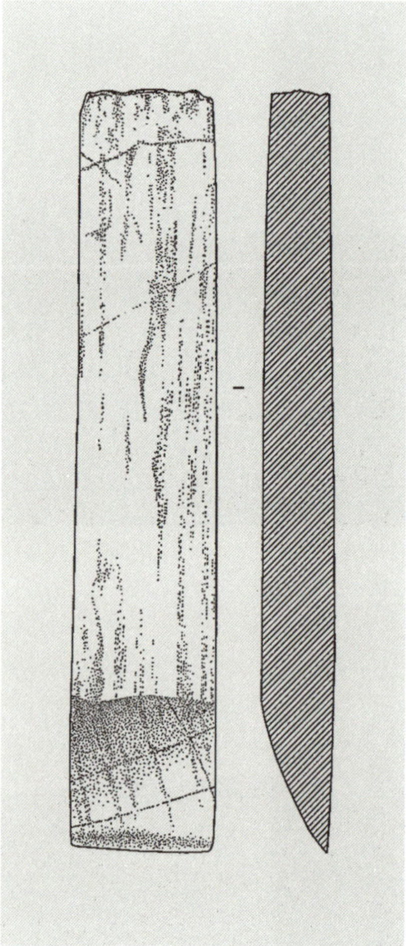

M90：15

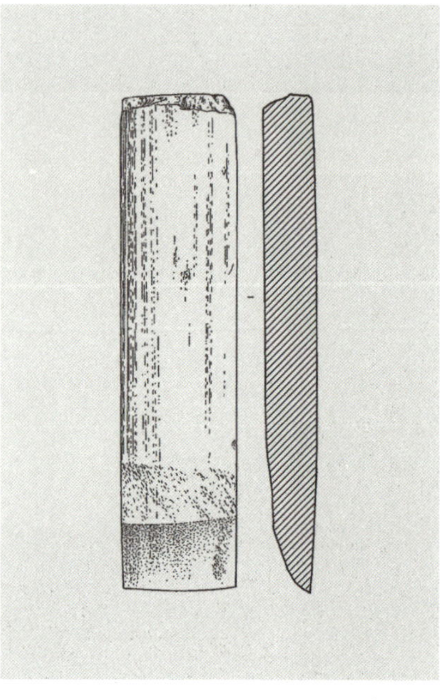

M15：2

图 3-5　M90：15 和 M15：2 石锛微痕

第二种，条痕和疤痕组合的刃缘：5 件，M98∶35、M98∶41、M92∶29、M90∶67 和 M75∶4。我们在这里不讨论磨制条痕和疤痕的组合，主要是另外两种短条痕和疤痕的组合。M98∶35，刃缘的主要特征是磨圆和光泽，腹面见刃部发端彗星状短条痕和 V 型微疤，背面左刃角处有 V 型微疤。M90∶57，腹面左段彗星状条痕与 F 型微疤组合，伴随光泽和磨圆，背面为 B 型疤痕，位置不与腹面疤痕对应，其他位置的刃缘未见微痕（图 3–6）。M75∶4，刃缘短条痕，腹面和背面都以 B 型疤痕为主，疤痕内部磨圆。腹面看右侧上端的磨圆好，中度光泽，光泽基本连成片状，这种光泽有别于我们观察到的抛光光泽（图 3–7）。根据 M75∶4 腹面集中了条痕和疤痕，且具有连续性，背面不见条痕仅见疤痕来看，腹面应当是接触面，这种痕迹产生应该与刮削运动方式有关①。我们也观察了一件现代铁锛，腹面和背面的痕迹大抵如此（图 3–8）。

成组短条痕(RS)和中度光泽(40×)

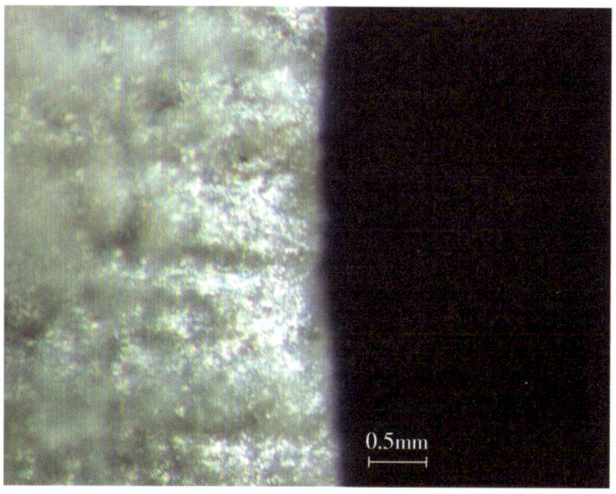

成组短条痕放大(RS)和中度光泽(160×)

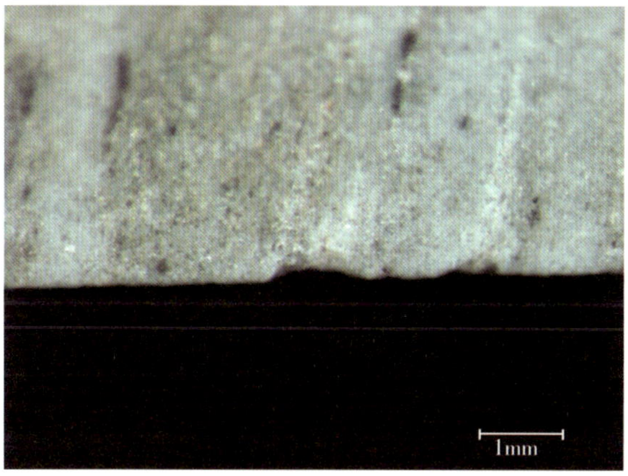

彗星状短条痕(60×)

右侧完好的刃缘(80×)

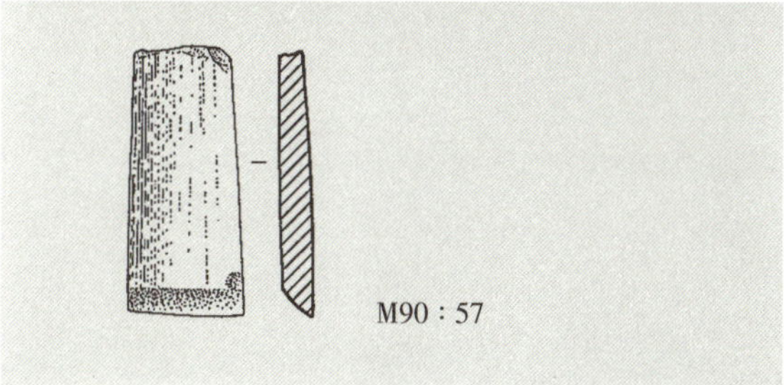

图 3–6　M90∶57 石锛腹面条痕

① 张晓凌、王春雪、张乐等《刮削运动方式实验与微痕分析报告》，高星、沈辰主编《石器微痕分析的考古学实验研究》，科学出版社，2008 年。

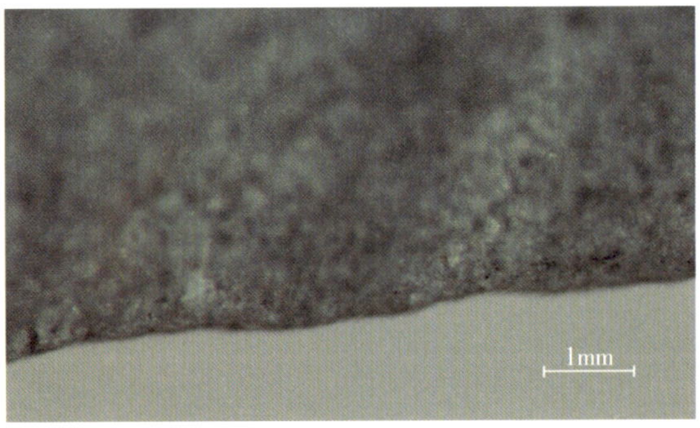

背面微疤内的磨圆(60×)

腹面B的微疤连接，不均匀分布(40×)

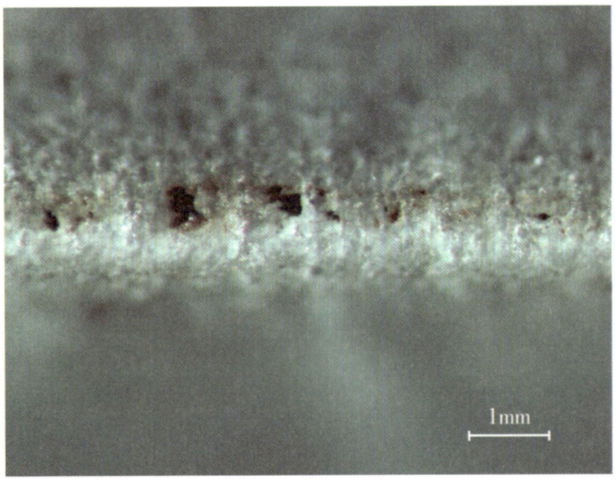

背面刃缘成组短条痕(60×)

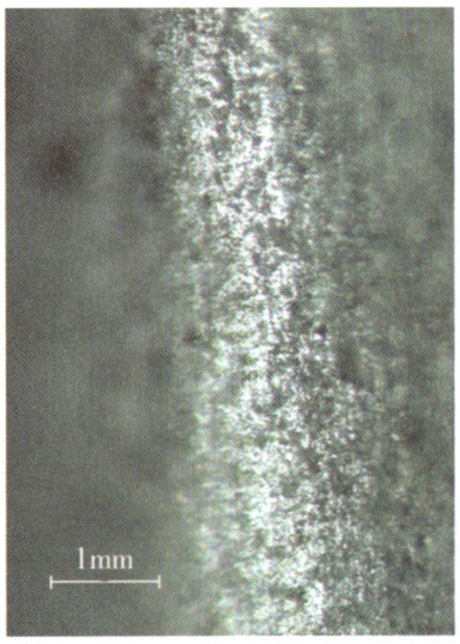

腹面右侧端，高度光泽(BP)和重度磨圆(HR)(60×)

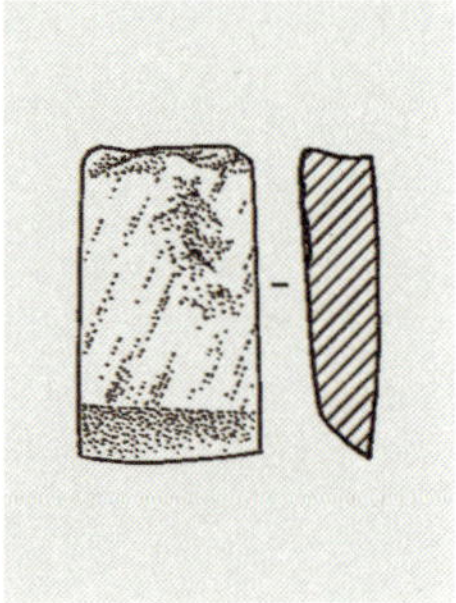

M75：4

图3-7
M75∶4石锛刃部微痕

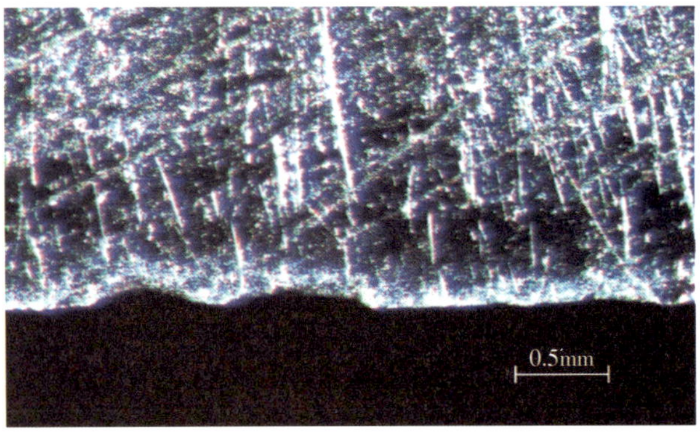

腹面F型微疤，不均匀分布(120×)

背面条痕(DS)和分散分布B型疤(20×)

图3-8 用于整平木材的现代铁锛刃部微痕

综上，我们判断成组出现的、较长、较为规整的条痕为磨制产生，这种条痕往往是均匀分布于整个刃缘，与刃缘的方向有垂直、斜向，也有平行的。V型疤应当也是制作过程中产生的痕迹，在泥岩和砂岩材质的刃缘，这种疤痕会比其他硅质岩上的大一些，且常于磨制痕迹的末端出现。谢礼晔在其实验中发现磨制会造成石器刃部破损和条痕，但是不见光泽。这种痕迹的产生，主要是磨制时用砂与器物接触造成矿物颗粒脱落形成，横磨形成的崩渣呈横向细条状，竖向磨制的崩渣一般为三角形或接近三角形的细小凹坑。① 我们观察到的V型疤痕，接近于谢礼晔描述的三角形凹坑，且在这种痕迹产生的刃缘，往往还残余竖向磨制的条痕。所以仅有此两种痕迹的刃缘，我们认为是未经使用的。还有一种是刃角崩损与这两种痕迹组合的刃缘，由于这些石锛的刃面角的角度都不大，在搬运、葬礼、葬具塌毁（如有葬具）的过程中，也可能会造成这样的崩损，参考刃部其他位置的疤痕情况，我们认为有这种微痕组合的刃缘应也是未经使用过的。另一种微痕组合的刃部，彗星状短条痕和片疤以及磨圆光泽常伴出，尤其是有连续疤痕出现的刃缘，很可能是使用过的，且在个别石锛的端处发现了较好的磨圆和光泽（M75：4），可能是作为组合工具使用。但是由于此类样本量太少，疤痕分布也不具有规律性，我们无法做出更进一步的解释。结合石锛的重量来看，我们并没有发现与重量明显相关的痕迹，目前虽没有磨制石锛的可控实验结果做参考，不过根据张晓凌等人的实验结果来看，刮削运动接触面容易出现擦痕和光泽，非接触面容易形成疤痕，且微痕分布不具有前后的方向性。② 连续分布是这些产生使用痕迹的刃缘微痕的普遍特征，我们观察的石锛的微疤在刃部连续分布的很少。再结合石锛的材质来看，作为生产工具用的石锛，除了硅质岩，泥岩和砂岩并不是理想的石料。所以用于随葬的石锛中，应存在专门为随葬而作的石锛，且不局限于体量大的石锛。

2. *石凿*

13件。其中7件为泥岩，2件为粉砂岩，1件为砂岩，辉绿岩、硅质岩和泥灰岩各1件。泥岩和砂岩硬度都不高，经过埋藏作用，器表风化较为严重，痕迹保存的并不好。按照石锛重量分类标准，石凿也存在大、中、小型。

观察到的最常见的微痕是V型疤痕，其次可见折断式（B）和羽翼式（F）微疤，刃角崩损较为常见，微疤和磨圆也常组合出现（表3-2）。

通过进一步的整理，我们也把石凿刃缘微痕的情况做了一个分类：

第一种，仅见V型疤痕或者V型疤痕和刃角崩损共存的刃缘：共5件。5件中泥岩有4件，砂岩1件。M98：40，泥岩制作的中型石凿，刃缘见到的V型微疤，与器身所见的凹坑对应。M95：42是泥岩制作的大石凿，刃缘可以观察到矿物颗粒脱落形成的V形疤痕，未“开刃”，刃面上有横向和竖向的磨制条痕。M98：33、M98：34和M95：43也属于这一种（图3-9）。

第二种，片疤和磨圆组合。有8件，其中泥岩3件，粉砂岩、辉绿岩、泥灰岩、硅质岩和硅质泥岩各1件。疤痕以F型和B型为主，有5件器物的片疤内都见不同程度的磨圆，有的除了刃缘的疤痕以外，刃面还保存这较好的磨制条痕一直延伸到疤痕处，M90：14，M75：5都属于此类。我们

---

① 谢礼晔：《二里头遗址石斧和石刀的微痕分析》，《中国早期青铜文化——二里头文化专题研究》，371页，科学出版社，2008年。

② 张晓凌等：《刮削运动方式实验与微痕分析报告》，《石器微痕分析的考古学实验研究》，99页，科学出版社，2008年。

表 3-2　石凿微痕观察记录

器物号	器物名	原料	重量（kg）	腹面				背面				侧边	顶端
				光泽	磨圆	条痕	疤痕	光泽	磨圆	条痕	疤痕		
M98:38	小石凿	硅质泥岩	0.02	/	/	RS	F、B 型微疤，不连续	/	/	/	B 型不规则微疤	LR，IP	DS
M98:33	小石凿	泥岩	0.03	MP	/	/	刃角处 B 型微疤	MP	/	/	左侧刃角 V、B 型微疤		
M98:34	小石凿	泥岩	0.03	/	/	/	V 型微疤	/	/	/	V 型微疤		
M98:40	中石凿	泥岩	0.57	/	/	/	V 型小疤	/	/	/	V 型小疤	RS 刻槽	
M15：5	中石凿	泥岩	0.46	/	/	/	断续分布 B 型微疤	/	/	/	断续分布 B 型微疤		
M92：26	大石凿	泥灰岩	1.36	/	MR（疤痕内）	DS 延伸到刃缘，均匀分布	B 型大疤	/	MR（疤痕内）	/	B 型小疤		
M75:5	中石凿	辉绿岩	0.49	/	/	RS 延伸到刃缘，均匀分布	/	/	LR	/	B 型中疤		
M74:1	小石凿	硅质岩	0.05	/	/	RS 延伸到刃缘，均匀分布	F 型微疤	/	/	/	V 型和 B 型微疤连续分布		LR，MP
M90:14	中石凿	泥岩	0.48	/	/	RS，DS 延伸到刃缘，均匀分布	V 型微疤和 B 型小疤	/	/	DS 遍布刃缘	V 型和 B 型微疤不连续分布，左刃角 F 型大疤。		

续表 3–2

器物号	器物名	原料	重量（kg）	腹面				背面				侧边	顶端
				光泽	磨圆	条痕	疤痕	光泽	磨圆	条痕	疤痕		
M95∶46	小石凿	泥岩	0.05	/	/	DS 延伸到刃缘，均匀分布	V 型微疤，左段刃角大崩损	/	/	RS 遍布刃缘	零星 B 型小疤		
M95∶42	中石凿	泥岩	0.96	/	/	DS，RS 遍布刃缘	V 型中疤，S 型中疤断续分布	/	/	背面形成了一条窄刃面，LS 均匀分布	/		左上端 MR，IP
M95∶43	中石凿	砂岩	0.33	MP	LR	DS（右）	V、F 型微疤，右侧刃角 B 型微疤	/	/	/	V、B 型微疤	LR，MP	
M95∶47	中石凿	粉砂岩	0.13	/	LR	DS 延伸至刃缘，均匀分布	V、B 型微疤，刃角处分布	/	/	/	V 型微疤和 B 型疤痕，左段连续分布		

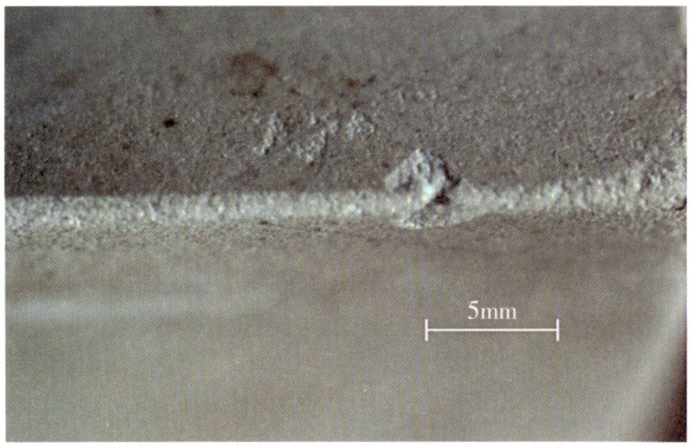

M98∶33 刃缘大疤(16×)

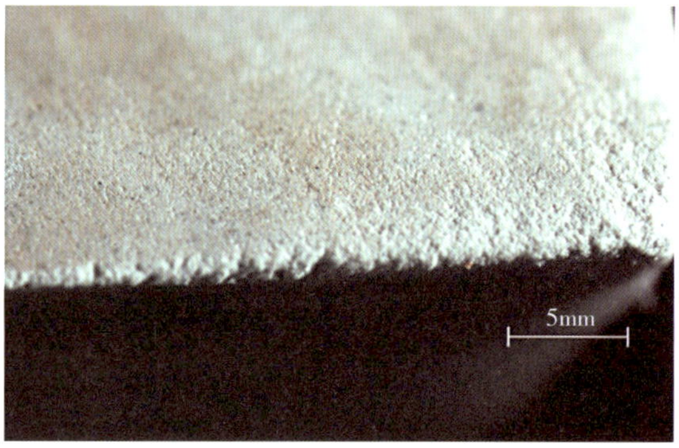

M98∶34 腹面 V 型中疤(16×)

M95∶42 未开刃的刃缘(16×)

M98∶40 腹面 V 型中疤(20×)

图 3-9　石凿刃部的微痕

再来看看片疤的式样，M15∶5，腹面连续分布不均匀的 B 型疤，背面情况也类似，但是更不均匀，腹面疤痕似乎还有些方向性（图 3-10）。M90∶14，腹面分布断续的 B 型疤痕，背面也断续分布，但是腹面片疤较背面大，磨制条痕在腹面和背面都保存较好（图 3-11）。M92∶26，腹面和背面对应的连续的 B 型疤痕，疤痕内有磨圆，腹面还残留磨制条痕，另外还有明显发掘之后产生的痕迹打破了原片疤（图 3-10）。M95∶47，腹面和背面几乎对应地出现 B 型微型疤痕（图 3-12）。

综上，石凿的微痕式样与石锛是有差异的，在有疤痕或者条痕的刃缘，腹面和背面差异不大，但在石凿的刃缘鲜见彗星状的短条痕。由于原料的差异，石凿的刃缘最多见的是矿物颗粒脱落的崩渣，即便是我们判断未经使用过的刃缘，也不见硅质岩石锛那种锋利的情况。此外，石凿的选料倾向中，泥岩和砂岩所占的比例更高，硅质岩少。上述的第一种刃缘，我们认为是未经使用的，第二种刃缘中，几乎每一件刃缘的片疤内都有磨圆产生，疤痕且片疤以折断式终端的中小型和微型疤痕为主，不似制作过程中产生的微疤式样。参考其他的实验结果，我们也没有发现在类似的微疤式样，但考虑到刃部还有磨制条痕保存下来，并且延伸到刃缘，我们倾向于这些疤痕并非作为工具使用造成。在根据重量分成的三类石凿中，我们也没有发现明显的与重量相关的微痕式样。由于石凿的原料较多为泥岩和砂岩，器表风化，所以很多痕迹也未必能保存下来，给判断其功能带来阻碍。

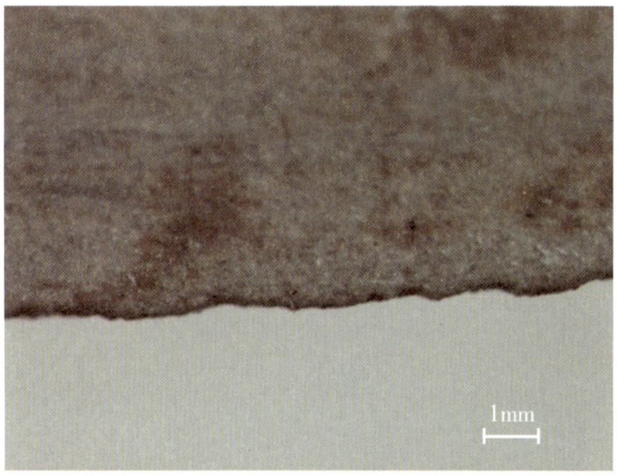

M15：5 腹面 B 型微疤(40×)

M15：5 背面 B 型中疤(20×)

M92：26 腹面条痕(RS)，B 型中疤，疤痕内部中度磨圆(16×)

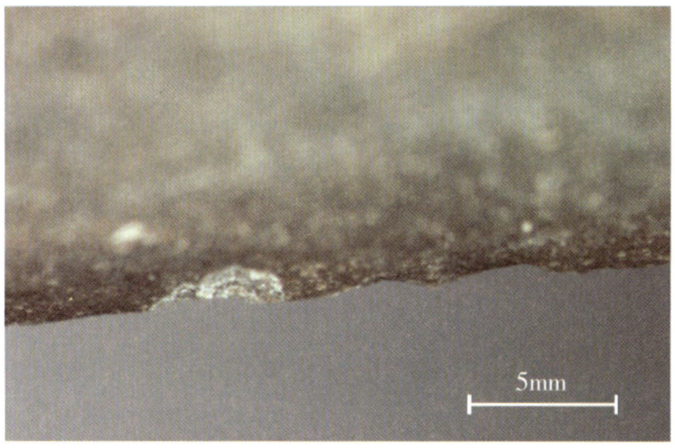

M92：26 背面条痕(RS)，B 型中疤，疤痕内部中度磨圆(20×)

M15：5

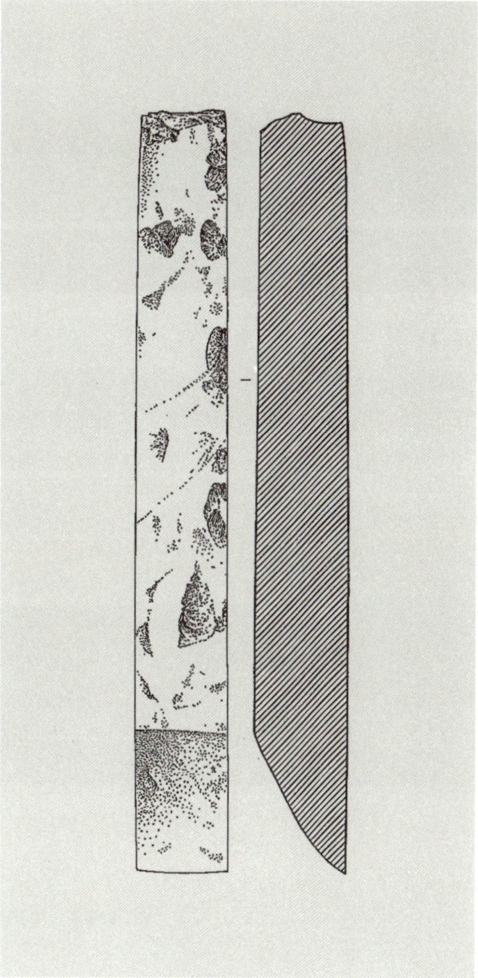

M92：26

图 3-10　M15：5 和 M92：26 石凿刃部微痕

背面左刃角崩损(16×)

腹面磨制条痕和V型微疤(40×)

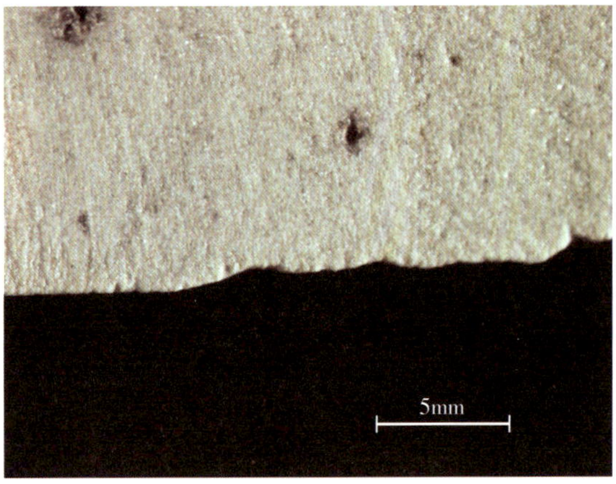

腹面B型小疤(20×)

背面B型微疤和磨制条痕(20×)

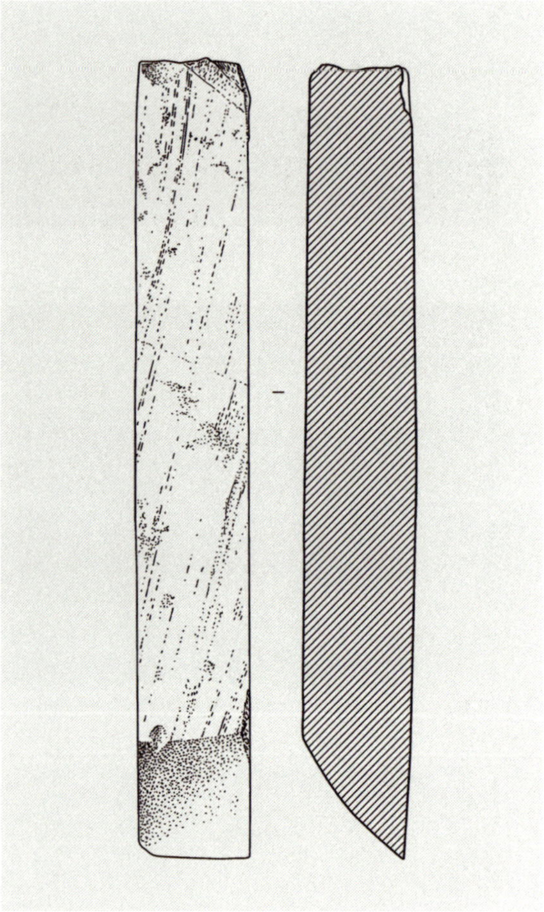

M90∶14

图3-11 M90∶14 石凿刃部微痕

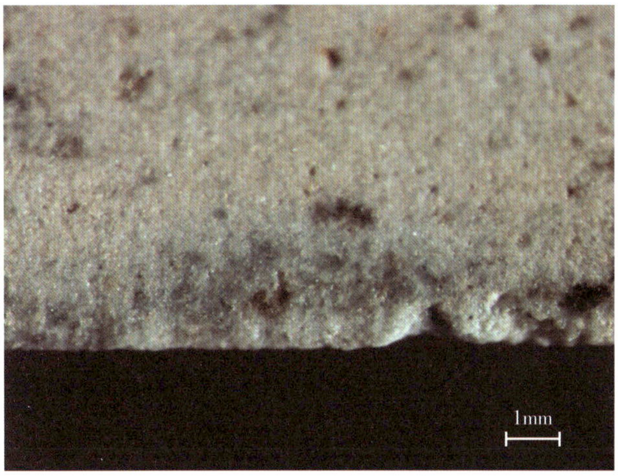

背面 V 型微疤（40×）

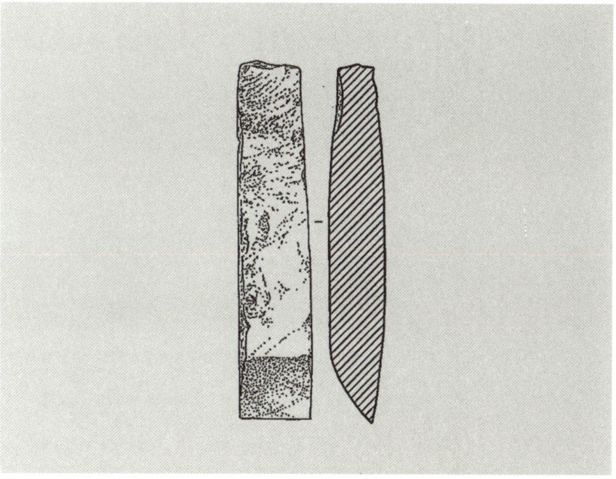

M95：47

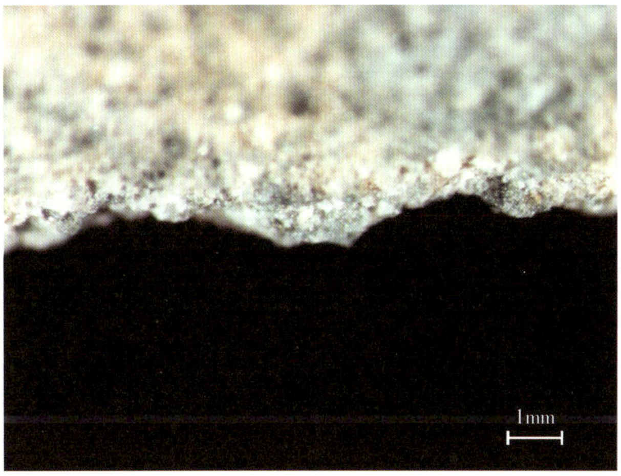

背面 B 型微疤（40×）

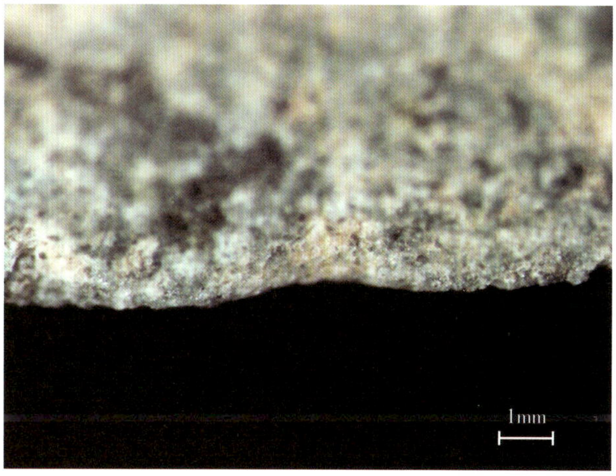

腹面疤痕内磨圆（40×）

图 3-12 M95∶47 石凿刃部微痕

3. 石钺

石钺的观察区域较多，较石锛和石凿复杂。一共观察了 19 件石钺，常刃石钺的数量为 15 件，边刃石钺为 4 件（表 3-3）。常刃石钺的两侧会见到磨制的条痕延伸至边缘（图 3-13），保存较好。对石钺的观察中，我们也重视磨制条痕提供的信息，如果器身有磨制痕迹，但至刃缘处消失，被磨圆或者光泽覆盖，或者被连续的疤痕打破，我们认为是经过使用的刃缘。如图 3-13 所示，M15∶1 的 A 面 c－e 处，磨制的条痕尚存，但是刃缘已经产生了疤痕，在 e 段刃缘，我们看到横向的磨制痕迹被磨圆覆盖。我们对石钺微痕性质的判断，往往要综合考虑刃缘、孔缘以及两端微痕的情况，观察的石钺中，每件石钺都有各样的痕迹存在，即便是我们认为制作相当精美的石钺，也没有完美的刃缘。磨圆是常刃石钺刃缘普遍的特征，常伴随磨制的条痕以及 V 型、F 型和 B 型疤痕出现。如图3-14 所示，M74∶2 是以磨圆和毛糙光泽为特征的刃缘，刃缘上的疤痕内也有中度的磨圆。常刃钺的两侧边缘，较少观察到疤痕，多见磨制条痕，或者磨圆以及零星分布的 V 型疤痕。疤痕集中分布在c－d 处，刃角处的疤痕较多见，以 B 型为主，也有 F 型和 V 型疤痕。此外有件比较特殊的石钺M92∶31，玄武岩质，双孔。在 A 面刃部 d、e 处，发现了 S 型阶梯式的大疤痕，这种疤痕鲜见于其他材质的石钺。

表 3-3　石钺微痕观察记录

编号	名称	岩性	观察区域	a	b	c	d	e	f	g	h	孔缘	端处	重量（千克）
M90:31	边刃石钺	火山角砾凝灰岩	A	V 型微疤一组连续分布（60×）	DS 磨制条痕，V 型微疤（60×）	DS 成组磨制条痕（40×）	磨制痕迹被抛光泽覆盖(40×)	光泽，V 型微疤	矿物颗粒脱落处，见磨圆。光泽，RS（40×）	MR，MP（60×）	LR，MP（80×）	A、B 面 Ⅰ 区有条痕、光泽．斜向条痕与器身斜向条痕方向一致，成组，平行。A 面 Ⅱ 区成组平行条痕。Ⅳ 区见条痕和 V 型微疤共存的痕迹（60×）		0.6
			B	DS、RS 两组条痕。光泽（60×）	V 型小疤（20×），IP(60×)	V 型微疤，DS 磨制痕迹，MP（60×）	不同方向的磨制条痕、BP（40×），F 型微疤（60×）和中疤（16×）断续分布	LS 均匀分布应为磨制产生，小型连续 V 型微疤和零星 B 型大疤（40×）	磨制条痕，MP，V 型小疤（20×）	磨制条痕方向不一（16×）	磨制条痕方向不一，一组连续 B 型中疤打破条痕			

续表 3-3

编号	名称	岩性	观察区域	a	b	c	d	e	f	g	h	孔缘	端处	重量（千克）
M90∶33	边刃石钺	火山角砾凝灰岩	A	近端处，磨圆覆盖磨制条痕，BP光泽。下部成组45°磨制条痕，未及刃缘	光泽，LS	光泽	光泽	局部0.2～1毫米的B型小疤，光泽	MP，局部可见小片疤小于0.1毫米	V、B型微疤，MP	DS，MR，BP	AI区：MP，疤痕有V型小片疤连续分布，F型，AII区：MP；AIII区：MP；AⅣ区：BP，LR	A面左端，成组斜条痕（DS），不规则大小片疤连续分布（B、F），MP，LR；A面右端类似左端。B面右端边缘处磨圆LR，光泽MP，B面左端见条痕，磨圆MR，光泽MP	0.8
			B	DS条痕，不连续分布的V型小疤，局部看见矿物颗粒凸起	同左栏	不连续分布B和F型小片疤，BP，LR	DS，MR，BP，连续片疤，片疤内有磨圆	DS，LR，BP（16×）	连续F型疤，RS（20×）	MP（20×）	DS，MR，BP，大疤（16×）			

续表 3–3

编号	名称	岩性	观察区域	a	b	c	d	e	f	g	h	孔缘	端处	重量（千克）
M90:34	边刃石钺	玄武岩	A	F 型疤痕	磨圆光泽	/	条痕和 Ae 处条痕紧垂直相交	一组 3 个连续不规则疤痕和 B 型疤一组（16×）	/	磨圆、光泽，RS 条痕	磨圆和光泽	BI 区：磨圆 LR。BII 区连续的疤痕和磨圆，约 2 个大疤，7 个小疤。BIII 区疤痕（B、S）。BⅣ区疤痕 S 型，B 型小疤较连续，且有一定程度磨圆。A 面孔缘 B 型疤，DS 条痕，疤痕内有磨圆	条痕，光泽	0.7
			B	/	/	B 型疤痕内的磨圆。有连续的两段 DS 条痕。其余为零星 F 和 V 型疤痕	/	/	F 型中疤，疤痕上见磨圆．刃角崩损大	磨圆，V 型微疤	S、F 型疤痕			
M90:35	边刃石钺	基性侵入岩	A	MR，BP，零星 F 型小疤（20×）	DS 磨制条痕，B 型小疤，BP（20×）	刃角转折处连续分布 B 和 F 型中疤，HR，IP（20×）	B 型大疤零星分布（16×）	B 型中疤内 HR（16×）	F、B、V 型小疤	F 型大疤	靠近端处连续分布的 V 型中疤	B 面孔疤痕集中在Ⅰ区，Ⅳ区。Ⅱ、Ⅲ区仅见零星三角形疤痕	条痕	0.37
			B	B 型中疤及疤痕内的低度磨圆 LR（16×）	F 型小疤不连续（20×）	仅见零星的疤痕内磨圆	V 型微疤（40×）	B 型中、小疤（16×，20×）	连续 B 型中疤	B 型中疤不连续，MR（16×）	RS，B 型小疤，MR（20×）			

续表 3-3

编号	名称	岩性	观察区域	a	b	c	d	e	f	g	h	孔缘	端处	重量（千克）
M92:44	常刃石钺	花岗岩	A	DS，V 型小疤（20×）	DS，V 型小疤	连续的 B 型和一些零星的 V 型小疤	一段连续的 F 型疤，位置接近 c－d 区	/	/	/	/	B 面 Ⅰ－Ⅳ区的孔缘是毛糙光泽（MP）		0.38
			B	/	/	零星 V 型小疤，疤痕内磨圆	c－d 区交界处疤痕较多，V 型、F 型，以 B 型疤痕为主	/	/	/	/			
M4:3	常刃石钺	泥岩	A	/	/	右刃角崩损。S 型中疤、B 型小疤和 LR、MP（20～40×）	LR（40×）	/	/	/	/	A 面Ⅰ、Ⅱ、Ⅲ－Ⅳ之间的磨圆（LR）和光泽（MP），孔内隔处 B 型中疤和 MR 产生。B 面孔缘，Ⅰ区和Ⅳ区可见疤痕，其余都是磨圆（LR）和光泽（MP）	RS	0.28
			B	/	/	右刃角 F、B 中型疤痕和低度磨圆（LR）	MR，刃角处有 B 型中疤	/	/	/	/			

续表 3-3

编号	名称	岩性	观察区域	a	b	c	d	e	f	g	h	孔缘	端处	重量（千克）
M15∶1	常刃石钺	泥岩	A	DS（16×）	磨圆（MR）覆盖条痕，与孔缘位置对应（60×）	连续3个中型F型疤痕和1个S型疤痕，疤痕内有轻度磨圆（LR），疤痕打破磨制条痕（16×，40×）	中型F、B连续疤痕打破磨制条痕（16×）	横向条痕在刃缘被磨圆(HR)，消失，LP与Ab处对应（16×）	毛糙光泽（60×）	/	/	A面孔的III－IV区：MR，IP，孔内缘情况同。Ⅳ区II区LR和磨制条痕。I区HR。B面I－II相交处，III－IV相交处HR，BP。I、IV、III区其他位置为MP，MR	LR磨圆和IP光泽	
			B	/	DS磨制条痕被HR覆盖（16×）	/	B型微疤，连续分布的F型疤，MR。磨制条痕延伸至刃缘，尚存	MR	LR	/	/			
M74∶2	常刃石钺	花岗斑岩	A	零星分布V型微疤(40×)	小疤痕内有高度磨圆（HR）	零星V型小疤，HR磨圆，DS磨制条痕	V、B型小疤，HR	MR，IP	MR，MP	/	/	AI：S型疤痕打破磨制条痕，MP，LR。AII：上段MR，IP覆盖磨制条痕，下段磨制条痕。AIII：磨制条痕，MP，LR，内隔LR。AIV：V、B型微疤，IP覆盖条痕	破损处可轻易见到磨圆和光泽	0.24
			B			零星分布的B型疤痕	磨圆的大疤痕，零星小疤痕							

续表 3-3

编号	名称	岩性	观察区域	a	b	c	d	e	f	g	h	孔缘	端处	重量（千克）
M90∶32	常刃石钺	火山角砾凝灰岩	A	LR，IP，DS 磨制条痕保存（16×）	LR	较好	MP，LR	V、B 型微疤不连续分布，MP、LR	V 型微疤零星分布，MP，DS 磨制条痕			磨圆。光泽，尤其以Ⅰ－Ⅱ区及三区末端的光泽明亮	双侧端处均见磨圆和 BP 光泽	0.88
			B	DS，IP，B 型微疤	/	F、B 型连续微疤一组，B 型中疤零星分布，DS 磨制条痕	MR，IP，DS，刃角处有 B 型中疤	DS，LR，IP	F 型小疤内 LR，DS 延伸至刃缘					
M89∶11	常刃石钺	凝灰岩	A	磨圆	磨圆	磨圆和矿物颗粒凸起	磨圆疤痕	磨圆	磨圆			孔残，残余的孔都磨光的较好		0.14
			B	与 A 面情况对应，无变化										
M92∶31	常刃石钺	玄武岩	A	磨圆	疤痕较多，磨圆	F、B 型疤	S 型大疤集中 c－d 之间	疤痕较多	磨圆			双孔，由于玄武岩本身多孔，器物表面本就不平，很难观察，磨圆一周可见，这种磨圆应在钻孔时就能形成。大孔：AⅠ和Ⅵ区矿物颗粒脱落的较为严重。BⅠ－Ⅲ区还可以见到保存较好的孔缘，且孔缘外侧可以看到斜向的条痕。小孔一周见磨圆	近端处有一段磨圆和毛糙光泽，颜色泛白，此片区域在近端处形成一宽带。与此处磨圆对应 Ba 处也有一处光泽的变化	0.35
			B	磨圆疤痕	疤痕较多，磨圆	磨圆，F、B 大疤痕	疤痕较多，S 型，重叠式（F 大疤上还有两个连续的 S 型疤）	S 型大疤	/					

续表 3–3

编号	名称	岩性	观察区域	a	b	c	d	e	f	g	h	孔缘	端处	重量（千克）
M92:32	常刃石钺	石英岩	A	/	/	磨圆和斜向成组的条痕为主，零星的V型疤痕	磨圆，光泽，F、B型疤	F、B型疤	磨圆为主			AI区，孔缘泛白，表层磨光面脱落，毛糙，II区则光泽明亮，孔缘成组的磨制的条痕都还看得见。AIII区同II区，AIV区开始，孔缘矿物脱落，形成浅片状疤，毛糙光泽同I区。B面孔I和IV区均有一个被磨圆的条形痕迹	条痕	0.39
			B	/	/	磨圆和条痕为主。V、B型疤痕	大型疤痕，磨圆，条痕	/	/					
M92:33	常刃石钺	硅质岩	A	/	/	F、B型大疤，磨圆	/	/	/			AI区轻度的磨圆和短条痕，其余区都很好，IV区末端MP毛糙光泽		0.27
			B	/	/	磨圆	B型疤，磨圆	/	/					
M95:44	常刃石钺	石英岩	A	/	/	磨圆，小V疤	/	/	/			AⅠ区和Ⅳ区交界处有明显的疤痕，其余部分并没有磨制成一个光滑的面，但是仍可以看到矿物的磨圆AIV区可见疤痕被磨圆后的面．孔内壁可以见到矿石的磨圆。孔芯已被磨制光滑		
			B	/	/	疤痕均被磨圆，以折断式居多	羽翼式疤痕，折断式疤痕，均有磨圆	/	/					
M95:48	常刃石钺	硅质灰岩	A	/	/	B型疤，磨圆，条痕	B型疤，磨圆，条痕	/	/			实心钻大孔		0.91
			B	/	/	刃角S和B型复合疤，其余部位F、B型疤痕较多，且均为中大疤痕	/	/	/					

续表 3-3

编号	名称	岩性	观察区域	a	b	c	d	e	f	g	h	孔缘	端处	重量（千克）
M95∶52	常刃石钺	凝灰岩	A	磨圆	磨圆	磨圆，疤痕内亦是	磨圆，RS磨制条痕	磨圆	磨圆			AI－II区明亮光泽和磨圆，III－IV区交界处见明亮光泽和磨圆，其他不见。孔内缘有磨圆。B面孔的磨圆也主要集中在Ⅰ和Ⅳ的下半段。Ⅳ区孔缘有大疤痕，疤痕内已见磨圆		0.07
			B	磨圆	磨圆	/	/	磨圆	磨圆					
M98∶32	常刃石钺	灰岩	A	/	/	磨圆，矿物凹坑，条痕	磨圆	/	/					
			B	/	/	/	/	/	/					
M98∶30	常刃石钺（抛光）	花岗玢岩	A	未见光泽、磨圆和条痕	未见	不规则中疤连续，F型，LR	B型疤	/	/			孔正上部位大片疤．B面孔Ⅳ区V型疤痕，LR，B面孔Ⅲ区小疤痕，B面孔Ⅰ区F型疤和磨圆，B面孔Ⅰ区磨圆，孔内缘有敲芯痕迹，未见光泽和磨圆，B型疤		0.25
			B	/	V	磨圆，B型疤	F型疤，LR	较好	较好					
M98∶31	常刃石钺	石英岩	A	/	/	一组连续的B型小疤。磨制条痕	/	/	/			AI和AIV区孔缘外侧平面见矿物颗粒剥落。II/III区矿物颗粒保存较好，孔缘的磨圆也较好。实心钻孔		0.66
			B	/	/	连续的B型疤痕，疤内LR	磨圆和B型疤	/	/					

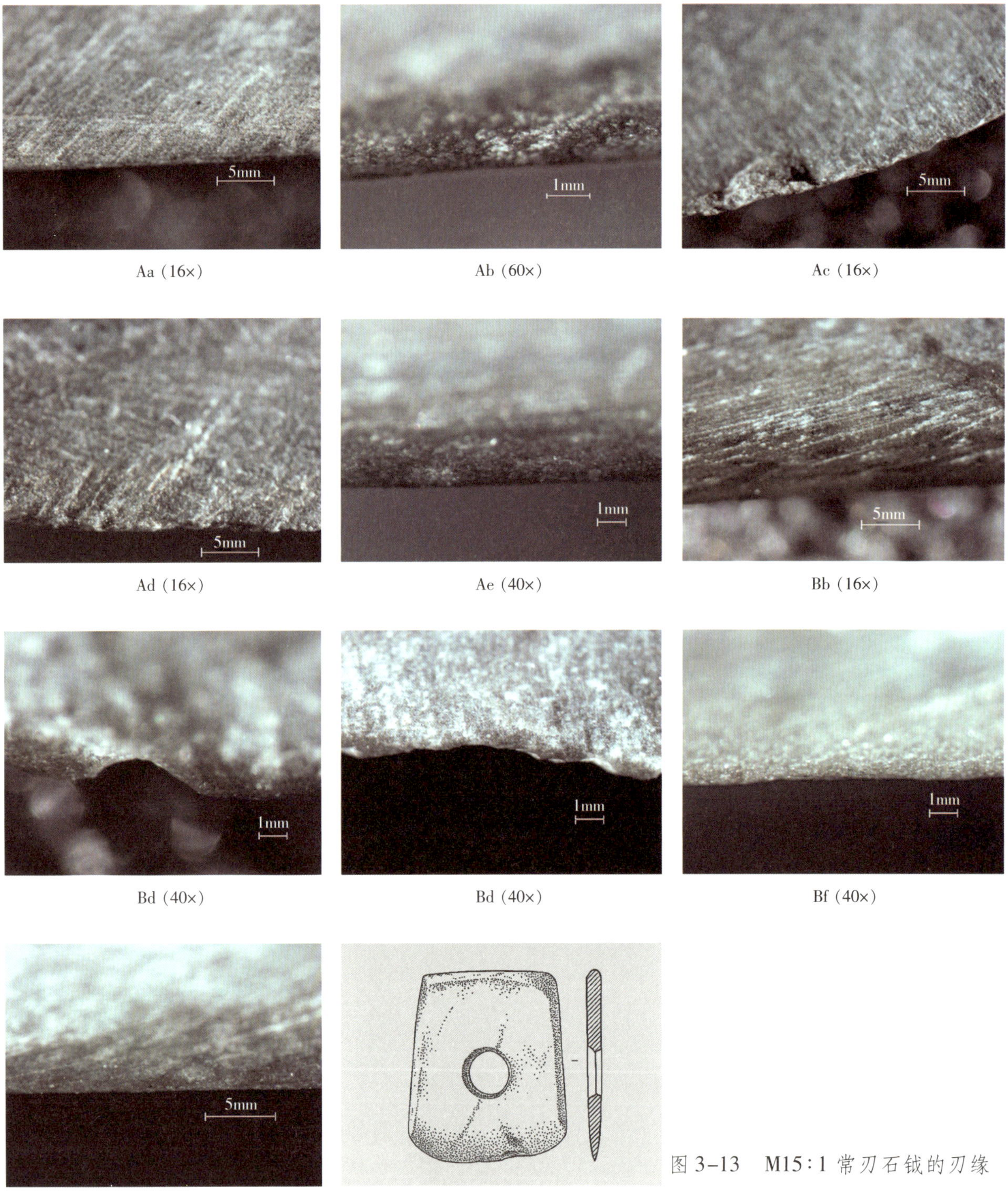

Aa (16×)　Ab (60×)　Ac (16×)
Ad (16×)　Ae (40×)　Bb (16×)
Bd (40×)　Bd (40×)　Bf (40×)
Be (20×)　M15:1

图 3-13　M15∶1 常刃石钺的刃缘

边刃钺仅 4 件。M90∶31 两侧边缘可见磨制的条痕延伸至刃缘，A 面刃缘见磨制条痕和 V 型微疤或者磨制条痕被磨圆覆盖，光泽以毛糙光泽（MP）为主，B 面 b、c、d 区，为磨制条痕（DS）和 V 型微疤共同出现，在 d 区，F 型疤痕打破磨制条痕，在疤痕周围有明亮光泽（BP），光泽连成片状，但较为粗糙（较多见凹坑），与王小庆描述的 D2 型光泽接近，他描述的 D2 型光泽与垂直或者平行方向加工骨、角材料有关，但是此段刃缘在 A 面没有这种现象，也没有发现加工骨角

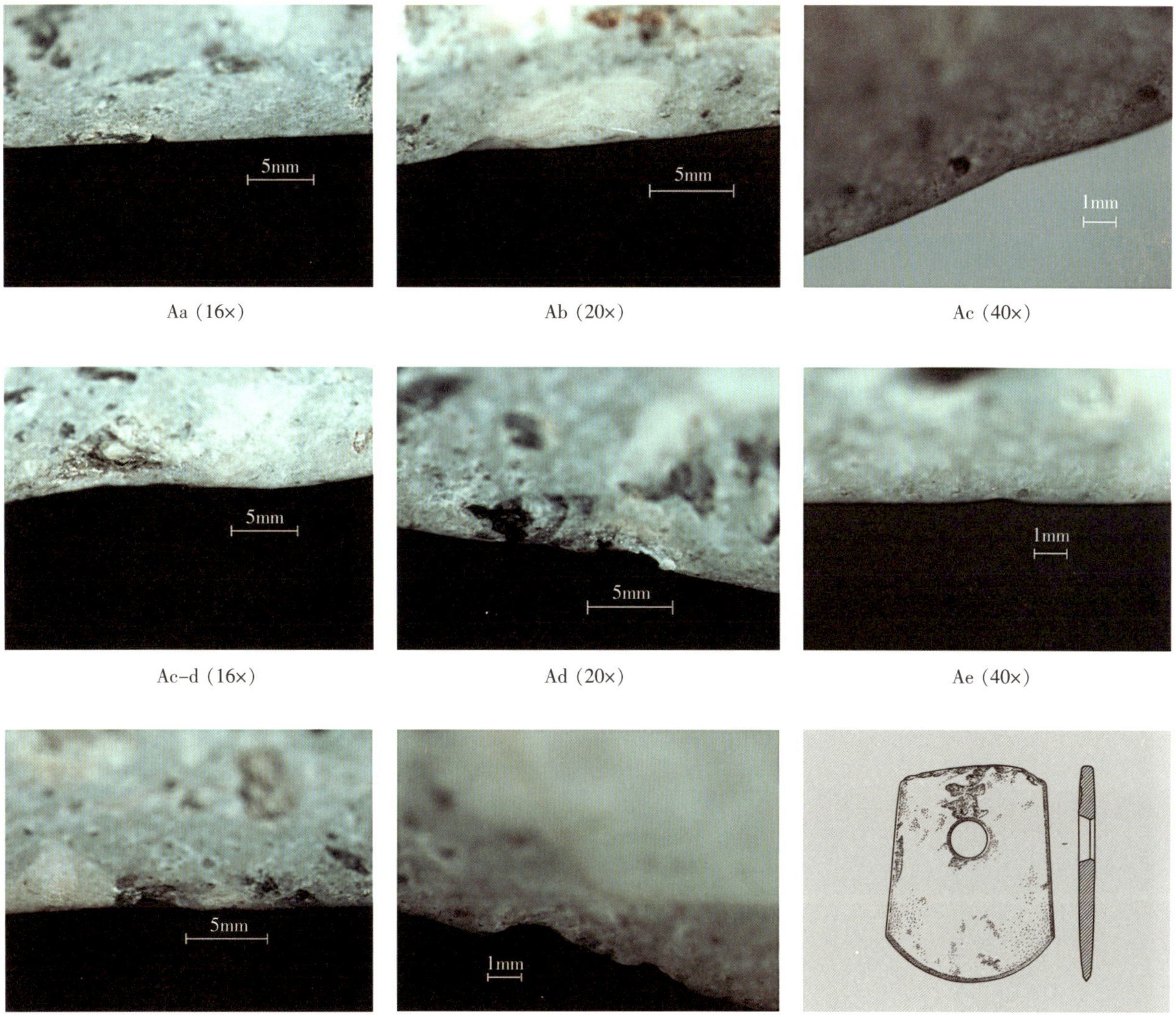

Aa（16×）　Ab（20×）　Ac（40×）

Ac-d（16×）　Ad（20×）　Ae（40×）

Bc（20×）　Bd（20×）　M74:2

图 3-14　M74：2 常刃石钺的刃缘

材料会形成的大中型阶梯式破损疤，少量羽翼式卷边式疤密集分布[①]。其余部分的刃缘则又呈现出磨制条痕和 V 型微疤、零星 B 型疤的痕迹组合（图 3-15）。另一件，M90：35 也有一面边缘有类似M90：31 的 A 面 d 区刃缘出现的光泽，但是位置不同，M90：35 的这种光泽位于 A 面 a 和 b 区，除此之外，磨圆是主要特征，此件的片疤也较多，以 V 型和 B 型大疤痕为主，也有零星 F 型大疤（图 3-16）。

如果石钺作为实用的武器使用，则应使用于战斗过程中，根据已知的装柄方式来看，砍砸运动方式应最为有效。那么我们可以对比现有的一些砍砸运动的实验结果以及加工骨质等材料的实验结果。

沈辰在对加拿大安大略省南部遗址出土石器的分析中，通过实验总结出不同运动方式加工硬性材料的使用痕迹的共同特征，即阶梯式大型片疤，疤痕集中连续分布，刃缘粗糙破碎，磨圆严

① 曲彤丽、梅惠杰、张双权：《骨质加工对象实验与微痕分析报告》，《石器微痕分析的考古学实验研究》，75 页，科学出版社，2008 年。

Aa（20×）

Ac（40×）

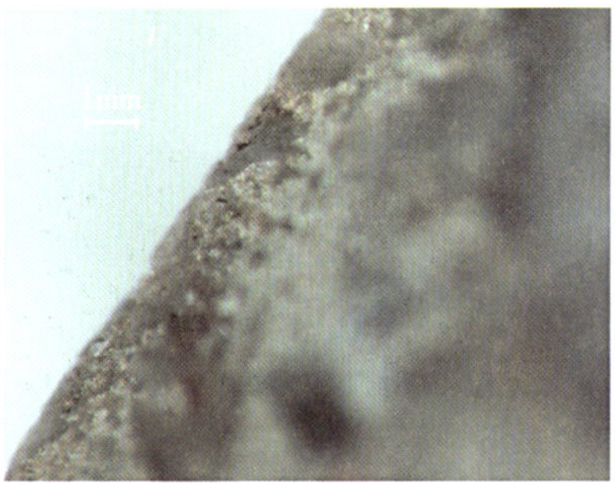
Ad（40×）

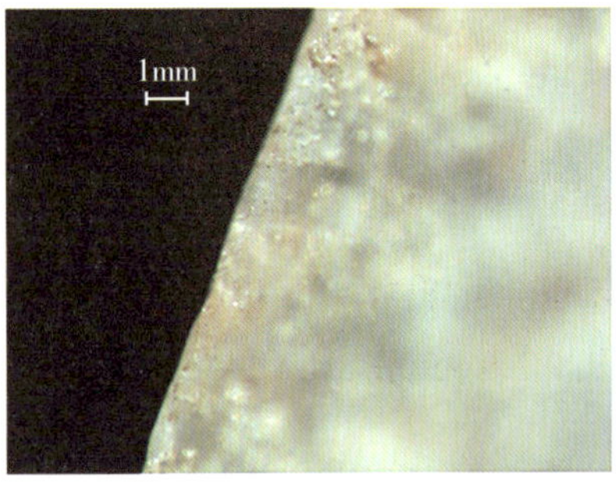

Ag（60×）

Ah（40×）

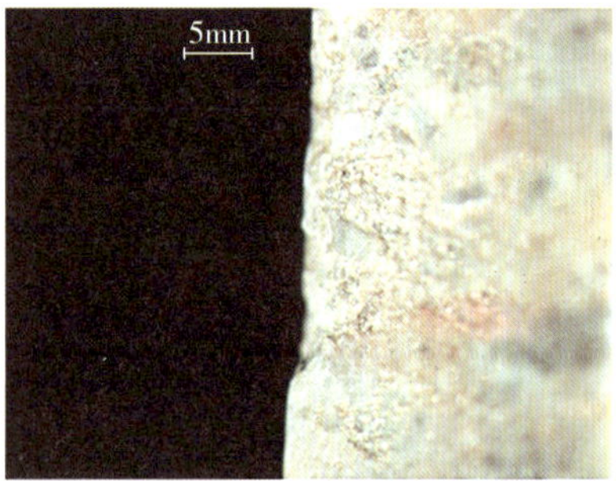

Bb（20×）

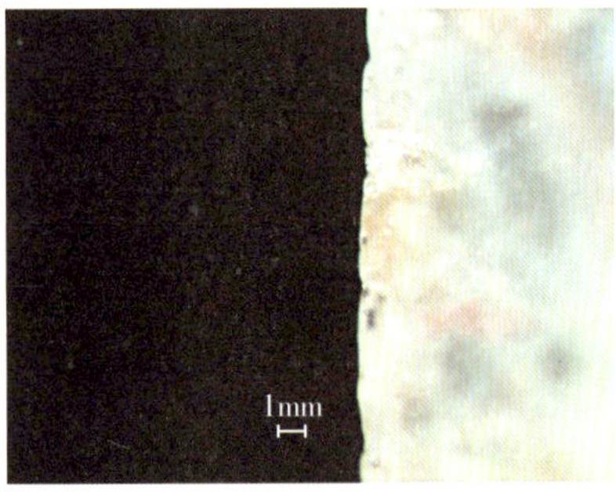

Bc（40×）

Bd（60×）

Be（20×）

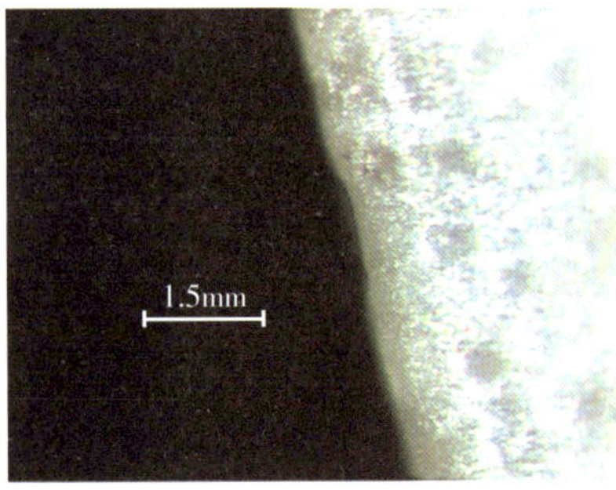

Be（120×）

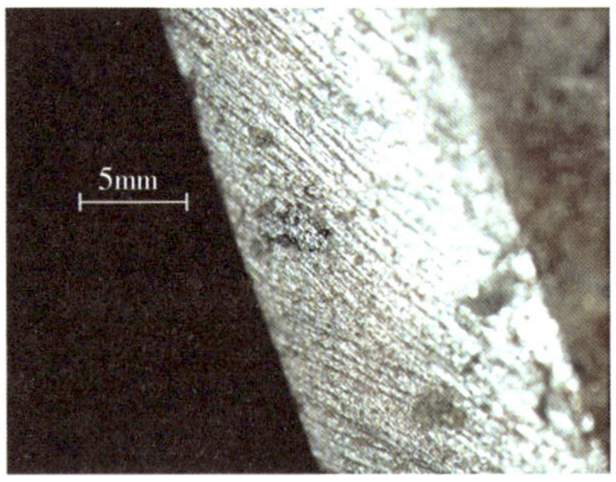

Bg（16×）

Bh（16×）

图3-15　M90:31边刃石钺的刃缘

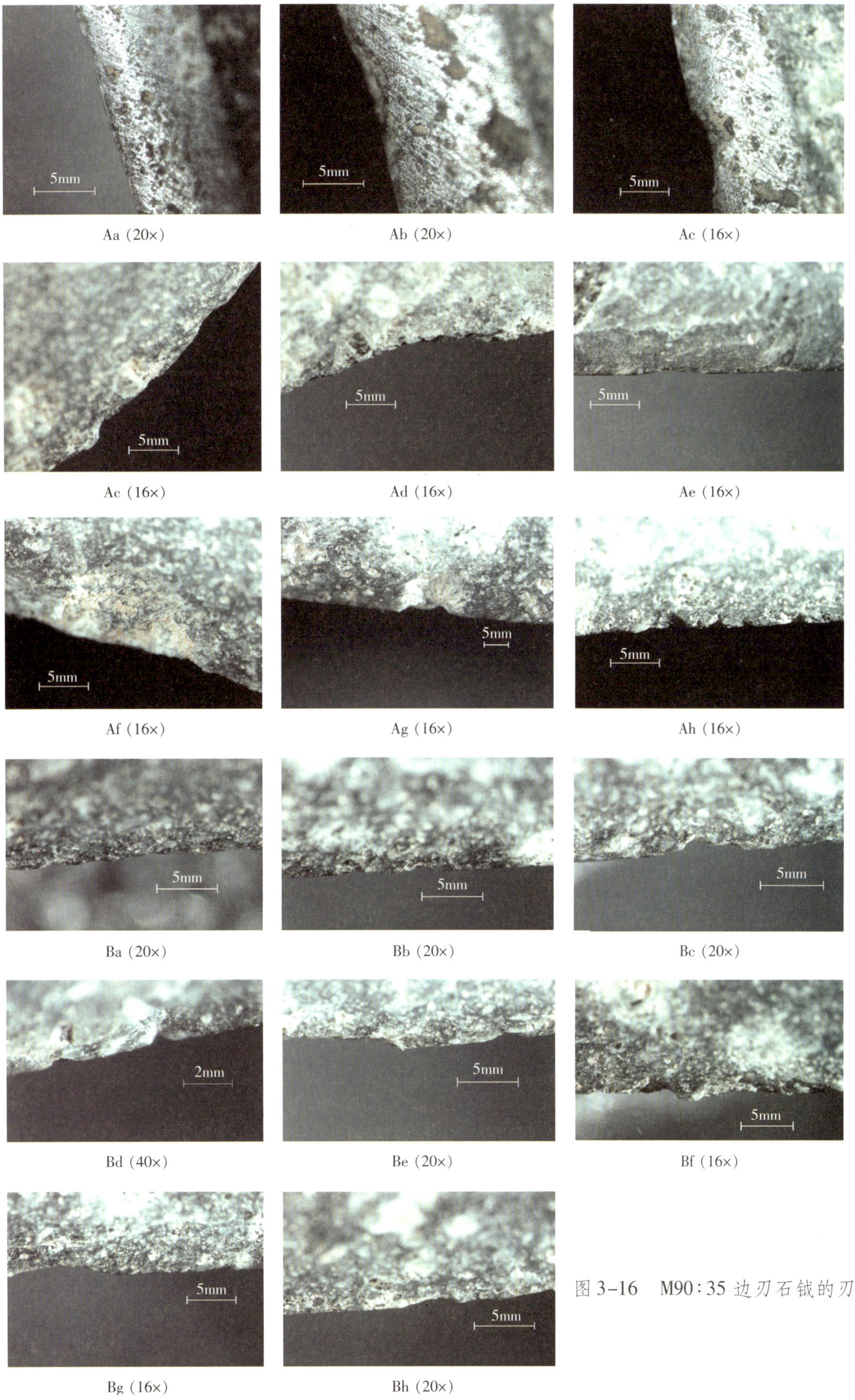

图3-16　M90:35 边刃石钺的刃缘

重，毛糙光泽。[①] 曲彤丽等人用燧石质石片对骨质对象加工的实验中，其中三件砍砸器样本加工驴骨和猪骨、微痕特征基本一致：大疤、阶梯式，分布状态层叠杂乱。磨圆根据使用时间和强度不同而有变化。[②]

这样看来，在我们观察的石钺刃缘中，仅 M92∶31 在 A 面刃处发现了阶梯式大疤痕，此件石钺可能作为实用武器使用过。其他的石钺，在刃缘，磨制条痕得以保存，尽管出现片疤打破条痕现象，但是不见使用造成的条痕。磨圆是一个普遍特征，V、F、B 型疤都较常见，且并无规律，所以我们认为其他的石钺刃缘在被随葬之前也曾使用，但并非作为实用的武器。

关于石钺装柄使用，在考古上已经有很多证据，我们对石钺的装柄方式也有所了解，主要由两个步骤组成，一是装柄，二是捆绑固定，石钺上可能留下痕迹的位置，一是孔缘，二是两侧上端和顶端。装柄痕迹因装柄方式和捆绑材料的不同会有差异，国外的学者曾进行过大量的实验，虽然在捆柄产生的光泽和疤痕类型上有些区别，但是较为一致的是疤痕和光泽是捆柄产生的痕迹的主要特征，在赵静芳等人的实验中，他们认为装柄的痕迹主要由疤痕、光泽和磨圆三个要素组成，未观察到条痕。磨圆和光泽经常伴生，且光泽程度并不高。疤痕以小疤痕最多，不均匀连续分布，疤痕的终端形态为折断和羽翼式为主。与绳子接触的痕迹，以轻度磨圆和毛糙光泽，以及折断式的小疤痕为主[③]。他们选用的是燧石作为原料，未经修理的片状毛坯标本做实验，与绳子和柄接触的位置多为较薄的刃缘，由于原料和使用方式的差异，捆柄的痕迹可能会有差别。

我们在石钺孔缘观察到的痕迹类型与赵静芳等人的实验大体一致，为磨圆、光泽和疤痕。根据我们观察区域的划分，不同区域内的微痕是有差别的，除了观察孔缘，我们还注意到管钻孔两面孔芯交接处的痕迹，如果石钺经过捆柄使用的话，捆柄的绳索或者皮子应会与此区域接触。通过观察的几件来看，此处都有疤痕，这些疤痕未必是捆绳产生的，在管钻取芯的时候也会残留疤痕，但是这些痕迹内部有些有程度不等的磨圆和光泽，应与装柄使用有关。

常刃钺中，M15∶1 是磨圆和光泽都较好的例子，M4∶3 则有低度的磨圆和光泽。孔缘的具体情况，我们观察的结果与赵静芳等人的实验对比又略有差别，在孔缘我们往往能发现明亮的光泽伴随高度的磨圆，同时也有毛糙光泽和小疤痕。观察的这几件常刃钺中，M15∶1 的孔缘，A 面Ⅰ－Ⅳ区均可以观察到重度磨圆和光泽，但是Ⅰ和Ⅳ区的光泽较另外两个区域差，光泽呈斑点状，与王小庆书中描述的 E1 型光泽[④]接近，为 B 面Ⅰ区上段光泽较下段弱，B 面Ⅲ区的光泽也较其他区弱，但是磨圆程度却都相当（图 3-17）。M74∶2，孔周第Ⅰ区下部和第Ⅳ区均有折断式疤痕和明亮的光泽，光泽和疤痕打破了磨制的条痕，第Ⅱ、Ⅲ区毛糙光泽并且保留完整磨制条痕一直延伸至孔缘，光泽的强弱也不同，A 面Ⅰ区、Ⅲ区较弱，B 面Ⅳ区和Ⅰ区较弱（图 3-18）。

① Chen Shen, *The Lithic Production System of the Princess Point Complex during the Transition to Agriculture in Southwestern Ontario.* Canada, BAR International Series 991, Oxfosed, 2001.

② 曲彤丽、梅惠杰、张双权：《骨质加工对象实验与微痕分析报告》，《石器微痕分析的考古学实验研究》，75 页，科学出版社，2008 年。

③ 赵静芳、宋艳花、陈虹等：《石器捆绑实验与微痕分析报告》，《石器微痕分析的考古学实验研究》，167 页，科学出版社，2008 年。

④ 王小庆：《石器使用痕迹显微观察的研究》，文物出版社，2008 年。

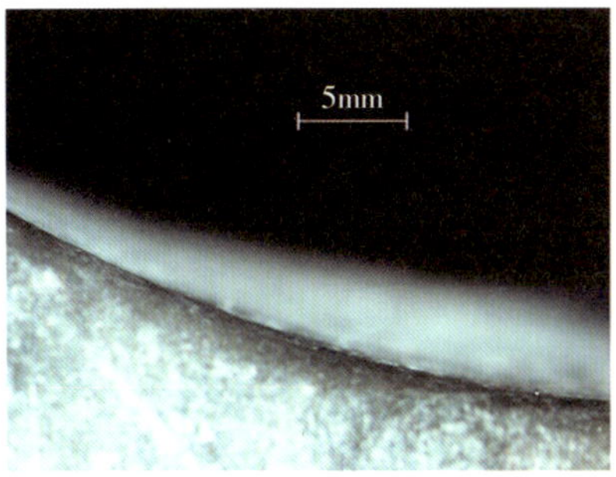

A Ⅰ（16×）

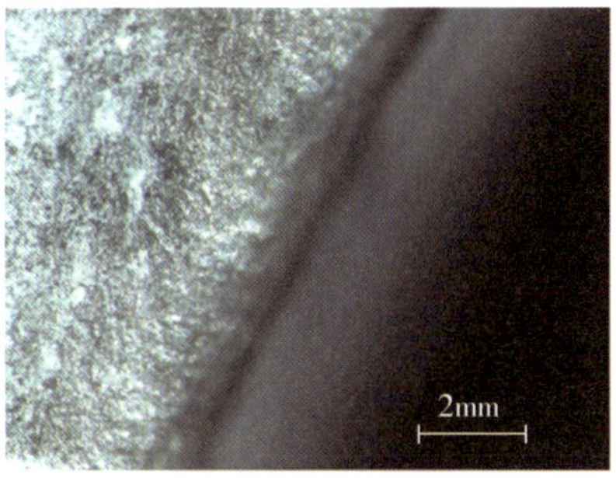

A Ⅰ-A Ⅱ交界处（40×）

AⅢ（40×）

AⅣ（40×）

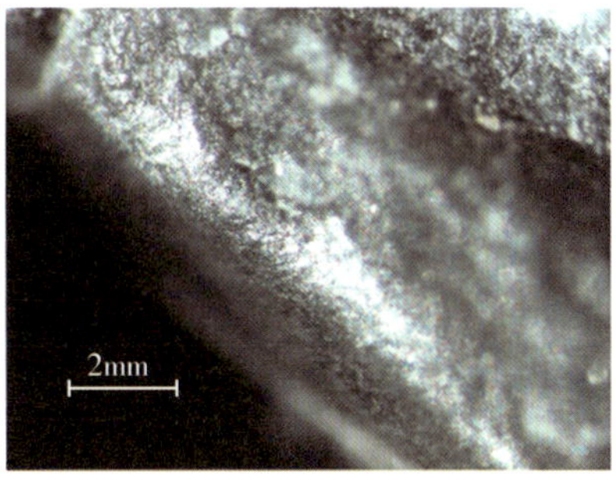

钻芯交界处(40×)

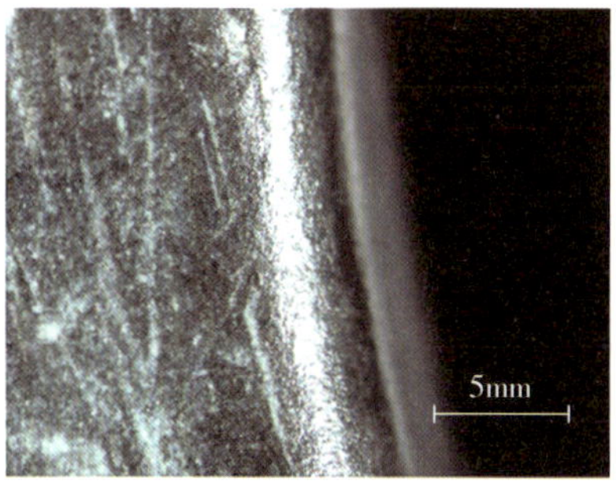

B Ⅰ下段（20×）

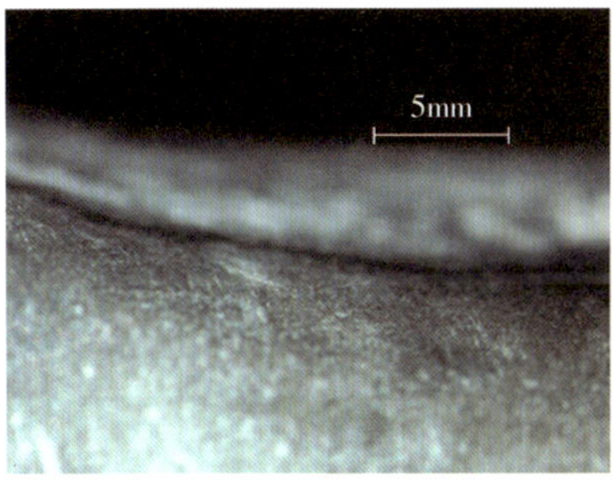

B Ⅰ上段（20×）

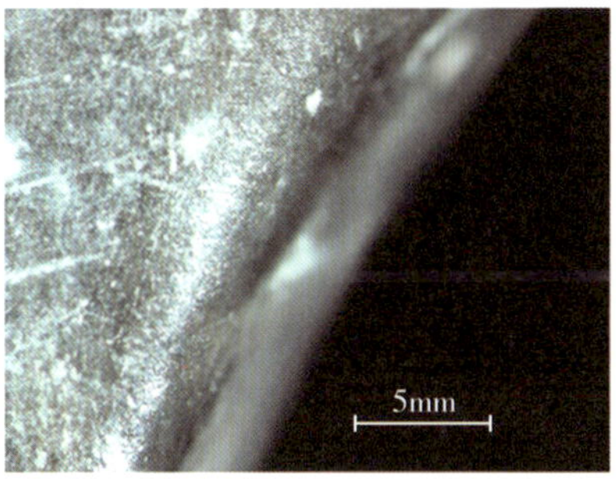

B Ⅱ（20×）

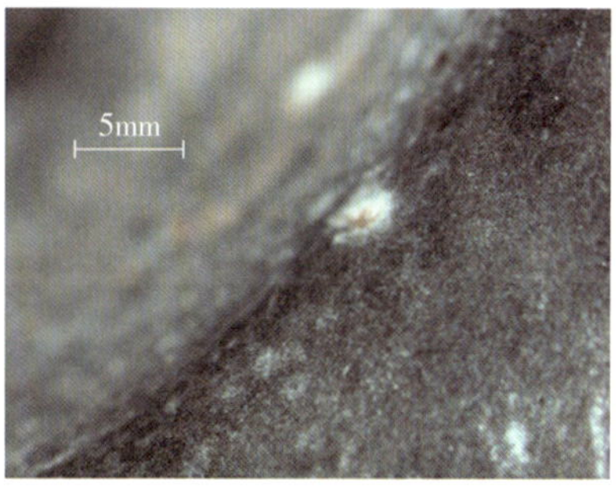

BⅢ（16×）

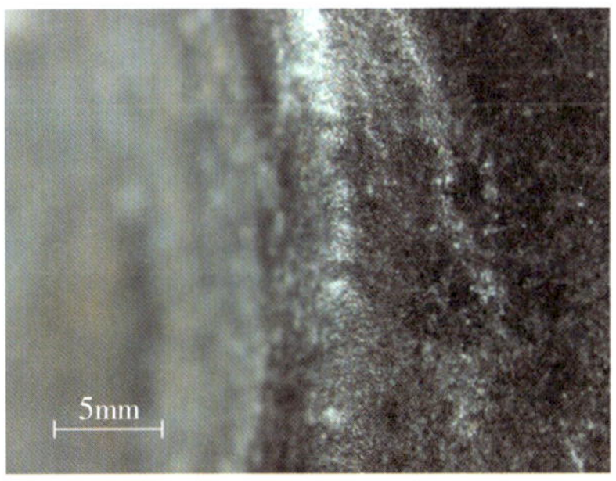

BⅣ（16×）

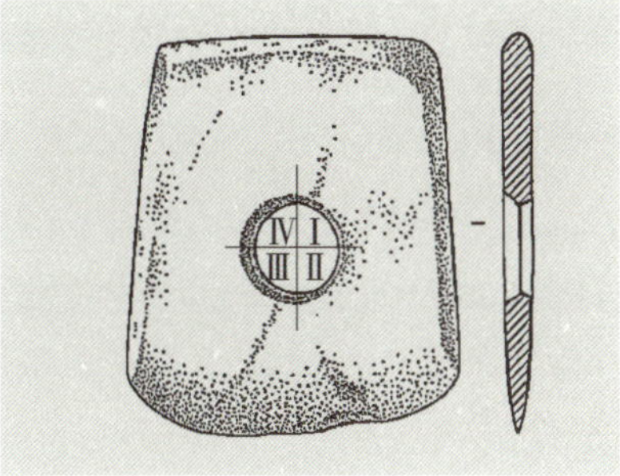

图 3-17　M15∶1 常刃石钺的孔缘

边刃钺中，M90∶31 孔缘 A 面第Ⅰ区和第Ⅳ区有微疤打破磨制条痕，其余区域保存较好的磨制条痕，B 面第Ⅱ区和第Ⅲ区出现微疤（图 3-19）。另一件，M90∶35 孔缘 A 面Ⅰ区和Ⅱ区中型疤内有中度磨圆和微亮的光泽，较Ⅲ区和Ⅳ区磨圆程度高，Ⅲ区和Ⅳ区仅见轻度的磨圆，不见光泽。B 面孔缘疤痕集中在Ⅰ区、Ⅳ区，磨圆程度也是自Ⅰ区下段到Ⅱ区磨圆程度高一些（图 3-20）。这样看来，石钺孔缘的痕迹，总有一面Ⅰ区和Ⅳ区更接近，另一面Ⅱ区和Ⅲ区更接近，且钻芯交界处的疤痕内的又往往都有磨圆。但是不同石钺之间，细节的疤痕类型和光泽类型又有些差异，可能与使用时间有关。

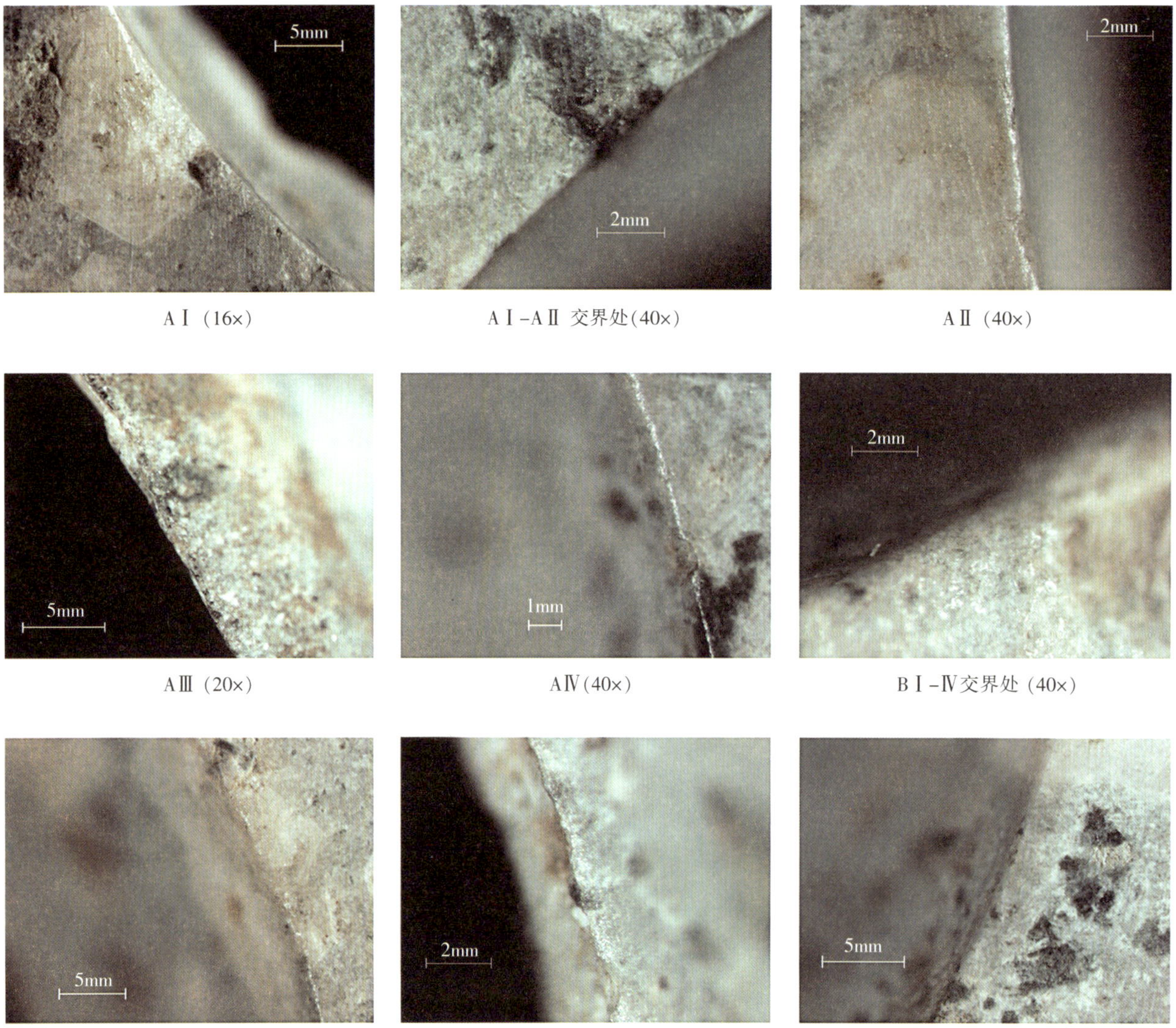

AⅠ（16×） AⅠ-AⅡ 交界处(40×) AⅡ（40×）

AⅢ（20×） AⅣ(40×) BⅠ-Ⅳ交界处（40×）

BⅢ（16×） BⅢ钻芯交界处（40×） BⅣ（20×）

图 3-18 M74∶2 常刃石钺的孔缘

从端处来看，有两件边刃石钺的端处观察到疤痕，M90∶33 和 M90∶34，前者发现磨圆、光泽和疤痕，后者仅发现光泽和磨制条痕的存在（表 3-4）。常刃石钺中，M15∶1 端处发现重度的磨圆和光泽与其孔缘的痕迹相对应，另一件玄武岩石钺 M92∶31 的端处也存在磨圆和光泽，但是光泽类型与其他石钺不同，与赵静芳等人的实验更接近，为毛糙光泽，与我们观察的一件石斧 M15∶3 的端处痕迹相似。这种差异，也许与捆柄材料或者方式不同相关，也可能与使用时间有关，我们没有更合理的解释。

石钺是否作为实用工具（或者武器）使用，我们通过刃缘的观察并没有得到直接证据，砍砸动作常会形成的较大的阶梯式的片疤，仅在玄武岩质 M92∶31 这件双孔石钺的刃缘发现。石钺的刃缘都有较好的磨圆，片疤内也见，我们认为这种磨圆还与使用有关（对埋藏环境对磨圆度的影响还不清楚）。捆柄痕迹中，磨圆、疤痕和光泽在孔周不同区域内有差异，从观察的样本来看，似有规律可循，孔内钻芯交接处的磨圆和光泽和端处的痕迹也可以用来综合判断捆柄痕迹，磨圆疤痕和光泽应是与绳接触而产生，石钺上孔缘周围，这些痕迹出现虽不固定位置，但大体对称出现，应该是与捆绑装柄方式的差异有关。

AⅠ（20×）

AⅡ（60×）

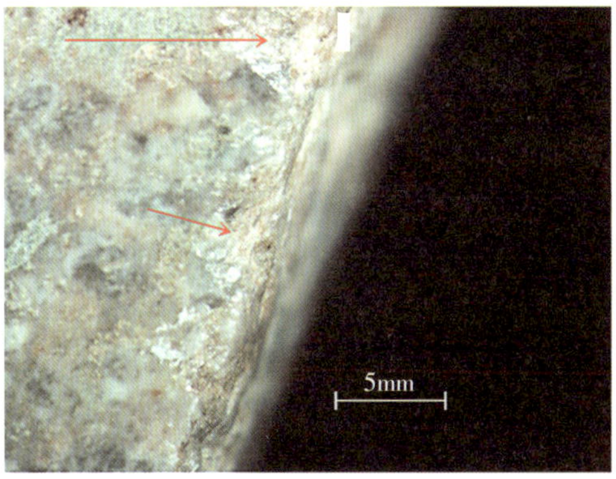

AⅣ（16×）

BⅠ（20×）

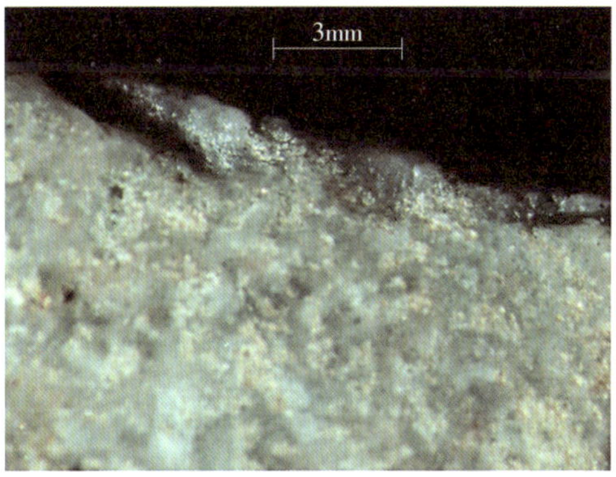

BⅡ（30×）

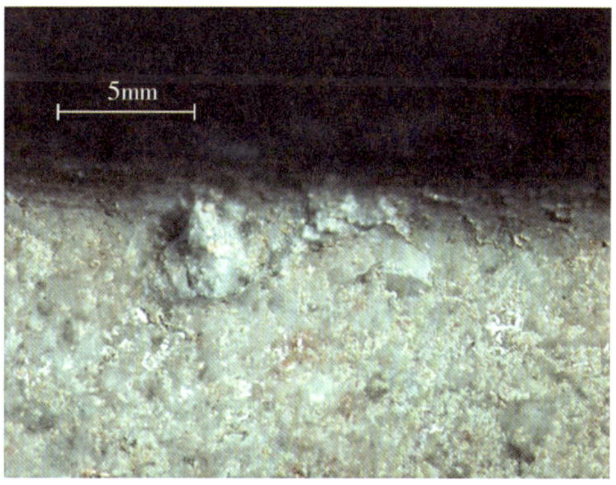

BⅡ（20×）

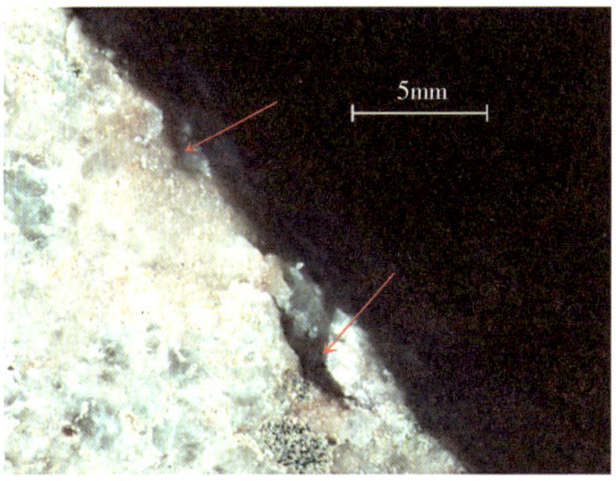

BⅢ（20×）

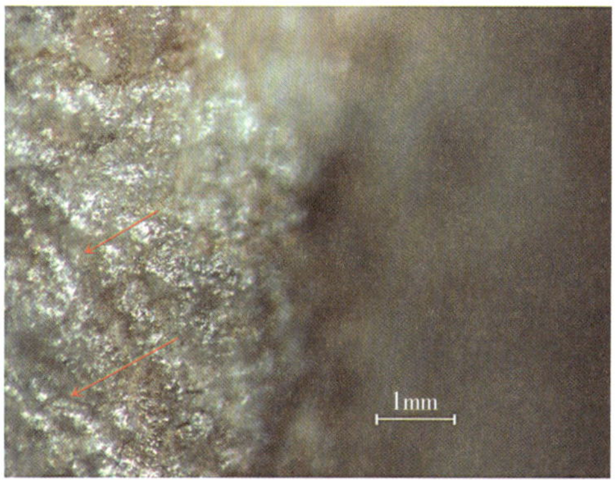

BⅣ（60×）

图3-19　M90∶31边刃石钺的孔缘

A Ⅰ（16×）

A Ⅱ（20×）

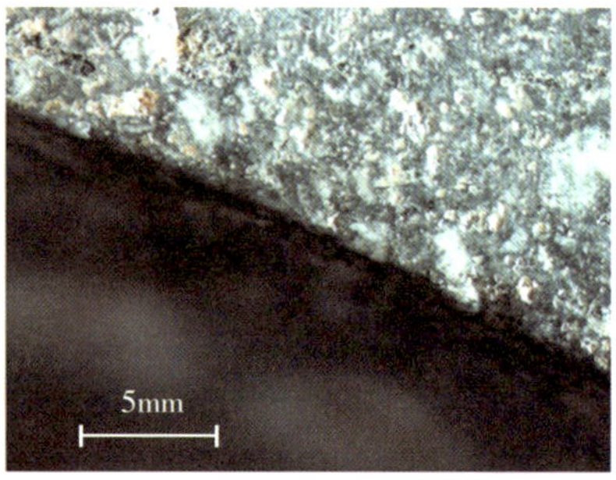

A Ⅲ（20×）

A Ⅰ孔内壁（16×）

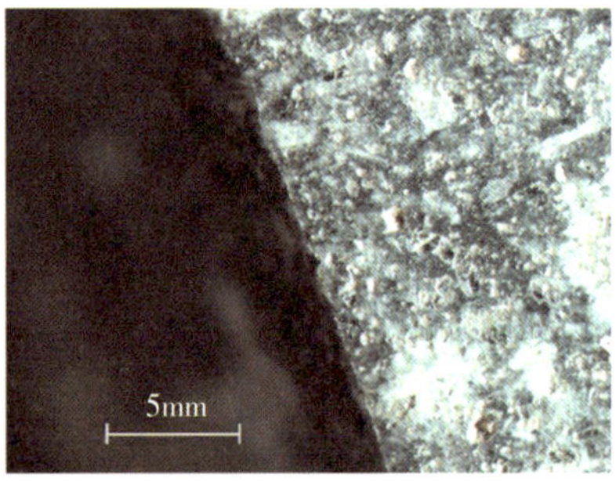

A Ⅲ-Ⅳ交界处（20×）

B Ⅰ（16×）

B Ⅰ-Ⅱ交界处（40×）

B Ⅱ（16×）

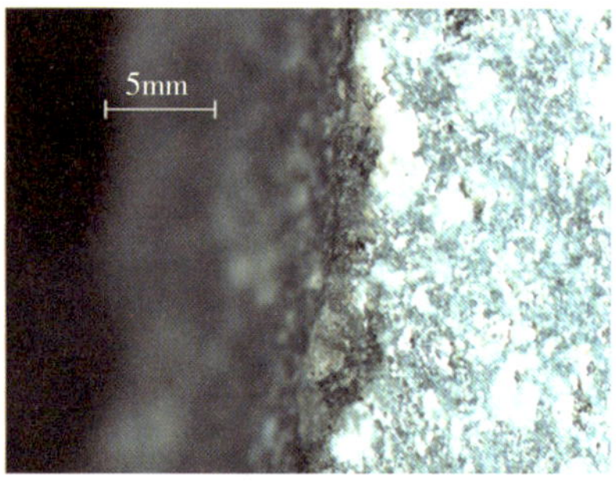

B Ⅳ（16×）

图 3-20　M90∶35 边刃石钺的孔缘

4. 石斧

仅 M15∶3 一件，为浅成侵入岩质，通过肉眼观察，我们已经看到刃缘部分的损伤，A、B 面均可见连续的折断式的大疤痕，疤痕内也有低度的磨圆未见 S 形大疤痕。在孔缘有白色的毛糙光泽条带区，分布集中在第 I 和 III－IV 区内，肉眼观察比显微镜下更明显（表 3-4）。且此件器物在端处有红色颜料的痕迹，端处亦有磨圆，可见矿物颗粒的凸起（图 3-21）。毛糙的光泽区与捆柄使用应当有关系，在孔缘也有磨圆的产生。但是这件器物孔缘的光泽和磨圆与之前观察的石钺有些差异，没有那么高度的磨圆，也不见明亮的线状或者片状的光泽，可能与捆柄材料的不同以及材质的差异有关系，由此判断此件石斧也是经过较长时期的使用后用于随葬的。

表 3-4 石斧微痕观察记录

编号	名称	岩性	观察区域	a	b	c	d	e	f	孔缘	端处	重量（千克）
M15:3	石斧	浅层侵入岩	A	/	/	B 型疤	B 型中疤	B 型中疤连续分布	/	AⅠ区 AⅢ区有 S 型疤痕，Ⅰ和Ⅳ区的白色毛糙光泽条带区		0.25
			B	/	/	磨圆覆盖条痕，连续 B 型中疤	/	/	/			

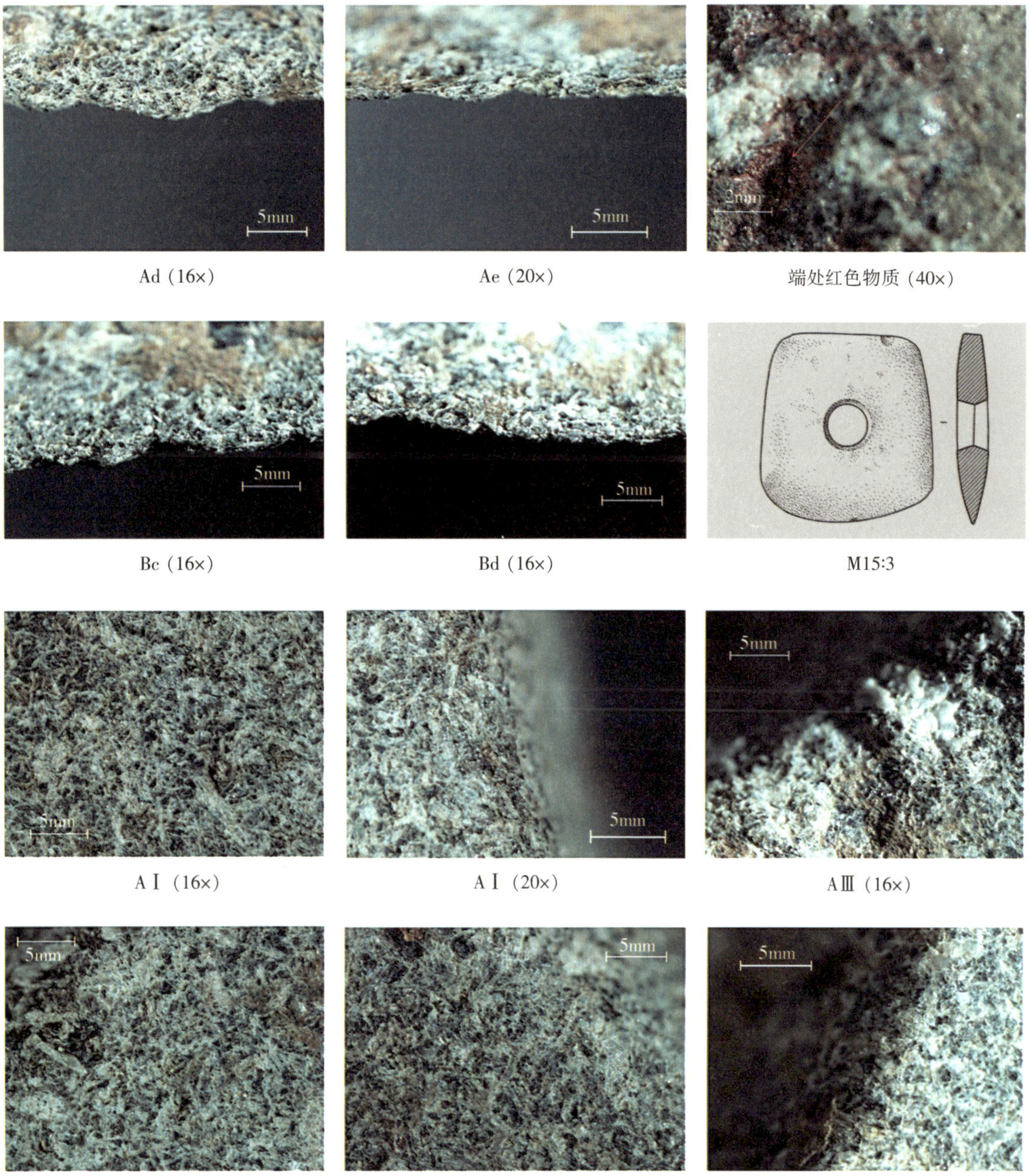

Ad（16×） Ae（20×） 端处红色物质（40×）

Bc（16×） Bd（16×） M15:3

AⅠ（16×） AⅠ（20×） AⅢ（16×）

AⅣ（16×） BⅠ（16×） BⅢ（16×）

图 3-21 M15:3 石斧微痕

四 初步认识

我们尽可能的根据疤痕和条痕以及光泽和磨圆出现的位置、组合进行了分析，并且与器身残存的制作痕迹进行对比，区分出制作过程中产生的痕迹。我们知道这些器物在制作过程中，以及搬运摆放、葬礼过程中，都可能造成损坏，在进入埋藏环境以后也会受侵蚀风化，甚至在发掘出土的时候也会有些破坏，有些痕迹的产生是不同时的，也是偶然的，并不是所有的痕迹都能被解释。仅利用微痕的证据去判断石器的功能并不可靠，我们仅是根据刃缘微痕的观察，判断这些器物是否经过使用。经过观察和初步的判断，我们可以从中区分出未经使用的器物，但同时我们对区分出的另外一部分有疤痕的刃缘的解释不够，这依赖于后期更多可控的实验结果和其他相关的分析。

总的看来，观察的这些样本中，石锛和石凿都有未经使用的，石钺则多数使用过。对于这些未经使用过的器物，尤其是未经“开刃”的石锛、凿，在选材之初就有考量，这种考量并不是以石制品耐用为出发点，而是从易于加工为出发点，这表明这些器物可能是专门为随葬而制作，总之并非实用工具。

石钺的装柄痕迹的产生是与长期的使用有关，但是如果石钺作为武器使用，锋利的刃缘是其必须的条件，那么作为武器使用后的刃缘，应该会有破损，不经过再加工很难具备再使用的条件。经过观察，我们也仅在一件玄武岩石料的石钺上发现砍砸运动所易产生的大的阶梯状的疤痕，磨圆反而成为大部分石钺最主要的刃缘特征。而且在我们观察的石钺的捆柄痕迹里，磨损程度是有差异的，也有石钺上未能观察出捆柄痕迹，说明这些石钺的使用程度是不一样的，由于短期的捆柄未必会产生明显痕迹，不排除有些石钺是专门为随葬而制作的助葬品。对于随葬的石钺（斧），通过微痕的分析，除 M92∶31 曾做过砍砸运动，似作为实用的武器使用以外，其余均未做武器实用过，然而，捆柄痕迹以及刃缘疤痕和磨圆又表明这些石钺经过了不同程度的使用。结合这几件石钺在墓葬中的出土位置来看，又多位于墓主身侧，应是墓主生前随身之物，可能为礼仪性的物品，是墓主身份和地位的象征，死后用于随葬。

附录九　东山村遗址出土石锥 ED-XRF 分析报告

崔剑锋

（北京大学考古文博学院）

使用 Horiba XGT－7000 型能量色散 X 荧光光谱仪无损测试了东山村遗址石锥 M90∶41。分析条件如下：X 光管电压 50kV，管电流 0.1mA，由于无法测到 Na 之前的元素，因此采用无标样半定量解谱方法进行分析。

一　分析结果

图 1－1 为测试的 XRF 谱图，表 1－1 为半定量分析结果。

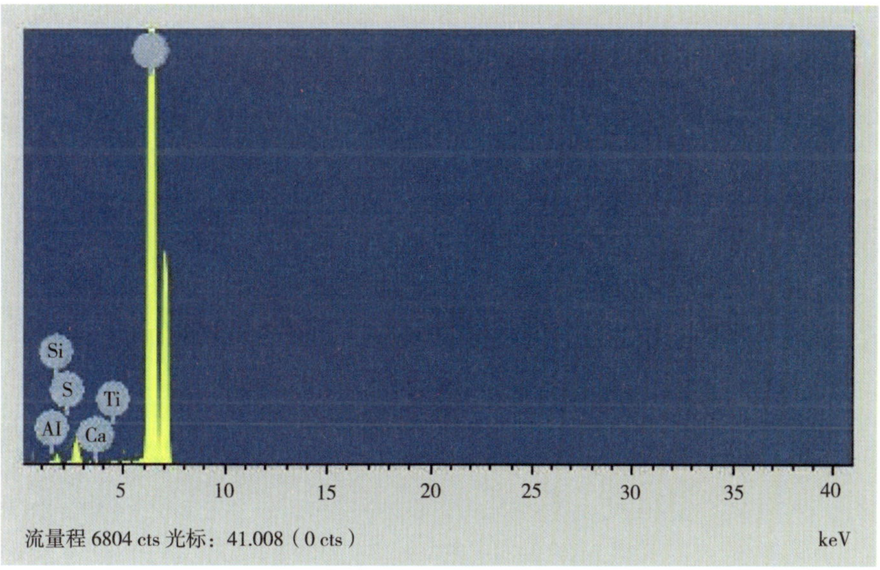

图 1－1　石锥 M90∶41 的 ED－XRF 谱图

表 1－1　石锥 M90∶41 的 ED－XRF 成分分析半定量结果（质量%）

编号 \ 成分	Al_2O_3	SiO_2	P_2O_5	SO_3	K_2O	CaO	TiO_2	Fe_2O_3	ZnO
M90∶41	3.94	6.39	0.38	0.27	0.25	0.16	0.07	88.49	0.06

二　结论

分析结果表明，该石锥的组成物质以铁矿物为主，折合成赤铁矿矿物（Fe_2O_3）含量可达 90% 左右，其余为硅酸盐类矿物。说明这件石锥是由赤铁矿（或菱铁矿）等铁矿物磨制而成的。

附录十 东山村遗址出土陶器成分分析

崔剑锋

（北京大学考古文博学院）

东山村遗址2008～2010年的发掘，在属于马家浜文化期的墓葬中，出土了几件线纹尖底器，明显具有北方黄河流域尖底瓶的风格，这为探讨新石器时期南北考古学文化的传播与交流提供了实物资料①。

为了研究这类尖底器的可能来源及其与本地陶器的异同，我们选择了包括2件尖底器在内的8件陶器进行了化学成分分析。

一 分析方法

采用ED－XRF无损分析，仪器型号为日本堀场制作所（Horiba Inc.）生产的XGT－7000型X荧光显微镜。分析条件为：X入射线光斑直径：1.2毫米；X光管管电压：30kV；X光管管电流：0.029mA；数据采集时间：150秒。解谱方法为单标样基本参数法。

二 分析结果

分析结果参见表2-1。

表2-1 东山村新石器遗址出土陶器的化学成分（氧化物为质量%，单质ug/g）

编号 \ 器类 \ 成分	器类	Na_2O	MgO	Al_2O_3	SiO_2	P_2O_5	SO_3	K_2O	CaO	TiO_2	Fe_2O_3	Rb	Sr	Zr	Cu	Zn	V
M97:7	尖底瓶	1.19	1.67	18.42	67.91	0.77	0.04	1.81	1.15	0.64	6.39	45	80	101	24	61	45
M97:2	陶罐	1.04	1.40	20.33	59.34	1.70	1.43	2.50	1.55	0.84	9.86	111	76	172	29	155	68
M85:11	陶罐	1.11	1.73	19.64	66.11	2.61	0.04	1.75	0.59	0.89	5.51	39	56	131	11	80	51
M101:7	陶盉	1.16	2.31	16.05	64.56	0.96	3.51	2.43	1.82	0.70	6.49	83	146	99	132	147	76
F6:4	陶鼎	1.16	1.93	17.92	65.97	1.07	1.24	2.18	1.34	0.66	6.54	68	140	163	14	100	53
M9:2	陶澄滤器	1.10	1.85	17.14	61.90	1.05	4.04	2.67	2.18	0.71	7.36	80	85	66	27	100	61
T0611⑥:11	尖底缸缸底	1.19	1.36	17.07	66.51	2.10	0.56	2.14	1.03	0.86	7.17	82	141	294	18	76	64
T0711⑥:1	鼎足	1.21	1.58	16.19	69.32	2.80	0.19	1.83	1.74	0.86	4.29	38	63	50	0	63	22

从分析结果看，这些陶器所用的原料属于我国新石器时代南北方烧制陶器普遍都使用的铁含

① 南京博物院、张家港文化局、张家港博物馆：《江苏张家港市东山村新石器时代遗址》，《考古》2010年8期，3－10页。

量较高的易熔黏土。这类黏土特别适宜烧制陶器，其所含助熔剂氧化物适中，同时含铁量较高，因此在低于1000℃时即可烧成质量很好的陶器，这正符合新石器时期穴窑所能达到的最高温度①。而高含量的铁使得陶器在氧化气氛下呈现红色，还原气氛下呈现灰色，赋予陶器较为鲜艳的色泽。根据周仁等先生的研究，这类陶土其主要来源之一是河谷沉积黏土②。

三 讨论

图3-1是使用社会统计学软件SPSS进行的多元统计分析结果。

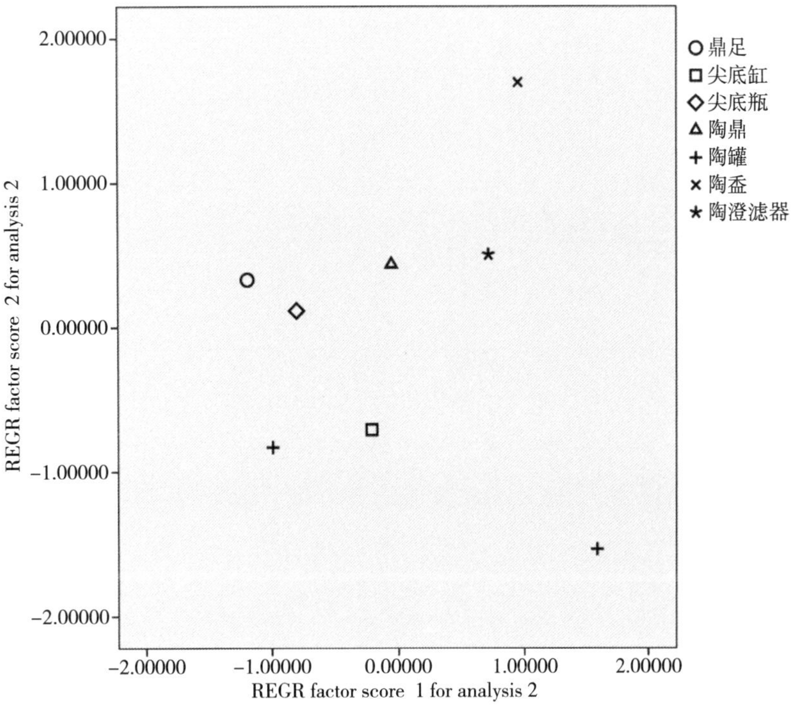

图3-1 东山村陶器全元素多元统计分析结果

主成分分析是通过线性代数变化，用少数几个变量代表大部分信息的方法。本文的主成分分析的第一主成分和第二主成分可以代表全部元素信息的69%以上。从第一第二主成分作图上可以看出，所分析的8件样品，分布非常分散。这种情况可能有两种解释，第一种是由于这些器物来源都不相同，所以其分析结果异常分散；而第二种则是这些器物的来源相似，在没有外部来源器物的情况下，导致差异信息放大，因此非常分散。

图3-2和图3-3分布是$Al_2O_3-K_2O$以及Rb-Sr散点图，分布代表了主量元素和微量元素的信息。

从两图可以看出，无论是主量元素还是微量元素的分布都比较分散，同时其绝对值的差别并不是很明显，这说明所有陶器的很可能是同源的，其陶土来源并无太大差异。因此造成多元统计非常分散的原因是制陶黏土来源相近而不是有差别。

---

① Rose Kerr and Nigel Wood, Science and Civilization in China. Vol. 5 Chemistry and Chemical Technology Part XII: Ceramic Technology, Cambridge University Press, 2004, pp. 97－101.

② 周仁、张福康、郑永圃：《我国黄河流域新石器时代和殷周时代制陶工艺的科学总结》，《考古学报》1964年1期，1～27页。

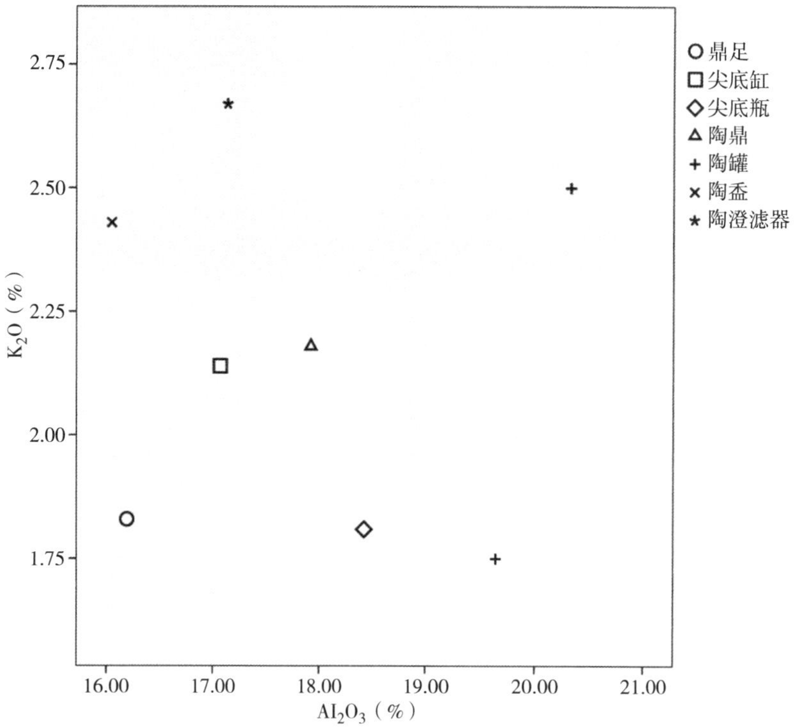

图 3-2　东山村遗址陶器 $Al_2O_3-K_2O$ 散点图

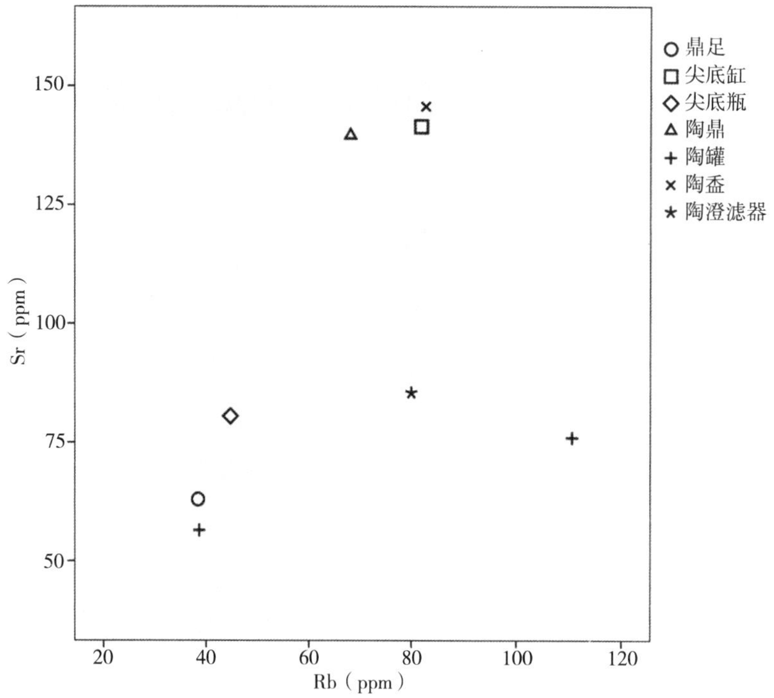

图 3-3　东山村遗址陶器 Sr－Rb 散点图

综合上述分析，线纹尖底瓶的化学组成与其他陶器的化学组成比较接近。因此，这类尖底瓶和其他的陶器产地应该相同，最有可能的是所有陶器都是当地所生产的。尖底瓶有典型的北方新石器文化风格，体现了南北方文化的交流。从化学成分分析情况看，线纹尖底瓶更有可能是东山村遗址本地所生产的，因此这种交流很可能是技术、工艺或者观念上的交流。说明墓主人本身可能和黄河流域新石器文化之间有某种关系，或者墓主人本身就来自黄河流域，烧造了尖底瓶这类器物，并且用于随葬。由于陶器本身运输较为不便，特别对于尖底瓶这样体型较大且不易平稳放置的器物，选择在当地仿烧更为便利。尽管如此，尖底瓶的出现可能体现了新石器时期存在的人员甚至是族群的大范围迁徙的情况。

四 结论

化学成分分析结果显示东山村遗址制陶原料选择普通易熔黏土，这类黏土的特点是黏性较大，且烧成温度较低，在1000℃以下即能烧成质地很好的泥质陶，是我国新石器时代南方、北方各文化都普遍使用的陶土。

主、微量元素的分析都表明具有北方风格的线纹尖底瓶的陶土和其他本地陶器没有明显的差异，说明这两件尖底瓶也是在当地烧造的。虽然不是产品直接输入，即不是贸易进来的，但却体现了文化交流的情况，同时也反映出存在着人员迁徙的可能。

附录十一　东山村遗址碳十四测年报告

新西兰地质和原子能科学研究所拉福特碳十四实验室

RAFTER RADIOCARBON LABORATORY R32448/3

INSTITUTE OF GEOLOGICAL AND NUCLEAR SCIENCES LTD.
PO Box 31312, Lower Hutt, New Zealand
Phone (+64 4) 570 4671, Fax (+64 4) 570 4657

RADIOCARBON CALIBRATION REPORT

NZA 34246 CONVENTIONAL RADIOCARBON AGE 5037 ± 25 years BP

Atmospheric data from Reimer et al (2009);
PJ Reimer, MGL Baillie, E Bard, A Bayliss, JW Beck, PG Blackwell,
C Bronk Ramsey, CE Buck, GS Burr, RL Edwards, M Friedrich, PM Grootes,
TP Guilderson, I Hajdas, TJ Heaton, AG Hogg, KA Hughen, KF Kaiser, B Kromer,
FG McCormac, SW Manning, RW Reimer, DA Richards, JR Southon, S Talamo,
CSM Turney, J van der Plicht, CE Weyhenmeyer (2009) Radiocarbon 51:1111-1150.

CALIBRATED AGE in terms of confidence intervals (Smoothing parameter: 0, Offset: 0)

68% confidence interval is 3935 BC to 3870 BC 5884 BP to 5819 BP (50.9% of area)
plus 3809 BC to 3785 BC 5758 BP to 5734 BP (16.9% of area)

95% confidence interval is 3944 BC to 3769 BC 5893 BP to 5718 BP (94.7% of area)

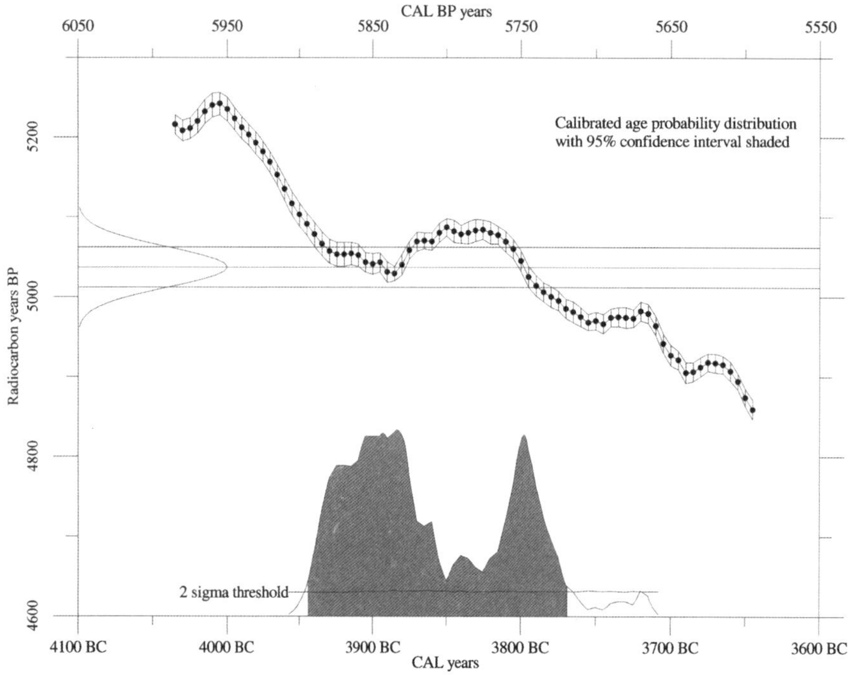

RAFTER
GNS SCIENCE

NZA	34246
R	32448/3
Job No	101906
Measured	20-May-10
TW No	2423
Issued	28-May-10

Accelerator Mass Spectrometry Result

This result for the sample submitted is for the exclusive use of the submitter.
All liability whatsoever to any third party is excluded.

Sample ID 09ZD M92
Description charcoal
Fraction Dated treated charcoal
Submitter Li Liu Department of Archaeology, La Trobe University

*** Radiocarbon Age** **5037 ± 25 BP** **$\delta^{13}C$ =** -24.2 ‰

**** Per cent modern =** 53.03 ± 0.18 **$\delta^{14}C$ =** -468.8 ± 1.8 ‰ **$\Delta^{14}C$ =** -469.7 ± 1.8 ‰

* Reported age is the conventional radiocarbon age before present (BP)
** Per cent modern means absolute per cent modern relative to the NBS oxalic acid standard (HOxI) corrected for decay since 1950.
Age, $\Delta^{14}C$, $\delta^{14}C$ and absolute per cent modern are as defined by Stuiver Polach, Radiocarbon 19:355-363 (1977)

Sample Treatment Details

Sample consisted of single fragment of black charcoal covered with brown soil. Microscopic exam revealed shiny black piece of charcoal with visible vascular structure with brown soil and threads attached to surface. Removed soil with scalpel and brush. Crushed charcoal with pestle. Treated with acid / alkali /acid process. Dried in vacuum oven.

Stored soil scrapings

Comments

The reported errors comprise statistical errors in sample and standard determinations, combined in quadrature with a system error component based on the analysis of an ongoing series of measurements on an oxalic acid standard.
For the present result the system error component is conservatively estimated as 0% (= ± 0 radiocarbon years).

National Isotope Centre, Institute of Geological and Nuclear Sciences Ltd (GNS Science)
PO Box 31-312 Lower Hutt, New Zealand Fax +64 4 570 4657 Phone +64 4 570 4644
www.RafterRadiocarbon.co.nz

RAFTER RADIOCARBON LABORATORY

R32448/5

INSTITUTE OF GEOLOGICAL AND NUCLEAR SCIENCES LTD.
PO Box 31312, Lower Hutt, New Zealand
Phone (+64 4) 570 4671, Fax (+64 4) 570 4657

RADIOCARBON CALIBRATION REPORT

NZA 34281 CONVENTIONAL RADIOCARBON AGE 4995 ± 20 years BP

Atmospheric data from Reimer et al (2009);
PJ Reimer, MGL Baillie, E Bard, A Bayliss, JW Beck, PG Blackwell, C Bronk Ramsey, CE Buck, GS Burr, RL Edwards, M Friedrich, PM Grootes, TP Guilderson, I Hajdas, TJ Heaton, AG Hogg, KA Hughen, KF Kaiser, B Kromer, FG McCormac, SW Manning, RW Reimer, DA Richards, JR Southon, S Talamo, CSM Turney, J van der Plicht, CE Weyhenmeyer (2009) Radiocarbon 51:1111-1150.

CALIBRATED AGE in terms of confidence intervals (Smoothing parameter: 0, Offset: 0)

68% confidence interval is	3791 BC to 3758 BC	5740 BP to 5707 BP	(39.7% of area)
plus	3741 BC to 3712 BC	5690 BP to 5661 BP	(28.7% of area)
95% confidence interval is	3903 BC to 3896 BC	5852 BP to 5845 BP	(1.4% of area)
plus	3894 BC to 3879 BC	5843 BP to 5828 BP	(5.3% of area)
plus	3799 BC to 3706 BC	5748 BP to 5655 BP	(88.3% of area)

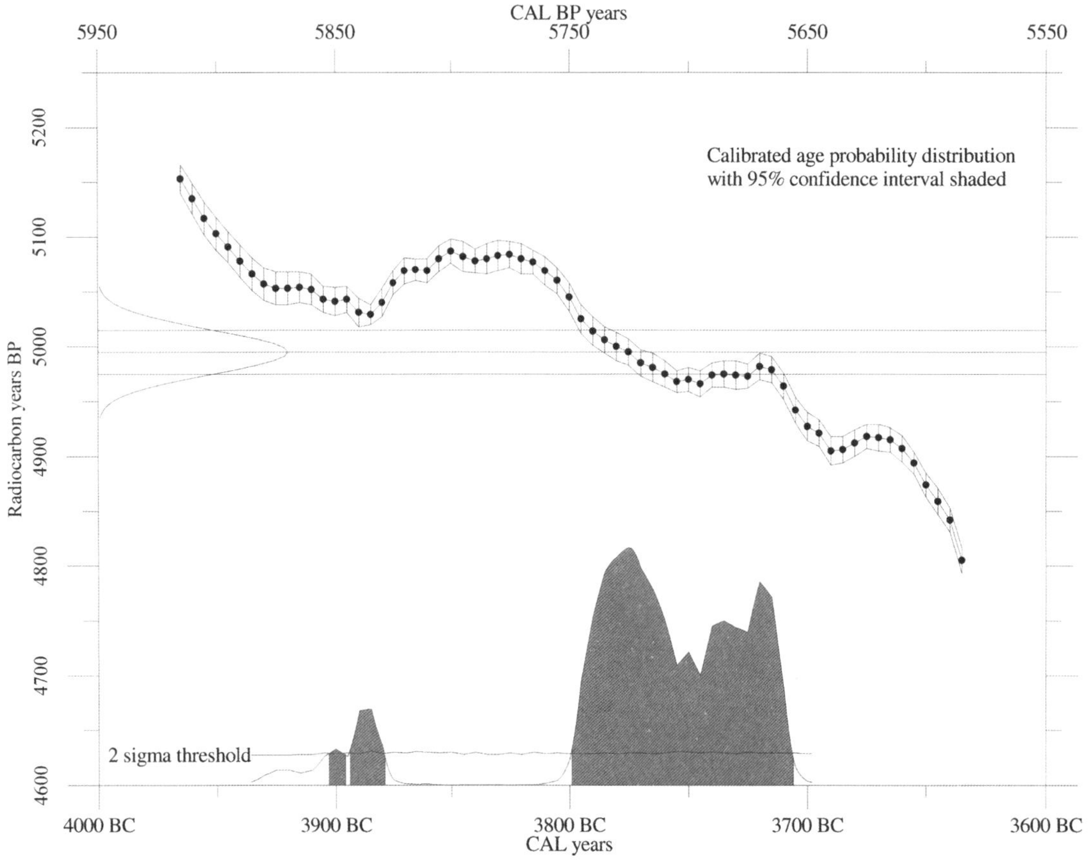

RAFTER
GNS SCIENCE

Accelerator Mass Spectrometry Result

This result for the sample submitted is for the exclusive use of the submitter.
All liability whatsoever to any third party is excluded.

NZA	34281
R	32448/5
Job No	101908
Measured	04-Jun-10
TW No	2516
Issued	08-Jun-10

Sample ID	09ZD M93
Description	charcoal
Fraction Dated	Treated charcoal
Submitter	Li Liu Department of Archaeology, La Trobe University

*** Radiocarbon Age** **4995 ± 20 BP** $\delta^{13}C =$ -27.1 ‰

**** Per cent modern =** 53.31 ± 0.12 $\delta^{14}C =$ -469.2 ± 1.2 ‰ $\Delta^{14}C =$ -466.9 ± 1.2 ‰

* Reported age is the conventional radiocarbon age before present (BP)
** Per cent modern means absolute per cent modern relative to the NBS oxalic acid standard (HOxI) corrected for decay since 1950.
Age, $\Delta^{14}C$, $\delta^{14}C$ and absolute per cent modern are as defined by Stuiver Polach, Radiocarbon 19:355-363 (1977)

Sample Treatment Details

Sample consisted of small fragment of charcoal within soil. Microscopic exam revealed charcoal buried inside soil chunk. Cut soil away, shiny black charcoal revealed. Strong vascular structure. Scraped with scalpel to remove soil on charcoal surface. Treated with acid / alkali /acid process. Dried in vacuum oven.

Stored remainder - mainly soil

Comments

The reported errors comprise statistical errors in sample and standard determinations, combined in quadrature with a system error component based on the analysis of an ongoing series of measurements on an oxalic acid standard.
For the present result the system error component is conservatively estimated as 0% (= ± 0 radiocarbon years).

National Isotope Centre, Institute of Geological and Nuclear Sciences Ltd (GNS Science)
PO Box 31-312 Lower Hutt, New Zealand Fax +64 4 570 4657 Phone +64 4 570 4644
www.RafterRadiocarbon.co.nz

RAFTER RADIOCARBON LABORATORY

R32448/6

INSTITUTE OF GEOLOGICAL AND NUCLEAR SCIENCES LTD.
PO Box 31312, Lower Hutt, New Zealand
Phone (+64 4) 570 4671, Fax (+64 4) 570 4657

RADIOCARBON CALIBRATION REPORT

NZA 34282 CONVENTIONAL RADIOCARBON AGE 5135 ± 20 years BP

Atmospheric data from Reimer et al (2009);
PJ Reimer, MGL Baillie, E Bard, A Bayliss, JW Beck, PG Blackwell, C Bronk Ramsey, CE Buck, GS Burr, RL Edwards, M Friedrich, PM Grootes, TP Guilderson, I Hajdas, TJ Heaton, AG Hogg, KA Hughen, KF Kaiser, B Kromer, FG McCormac, SW Manning, RW Reimer, DA Richards, JR Southon, S Talamo, CSM Turney, J van der Plicht, CE Weyhenmeyer (2009) Radiocarbon 51:1111-1150.

CALIBRATED AGE in terms of confidence intervals (Smoothing parameter: 0, Offset: 0)

68% confidence interval is	3970 BC to 3947 BC	5919 BP to 5896 BP (68.1% of area)
95% confidence interval is	3981 BC to 3938 BC	5930 BP to 5887 BP (80.7% of area)
plus	3856 BC to 3815 BC	5805 BP to 5764 BP (14.4% of area)

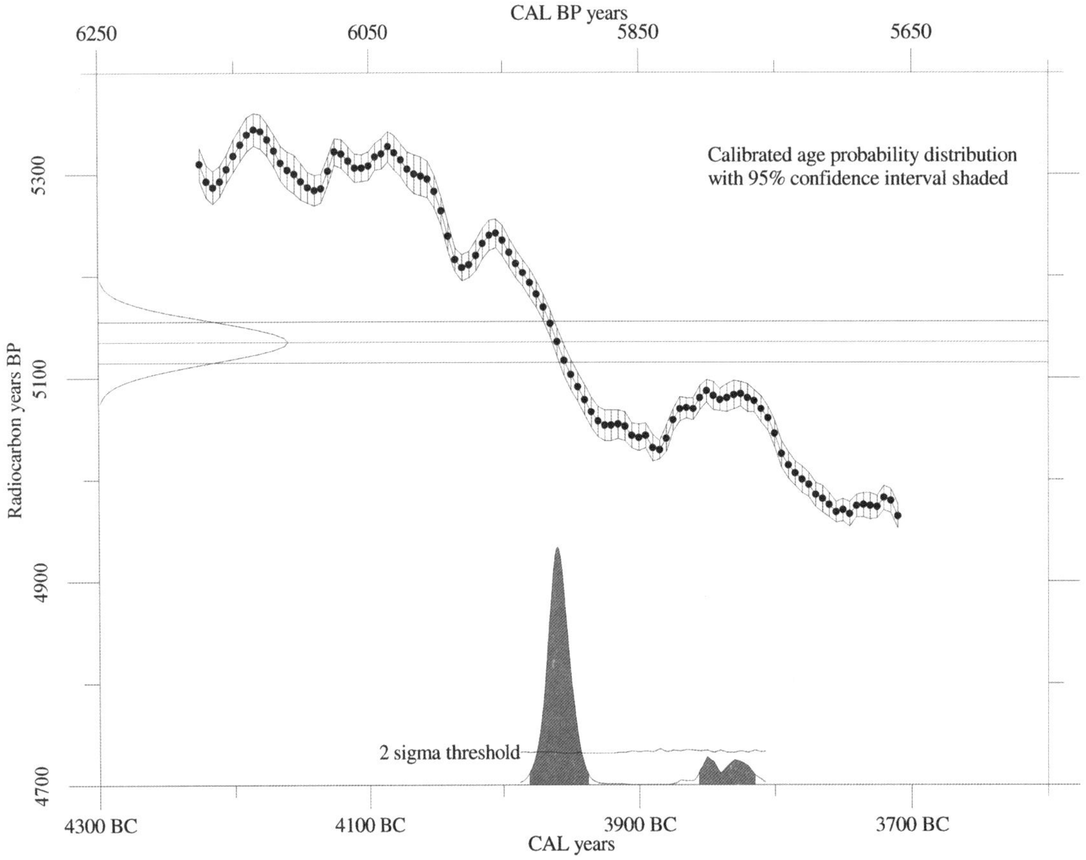

RAFTER
GNS SCIENCE

NZA	**34282**
R	32448/6
Job No	101909
Measured	04-Jun-10
TW No	2516
Issued	08-Jun-10

Accelerator Mass Spectrometry Result

This result for the sample submitted is for the exclusive use of the submitter.
All liability whatsoever to any third party is excluded.

Sample ID	09ZD M95
Description	charcoal
Fraction Dated	treated charcoal
Submitter	Li Liu Department of Archaeology, La Trobe University

*** Radiocarbon Age** **5135 ± 20 BP** $\delta^{13}C =$ -27.1 ‰

**** Per cent modern =** 52.39 ± 0.12 $\delta^{14}C =$ -478.3 ± 1.2 ‰ $\Delta^{14}C =$ -476.1 ± 1.2 ‰

* Reported age is the conventional radiocarbon age before present (BP)

** Per cent modern means absolute per cent modern relative to the NBS oxalic acid standard (HOxI) corrected for decay since 1950.

Age, $\Delta^{14}C$, $\delta^{14}C$ and absolute per cent modern are as defined by Stuiver Polach, Radiocarbon 19:355-363 (1977)

Sample Treatment Details

Sample consisted of many fragments of black charcoal. Microscopic exam revealed strong vascular structure. Some fragments covered with a layer of brown soil with some orange-red iron pan soil in it. Picked out charcoal fragments and scraped with scalpel to remove soil. Treated with acid / alkali /acid process. Dried in vacuum oven.

Stored remainder

Comments

The reported errors comprise statistical errors in sample and standard determinations, combined in quadrature with a system error component based on the analysis of an ongoing series of measurements on an oxalic acid standard.
For the present result the system error component is conservatively estimated as 0% (= ± 0 radiocarbon years).

National Isotope Centre, Institute of Geological and Nuclear Sciences Ltd (GNS Science)
PO Box 31-312 Lower Hutt, New Zealand Fax +64 4 570 4657 Phone +64 4 570 4644
www.RafterRadiocarbon.co.nz

RAFTER RADIOCARBON LABORATORY

R32448/8

INSTITUTE OF GEOLOGICAL AND NUCLEAR SCIENCES LTD.
PO Box 31312, Lower Hutt, New Zealand
Phone (+64 4) 570 4671, Fax (+64 4) 570 4657

RADIOCARBON CALIBRATION REPORT

NZA 34320 CONVENTIONAL RADIOCARBON AGE 5056 ± 30 years BP

Atmospheric data from Reimer et al (2009);
PJ Reimer, MGL Baillie, E Bard, A Bayliss, JW Beck, PG Blackwell,
C Bronk Ramsey, CE Buck, GS Burr, RL Edwards, M Friedrich, PM Grootes,
TP Guilderson, I Hajdas, TJ Heaton, AG Hogg, KA Hughen, KF Kaiser, B Kromer,
FG McCormac, SW Manning, RW Reimer, DA Richards, JR Southon, S Talamo,
CSM Turney, J van der Plicht, CE Weyhenmeyer (2009) Radiocarbon 51:1111-1150.

CALIBRATED AGE in terms of confidence intervals (Smoothing parameter: 0, Offset: 0)

68% confidence interval is 3940 BC to 3890 BC 5889 BP to 5839 BP (32.6% of area)
plus 3883 BC to 3855 BC 5832 BP to 5804 BP (18.1% of area)
plus 3842 BC to 3836 BC 5791 BP to 5785 BP (3.3% of area)
plus 3818 BC to 3796 BC 5767 BP to 5745 BP (13.9% of area)

95% confidence interval is 3951 BC to 3785 BC 5900 BP to 5734 BP (94.9% of area)

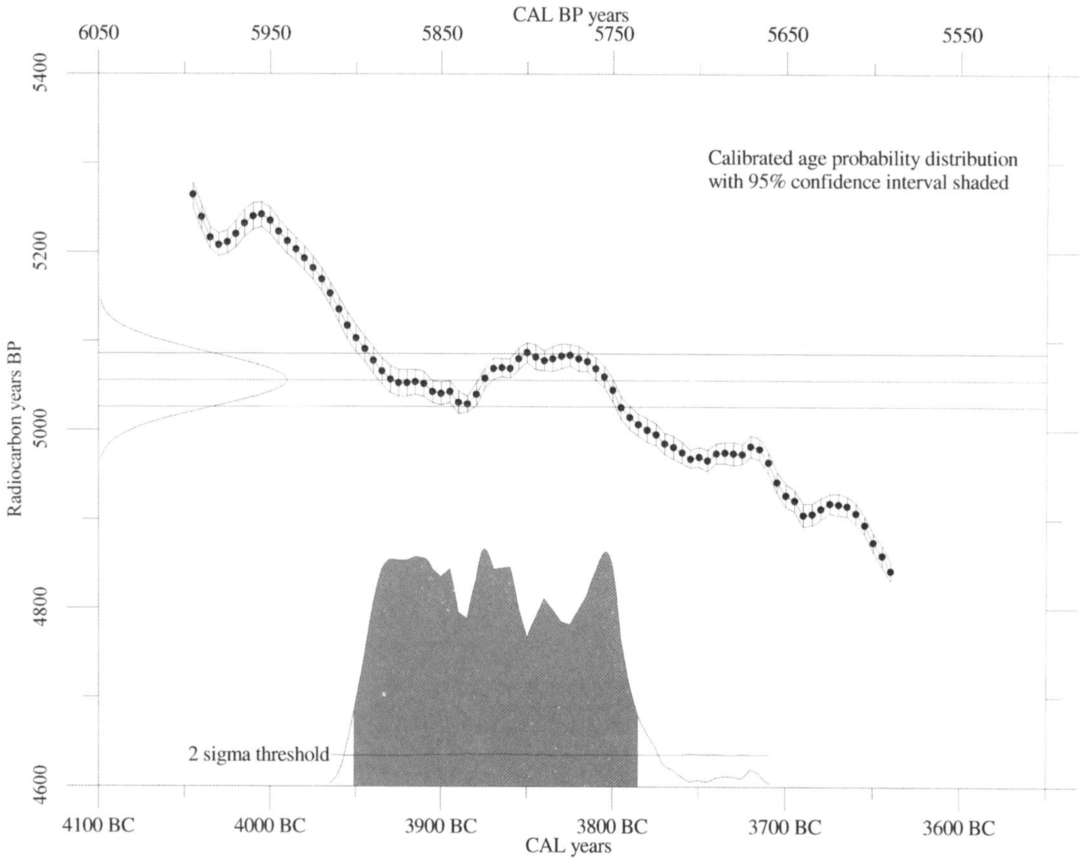

RAFTER
GNS SCIENCE

Accelerator Mass Spectrometry Result

This result for the sample submitted is for the exclusive use of the submitter.
All liability whatsoever to any third party is excluded.

NZA	**34320**
R	32448/8
Job No	101911
Measured	10-Jun-10
TW No	2515
Issued	23-Jun-10

Sample ID	09ZD M96
Description	charcoal
Fraction Dated	treated charcoal
Submitter	Li Liu　Department of Archaeology, La Trobe University

*** Radiocarbon Age**	**5056 ± 30 BP**	**$\delta^{13}C$ =**	-27.3 ‰
** **Per cent modern =** 52.9 ± 0.18	**$\delta^{14}C$ =** -473.5 ± 1.8 ‰	**$\Delta^{14}C$ =**	-471 ± 1.8 ‰

* Reported age is the conventional radiocarbon age before present (BP)
** Per cent modern means absolute per cent modern relative to the NBS oxalic acid standard (HOxI) corrected for decay since 1950.
Age, $\Delta^{14}C$, $\delta^{14}C$ and absolute per cent modern are as defined by Stuiver Polach, Radiocarbon 19:355-363 (1977)

Sample Treatment Details

Sample consisted of two fragments of black charcoal inside soil. Microscopic exam revealed small amount of charcoal within soil lumps. Scaped off soil as much as possible. Charcoal has obvious vascular structure. Picked out charcoal fragments and scraped with scalpel to remove as much soil as possible, although a little remained. Treated with acid / alkali /acid process. Dried in vacuum oven.

Stored　remainder - mostly soil

Comments

The reported errors comprise statistical errors in sample and standard determinations, combined in quadrature with a system error component based on the analysis of an ongoing series of measurements on an oxalic acid standard.
For the present result the system error component is conservatively estimated as 0% (= ± 0 radiocarbon years).

National Isotope Centre, Institute of Geological and Nuclear Sciences Ltd (GNS Science)
PO Box 31-312 Lower Hutt, New Zealand　Fax +64 4 570 4657　Phone +64 4 570 4644
www.RafterRadiocarbon.co.nz

RAFTER RADIOCARBON LABORATORY

R32448/10

INSTITUTE OF GEOLOGICAL AND NUCLEAR SCIENCES LTD.
PO Box 31312, Lower Hutt, New Zealand
Phone (+64 4) 570 4671, Fax (+64 4) 570 4657

RADIOCARBON CALIBRATION REPORT

NZA 34431 CONVENTIONAL RADIOCARBON AGE 3498 ± 45 years BP

Atmospheric data from Reimer et al (2009);
PJ Reimer, MGL Baillie, E Bard, A Bayliss, JW Beck, PG Blackwell, C Bronk Ramsey, CE Buck, GS Burr, RL Edwards, M Friedrich, PM Grootes, TP Guilderson, I Hajdas, TJ Heaton, AG Hogg, KA Hughen, KF Kaiser, B Kromer, FG McCormac, SW Manning, RW Reimer, DA Richards, JR Southon, S Talamo, CSM Turney, J van der Plicht, CE Weyhenmeyer (2009) Radiocarbon 51:1111-1150.

CALIBRATED AGE in terms of confidence intervals (Smoothing parameter: 0, Offset: 0)

68% confidence interval is 1882 BC to 1758 BC 3831 BP to 3707 BP (68.9% of area)

95% confidence interval is 1935 BC to 1692 BC 3884 BP to 3641 BP (95.1% of area)

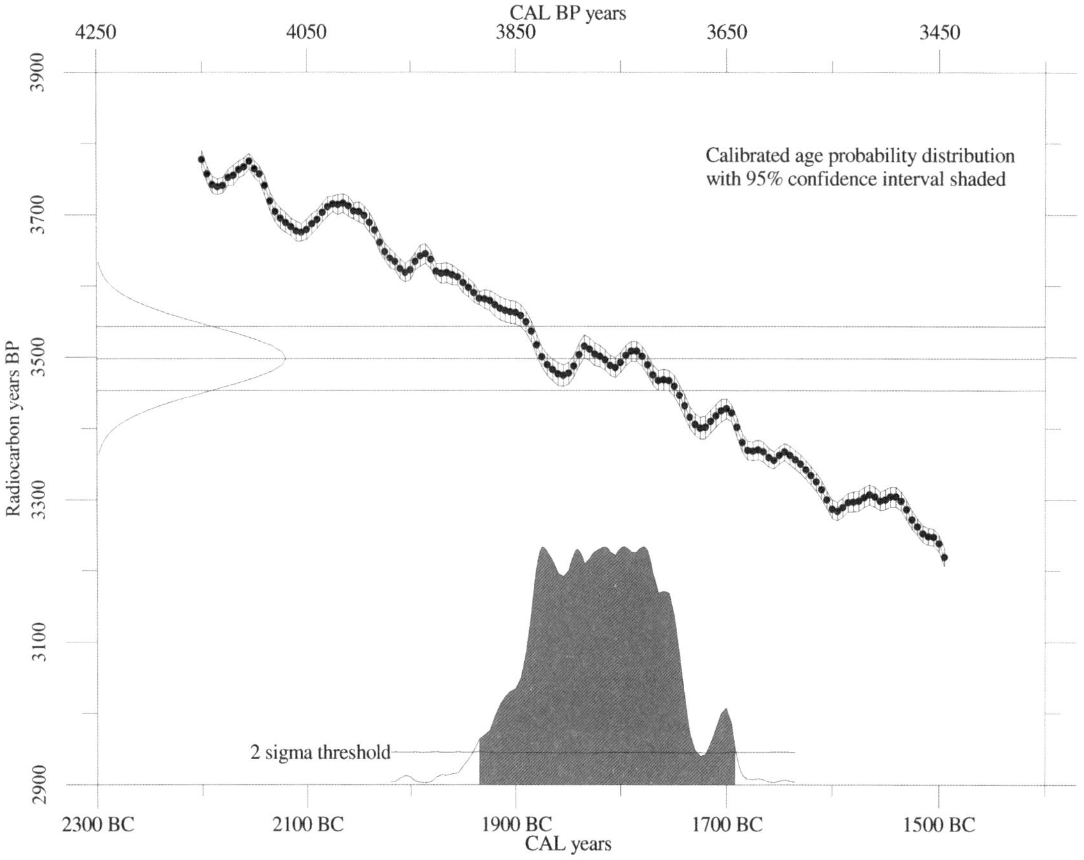

RAFTER
GNS SCIENCE

NZA	**34431**
R	32448/10
Job No	101913
Measured	02-Jul-10
TW No	2522
Issued	06-Jul-10

Accelerator Mass Spectrometry Result

This result for the sample submitted is for the exclusive use of the submitter.
All liability whatsoever to any third party is excluded.

Sample ID 09ZD M98
Description animal bone
Fraction Dated gelatin
Submitter Li Liu Department of Archaeology, La Trobe University

* **Radiocarbon Age**	**3498 ± 45 BP**	$\delta^{13}C$ =	-20.7 ‰
** **Per cent modern =** 64.23 ± 0.36	$\delta^{14}C$ = -352.1 ± 3.7 ‰	$\Delta^{14}C$ =	-357.7 ± 3.6 ‰

* Reported age is the conventional radiocarbon age before present (BP)
** Per cent modern means absolute per cent modern relative to the NBS oxalic acid standard (HOxI) corrected for decay since 1950.
Age, $\Delta^{14}C$, $\delta^{14}C$ and absolute per cent modern are as defined by Stuiver Polach, Radiocarbon 19:355-363 (1977)

Sample Treatment Details
Sample consisted of one small, long bone fragment. White in colour, some soil on surface. Microscopic exam revealed brown soil over surface and inside was hollow in the middle. Scraped surfaces with scalpel to remove soil. Bone is extremely white - looks cremated. Contacted submitter to question this; decided not, so treated with acid demineralisation and gelatinisation process. Dried in vacuum oven.

Stored none

Comments

The reported errors comprise statistical errors in sample and standard determinations, combined in quadrature with a system error component based on the analysis of an ongoing series of measurements on an oxalic acid standard.
For the present result the system error component is conservatively estimated as 0% (= ± 0 radiocarbon years).

National Isotope Centre, Institute of Geological and Nuclear Sciences Ltd (GNS Science)
PO Box 31-312 Lower Hutt, New Zealand Fax +64 4 570 4657 Phone +64 4 570 4644
www.RafterRadiocarbon.co.nz

附录十二 东山村遗址专家论证会纪要

东山村遗址近年来的考古发掘获得了国内诸多专家和学者的关注，先后有多批专家和学者到考古工地现场进行考察和指导，并召开专家论证会。现按时间顺序将专家论证会部分专家和学者的指导意见摘录如下，以期对东山村遗址有更加全面的认识。

1.2009年11月21日，黄景略先生、严文明先生和赵辉先生等各位专家和学者对东山村遗址考古现场进行考察，并召开了专家论证会。以下为各位专家和学者的意见（按照发言顺序）。

赵辉 （北京大学考古文博学院院长、中国考古学会副理事长）

我是第一次来到张家港，对张家港市委、市政府对文化遗产保护的决心和投入感到十分钦佩！下面谈谈东山村遗址。

东山村遗址给我一个很大的意外，想不到能发现这么高等级的崧泽文化墓葬。根据以往的考古资料，一般认为这个时期崧泽文化的中心在安徽巢湖一带。据我所知，在江浙地区还没有发现这么高等级的崧泽文化墓葬。东山村的发现，不用说意义非常重大。至于申报国保，我想也只是程序上的问题。

我提点建议，东山村遗址有如此高规格的墓葬，也一定有较大规模的居住区，要做点工作逐步摸清。另外还可以结合周边崧泽文化遗址，加大对崧泽文化的研究。

严文明 （著名考古学家、北京大学教授、国家文物局考古专家组成员）

东山村的崧泽文化和马家浜文化资料，林留根以前给我看过，我有点印象，这次来到现场有点实际的感受。东山村这个地方从马家浜到崧泽基本上是个连续的发展，而且文化越来越发达。这几年良渚文化由于有城、高等级墓葬、祭台等，研究非常热门。良渚文化的前身是崧泽文化，但是以往发现的崧泽文化墓葬大多规格低，好像良渚文化是突然产生的。东山村的崧泽文化墓葬非常不简单，相当程度上弥补了二者之间缺失的环节。张家港市委、市政府这么重视古代遗址保护，非常不容易，我很有感触。

东山村遗址有两片墓地，有等级之分，表明当时社会已经出现分化，有贵族，有平民。在完全平等的社会中，发展不出文明的。文明的起源很重要的一条就是社会的分层。社会分层以后，就会产生权力机构，产生争夺和战争，墓葬里的石钺就是专门的武器。这段历史我们要好好研究，估计还会出现新的大墓，工作还要扩大点。就目前来看，东山村遗址有高规格的墓葬，有房址，有平民墓葬，已经构成了一个中心遗址，意义非常重大。对于申报国保，我们支持！

黄景略（著名考古学家、国家文物局考古专家组组长、原国家文物局副局长）

东山村遗址的价值和意义，我同意赵辉和严先生的意见。时间上是从马家浜文化到崧泽文化，延续不断。从墓葬来看，有高等级的墓和平民的墓，社会已经出现分化。从目前来看，环太湖流域还没有发现如此高规格的崧泽大墓，东山村遗址很可能是一个中心遗址，十分重要。另外还有个问题，就是遗址范围还不清楚，一定要弄清楚，遗址范围里面要有初步的规划，要补充到申报材料里去。这个遗址很重要，很值得保护。

2. 2009 年 11 月 25 日，张忠培先生和朱延平先生对东山村遗址考古现场进行考察，随后召开了遗址发掘座谈会。以下为张忠培先生的意见。

张忠培（中国考古学会理事长、原北京故宫博物院院长）

谈两个问题，一个是评价，一个是以后怎么办。

先谈谈东山村遗址，刚才我为这个遗址题了“崧泽之光”几个字，它的价值主要表现为五个“新”：1. 墓葬规模大、规格高，以往没见过。2. 三类新型玉器没有见过。3. 陪葬的石钺没见过。对于王权的起源，我曾经有专门的研究，其中就有对钺的研究。东山村遗址的这几个大的墓葬属于崧泽文化早期，这很重要。4. 推进了文明起源的研究。对于文明的研究，我们可分为起源和形成两个阶段来考察，应该在文明形成之前寻找文明的起源，而且只能在父系社会中去寻找。因为文明的形成和父权的发展有很大的关系。我在《中国通史》中指出，崧泽文化已经进入父系社会，出现了军权现象。以往的材料表明这个时期为崧泽文化的晚期。现在东山村的发现，时间上提到了崧泽文化的早期，已经出现了军事领袖。现在有一个问题和大家探讨一下，良渚文化已经进入了文明时代，也就是“神王权”时代。“国之大事，在祀与戎”，文明的起源和发展就是要说明这个问题。东山村崧泽文化把王权的起源向前推进了一大步，推到了崧泽文化的早期。5. 发现的墓地分为两片，有大墓和小墓之分，社会出现了明显的贫富分化。综上所述，东山村的发现很重要，为崧泽文化的研究增加了新的资料，使我们对崧泽文化的认识产生了新的认识。

下面谈谈遗址怎么办。

第一、首先要申报为国保单位。第二、遗址不能全部发掘，不能空壳化。如何挖，挖哪一部分，值得研究。国保单位够不够格？够！如果以后发展为遗址公园，存在两个问题：一是可观性差，二是现场保护较难。这不是花钱的问题，而是保护技术不够。适当发掘以后，要控制起来。要保证器物安全和防止盗掘。大墓里的器物要放到博物馆，现场可放复制品。下一步的工作怎么做，要有一个细致的考虑。评国保单位，我认为问题不太大。遗址范围内的房屋也不要轻易拆除，可以利用起来，可以让南京博物院搞个苏南工作站，对这里有好处。他们的发掘品可以寄放到这里，为我所用。对于申报全国考古十大新发现，既有有利的条件，也有不利的条件。有利的条件是我刚才说的“五个新”；不利的条件是评委有不同的研究方向，我看出的价值，有的评委看不出，大家都有一个投票权，结果不好说。今后如何挖，挖哪一部分，我不具体说。在解决了学术问题后，要尽可能地多保一点，不要空壳化。墓地研究要注重整体，成片地来研究。

最后一点，对于这个遗址，政府的态度极为重要，如何来保证条件，创造条件，对于说服评委非常重要。

对于东山村遗址我还要补充两点：1. 崧泽文化过去好像还没有发现过像这样大规模的完整的房屋，这是要补充的一个“新”；2. 长江流域的早期文化是多元的，长江下游文化的主要谱系是马家浜文化—崧泽文化—良渚文化，但也还有一些其他文化谱系，也需要进一步研究。

3. 2009 年 11 月 28 日，李伯谦先生、王巍先生等各位专家和学者对东山村遗址考古现场进行考察，并召开了专家论证会。以下为李伯谦和王巍两位先生的意见。

李伯谦（北京大学考古文博学院原院长、教授）

东山村遗址，从规模来说，在马家浜到崧泽文化时期还是比较大的。特别是它的内涵，文化堆积较厚，有成批的墓葬。对于崧泽文化，过去的研究一直没有搞清楚它的中心区域。这一批崧泽文化大墓的发现，分布比较密集，另外也有了比较明显的大小墓葬的分化。大墓的规格，是迄今发现的崧泽文化墓葬当中规格最高的。从意义上来说，可以说是崧泽文化考古学上的重大发现和突破！也为现在由王巍所长主持开展的“中华文明探源工程”提供了一个很新的材料。对于申报全国重点文物保护单位，我个人来讲，应该不会有大的问题。我要参加评选的话，肯定投一票。

这个遗址我看了十分兴奋，遗址的发现十分重要。希望张家港市委、市政府以这个遗址的发现为契机，把我们张家港的文化事业扎实地向前推进一大步，使张家港市不仅是一个现代化的城市，而且还是一个具有悠久历史文化的城市。

王巍（中国社会科学院考古研究所所长、中国考古学会副理事长）

第一次来到张家港，张家港的经济发展早就名声在外，文化方面我还不是太了解。看了这个遗址，非常振奋。

首先谈东山村遗址，由于我的研究方向就是新石器、夏商周阶段的。这个遗址重要，主要表现在，从区域上来说发现了长江下游崧泽文化时期最高等级的墓葬。我们以往的研究表明，崧泽文化的早期还没有贫富的分化，往后几百年其他区域才出现了比较明显的分化，以至于后面文明的形成显得比较突然。现在看来，在崧泽文化早期，距今 5900～5800 年的时候，已经有了比较明显的社会分化，在长江下游的文化进程当中是个重大的发现，拓展到全国范围，也是贫富分化、文明形成的过程中最早的一个证据，对此要高度评价。对于中华文明起源的研究也是一个重大意义的发现。我们现在正在做“中华文明探源工程”，这是国家“十五”、“十一五”重点科技攻关项目，主要是研究中华文明的起源和形成过程。我们打算把东山村遗址这个点纳入到这个工程里来，这个发现意义实在是太重大了。但是由于我们以前不知道这个点，初步方案已经上报了，最好能调整方案。我想，最后不管以什么形式纳入到这个工程里来，将来都会作为“中华文明探源工程”的重要成果对外公布。

下面对南博的工作我也来评价一下。南博的工作做得很好，对遗址地层的情况、遗迹现象的清理，范围的确定以及浮选等现代科学手段的运用，都是值得称道的。另外，我觉得墓地的那片红烧土很值得注意，有可能是房址，但也可能是祭祀的地方，红烧土的范围要确定，可以做磁力探测。我还建议考古资料一定要多注重过程，要留足。这个遗址意义很重大，建议邀请中央电视台来报道。考古资料要尽快整理发表，就发表在我主编的《考古》上，第一时间帮你发表。从发展的角度来看，这里建设遗址公园还是有可行性的。我们回去后就要讨论中国社科院六大考古发现，我感觉把握很大；第七批国保，我和李先生肯定都投赞成票，并在评选会上做好说明工作，力争促成此事。我建议在国保批下来之前，多挖掘点，对于以后的保护、研究都有好处。

4. 2009 年 12 月 18 日，国家文物局副局长、中国博物馆学会理事长张柏同志等一行 6 人在南京博物院龚良院长陪同下对东山村遗址考古现场进行考察，并在考古现场进行指导。以下为张柏副局长和龚良院长的意见。

张柏（国家文物局副局长、中国博物馆学会理事长）

来到张家港，先后参观了两个遗址，感到很震撼。

东山村遗址，这个崧泽文化遗址是个非常难得的地方，是多年来崧泽文化考古最重要的地方。有两大特点：1. 面积大；2. 既有墓葬遗址，又有居住遗址，这在一般的新石器时期遗址中是很难遇到的。遗址规格相当高，应该说是最高规格。这两点在目前所发现的崧泽文化遗址中，是首屈一指的。这个遗址是我们国家文化遗产的宝贵财富。

我是搞考古的，遗址墓葬里有的器物，我也叫不出是什么，资料上也没记载，可能通过下一步的研究能够说清楚。但是，它当时的用途恐怕还需要很长一段时间去研究。估计起码是我们国家的一级文物，是国宝。肯定是一级文物，没有问题。这说明当时的制作水平达到了一个相当高的程度，包含了三个方面信息，一是经济程度、二是社会发展程度、三是科技程度。这对于还原我们这个民族六七千年前的状况太重要了，这样一个高规格的墓葬里面有非常丰富的信息。

我们要由此扩大，把遗址的整个布局弄清楚，由此分析当时的社会经济和文化，这是一个重要的课题。这个课题也是史前文化研究中的尖端课题，（世界考古有两大尖端课题：人类起源和文明起源），这里反映的是文明起源中的重要资料，是解决第二大课题的。希望要特别重视考古领域的研究。事实上，在东方文化发展史上，我们这里是重中之重，我们应该为世界考古这两大课题做出贡献。

最后，希望能够把这么重要的遗址保护好、利用好。第一，所谓保护好，就是把整个遗址坚决地保护起来。我觉得我来到这儿，张家港市委市政府高度重视，文物部门工作也做得很细，这是太好了。苏州市委、市政府也很重视文物工作。前几年我来（过苏州），世界遗产大会就在这儿开的。这里有传统。总之，很重视。应该在这样一个基础上，把这样的遗址保护好，坚决地保护下来，要采取一些措施。第二，就是能够把它利用好。按照国家的文物方针，以保护为主，抢救第一，合理利用，加强管理。这个要利用好，为现在的经济发展、社会发展服务，为当地的老百姓、全国的老百姓，甚至全人类服务。建一个遗址考古公园、一个遗址博物馆，把这里所有的遗址放在遗址考古公园，让群众来欣赏、了解我们的古代文化。国家文物局当然要支持这项工作。

龚良（江苏省文化厅党组成员、南京博物院院长）

东山村的考古发掘，实际上就是我们在寻找我们江苏早期的文明，特别是早期能反映我们地方特色的地域文明，目前看来这个遗址的发掘非常有意义。第一，它时间早，时间大概距今 5800 年以前，这个时间点放在我们全国的早期文明起源中来讲，我们江苏这一块（在全国）是最早的。第二，它反映的地域文化面貌非常有特色，出土的玉器、陶器，都体现了这一点。第三，它反映了早期张家港地域先民们的生活状态，我们看到了有很多相关的房子，居住区、相关墓葬，证明了我们早期人们的生活状态，也是令今天的我们感到自豪的。

这个点在反映我们早期文明的特色中，在江苏是首屈一指的。在我们江南地区，同时期，不光是我们江苏最好的，甚至在我们这个地域也可以说是最好的。张家港市委市政府非常重视我们东山村遗址的考古发掘和以后的保护工作。下一步我们会在考古发掘的基础上，做相应的保护规划，把现在考古现场变成群众特别容易看得懂的遗址公园，或者是博物馆。

最近国家文物局正在开展申报全国重点文物保护单位工作，像张家港的东山村和黄泗浦遗址，根据以往专家的经验，申报成功是非常有希望的。

5.2010 年 1 月 23 日，国家文物局文保司关强司长、国家文物局专家组成员徐光冀先生、中国社会科学院陈星灿先生等各位专家和学者对东山村遗址考古现场进行考察和指导，并召开了专家论证会。以下为各位专家和学者的意见（按照发言顺序）。

龚良（江苏省文化厅党组成员、南京博物院院长）

尊敬的各位来宾，今天非常高兴迎来了以关司长、徐先生为首的各位专家和来宾，这是我们的荣幸。非常感谢大家在年底比较繁忙的情况下到江苏来，我首先代表江苏省文化厅、江苏省文物局对各位先生和各位领导的到来表示热烈的欢迎。东山村遗址的考古发掘，我觉得有几点是非常高兴和非常有意义的。一个是发现了从马家浜文化到崧泽文化这样一个早期文明，这样的一个文明状态，令我们今天的人们感到自豪，为我们的祖先感到自豪。第二，这个遗址我们一开始就考虑到从勘探到考古发掘到保护规划以及要把现状展示给公众，这是从我们一开始的计划中就有了。所以大家实际上希望把这个现场变成考古的遗址公园，变成考古博物馆。第三，遗址的发掘过程当中，比较有意义的是通过科研单位和地方人民政府结合来做这样一个工作，也就是说，考古工作要为探索地域文明服务。它体现了两个积极性，我们做科研的一个积极性，地方政府为服务公众的一个积极性。到目前为止，东山村遗址两个积极性都发挥得很好。既有科研的成果，又能够为地方政府留下早期的宝贵财富。所以今天能够聆听到各位领导专家对我们的学术成果的评价，我非常高兴，再次感谢大家。

陈杰（上海博物馆研究员、考古部副主任）

我算抛砖引玉吧。我来的主要目的还是来学习，因为在前期我看过一些报道，对遗址比较感兴趣，它的主要意义，周润垦已经讲了。在这么多年的长江三角洲的发掘中，崧泽遗址主要的，从目前讲，崧泽文化主要是以上海的崧泽遗址命名的。我们崧泽遗址目前发掘了 150 多座墓葬，墓葬随葬品最多的不超过 20 件；其他的像福泉山遗址，有 19 座崧泽文化的墓葬，随葬品也就十几件；最近浙江刘斌发掘的南河浜遗址，最高等级的墓葬，最多的墓葬随葬品 30 多件。这些墓葬的随葬品，大多数以生活日常用具为主。像东山村这样，遗址里面墓葬随葬品这么多，它的用具专门为墓葬随葬时使用，带有礼仪性质的器物，从这点来讲，它反映了当时相对等级高的情况。这种情况，我想有两方面的重要性：第一个这个墓葬联系到整个周边地区的发展来讲，像江淮地区的凌家滩这种早期文明的代表，我们在长江三角洲是不是有可能再找到更高等级的？我们以前不敢想，那么有这么一个线索，我们是不是更加扩展一下思维？这是一个方面。另外一个方面，我们联想到在良渚文化发现的时候，一开始就是早期高等级的贵族墓地，没有发现之前，大家对整个良渚的认识不是很全，通过福泉山发掘以后，相继的反山、瑶山更多的高等级贵族墓地的发现来讲，它有一个点扩散到一个面的发现，它会改变整个对崧泽文化的认识，我觉得这个意义是非常重要的。我想到以前张光直先生，曾经说过，每一次考古新材料的发现，都会改变我们对历史的认识。这是我想讲的重要性方面。第二点，周润垦也在报告中提出，关于里面的交流，我们看器物，里面有很多的东西，明显跟江淮地区，像陶鬶是很明显的，还有一些跟江淮东部地区可能有一定联系，包括跟宁镇地区，因为东山村发表过一些材料，里面跟宁镇地区，像三星村出土的器物，基本上是一致的。这些因素，我们原来以为是其他地方的，但是具体它是怎样流传的，现在没办法很清晰地认识。但是从这些信号来讲，当时的崧泽文化，应该是在周边地区或多文化因素影响下，发展起来的文化，它具有开放的性质。我想这种开放性质不但吸收外来文化的影响，吸收它们先进的一面，逐渐形成自己的特色，从而在良渚文化时期在长江三角洲达到文明的巅峰。我想这是从开放性来讲。我想讲的这样两点，抛砖引玉，请大家指正。

刘斌（浙江省考古研究所副所长、研究员）

首先感谢南京博物院、张家港文广局、张家港博物馆邀请，有这样一次大饱眼福学习的机会。早上听了张家港的书记对张家港的介绍、对考古的支持，非常令人感动。在现场看了，主要有几个感觉，一个是考古工作做得非常漂亮，做得规范有序，在库房管理上、整理上做的非常有序，也是非常值得我们学习的一个方面。这个遗址一下子令人眼花缭乱，内涵非常丰富，有红烧土的遗迹、有房子、灰坑，有从马家浜到崧泽的不同等级的墓葬，有很大的震撼。另外从崧泽文化发现的墓葬来讲，目前是崧泽最高等级的墓葬，在排列分布规律、随葬品上有序。以前我们一直觉得良渚文化，它的玉器、社会等级突然那么规范了，再加上以前安徽凌家滩遗址的发现，基本是崧泽同时代的东西，在良渚之前应该有一个更高的崧泽的发现。浙江的也是一个高等级的，但与这里相比还是有一定的差距。这样看来，在良渚文化之前，这里算一个比较重要的中心位置，这对理解良渚文化社会发展方面提供了一个好的材料。另外从现场看，在墓葬规制上，墓坑比较宽大，这和浙江差别比较大，我想这和大汶口有一些相似性，在陶器的摆放位置，陶器跟大汶口文化、凌家滩有一系列的关联，为我们提供了这些文化之间年代关系及交流的关系，为崧泽文化所处的年代及交流关系，提供了非常好的资料。另外东山村的发现也为张家港找到了一个源头，在历史上以后比较发达的地区，在文化上比较活跃的地区，也一定有它们历史的源头，东山村的发现从马家浜文化到崧泽文化都是一个基础。包括地理环境上，依山而建，这样一个大的环境背景，为时代提供了一个非常好的材料，

宋建（上海博物馆研究员、考古部主任）

听到张家港东山村遗址发现崧泽时期的大墓，有人告诉我，当时严先生过来，今天看了一下，确实是非常震撼。昨天晚上我听说严先生在这题了字，说是“崧泽王”，这个意思大意是崧泽在上海，崧泽王在张家港。我也很高兴，确实是不容易，这么多年，崧泽文化的定位，崧泽文化走过的这个过程确实是一个很不容易的过程，有点坎坷。我们这些地区，青莲岗文化的范围，我简单回顾一下，后来区分为江南江北，叫马家浜文化，考古学界，一般叫马桥四层，崧泽叫崧泽中层。后来以崧泽中层这样一个文化看，曾经有一段时间把它放在良渚早期里，后来大家还是觉得崧泽文化还是非常有特点，是一个阶段性的文化，到今天崧泽文化的地位是非常清楚了，在我们张家港发现了崧泽王！从现在来看，是这个阶段最大的墓，到目前为止是这样，但到将来是不是还可能有更大的，这个不好说，因为考古要用发展的眼光来看。我们说崧泽这个最大的墓葬，墓坑大，东西多，玉器的品种，是崧泽时期最全的，像一些装饰品，玉璜、玉管、串饰、玦、环，还有钺、凿，在这个遗址中是最全的了。另外，材质也很丰富，不仅仅有软玉，还有玛瑙、绿松石，材质本身也很好，说明当时的原料开采交流比较多。房子也是比较大的，经常发现几十平方米的，角柱有50厘米的，那么大一个角柱，柱洞也很粗。这个聚落的规格，确实在我们见到的崧泽中最大的遗址，从介绍的范围来讲，有20万平方米。这个范围也是在不断扩大，最早我们看到的可能当

时更注重早期的东西，所以它还是有可以商量的地方，当时听到的面积达不到这个数据。勘探调查这个工作越做越细了，下一步是不是就不是20万？是不是还有可能更大？这也是有可能的。它经历了那么长时间，从马家浜开始到崧泽，还有马桥，不同时候的范围是不一样的。我们越来越注意到遗址发掘历史性的过程。现在我们文物普查也好，区域调查也好，大多比较笼统。下一步来说就是每个时期遗址的范围，崧泽文化等级最高的，这也是我们要注意的地方，为了说明聚落的规模，这也是下一步要做的工作。但不管怎么说，从目前来说，是规模最大的、等级最高的遗址。另外这个遗址还有一些需要注意的地方，它同我们过去在浙江嘉兴、上海太湖中部地区比还有不少特点。这些特点到底是反映了什么问题？是它的地域性问题？现在介绍的也是这样，它的地域特征主要是跟西部，安徽过来这个地区有些联系。我观察到，一个它的墓向，头向西北方向，大多数崧泽过去发现头向朝东，头朝西北同以往东部地区发现的大多数的崧泽墓葬是不一样的，所以这是地域性的特点；另外一个，鬶，崧泽发现的实足鬶比较多，以往发现的鬶都是半环形的把，这次发现的反而少，这也同西部地区关系比较多。这样带来了马家浜文化西部和东部的差异，所以这个地区从马家浜开始，包括以前东山村、江阴祁头山，这是一个比较敏感的区域。这个地区出现地域性的特征，或者它本身就有这样一个地域特点，因为地域性使它的器物，包括了周边地区一些风格。另外一个它是不是受到了西部更多的影响？从马家浜到崧泽的发展过程中间，应注意这些问题。另外我想谈的是，它的墓地也很有特点，过去我们发现的一些墓地，尽管有分区的一些迹象，但像这样大型的墓葬和中小型的墓葬明确的区分，过去还没有发现过。大墓和小墓明显区分，良渚时候比较明显，也有随葬玉琮的大墓在小墓区的情况。像崧泽出现这样一个迹象，反映什么问题，大墓小墓区分至少是对社会成员身份的认同。在陶寺出现大墓在小墓区的状况，大墓没有被小墓破坏，反而小墓叠压打破的关系比较复杂，这里牵涉到几个问题，一个是大墓墓地的管理问题，另外一个是氏族内部对成员不同身份的认同问题。我们这个地区非常清楚，大墓跟小墓分区，这样就牵涉到良渚文明的来源问题。我们这个地区肯定与文明的起源有相当深的关系，同良渚文明到底是怎样的关系？过去我们找不到源头，经常把良渚文明的源头往外地去找，找到安徽的凌家滩。从玉工的迁徙来看，有的学者认为，良渚的玉工是不是来源于凌家滩？从玉器的雕琢工艺，都往凌家滩想。凌家滩之后我给了个定义，叫文明的边缘化，在这个地区再也找不到那么发达的文明了。现在因为东山村的发现，是一个很好的线索。所以东山村遗址恐怕就是我们做文明探源一个非常值得关注的遗址，江苏省肯定是把它作为一个很重要的点来对待。另外我联想到红山文化，年代和红山文化的中晚期比较接近，红山文化除了牛河梁之外，了解比较少一点的东山嘴，所以红山文化一个东山嘴，我们张家港一个东山村，所以这两个遗址将来是不是以后在文明探源过程中南北交相呼应？我想就谈这些。

陈星灿（中国社会科学院考古研究所副所长）

非常感谢南京博物院和张家港市来请我看这样一个重要的遗址。说实话，我很震惊。我过去长期在黄河中游工作，这个地区没工作过，大学实习时在苏州挖过几个春秋的墓。刚才几位先生谈了。我谈几点认识。一个是我觉得这工作做得特别好，给我留下了深刻的印象。虽然在乡政府之内，我觉得可以做的空间还很大，我相信南京博物院会继续把这个工作做好，未来的保护、展示一定会把工作做得更细致，这是我想说的第一点。第二点我觉得这个遗址即便放在同时期的黄河流域，也是非常了不起的。规模上非常大，就社会分化来说，如果年代没有问题，是同时期黄河流域都比不上的。我前年做的西坡遗址有 40 万平方米，到现在发现了 34 座墓，墓葬规模从大小、深度来说比这个要大，但要从随葬品的等级来说，丰富程度来说，都没法和这个地方相比，玉器少，有的就几件，大的是玉钺，身上的装饰品，玉璜、玉玦都没有。从这个角度来说，这个地方是走在最前面的，社会的分化程度应该引起我们的高度重视。在河姆渡发掘之前，我们的古史传统一直把长江下游放在一个很次要很不发达的地位，因为河姆渡的发现，我们把长江下游这一块地位提高了。现在我觉得有东山村的发现，我们对这个地区的估计应该更上一层楼。刚才刘斌先生说过，我们过去说良渚的墓葬，良渚的遗址，良渚的源头在哪，其实是搞不清楚的。我觉得有东山村的发现给我提了一个醒，这个地方地下可能还有很多惊人的发现等着我们去发现去发掘。还有大墓已经相当的仪式化，尤其它的石锛、玉器，都不是实用品，都是仪式性的东西，墓葬器物的摆放位置也相当的仪式化。在西坡遗址，我们当年发掘的大口缸是平底的，这边是尖底的，和大汶口有点接近，它是放在脚部的，在西坡遗址是放在头部的两侧，各放一个，是一对，簋也是一对，放簋和大口缸的墓葬都是最大的，等级最高的，和东山村是有可比性的，无非是位置有点变化。从它的位置、随葬品的性质来说，都相当规模化，相当仪式化，也相当固定化，说明当时的礼制有一个成型的东西，我们不知道叫什么，但是它有一个很长的传统，这是可以肯定的。还有一个我看到黄河中下游，尤其是大汶口文化和仰韶文化的关系，我们过去讲文化的互动，因为东山村遗址的发现，我们可以讲的更细致一点，更多一些。我看到的背壶，甚至可以追溯到马家浜时期；大口尖底缸我想是仰韶早期的东西，应该没问题，大家可以比较一下；还有大肚子的瓮，中间有盘着的泥条，这也是仰韶中晚期的东西。我觉得有很多可以黄河下游相比较的东西，过去我们不知道。我们不知道通过什么样的途径，战争？通婚？但一定是有人的直接来往。文化的互动在当时不是很零星的，已经开始了，这方面的研究以后还可以加强，中华文明的形成就是在这几个文化区的互动中慢慢形成的。从这个方面说，我们长江下游尤其值得关注。我还想说，这个遗址延续时间很长，崧泽从早期到晚期都有，刚才说的文化互动的因子，确实表现它的同期性的话，那么无论东山村遗址还是我们的西坡遗址，都要重新考虑它的年代。因为在我们西坡做的年代，大致在 5400～5300 年，甚至还要晚。如果它的簋和大口缸是同时期的话，那么这个年代能不能早到崧泽的早中期？因为东山村有更多^{14}C 的标本，能够做出更确切的年代，帮西坡的遗址提前一点？它基本还是属于庙底沟这个时期的，但偏晚一些，但可以把年代做得更确切一点，遗址年代和分期搞得更精细一点。但不论如何，就是在公元前 3500 年前，我们说接近 6000 年，同时期的遗址，这样的遗址都是了不起的。它的墓葬、规模，都是当时中国最了不起的遗址，所以值得我们加倍重视。我们期待着有更多更重要的发现。谢谢大家。

杨立新（安徽省文物局副局长、研究员）

考古工作做得规范，很不错，感到很震撼，我觉得是重大发现。东山村遗址年代跨度比较大，另外遗址的布局，有大墓区、小墓区，还有房址，目前主要以崧泽为主。大墓的发现，也是长江下游地区崧泽考古重大的发现，显贵墓葬当时应该在社会上有一定影响的。以凌家滩的情况来看，凌家滩遗址主要是大墓群，一些重要的墓葬都在墓区中间。这个遗址显贵墓葬在这个时期应该是最大的，说明良渚文明在这个地方可以找到它的源头，基本在崧泽中晚期，略早于凌家滩遗址，反映了在长江下游地区的重要性。这个遗址的重要性体现在它至少是这个地区的中心，它也大大提前了长江下游地区文明的实践。从器形看，出土文物反映了以崧泽文化为主的文化多元性，多多少少带着北部宁镇地区、江淮地区的特点，当时可能也是重要的文化交汇的地区。从这点来说，这个遗址非常重要，也是重大的发现。我也听说这个遗址当地的政府非常重视，积极支持，这是我感触最大的，也非常羡慕。遗址工作做得好，保护的好，这是一个重要的基础。

丛德新（中国社会科学院考古研究所科研处处长、研究员）

来这看，这次对我来说是很好的学习机会。有一个细节，在我们所里头，我们评论坛重要发现的时候，基本上是从学术角度去考虑，我们十几位参会者，一致的把票给了东山村遗址。我们专家、同行对这个遗址的发现既高兴又非常肯定，高兴的是在环太湖流域有这样一个崧泽文化的遗址出现，南京博物院、张家港博物馆的同行，把工作做得这么漂亮，到现场一看，各个环节都很仔细，我们都给予了一致的好评，所以我们评选的还是对的。东山村遗址的重要性各位专家谈了，我也非常肯定。从东山村遗址所显示的文明因素的多元性，和兼收并蓄的特点，在礼制、墓葬形制上，几乎成型的各种模式，在中国早期文明进程中，它是一个非常重要的时空点。在以后研究中，皖江平原、宁镇地区等同看待，但从这个角度说，我们的评价是不为过的。第二个是我们张家港市在长江三角洲的经济环节里面占了非常重要的地位。在经济高度发展的时候，我们东山村遗址出现，恰当其时，对张家港地区文明的源流，提供了非常重要的时空框架。不仅仅从考古角度，从社会意义上来说，这个遗址值得我们进一步把工作做好，完善好。

裴安平（南京师范大学教授、博导）

非常感谢南京博物院和张家港市政府的邀请，给了我们一个非常好的学习机会。刚才宋老师的一句话我很认同，就是看到东西以后有一种非常震撼的感觉。从现场看的整体感，对这个地方的认识，完全上了一个台阶。下面我讲几个想法。第一个是我第一次在国内看到我们的考古工作者在一个墓葬里面还留了隔梁，我觉得这个方法确实是属于创新。别的地方我没见到过，我觉得这是一个非常好的严谨科学的发掘。大家说了这个工地很漂亮，我觉得更漂亮的是这个墓地里面还有隔梁。第二个，我觉得墓葬从发掘开始先勘探，然后采用保护性的发掘，也就是说科学的发掘与文物的保护同步进行，这给我们提供了很好的范例。这也是值得推广的一个经验。从发掘收获的意义来说，第一个是年代，填补了一个空白。原来看到很多资料，是从崧泽晚期开始才有了明显的进步，这次看了以后，推进了我们的认识。我觉得首先是填补了早期文明的空白。第二个是长江下游墓地的布局，按家族布局，按贫富布局，同时还有一个特点，富人不是一个人富，是连家带口都富，这样一个布局以前是没有见过的，目前在国内，至少在长江中下游地区还没有这样的范例，所以我觉得是给我很重要的想法。第三个这个位置就在长江边上，而且文化的因素有来自北方的，大汶口的，有来自于西边皖江地区，包括宁镇地区的一些因素，文明在这个地区此起彼伏，给了我们一个启示，有这种可能，首先崛起的一种态势。第三个感觉，我看了一下图，在遗址的周边还有一些同时期的聚落，这个遗址不应该把它仅仅看成一个孤立的地点，而应该看成这个地区群体崛起的一个标志。所以这个意义还值得我们深思和发掘。这是关于这个方面的认识。最后我想提两个建议。第一个建议，根据我在湖南工作的情况来看，这个地区的墓地已经到了分家，而且按贫富分的这么清晰地话，应该还有一个阶段，就是富人跟大家族混在一起，现在看来是一家一户的模式，还有一种，就是通常说没有脱离血缘大家族的阶段。下面还有马家浜的墓地，这是一个非常好的条件和机会。我想能不能在没有崧泽墓葬的地方继续挖下去，看能不能够把更早的崧泽文明的起步找出来，把马家浜时期的面弄出来。第二个说明了很重要的问题，这里有一个比较大的聚落群，因此在这个基础上，再做一些区域调查，有了区域调查就能更进一步阐明这个聚落的重要性。到那个时候再来看的话，就是从宏观微观都能够体现它的重要性。因为20万平方米，大家都很惊讶，它是不是这么大，有没有这个地位，如果我们把这个群体做好以后，在这个方面可能会更好。

高蒙河（复旦大学文物与博物馆学系教授、博导）

我想整个崧泽时期在五千年前后是一个全国意义上比较分裂的一个时期，文化相互交流的比较频繁，这样一个大的背景，其实我们在东山村遗址看到的也是整个中国大历史背景的一个缩影。我们现在看到有各个地方文化因素，汇集在这个遗址和墓地里面。我在82年写硕士论文时有过一个概念，在长江下游和其他地区的交汇，它的最东边是在镇江—常州—扬州这一线上，但是看了东山村遗址以后，我觉得整个中国交流的东端，可以东到我们目前以为缺少交流的这样的一个地区，有东扩的迹象，在长江下游交流的这个点，已经不再仅仅是镇江、扬州一带，而应该到了这个地方。这是我第一个印象。第二个从崧泽文化内部的交流来看，不仅仅是在崧泽这个时期，可以早到马家浜的时期，在崧泽文化以前，这个地方也是文化交流的一个地点。换一句话来说，它也是当时中国长江下游的交流中心。这应该是没有什么问题的。第二个我想谈的问题，刚才几位专家谈了它是遗址墓地，而且是特别有规划的，我们不仅从面积上意义来讲，在中国目前长江下游已经是相当大的，我想应该是崧泽时期相当大的。我想这个遗址怎么规划，居住区里面我能感觉出来，遗址里的大房子是不是目前我们长江下游最大的房子？在这个时期，我们可以带着一些新的思考。崧泽文化时期，东山村遗址这样一个地位，刚才各位专家谈的和文明起源有很大的关系，也有严先生提出来的崧泽王这样的想法，我想甚至可以把中国早期国家起源也放在这样一个意义上来考虑。实际上我们可以考虑到两个问题，一个是文明起源的问题，一个和国家起源有很重要的一个启示。东山村遗址在这方面给我们带来了非常多的信息。从东山村的地理位置上看，我记得我写博士论文的时候，提到这个地点，非常强调这个地点的重要性，等于把我们过去很多关于地理学意义上的关于长江河口，当时长江的岸线，东山村是一个非常重要的坐标，从六千年左右到五千多年阶段，早期的人类在这里生活。后来长江流域特别是河口的改道，河口的扩大收缩，这是一个非常重要的地理信息，为其他学科甚至超过东山村人群以外，当时的地理环境，提供了非常重要的坐标。最后我想说，刚才龚院长提到的，当地可能有这样的想法要建遗址公园，这对社会文化效益上来说是有的。另外，从考古本身角度来说，不知道有没有意思建个工作站。面积这么大，从社会保护上来讲，有这样的措施。浙江有良渚工作站，不知道江苏有几个工作站？我想这个地方有没有必要？当地政府领导也在这里，我想提一个个人建议，按照其他省的一些做法建一个工作站。

邹厚本（南京博物院研究员、考古所原所长）

开始我们到这来发掘的目的，东山村是马家浜文化承演过程中最早的遗址，张家港市也认为把这个8000年作为提升城市文化底蕴的一个标志，这是我们当初来做的工作。而现在考虑这个过程中间，现在这个结果远远把我们考古原来的比较低层次的认识提到一个新的高度。我感觉考古发掘，不要完全按照我们原来的身底，一定要按照原来客观遗迹的状况以及现象、地层状况来决定我们不断在考古现实工作中的提升。这一点很重要。那么从现在看起来，大家讲的是多了，尤其是认识，我感觉很深刻，但是讲实在的，现在还是感性的初步的认识，考古工作要不断地在现实工作中不断去验证，来深化，要从感性的走向理性的深的认识。那么在这个前提下，各位专家讲的，我觉得很重要的一个认识，是对张家港东山村遗址的考古发掘，我们还要继续全面的来做，那么把我们的认识进行验证，提升。我感觉是第一个意见。第二个意见，从现在再去做工作的时候，要把我们现在看到的问题，我们要带着问题去思考。马家浜文化和崧泽文化到底怎么联系？到底地层关系上怎么样一个关系？第二个问题，我们分了小墓区跟大墓区，大墓区里有好多祭祀现象，这个大墓的规格，我现在思考这样一个问题，花厅遗址大墓的规格很相近，而且我们以前的眼光都盯着器物的多少跟玉器，实际上有些东西，比如长石锛，不是实用器，都很丰富，花厅的大墓也是这个规格，石钺、石锛，也出来两个石锛，花厅有了更新的一个高度，花厅的时间正好是良渚时期。所以对于墓葬的分区，可能以后我们会做全面的认识。第三个问题，这个地区是这个长江口，为什么古代人们生活在这个地方，而且是重要的聚落，要研究它的生存环境跟生存条件。所以我们不仅遗址要挖掘，周边的环境也要做深入的调查。第四个问题，文化的交流问题。考古学文化一定要抓住核心文化因素，另外把外来文化抓住。为什么这个地区有这么多外来文化？有南方的，有北方的，我们可以把这方面的研究更深入点。为什么宁镇地区，实际上我们这个地区包括长江中游地区的，都到这来。所以我们不要把古代人看得很封闭，实际上这样一个过程是历史发展的过程。总的来说，现在是看到我们东山村遗址在中国文化史研究中间，包括文明史研究中间，地域文化研究史中间，有它的地位。将来如果我们工作再做的深一点，可能会有更高的成绩。

徐光冀　（国家文物局专家组成员）

考古工作是一个非常科学和实际的工作，急不得，要沉住气，要拿遗迹和遗物说话，这是这个行业很重要的一点。地方政府也要理解这样的工作。我们工作有程序，有时候地方政府着急，但我们也要沉住气。下面我讲四点。第一点讲意义，刚才各位讲的我都同意，所以我都不多说了。一个是崧泽的发现，把我们长江下游文明起源的问题向前推了一步。过去我们谈良渚，崧泽我们早发现了，但没有发现这样规格的墓地和遗址，它的遗址房子很大，柱洞也很大，它的墓地是区别开来，这点很重要，高规格墓地和一般墓地是分开的，这是很重要的社会现象，说明当时阶级分化已经定型。另外随葬品，钺、凿、锛，大墓出的是礼器，不是实用器，小墓出的是实用器，它的等级不一样，关于这个问题我不多讲了。第二点，我们的田野工作。我们的田野工作不错，报田野奖、十大发现什么的都可以，但我还是提点意见，一要把这个遗址作为整体来考虑，工作应该是长期的，这个课题是长期的，不是挖几个季度的问题，需要整体把握。第二田野方法上，墓地是不同层次的，有早期的有晚期的，所以剖面图一定是大剖面，才能说明整个遗址的层位。平面图要分开，马家浜和崧泽的不在一个平面上。方法上我们一定要挖到底。崧泽下面挖着什么，要考虑。大房子，先解剖一面，把图画好、照相。还没到地面，地面有没有隔墙？灶在哪？门在哪？它的社会意义不一样，所以这些要下决心做，将来有一半展示，或者把它复原，挖了之后把它复原，都可以，但不能不挖。有分类，有的现场展示，有的博物馆展示，我们都有办法。我们照相不错，但田野图差，纹饰记录太简略，图要画好，不能因为照相、录影都有了，我们偏废了我们最基本的三大记录。任何一个遗址都有个性，有共性有个性，这点一定要做好，要不我们考古怎么突破？考古学怎么发展？再一点，我们常说的多学科协作，一些土样一定要取好，这是一些历史的信息，到时候不要把历史的信息漏掉，用多种手段多种信息，包括环境，用的什么、吃的什么，包括一些动物的骨骼，要测试。今天看到的，找人测试，是铁还是陨铁，这是非常重要的结论。第三点，我想讲下黄泗浦，这个遗址非常重要，至少跟东山村是同等或者更好。这种港口，从南朝到隋唐宋元明，这样的港口没有，考古学上没有，现在有唯一性。因为那些瓷器出来，各种窑口都有，当时可能就是出口瓷器的港口。崧泽挖出来，规格高，但黄泗浦是没有过。从出土的东西看，都非常多，要引起注意。这些工作都是长期性的工作。第四点，我的感触，我们地方政府很重视，这很重要。实际上文物保护是地方政府的职责，有些地方政府为了发展经济不重视，我们这边政府重视，这对文物保护是有保障的。我想，我们先把这个遗址考虑清楚以后再考虑这个规划，第一位的是保护，第二是为什么公园，也可以休闲，但公园是为了保护遗址的公园，并不是别的。我就说这么多。

关强（国家文物局文保司司长）

第一次来张家港，来张家港之前就知道张家港是文明城市，有张家港精神，也来学习学习。这次龚院长和苏州的陈嵘秘书长专门给我打电话，邀请我来参加这个活动。我也很高兴有这个机会来张家港，既来体验考古学的规划，也来体验张家港市城市文化。听了市委书记的讲话，对张家港市进一步发展社会文化的设想，也看得出我们张家港市对文化文物保护的重视，所以很庆幸有这样的机会来学习。东山村遗址各位先生都讲了很好的意见。我有几个想法。一个是马家浜和崧泽的关系，刚才徐先生也提到这个问题，马家浜和崧泽在这同时出现，包括遗迹、房址、墓葬都有，而且现在马家浜的地层非常高，所以要把马家浜跟崧泽认真的区分开。将来做展示的时候，马家浜和崧泽从视野角度也要讲清楚。遗迹有关系的地方都要认真地做剖面。第二，整个遗址的布局问题。房址墓葬有明显的分区。关于崧泽的分期，从自己墓葬角度考虑，和直接引用别人的成果，可能不同，这样才能把我们的墓葬年代准确定义。考古始终以最晚的年代定的，所以应该把墓葬整体的年代认真考虑。关于房址，我同意徐先生的意见。另外，马家浜的灰坑、红烧土什么的，马家浜的房子在哪，红烧土遗迹在哪，Ⅱ区大房子（Ⅲ区的大房子——编者）马家浜的灰坑有，Ⅲ区马家浜的灰坑还有。马家浜的遗迹我们要给予重视，不要简单地做下去，包括测量、绘图，包括房子的高矮。可以找一些搞古建筑的专家来看看，对房子的整个情况会说出一些道理来，考古有考古的概念，但他们有一些他们的想法。再一个是检测和科技保护需要我们加强。最后在考古学意义上，大的遗址的总体，现在 20 万（平方米），对于镇政府这一块我们有了一些发掘，但镇政府之外的，需要我们做一些勘探和小的发掘，搞清楚整个遗址的总体情况。到时候报国宝，这 20 万是一个地表采集概念，我们有没有其他的迹象能证明这些东西？所以说遗址做的时候要对外围有所突破。第三点，保护这一块。市里下了决心，也跟龚院长联系了，要做一个规划。这个规划可以包括外围，要不然这个公园有点小，这个角度需要把考古资料做细。像徐先生说的考古是一个长期的科学的工作，如果想进入大遗址保护规划的话，今年必须拿出东西来，今年在编十二五计划，保护规划要抓紧。另外在具体的保护方面，北方有冻土的问题，不清楚这里的土壤问题，有没有这样的问题。第四个是一些新的材料，要报上来。我们最后做介绍的时候要给一些专家一些片子介绍，以前都是一些老的东西，新的东西要补充。最后，比较大的收获，张家港发展到现在这个阶段，说明这个城市兼容并蓄，处于好的地界，我们的政府有开放的精神和宽大的胸怀。我听说有 60 万外来打工的都给了很好的关怀，这说明我们政府有这种精神和胸怀。现在张家港市在现在城市发展中间排在前列，经济发展，社会稳定，这是现状。往远处看，现在看到两个点的东西，一个黄泗浦，一个东山村，也就恰恰反映了在这个地界上，这个区域，像黄泗浦，汇聚了全国各地好多窑口的东西，东山村也汇集了很多外来因素的东西，汇集在一起说明了一个文明的发展需要通过各种文化文明的碰撞才发展得快。我们张家港现在发展快是因为我们吸纳了很多其他的东西，我们古时候有这种传统，所以文明程度发展高。为什么崧泽大墓出现在这？是因为有文明的碰撞在这。我们张家港发展到今天也是有文明碰撞因素。所以有好的区域位置，有宽大的胸怀和开放的思想，张家港市还能发展得更好！

附　历史时期文化遗存

目　　录

插图目录

第一章　马桥文化遗存

第一节　灰坑、灰沟与水井

一　灰坑

2 座，为 H11 和 H16，分别位于Ⅰ区和Ⅲ区。

H11

位于 T1705 中部略偏南处，开口于第 3a 层下，打破第 4、5 层，被开口于第 1 层下的 M30 打破。坑口近圆形，直径 1.8 米，坑深 0.7 米，弧壁，圜底。坑内填土呈黑灰色，土质较硬，有少量的陶豆、鼎、罐、壶残片等。（附・图 1–1–1）

H16

位于 T0611 南部，开口于第 2 层下，打破第 4 层，向南延伸至南壁及 T0610 北隔梁内部分未清理。已揭露部分坑口近半圆形，东西长径 1.8 米，坑深 0.7 米，坑壁斜弧，坑底平整。坑内填土呈黄褐色，略泛白，土质较硬，内含少量的印纹硬陶罐残片。（附・图 1–1–2）

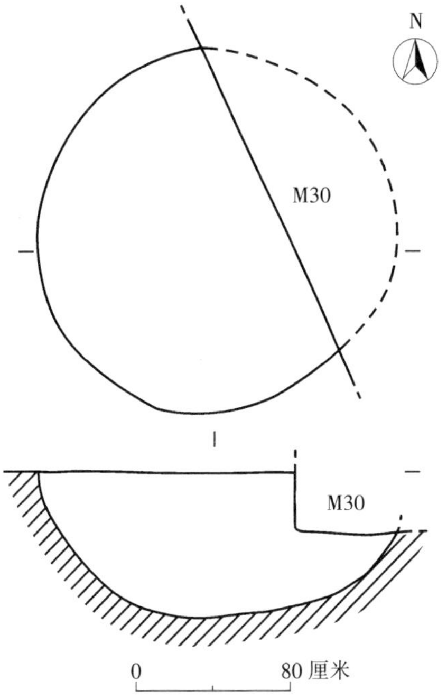

附・图 1–1–1　马桥文化灰坑 H11 平剖面图

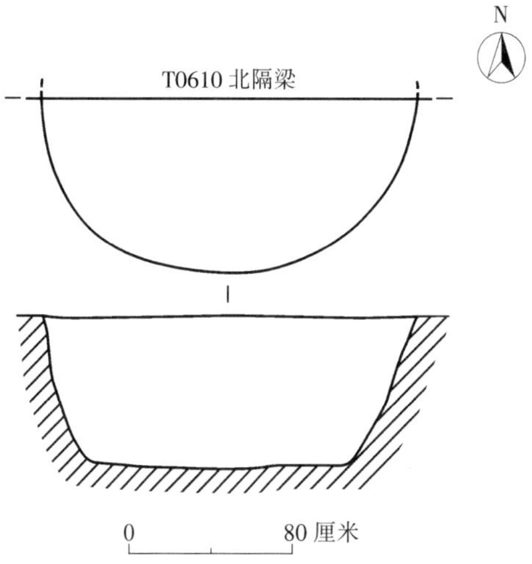

附・图 1–1–2　马桥文化灰坑 H16 平剖面图

二　灰沟

1座，编号G3。

位于遗址外围的T4内，开口于第5层下，部分延伸至探沟东、西、北壁内部分未清理。已发掘沟口呈长条形，沟口最宽处4.4米，最深处0.84米，弧壁，底近平。根据沟内填土的差异，可将其分为3小层：第1层为灰褐色土，第2层为深灰褐色土，第3层为浅灰色土。这三层均为淤土层，土质细腻，其中在第3层中出土少量的泥质红、灰陶片及硬陶片。泥质红陶片上多饰梯格纹和方格纹，硬陶多素面。（附・图1–1–3）

三　水井

1座，为J5，位于Ⅲ区。

位于T0711中部，开口于第2层下。井口近圆形，直径约1.2米，井深3.2米，井壁光滑规整，向下斜直内收，井底近平。井壁中部有2个脚窝，呈扁椭圆形，其中1个位于距井口1.1米处，深0.1、宽0.15、高0.12米，另1个位于距井口1.3米处，深0.09、宽0.16、高0.13米。井内堆积可分为2层：第1层为青灰土，土质较硬，厚约1.0米；第2层为黄褐色土，略泛灰白，土质松软，含烧土块。两层内的包含物基本一致，有少量夹砂或泥质红褐及灰陶片等。（附・图1–1–4）

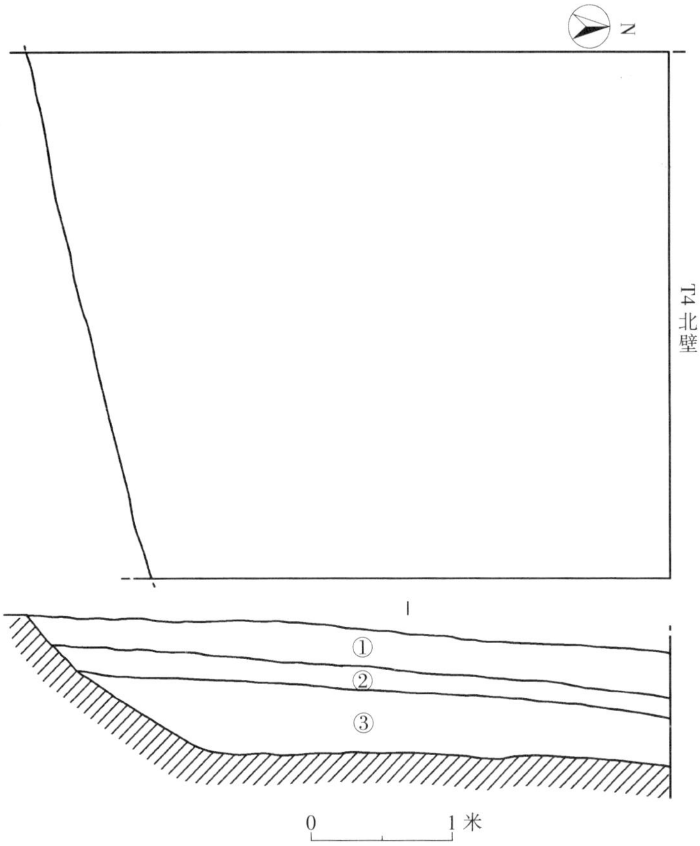

附・图1–1–3　马桥文化灰沟G3平剖面图

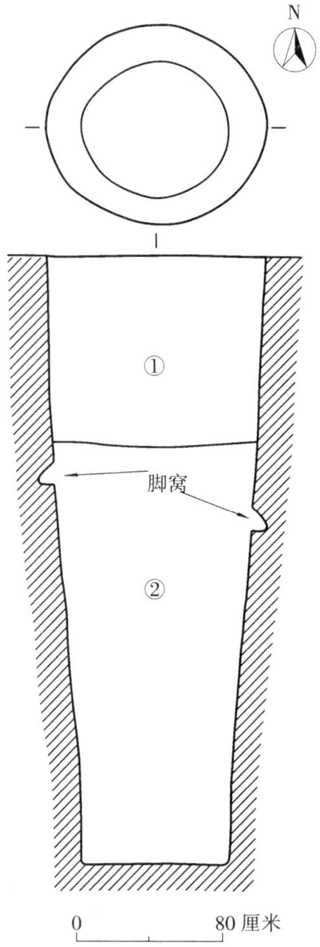

附・图1–1–4　马桥文化水井J5平剖面图

第二节　地层出土遗物

在遗址外围香山中大街的探沟T4中发现有比较典型的马桥文化堆积，出土了较多陶片。陶片以泥质灰陶和夹砂红褐陶为主，器形有瓮、罐、豆、鼎（足）、三足钵、盆等。豆和三足钵多为泥质灰陶或灰黑陶，余均为夹砂红褐陶。罐、瓮等器形较大者器表多拍印细绳纹，陶豆柄部多饰细弦纹、镂孔或凸棱。

三足陶鼎　1件。

T4⑧:1，泥质灰陶。口、腹残，小平底，三个乳丁状足。残高8.5厘米。（附·图1-2-1：1；附·图版1-1-1：1）

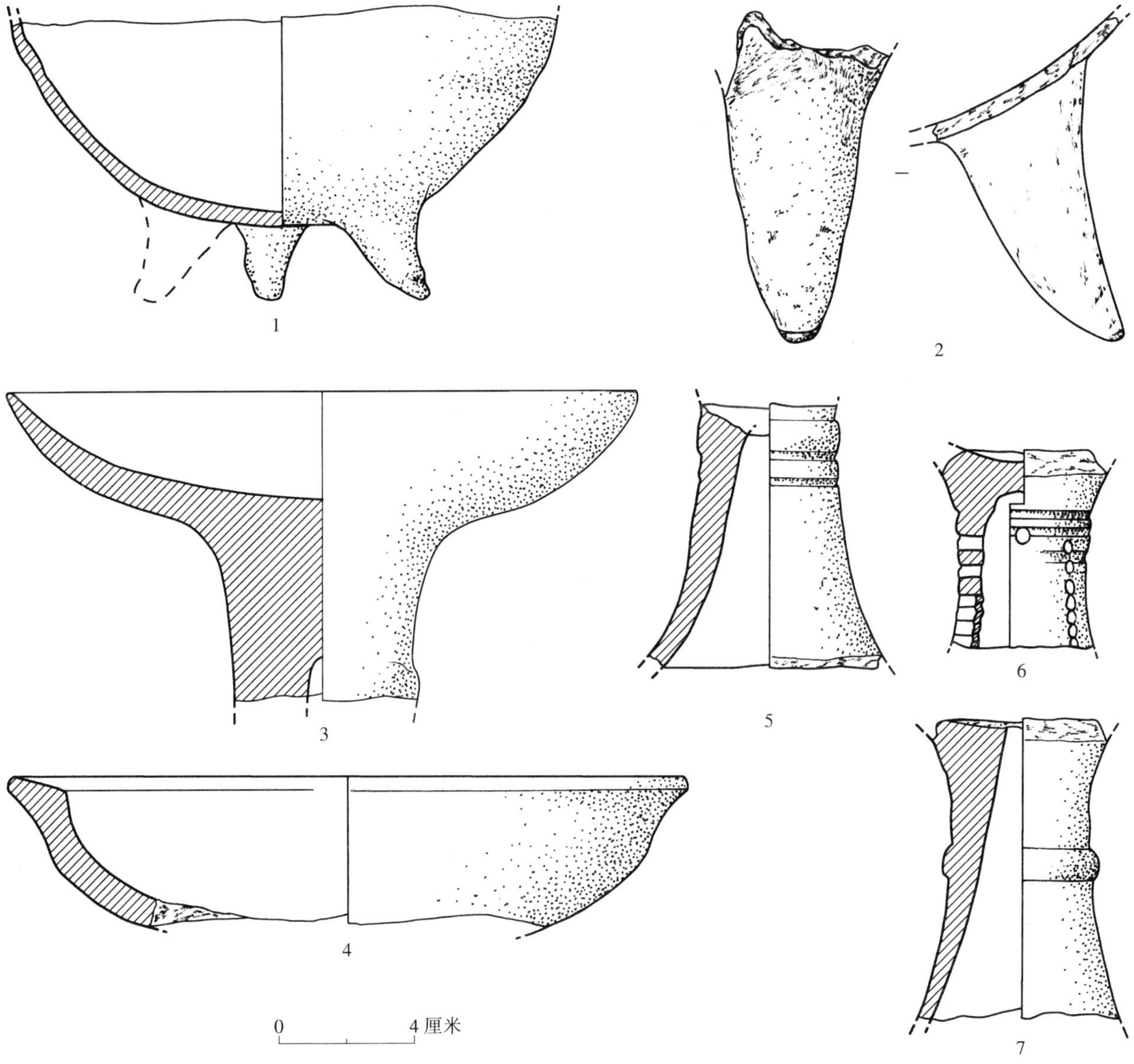

附·图1-2-1　T4马桥文化地层出土器物

1. 三足鼎（T4⑧:1）　2. 鼎足（T4⑧:9）　3、4. 豆盘（T4⑦:2、T4⑧:5）　5~7. 豆柄（T4⑧:6、T4⑧:8、T4⑧:7）

陶鼎足 1件。

T4⑧:9，夹砂红褐陶。圆锥形，足尖外撇。残高9.2厘米。（附·图1-2-1：2）

陶豆盘 2件。

T4⑦:2，泥质灰陶。敞口，弧腹，浅盘，细柄残。口径18.4、残高8.8厘米。（附·图1-2-1：3）

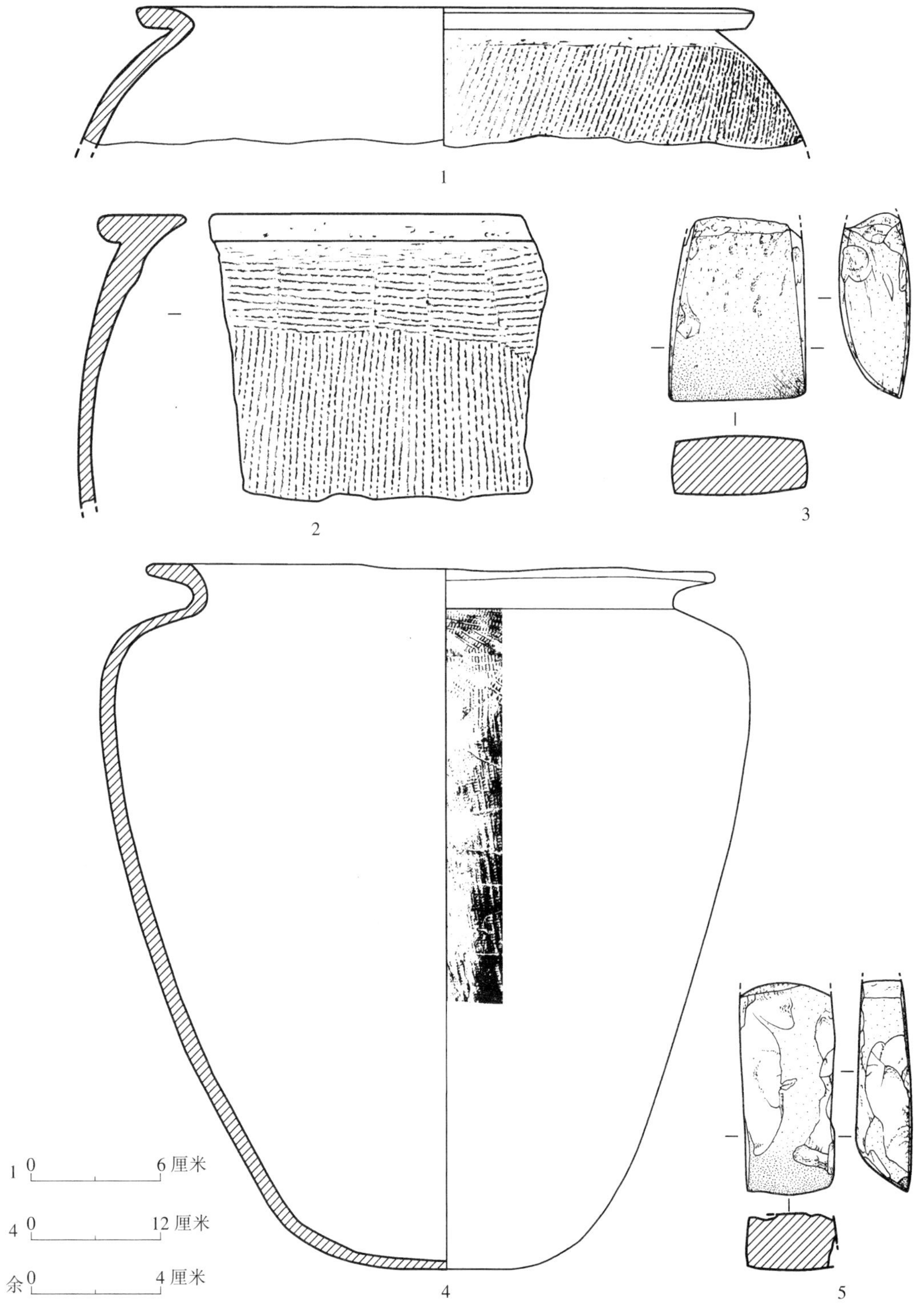

附·图1-2-2 T4马桥文化地层出土器物

1. 陶罐口沿（T4⑧:2） 2. 陶盆口沿（T4⑧:3） 3、5. 石锛（T4⑦:1、T4⑧:4） 4. 陶瓮（T4⑦:3）

T4⑧:5，泥质灰陶。侈口，折沿，弧腹略折，盘底及柄部残。口径 19.6、残高 4.1 厘米。（附·图 1–2–1：4）

陶豆柄　3 件。

T4⑧:6，泥质灰陶。细柄，柄部残两周细凹弦纹。残高 7.6 厘米。（附·图 1–2–1：5；附·图版1–1–1：2）

T4⑧:7，泥质灰陶。中间残一周凸棱，残高 8.7 厘米。（附·图 1–2–1：7）

T4⑧:8，泥质灰陶。细柄。柄部残两竖排圆形小镂孔。残高 5.6 厘米。（附·图 1–2–1：6；附·图版 1–1–1：3）

陶罐口沿　1 件。

T4⑧:2，夹砂红褐陶。侈口，折沿，束颈，鼓肩。器表施细绳纹。口径 27.8、残高 6.0 厘米。（附·图 1–2–2：1）

陶盆口沿　1 件。

T4⑧:3，夹砂红褐陶。敛口，沿外折，深弧壁。残高 8.5 厘米。（附·图 1–2–2：2）

陶瓮　1 件。

T4⑦:3，泥质红褐陶。侈口，平沿，鼓肩，深弧腹，小平底略圜。器腹中上部饰不规则的梯格纹。口径 51.0、高 62.7 厘米。（附·图 1–2–2：4；附·图版 1–1–1：4）

石锛　2 件。

T4⑦:1，顶部略残，上部略窄，下部略宽，背部略宽于腹面，单面锋，直刃。残长 5.3、最宽 2.0、厚 1.7 厘米。（附·图 1–2–2：3）

T4⑧:4，顶部略残，上部略宽，下部略窄，背、腹大致同宽，单面锋，直刃。残长 6.2、宽 2.6、最厚 1.6 厘米。（附·图 1–2–2：5）

第二章 六朝时期遗存

第一节 墓葬、灰坑与水井

一 墓葬

仅1座，为M82，位于Ⅲ区。

M82

位于T0611内，开口于第2层下，打破第3～6层。长方形竖穴砖室墓，墓内棺木朽蚀殆尽，仅见棺钉。墓坑长3.0、宽1.18、深1.35米。方向345度。墓砖为青、红两种砖块，规格长约0.31～0.32、宽0.14～0.15、厚0.04米。墓内人骨无存，随葬青釉瓷罐2件、青瓷钵2件、铜镜1件、银钗1件、银镯1件。（附·图2-1-1A；附·图版2-1-1：1）

青釉瓷罐 2件。

M82∶1，双系罐。敞口，尖圆唇，短颈，丰肩，鼓腹下收，平底。肩部对称附两桥形系，肩部饰四道弦纹。砖红胎，较粗松，含杂质。釉生烧，呈灰黄色，多剥落，内施釉及颈下，外施釉及腹部，釉线齐。口径13.8、底径10.4、高15.6厘米。（附·图2-1-1B；附·图版2-1-2：1）

M82∶4，直筒罐。直口，方唇，短直颈，折肩，筒形直腹，平底。肩部一周弦纹。浅灰胎细腻坚致。青绿釉，均匀透明，有细小开片，内施釉及肩，外施釉及底。胎釉结合部紧密，一侧釉有大片脱落，器表露胎处呈橘红色。口径9.0、底径10.8、高17.5厘米。（附·图2-1-1B；附·图版2-1-2：2）

青釉瓷钵 2件。

M82∶2，直口，圆唇，弧腹下收，平底内凹。内底有两周弦纹，外壁唇下有两周弦纹，中印网格纹。浅灰胎，细腻坚致。淡青釉，均匀光亮，呈色不均处泛绿，内满釉，外施釉及腹下，釉线不齐，有流釉。内底有一周细小的支钉痕，共5枚。口径16.0、底径8.6、高5.1厘米。（附·图2-1-1B；附·图版2-1-2：3）

M82∶3，口微侈，圆唇，弧腹下收，平底。内底两周弦纹，外壁唇下一周弦纹，下印网格纹。浅灰胎细腻坚致。淡青釉泛黄，生烧泛灰白，釉面粗涩，内满釉，外施釉及腹下，釉线不齐，有流釉。内底一周细小的支钉痕，共5枚。口径17.0、底径7.8、高5.8厘米。（附·图2-1-1B；附·图版2-1-2：4）

银钗 1件。

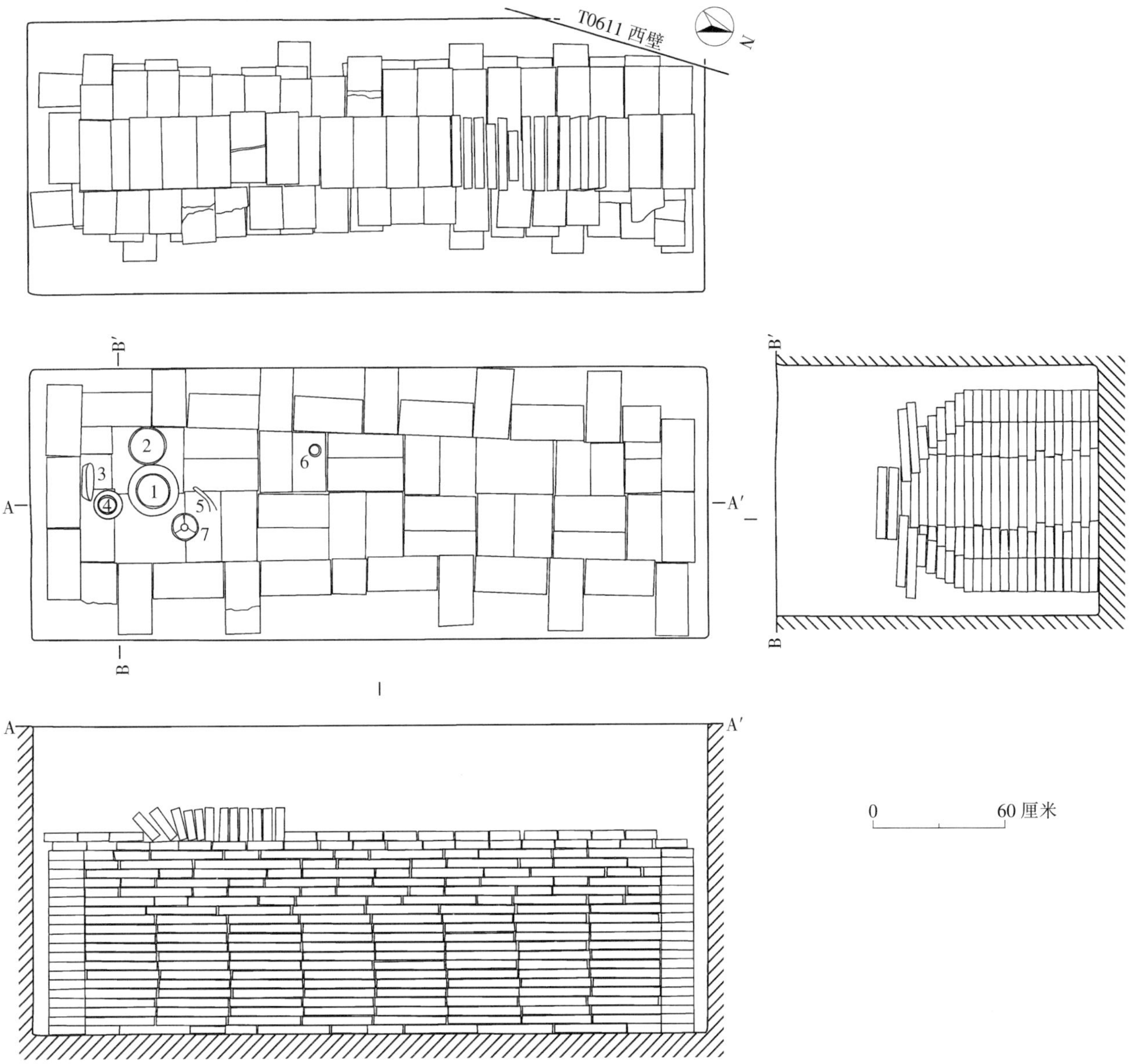

附・图 2-1-1A　六朝墓葬 M82 平剖面图

1、4. 瓷罐　2、3. 青釉瓷钵　5. 银钗　6. 银镯　7. 铜镜

M82∶5，长 15.6 厘米。（附・图 2-1-1B；附・图版 2-1-2：5）

银镯　1 件。

M82∶6，环形。直径 6.8、厚约 0.3 厘米。（附・图 2-1-1B；附・图版 2-1-2：6）

铜镜　1 件。

M82∶7，西晋对置式神兽镜。镜面微凸，镜纽扁圆形，较大、有对穿，镜缘略呈三角形、较扁薄。内区浮雕对置式神兽纹，之外几周辅纹，依次为方枚、半圆枚、锯齿纹，外区饰弦纹一周，内外区以凸弦纹隔开。直径 11 厘米。（附・图版 2-1-1：2）

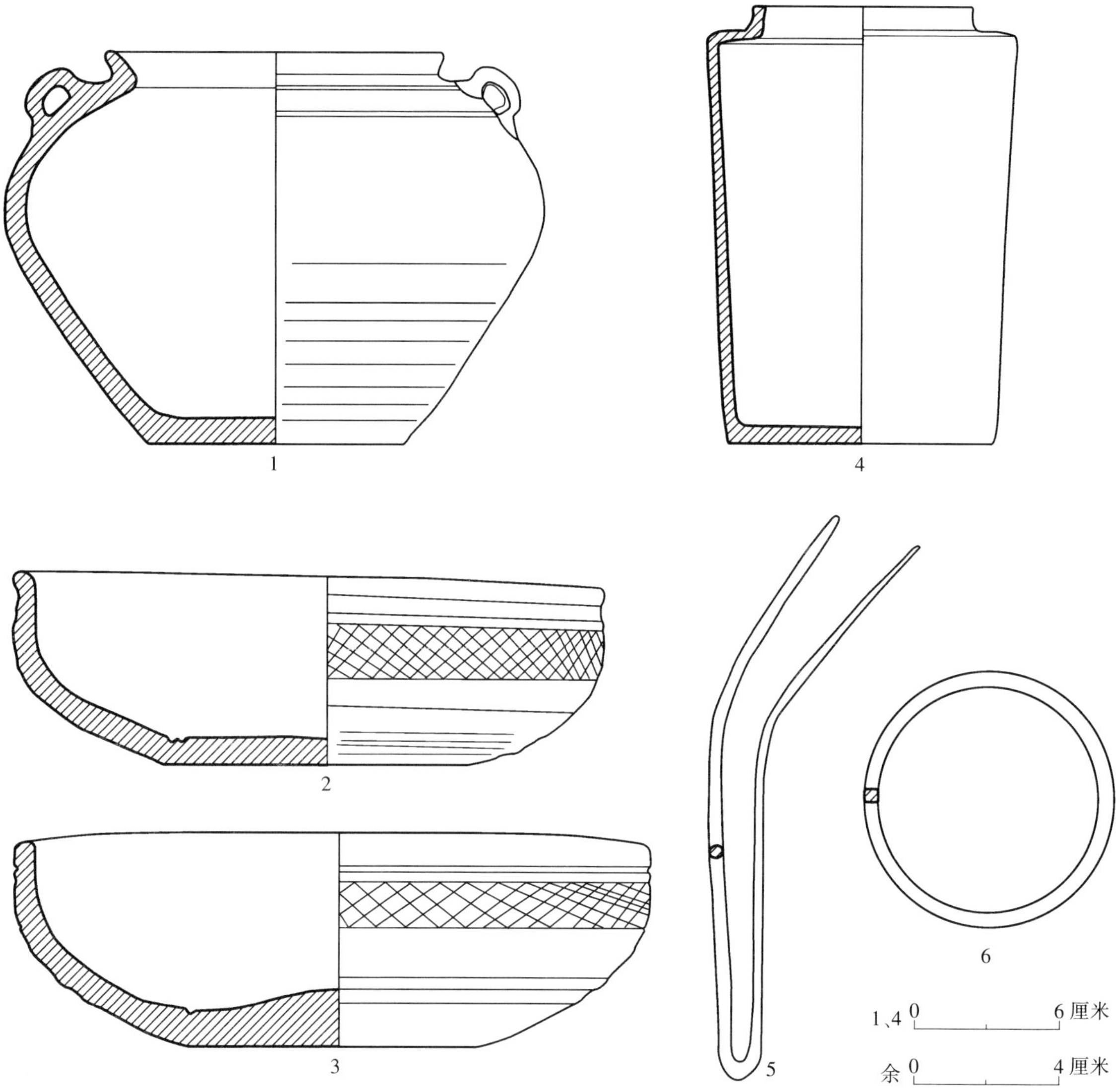

附・图2-1-1B M82出土器物

1、4. 青釉瓷罐 2、3. 青釉瓷钵 5. 银钗 6. 银镯

二 灰坑

3座，为H13、H14和H19，分别位于Ⅰ区和Ⅲ区。

H13

位于T1606西南，开口于第3a层下，打破第4、5层。坑口呈椭圆形，南北长径1.4、东西短径0.8米，坑深0.3米，坑壁斜直，坑底平整。坑内填土呈灰白色，土质较硬，内含残碎的青瓷片及厚胎灰陶盆口沿等。（附・图2-1-2）

H14

位于T1606中部略偏北处，开口于第3a层下，打破第4、5层，且被开口于第2层下的M66打破。坑口呈椭圆形，南北长径2.9、东西短径1.6米，坑深1.0米。坑壁斜弧，坑底平整。坑内填土呈灰黑色，内含残碎的陶瓷片等。（附・图2-1-3）

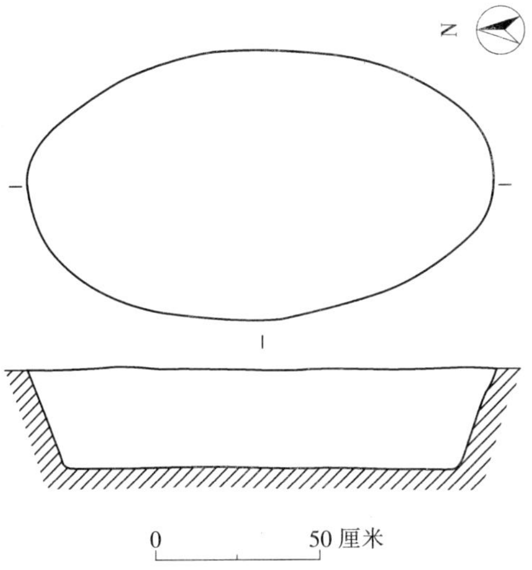

附·图2-1-2 六朝灰坑H13平剖面图

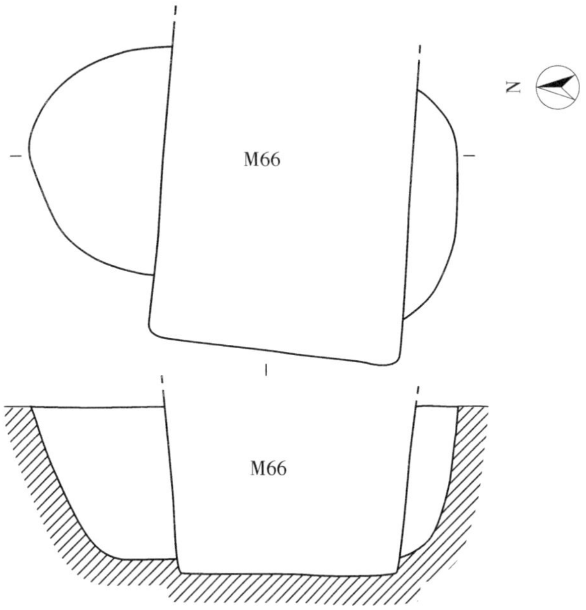

附·图2-1-3 六朝灰坑H14平剖面图

H19

位于T0609西北角处，开口于第2b层下，打破第3层。坑口近椭圆形，东西长径约1.25、南北短径约1.0米，坑深0.4米，坑壁斜直，坑底呈坡状。坑内填土呈青灰色，土质松软，出土黑瓷桥形耳罐口沿、青瓷小口罐口沿、泥质灰陶卷沿盆等。（附·图2-1-4）

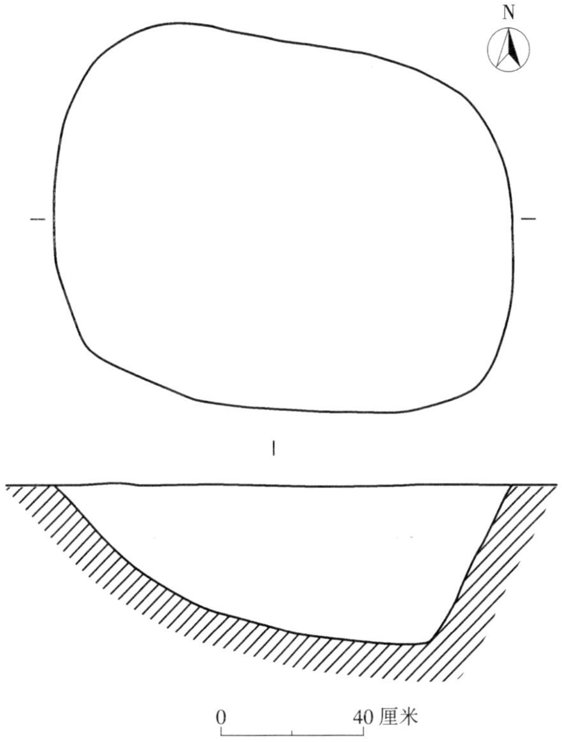

附·图2-1-4 六朝灰坑H19平剖面图

三 水井

2座，为J2和J4，分别位于Ⅰ区和Ⅱ区。

J2

位于T1906中部略偏东处，开口于第3a层下。井口近圆形，直径约1.2米，已清理至1.7米未见底，井壁光滑规整，向下斜直内收。从已经清理的情况看，井内堆积可分2层：第1层为黑灰色土，土质疏松，含零星烧土颗粒，厚约1.2米，出土有砖、瓦、青瓷及少量碎陶片等；第2层为灰褐色土，土质较硬，厚约0.5米，内含草木灰，但未见遗物。（附·图2-1-5）

J4

位于T1308中部偏东处，开口于第2b层下。井口近圆形，直径约1.0米，清理至1.3米处时因积水太多未再向下清理，井壁光滑规整，向下斜直内收。从已经清理的情况看，井内填土

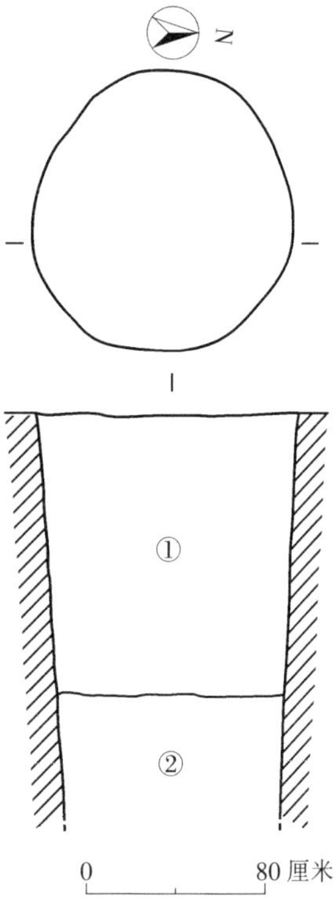

附·图 2-1-5　六朝水井 J2 平剖面图

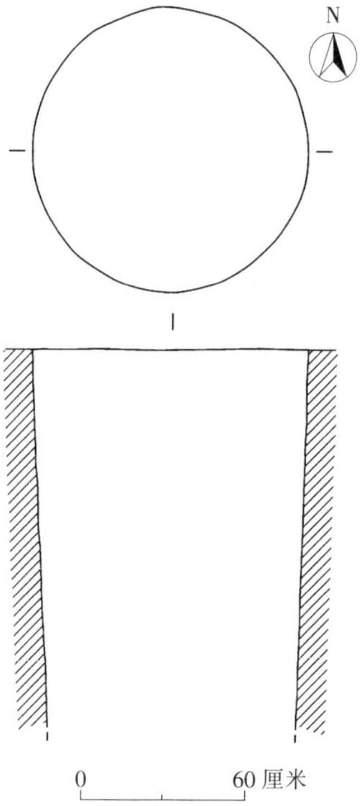

附·图 2-1-6　六朝水井 J4 平剖面图

为灰黑色，土质松软，含水量大，出土有青瓷残片等。（附·图 2-1-6）

第二节　地层出土遗物

地层中出土标本较少，均为青釉瓷碗。

T1906③a：4，直口微敛，弧壁，平底。内外釉剥落殆尽，露青灰色胎。口径 16.8、底径 11.8、高 6.9 厘米。（附·图 2-2-1：1；附·图版 2-2-1：1）

T1208③：2，口近直，弧壁，平底微凹。青绿色釉，内满釉，外施釉三分之二，露灰胎。口径 15.0、底径 11.1、高 5.0 厘米。（附·图 2-2-2：2；附·图版 2-2-1：2）

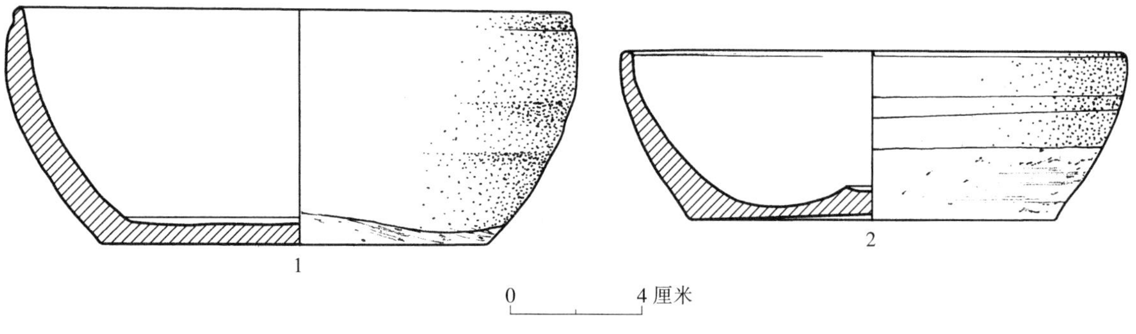

附·图 2-2-1　晚期地层中出土南朝瓷器

1、2. 青釉瓷碗（T1906③a：4、T1208③：2）

第三章　晚唐五代遗存

第一节　墓葬及其出土遗物

2座，为M37和M88，分别位于Ⅰ区和Ⅲ区。

M37

位于T2005东南部，部分叠压于探方南壁下。开口于第3a层下，打破第3b、3c、4层。长方形竖穴墓，单棺，棺木朽蚀殆尽，残留棺痕。已清理部分墓口长2.2、宽1.0米，深1.05米；棺痕长1.85、宽0.55～0.65米。方向175度。填土呈灰褐色，土质疏松。墓内人骨保存较好，仰身直肢葬，头向南，面向西。随葬青釉瓷碗2件。（附・图3-1-1A；附・图版3-1-1：1）

青釉瓷碗　2件。

M37∶1，宜兴窑产品。晚唐五代。侈口，圆唇，斜弧腹，平底，外侧斜削一周。灰胎，细腻坚致。青褐釉，内底生烧，泛灰白，内满釉，外半釉，釉线不齐，有流釉，器表露胎处呈红色。内外底侧均有一周支钉痕，共18枚。口径19.2、底径10.5、高6.2厘米。（附・图3-1-1B；附・图版3-1-1：2）

M37∶2，宜兴窑产品。晚唐五代。侈口，圆唇，斜弧腹，平底，外侧斜削一周。灰胎，细腻坚致。青褐釉，内底生烧，泛灰白，内满釉，外半釉，釉线不齐，有流釉，器表露胎处呈红色。口径13.5、底径7.0、高3.8厘米。（附・图3-1-1B；附・图版3-1-1：3）。

M88

位于T0711北部，部分叠压于探方北隔梁下未作清理。开口于第2层下，打破第4、5、6层。长方形竖穴墓，棺木朽蚀殆尽，仅见棺钉。墓坑长1.2～1.25、宽1.0米，深0.9米。方向175度。填土呈黄褐色，土质较硬。墓内人骨无存。随葬铜镜、银钗各1件。（附・图3-1-2A；附・图版3-1-2：1）

银钗　1件。

M88∶2，长11.7厘米。（附・图3-1-2B；附・图版3-1-2：2）

铜镜　1件。

M88∶1，略残，边缘略厚，素面。直径11.3、厚0.15、边缘厚0.2厘米。（附・图3-1-2B；附・图版3-1-2：3）

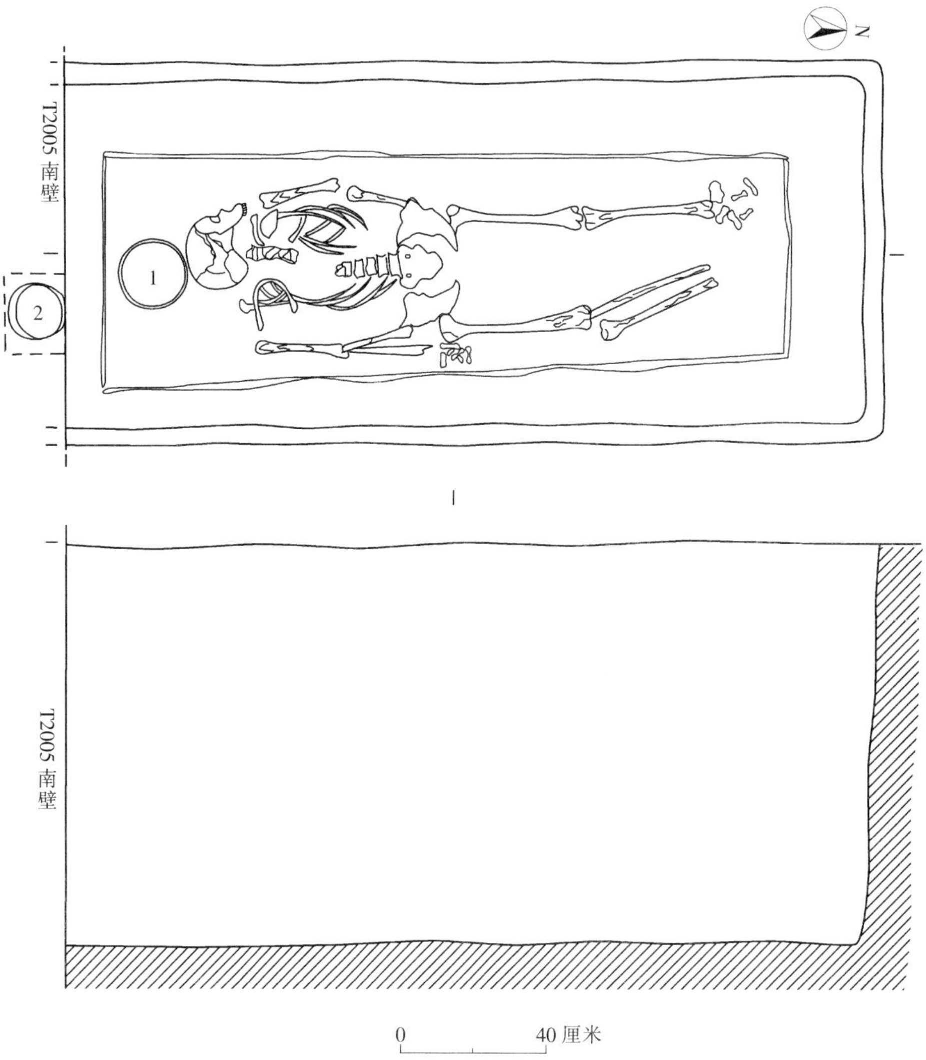

附・图 3-1-1A　晚唐五代墓葬 M37 平剖面图

1、2. 青釉瓷碗

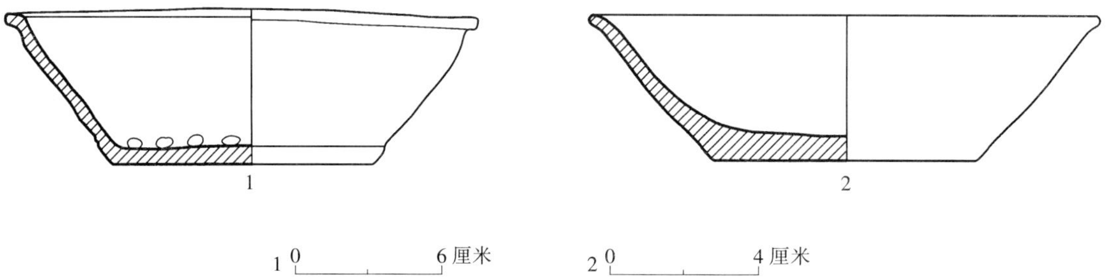

附・图 3-1-1B　M37 出土器物

1、2. 青釉瓷碗

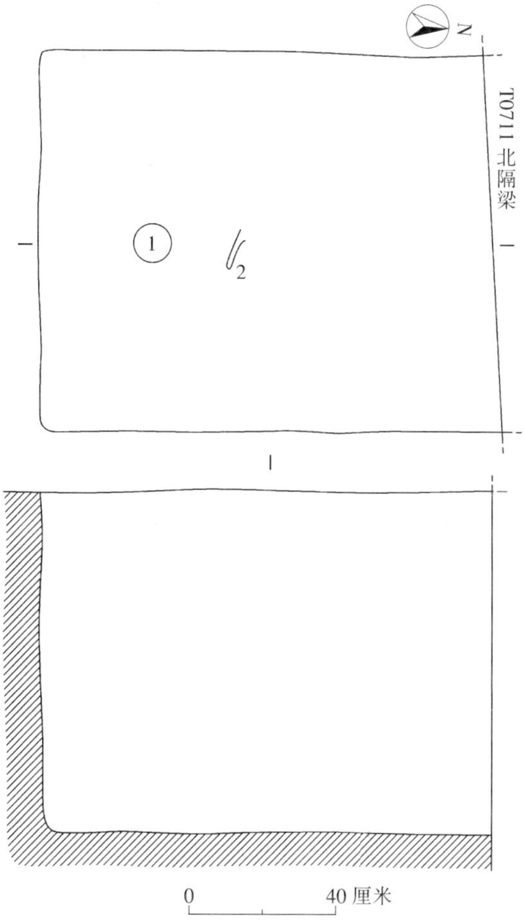

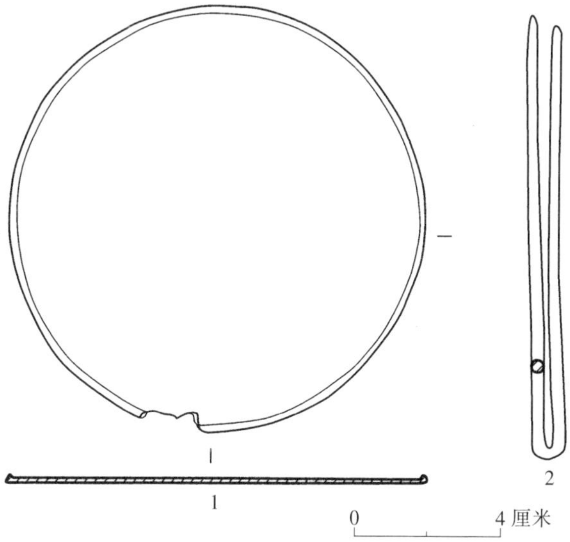

附・图 3-1-2B　M88 出土器物
1. 铜镜　2. 银钗

附・图 3-1-2A　晚唐五代墓葬 M88 平剖面图
1. 铜镜　2. 银钗

第二节　地层出土遗物

地层中出土的唐代时期的标本多为碗、盏，可辨窑口有洪州窑、宜兴窑等。

青釉瓷盏

T1906③a∶1，唐代洪州窑产品。敛口，圆唇，弧腹，平底。青绿色釉，内满釉，外施釉及底，底露灰胎。口径 8.8、底径 5.1、高 4.2 厘米。（附・图 3-2-1∶1；附・图版3-2-1∶1）

T1906③a∶2，唐代洪州窑产品。直口，圆唇，弧壁，平底。青绿釉，内施釉及底，外施三分之一釉。口径 16.2、底径 10.7、高 6.9 厘米。（附・图 3-2-1∶2；附・图版3-2-1∶2）

T1208③∶1，敛口，尖唇，弧壁，凹底。青黄色釉，内施满釉，底残五个支钉痕，外施釉三分之二，露灰红胎。口径 14.7、底径 7.0、高 5.0 厘米。（附・图 3-2-1∶3；附・图版 3-2-1∶3）

T1209③∶1，唐中晚期宜兴窑产品。敞口，圆唇，斜壁，小圈足。青绿色釉，内外施釉及底，底露暗红色胎。口径 11.6、足径 3.9、高 3.9 厘米。（附・图 3-2-1∶4；附・图版3-2-1∶4）

T0610③∶1，口近直，弧腹，平底略内凹。青黄色釉，内满釉，外壁釉已剥落殆尽。口径 8.1、底径 5.4、高 3.2 厘米。（附・图 3-2-1∶5；附・图版 3-2-1∶5）

T0709③∶1，唐代洪州窑产品。直口微敛，尖唇，腹壁略弧，平底。青黄色釉，内满釉，外施釉及器底，足底露红胎。口径 7.6、底径 5.1、高 3.7 厘米。（附・图 3-2-1∶6；附・图版 3-2-1∶6）

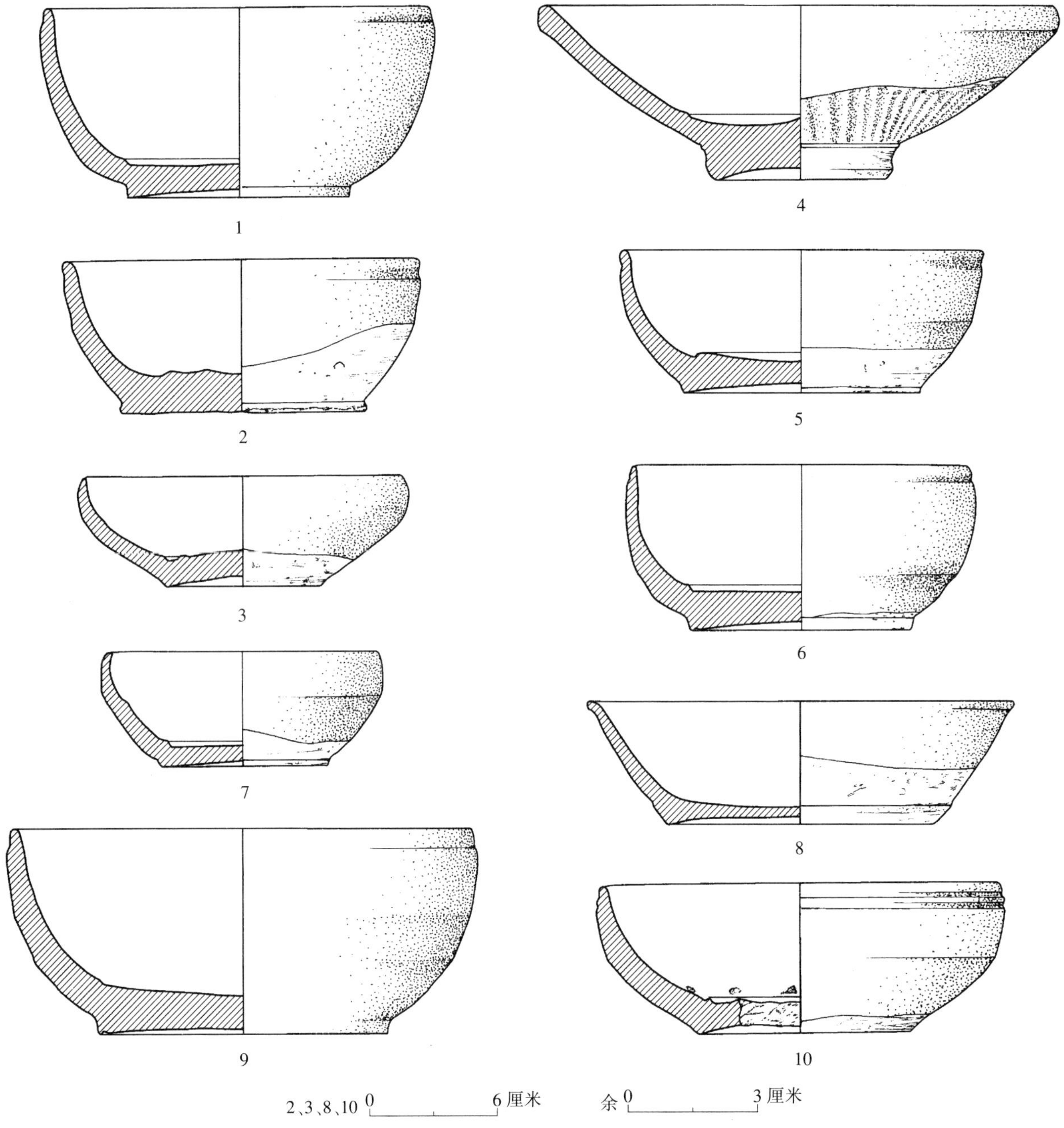

附・图 3-2-1 晚期地层出土唐代瓷器

1～6. 青釉瓷盏（T1906③a∶1、T1906③a∶2、T1208③∶1、T1209③∶1、T0610③∶1、T0709③∶1）
7～9. 青釉瓷碗（T1906③a∶3、T1210②b∶1、T1308②b∶1） 10. 青釉瓷钵（T2006③∶1）

青釉瓷碗

T1906③a∶3，唐宜兴窑产品。敛口，尖圆唇，弧壁，平底。内外壁釉已剥落殆尽。口径 6.2、底径 3.8、高 2.6 厘米。（附・图 3-2-1：7；附・图版 3-2-2：1）

T1210②b∶1，窑口不明。敞口，圆唇，斜壁略弧，平底。内满釉，外施釉不及二分之一。内外底均残有支钉痕迹。口径 19.6、底径 12.2、高 5.6 厘米。（附・图3-2-1：8；附・图版 3-2-2：2）

T1308②b∶1，唐代洪州窑产品。直口，尖唇，弧壁，平底微内凹。唇下有一道细凹槽。青黄色釉，内满釉，外施釉及器底，足底露红胎。口径10.6、底径6.7、高4.6厘米。（附・图3-2-1：9；附・图版3-2-2：3）

青釉瓷钵

T2006③∶1，唐代宜兴窑产品。敛口，圆唇，弧肩，折腹，平底。口沿下饰两道凹弦纹，内壁近底处饰一道凹弦纹。青黄色釉，内满釉，外施釉及底，底露红胎。口径18.1、底径9.7、高6.8厘米。（附・图3-2-1：10；附・图版3-2-2：4）

第四章 宋代遗存

第一节 墓葬、水井及其出土遗物

一 墓葬

2座。为M28和M34，分别位于Ⅱ区和Ⅰ区。

M28

位于T1308东南角，部分叠压于探方东隔梁及南壁内未作清理。开口于第2b层下，向下打破4、5、6层直至生土。长方形竖穴墓，墓口已清理部分长1.95、宽0.8米，深1.1～1.2米。方向253度。填土呈灰褐色，土质疏松。墓内人骨无存。随葬有韩瓶3件。（附・图4–1–1A；附・图版4–1–1：1）

韩瓶 3件。

M28∶1，口微侈，圆唇，溜肩，深弧腹，平底内凹。肩部饰四个对称的桥形系，均残。腹部数道泥条盘筑形成的凸棱。青褐色釉，器内外壁均施半釉，已剥落殆尽。口径8.4、底径8.6、高22.1厘米。（附・图4–1–1B；附・图版4–1–1：2）

M28∶2，口微侈，圆唇，溜肩，深弧腹，平底内凹。肩部饰四个对称的桥形系，均残。腹部数道泥条盘筑形成的凸棱。青褐色釉，器内外壁均施半釉。口径8.1、底径9.0、高23.3厘米。（附・图4–1–1B；附・图版4–1–1：3）

M28∶3，口微侈，圆唇，溜肩，深弧腹，平底内凹。肩部饰四个对称的桥形系，均残。腹部数道泥条盘筑形成的凸棱。青褐色釉，器内外壁均施半釉。口径8.7、底径9.8、高22.8厘米。（附・图4–1–1B；附・图版4–1–1：4）

M34

位于T2006西北部，部分叠压于西壁下。开口于第3a层下，打破第3b层。长方形竖穴土坑墓，墓口长1.5、宽0.7米，深0.25米。方向268度。填土呈灰褐色，土质较硬，内含烧土颗粒、草木灰等。墓内人骨无存。随葬瓷碗1件、铜钱3枚。（附・图4–1–2A）

瓷碗 1件。

M34∶2，敞口，圆唇，弧腹，高圈足。内外壁施青白釉，有滴釉现象，足不施釉。口径16.0、足径6.2、高7.8厘米。（附・图4–1–2B；附・图版4–1–1：5）

铜钱 3枚。其中一枚铜钱锈蚀难辨。

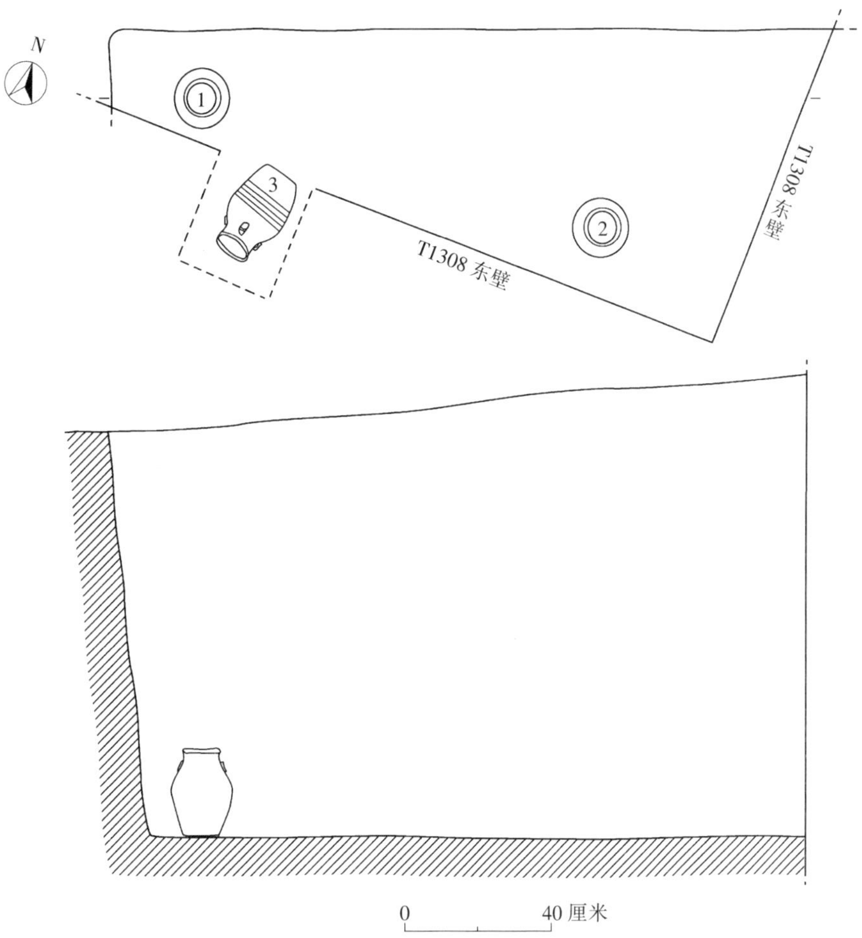

附・图 4-1-1A　宋代墓葬 M28 平剖面图

1 ~ 3. 韩瓶

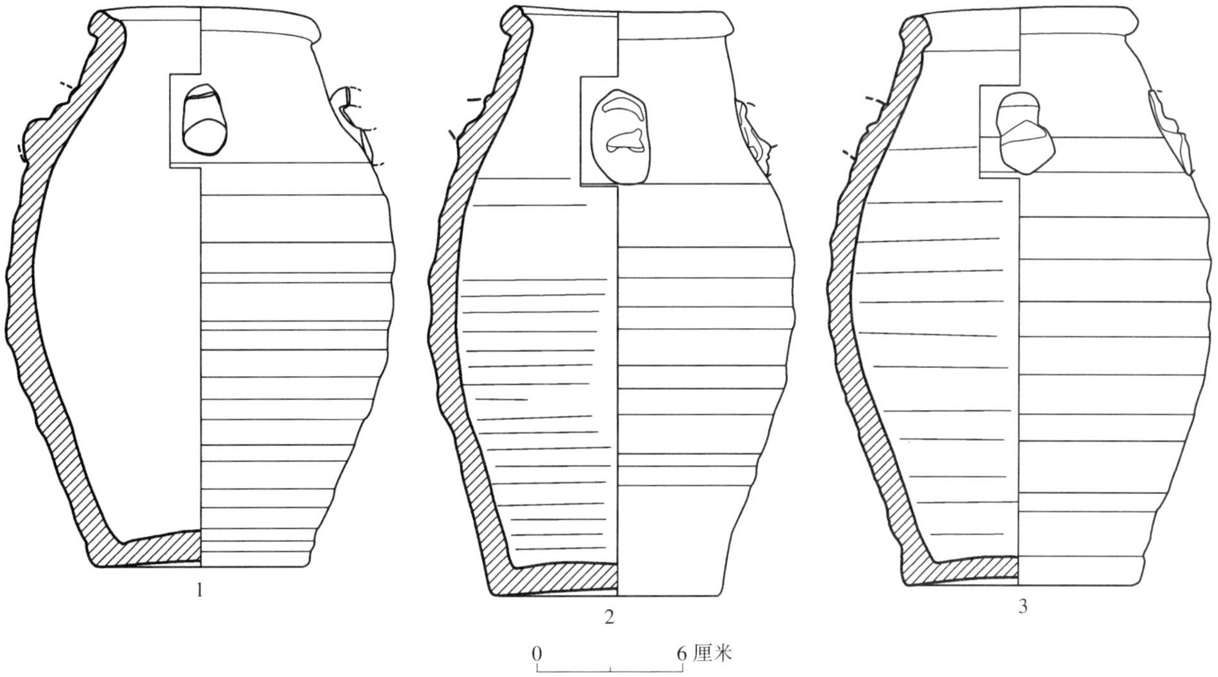

附・图 4-1-1B　M28 出土器物

1 ~ 3. 韩瓶

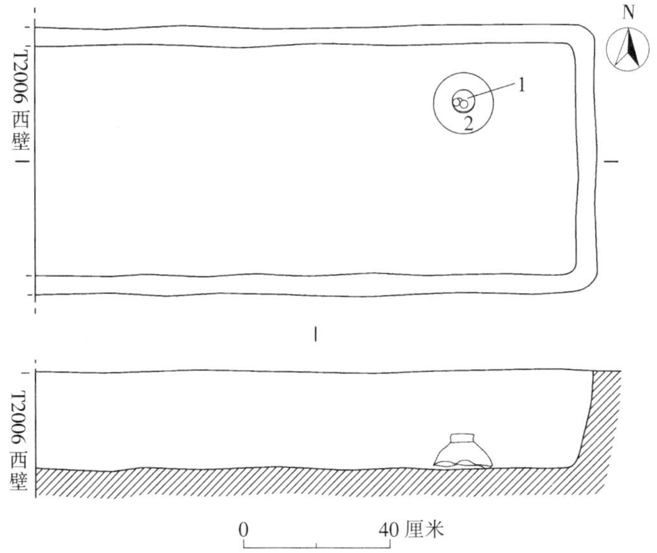

附・图 4-1-2A 宋代墓葬 M34 平剖面图

1. 铜钱（3 枚） 2. 瓷碗

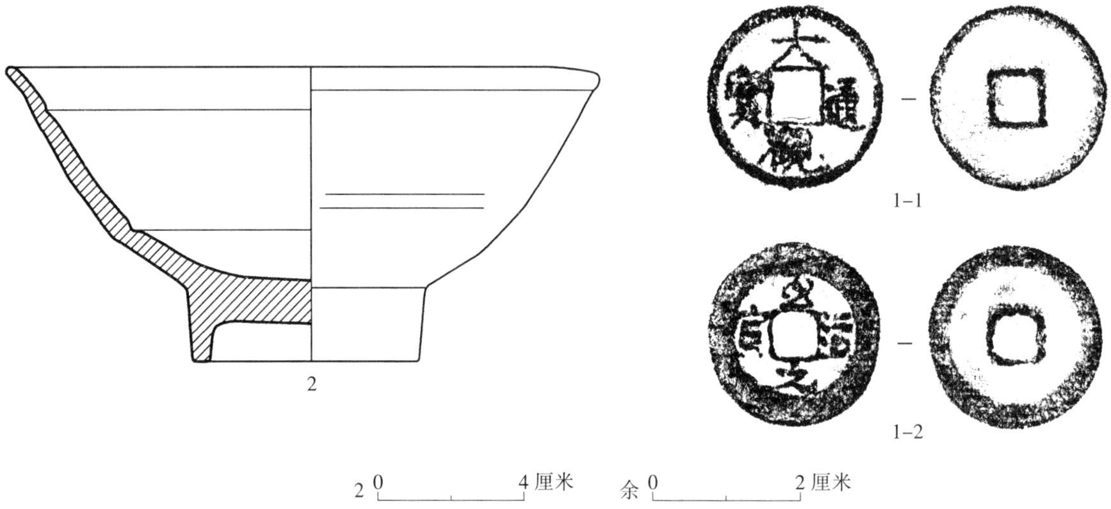

附・图 4-1-2B M34 出土器物

1-1、1-2. 铜钱 2. 瓷碗

M34∶1-1，大观通宝。直径 2. 35、孔边长 0. 6 厘米。（附・图4-1-2B）

M34∶1-2，至道元宝。直径 2. 3、孔边长 0. 55 厘米。（附・图 4-1-2B）

二 水井

2 座。为 J1 和 J3，均位于Ⅰ区。

J1

位于 T2006 西南处，开口于第 2 层下，向下打破直至第 13 层。井口呈圆形，直径约 1. 0 米，井深约 3. 4 米，井壁光滑规整，向下斜直内收，井底近平。井内堆积可分为 2 层：第 1 层为灰褐色土，土质疏松，厚约2. 3 米；第 2 层为青灰色土，土壤含水量大，厚约1. 1 米。井内两层填土中的包含物基本一致，为少量的青瓷、砖块及石块等。（附・图 4-1-3）

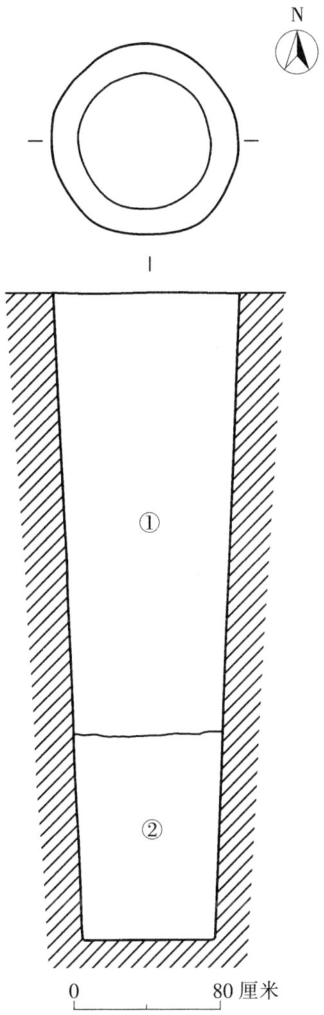

附 · 图 4–1–3　宋代水井 J1 平剖面图

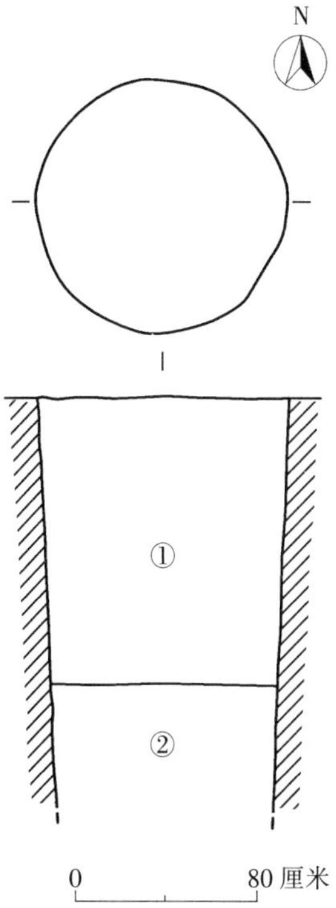

附 · 图 4–1–4A　宋代水井 J3 平剖面图

J3

位于 T1906 中部偏北处，开口于第 3a 层下。井口近圆形，直径约 1. 1 米，已清理至 1. 7 米未见底，井壁光滑规整，向下斜直内收。从已经清理的情况看，井内堆积可分为 2 层：第 1 层为黑灰色土，土质疏松，内含零星烧土块，厚约 1. 2 米，出土有青、绿、白、黑釉瓷片以及粗瓷缸腹片、韩瓶残片、泥质灰陶盆口沿和石臼、石磨残块等；第 2 层为灰褐色土，土质较硬，出土零星瓷片。（附 · 图 4–1–4A）

青釉瓷碗

J3①:1，敞口，尖唇，斜弧腹，矮圈足。内施青釉及底，外三分之二施釉。口径 14. 7、足径 5. 8、高 5. 9 厘米。（附 · 图 4–1–4B）

J3①:2，直口微敛，尖圆唇，弧腹，平底。内施釉及底，外三分之二施釉，底露暗红色胎。口径 19. 3、底径 11. 1、高 6. 0 厘米。（附 · 图 4–1–4B）

白釉瓷碗

J3①:3，口残，圈足较高。底径 6. 1、残高 4. 5 厘米。（附 · 图 4–1–4B）

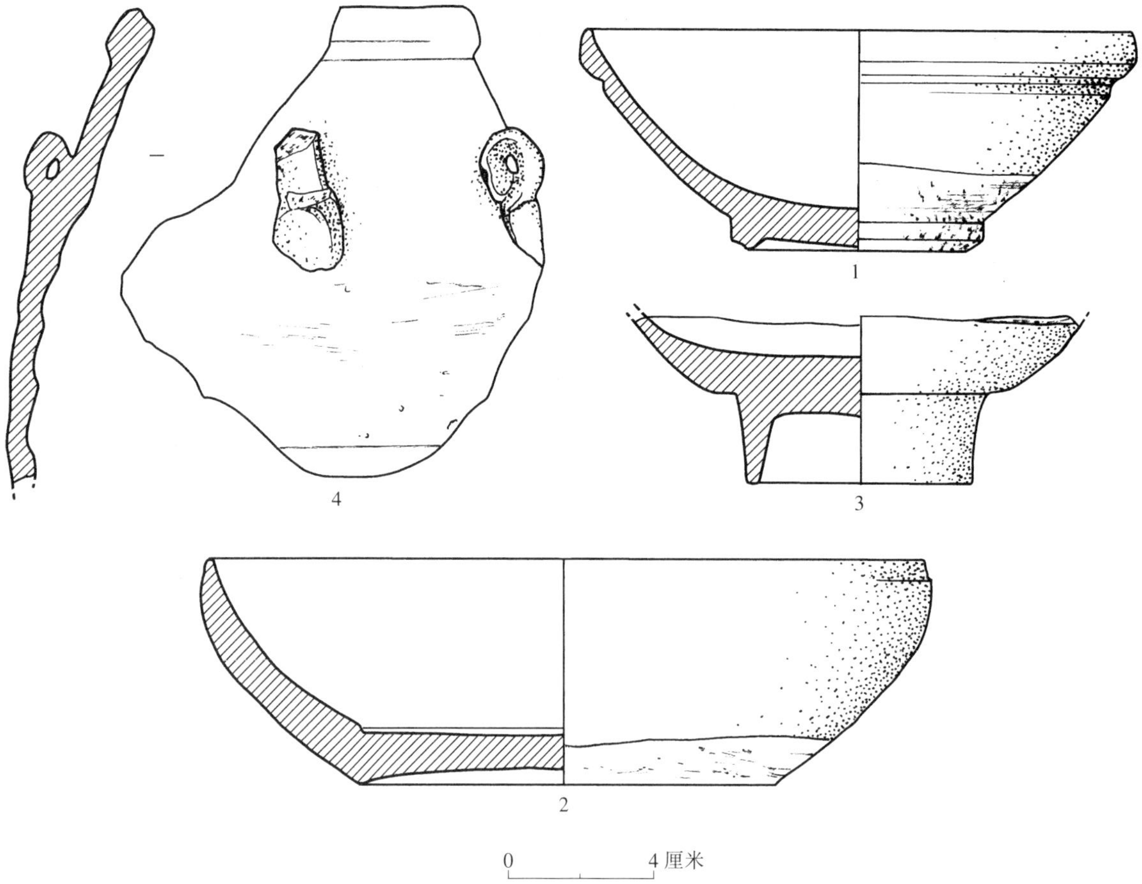

附·图4-1-4B J3①层出土器物

1、2. 青釉瓷碗 3. 白釉瓷碗 4. 韩瓶残片

韩瓶

J3①:4，残片。敛口，圆唇，残两个环形系。残高12.5厘米。（附·图4-1-4B）

第二节 地层出土遗物

地层中出土的宋代时期的标本多为碗、盏，可辨窑口有景德镇窑。

白釉瓷盏

T0609②:1，敞口，圆唇，弧壁，圈足。白釉，内满釉，外施釉及圈足，圈足露瓷胎。口径14.2、足径6.2、高7.0厘米。（附·图4-2-1：2）

青白釉瓷盏

T0609②:2，敞口，圆唇，斜壁，矮圈足。青白色釉，内满釉，外施釉及器底，露灰白胎。口径10.2、底径4.4、高3.6厘米（附·图4-2-1：3）

瓷碗

T0609②:3，敞口，尖唇，弧壁，平底。内外釉脱落殆尽，露暗红色胎。口径13.7、底径8.3、高5.9厘米。（附·图4-2-1：1）

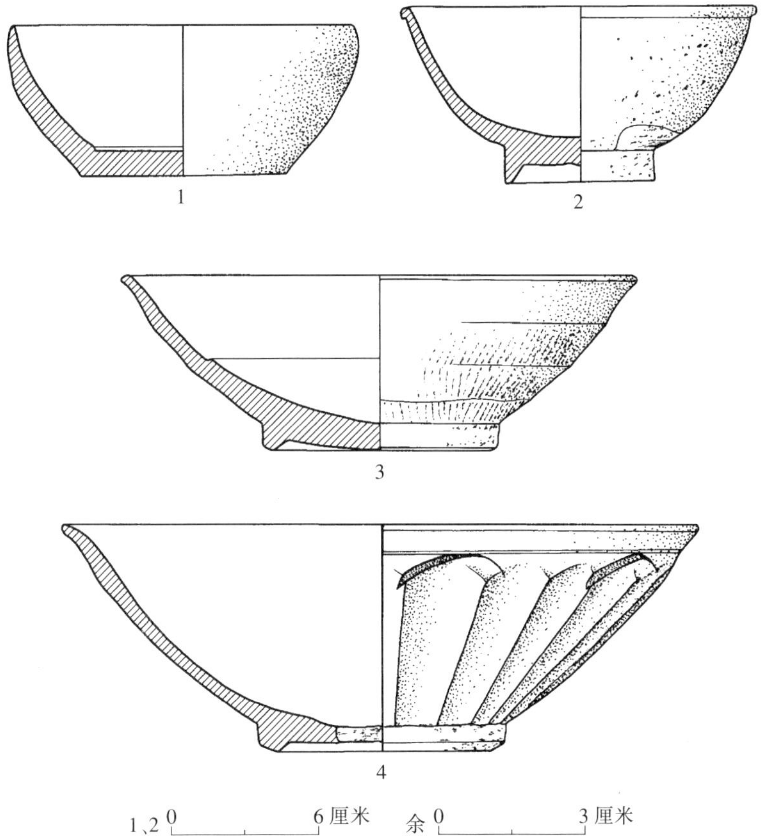

附・图4-2-1　晚期地层出土宋代瓷器

1. 瓷碗（T0609②:3）　2. 白釉瓷盏（T0609②:1）　3. 青白釉瓷盏（T0609②:2）
4. 青白釉刻莲瓣纹瓷碗（T2006③a:1）

青白釉刻莲瓣纹瓷碗

T2006③a:1，北宋中晚期景德镇窑产品。敞口，弧壁，矮圈足。碗壁刻莲瓣纹。青白色釉，内满釉，外施釉及圈足，足底露瓷胎。口径12.9、底径4.3、高4.6厘米。（附・图4-2-1：4）

第五章 明清时期遗存

第一节 灰坑

灰坑3座。为H1、H9和H10，均位于Ⅰ区。

H1

位于T1606东北部，开口于第2层下，被开口于同一层位下的M72打破。坑口呈不规则形，东西最长2.7、南北最宽1.65米，坑深0.6米。坑壁斜直，坑底平整。坑内填土为青灰色，土质松软，内含少量青花瓷片及碎陶片。（附・图5-1-1）

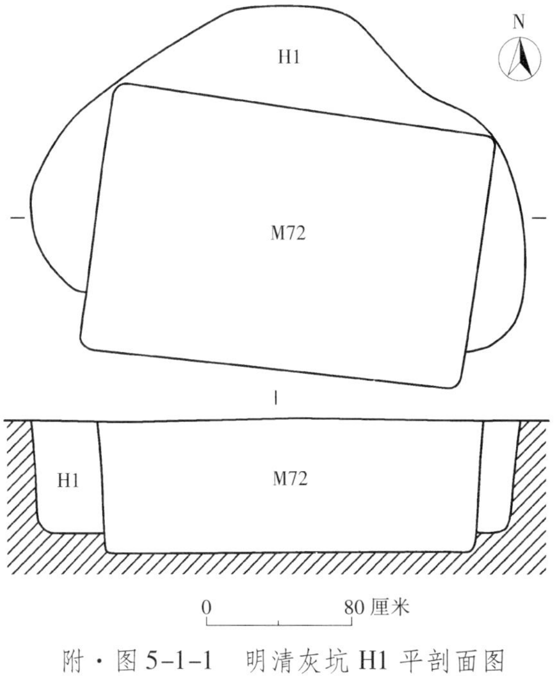

附・图5-1-1 明清灰坑H1平剖面图

H9

位于T1705西部，开口于第2层下，打破第3、4层。坑口呈长方形，长2.8、宽0.62~0.67米，坑深0.35米，坑壁斜直，坑底平整。坑内填土呈灰黑色，土质坚硬，内含少量的陶瓷片。（附・图5-1-2）

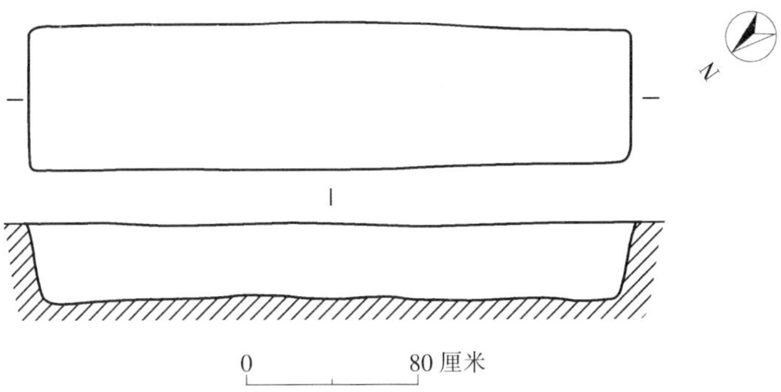

附·图 5-1-2　明清灰坑 H9 平剖面图

H10

位于 T1705 东南部，开口于第 2 层下，打破第 3、4 层，被开口于第 1 层下的 M30 打破。坑口呈长方形，长 0.95、宽 0.7 米，坑深 0.65 米，坑壁斜直，坑底平整。坑内填土呈灰褐色，土质坚硬，内含少量的陶瓷片。（附·图 5-1-3）

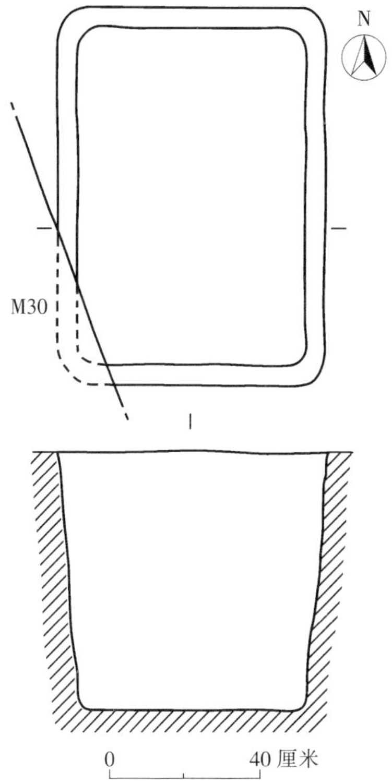

附·图 5-1-3　明清灰坑 H10 平剖面图

第二节　墓葬

39 座。

M6

位于 T1806 的东部，部分叠压于探方东隔梁内。开口于第 2 层下，打破生土层。长方形竖穴墓，已清理部分长 0.95 ~ 1.15、宽 0.7、深 0.8 米。方向 300 度。填土灰褐色，土质疏松，内含棺钉、石块及残碎陶片。墓内人骨无存。随葬有绿釉罐 1 件、白瓷碗 2 件。（附·图 5-2-1A；附·图版5-2-1：1）

绿釉罐　1 件。

M6∶1，直口微侈，圆唇，短颈，鼓肩，弧腹，平底。外壁施绿釉近底处，肩部有流釉现象。口径 4.5、底径 4.4、高 5.5 厘米。（附·图 5-2-1B；附·图版 5-2-1：2）

白瓷碗　2 件。

M6∶2，敞口，尖圆唇，深腹略直，圈足，足墙内收。白胎细腻坚致。白釉泛青，匀净光亮，内外满釉，足底露胎，口沿处施一周酱釉。口径 8.7、足径 3.2、高 5.1 厘米。（附·图 5-2-1B；附·图版 5-2-1：3）

M6∶3，敞口，尖圆唇，深弧腹，圈足，足墙内收。白胎细腻坚致。白釉泛青，匀净光亮，内外满釉，足底露胎，口沿处施一周酱釉。口径 8.6、足径 3.6、高 4.7 厘米。（附·图 5-2-1B；附·图版 5-2-1：4）

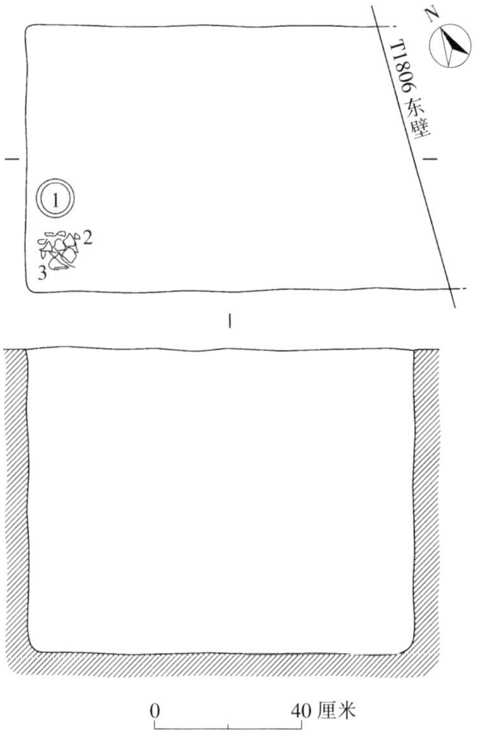

附・图 5-2-1A　明清墓葬 M6 平剖面图

1. 绿釉罐　2、3. 白瓷碗

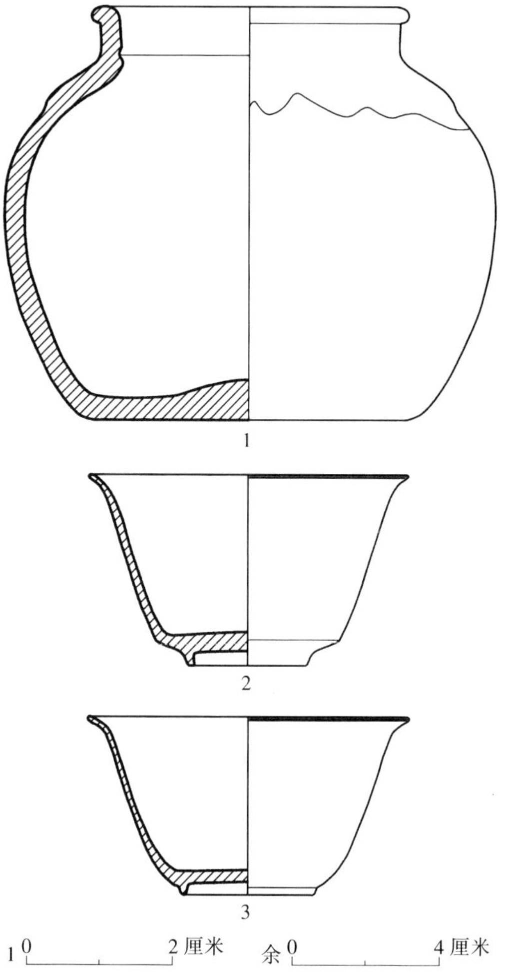

附・图 5-2-1B　M6 出土器物

1. 绿釉罐　2、3. 白瓷碗

M7

位于 T1706 西北部，部分进入 T1606 的东、北壁内，开口于第 2 层下，打破第 3 ~ 5 层。长方形竖穴墓，墓坑长 2.37、宽 0.7 ~ 0.8 米，深 0.55 米。方向 300 度。填土为青灰色，土质湿软。墓内人骨无存。随葬有酱釉罐 1 件、青花瓷碗 2 件。（附・图 5-2-2A；附・图版5-2-2：1）

酱釉罐　1 件。

M7∶1，直口，凹唇，直腹，平底。外半釉，内不施釉。口径 8.3、底径 9.0、高 9.2 厘米。（附・图 5-2-2B；附・图版 5-2-2：2）

青花瓷碗　2 件。

M7∶2，景德民窑产品。敞口，圆唇，深弧腹，圈足。白胎细腻坚致。白釉泛青，匀净光亮，内满釉，外施釉及足墙，底部可见垫烧痕。青花发色淡雅，内壁绘两周弦纹，内底绘草叶纹，外壁唇下绘一周弦纹。口径 11.6、足径 5.8、高 5.8 厘米。（附・图 5-2-2B；附・图版5-2-2：3）

M7∶3，景德民窑产品。敞口，圆唇，深弧腹，圈足，足墙内收。白胎细腻坚致，露胎处呈橘红色。白釉泛青灰，匀净光亮，内满釉，外施釉及足墙，底部可见垫烧痕。青花发色灰暗，内壁绘两周弦纹，内底绘草叶纹，外壁唇下绘一周弦纹。口径 11.6、足径 5.4、高 5.6 厘米。（附・图 5-2-2B；附・图版 5-2-2：4）

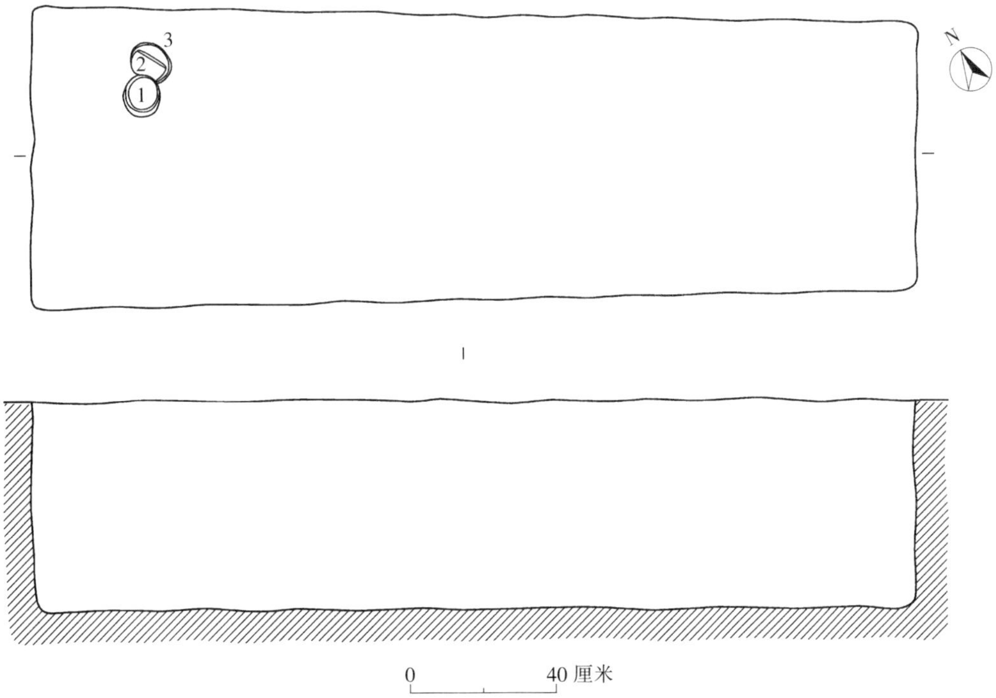

附・图 5-2-2A　明清墓葬 M7 平剖面图

1. 酱釉罐　2、3. 青花瓷碗

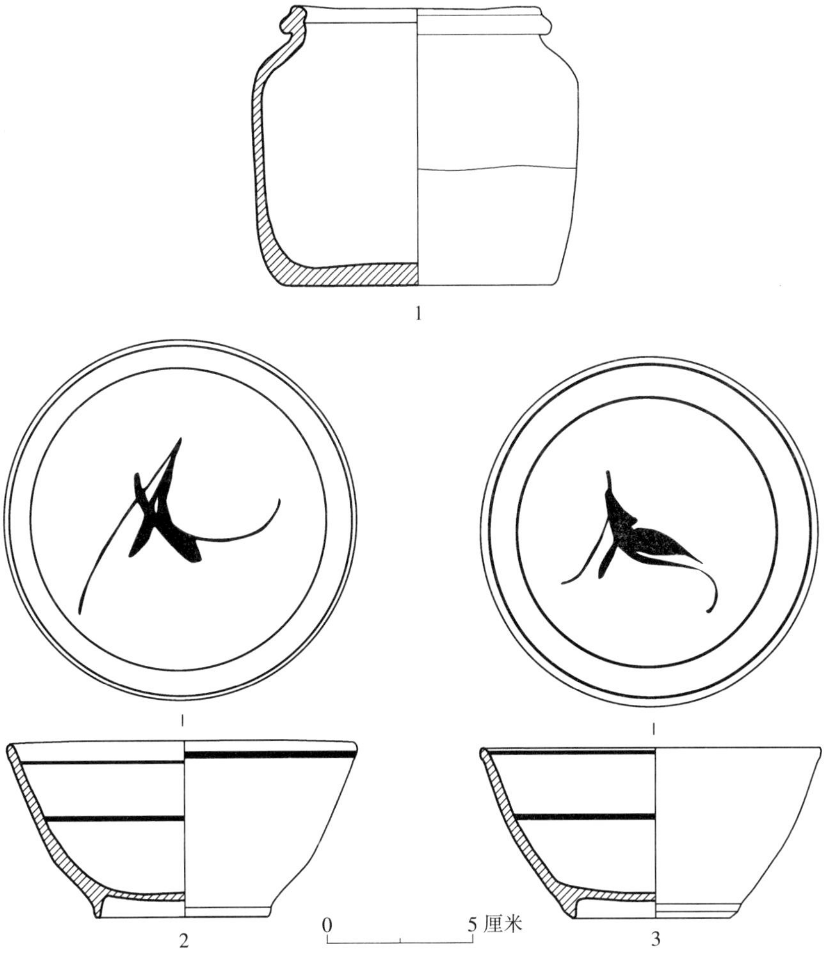

附・图 5-2-2B　M7 出土器物

1. 酱釉罐　2、3. 青花瓷碗

M11

位于T1805内，开口于第2层下，打破第3、6层。长方形竖穴墓，墓长2.2、宽0.84米，深0.45米。方向315度。填土呈灰褐色夹杂黄斑，土质疏松。墓内人骨无存。随葬有青花瓷碗2件、瓷罐1件以及铜钱3枚。（附·图5-2-3A；附·图版5-2-3：1）

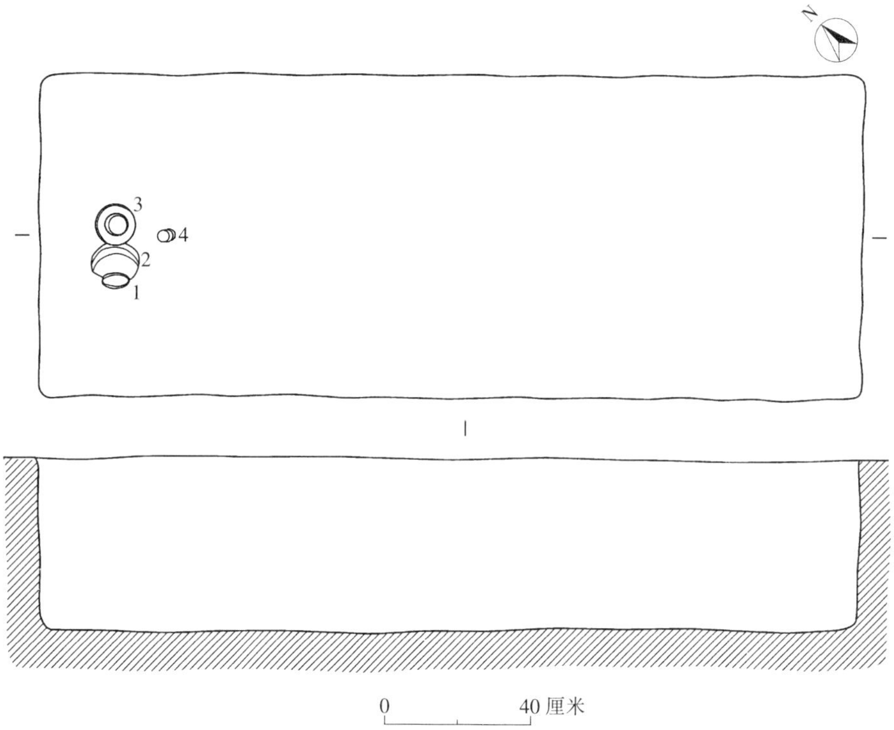

附·图5-2-3A　明清墓葬M11平剖面图

1、2. 青花瓷碗　3. 瓷罐　4. 铜钱（3枚）

青花瓷碗　2件。

M11∶1，景德民窑产品。敞口，圆唇，深弧腹，圈足，足墙内收。白胎细腻坚致。白釉泛青，匀净光亮，内满釉，外施釉及足墙。青花发色较淡，内壁唇口绘一周弦纹，中部绘双弦纹，底心绘一符号，外壁绘两周分格草叶纹饰。口径11.1、足径4.9、高5.6厘米。（附·图5-2-3B；附·图版5-2-3：2）

M11∶2，景德民窑产品。敞口，圆唇，深弧腹，圈足，足墙内收。白胎细腻坚致。白釉泛青，匀净光亮，内满釉，外施釉及足墙。青花发色较淡，内壁唇口绘一周弦纹，中部绘双弦纹，底心绘一符号，外壁绘两周分格抽象草叶纹饰。口径10.6、足径4.9、高5.4厘米。（附·图5-2-3B；附·图版5-2-3：3）

瓷罐　1件。

M11∶3，口近直，短颈，鼓折肩，弧腹内收为平底。瓷胎致密。内外不施釉。口径5.1、底径6.2、高8.3厘米。（附·图5-2-3B；附·图版5-2-3：4）

铜钱　1组（3枚）。其中仅一枚可辨认。

M11∶4-2，乾隆通宝。直径2.15、孔边长约0.65厘米。（附·图5-2-3B）

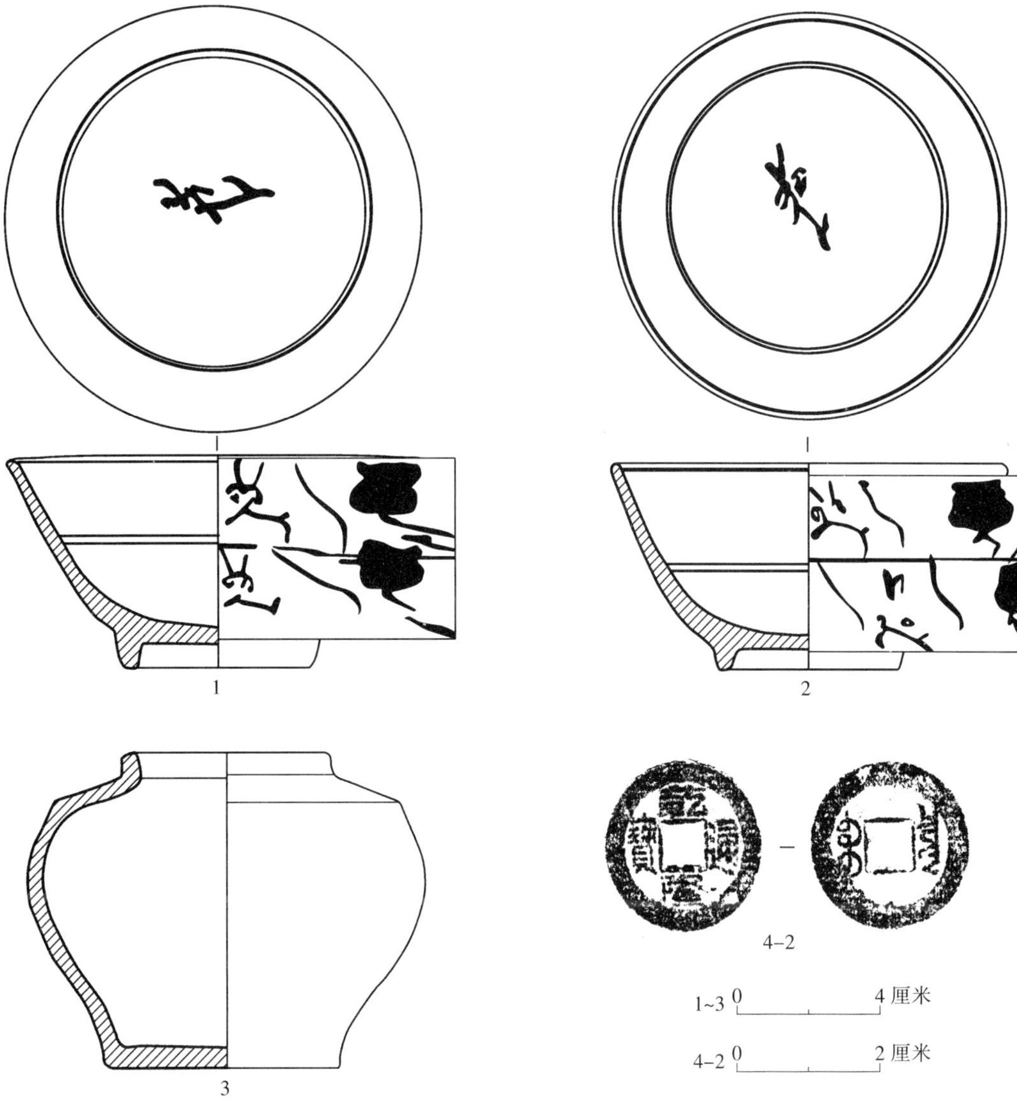

附・图 5-2-3B　M11 出土器物

1、2. 青花瓷碗　3. 瓷罐　4-2. 铜钱

M12

M12 位于 T1806 内，开口于第 2 层下，向下直至打破生土层。长方形竖穴墓，有单棺，棺木为木质，基本朽蚀殆尽。墓坑长 2.1、宽 1.55 米，深 0.7 米。方向 300 度。填土呈灰褐色夹杂黄斑，土质疏松。墓内人骨无存。随葬有青花瓷碗 3 件、白瓷碗 1 件以及酱釉罐 1 件。（附・图5-2-4A；附・图版 5-2-4：1）

酱釉罐　1 件。

M12∶3，口近直，圆唇，鼓肩，弧腹，平底。器外壁施酱釉，肩部流釉。腹部满印回字纹，回字纹中间错印花朵纹。口径 8.5、底径 9.4、高 10.9 厘米。（附・图 5-2-4B；附・图版5-2-5：1）

青花瓷碗　3 件。

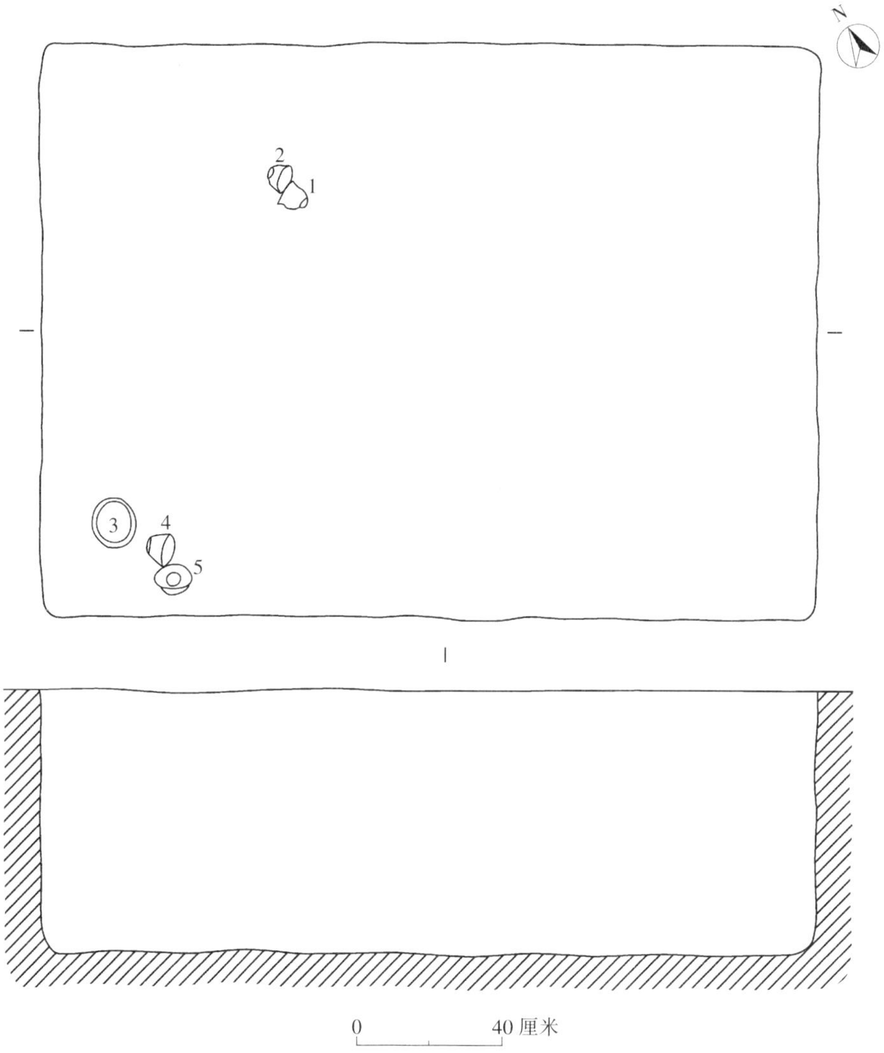

附・图 5-2-4A　明清墓葬 M12 平剖面图

1、4、5. 青花瓷碗　2. 白瓷碗　3. 酱釉罐

M12∶1，敞口，尖圆唇，深弧腹，圈足。白胎细腻坚致。白釉泛青，匀净光亮，内外满釉。圈足底款印“大明成化年制”。口径 8.2、足径 3.7、高 4.8 厘米。（附・图 5-2-4B；附・图版 5-2-5：2、3）

M12∶4，敞口，尖圆唇，深弧腹，圈足。白胎细腻坚致。白釉泛青，匀净光亮，内外满釉。青花发色较淡，内壁唇口及近底部各绘两周弦纹，外壁唇下绘两周弦纹，圈足处绘一周弦纹。口径 8.9、足径 3.6、高 4.9 厘米。（附・图 5-2-4B；附・图版 5-2-5：4）

M12∶5，敞口，尖圆唇，深弧腹，圈足。白胎细腻坚致。白釉泛青，匀净光亮，内外满釉。青花发色较淡，内壁唇口及近底部各绘一周弦纹，外壁唇下及圈足处各绘一周弦纹。口径 8.8、足径 3.6、高 4.7 厘米。（附・图 5-2-4B；附・图版 5-2-5：5）

白瓷碗　1 件。

M12∶2，敞口，圆唇，深弧腹，圈足，足墙内收。白胎细腻坚致。白釉泛青，匀净光亮，内外满釉，足底露胎。口径 8.2、足径 3.5、高 4.3 厘米。（附・图 5-2-4B；附・图版5-2-5：6）

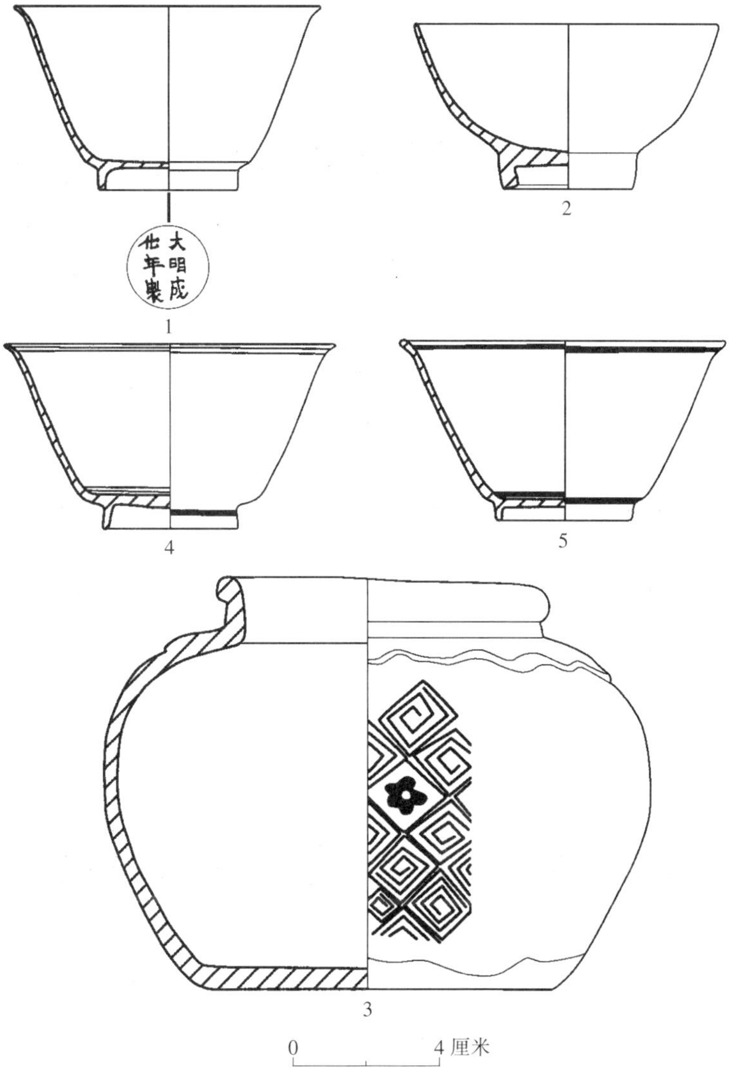

附·图5-2-4B　M12出土器物
1、4、5. 青花瓷碗　2. 白瓷碗　3. 酱釉罐

M16

位于T1209内，开口于第1层下，打破第2、4层。长方形竖穴墓，单棺，棺木朽蚀严重。墓口长2.5、宽1.1～1.16米，深0.7米；棺木残长1.95米、宽0.65～0.8米。方向273度。填土呈黄褐色花土，土质较硬。墓内人骨保存极差。随葬有酱釉罐1件、铜钱9枚，均锈蚀严重，难以辨认。（附·图5-2-5A；附·图版5-2-4：2）

酱釉罐　1件。

M16∶1，口近直，凹唇，鼓肩，直腹，平底。器外壁半釉，内不施釉。口径8.2、底径8.4、高6.9厘米。（附·图5-2-5B；附·图版5-2-3：5）

M17

位于T1310北部，开口于第2a层下，向下直至打破生土层。长方形竖穴墓，墓内有双棺，木质棺木朽蚀严重。墓口长2.67、宽1.4～1.57米，深0.95米。方向291度。填土为五花土，土质松软，内含酱釉、绿釉及青花瓷片。墓内人骨基本无存。随葬有酱釉罐2件、青花瓷碗2件以及

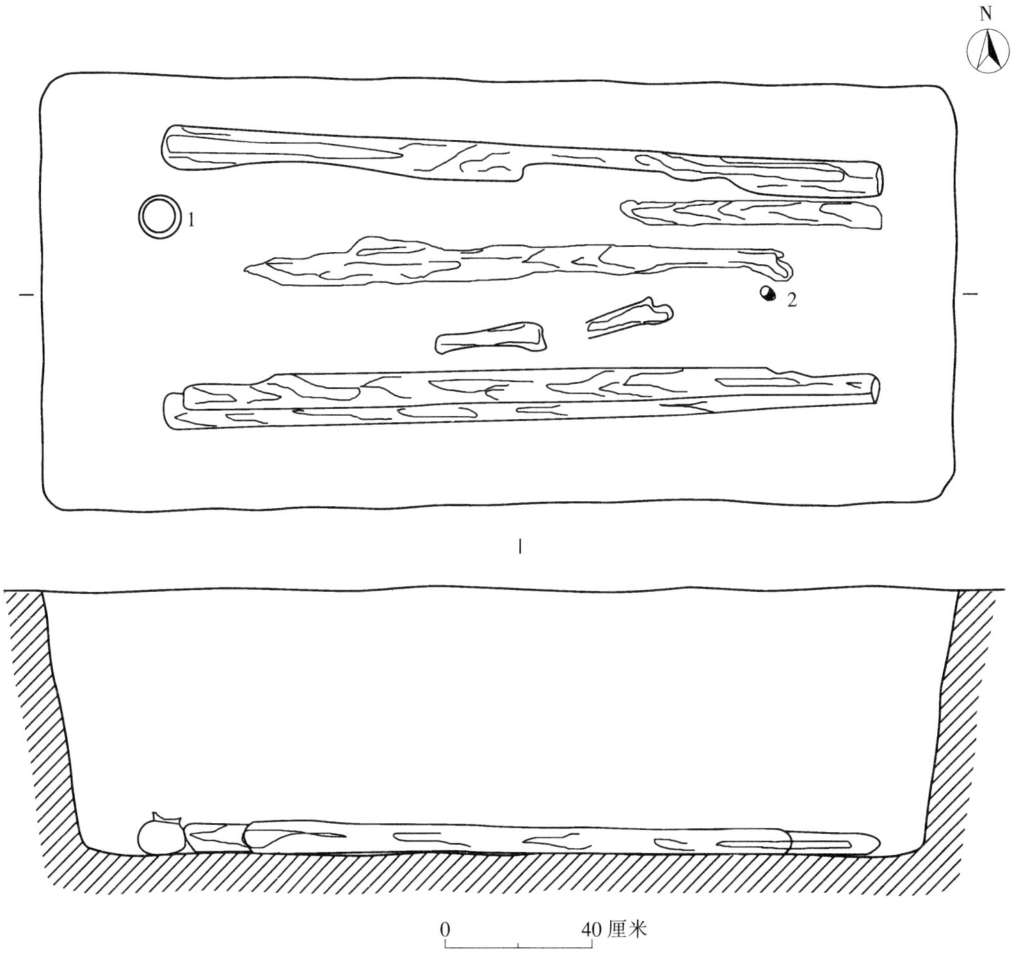

附 · 图 5–2–5A　明清墓葬 M16 平剖面图

1. 酱釉罐　2. 铜钱（9 枚）

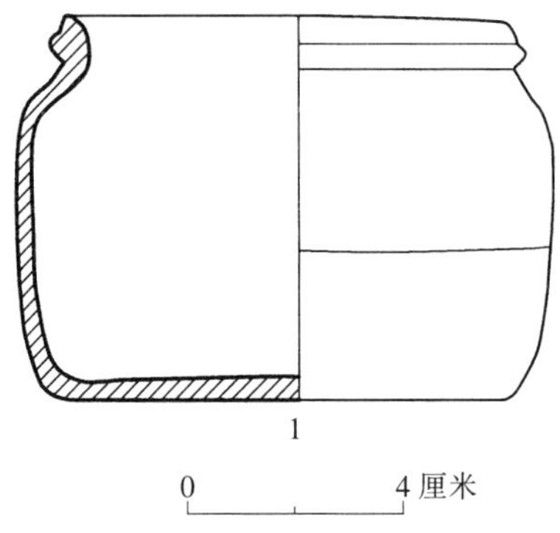

附 · 图 5–2–5B　M16 出土器物

1. 酱釉罐

铜钱 1 枚。（附 · 图 5–2–6A；附 · 图版 5–2–6：1）

酱釉罐　2 件。

M17∶3，口近直，凹唇，鼓肩，直腹，平底。器外壁半釉，釉多剥落，图案漫漶不清，内不施釉。口径 7. 8 、底径 8. 2 、高 6. 4 厘米。（附 · 图 5–2–6B；附 · 图版 5–2–6：2）

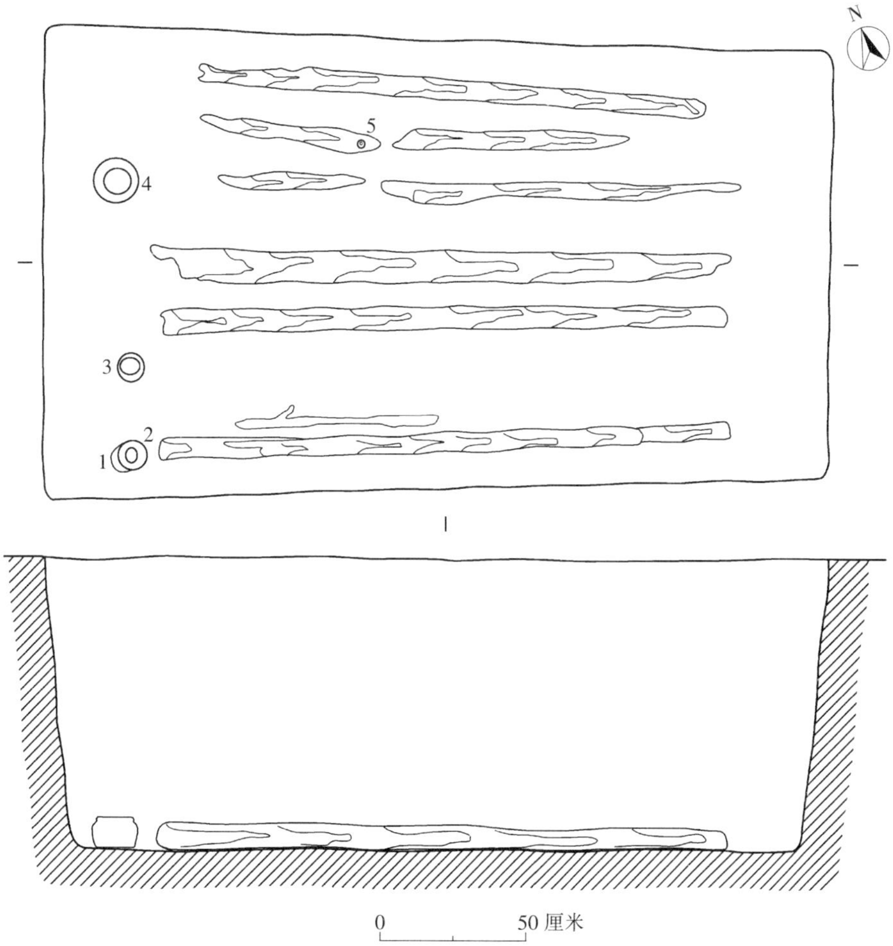

附・图 5-2-6A　明清墓葬 M17 平剖面图

1、2. 青花瓷碗　3、4. 酱釉罐　5. 铜钱（1 枚）

M17∶4，口近直，凹唇，弧肩，直腹，平底。器外壁施酱釉，已剥落殆尽，胎壁呈暗红色，内不施釉。口径 9. 9、底径 9. 4、高 12. 4 厘米。（附・图 5-2-6B；附・图版 5-2-6：3）

青花瓷碗　2 件。

M17∶1，敞口，圆唇，深弧腹，圈足，足端斜削。灰白胎坚致，足底露胎处呈暗红色。白釉泛青灰，均匀光亮，内满釉，外施釉及足墙。青花发色灰暗，内壁上下绘双弦纹，底有一斑点，外壁唇下有双弦纹，其上有斑点。口径 10. 4、足径 5. 4、高 5. 4 厘米。（附・图 5-2-6B；附・图版 5-2-6：4）

M17∶2，敞口，方唇，深弧腹，圈足，足墙外撇，足端斜削。灰白胎坚致，足底露胎处呈暗红色。白釉泛青灰，均匀有落碴，内满釉，外施釉及足墙。青花发色灰暗，内壁上下绘双弦纹，底心绘块斑，外壁唇下绘双弦纹，之下绘一周块斑纹。口径 10. 3、足径 5. 2、高 5. 1 厘米。（附・图 5-2-6B；附・图版 5-2-6：5）

铜钱　1 枚。

M17∶5，雍正通宝。直径 2. 4、内孔边长 0. 6 厘米（附・图 5-2-6B）

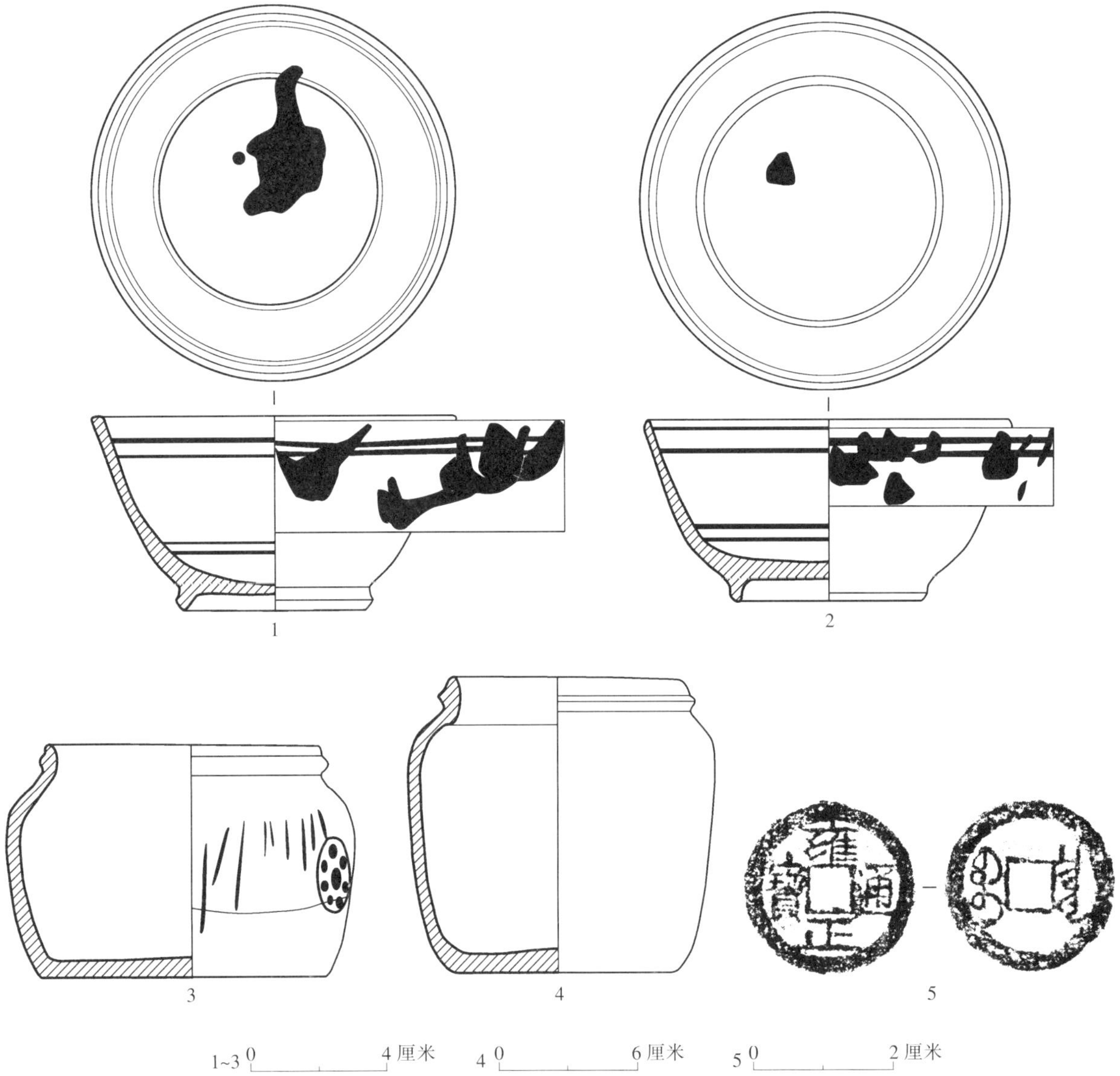

附 · 图 5-2-6B　M17 出土器物

1、2. 青花瓷碗　3、4. 酱釉罐　5. 铜钱

M18

位于 T1310 东北部，开口于第 2b 层下，向下直至打破生土层。长方形竖穴墓，墓内有单棺，朽蚀严重，残留朽痕。墓坑长 2.54、宽 0.95 ~ 1.0 米，深 0.1 ~ 0.3 米；棺木朽痕长 2.0、宽 0.62 ~ 0.72 米。方向 280 度。填土为五花土，土质松软，内含酱釉、绿釉及青花瓷片。墓内人骨无存。随葬有铜镜 1 件、酱釉壶 1 件以及铜钱 3 枚。（附 · 图 5-2-7A；附 · 图版 5-2-7：1）

酱釉壶　1 件。

M18∶2，盘口，溜肩，弧腹近直，平底。肩一侧饰一半环状把手，已残，把手中空。器外壁及盘口内壁施酱釉，器内壁不施釉。口径 7.0、底径 7.8、高 13.4 厘米。（附 · 图 5-2-7B；附 · 图版 5-2-7：2）

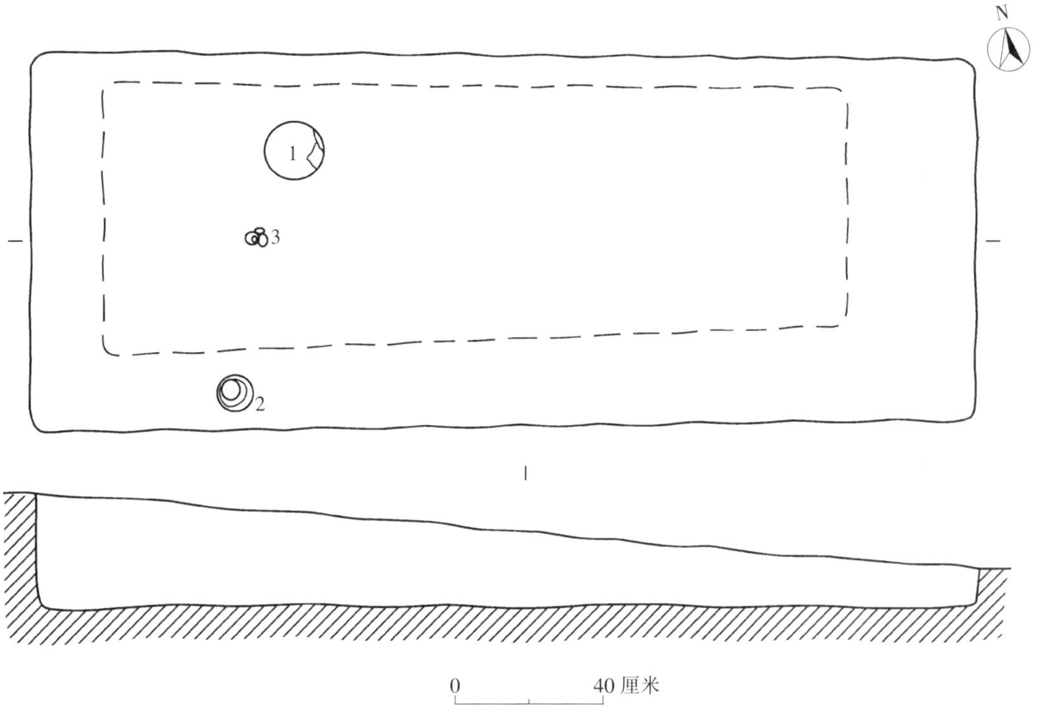

附·图 5-2-7A　明清墓葬 M18 平剖面图

1. 铜镜　2. 酱釉壶　3. 铜钱（3 枚）

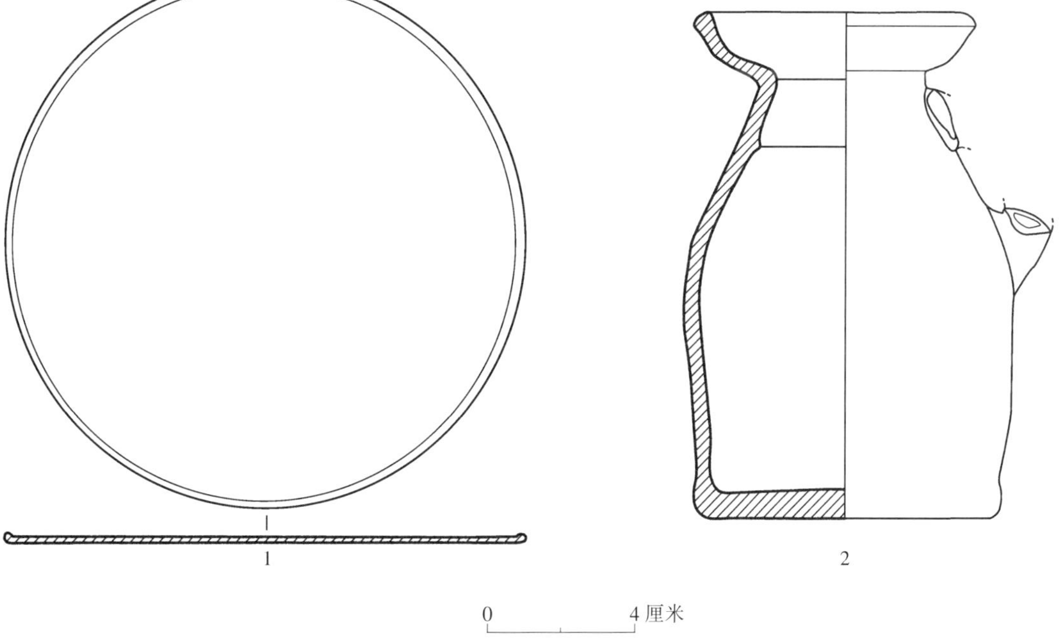

附·图 5-2-7B　M18 出土器物

1. 铜镜　2. 酱釉壶

铜镜　1 件。

M18∶1，镜面圆形，边缘略厚。直径 14.0、厚 0.15 厘米。（附·图 5-2-7B；附·图版5-2-7：3）

铜钱　1 组（3 枚）。均锈蚀严重，难以辨认。

M21

位于T1310西南部，部分叠压于探方西壁内。开口于第2a层下，打破第2b、4层。长方形竖穴墓，墓内有木质双棺，朽蚀较甚，残留朽痕。已清理部分墓口长2.27～2.36、宽1.79～1.98米，深0.83米；北棺朽痕长1.8、宽0.57～0.62米；南棺朽痕长1.83、宽0.48～0.57米。方向268度。填土为五花土，土质松软，内含酱釉、绿釉及青花瓷片。墓内人骨保存极差，残肢骨数段。随葬有铜镜1件、青花瓷碗2件、白瓷碗2件、酱釉罐1件以及铜钱4枚。（附・图5-2-8A；附・图版5-2-8：1）

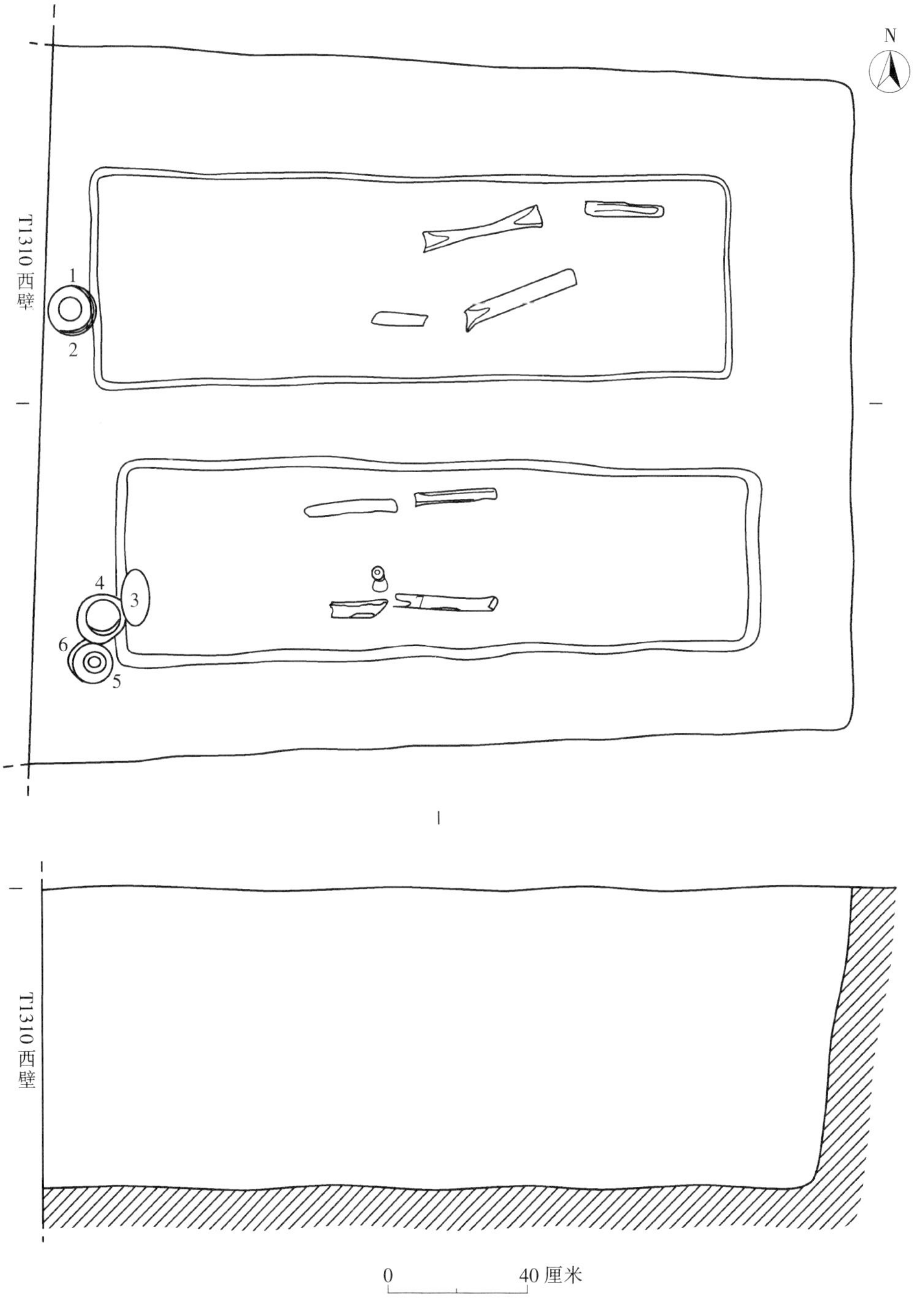

附・图5-2-8A　明清墓葬M21平剖面图

1、2. 白瓷碗　3. 铜镜　4. 酱釉罐　5、6. 青花瓷碗　7. 铜钱（4枚）

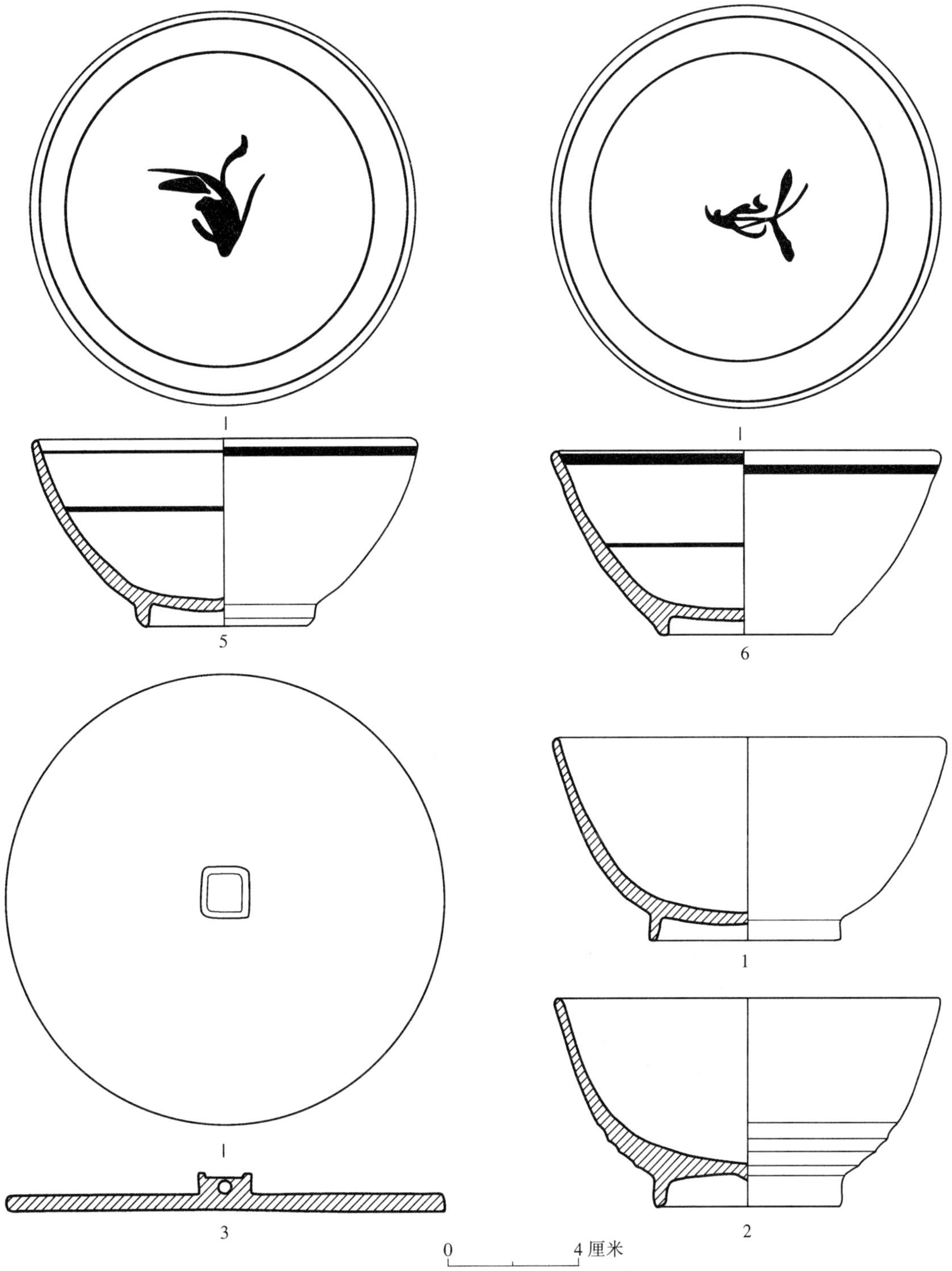

附·图 5-2-8B　M21 出土器物

1、2. 白瓷碗　3. 铜镜　5、6. 青花瓷碗

酱釉罐　1 件。

M21∶4，侈口，圆唇，鼓肩，弧腹，平底。器外壁施酱釉，腹部饰有回字纹与喇叭花纹饰。口径 9.6、底径 9.0、高 9.6 厘米。（附·图 5-2-8C；附·图版 5-2-9：1）

青花瓷碗　2 件。

M21∶5，景德民窑产品。敞口，圆唇，深弧腹，圈足，足端修整。灰白胎坚致。白釉泛

灰青，均匀光亮，有棕眼，内满釉，外施釉及足墙。青花发色灰暗，内壁两周弦纹，底绘一株草叶纹，外壁上下绘两周弦纹。口径 11.6、足径 4.9、高 5.6 厘米。（附·图 5–2–8B；附·图版 5–2–9：2）

M21∶6，景德民窑产品。敞口，方唇，深弧腹，圈足。白胎细腻坚致。白釉泛青，匀净光亮，内满釉，外施釉及底，有垫烧痕。青花发色深，内壁两周弦纹，底绘花草纹，外壁唇下绘一周弦纹。口径 11.8、足径 5.3、高 5.4 厘米。（附·图 5–2–8B；附·图版 5–2–9：3）

白瓷碗 2 件。

M21∶1，敞口，圆唇，弧腹，圈足。白胎细腻坚致。白釉泛青，匀净光亮，内外满釉。口径 12.0、足径 5.8、高 6.0 厘米。（附·图 5–2–8B；附·图版 5–2–9：4）

M21∶2，敞口，圆唇，弧腹，圈足。白胎细腻坚致。白釉泛青，匀净光亮，内外满釉，足底露胎。近底部饰四道细凸弦纹。口径 11.8、足径 5.7、高 6.2 厘米。（附·图 5–2–8B；附·图版 5–2–9：5）

铜镜 1 件。

M21∶3，镜面圆形，镜纽方形，纽侧有一圆形钻孔。直径 13.3、镜纽边长 1.5、厚 0.55 厘米。（附·图 5–2–8B；附·图版 5–2–8：2）

铜钱 1 组（4 枚）。仅 2 枚可辨认。

M21∶7–1，康熙通宝。直径 2.6、内孔边长 0.5 厘米。（附·图 5–2–8C）

M21∶7–2，顺治通宝。直径 2.55、内孔边长 0.6 厘米。（附·图 5–2–8C）

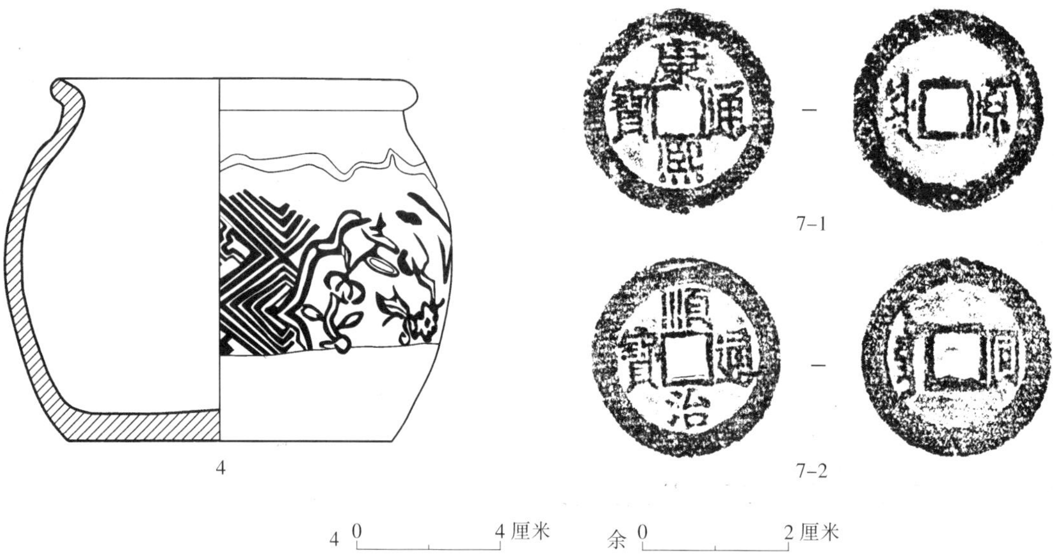

附·图 5–2–8C M21 出土器物

4. 酱釉罐 7–1、2. 铜钱

M23

位于 T1210 东部。开口于第 2a 层下，打破第 2b、4 层。长方形竖穴墓，墓内有木质单棺，朽蚀殆尽，残留朽痕。墓口长 2.6、宽 1.06 ~ 1.12 米，深 1.2 米。方向 266 度。填土为五花土，土质松软，内含酱釉、绿釉及青花瓷片。墓内人骨无存。随葬有瓷罐 1 件、白瓷碗 2 件、琉璃簪 1 件、铜镜 1 件以及铜钱 13 枚。（附·图 5–2–9A；附·图版 5–2–10：1）

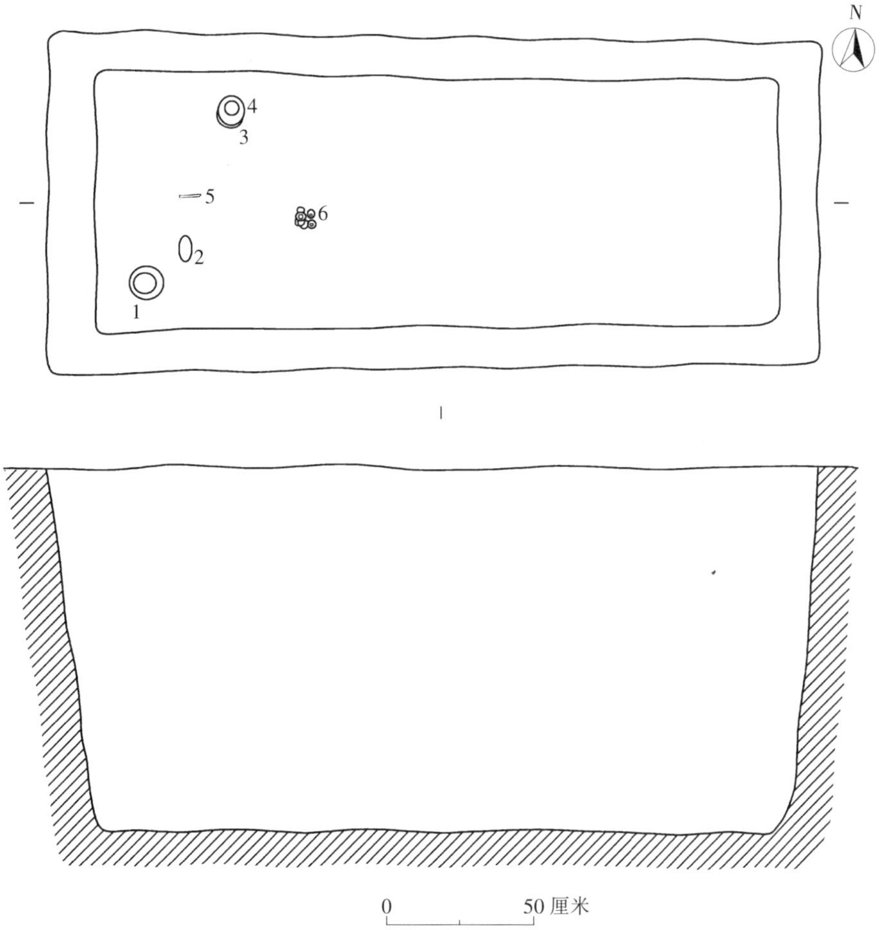

附 · 图 5–2–9A　明清墓葬 M23 平剖面图

1. 瓷罐　2. 铜镜　3、4. 白瓷碗　5. 琉璃簪　6. 铜钱（13 枚）

瓷罐　1 件。

M23∶1，侈口，圆唇，深弧腹，平底。胎壁细腻坚致。内外均不施釉。口径 6.8、底径 6.7、高 12.8 厘米。（附 · 图 5–2–9B；附 · 图版 5–2–12：1）

白瓷碗　2 件。

M23∶3，敞口，尖圆唇，弧腹，圈足。白胎细腻坚致。白釉泛青，匀净光亮，内外满釉，足底露胎。口径 9.0、足径 4.0、高 4.4 厘米。（附 · 图 5–2–9B；附 · 图版 5–2–12：2）

M23∶4，敞口，尖圆唇，弧腹，圈足。白胎细腻坚致。白釉泛青，匀净光亮，内外满釉，足底露胎。腹中下部饰五道细凹弦纹。口径 8.8、足径 3.7、高 4.5 厘米。（附 · 图 5–2–9B；附 · 图版 5–2–12：3）

琉璃簪　1 件。

M23∶5，圆柱状，残断。残长 6.4、直径 0.6 厘米。（附 · 图 5–2–9B；附 · 图版 5–2–10：3）

铜镜　1 件。

M23∶2，镜面圆形，镜纽圆形，纽侧有一半圆形钻孔。直径 8.1、纽径 0.8、厚 0.25 厘米。（附 · 图 5–2–9B；附 · 图版 5–2–10：2）

铜钱　1 组（13 枚）。均锈蚀成块，难以辨认。

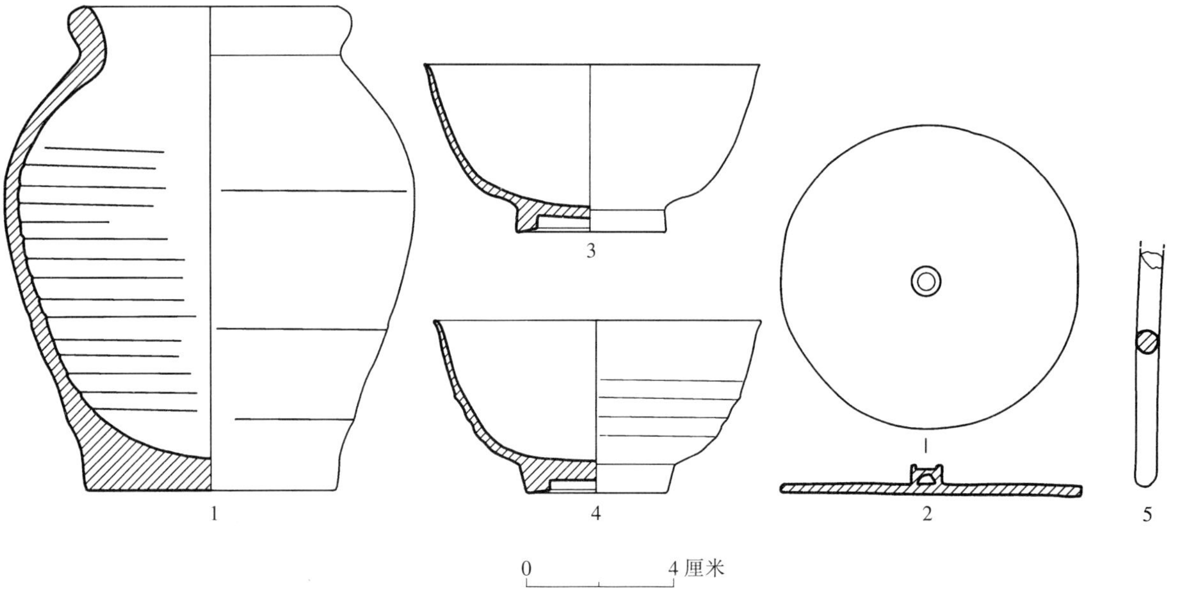

附·图5-2-9B　M23出土器物

1. 瓷罐　2. 铜镜　3、4. 白瓷碗　5. 琉璃簪

M24

位于T1310西北部，部分进入T1210内。开口于第2a层下，打破第4层。长方形竖穴墓，墓口长2.6、宽1.6～1.8米，深0.83米。根据墓坑尺寸推测墓内应为双棺合葬墓，现棺已朽蚀殆尽，人骨无存。方向292度。墓内填土为五花土，土质疏松。随葬铜钱2枚，锈蚀严重，难以辨认。（附·图5-2-10）

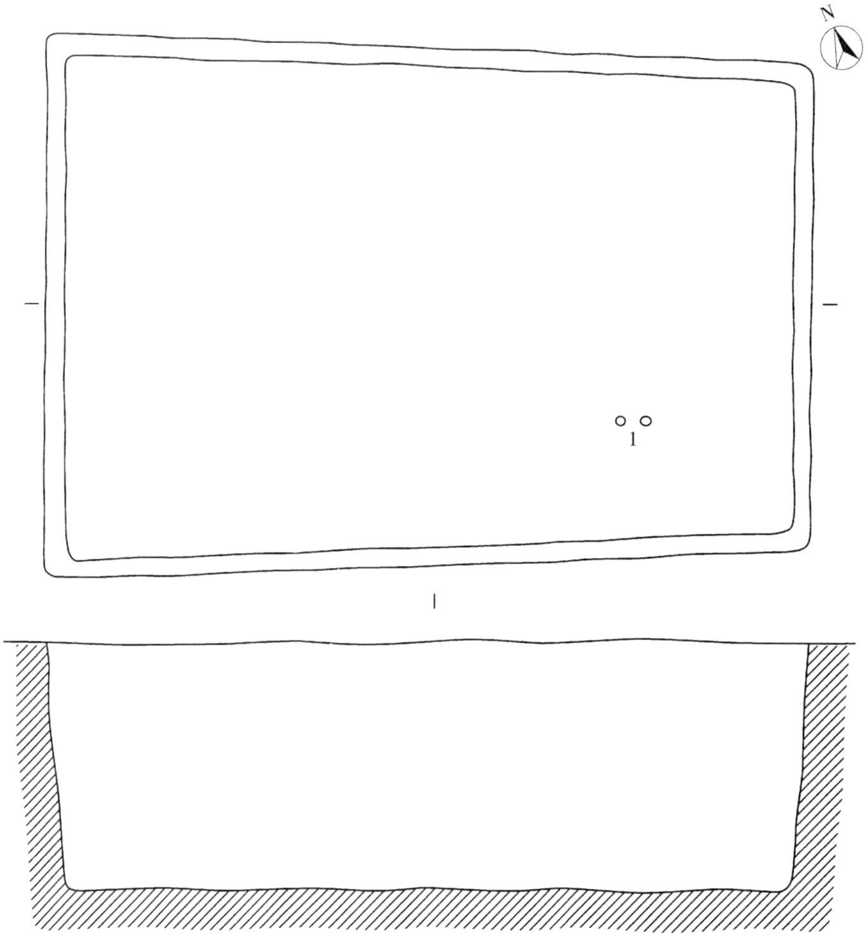

附·图5-2-10　明清墓葬M24平剖面图

1. 铜钱（2枚）

M25

位于T1210中东部，开口于第2a层下，打破第2b、4层。长方形竖穴墓，单棺，棺木朽蚀殆尽，墓底西

端挖洞立一方青砖。墓坑长 2.34、宽 0.7、深 0.95 米。方向 267 度。填土为五花土，土质疏松，内含瓷片、碎砖等。墓内人骨无存。随葬有酱釉罐 1 件、白瓷碗 2 件、铜镜 1 件以及铜钱 7 枚。（附・图 5-2-11A；附・图版 5-2-11：1）

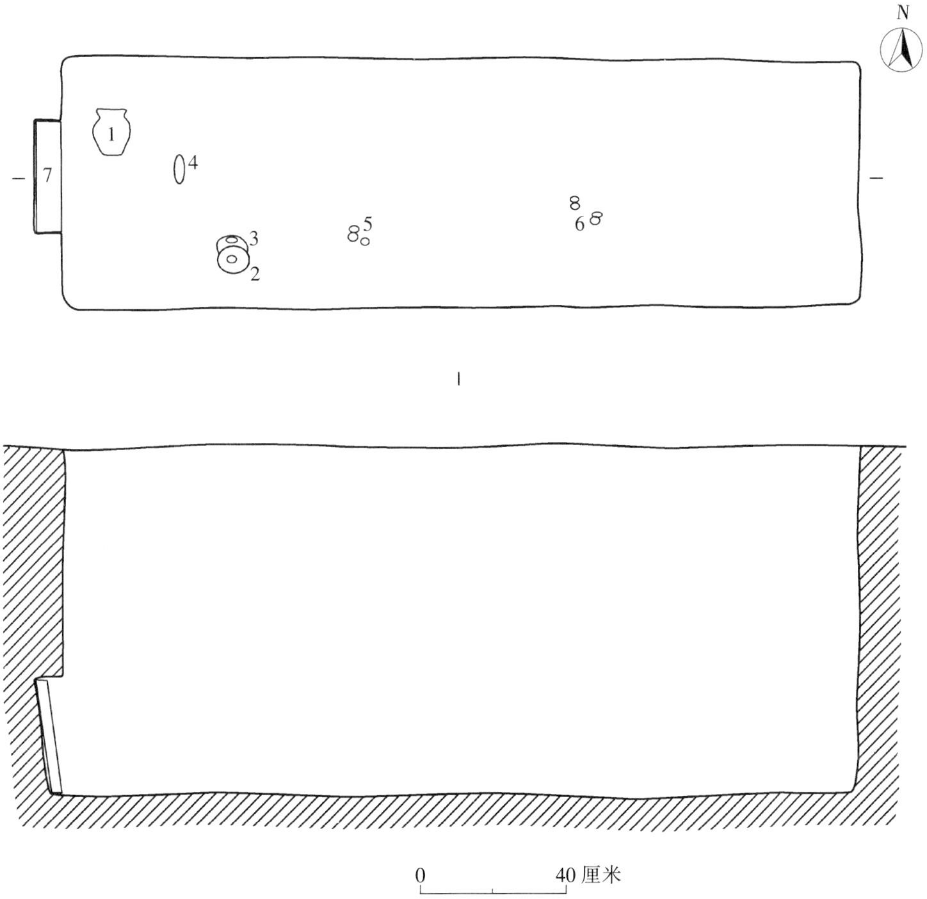

附・图 5-2-11A　明清墓葬 M25 平剖面图

1. 酱釉罐　2、3. 白瓷碗　4. 铜镜　5. 铜钱（3 枚）　6. 铜钱（4 枚）　7. 方青砖

酱釉罐　1 件。

M25∶1，口近直，唇面略凹，溜肩，深弧腹，平底。器内外壁满施酱釉，器表饰数道弦纹。口径 5.8、底径 5.7、高 13.0 厘米。（附・图 5-2-11B；附・图版 5-2-12：4）

白瓷碗　2 件。

M25∶2，敞口，尖圆唇，弧腹，圈足。白胎细腻坚致。白釉泛青，匀净光亮，内外满釉，足底露胎。口径 8.2、足径 3.5、高 4.5 厘米。（附・图 5-2-11B；附・图版 5-2-12：5）

M25∶3，敞口，尖圆唇，弧腹，圈足。白胎细腻坚致。白釉泛青，匀净光亮，内外满釉，足底露胎。口径 8.2、足径 3.6、高 4.4 厘米。（附・图 5-2-11B；附・图版 5-2-12：6）

铜镜　1 件。

M25∶4，镜面圆形，镜纽近方形，中间穿孔，边缘较厚。直径 7.7、纽径 1.0～1.5、厚 0.35-0.45 厘米。（附・图 5-2-11B；附・图版 5-2-11：2）

铜钱　1 组（7 枚）。其中 3 枚可辨。

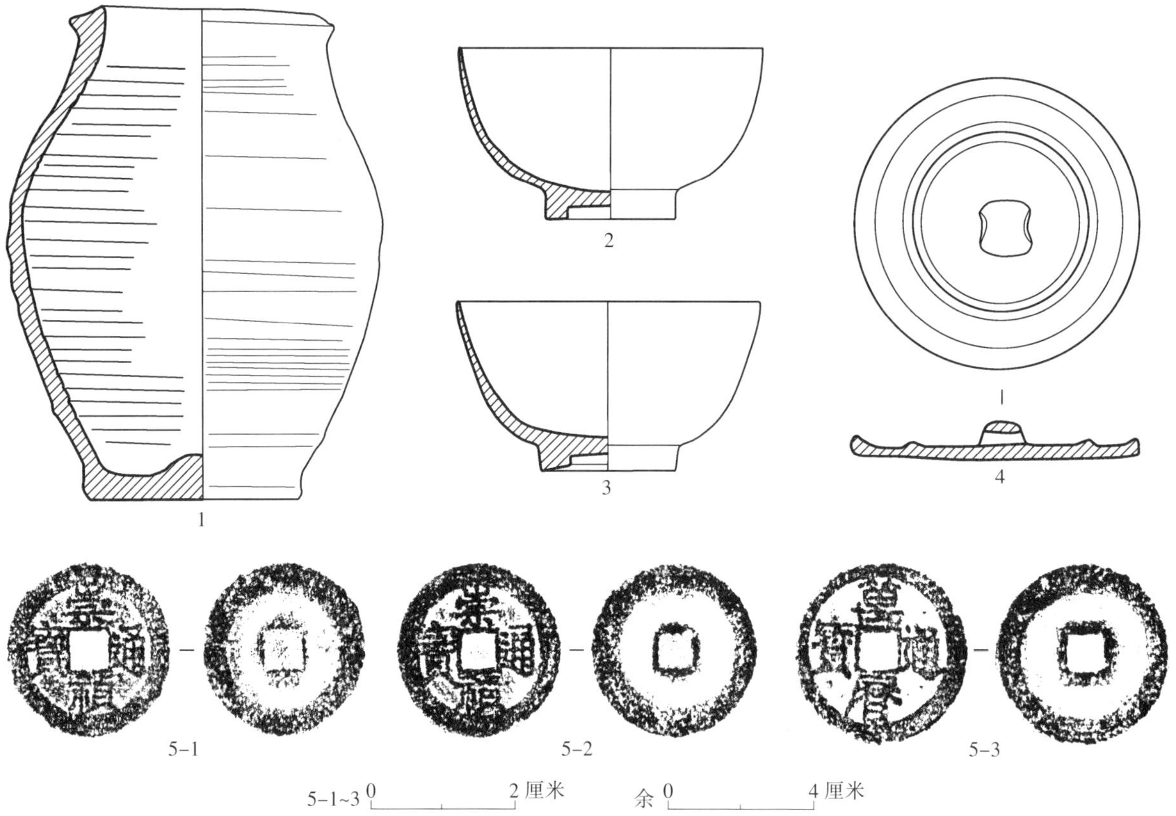

附・图 5-2-11B　M25 出土器物

1. 酱釉罐　2、3. 白瓷碗　4. 铜镜　5-1 ~ 3. 铜钱

M25∶5-1，崇祯通宝。直径 2.15、孔边长 0.5 厘米。（附・图 5-2-11B）

M25∶5-2，崇祯通宝。直径 2.2、孔边长 0.45 厘米。（附・图 5-2-11B）

M25∶5-3，万历通宝。直径 2.3、孔边长 0.6 厘米。（附・图 5-2-11B）

M26

位于 T1906 中北部，开口于第 2 层下，打破第 3a 层。长方形竖穴墓，木质单棺，朽蚀殆尽。墓口长 2.4、宽 0.9 ~ 1.0 米，深 0.3 ~ 0.4 米。方向 282 度。填土为五花土，土质松软，内含酱釉、绿釉瓷片以及棺钉等。墓内人骨无存。未见有随葬品。（附・图 5-2-12）

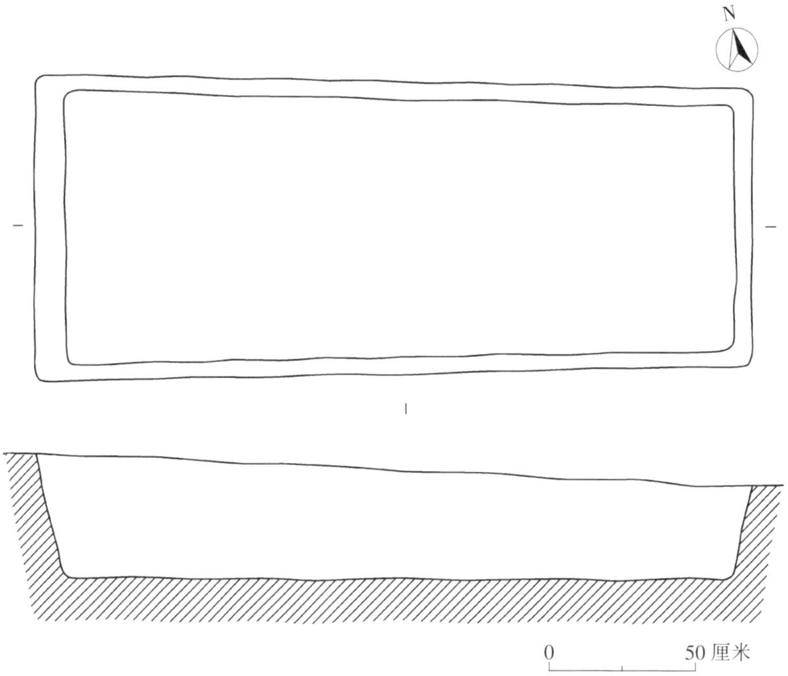

附・图 5-2-12　明清墓葬 M26 平剖面图

M27

位于 T1310 东北角，部分叠压于探方隔梁内未作清理。开口于第 2b 层下，向下直至打破生土层。长方形竖穴墓，木质单棺，朽蚀殆尽。墓坑残长 1.15～1.6、宽0.9～1.04 米，深1.45 米。方向 297 度。填土为五花土，土质疏松。墓内人骨无存，随葬有酱釉瓶 1 件、白瓷碗 2 件。（附・图 5-2-13A；附・图版 5-2-13：1）

酱釉瓶　1 件。

M27∶1，直口微侈，尖唇，弧肩，弧腹，平底内凹。胎质略粗。器外壁施满釉，内壁不施釉。口径 4.5、底径 6.3、高 15.8 厘米。（附・图 5-2-13B；附・图版 5-2-14：1）

白瓷碗　2 件。

M27∶2，敞口，圆唇，折沿，弧腹，圈足。灰白胎坚致，足底露胎。白釉泛灰青，均匀光亮。腹饰三道细突弦纹。口径 12.5、足径 5.6、高 5.4 厘米。（附・图 5-2-13B；附・图版 5-2-14：2）

M27∶3，敞口，尖圆唇，折沿，弧腹，圈足。灰白胎坚致，足底露胎。白釉泛灰青，均匀光亮。口径 12.8、足径 5.5、高 5.1 厘米。（附・图5-2-13B；附・图版 5-2-14：3）

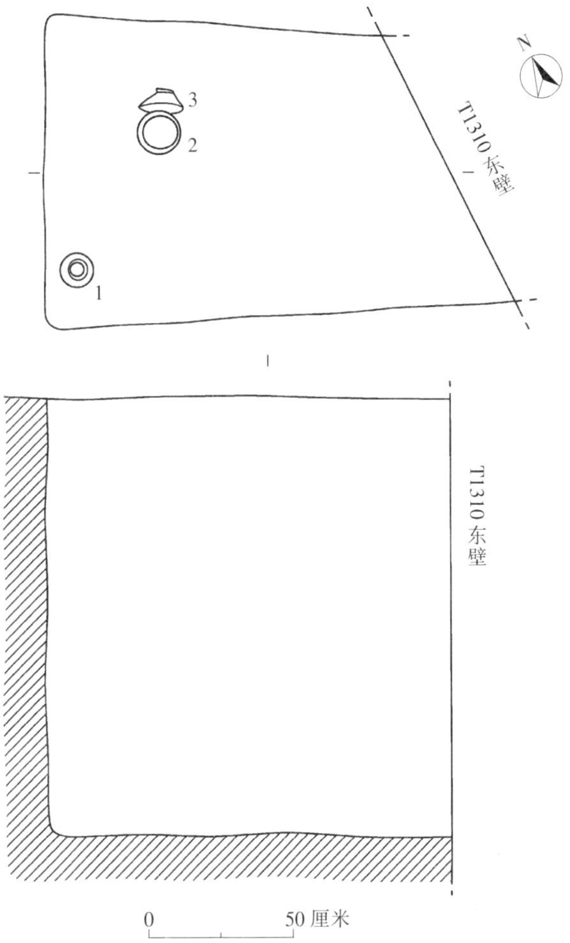

附・图 5-2-13A　明清墓葬 M27 平剖面图

1. 酱釉瓶　2、3. 白瓷碗

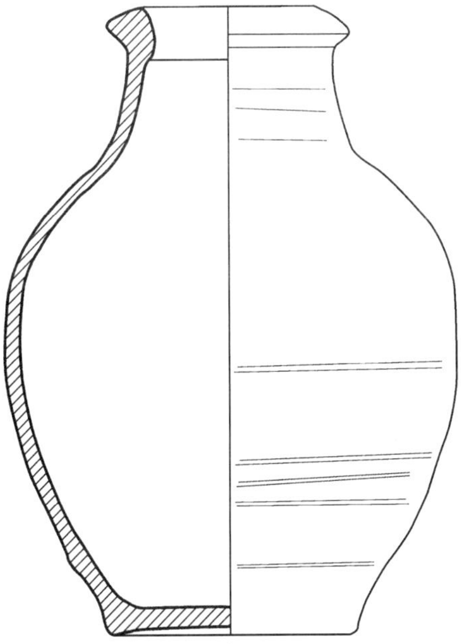

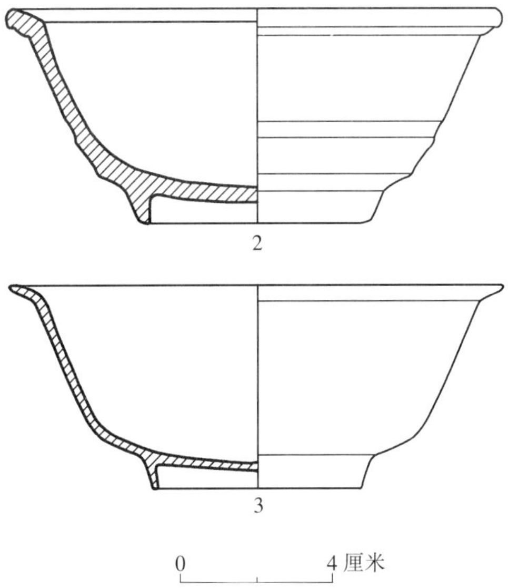

附・图 5-2-13B　M27 出土器物

1. 酱釉瓶　2、3. 白瓷碗

M29

位于 T1705 中西部，部分叠压于探方西壁下未作清理。开口于第 1 层下，向下直至打破生土层。长方形竖穴墓，双棺合葬墓，棺木木质，朽蚀殆尽，残留棺痕。已清理部分的墓坑长 0.8 ~ 1.4、宽 1.5 米，深 0.55 米。方向 292 度。填土呈灰褐色，土质疏松。墓内人骨无存。随葬铜钱 1 枚，锈蚀难辨。（附・图 5-2-14）

M30

M30 位于 T1705 东部，开口于第 1 层下，打破第 2 ~ 4 层。长方形竖穴墓，墓口长 2.48、宽 0.8 ~ 0.9 米，深 0.74 米。方向 332 度。填土呈灰黑色，土质松软。墓内人骨无存。随葬青花瓷碗 2 件。（附・图 5-2-15A；附・图版 5-2-13：2）

青花瓷碗　2 件。

M30：1，景德民窑产品。敞口微侈，深弧腹，圈足，足墙内收。白胎细腻坚致。白釉泛青，匀净光亮，满釉，足端刮釉。青花发色较深，外壁上下绘弦纹，中间绘三圈草叶纹，上有铜红釉彩，呈色灰暗，足

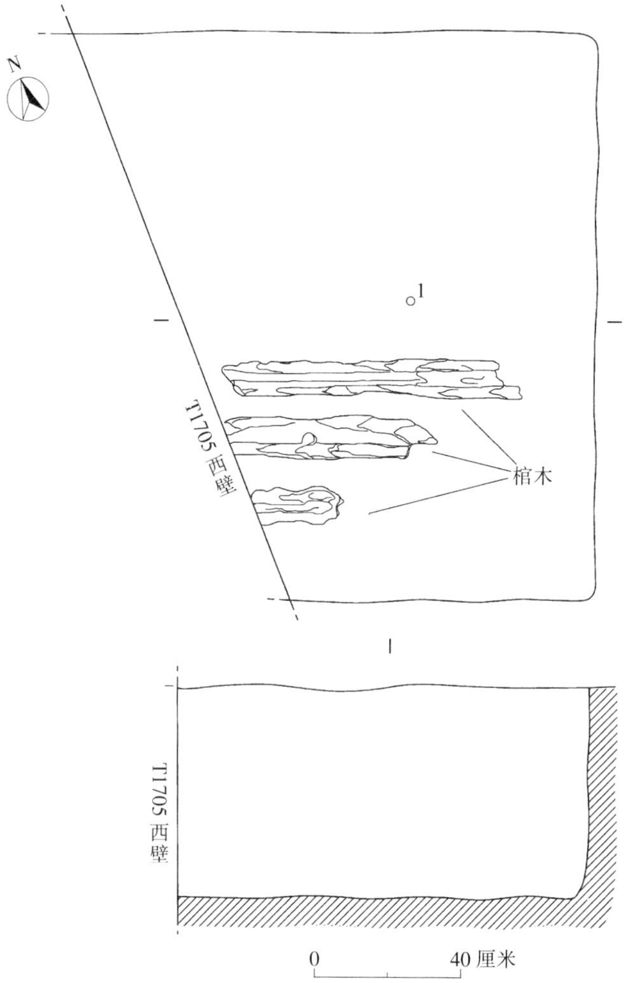

附・图 5-2-14　明清墓葬 M29 平剖面图
1. 铜钱

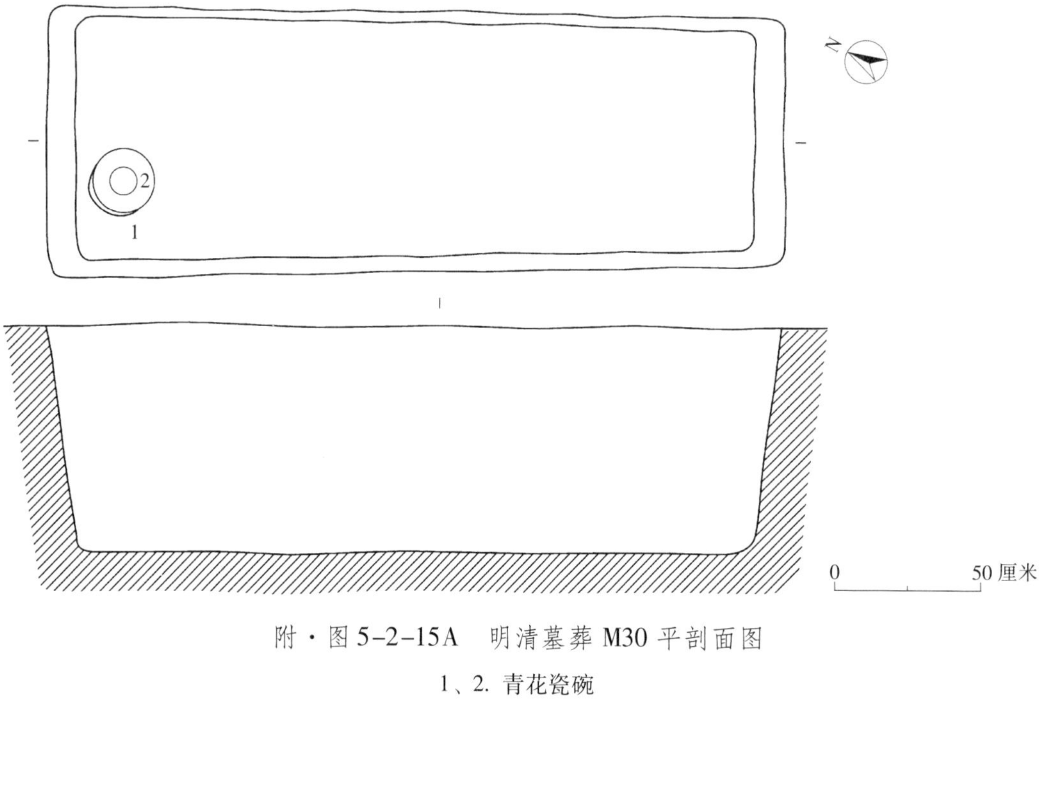

附・图 5-2-15A　明清墓葬 M30 平剖面图
1、2. 青花瓷碗

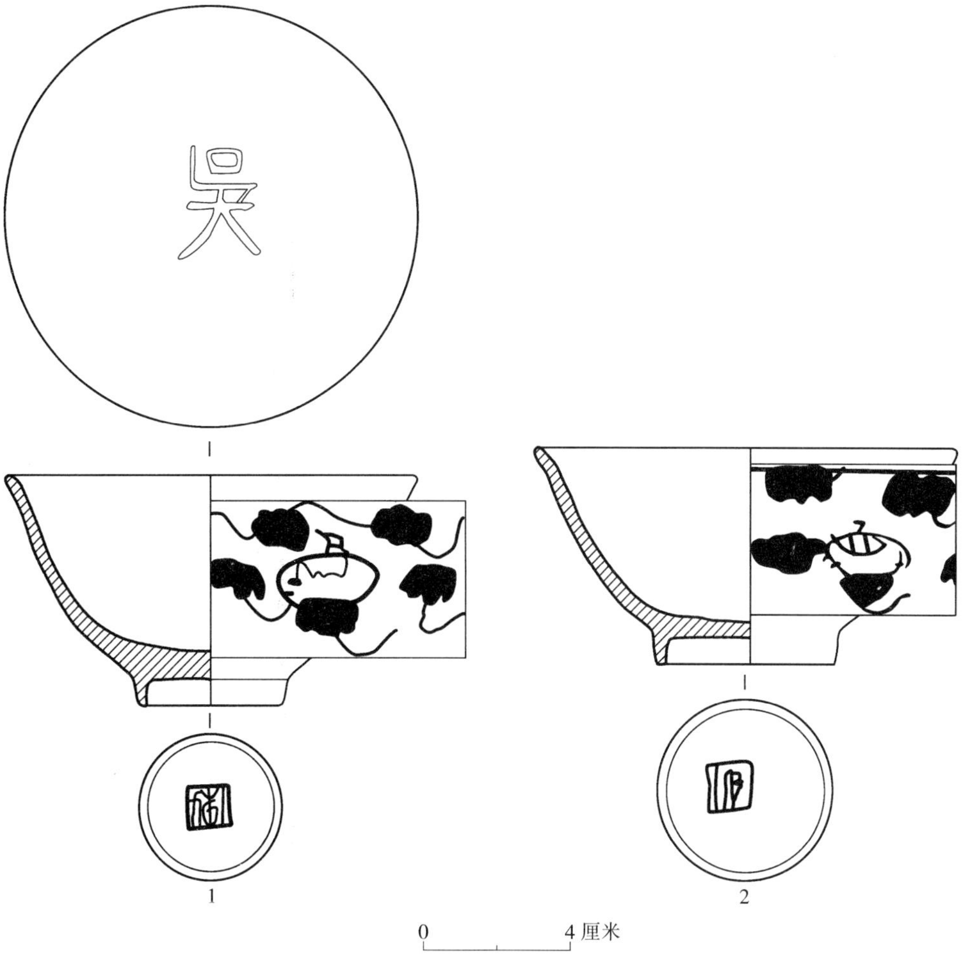

附・图 5-2-15B　M30 出土器物

1、2. 青花瓷碗

底有押款，内底刻一“吴”字。口径 11.1、足径 3.7、高 6.1 厘米。（附・图5-2-15B；附・图版 5-2-14：4、5）

M30∶2，景德民窑产品。敞口微侈，圆唇，深弧腹，圈足，足墙内收。白胎细腻坚致。白釉泛青，匀净光亮，满釉，足端刮釉。青花发色较深，外壁上下绘弦纹，中间绘三圈草叶蝴蝶纹，其上有铜红釉彩，足底有押款。口径 11.4、足径 4.8、高 5.7 厘米。（附・图 5-2-15B；附・图版 5-2-14：6）

M31

位于 T1906、T2006 内，开口于第 2 层下，打破第 3a 层。长方形竖穴墓，单棺，棺木木质，朽蚀殆尽，残留棺痕。墓坑长 2.4、宽 0.5 ~ 0.75 米，深 0.33 米。方向 283 度。填土土质呈青灰色，土质松软。墓内人骨无存。随葬有银丝数段、铜钱 1 枚。（附・图 5-2-16A）

铜钱　1 枚。

M31∶2，道光通宝。直径 2.0、孔边长 0.6 厘米。（附・图 5-2-16B）

M32

位于 T1705 西南角，部分叠压于西壁及南壁下未作清理。开口于第 2 层下，打破第 3a、4 层。

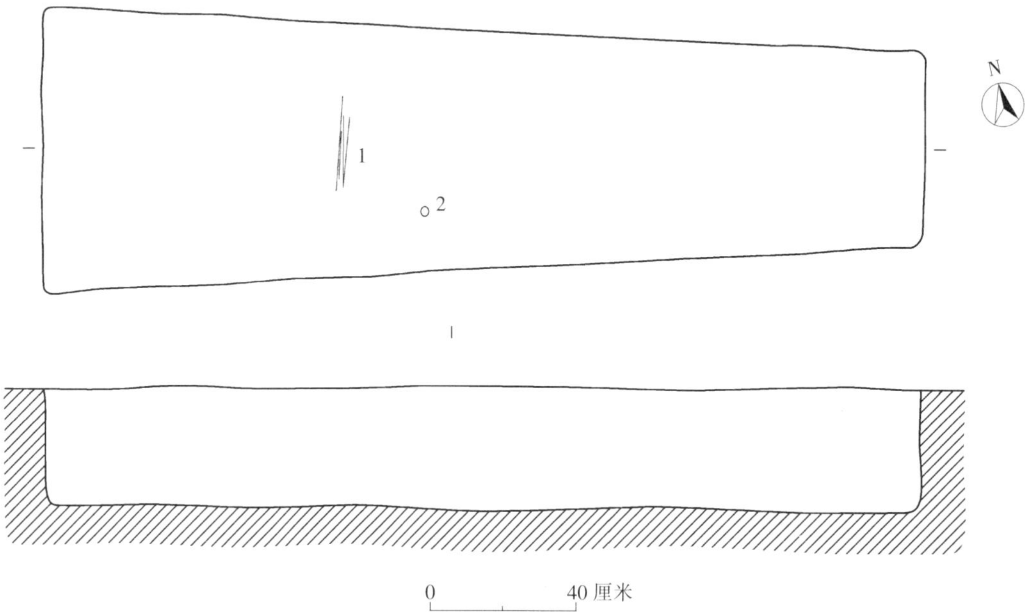

附·图 5-2-16A 明清墓葬 M31 平剖面图

1. 银丝（数段） 2. 铜钱

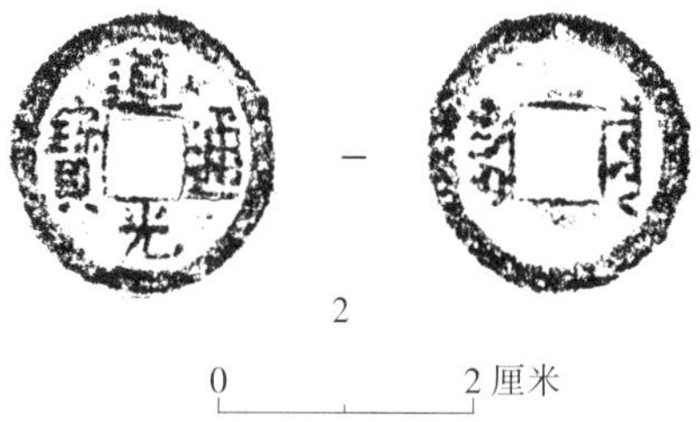

附·图 5-2-16B M31 出土器物

2. 铜钱

长方形竖穴墓，已清理部分墓坑口长 0.4、宽 0.6 米，深 0.4 米。方向 270 度。填土呈灰黑色，土质较硬。墓内人骨无存。未见随葬品。（附·图 5-2-17）

M33

位于 T1705 西南部，部分叠压于南壁下未作清理。开口于第 2 层下，打破第 3a、4 层。长方形竖穴墓，已清理部分墓口长 0.76、宽 0.63 米，深 0.33 米。方向 5 度。填土呈灰黑色，土质较硬。墓内人骨无存。未见随葬品。（附·图 5-2-18）

M35

位于 T1906 东南部，开口于第 2 层下，打破第 3a 层。长方形竖穴墓，单棺，棺木朽蚀殆尽。墓坑口长 2.28、宽 0.92 ~ 1.0 米，深 0.3 米。方向 292 度。填土为五花土，土质疏松，内含酱釉、青花瓷片。墓内人骨无存。随葬绿釉罐 1 件、青花瓷碗 1 件以及铜钱 3 枚等。（附·图 5-2-19A；附·图版 5-2-15：1）

绿釉罐 1 件。

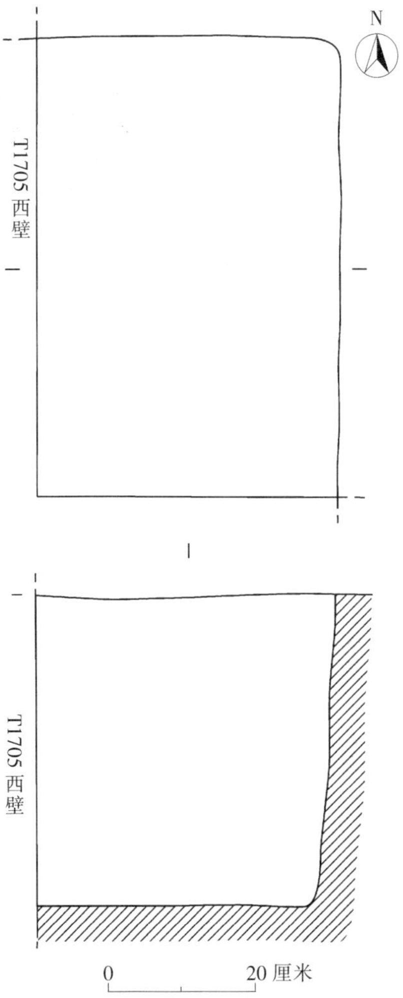

附・图 5-2-17　明清墓葬 M32 平剖面图

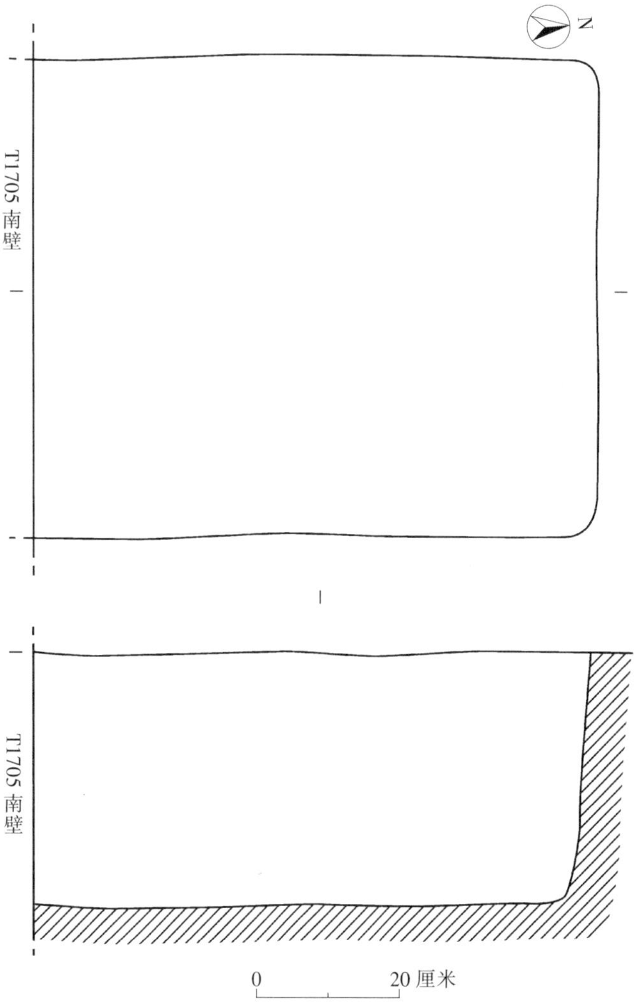

附・图 5-2-18　明清墓葬 M33 平剖面图

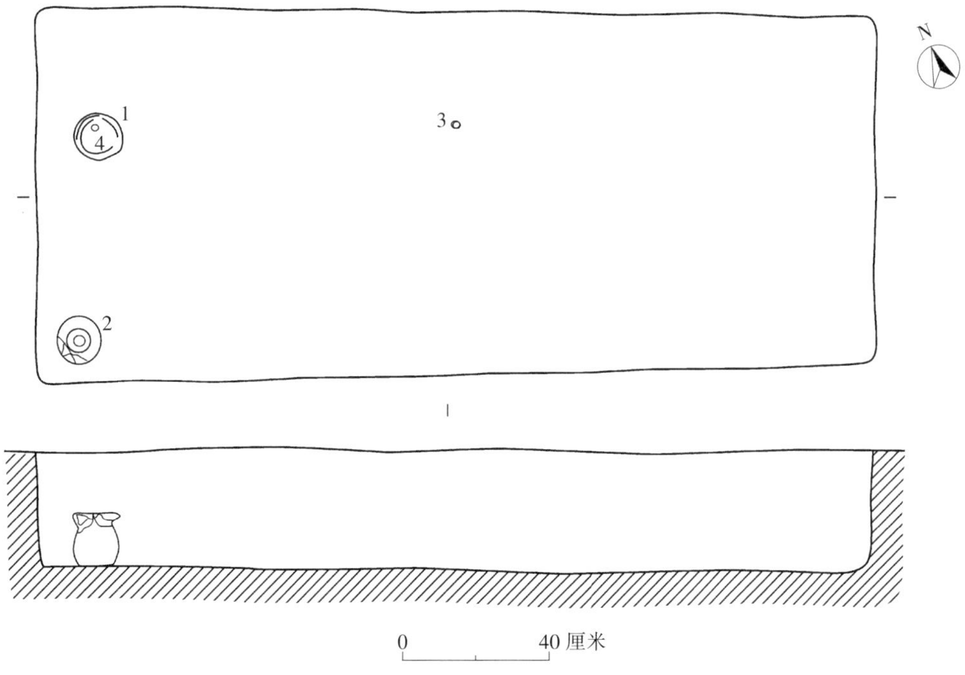

附・图 5-2-19A　明清墓葬 M35 平剖面图

1. 绿釉罐　2. 青花瓷碗　3. 铜钱（1 枚）　4. 铜钱（2 枚）

M35：1，侈口，厚圆唇，溜肩，腹略鼓，平底。外壁施绿釉，多已剥落。口径 9.8、底径 9.4、高 10.8 厘米。（附・图 5-2-19B；附・图版 5-2-16：1）

青花瓷碗 1件。

M35：2，景德民窑，敞口，圆唇，深弧腹，圈足，足墙内收。白胎细腻坚致。白釉泛青，匀净光亮，满釉，足端刮釉。青花发色较深，唇下绘一周弦纹，下绘两周草叶蝴蝶纹，足底有押款。口径 11.2、足径 4.3、高 5.4 厘米。（附・图 5-2-19B；附・图版 5-2-16：2）

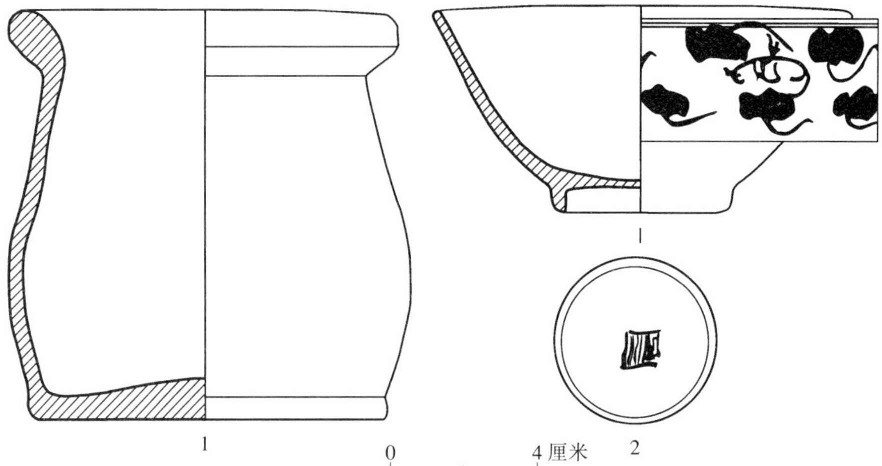

附・图 5-2-19B　M35 出土器物

1. 绿釉罐　2. 青花瓷碗

铜钱 3枚。均锈蚀严重。

M36

位于 T1906 中部，开口于第 2 层下，打破第 3a、3b 层。长方形竖穴墓，墓口长 2.4、宽 0.82 米，深 0.51 米。方向 285 度。填土呈灰褐色，土质疏松，内含陶片及青花瓷片等。墓内人骨无存。未见有随葬品。（附・图 5-2-20）

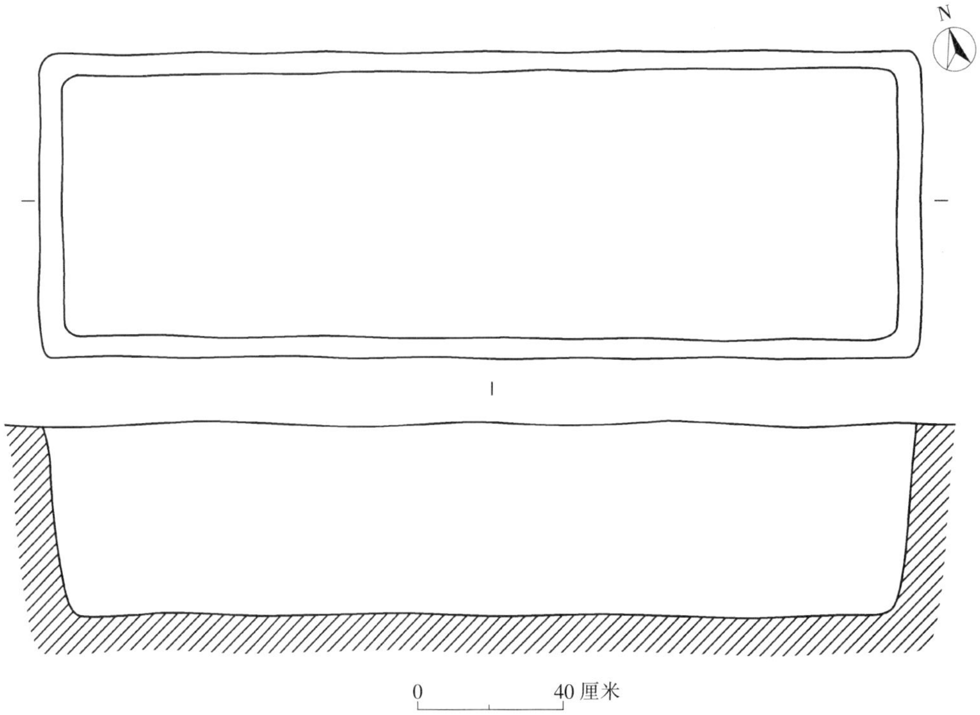

附・图 5-2-20　明清墓葬 M36 平剖面图

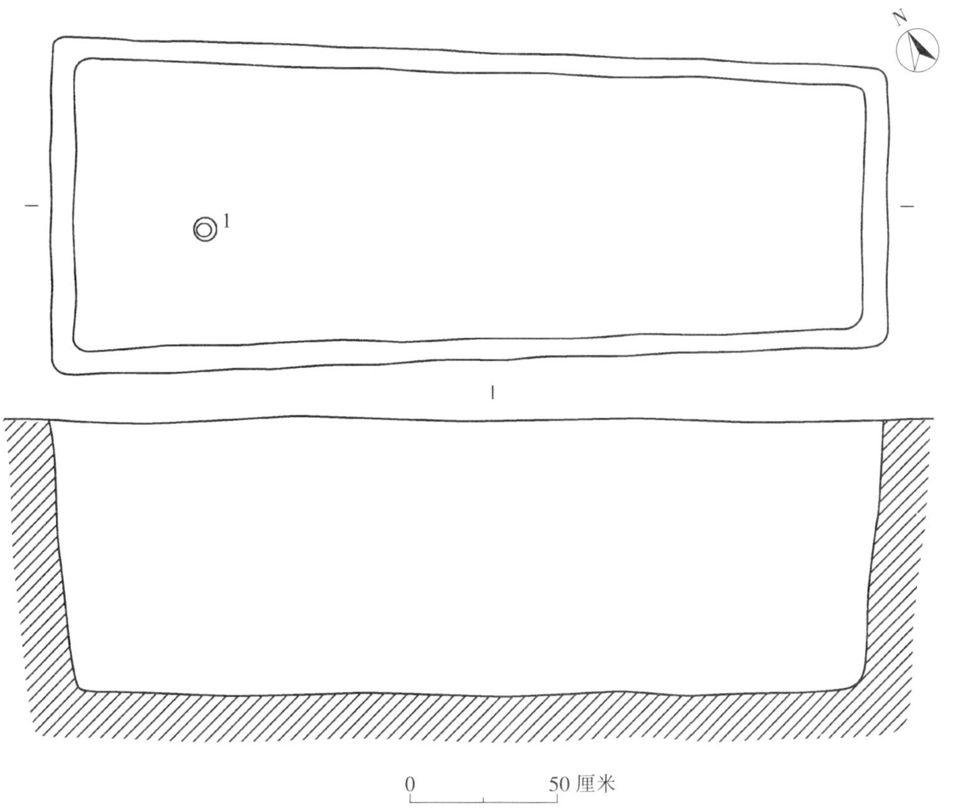

附·图5-2-21A 明清墓葬M38平剖面图

1. 酱釉罐

M38

位于T1906西北部，开口于第2层下，打破第3a、3b、4层及M39。长方形竖穴墓，单棺，棺木朽蚀殆尽，发现有棺钉。墓口长2.8、宽0.9～1.1米，深0.9米。方向298度。填土呈黄褐色，土质疏松。墓内人骨无存。随葬酱釉罐1件。（附·图5-2-21A；附·图版5-2-15：2）

酱釉罐 1件。

M38∶1，侈口，宽折沿，圆唇，弧腹，平底。外壁施酱釉，肩部流釉。腹部饰回字纹，间错饰花朵纹。口径5.0、底径4.6、高6.5厘米。（附·图5-2-21B；附·图版5-2-16：3）

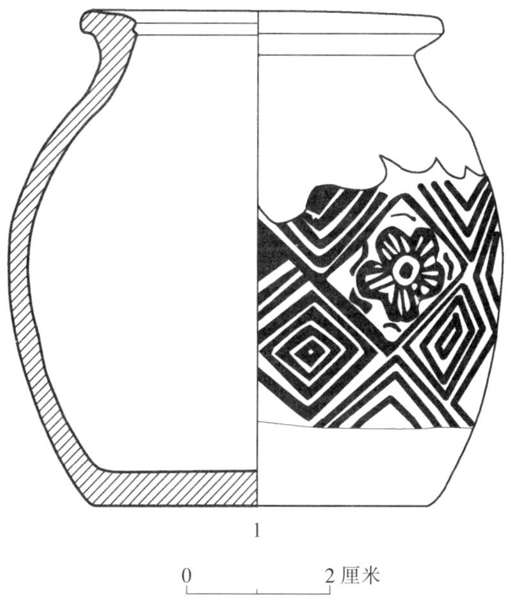

附·图5-2-21B M38出土器物

1. 酱釉罐

M39

位于T1906西北部，开口于第2层下，打破第3a、3b层，且被M38打破。长方形竖穴墓，单棺，棺木朽蚀殆尽，发现有棺钉。墓口长2.44、宽1.1～1.2米，深0.5米。方向322度。填土呈灰褐色，土质疏松。墓内人骨无存。随葬青花瓷碗2件、铜钱4

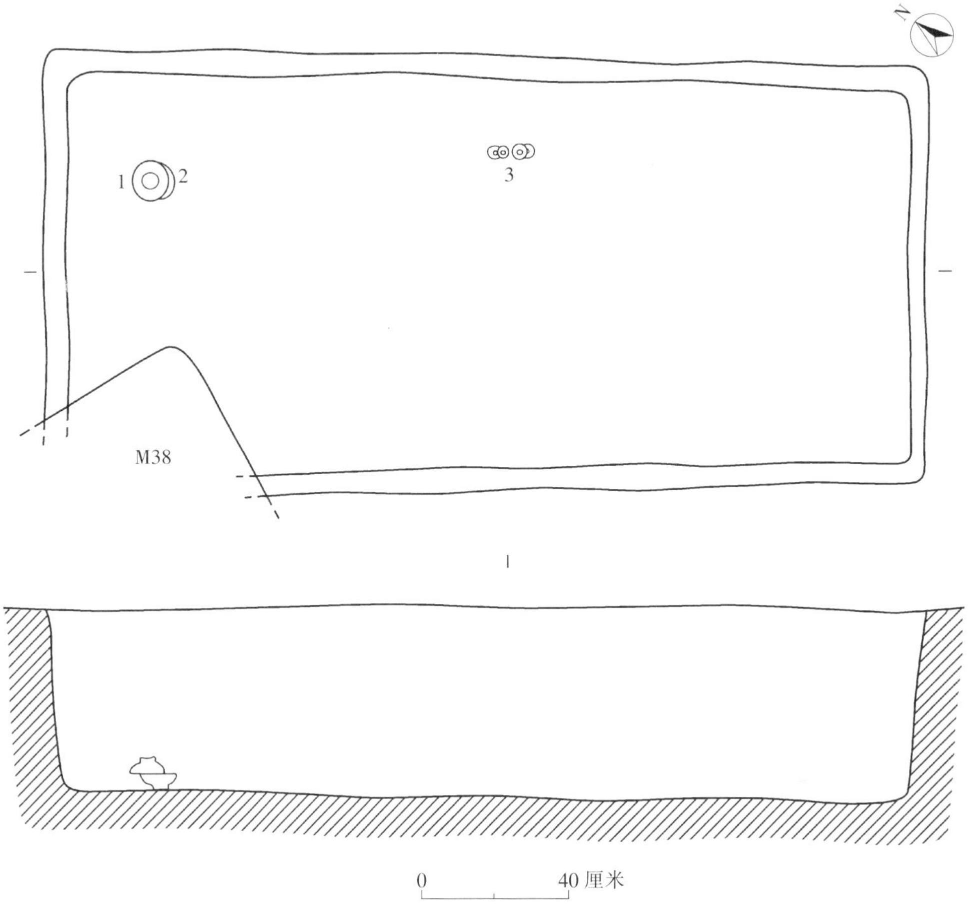

附·图5-2-22A 明清墓葬M39平剖面图
1、2. 青花瓷碗 3. 铜钱（4枚）

枚。（附·图5-2-22A；附·图版5-2-17：1）

青花瓷碗 2件。

M39∶1，景德民窑产品。敞口，尖圆唇，深弧腹，圈足，足墙外撇，足端修整。白胎细腻坚致。白釉微泛青，匀净光亮，足端刮釉。青花发色淡雅，内底绘斑块，外壁绘两组飞兽云朵纹。足底弦纹两周，内有押款。口径8.4、足径4.1、高5.1厘米。（附·图5-2-22B；附·图版5-2-18：1）

M39∶2，景德民窑产品。敞口，尖圆唇，深弧腹，圈足，足墙外撇，足端修整。白胎细腻坚致。白釉微泛青，匀净光亮，足端刮釉。青花发色淡雅，内底绘斑块，外壁绘两组飞兽云朵纹。足底弦纹两周，内有押款。口径8.5、足径4.1、高5.1厘米。（附·图5-2-22B；附·图版5-2-18：2）

铜钱 1组（4枚），其中3枚可辨。

M39∶3-1，康熙通宝。直径2.45、孔边长0.55厘米。（附·图5-2-22B）

M39∶3-2，乾隆通宝。直径2.2、孔边长0.55厘米。（附·图5-2-22B）

M39∶3-3，道光通宝。直径2.0、孔边长0.65厘米。（附·图5-2-22B）

M42

位于T1209东北部，部分叠压于北隔梁下。开口于第①层下，打破第4层。长方形竖穴墓，

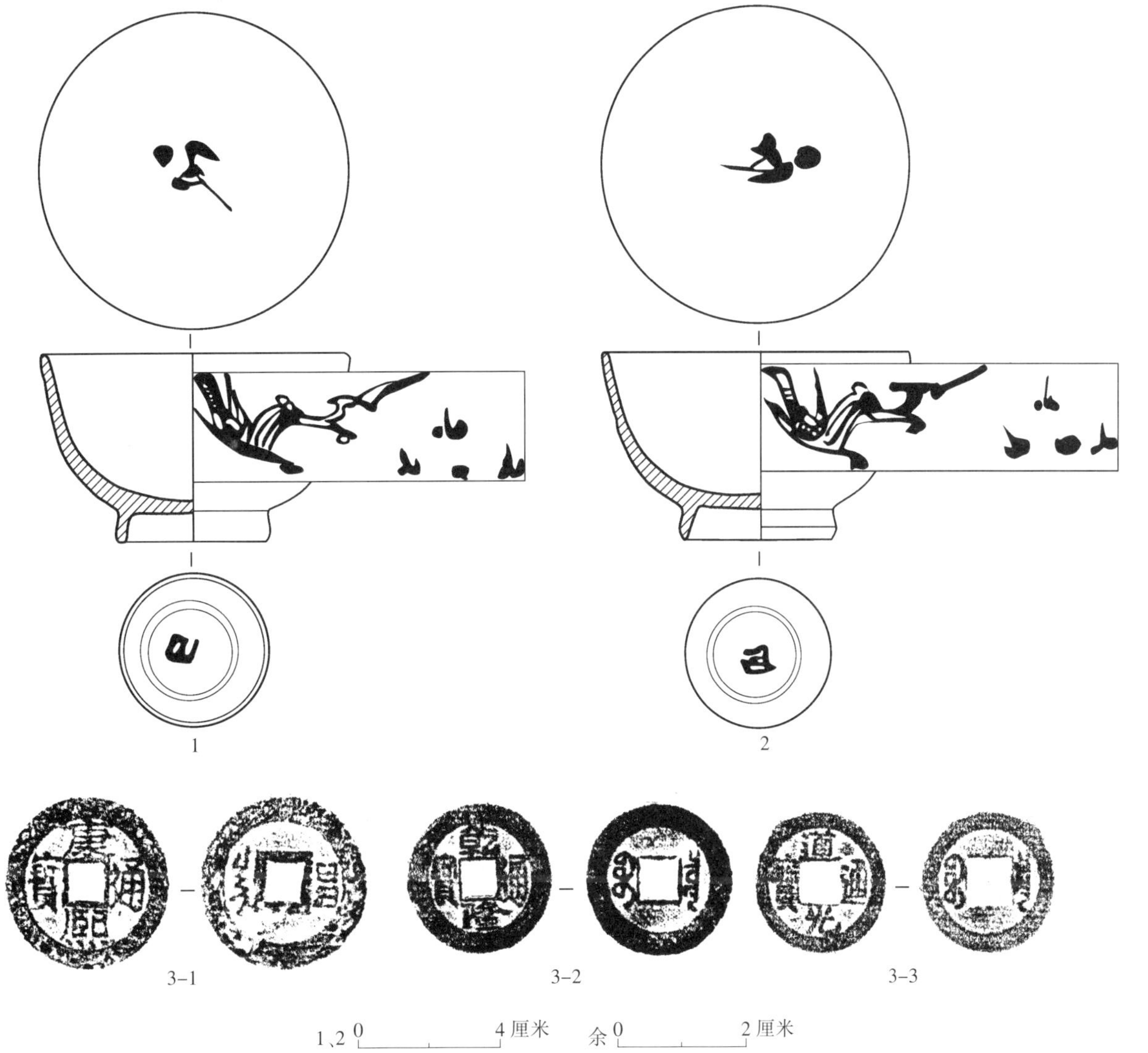

附·图 5-2-22B　M39 出土器物

1、2. 青花瓷碗　3-1～3. 铜钱

单棺，棺木朽蚀殆尽，残留有棺痕。墓口长 2.4、宽 0.95 米，深 0.5 米。方向 273 度，填土呈灰褐色，土质较硬。墓内人骨无存。随葬青花瓷碗 1 件、铜镜 1 件、酱釉罐 1 件以及铜钱 5 枚。（附·图 5-2-23A；附·图版 5-2-15：3）。

酱釉罐　1 件。

M42∶2，侈口，唇外翻，鼓肩，直腹，平底。器外壁满施酱釉，内不施釉。口径 7.8、底径 9.1、高 9.4 厘米。（附·图 5-2-23B；附·图版 5-2-16：5）

青花瓷碗　1 件。

M42∶1，景德民窑产品。圈足，足端修整。白胎细腻坚致。白釉泛青，匀净光亮，有棕眼，满釉，足端刮釉，有垫烧痕。青花发色较淡，外壁唇下绘两周弦纹，下绘一周折枝花草纹，足底双圈，内有押款。口径 11.5、足径 6.0、高 5.8 厘米。（附·图 5-2-23B；附·图版 5-2-16：4）

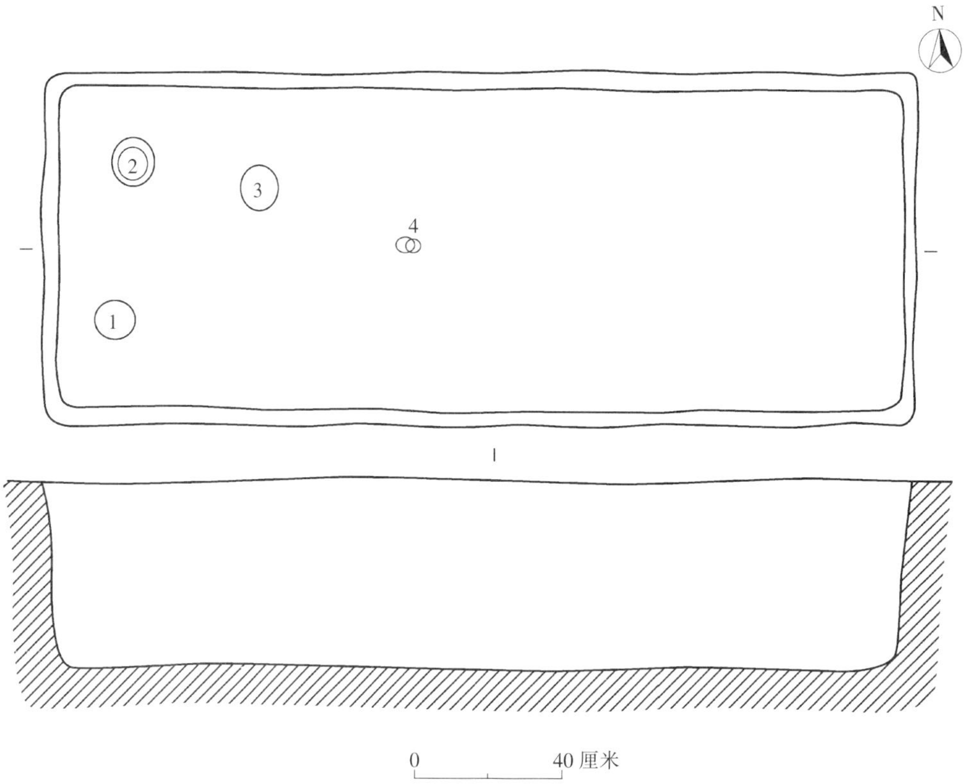

附·图 5-2-23A 明清墓葬 M42 平剖面图

1. 青花瓷碗 2. 酱釉罐 3. 铜镜 4. 铜钱（5 枚）

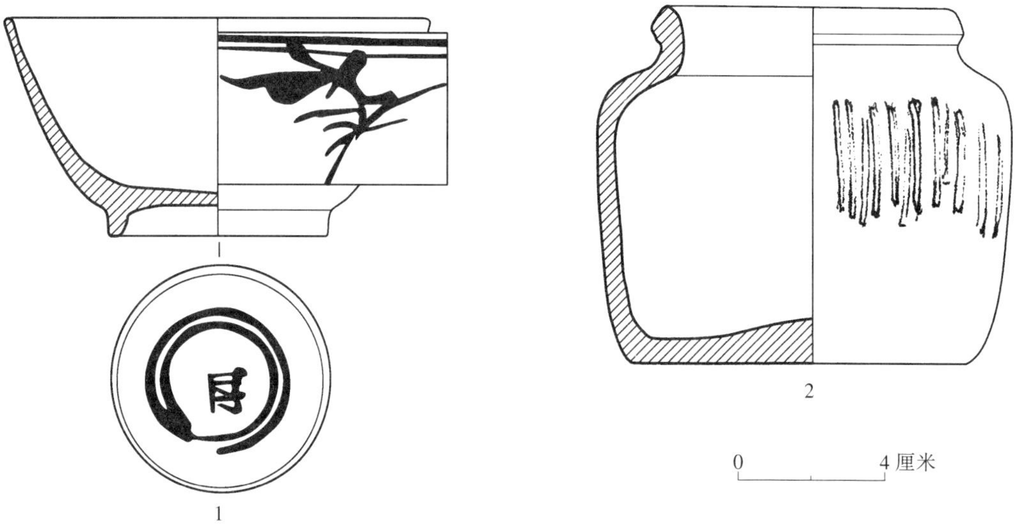

附·图 5-2-23B M42 出土器物

1. 青花瓷碗 2. 酱釉罐

铜镜 1 件。

M42∶3，镜面圆形，边缘略厚，无纽。直径 11.0、厚 0.1 厘米。（附·图 5-2-23C；附·图版 5-2-16：6）

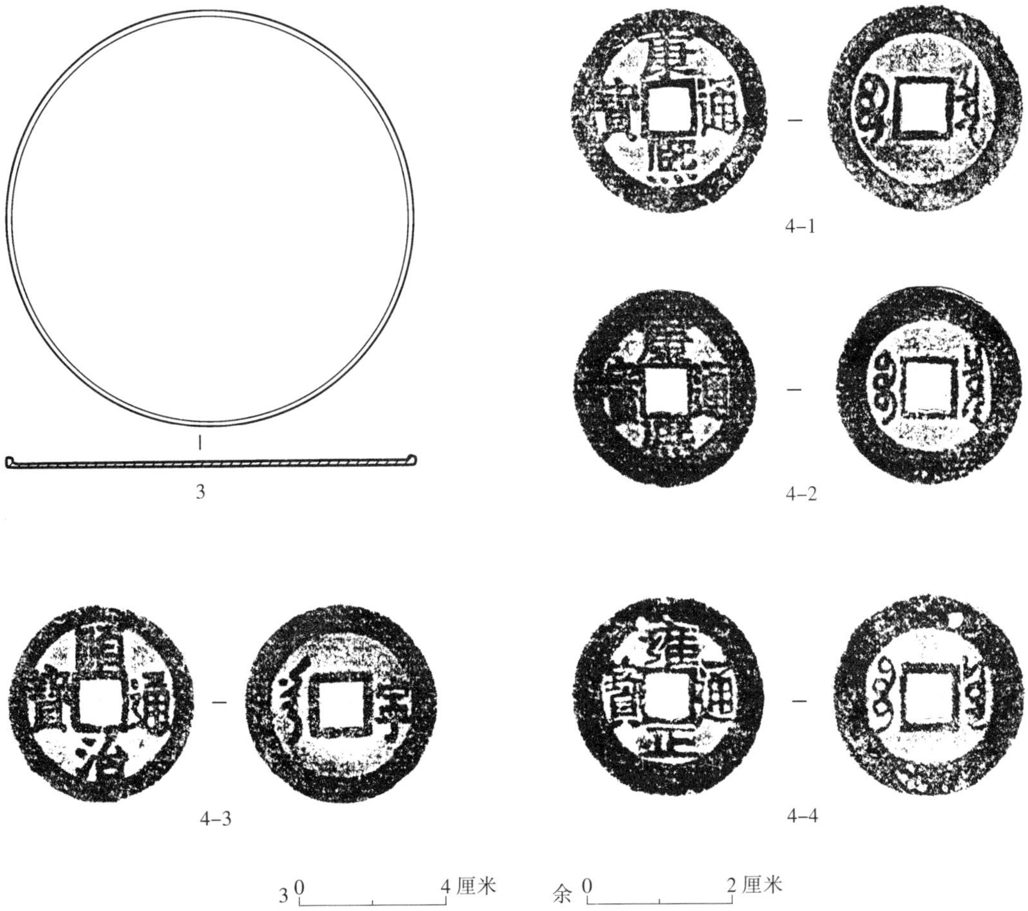

附・图 5-2-23C　M42 出土器物

3. 铜镜　4-1～4. 铜钱

铜钱　1 组（5 枚）。其中 4 枚可辨。

M42∶4-1，康熙通宝。直径 2.65、孔边长 0.6 厘米。（附・图 5-2-23C）

M42∶4-2，康熙通宝。直径 2.5、孔边长 0.55 厘米。（附・图 5-2-23C）

M42∶4-4，雍正通宝。直径 2.6、孔边长 0.6 厘米。（附・图 5-2-23C）

M42∶4-3，顺治通宝。直径 2.5、孔边长 0.55 厘米。（附・图 5-2-23C）

M44

位于 T1506 内，开口于第 1 层下，打破第 2、3 层。长方形竖穴墓，双棺，棺木朽蚀殆尽。墓口长 2.25、宽 1.58～1.63 米，深 0.5 米。方向 275 度。填土呈灰黑色，土质较硬。墓内人骨无存。墓内随葬青花瓷碗 4 件、铜钱 1 枚。（附・图 5-2-24A；附・图版 5-2-17：2）

青花瓷碗　4 件。

M44∶1，景德民窑产品。侈口，尖唇，深弧腹，圈足，足墙内收。白胎细腻坚致。白釉泛青，匀净光亮，满釉，足端刮釉。青花发色较淡，有晕染，内壁上下绘双弦纹，外壁绘三组皮球花草纹，底心双圈，内有押款。口径 9.4、足径 4.0、高 5.0 厘米。（附・图 5-2-24B；附・图版5-2-18：3）

M44∶2，景德民窑产品。侈口，圆唇，深弧腹，圈足，足端修整。白胎细腻坚致。白釉泛青，

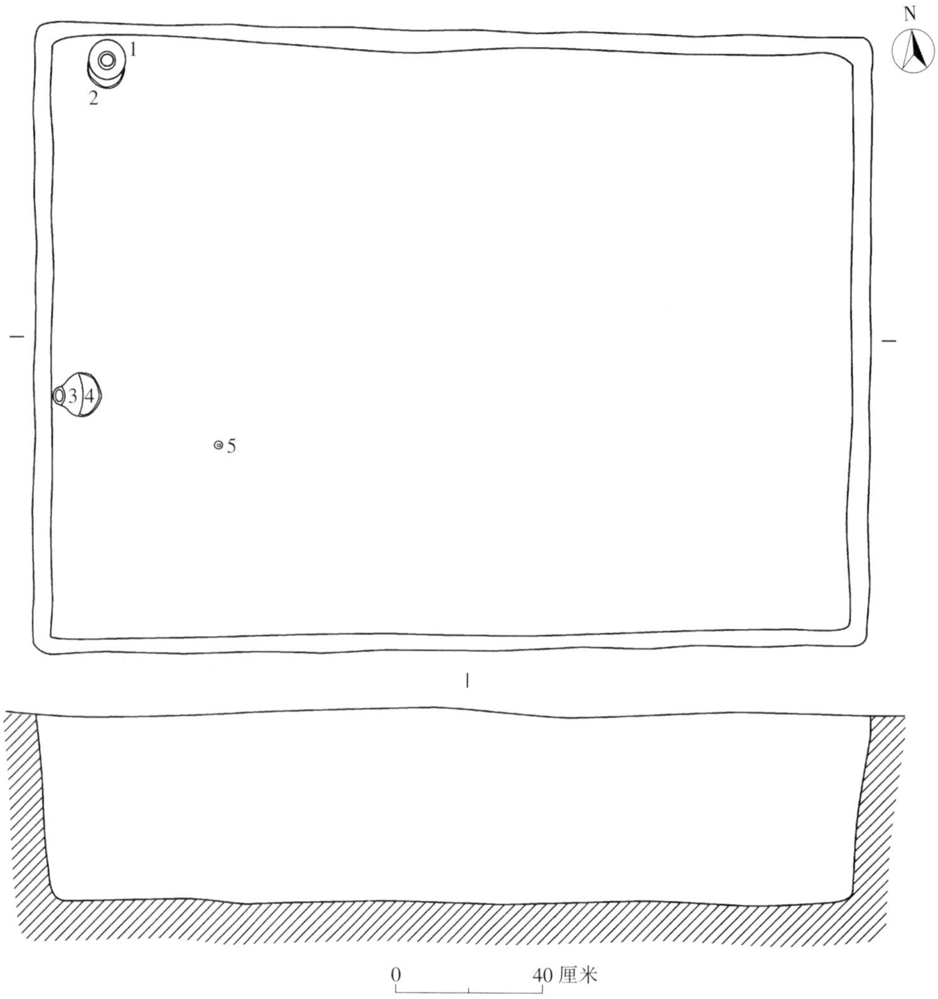

附・图 5-2-24A 明清墓葬 M44 平剖面图
1～4. 青花瓷碗 5. 铜钱（1 枚）

匀净光亮，满釉，足端刮釉。青花发色较淡，内壁两周弦纹，底有两点。外壁上下绘弦纹，中绘三组皮球花“X”形纹饰，底有双圈，内有押款。口径 9.1、足径 3.3、高 5.0 厘米。（附・图 5-2-24B；附・图版 5-2-18：4）

M44∶3，景德民窑产品。敞口，圆唇，深弧腹，圈足。白胎细腻坚致。白釉泛青，匀净光亮，有棕眼，内满釉，外施釉及足墙，足心施釉，有垫烧痕。青花发色灰黑，外壁绘一周抽象折枝花草纹。口径 10.8、足径 5.8、高 5.8 厘米。（附・图 5-2-24B；附・图版 5-2-18：5）

M44∶4，景德民窑产品。敞口，方唇，深弧腹，圈足，足墙内收。白胎细腻坚致。白釉泛青，较光亮，内满釉，外施釉及足墙。青花发色淡雅，外壁绘一周折枝纹。口径 11.8、足径 6.3、高 5.6 厘米。（附・图 5-2-24B；附・图版 5-2-18：6）

铜钱 1 枚。锈蚀难以辨认。

M45

位于 T1506 内，开口于第 2 层下，打破第 3、4b 层及 M46。瓮棺葬，平面呈圆形，斜壁，平

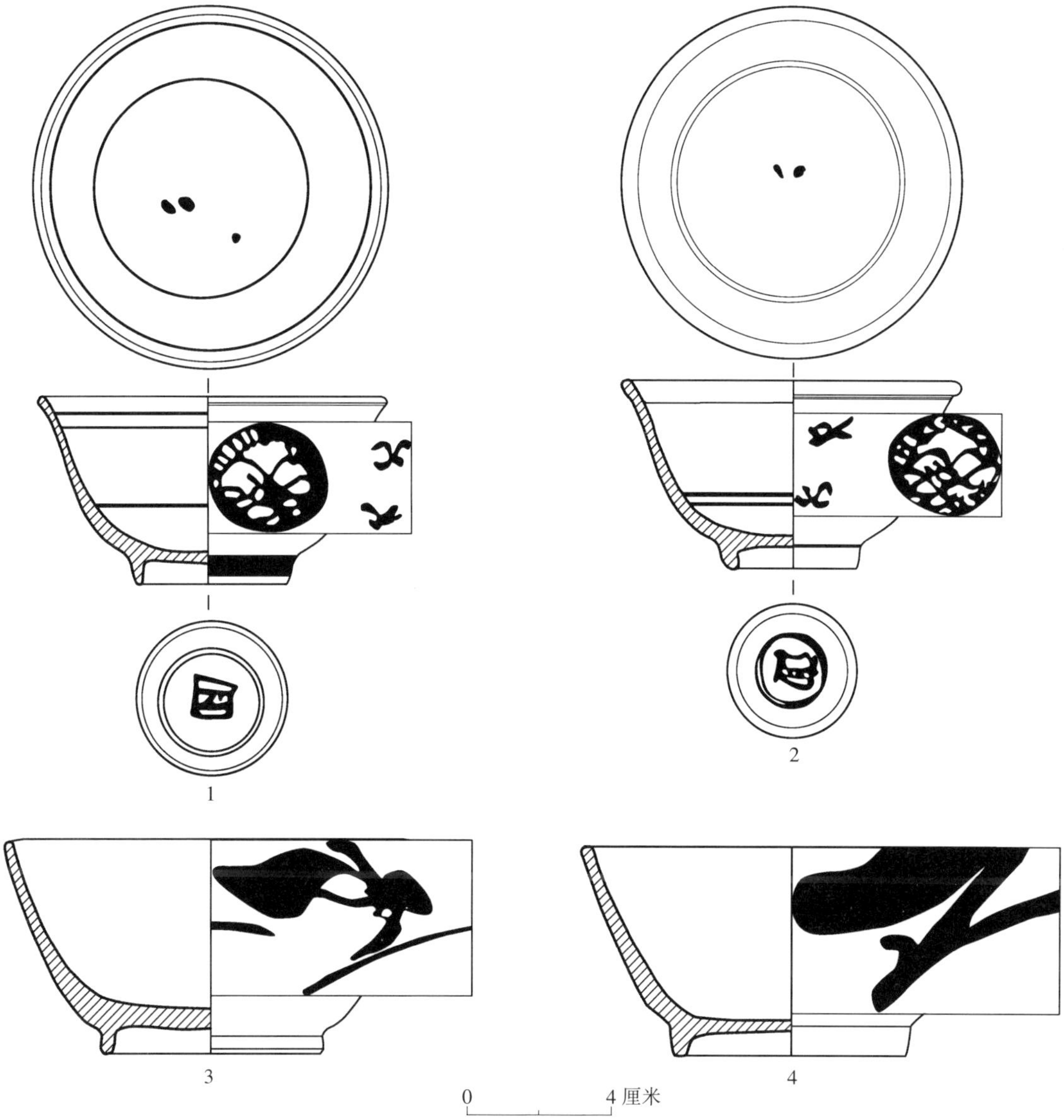

附・图 5-2-24B　M44 出土器物

1～4. 青花瓷碗

底。墓口径 0.65、底径 0.55 米，深 0.56 米。填土呈浅灰色，土质湿软。葬具为瓷坛 1 只，罐内人骨基本无存。随葬白瓷碗 1 件。（附・图 5-2-25A；附・图版 5-2-19：1、2）

瓷坛　1 件。

M45∶1，器表呈青灰色。侈口，短径，宽肩，深弧腹，底部近圜，不甚平整。口径 19.0、高 34.0 厘米。（附・图 5-2-25B；附・图版 5-2-20：1）

白瓷碗　1 件。

M45∶2，敞口，圆唇，弧腹，圈足。白胎细腻坚致。白釉泛青，匀净光亮，内外满釉，足心露胎。口径 15.2、足径 6.7、高 5.8 厘米。（附・图 5-2-25B；附・图版 5-2-20：2）

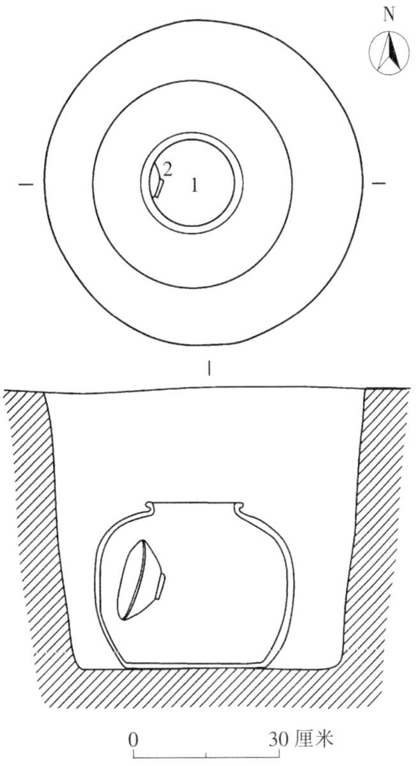

附·图 5-2-25A 明清墓葬 M45 平剖面图

1. 瓷坛 2. 白瓷碗

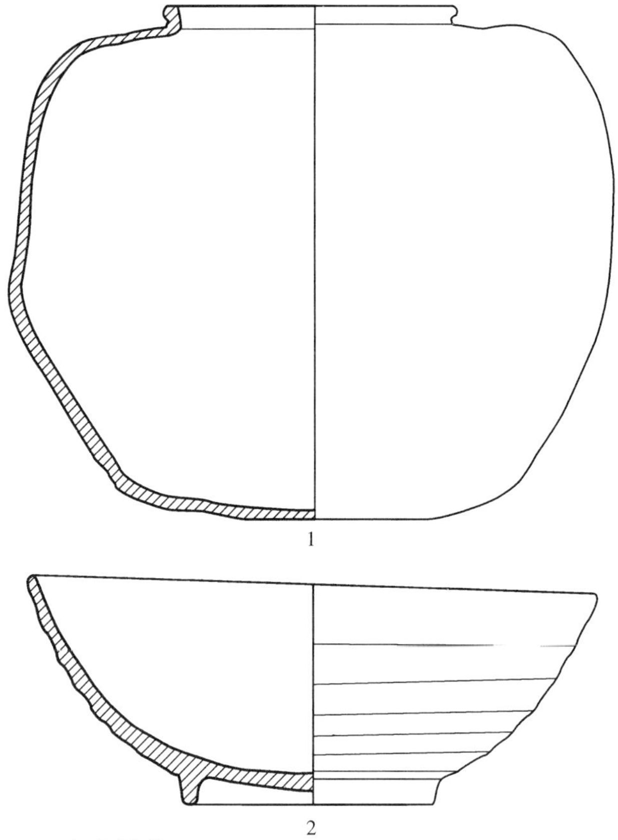

附·图 5-2-25B M45 出土器物

1. 瓷坛 2. 白瓷碗

M46

位于 T1506 内，开口于第 2 层下，打破第 3、4b、5 层，且被 M45 打破。长方形竖穴墓，单棺，棺木朽蚀殆尽，仅见棺钉。墓口长 2.15、宽 0.75～0.8 米，深 0.6 米。方向 313 度。填土呈灰褐色，土质湿软。墓内人骨无存。随葬酱釉罐 1 件、青花瓷碗 2 件以及铜钱 1 枚。（附·图5-2-26A；附·图版 5-2-19：1）

酱釉罐 1 件。

M46:2，侈口，圆唇，弧腹，平底。器外壁施酱釉，腹印回字纹，间饰以花朵纹。口径 9.5、底径 8.0、高 10.5 厘米。（附·图 5-2-26B；附·图版 5-2-20：3）

青花瓷碗 2 件。

M46:3，景德民窑产品。侈口，尖唇，深弧腹，圈足。白胎细腻坚致。白釉泛青，满釉，足端刮釉，唇口一周褐釉。青花发色偏灰，外壁上下绘两周弦纹，中间绘三组皮球花纹饰。口径 8.1、足径 3.8、高 4.7 厘米。（附·图 5-2-26B；附·图版 5-2-20：4）

M46:4，景德民窑产品。侈口，尖圆唇，深弧腹，圈足，足墙内收。白胎细腻坚致，白釉泛青，匀净光亮，满釉，足端刮釉。唇口一周褐釉。青花发色淡雅，外壁上下绘双弦纹，中绘花枝蜂蝶纹。口径 8.1、足径 3.4、高 4.9 厘米。（附·图 5-2-26B；附·图版 5-2-20：5）

铜钱 1 枚。

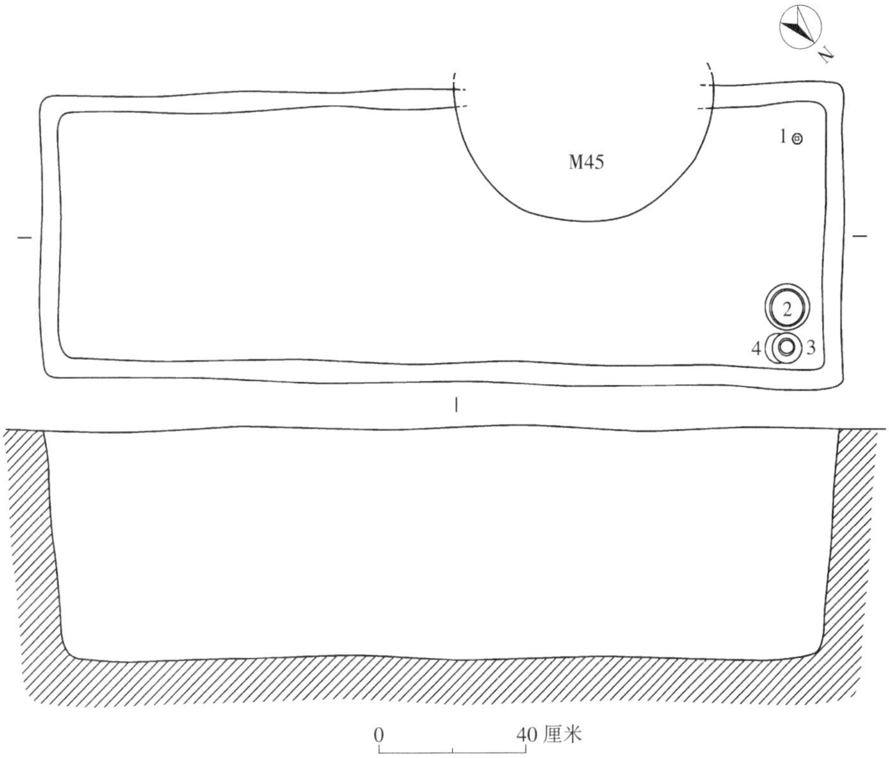

附・图 5-2-26A　明清墓葬 M46 平剖面图

1. 铜钱（1 枚）　2. 酱釉罐　3、4. 青花瓷碗

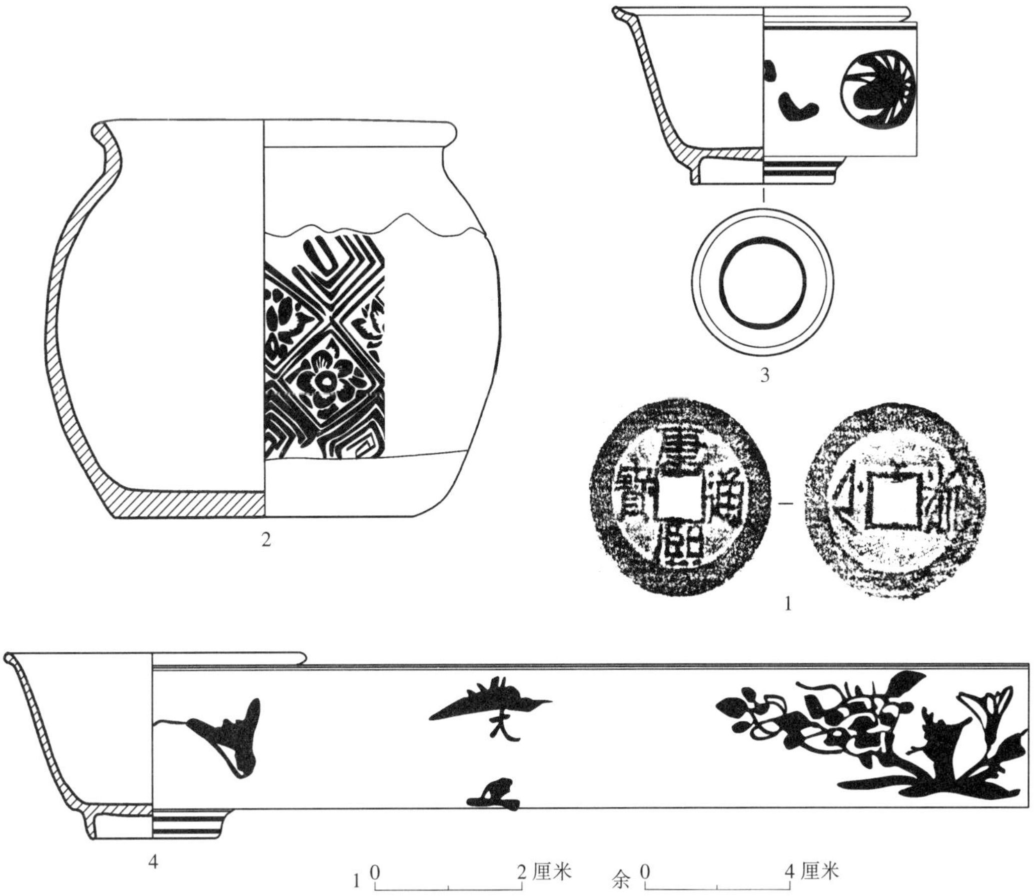

附・图 5-2-26B　M46 出土器物

1. 铜钱　2. 酱釉罐　3、4. 青花瓷碗

M46:1，康熙通宝。直径 2.6、孔边长 0.6 厘米。（附·图 5-2-26B）

M47

位于 T1506、T1606 内，开口于第 1 层下，打破第 2、3、4b 层及 M63。长方形竖穴墓，双棺，棺木朽蚀殆尽，仅见棺钉。墓口长 2.25、宽 1.7～1.75 米，深 0.5～0.6 米。方向 275 度。填土呈灰黑色，土质湿软。墓内人骨无存。随葬青花瓷碗 2 件、酱釉壶 1 件、酱釉罐 1 件以及铜钱 1 枚。（附·图 5-2-27A；附·图版 5-2-21：1）

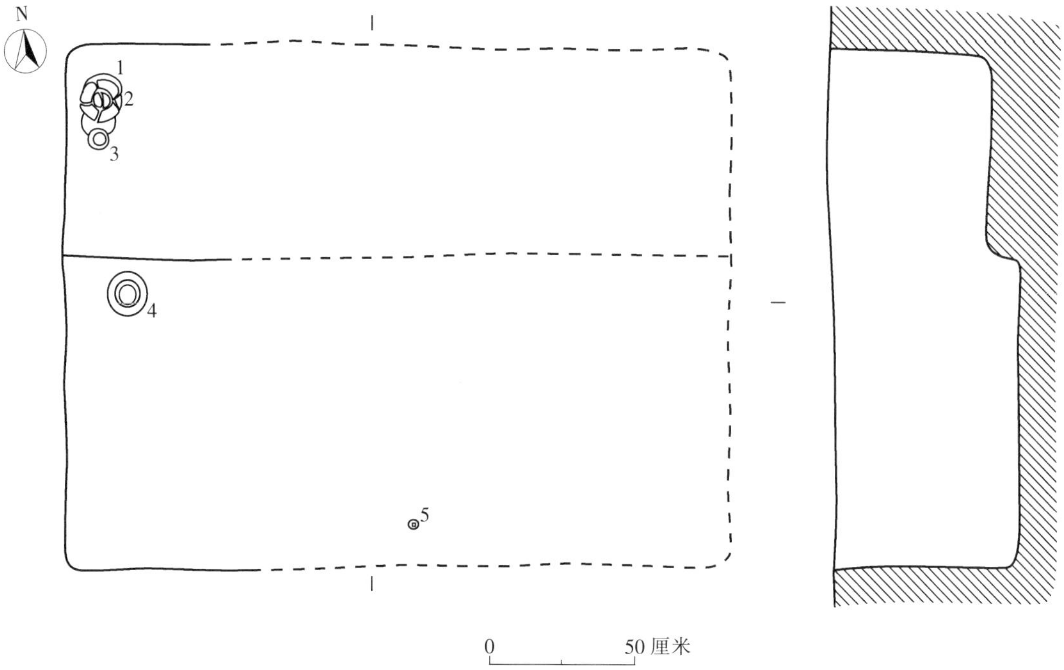

附·图 5-2-27A 明清墓葬 M47 平剖面图

1、2. 青花瓷碗 3. 酱釉壶 4. 酱釉罐 5. 铜钱（1 枚）

青花瓷碗 2 件。

M47:1，景德民窑产品。敞口，圆唇，深弧腹，圈足，足墙内收。白胎细腻坚致。白釉泛青，匀净光亮，满釉，足端刮釉。青花发色较深，外壁上下绘弦纹，中间绘三圈草叶蝴蝶纹，上有铜红釉点，足底有押款。口径 11.4、足径 4.4、高 5.6 厘米。（附·图 5-2-27B；附·图版 5-2-22：1）

M47:2，景德民窑产品。敞口，圆唇，深弧腹，圈足。白胎细腻坚致，白釉泛青，匀净光亮，满釉，足端刮釉。青花发色较深，外壁上下绘弦纹，中间绘三圈草叶蝴蝶纹，上有铜红釉彩，足底有押款。口径 11.4、足径 4.0、高 6.1 厘米。（附·图 5-2-27B；附·图版 5-2-22：2）

酱釉壶 1 件。

M47:3，口近直，唇外翻，直颈，弧腹，平底。腹一侧有一管状流，流上附一环状把手。器外壁施酱釉，肩部饰不规则的竖线纹，下腹部饰云雷纹。口径 6.3、底径 7.4、高 8.3 厘米。（附·图 5-2-27B；附·图版 5-2-22：3）

酱釉罐 1 件。

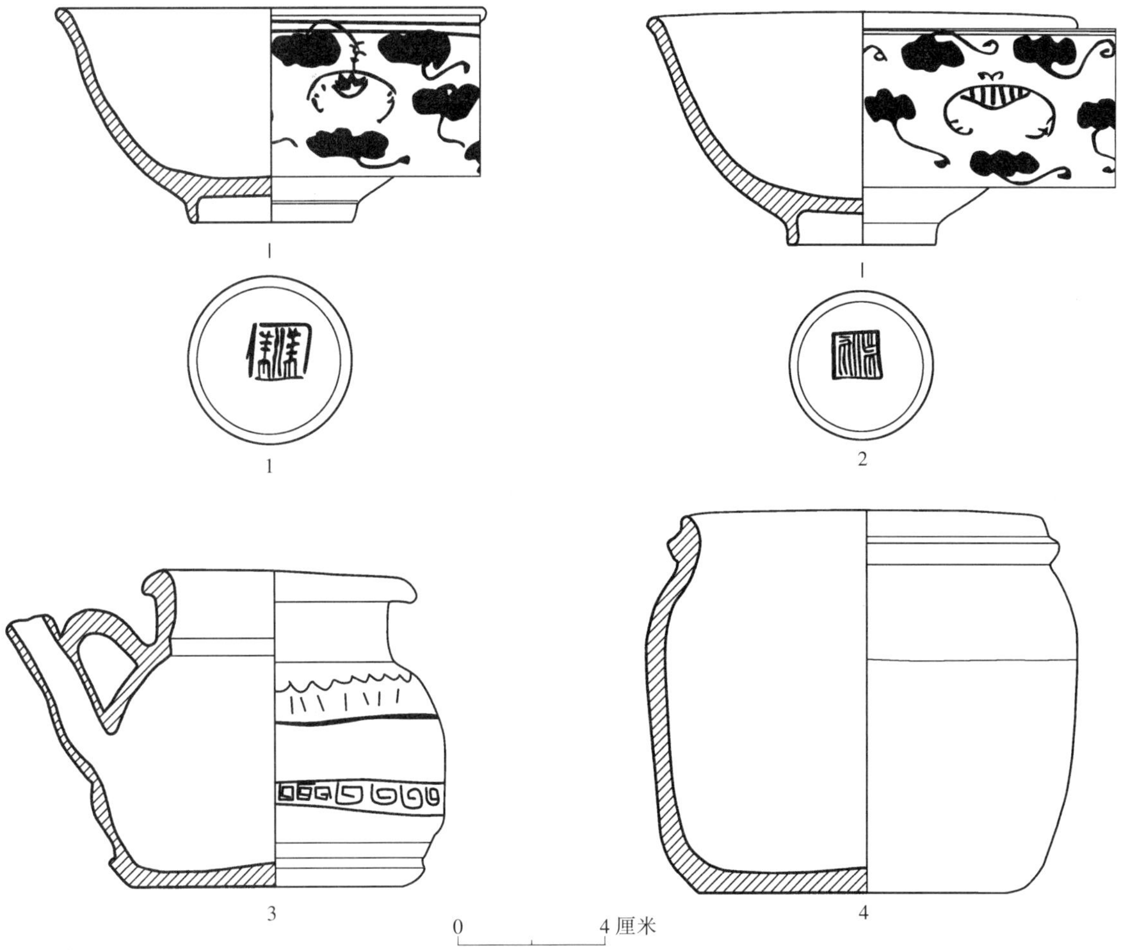

附・图 5-2-27B　M47 出土器物

1、2. 青花瓷碗　3. 酱釉壶　4. 酱釉罐

M47∶4，直口微侈，凹唇，鼓肩，腹壁较直，平底。外壁施三分之一釉，内壁不施釉。口径 9.6、底径 8.5、高 10.1 厘米。（附・图 5-2-27B；附・图版 5-2-22：4）

铜钱　1 枚。锈蚀严重。

M48

位于 T1506 西部，部分叠压于西壁下未清理。开口于第 1 层下，打破第 2、4a、4b 层。长方形竖穴墓，单棺，棺木朽蚀殆尽，仅见棺钉。已清理部分墓口长 1.0～1.5、宽 1.03 米，深 0.63 米。方向 285 度。填土灰褐色，土质较硬。墓内人骨无存。未见有随葬品。（附・图 5-2-28）

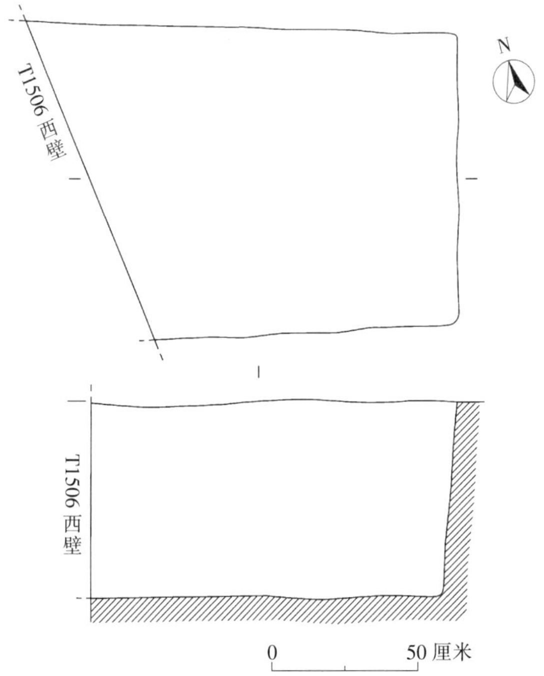

附・图 5-2-28　明清墓葬 M48 平剖面图

M49

位于 T1606 北部，部分叠压于探方北壁内

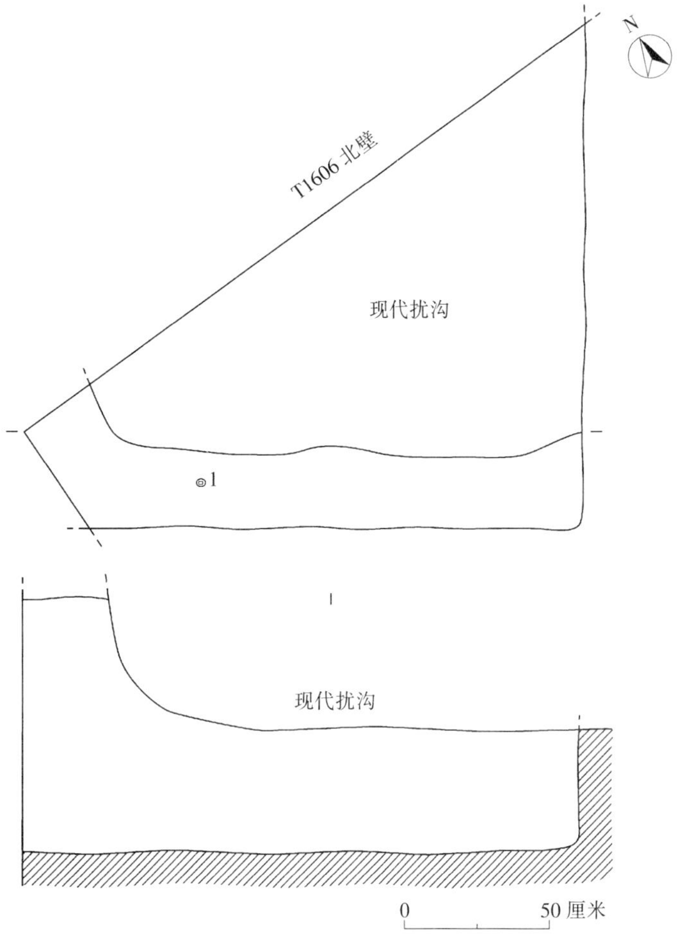

附・图 5-2-29　明清墓葬 M49 平剖面图
1. 铜钱（1 枚）

未作清理。开口于第 1 层下，打破第 2～5 层，其上被现代灰坑破坏。长方形竖穴墓，有木质棺具，但朽蚀殆尽，仅见棺钉。墓坑残长 1.9、残宽 1.65 米，深 0.83 米。方向 300 度。填土呈灰褐色，土质湿软。墓内人骨无存。随葬铜钱 1 枚，锈蚀严重。（附・图 5-2-29）

M55

位于 T1606 内，开口于第 1 层下，打破第 2～5 层。长方形竖穴墓，单棺，棺木朽蚀殆尽，仅见棺钉。墓口长 1.88、宽 0.7 米，深 1.1 米。方向 290 度。填土呈黄褐色，土质湿软。墓内人骨无存。随葬酱釉罐 1 件。（附・图 5-2-30A；附・图版 5-2-21：2）

酱釉罐　1 件。

M55：1，敛口，方唇，弧腹，平底。腹一侧有一半环状耳。外壁不施釉，内壁施满釉。口径 10.0、底径 7.8、高 9.8 厘米。（附・图 5-2-30B；附・图版 5-2-22：5）

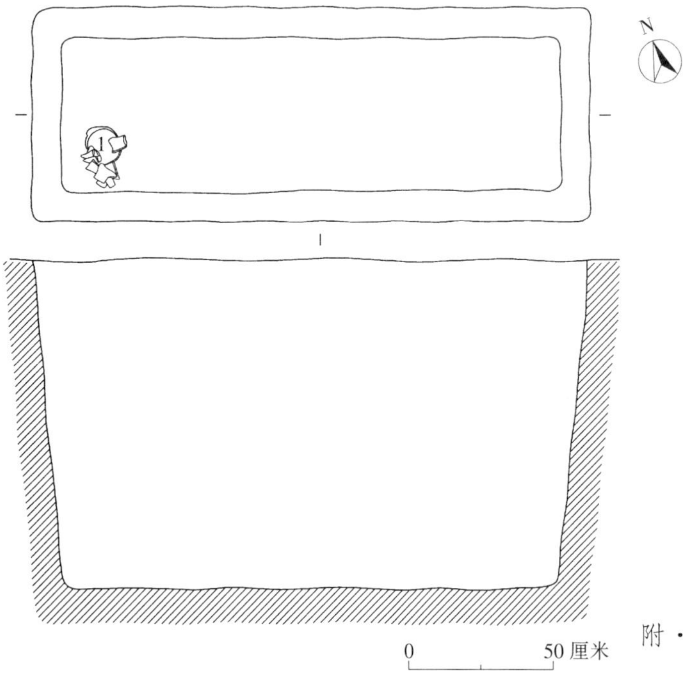

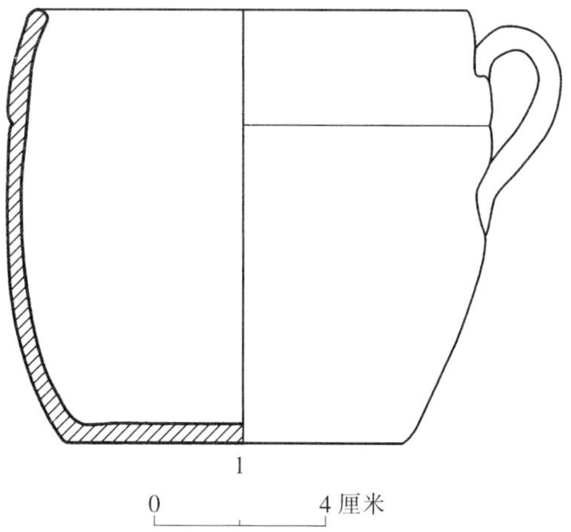

附・图 5-2-30B　M55 出土器物
1. 酱釉罐

附・图 5-2-30A　明清墓葬 M55 平剖面图
1. 酱釉罐

M56

位于T1606内，开口于第1层下，打破第2～5层。长方形竖穴墓，单棺，棺木朽蚀殆尽，仅见棺钉。墓口长2.0、宽0.77米，深0.93米。方向283度。填土呈灰褐色，土质湿软。墓内人骨无存，未见有随葬品。（附·图5-2-31）

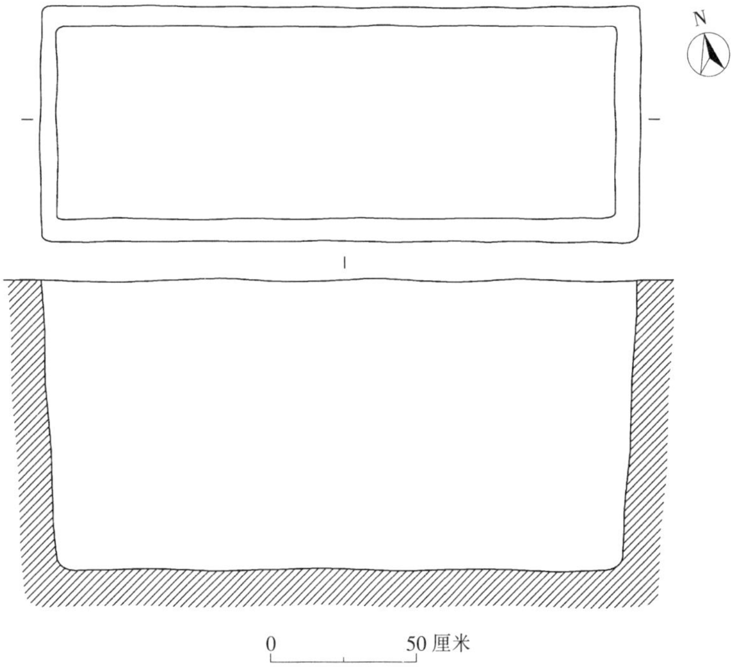

附·图5-2-31　明清墓葬M56平剖面图

M57

位于T1606内，开口于第2层下，打破第3～5层，被M55和M56打破。长方形竖穴墓，单棺，棺木朽蚀殆尽，仅见棺钉。墓口长2.5、宽1.0米，深0.36米。方向345度。填土呈灰褐色，土质湿软。墓内人骨无存。未见有随葬品。（附·图5-2-32）

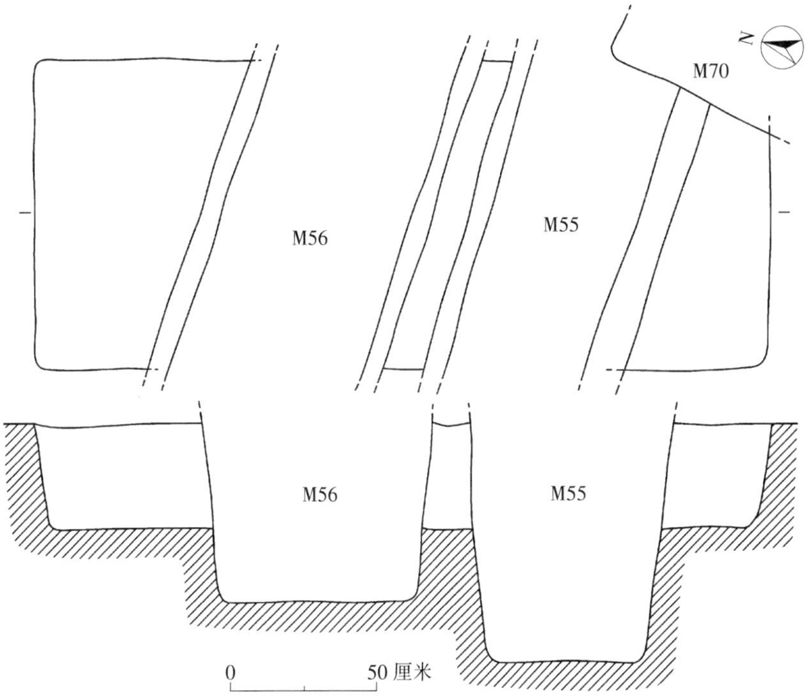

附·图5-2-32　明清墓葬M57平剖面图

M60

位于T1308内，开口于第2b层下，向下直至打破生土层。长方形竖穴墓，单棺，棺木朽蚀殆尽，仅见棺钉。墓口长2.4、宽0.95～1.0米，深0.8米。方向275度。填土呈灰白色，土质湿软。墓内人骨无存，随葬酱釉罐1件、青花瓷碗2件以及铜钱1枚。（附·图5-2-33A；附·图版5-2-23：1）

酱釉罐　1件。

M60:1，口微侈，圆唇，鼓肩，弧腹，平底。器外壁施酱釉，腹部饰双龙纹饰。口径7.0、底径7.6、高8.8厘米。（附·图5-2-33B；附·图版5-2-23：2）

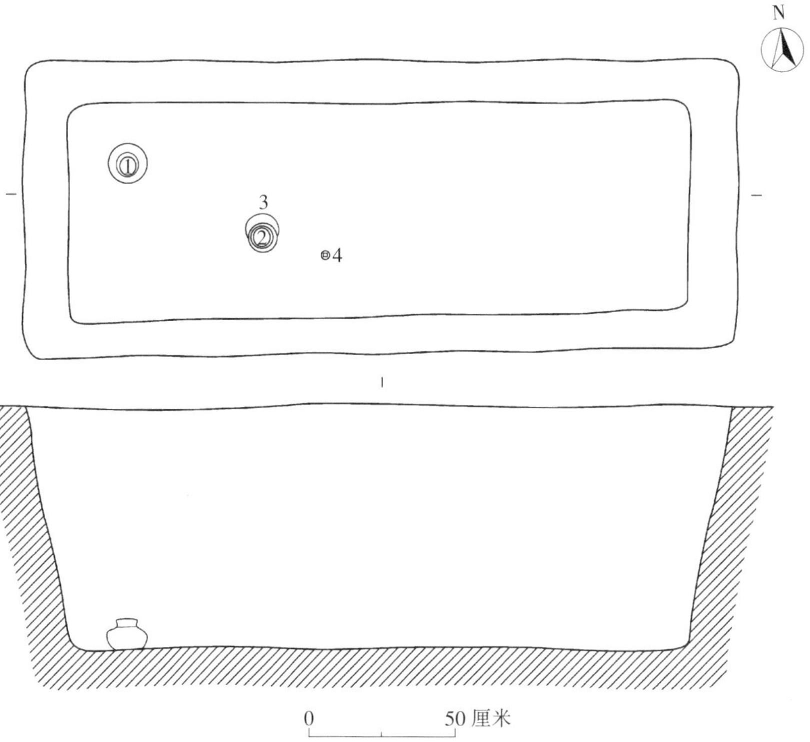

附·图5-2-33A　明清墓葬M60平剖面图

1. 酱釉罐　2、3. 青花瓷碗　4. 铜钱（1枚）

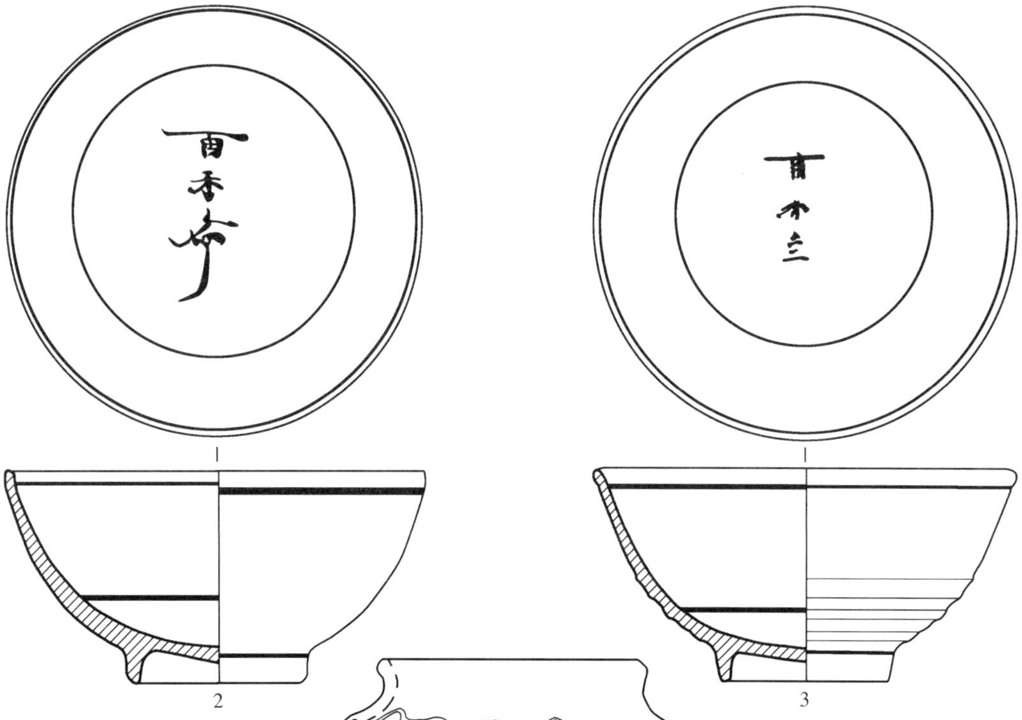

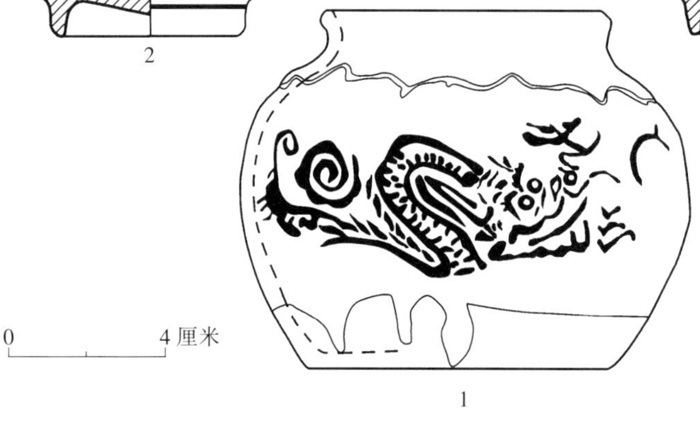

附·图5-2-33B　M60出土器物

1. 酱釉罐　2、3. 青花瓷碗

青花瓷碗　2件。

M60∶2，景德民窑产品。敞口，尖圆唇，深弧腹，圈足。白胎细腻坚致。白釉微泛青，匀净光亮，满釉，足端刮釉，有垫烧痕。青花发色淡雅，内壁绘两周弦纹，底印“百香斋”，外壁上下两周弦纹。口径11.4、足径4.5、高5.6厘米。（附·图5-2-33B；附·图版5-2-23：3）

M60∶3，景德民窑产品。敞口，圆唇，弧腹，圈足，足墙内收。白胎细腻坚致。白釉微泛青，满釉，足端刮釉。青花发色淡雅，内外壁绘两周弦纹，内底有文字，辨认不清。口径11.2、足径4.5、高5.6厘米。（附·图5-2-33B；附·图版5-2-23：4）

铜钱　1枚。锈蚀严重。

M63

位于T1606内，开口于第2层下，打破第3～5层，且西部被M47打破。长方形竖穴墓，单棺，棺木朽蚀殆尽，仅见棺钉。墓口残长1.7、宽0.9米，深1.1米。方向272度。填土呈灰黑色，土质湿软。墓内人骨无存。随葬酱釉罐1件。（附·图5-2-34A）

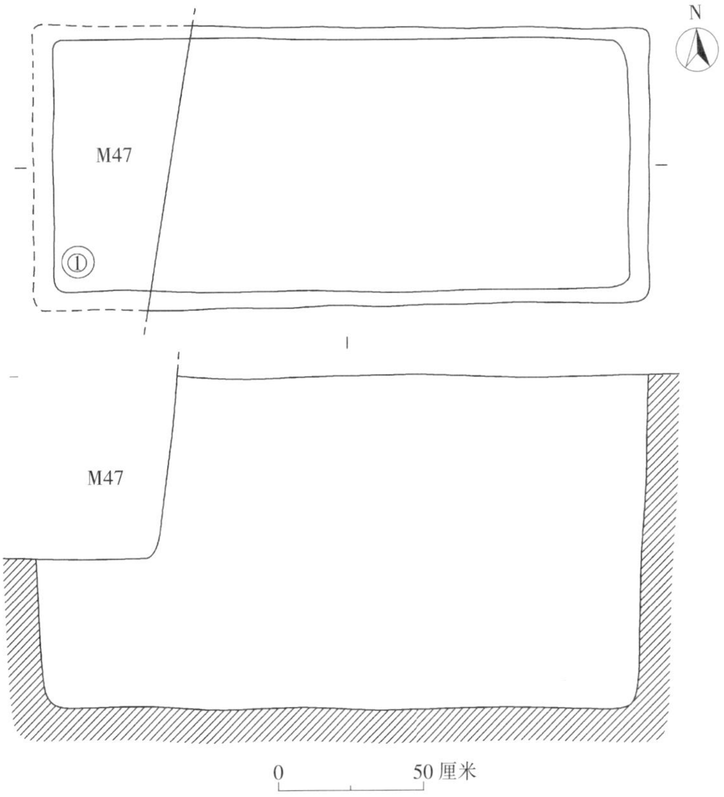

附·图5-2-34A　明清墓葬M63平剖面图

1. 酱釉罐

酱釉罐　1件。

M63∶1，直口，方唇，直颈，鼓肩，弧腹，平底。器外壁施酱釉，腹印花朵纹。口径7.0、底径7.3、高9.5厘米。（附·图5-2-34B；附·图版5-2-25：1）

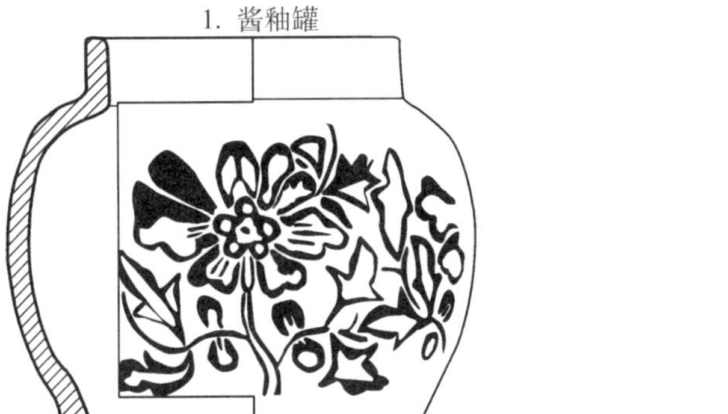

附·图5-2-34B　M63出土器物

1. 酱釉罐

M64

位于T1506北部，部分叠压于探方北壁下未作清理，开口于第2层下，打破第3、4b和5层。长方形竖穴墓，单棺，棺木朽蚀殆尽，仅见棺钉。墓口长2.38、已清理部分宽0.35～0.45米，深0.6米。方向270度。填土呈灰褐色，土质松软。墓内人骨无存。随葬酱釉罐1件、青花瓷碗2件。（附·图5-2-35A；附·图版5-2-24：1）

酱釉罐　1件。

M64∶1，侈口，尖圆唇，鼓肩，弧腹，平底。器外壁施酱釉，釉多

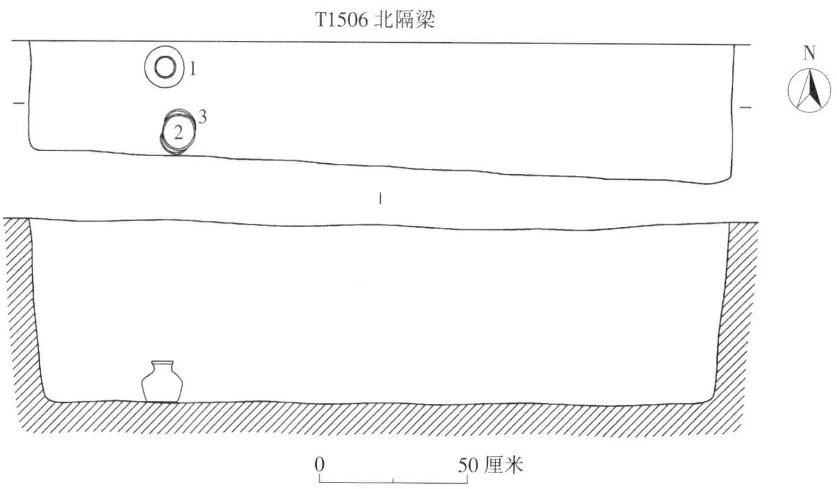

附・图 5-2-35A　明清墓葬 M64 平剖面图

1. 酱釉罐　2、3. 青花瓷碗

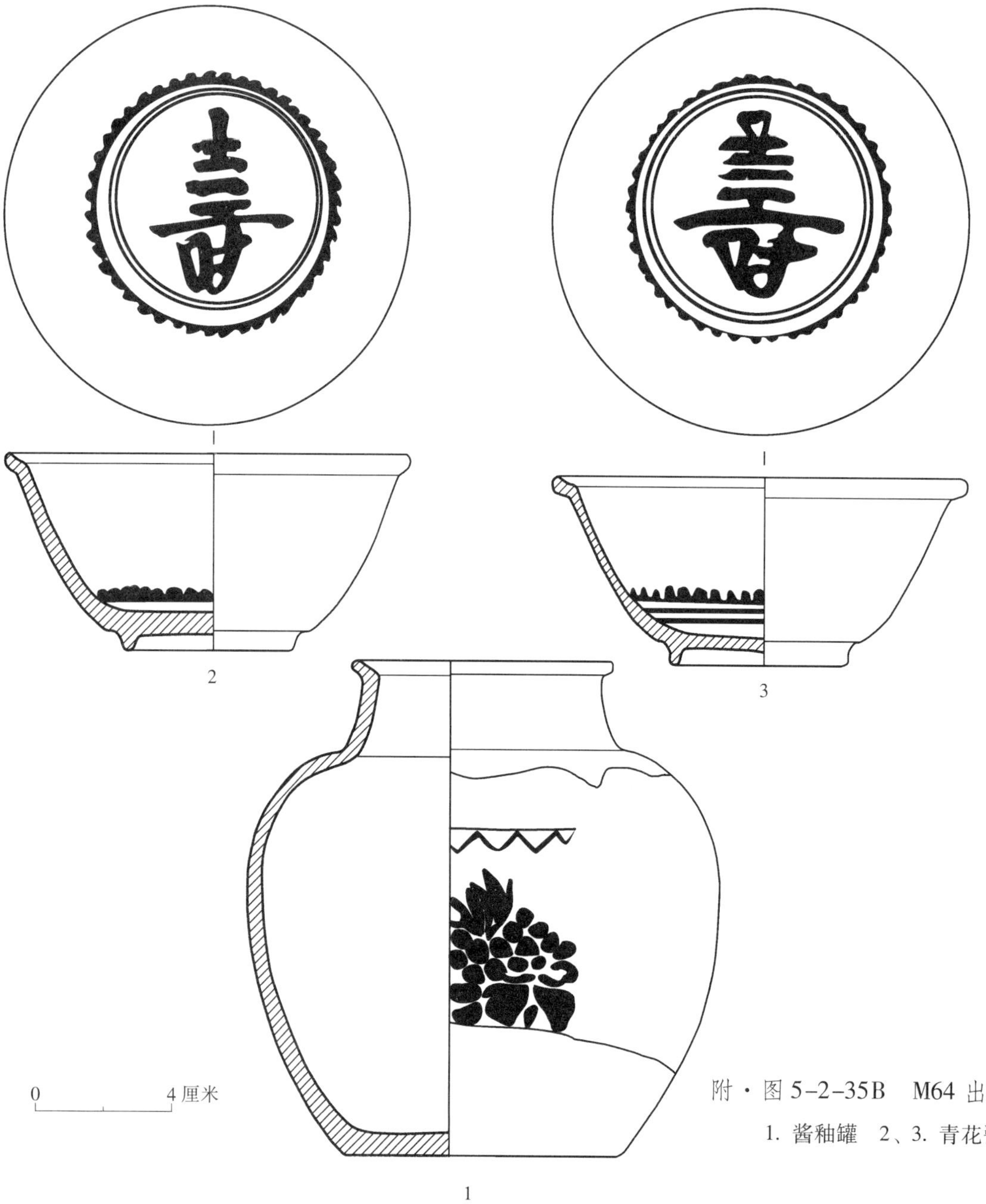

附・图 5-2-35B　M64 出土器物

1. 酱釉罐　2、3. 青花瓷碗

剥落，腹印花朵纹，多漫漶不清。口径 7.3、底径 8.1、高 14.0 厘米。（附・图 5-2-35B；附・图版 5-2-25：2）

青花瓷碗　2 件。

M64∶2，景德民窑产品。侈口，尖唇，深弧腹，圈足，足墙内收。白胎细腻坚致。白釉微泛青，匀净光亮，内满釉，外施釉及足墙。青花发色较深，底心绘一“寿”字，边绘双弦纹和锯齿纹。口径 11.8、足径 4.8、高 5.6 厘米。（附・图 5-2-35B；附・图版 5-2-25：3）

M64∶3，景德民窑产品。侈口，尖唇，深弧腹，圈足，足墙内收。白胎细腻坚致，白釉微泛青，匀净光亮，内满釉，外施釉及足墙。青花发色较深，底心绘一“寿”字，边绘双弦纹和锯齿纹。口径 11.8、足径 5.0、高 5.3 厘米。（附・图 5-2-35B；附・图版 5-2-25：4）

M66

位于 T1606 内，开口于第 2 层下，打破第 3～5 层。长方形竖穴墓，棺木朽蚀殆尽，仅见棺钉。墓口长 2.43、宽 1.72 米，深 1.1 米。方向 276 度。填土呈灰黑色，土质湿软。墓内人骨无存，随葬酱釉罐 2 件、白瓷碗 4 件。（附・图 5-2-36A；附・图版5-2-24：2）

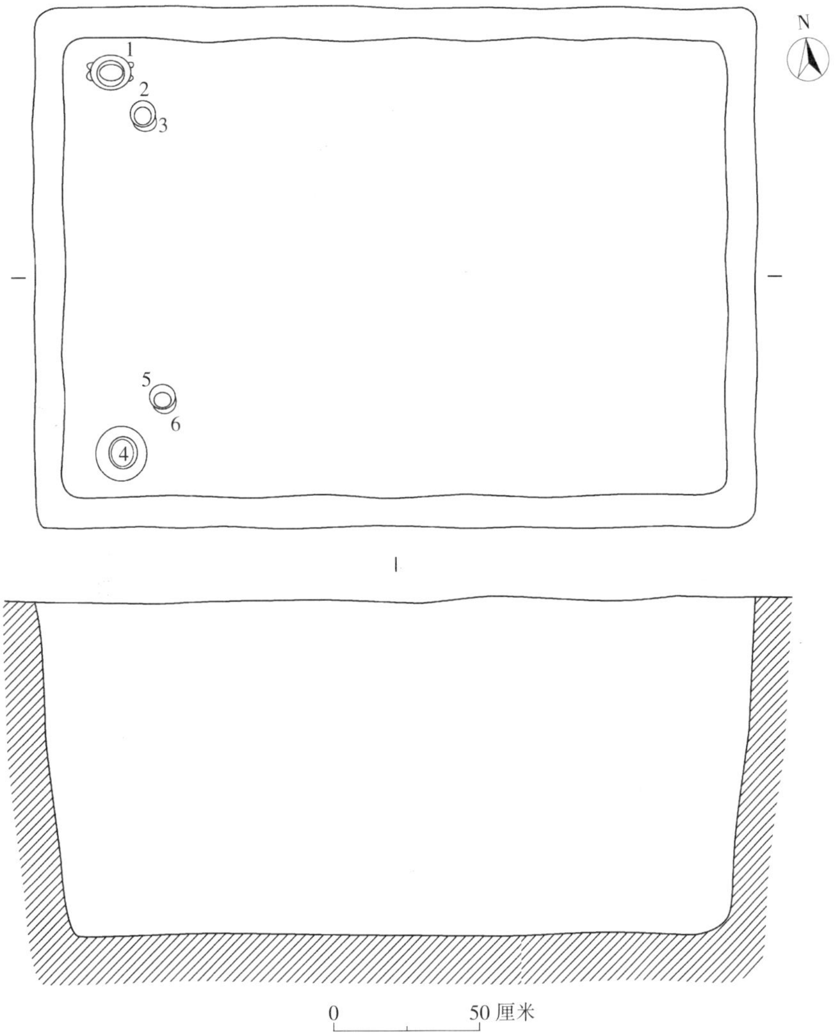

附・图 5-2-36A　明清墓葬 M66 平剖面图

1、4. 酱釉罐　2、3、5、6. 白瓷碗

酱釉罐 2件。

M66∶1，侈口，圆唇，溜肩，深弧腹，平底。肩部饰两个对称的桥形双耳。内外壁施酱釉。口径7.7～9.2、底径6.2、高11.4厘米。（附·图5-2-36B；附·图版5-2-25：5）

M66∶4，侈口，圆唇，鼓肩，弧腹，平底。外壁施酱釉，腹部饰花朵纹。口径9.3、底径9.0、高10.2厘米。（附·图5-2-36B；附·图版5-2-25：6）

白瓷碗 4件。

M66∶2，敞口，圆唇，深弧腹，圈足。白胎细腻坚致。白釉微泛青，唇部一周酱釉，足底露胎，内底有印花。口径8.3、足径3.2、高4.6厘米。（附·图5-2-36B；附·图版5-2-26：1、2）

M66∶3，敞口，圆唇，深弧腹，圈足。白胎细腻坚致。白釉微泛青，唇部一周酱釉，足底露胎，内底有印花。口径8.1、足径3.3、高4.7厘米。（附·图5-2-36B；附·图版5-2-26：3、4）

M66∶5，敞口，圆唇，深弧腹，圈足。白胎细腻坚致。白釉微泛青，唇部一周酱釉，足底露胎。口径8.5、足径3.6、高4.9厘米。（附·图5-2-36B；附·图版5-2-26：5）

M66∶6，敞口，圆唇，深弧腹，圈足。白胎细腻坚致。白釉微泛青，唇部一周酱釉，足底露胎。口径8.5、足径3.4、高5.0厘米。（附·图5-2-36B；附·图版5-2-26：6）

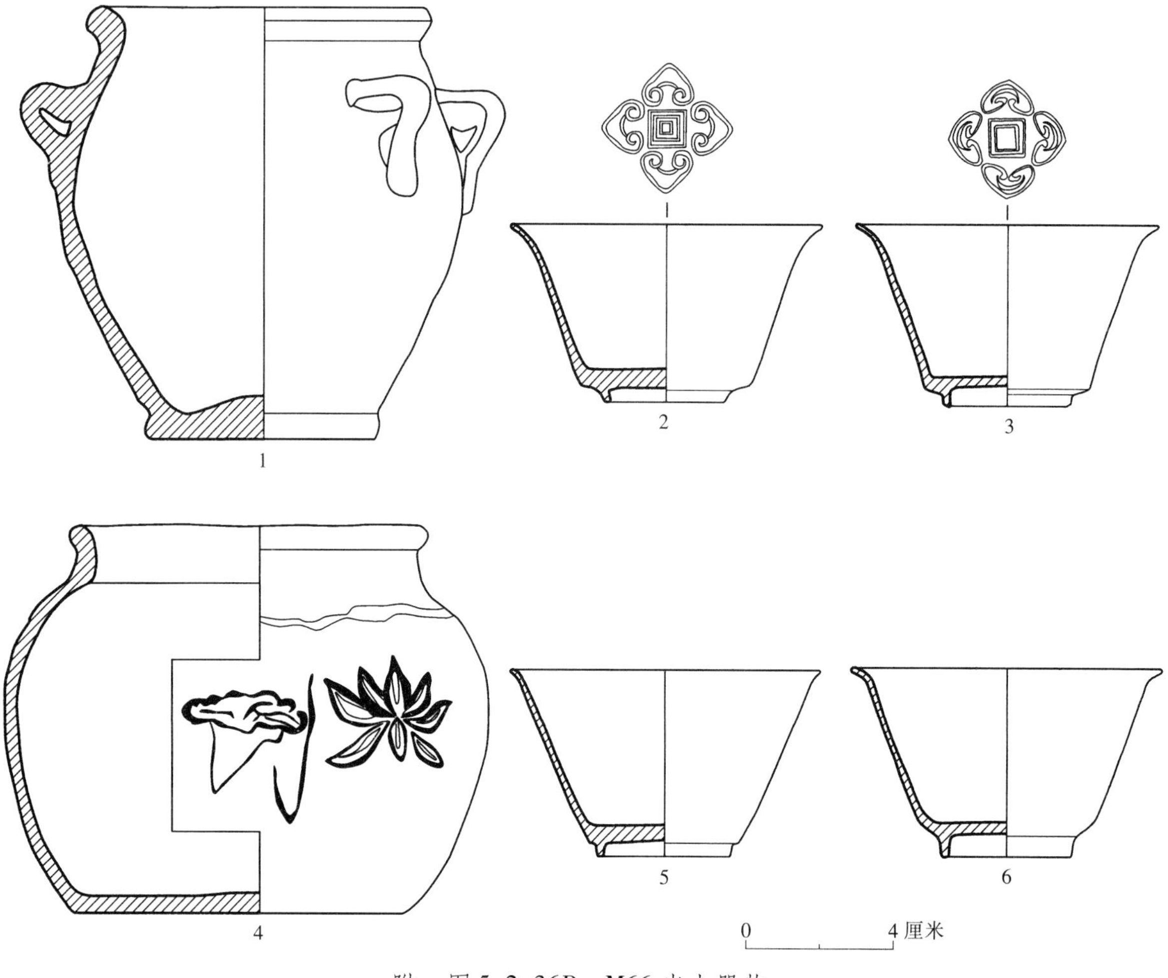

附·图5-2-36B　M66出土器物

1、4. 酱釉罐　2、3、5、6. 白瓷碗

M70

位于 T1606 内，开口于第 1 层下，打破第 2～5 层及 M71。长方形竖穴墓，单棺，棺木朽蚀殆尽，仅见棺钉。墓口长 2.0、宽 0.8 米，深 0.6 米。方向 285 度。填土呈灰黑色，土质较硬。墓内人骨无存。随葬青花瓷碗 2 件、铜钱 2 枚。（附·图 5-2-37A；附·图版 5-2-27：1）

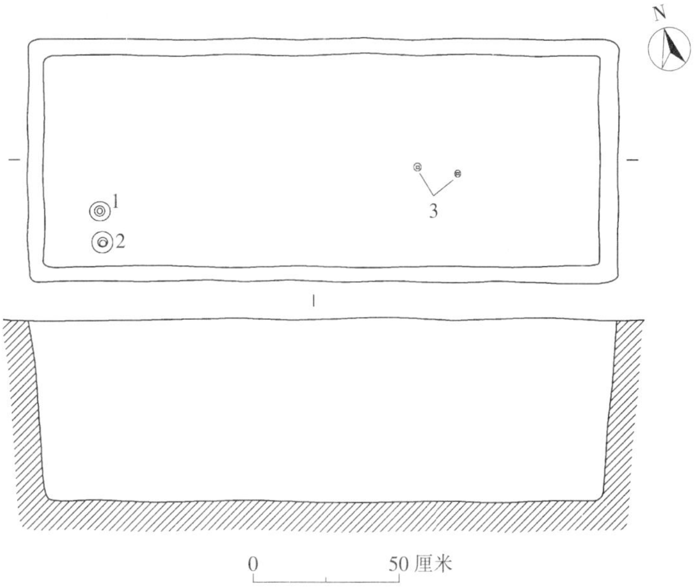

附·图 5-2-37A　明清墓葬 M70 平剖面图

1、2. 青花瓷碗　3. 铜钱

青花瓷碗　2 件。

M70：1，景德民窑产品。侈口，尖圆唇，深弧腹，圈足。白胎细腻坚致。白釉泛青，匀净光亮，满釉，足端刮釉。青花发色较正，外壁细浅绘三组花卉组合纹饰，足底有押款。口径 6.6、足径 2.6、高 3.7 厘米。（附·图 5-2-37B；附·图版 5-2-28：1）

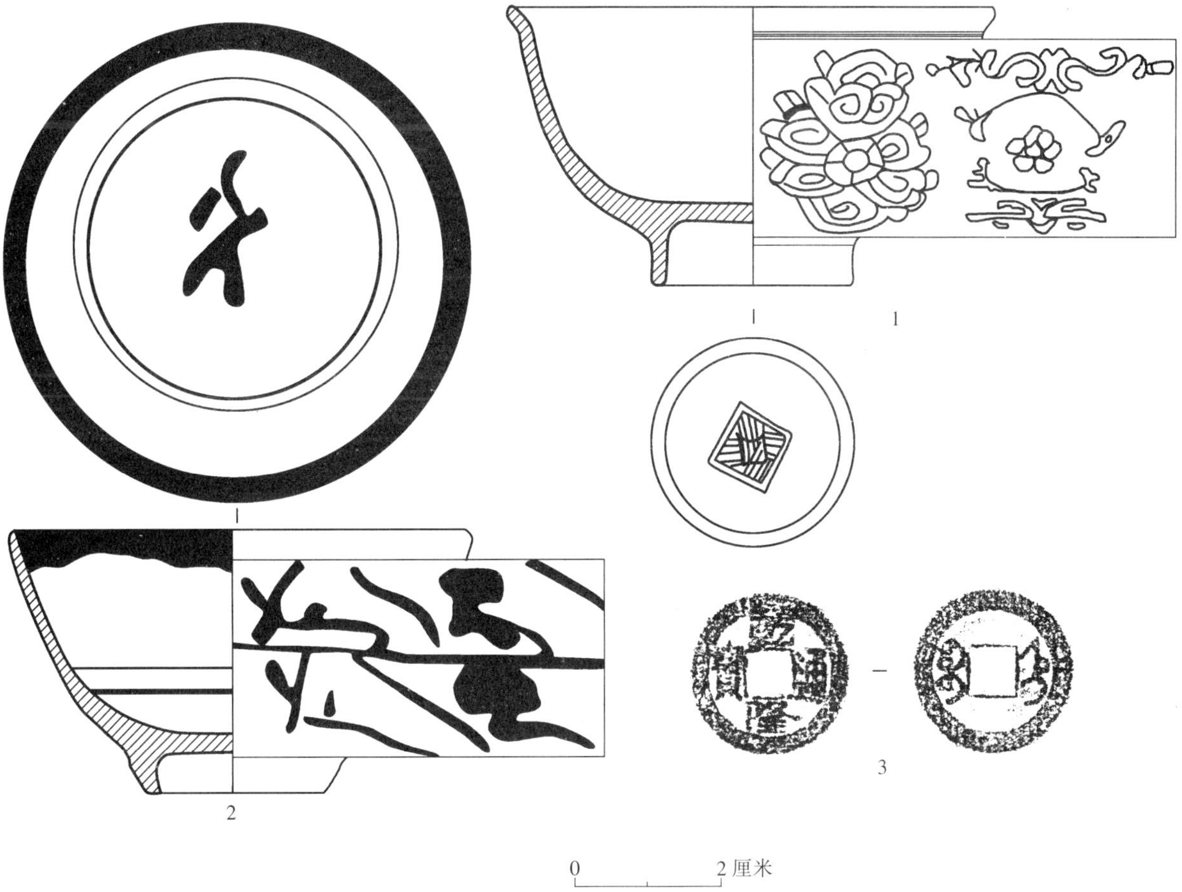

附·图 5-2-37B　M70 出土器物

1、2. 青花瓷碗　3. 铜钱

M70∶2，景德民窑产品。敞口，圆唇，深弧腹，圈足，足墙内收。白胎细腻坚致。白釉泛青，匀净光亮，内满釉，外施釉及底。青花发色灰暗，内壁唇口一周弦纹，近底绘双弦纹。底心绘一符号。外壁绘两周分格抽象纹饰。口径6.2、足径2.4、高3.5厘米。（附·图5-2-37B；附·图版5-2-28：2）

铜钱 1组（2枚）。其中1枚可辨认。

M70∶3，乾隆通宝。直径2.1、孔边长0.6厘米。（附·图5-2-37B）

M71

位于T1606内，开口于第1层下，打破第2～5层，且被M70打破。长方形竖穴墓，单棺，棺木朽蚀殆尽，仅见棺钉。墓口长2、宽1.0米，深1.0米。方向273度。填土呈灰褐色，土质松软。墓内人骨无存。随葬酱釉罐1件、青花瓷碗2件、铜钱1枚。（附·图5-2-38A；附·图版5-2-27：2）

酱釉罐 1件。

M71∶1，侈口，尖唇，短束颈，鼓肩，深弧腹，平底。外壁施酱釉，已剥落殆尽。口径8.8、底径7.5、高17.0厘米。（附·图5-2-38B；附·图版5-2-28：3）

青花瓷碗 2件。

M71∶2，景德民窑产品。敞口，尖圆唇，深弧腹，圈足。白胎细腻坚致。白釉泛青，匀净光亮。青花发色淡雅，外壁口沿下两道弦纹，足部一道弦纹，内壁口沿及近底部各两道弦纹。口径9.0、足径3.0、高4.8厘米。（附·图5-2-38B；附·图版5-2-28：4）

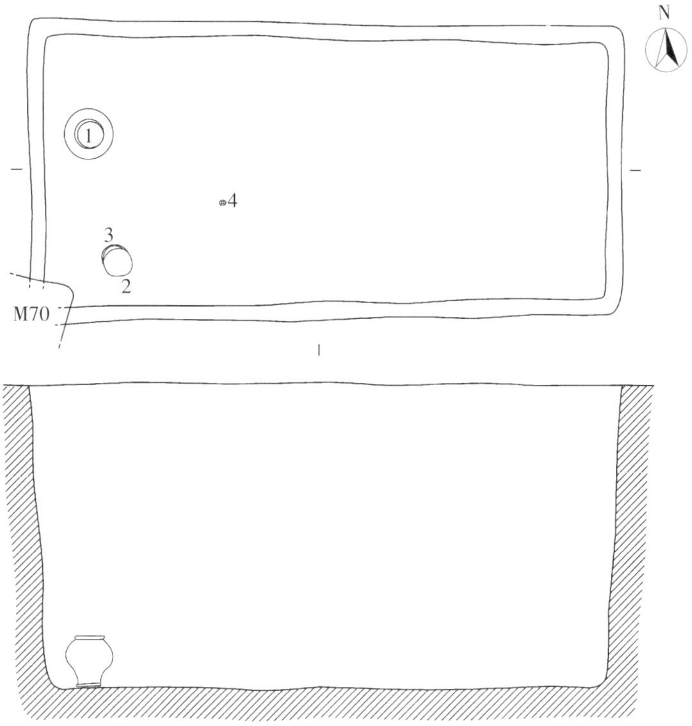

附·图5-2-38A 明清墓葬M71平剖面图

1. 酱釉罐 2、3. 青花瓷碗 4. 铜钱

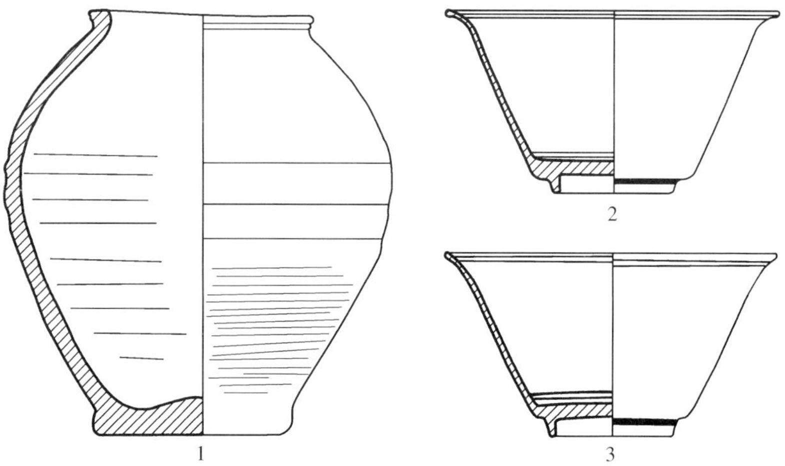

附·图5-2-38B M71出土器物

1. 酱釉罐 2、3. 青花瓷碗

M71∶3，景德民窑产品。敞口，尖圆唇，深弧腹，圈足。白胎细腻坚致。白釉泛青，匀净光亮。青花发色淡雅，外壁口沿下两道弦纹，足部一道弦纹，内壁口沿及近底部各两道弦纹。口径9.0、足径3.3、高4.8厘米。（附·图5–2–38B；附·图版5–2–28：5）

铜钱　1枚。锈蚀严重。

M72

位于T1606内，开口于第2层下，打破第3～5层。长方形竖穴墓，棺木朽蚀殆尽，仅见棺钉。墓口长2.0、宽1.5米，深0.72米。方向280度。填土呈灰褐色，土质松软。墓内人骨无存。随葬酱釉罐2件、青花瓷碗2件、铜钱1枚。（附·图5–2–39A；附·图版5–2–29：1）

附·图5–2–39A　明清墓葬M72平剖面图

1、4. 酱釉罐　2、3. 青花瓷碗　5. 铜钱

酱釉罐　2件。

M72∶1，侈口，厚圆唇，弧腹，平底。内、外壁施酱釉，颈部印有“凸”形纹，腹部饰竖线纹，间饰以五朵花朵图案。口径10.5、底径7.0、高8.3厘米。（附·图5–2–39B；附·图版5–2–29：2）

M72∶4，直口，凹唇，鼓肩，直腹，平底。器外壁施半釉，上腹部饰草叶纹。口径7.7、底径8.6、高9.2厘米。（附·图5–2–39B；附·图版5–2–29：3）

青花瓷碗　2件。

M72∶2，敞口，尖唇，深弧腹，圈足，足端修整。白胎细腻坚致。白釉泛青，均匀光亮，内

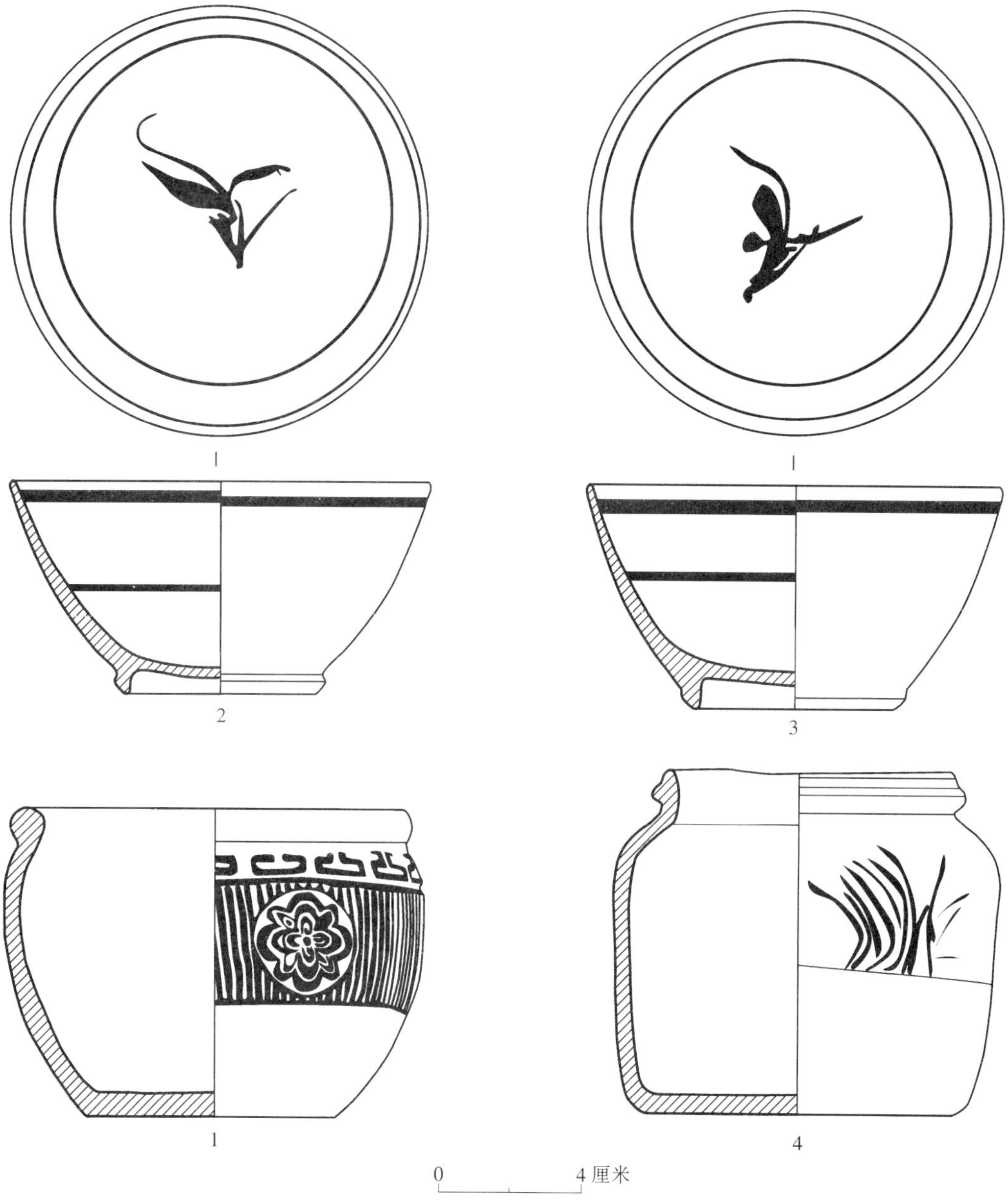

附・图 5-2-39B　M72 出土器物

1、4. 酱釉罐　2、3. 青花瓷碗

满釉，外施釉及足墙，足端可见垫烧痕。青花发色淡雅，内壁绘两周弦纹，外壁唇下一周弦纹，内底绘草叶纹。口径 11.6、足径 5.2、高 5.7 厘米。（附・图 5-2-39B；附・图版 5-2-29：4）

M72∶3，敞口，圆唇，深弧腹，圈足，足端斜削。白胎细腻坚致。白釉微泛青，均匀光亮，有棕眼，内满釉，外施釉及足墙，足端可见垫烧痕。青花发色淡，内壁绘两周弦纹，外壁唇下一周弦纹，内底绘草叶纹。口径 11.3、足径 5.4、高 6.0 厘米。（附・图 5-2-39B；附・图版 5-2-29：5）

铜钱　1 枚。锈蚀严重。

附表　历史时期遗迹登记表

附·附表1　历史时期灰坑登记表

编号	探方	层位	坑口形状	结构	尺寸（米）（长×宽－深）	时代
H1	ⅠT1606	②层下	不规则形	斜直壁、平底	2.7×1.65－0.6	明清
H9	ⅠT1705	②层下	长方形	斜直壁、平底	2.8×0.62～0.67－0.35	明清
H10	ⅠT1705	②层下	长方形	斜直壁、平底	0.95×0.7－0.65	明清
H11	ⅠT1705	③a层下	圆形	弧壁、圜底	1.8－0.7	马桥文化
H13	ⅠT1606	③a层下	椭圆形	斜直壁、平底	1.4×0.8－0.3	六朝
H14	ⅠT1606	③a层下	椭圆形	斜弧壁、平底	2.9×1.6－1.0	六朝
H16	ⅢT0611	②层下	半圆形	斜弧壁、平底	1.8－0.7	马桥文化
H19	ⅢT0609	②b层下	椭圆形	斜直壁、坡状底	1.25×1.0－0.4	六朝

附·附表2　历史时期水井登记表

编号	探方	层位	尺寸（米）（直径－深）	井内堆积	年代
J1	T2006	②层下	1.0－3.4	堆积分2层，两层包含物一致，少量的青瓷等	宋
J2	T1906	③a层下	1.2－1.7（未到底）	堆积分2层，1层出土有砖、瓦、青瓷及少量碎陶片等；2层含草木灰，未见遗物。	六朝
J3	T1906	③a层下	1.1－1.7（未到底）	堆积分2层，1层出土有青、绿、白、黑釉瓷片、粗瓷缸腹片、韩瓶残片、泥质灰陶盆口沿以及石臼、石磨残块；2层出土零星碎瓷片	宋
J4	T1308	②b层下	1.0－1.3（未到底）	堆积不分层，出土青瓷片等。	六朝
J5	T0711	②层下	1.2－3.2	堆积分2层，两层包含物基本一致，少量的夹砂或泥质的红褐及灰陶片等	马桥文化

附·附表3 历史时期墓葬登记表

墓号	探方	层位	方向	墓葬形制	尺寸（米）（长×宽－深）	随葬器物	时代	备注
M6	ⅠT1806	②层下	300	竖穴单棺墓	0.95～1.15×0.7－0.8	绿釉罐1、白瓷碗2	明清	
M7	ⅠT1706	②层下	300	竖穴土坑墓	2.37×0.7～0.8－0.55	酱釉罐1、青花瓷碗2	明清	
M11	ⅠT1805	②层下	315	竖穴土坑墓	2.2×0.84－0.45	瓷罐1、青花瓷碗2、铜钱3	明清	
M12	ⅠT1806	②层下	300	竖穴单棺墓	2.1×1.5－0.7	酱釉罐1、白瓷碗1、青花瓷碗3	明清	
M16	ⅡT1209	①层下	273	竖穴单棺墓	2.5×1.1～1.16－0.7	酱釉罐1	明清	
M17	ⅡT1310	②a层下	291	竖穴双棺墓	2.67×1.4～1.57－0.95	酱釉罐2、青花瓷碗2、铜钱1	明清	
M18	ⅡT1310	②b层下	280	竖穴单棺墓	2.54×0.95～1.0－0.1～0.3	酱釉壶1、铜镜1、铜钱3	明清	
M21	ⅡT1310	②a层下	268	竖穴双棺墓	2.27～2.36×1.79～1.98－0.83	酱釉罐1、白瓷碗2、青花瓷碗2、铜镜1、铜钱4	明清	
M23	ⅡT1210	②a层下	266	竖穴单棺墓	2.6×1.06～1.12－1.2	瓷罐1、白瓷碗2、琉璃簪1、铜镜1、铜钱13	明清	
M24	ⅡT1310	②a层下	292	竖穴双棺墓	2.6×1.6～1.8－0.83	铜钱2	明清	
M25	ⅡT1210	②a层下	267	竖穴单棺墓	2.34×0.7－0.95	酱釉罐1、白瓷碗2、铜镜1、铜钱7	明代	
M26	ⅠT1906	②层下	282	竖穴单棺墓	2.4×0.9～1.0－0.3～0.4	/	明清	
M27	ⅡT1310	②b层下	297	竖穴单棺墓	1.15～1.6×0.9～1.5－1.45	酱釉瓶1、白瓷碗2	明清	
M28	ⅡT1308	②b层下	253	竖穴土坑墓	1.95×0.8－1.1～1.2	韩瓶3	宋代	
M29	ⅠT1705	①层下	312	竖穴双棺墓	0.8～1.4×1.5－0.55	铜钱1	明清	
M30	ⅠT1705	①层下	332	竖穴土坑墓	2.48×0.8～0.9－0.74	青花瓷碗2	明清	
M31	ⅠT1906	②层下	283	竖穴单棺墓	2.4×0.5～0.75－0.33	铜钱1	清代	
M32	ⅠT1705	②层下	270	竖穴土坑墓	0.4×0.6－0.4	/	明清	
M33	ⅠT1705	②层下	5	竖穴土坑墓	0.76×0.63－0.33	/	明清	
M34	ⅠT2006	③a层下	268	竖穴土坑墓	1.5×0.7－0.25	青白瓷碗1、铜钱3	宋代	
M35	ⅠT1906	②层下	292	竖穴单棺墓	2.28×0.92～1.0－0.3	绿釉罐1、青花碗1、铜钱3	明清	

续附·附表 3

墓号	探方	层位	方向	墓葬形制	尺寸（米）（长×宽－深）	随葬器物	时代	备注
M36	ⅠT1906	②层下	285	竖穴单棺墓	2.4×0.82～1.1－0.51	/	明清	
M37	ⅠT2005	③a 层下	175	竖穴单棺墓	2.2×1.0－1.05	青瓷碗 2	唐代	人骨保存较好，仰身直肢，头向南，面向西
M38	ⅠT1906	②层下	298	竖穴单棺墓	2.8×0.9～1.1－0.9	酱釉罐 1	清代	打破 M39
M39	ⅠT1906	②层下	322	竖穴单棺墓	2.44×1.1～1.2－0.5	青花瓷碗 2、铜钱 4	清代	被 M38 打破
M42	ⅡT1209	①层下	273	竖穴单棺墓	2.4×0.95－0.5	酱釉罐 1、青花瓷碗 1、铜镜 1、铜钱 5	清代	
M44	ⅠT1506	①层下	275	竖穴双棺墓	2.25×1.58～1.63－0.5	青花瓷碗 4、铜钱 1	明清	
M45	ⅠT1506	②层下	/	瓮棺葬	0.65－0.56	瓷坛（葬具）1、白瓷碗 1	清代	打破 M46
M46	ⅠT1506	②层下	313	竖穴单棺墓	2.15×0.75～0.8－0.6	酱釉罐 1、青花瓷碗 2、铜钱 1	清代	被 M45 打破
M47	ⅠT1506	①层下	275	竖穴双棺墓	2.25×1.7～1.75－0.5～0.6	酱釉壶 1、酱釉罐 1、青花瓷碗 2、铜钱 1	明清	
M48	ⅠT1506	①层下	285	竖穴单棺墓	1.0～1.5×0.95－0.63	/	明清	
M49	ⅠT1606	①层下	300	竖穴单棺墓	1.9×1.65－0.83	铜钱 1	明清	
M55	ⅠT1606	①层下	290	竖穴单棺墓	1.88×0.7－1.1	酱釉罐 1	明清	
M56	ⅠT1606	①层下	283	竖穴单棺墓	2.0×0.77－0.93	/	明清	
M57	ⅠT1606	②层下	345	竖穴单棺墓	2.5×1.0－0.36	/	明清	
M60	ⅡT1308	②b 层下	275	竖穴单棺墓	2.4×0.95～1.0－0.8	酱釉罐 1、青花瓷碗 2、铜钱 1	明清	
M63	ⅠT1606	②层下	272	竖穴单棺墓	1.7×0.9－1.1	酱釉罐 1	明清	
M64	ⅠT1506	②层下	270	竖穴单棺墓	2.38×0.35～0.45－0.6	酱釉罐 1、青花瓷碗 2	明清	
M66	ⅠT1606	②层下	276	竖穴单棺墓	2.43×1.72－1.1	酱釉罐 2、白瓷碗 4	明清	
M70	ⅠT1606	①层下	285	竖穴单棺墓	2.0×0.8－0.6	青花瓷碗 2、铜钱 2	清代	打破 M71
M71	ⅠT1606	①层下	273	竖穴单棺墓	2×1.0－1.0	酱釉罐 1、青花瓷碗 2	明清	被 M70 打破
M72	ⅠT1606	②层下	280	竖穴单棺墓	2.0×1.5－0.72	酱釉罐 2、青花瓷碗 2、铜钱 1	明清	
M82	ⅢT0611	②层下	355	竖穴砖室墓	3.0×1.18－1.35	双系瓷罐 1、直筒瓷罐 1、青釉钵 2、银钗 1、银镯 1、铜镜 1	西晋	
M88	ⅢT0711	②层下	175	竖穴单棺墓	1.2～1.25×1.0－0.9	铜镜 1、银钗 1	唐代	

后　记

2008 年 8 月 6 日，东山村遗址新一轮考古发掘工作终于正式启动，张家港市委常委、宣传部部长梁一波同志出席了启动仪式并做了讲话。时至今日，依然记得梁一波部长对东山村遗址发掘寄予的殷切期望。2008 ~ 2010 年，两次对东山村遗址进行了抢救性考古发掘，取得了重大收获，得到了国内诸多同行较高的评价。这几年进行了资料整理和报告编写，如今，考古发掘报告即将出版，也算是对考古工作启动以来的一个阶段性小结。

东山村遗址的发现以及新一轮考古发掘的启动，体现了张家港作为新兴城市从以经济发展为主到经济发展和文化建设并重的一个大转变。东山村遗址于 1989 年发现，其时距张家港撤县建市三年时间，整个城市处于谋战略赶发展的经济建设大潮中，东山村遗址的发现和小规模发掘很快就淹没在这股大潮中，对遗址的整体保护尚未顾及。后来在划定省级文保单位的范围时，遗址上已没有大片的空地了，最终将南沙办事处与南沙医院、东山村村委会之间的面积约 4820 平方米的农田划为“永久性保留部分”。也许是冥冥之中的天意，后来对该区域的发掘，竟首次在环太湖流域揭露出一批崧泽文化高等级大墓，引起了国内考古界极大的关注。

2007 年前后，张家港一方面推进新一轮城乡规划建设，另一方面大力发展文化事业，努力实现文物工作的新突破，大家把目光聚焦在了东山村遗址上。随后，张家港方面向南京博物院发出了请求。一直秉持“考古要为探索地域文明服务”、“南博要在全省发挥龙头馆作用”等新理念的龚良院长，在收到这个请求后，立即指示林留根所长与张家港方面联系，认真做好东山村遗址的考古发掘。2007 年 11 月 3 日，林留根带着我、田名利、李则斌等人第一次到张家港，并于第二天考察了东山村遗址。其后，经过多次协商和精心准备，考古队于 2008 年 8 月正式进场开展考古工作。因为地方政府积极性非常高，我们考古队要怎么给地方交出一份满意的答卷呢？这期间，面对这样的一个发掘任务，我们也在不断地思考。首先想到的是，这次考古发掘一定要遵循保护性发掘的原则，即在发掘过程中始终强调考古现场的保护。在考古发掘期间，遇到重要迹象立即停止往下清理，保护好现场，并盖大棚进行原地保护，为遗址保护范围的重新划定和科学规划，以及将来遗址的的规划利用奠定了坚实的基础。

在考古队正式进场后，面对的第一个难题是找不到一整片空地进行布方。东山村遗址自 20 世纪 90 年代后，遗址上及周边到处是房子和水泥路面，几乎没有空间可以操作。即使是作为紫线保护范围内的遗址部分，也已经布满了各种高大树木，工作难以开展。怎么办？只有挖掉水泥路面、迁移树木、拆掉房子！第一次发掘时，是把南沙办事处内的篮球场整个拆掉进行布方；第二次发掘时，是把南沙办事处中轴线上通往食堂的交通要道水泥路面扒掉进行发掘；第三次是把紫线保护范围内的所有树木整体迁移后再进行布方考古的。由于始终贯彻保护性发掘原则和从聚落考古角度宏观考虑遗址发掘，经过两年多的发掘，东山村遗址的学术价值不断凸显。对重要遗迹层面的把控，以及对前后三个主要发掘区搭建临时性保护大棚，使得后期对崧泽文化时期明确存在东、西部两片墓地，中间隔着居住区的这一重要现象，更加直观地呈现在我们面前。尤其是遗址Ⅲ区崧泽文化高等级墓葬的揭示，其墓坑规模之大、随葬陶器种类之丰、玉石器数量之多，都刷新了我们以往对崧泽文化社会发展水平的认识。

东山村遗址崧泽文化高等级墓葬揭示出来以后，我们意识到这是崧泽文化发现以来非常重要的一次发现。因此，立刻分批邀请了国内众多著名考古学者和领导到考古现场进行指导，对本次考古发现的学术价值和遗产保护进行综合论证，并为下一步考古工作指导方向。这些领导主要有国家文物局单霁翔局长、张柏副局长、顾玉才副局长、关强司长，江苏省文物局龚良局长、刘谨胜副局长、吴晓林副局长、李民昌处长，南京博物院王奇志副院长等。著名学者主要有张忠培、黄景略、严文明、李伯谦、徐光冀、王巍、赵辉、陈星灿、赵宾福、丛德新、杨晶、解冰、宋健、高蒙河、刘斌、陈杰等。尤其需要提到的是，张忠培先生先后两次到东山村遗址进行考察指导，对遗址的“新发现”进行充分肯定，并题写了“崧泽之光”和“良渚文明之源”两幅字；严文明先生到考古工地进行指导时，一看到M90的清理情况，就久久感叹：“这个了不得，这个就是‘崧泽王’啊”。并在其后为东山村遗址题写了“崧泽王”三字，高度肯定了崧泽文化高等级墓葬的发现。两位先生对东山村遗址的高度概括和定位，为我们发掘者对此次发现的研究指明了方向、提供了思路。

在东山村遗址发掘期间，我们考古队还对新发现的张家港市黄泗浦遗址进行了多次发掘和勘探。通过勘探和发掘，揭示了黄泗浦遗址主要是一处唐宋时期的港口性集镇。该遗址还涉及唐代一个重大历史事件，即鉴真第六次东渡日本。据鉴真弟子思托口述、日本真人元开撰写的《唐大和上东征传》记载，“天宝十二载十月二十九日戌时，从（扬州）龙兴寺出至江头……乘船下至苏州黄恤浦（即黄泗浦）。十五日壬子，四舟同发，有一雉飞第一舟前，仍下碇留。”文献明确记载，鉴真第六次成功东渡起航地为苏州的黄泗浦。在现张家港市杨舍镇庆安村东边，即有一条河道为“黄泗浦河”。1963年，为纪念鉴真大师逝世1200周年，由中国人民保卫世界和平委员会和中国人民对外文化协会等九团体组成的“鉴真和尚逝世1200周年纪念委员会”特地在沙洲县（即今张家港市）黄泗浦口设立石质经幢一座。后围绕所立石经幢，张家港市扩建了东渡苑和鉴真东渡纪念馆。现今东渡苑离黄泗浦遗址直线距离仅1千米。而对黄泗浦遗址的发现，还是来自龚良院长一次在张家港召开的会议上所做出的指导。龚良院长指示到，要围绕东渡苑开展考古调查，查找附近是否有相关时期的遗址，为东渡苑的进一步规划提供依据。会后，我们按照龚良院长指示进行调查，果然在东渡苑西南附近发现了黄泗浦遗址。目前，黄泗浦遗址不仅是首批省级大遗址，还是全国重点文保单位，已完成遗址保护规划方案，遗址公园规划设想也在进行中。张家港市近几年在考古发掘和遗产保护等方面取得了显著成绩，文物事业迈上了新台阶，文化面貌开创了新局面。2010年6月11日，东山村遗址获得国家文物局“2009年度全国十大考古新发现”。2012年7月，张家港市文物局获得了国家人力资源和社会保障部、国家文物局评选的“全国文物系统先进集体”荣誉。这些成就的取得，与张家港市委市政府的高度重视和始终切切实实的推动是完全分不开的。

东山村遗址取得的一系列成绩，同样离不开各位领导和学者的关心指导。在这里要感谢的人，实在是很多很多。首先，感谢江苏省文化厅副厅长、南京博物院院长龚良，为了东山村遗址的考古发掘，多次亲自到考古工地进行考察和指导；其次感谢江苏省文物局刘谨胜副局长、吴晓林副局长、李民昌处长和南京博物院王奇志副院长，以及苏州市文物局陈嵘局长和尹占群副局长等领导，对东山村遗址的关心、指导和帮助；感谢张家港市委市政府黄钦书记、徐美健市长、梁一波副书记和杨芳副市长，以及张家港市文广新局（文物局）陈世海局长和侯寿松副书记等领导，多次到工地进行调研，解决实际问题，使得考古工作得以非常顺利地开展；感谢苏州市文物局、苏州市考古研究所、张家港市文广新局（文物局）、张家港博物馆、张家港市保税区、金港镇政府、南沙办事处等诸多单位为考古发掘工作做了大量的配合工作，提供了食宿、交通、安全保卫和文物保护等等良好的工作条件和环境；感谢林留根所长对遗址发掘倾注了无数的心血及对我本人无微不至的指导和关心；感谢邹厚本、支坤兴、张永泉、钱峻、赵宗强、肖向红、许国峰、董强、钱春峰等为遗址的顺利发掘付出的辛苦，感谢南沙办事处食堂李瑞夫妇、刘沈忠、卢良仁等人对考古队生活上的关心和照顾。感谢我们的发掘队员陈刚、花纯强、李保国、刘乃会、刘锁才、董强、贺存定、翟呈周等人的辛苦付出和任劳任怨。此外，还要感谢张家港市委市政府姚林荣书记、朱立凡市长、杨芳常委等现任市领导对东山村遗址考古工作和文物保护的关心和大力支持。对在东山村遗址新一轮考古工作中给予关心和帮助过的其他各位领导和老师，同样在此一并深表谢意！

报告的整理和编写主要由周润垦、胡颖芳、张永泉、钱峻等负责，参加人员还有朴润武、陈刚、费伶伢、唐根顺、花纯强、李保国、刘乃会、仪张敏等。李保国、刘乃会、唐根顺、花纯强等负责文物修复，胡颖芳承担了所有遗迹图、文化层剖面图及大部分器物底图的绘制和后期电脑处理，陈刚和费伶伢负责了一部分器物底图的绘制，朴润武负责了所有玉器和石器线图的绘制和清绘，以及大部分陶器线图的重新清绘，仪张敏主要负责陶器标本的绘制和清绘。考古现场摄影由周润垦、陈刚负责，器物摄影由周润垦、胡颖芳完成。

报告具体章节编写分工如下：第一章第一节第二节、附第五章由张永泉负责，第一章第三节、附第三章、附第四章由钱峻负责，第二章、第三章、第五章第三节、

第六章第二节、第七章第一～四节由周润垦负责，第四章、第五章第一节第二节第四节、第六章第一节、第七章第四节第五节由胡颖芳负责，附第一章、附第二章由赵宗强负责。报告的编校审核由侯寿松、钱春峰、苏丹萍、韩冰青等参与。报告的统筹和最终改定由周润垦负责。感谢各位编者的辛苦付出，尤其是胡颖芳，为报告的编写付出了艰辛的劳动，在此深表谢忱。

报告的环境分析由南京大学地理与海洋科学学院李兰博士、朱诚教授完成，动物骨骼鉴定由剑桥大学考古学系董宁宁博士完成，植物遗存分析由北京大学考古文博学院秦岭副教授完成，出土玉器近红外吸收光谱分析和玉器工艺研究由台湾学者陈启贤完成，玉器的形态研究由故宫博物院杨晶研究员完成，石器质地鉴定和分析由南京大学地球科学和工程学院朱文斌教授完成，石器微痕观察由国家博物馆庄丽娜完成，陶器和石锥成分鉴定由北京大学考古文博学院崔剑峰副教授完成。感谢以上学者认真细致的研究。

感谢秦岭为本报告翻译了英文提要。

感谢我的父亲周金宣先生为本报告封面题字，并借此机会感谢父亲一直以来对我的谆谆教诲和殷殷期望！

最后，还要感谢张忠培先生不辞辛劳为本报告撰写了序。张先生在写序前仔细认真地通读了本报告，并在写序过程中多次打电话对报告存在的问题进行耐心地讲解和指导，要我好好地修改。囿于本人的学力和视野，虽经修改但还是与张先生的期望有不少差距，在此只能深深愧疚，同时也鞭策自己要不断加强学习，不断提高学术素养。在此恳请大家多多批评指正！

周润垦

2016年4月16日

Dongshancun Site:
The Neolithic Period Excavation Report

(Abstract)

From August 2008 to February 2010, Donshancun site had two seasons of salvage excavations under approval of the National Administration of Cultural Heritage. The excavation area was about 2300 square meters, and the unearthed remains mostly belong to Majiabang and Songze cultures. The settlement of Songze period includes houses, pits and a cemetery, and a group of high status (elite) burials, the first to be found around the Taihu area. The Songze cemetery is not only separated from the settlement, but also can be divided into sub-burial areas. The smaller size, normal burials were all buried at Area Ⅰ; while the elite tombs were in Area Ⅲ; meanwhile, the house remains were found in Area Ⅱ. The Songze remains can be divided into 3 stages and 6 periods, the time span is about from 6000-5300 BP. Among which, the first 3 stages belong to early Songze, the stage 4 and 5 belong to mid Songze, and stage 6 is the third period which belongs to late Songze. The Majiabang remains, which include burials, houses and pits, can be divided into early and late stages, both belonging to the late Majibang period, around 6300-6000BP.

There are a total 37 Songze culture burials at Dognshancun site, which are located at district Ⅰ and Ⅲ, about 80 meters apart. Among these, the 22 burials of district Ⅰ are mainly small. Both large and middle size burials are found in district Ⅲ, numbering 8 and 7 respectively. There is no stratigraphic relationship between tombs. At district Ⅰ, the burying process is from west to east, then reversed. At district Ⅲ, the same trend existed as setting the burials from west to east, early burials are on the west side, while the middle period's burials are on the east side.

Through the analysis of burial orientation, object arrangement, the types, quantity and assemblage of burials objects, a relatively fixed burial system can be revealed from those elitestombs of Songze pereiod at Dongshancun. For instance, the tripod *Ding*, *Gui*, stemmed basin *Dou*, pot *Guan* and *Hu* made up a very regular pottery assemblage, generally with 3-4 pieces of *Ding*, 2 *Gui*, 3 or more *Dou*, and 5 or more *Guan*. *Hu* is very rare in mid period while quite popular in the early period, often occurring as 4 or more. Giant jar *Gang*, bowl *Bo* and cup *Bei* are also common in the large burials, mostly with one *Gang* at the southeast corner of the bottom of burial pit. For the stone tools, early Songze used a fixed combination of axe *Yue*, adze *Ben* and chisel *Zao*, and large size tools were quite common; for the jades, early Songze had *Huang*, bracelet *Zhuo* and tube *Guan* as a fixed combination, while *Huang*, bracelet *Zhuo* and *Huan* as one group in mid Songze. Numerous burial objects reflects the distinguished differences between social groups, few people took over most of the wealth and rare resource from the society and created a superb funeral system to bury themselves. From early to middle Songze period, the superiority of Dongshancun cemetery among the surrounding area makes this site a central settlement in this region. By the large axe *Yue* and other stone tools from M90 and other high status burials, primitive military power and monarchical power can be seen in this settlement. This represent an era of heroic worship, which is a time for the rise of first "King (Wang)".

The high status burials in the Songze period help to fill a gap in knowledge of the local cultural development. They also contribute to understanding the source of the highly developed Liangzhu civilization. The discovery of Dongshancun site, provides new data for the rethinking of Songze culture, society and for the understanding of Social productivity and level of development in Songze period. The separation of cemeteries with large and small burials during early and mid Songze period, and the emergence of large scale houses, indicates that at least around 5800 BP, the polarization between the rich and the poor became apparent, i. e. social hierarchy was present. In summary, the site provides the new material for the study of the formation of early civilization in lower Yangzte, and is significant for the research on the origins of Chinese civilizations.